袁世凯
和他的幕僚们

|上 册|

金竹山 —— 著

团结出版社

图书在版编目（ＣＩＰ）数据

袁世凯和他的幕僚们/金竹山著．—北京：团结
出版社，2013.1（2023.6 重印）
ISBN 978-7-5126-1498-7

Ⅰ.①袁… Ⅱ.①金… Ⅲ.①袁世凯（1859～1916）
－生平事迹 Ⅳ.① K827=52

中国版本图书馆 CIP 数据核字 (2012) 第 298478 号

出　版：团结出版社
　　　　（北京市东城区东皇城根南街 84 号　邮编：100006）
电　话：（010）65228880　65244790（出版社）
　　　　（010）65238766　85113874　65133603（发行部）
　　　　（010）65133603（邮购）
网　址：http://www.tjpress.com
E-mail：zb65244790@vip.163.com
　　　　tjcbsfxb@163.com（发行部邮购）
经　销：全国新华书店
印　装：三河市东方印刷有限公司

开　本：170mm×240mm　16 开
印　张：37.25
字　数：523 千字
版　次：2012 年 1 月　第 1 版
印　次：2023 年 6 月　第 2 次印刷

书　号：978-7-5126-1498-7
定　价：118.00 元（全两册）

目 录

上篇　幕府概述

中篇　幕府武将

上

篇

幕府概述

第一章　幕主家世及游幕生涯

第一节　大官僚大地主的显赫家世

1859 年 9 月 16 日（清朝咸丰九年八月二十日），袁世凯出生于河南项城县东北十余里的张营。项城地处河南东部与安徽省接壤的地界，这里土地贫瘠，生活条件恶劣，交通不便，民风强悍。尤其是夏秋之际，农民经常聚啸抢收成熟的庄稼，地主则组织各种武装进行镇压，双方经常形成大规模械斗，久而久之就养成了此地人好勇斗狠之习性。

相传八仙之一的李铁拐有一首《过项歌》，谓项城县地脉应出一假皇帝。袁世凯实为袁安后代，袁安至袁绍四世三公，出一袁术；自袁甲三至袁世凯，亦皆位三公之列，而有洪宪帝制发生，果真出一假皇帝。近人赋诗云："地脉如何出假龙，两朝四世位三公。一场短短新华梦，却负空山卧雪风。"

袁世凯出生于项城县最大的官僚地主家庭，祖父辈多在朝廷任官，有的且官居高位，因而成为地方最大的霸王势力。袁的曾祖父袁耀东是庠生，三十余岁死去时，留下 4 个儿子：袁树三、袁甲三、袁凤三、袁重三。袁耀东之妻郭氏出身于当地的一个望族，在丈夫去世后，对 4 个儿子悉心呵护教导，使他们一一取得功名，其中最为显赫的是次子袁甲三。袁甲三在道光年间得中进士，历任礼部主事、军机处章京、监察御史、兵科给事中等职。1853 年，袁甲三奉命协助工部侍郎吕贤基在安徽督办地方团练武装，以对抗在安徽、河南一带活跃的捻军，并防备太平天国军队。与此同时，曾国藩也奉命在其家乡湖南督办团练——即后来的"湘军"。不久，吕贤基被捻军击毙，袁甲三接任督办安徽团练大臣，并统领驻防宿州的清军，成为捻军的一个主要敌人。因镇压捻军和太平军有功，升任漕运总督，曾督办安徽、河南、江苏三省军务，很得朝廷器重，被赏戴花翎、穿黄马褂。1863 年，袁甲三病死，时年 57 岁。

袁甲三的兄弟子侄们也全力投入镇压捻军的斗争中。袁树三是禀贡生，曾任陈留县训导兼摄教谕，其长子袁保中，即袁世凯的生父，附贡出身，虽未因军功得功名，但也在项城办团练，控制一方。次子袁保庆是举人，曾在叔父袁甲三军中领兵，后被河南团练大臣毛昶熙奏调回河南协办地方团练，围攻捻军，因功升任候补知府、道员。袁甲三的长子袁保恒、次子袁保龄都曾随父征战。袁保恒乃进士出身，曾任翰林院侍读学士、内阁学士、刑部左侍郎。袁保龄举人出身，官至内阁中书。袁凤三是庠生，袁重三也是生员。

自袁甲三至袁世凯，袁家三代在清廷任高官，可谓煊赫一时。他们正是依附封建皇帝而取得高官厚禄的，因而他们崇拜皇权，效忠清廷。袁世凯正是生长在这个封建家庭中，并因其祖叔辈的荫庇和提携而发迹。袁保中有 6 个儿子，2 个女儿，正室刘氏生有 2 子 2 女，2 子是袁世昌、袁世敦；继室刘氏生有 4 子：袁世廉、袁世凯、袁世辅、袁世彤。袁世凯在兄弟中排行第 4。

袁世凯幼年时，其祖父辈正同捻军、太平军进行殊死搏斗。当时为了抵御日行千里、流动作战的捻军铁骑，河南各地主武装纷纷修堡筑寨。袁家在项城县城东北一处险要之地筑起一座大寨，人称"袁寨"，壕深垒固，在当地很有名。在袁世凯 5 岁时，一次捻军骑兵进攻至袁寨附近，袁寨青壮男丁皆登墙抵御，有人带袁世凯登上寨墙观看战斗，小小年纪的袁世凯竟"略无惧色"。这种经历对袁世凯以后的成长影响甚巨。

袁世凯 7 岁时，其叔父袁保庆因年过四十尚未有子嗣，遂征得其兄同意，将袁世凯过继为子。有一次，他的叔父问他的志向，袁世凯回答："愿流芳百世，毋遗臭万年。"[①] 可惜的是，与袁世凯的愿望相反，他后来的所作所为却使他成为遗臭万年的角色。

---

① 陈灏一：《新语林》，第 88 页。

之后，袁世凯跟时任山东候补知府的嗣父赴济南生活，后又随升任江南盐巡道的嗣父赴南京。

当时清廷实行"重文轻武"的用人政策，袁世凯的祖父辈皆是以文人掌兵事而发迹，因而也希望袁世凯通过科举考试获取功名，为他聘请了好的塾师。但袁世凯生性好动，顽劣异常，以读书为苦，而喜欢游山玩水，或结伙打斗，逞一时之快。

1873 年，袁世凯的嗣父病死于南京任所，袁世凯只得随嗣母返回老家项城居住。其时，他的两个堂叔，即袁甲三之子袁保恒、袁保龄正在朝廷做官，见此侄可造，遂于次年把袁世凯接到北京，聘名师执教，且督导甚严。这样，袁世凯的学业才稍稍有了长进。

在袁世凯的青少年时代，其嗣父及两个堂叔对他影响甚巨。袁保庆曾将长期带兵做官的心得记录成数百条，经常讲给袁世凯听，如带兵御人之法："必先以恩结之，而后加之以威，乃无怨也。"袁保恒任刑部左侍郎时，有意让袁世凯帮他办事，以培养他办事的能力。袁世凯恶于读书，却擅长办事。他很快学了奉迎吹捧、行贿钻营、拉帮结派之类的一套官场本领，办事颇为得力，获得了乃叔"办事机敏""中上美材"的赞誉。

1878 年，袁保恒病死于开封。袁世凯在处理完堂叔后事后回到老家。不久袁家分了家，袁世凯在袁保庆名下分得一份很丰厚的家产。此后，没有了长辈管束的袁世凯更加放荡不羁，整日征酒逐肉、骑马打猎，有时也附庸风雅，与一帮秀才吟诗和赋，并出资组织了两个"文庄"——丽泽山房文社和勿欺山房文社。

第二节　首投淮军老将吴长庆

袁世凯本来希望通过科举考试获取功名，像他的前辈那样出人头地，不料命运不济，先后两次参加乡试皆名落孙山，而他又深以读书为苦，不愿再穷首皓经，想另辟飞黄腾达的捷径。当时由于内忧外患，武事大张，袁世凯的祖父辈也因"军功"而显赫一时，因而袁世凯决心效法先人。袁本人从小就喜欢舞枪弄棒，在北京从其堂叔读书时，就好读兵书，常交谈军事问题，甚至袁保龄都曾表示，袁家"嗣武有人，亦可略慰"。

袁世凯投笔从戎的决心一定，即一把火把以前所作的诗文全部烧掉，于1881年前往山东登州，投靠袁家世交、淮军将领吴长庆。

吴长庆（1834—1884），字筱轩，安徽庐江人，其父吴廷香与袁甲三交往甚密。咸丰年间，太平军围攻庐江，吴廷香率地方团练抗拒，并派其子吴长庆向袁甲三请援。袁甲三召子侄商议，袁保庆力主救援，袁保恒则反对，迁延不决，导致庐江城破，吴廷香为太平军所杀。清政府追授吴廷香云骑尉世职，由其子吴长庆荫袭。吴长庆继其父办理团练，时年仅20岁。1860年，吴长庆根据曾国藩的旨意，组织500人的"庆字营"，这是庆军的开始。之后，吴长庆指挥庆字营追随曾国藩、刘秉璋、李鸿章参与镇压太平军及捻军，成为清政府镇压农民起义军的干将。1880年正月，积功升至浙江提督。同年，中国与法国关系紧张，沿海戒严，清廷任命吴长庆帮办山东军务，吴长庆统带庆军6个营移防山东登州。

吴长庆见袁保庆的嗣子来投，十分高兴，欣然收留，并加意培养提拔，使袁很快脱颖而出。为了让袁世凯不荒废学业，吴长庆让袁随其子吴保初从师于张謇读书。张謇，字季直，江苏南通人，才识过人，此时为吴长庆幕僚，办事干练，深得吴的器重。开始时，袁世凯在吴长庆及张謇等人面前表现得十分恭顺，只是不喜读书的毛病始终如故。一次张謇命袁世凯作八股文，结果文章芜秽不堪，不能成篇，简直让张謇无从删改。但让袁世凯处理具体事务时，却往往办得井井有条，颇让人另眼相看。不久，吴长庆提拔袁为"帮办营务处"，这是袁走向仕途的第一个职务。

1882年，朝鲜发生"壬午兵变"。大清王朝与朝鲜有"宗藩关系"，应朝鲜政府之请，派吴长庆率所部六营入朝镇压兵变。由于事起仓促，一切准备工作都靠张謇及袁世凯筹划，袁世凯时任"前敌营务处"，格外卖力。在部队乘船抵达朝鲜时。吴长庆命某营管带先率部登陆，但此人以士兵晕船为由要求暂缓，吴长庆勃然大怒，将此管带撤职，命袁世凯代理。袁立即部署登陆，仅两个小时就完成任务，得到了吴的夸奖。

当时，有清军官兵闯入朝鲜百姓家骚扰的事情发生，袁世凯认为"上国天兵"在属邦掳掠，大丢天朝上国的脸面，即自告奋勇向吴长庆要求担当整顿军纪的任务。吴表示首肯，并给了他令箭。据张謇回忆，当他和吴长庆进驻行官后，袁即来报告说："现在有事须禀明大帅。"吴长庆回答："好，好。你说吧！"袁即报告说，所带军队中有抢掠朝鲜村庄鱼肉鸡鸭蔬菜之事。袁尚未说完，吴即厉声说："你为什么不严办？"袁忙回答："我当时已请出令箭正法七人，现在七个首级在此呈验。"吴连声说："好孩子！好孩子！你真不愧为将门之子。"当时吴长庆军中有人对袁滥杀媚主的行径不满，作打油诗一首讽刺之："本是中州假秀才，中书借得不须猜。今朝大展经纶手，杀得人头七个来。"

清军进入汉城后，决定诱捕掌权的大院君（国王的生父），恢复国王的权力。吴长庆等先去拜会大院君，使其麻痹失去警惕，在大院君回拜时将其扣留，并押上军舰送至中国软禁。在这个计划实施过程中，袁世凯的任务是用计谋阻止大院君的随行卫队跟随他，以使其就范。袁世凯出色地完成了这并不简单的任务。

袁世凯在镇压"壬午兵变"中初显身手，不但受到吴长庆的信任，也为朝鲜国王李熙所看重。李熙于9月中旬设宴款待吴长庆和张謇时，袁世凯也在被邀之列，而且备受国王的礼遇。9月底，李熙又单独召见了袁世凯。可见袁在朝鲜国王心中的地位非常不一般。

朝鲜大局已定之后，吴长庆向李鸿章请奖有功人员，首列袁世凯，其评语是"治军严肃、调度有方，争先攻剿，尤为奋勇"[1]。李鸿章据此入奏清廷，

---

[1]　来新夏主编:《北平军阀》（五），第10页。

奉旨袁世凯著以同知用，分发省份，尽先补用，并赏戴花翎。从此，袁世凯由吴长庆的幕客骤升为五品官。

朝鲜内乱平息后，朝鲜国王请求清廷派人帮助朝鲜练军，李鸿章令吴长庆主持其事。吴长庆随即委任袁世凯、朱先民、何增珠等负责编练朝鲜新军。

袁世凯等奉命后，在朝鲜国王李熙的亲信金允植的协助下，在三军府成立督练公所，草拟章程，排选壮丁。袁以貌取人，共取壮丁 1000 人，编成"新建亲军"，分为左右两营。所用武器有铜开花炮 10 尊、来复枪 1000 杆及弹药，这些都由清政府无偿赠给。其中，左营驻三军府，由袁世凯会同副将王得功教练；右营先驻东营，后移至南别宫，由提督朱先民会同总兵何增珠教练。袁世凯等人帮助朝鲜练军，完全采纳湘淮军的军制，士兵一律换上整齐划一的军装和新式枪炮，表面上看来军容整齐，技艺娴熟，比起朝鲜旧军已大不相同。故 12 月初，朝鲜国王李熙在检阅左营后，即称赞袁世凯等"教练之有法"。李熙当即决定从江华沁营旧军中选调 500 名士兵编为"镇抚营"，仍归袁世凯主持训练。次年 1 月，镇抚营成军，编制一如亲军营。通过帮助朝鲜练军，袁世凯拉近了他与朝鲜国王的关系，提高了他在朝鲜的地位。

第三节　二投淮军首领李鸿章

吴长庆驻扎朝鲜近两年，由于朝鲜气候格外寒冷潮湿，结果落下喘嗽之重症。1884 年春，吴长庆至天津与李鸿章商议军事，李鸿章即感到他病情严重，人极病惫。适值中法战争前夕，李鸿章遂于四月初四日奏准，让吴长庆率领驻扎的三营庆军撤回山东金州，同时留庆军三营由记名提督吴兆有统带，并命袁世凯以分发各省补用同知袁世凯总理营务处，会办朝鲜防务。吴长庆还将自己的副营（警卫亲军）交袁世凯带领，以示对袁的信任和厚爱。

吴长庆回到国内后病情加重，于闰五月二十一日病死于金州军营，年仅51 岁。吴长庆身故后，清廷谥"武壮"。朝鲜国王李熙也下令在汉城为吴长庆建靖武祠，金尚铉撰去思碑，碑阴题名首列幕僚张謇、周家禄、朱铭盘三人，第 22 名才是营务处同知袁世凯，可见，当时袁的地位并不高。

在吴长庆死后还不到两个月，袁世凯就把他家和吴的交情及吴对他的恩情忘得一干二净，转身投靠到李鸿章门下。李鸿章是直隶总督北洋大臣，又是慈禧太后的宠臣，权倾朝野，能攀上他，对袁世凯的进一步发迹是必不可少的。可是，由于袁世凯的势利表现得过于明显露骨，让吴长庆的亲信幕僚张謇、朱铭盘等人极为不满。于是，张謇、张詧、朱铭盘三人联名写了长达数千言的《致袁慰廷司马绝交书》，痛斥袁世凯近乎忘恩负义、骄横跋扈等种种劣迹。绝交书首先说到袁家与吴家三代世交，吴长庆以此对袁恩爱有加，袁世凯在吴长庆幕府中"由食客而委员，由委员而营务处，由营务处而管带副营，首尾不过三载"。吴对袁的提携之恩不为不厚，他们以为袁世凯必"溯往念来，当有知遇之恩，深临事之惧者，及先后见诸行事及所和函牍，不禁惊疑骇叹"。接着，绝交书一一列举了袁世凯的劣迹，例如，背故主投新主，令故主难堪。绝交书说："慰廷自结李相，一切更革，露才扬己，颇有令公（指吴长庆）难堪者。"吴在决定将跟随自己数十年的副营交袁世凯统带时，曾对幕僚说："慰廷是三世交情，吾所识拔，必不负吾，必不改吾章程！"吴以副营托袁，颇有"举贤自代衣钵相传之意"。而袁却自矜家世，大言不惭，说什么"是区区何足奇，便统此六营，亦玷先人"，对吴长庆的付托根本不放在眼里，让吴长庆有托付非人之机。又例如，袁世凯傲视师长同僚，即以对张謇来说，袁世凯刚入吴幕时，尚能够"谦抑自下，颇自向学"，让人觉得他是"有造之士"。但当袁世凯有了权力地位后却傲慢起来，对张謇的称呼也一变再变，由老师、先生、某翁直至直呼某兄，"愈变愈奇"，让人难以接受。绝交书还详细列举了袁世凯品行不端、心术不正的 11 项表现。这篇绝交书将袁世凯的凶险玩鄙、负义专断，写得淋漓尽致，历历指实，对于人们认识袁世凯的卑劣本性无疑大有帮助。

吴长庆在朝鲜平定乱事之后，以对外政策与李鸿章不同之故，致遭李鸿章疑忌而屡受其压迫，抑郁愤懑，在不得志中死去。张謇作为吴长庆的亲信幕僚，为旧主鸣不平，遂对袁世凯施以无情之攻击，令袁世凯难堪。"以致双方负气，十年不通函牍"。①

1884 年中法战争爆发后，吴长庆奉命率所部三个营回国，仍留三营驻汉城。袁世凯因在镇压"壬午兵变"中表现出色，得到了李鸿章的赏识，保奏他为"总理营务处，会办朝鲜防务"，成为清政府驻朝鲜的重要人物。对于朝鲜朝廷内部新旧两派斗争，袁世凯明确支持保守派"闵妃集团"，打击"开化派"。

1884 年 12 月，"开化派"在日本驻朝鲜公使竹添的支持下发动政变，诛杀了一批保守派大臣，组成新政府。对这个突发事件，袁世凯力主用武力镇压开化派。他一面上报李鸿章，要求派兵支援；一面应保守派大臣之请，不待国内批准，决定自行派兵入王宫，平定政变。他率领一千清军攻入王宫，击垮开化派军队及支持开化派的日本军队，逮捕了大批开化派人士，扶植守旧派重新上台，以快刀斩乱麻的手段解决了这次政变，初露了他的政治手腕。虽然在日本要求惩办袁世凯及国内一些人指责他"擅启边衅"的压力下，他不得不以退为进，以母病为由回国，但由于此次行动恢复了清政府在朝鲜"宗主国"的地位，袁世凯也颇为各方人士注意，尤其是得到了李鸿章进一步的信任。通过镇压开化派政变，袁世凯声誉鹊起，崭露头角，被誉为"后起之秀"。1885 年10 月，清政府任命袁为"办理朝鲜交涉通商事宜"的全权代表，不仅可以办理商务事宜，还可以兼办外交事务，实际上是清廷驻朝鲜的最高负责人。

11 月，袁世凯率 20 余名随员到朝鲜汉城成立公署，其随员有唐绍仪、刘永庆、吴凤岭、王同玉、唐天喜等人，这批人后来大多在袁世凯的北洋系中担任重要职务。其中西文翻译唐绍仪被袁世凯罗致则颇有戏剧性。1884年在朝鲜"开化派"发动政变时，闵妃集团的禁卫军大将闵泳翊负伤逃出，躲进税务司、德国人穆麟德家中。袁世凯前去探视，见门口有一健者持枪守门，威风凛凛，并认真盘查袁氏。袁对此人印象颇深，认为他忠于职守，后

①　刘垣：《张謇传记》，第 25 页。

查明此人叫唐绍仪，是中国第一批留学美国的留学生。袁世凯再赴朝鲜任全权大臣时，需要一个通洋务懂外文的人，便把唐绍仪网罗到帐下。

袁世凯在朝鲜时，利用闵妃集团和他护送回国的大院君之间的矛盾，使之相互牵制，但他暗中支持大院君，结果使闵妃集团怀恨在心，曾要求清政府撤换他。而且袁世凯处处以"宗主国"的全权代表自居，发号施令，独断专行。朝鲜当局的一些重要决策如果没有得到袁的同意，将很难实行。袁俨然以"监国"的身份出现，但他对于朝鲜官吏的贪污腐化、巧取豪夺则不闻不问，以致很快激起民变，酿成大祸。

袁世凯在朝鲜的表现总的来看是不能令人满意的。他脾气暴躁、欠和平，办事常常过火，引起朝鲜君臣的不愉快。李鸿章屡次写信或打电报给袁世凯，要他痛改毛病。但江山易改，本性难移。李鸿章的告诫并没有产生多少作用，李鸿章曾经一度考虑撤换袁世凯，但因为找不到合适的接替者而作罢。

1893年，朝鲜东学道农民起义发动。次年，义军在道首全琫准的领导下席卷南部各道，朝鲜政府无力镇压起义，只得向清政府请求派兵"代戡"。而清军再次入朝，将面临巨大风险。根据1885年同日本达成的协定，在朝鲜局势出现波动时，中日两国出兵来朝，事前必须互相通报，这就给了日本出兵朝鲜的合法权利。若日本此时也出兵朝鲜，又将造成中日两军在朝鲜对峙乃至爆发大规模战争的严重局面。若不派兵入朝，又将有损"天朝大国"的体面。因而，判断日本是否出兵，是决策的关键。

袁世凯极力主张派兵入朝，以维护并提高"天朝上国"的威信。当时日本也放出话来：中国可以放心出兵代韩戡乱，日本决无他意。袁世凯在同日本驻朝鲜官员的往来中，判断日本支持中国出兵，日本若出兵，最多是以保护使馆为名，调百余兵来朝鲜而已，因而他极力怂恿李鸿章尽快出兵。李鸿章本想出兵，但顾虑日本的态度，而犹豫不决。在收到袁世凯几份催促出兵的电报后，李鸿章终于下定决心。他命直隶提督叶志超任主帅，率聂士成部2000余人开往朝鲜汉城，并根据协定将中国出兵一事通告日本。

此时的日本早已做好了出兵朝鲜并同清军决战的准备，在接到中国出兵的通告后，立即命部队出动，在清军抵达汉城时，大批日军也先后开到朝鲜，来势汹汹。这样，朝鲜半岛上中日两国军队形成对峙局面，战事一触即发。

在这种严重的局面下，袁世凯感到无良策可施。而在朝鲜，日军数倍于清军，战端一开，显然不利于中国，此时再留在朝鲜已是凶多吉少。袁世凯也被日军的声势吓破了胆，他接连向李鸿章等去电报，请求回国。袁把政务交给唐绍仪代办，自己称病不出。袁世凯还一再致电张佩纶向李鸿章请求，李鸿章不得已，致电总理衙门请示。总理衙门的大臣想了解朝鲜的真实情报，遂奏请光绪皇帝将袁世凯召回。7 月 17 日，袁世凯终于得到朝廷恩准回国诏书，如同得到大赦，立即易装逃离汉城，乘船回国，结束了他在朝鲜 12 年的生涯。

1894 年 7 月 25 日，日军在丰岛海面不宣而战，袭击中国军舰和运兵船，并进攻驻牙山的清军。8 月 1 日，清政府对日宣战，甲午中日战争爆发。清军由于腐败而节节败退。日军在攻克朝鲜平壤后，渡过鸭绿江，将战火烧至辽东半岛，并开辟山东半岛战场，击溃了清政府参战的淮、湘军，李鸿章经营十年的北洋舰队全军覆没。甲午战争以清军惨败，清政府派李鸿章赴日谈判，签订丧权辱国的《马关条约》而告结束。

第四节　三投军机大臣李鸿藻、荣禄

甲午战争暴露了清军的腐败无能。而日军由于采用西方的军事制度和先进武器，在战争中表现出来的强大战斗力令清军将领自叹弗如。战后，要求改革军制、整军经武的呼声日益高涨。同时社会上也开始改变以前重文轻武的风气，弃文习武成为时代新潮。在这种背景下，清政府酝酿编练新军，并于 1894 年 11 月成立了"督办军务处"，以恭亲王奕䜣为首，实权掌握在慈禧太后的亲信荣禄手中。

袁世凯逃离朝鲜后，曾奉命赴前线协助前敌营务处周馥工作，主要是为各军筹拨弹药粮饷。他同湘军后期大将刘坤一及淮军聂士成、宋庆等将领多有接触，并因办事干练、有条理而颇获好评。在此期间，袁世凯曾到北京，遍访京中友人，并捐弃十年以来之宿嫌，主动访谒以前的老师张謇，两人长谈达三小时之久，袁世凯历数朝鲜因在李鸿章管辖之下，不能行使吴长庆政策之苦闷，并且说，"本年此次乱事发生，曾有密电致李鸿章数十次之多，均不采用，且遭申斥。又曾向鸿章建议，如不愿开衅，即请明令派我与日本驻朝鲜公使协商，共同平乱，以及共同改革朝鲜内政之办法，亦遭鸿章严拒，言时愤慨不已。"张謇听了十分同情，稍后，张謇在弹劾李鸿章的奏折中，曾两次提及世凯之名，都是转引袁世凯的言论。

刘厚生在《张謇传记》中说："世凯在北京，究竟做什么秘密的工作呢？据我所闻，他把光绪壬午以后鸿章对日交涉如何软弱、两次把吴长庆军队调回中国如何失算、与伊藤在天津所订条约如何错误。世凯又提及本人在朝鲜，因中国军队之撤回，对日交涉，及对（朝）鲜处置，如何困难，鸿章之如何掣肘；并将最近四个月间来往文电摘要抄录，缮成小册数十份，呈送北京要人，不由军机处，而直达光绪，另有一份，则直达那拉氏。究竟用何办法？当时李鸿章颇有所闻，而不知其详，直到马关条约签字后，世凯奉训练新建陆军之命令突然发表，才有人知道，世凯已走上荣禄的路线。"

《马关条约》签订后，李鸿章被国人视为卖国贼，声名狼藉。本来靠李鸿章提拔起家的袁世凯立即加入打"死老虎"的行列，对李鸿章落井下石之余，利用其叔祖袁甲三及堂叔、堂兄弟们的关系，到处攀缘京城内外的达官显贵，如李鸿藻、荣禄、刘坤一等人。

李鸿藻（1820—1897），直隶（今河北）高阳人，号兰孙，咸丰进士，翰林院编修，1861年4月，咸丰帝特诏为皇太子载淳（后来即位为同治帝）的师傅。此后历任内阁学士、户部左侍郎、军机大臣、都察院左都御史、工部尚书、总理各国事务衙门大臣、兵部尚书、协办大学士、户部尚书、礼部尚书等职。当时，清廷内外大臣有所谓清流与浊流之分，而清流又有南北两派，李鸿藻为北派清流首领，张佩纶、张之洞为其中坚；翁同龢为南派清流领袖，黄体芳、陈宝琛、吴大澂、王仁堪、邓承修等为其中坚。作为清流派大老，一代帝师，李鸿藻"独守正持大体"①，因而名重京师，是袁世凯很想攀缘的大人物。中日甲午战争爆发后，李鸿藻奉命商办军务，旋复为军机大臣。据说，袁世凯拜到李鸿藻门下，是由他的拜把兄弟、翰林徐世昌介绍引见的，在投入李鸿藻门下后，袁世凯几次以"小门生"身份写信给李鸿藻，分析甲午战争战败原因，极力炫耀自己的军事才华。如在1895年5月7日致李鸿藻的信中是这么写的：

至此次军务，非患兵少而患在不精；非患兵弱而患在无将，其尤足患者在于军制冗杂，事权分歧，纪律废弛。无论如何激励亦不能当人节制之师，即如前敌各军共计不下十万人，而敢与寇角者，亦只宋祝帅、依尧帅旧部两三千人，及聂提督千百人耳。此后，非望风而逃，即闻风先溃，间或有一二敢战者，又每一蹶不可复振。为今之计，宜力惩前非，汰冗兵以节縻费，退庸将以肃军政，亟捡名将帅数人，优以事权，厚以饷粮，予有二三自爱者，又每师心自用，仍欲以剿击发捻旧法御劲敌，故得力者不可数睹耳。其各省防练诸军大半安闲太久，习气熏灼，其真能御敌者，实难枚举，派驻前敌，徒足以滋扰间阎与军务，不但无补而闻风惊扰，反为他军之累，况和局已定，嗣后饷源尤渐支绌，新募诸军自须依次汰遣。伏莽之起，恐不旋踵而各省防练诸军，尤须先行调回，以资弹压，其南方诸军又宜由就近海口船载以归，免至沿途地方遭其骚扰。现值奉省荒歉，农务方殷，兵民杂处，此户弃业，如能早遣一日即为数万生灵之福，且此次赔输甚巨，开源节流，亟须整理，而养兵之费向属繁巨，似应速派明练、公正、真实知兵大员，除将著名骄饱疲懦诸军即须遣散外，仍将拟留各军认真点验，分别减汰，务期养一兵即得

---

① 刘金库：《〈袁世凯等人书札册〉研究》，《辽海文物学刊》1997年第1期。

一兵之用，庶库无虚糜，捍卫有实效。统计奉直一带如有精兵六七万人，分归两三名帅扼要驻扎计可自守。正肃禀间，闻倭因俄、法、德三国要挟，已允还我全辽，诚足为大局幸。唯三国助我应必有以自计，他族生心亦在意中，而在我自强之道，仍属刻不容缓。

以小门生卑微浅陋，何敢妄参末议？唯念世受国恩，未报涓埃，复蒙太老夫子恩遇，陶成有加无已，既有管见不敢壅于上闻，是否有当，优候采纳，不胜悚惶、待命之至。再，去秋本家本生母右肢受风，迄今未愈，又以小门生奔走戎马时，切系念病，每因之有加。前以军事孔亟未敢以私于请，现值和局已定，前敌输运已商同胡臬司燏棻饬各局总办，委员依次收束。拟即禀请北洋赏假，归省以遂乌私。俟得批允，即将首途。此后遥荫慈晖，仰瞻愈远，尚乞不遗菲葑，随时教诲下颁，俾有遵循，不至玷辱知遇，尤切跂祷。谨肃寸禀，慕叩崇安。伏祈垂鉴。小门生袁世凯谨禀。四月十三日。①

袁世凯在信中那种极端谦卑的口吻活灵活现，这正是枭雄惯于玩弄的手段，未得志时极端谦卑恭顺，而一旦得志便猖狂，古往今来，无不如此。

李鸿藻多次接到袁世凯报告甲午战争战况的信札，认为袁熟悉军中情况，认为他提出的整军方案"有可取之处"，再加上有堂兄弟袁世勋不断为他奔走求情，李鸿藻便于6月将他奏调到北京，旋得光绪皇帝上谕"交吏部带领引见"，派充军务处差遣，以备顾问。

袁世凯进京以后，利用叔祖袁甲三和堂叔们的官场人脉关系，广泛结交权贵。他并邀集几位幕友，在嵩云草堂翻译东西方各国有关兵制的书籍，逢人便鼓吹"用西法练兵"。他还请求刘坤一、张之洞等封疆大吏保荐他去练兵，为此，刘、张先后上奏折，一致认为袁"年力正强""志气尖锐""胆识优长""任事果敢"，是少有的知兵之人，要求光绪皇帝越级提拔他，使他专

---

① 刘金库：《〈袁世凯等人书札册〉研究》，《辽海文物学刊》1997年第1期。

心办理练兵事。

在投到李鸿藻门下后，袁世凯又经阮忠枢的媒介，攀附上了慈禧太后的另一位宠臣，继李鸿章之后掌握兵权的荣禄。

荣禄（1836—1903），满洲正白旗人，满族瓜尔佳氏，字仲华，由荫生以主事用起家，历迁至侍郎、内务府大臣。1875 年兼署步军统领，1878 年升工部尚书。后因反对西太后自选太监忤旨，外放为西安将军。1894 年甲午中日战争爆发后，内调北京，授步军统领、总署大臣兼督办军务处大臣。荣禄工于策划，富于政治权谋，深得慈禧太后那拉氏的宠信。甲午战败后，李鸿章被调离直隶总督兼北洋大臣，名义上由王文韶接任，但王文韶是文臣，又是八面玲珑的好好先生，所以整个清廷及直隶地区的兵权均掌握在荣禄手中。荣禄其人识见不高，好恭维、爱金钱、贪污纳贿，无所不为。袁世凯针对荣禄的弱点下足了功夫。他以小门生之身份向荣禄呈递自己主持编译的兵书，请求指教，百般表示其倾慕服膺之诚。荣禄早就耳闻袁氏有"知兵"之名，现在又看了袁氏呈上来的兵书，对袁也就另眼相看，乐得收到自己门下。

有了李鸿藻、荣禄两个大靠山，袁世凯自然不愁没有出路。

不久，清廷军务处议决"变通兵制"，仿照西法练兵。先以胡燏棻编练的定武军为基础，扩编训练，俟办有成效，再逐渐推广到全国。李鸿藻极力保荐袁世凯，据《容庵弟子记》说："李相尤激赏公，以公家世将才，娴熟兵略，如今特练一军，必能矫中国绿营之弊。亟言于朝，荣相亦右其议，嘱公于暇时拟练洋操各种办法上之。"①

袁世凯参照湘、淮军的办法及法国、德国的军制，拟定《练兵要则十三条》《新建陆军营制饷章》及《募订详员合同》等，呈报军务处，军务处审核后认为"甚属周妥"。1895 年 12 月 8 日，督办军务处王大臣联名会奏，称："中国自粤、捻削平以后，相沿旧法，习气渐深，百弊丛生，多难得力。

---

① 来新夏主编：《北洋军阀》（五），第 34—35 页。

现欲讲求自强之道，固必首重练兵，而欲迅期兵力之强，尤必更革旧制。臣等于去岁冬月军事方殷之际，曾请速练洋队，仰蒙简派广西臬司胡燏棻，会同洋员汉纳根，在津招募开办。嗣以该洋员拟办各节，事多窒碍，旋即中止，另由胡燏棻请练定武十营，参用西法，步伐号令，均极整齐，虽未尽西国之长，实足为前路之导。今胡燏棻奉命督造津芦铁路，而定武一军，接统乏人，臣等公同商酌，查有军务处差委浙江温处道袁世凯，朴实勇敢，晓畅戎机，前住朝鲜，颇有声望，因令详拟改练洋队办法。旋据拟呈现聘请洋员合同及新建陆军营制饷章，臣等覆加详核，甚属周妥，相应请旨饬派袁世凯督练新建陆军，假以事权，俾专责任。"

同日，光绪皇帝发布上谕："此次所练专仿德国章程，需款浩繁，若无实际，将成虚掷。温处道袁世凯既经王大臣等奏派，即著派令督率创办，一切饷章著照拟支发。该道当思筹饷甚难，变法匪易，其严加训练，事之核实，倘仍蹈勇营积习，唯该道是问，懔之、慎之！钦此。"①

有人说，推荐袁世凯者，乃系李鸿藻出面，荣禄则系从中极力主持者。陈夔龙所著《梦蕉亭杂记》说："甲午中日之役失败后，军务处王大臣鉴淮军不足恃，改练新军，项城袁君世凯以温处道充新建陆军督办。……当奏派时，常熟（翁同龢）不甚谓然，高阳（李鸿藻）主之。"陈夔龙后又补充说："袁世凯经徐世昌介绍于李鸿藻后，袁就对李拜门，并和李鸿藻之子煜瀛往返极密，通过种种关系使李逐渐相信袁知兵。所以他首先推荐袁督练新建陆军，这完全出自爱才之意。荣禄则是另有野心，更有宫廷后援，所以力量超过李之上，他赞成袁世凯督练，附和李（鸿藻）的主张，实欲借机培养自己实力。"②

袁世凯接掌定武军，是他人生跨出的最关键的一步。正因为有了这次的任命才有了后来的北洋集团的崛起。

---

① 　来新夏主编：《北洋军阀》（一），第 5 页。

② 　张国淦：《北洋述闻》，上海书店出版社 1998 年版，第 3 页。

第二章　幕府的形成与演变

袁世凯幕府班底经历了从萌芽、定形、发展到衰亡等几个阶段。

第一节　萌芽阶段（1882—1894）

大体上，自 1882 至 1894 年是袁世凯幕府班子的萌芽阶段。

1882 年，袁世凯奉吴长庆之命为朝鲜王朝编练亲军，即开始了组织自己班子、另立山头的过程。

王伯恭《蜷庐随笔》说："慰亭少余两岁，弟畜之，其居三军府也，盖与吴帅不甚水乳，借为朝鲜练兵之名，遂别树一帜。""慰亭虽领庆军营务处之虚衔，而既为朝鲜练兵，便须别立门户，幕中不可无人。商诸吴帅，吴遣书记茅少笙、纪雨农、陈石斋三人佐之。少笙名延年，雨农名堪沛，石斋名长庆。少笙笔墨敏捷，智识通达，自以吴帅旧人，而慰亭只是营务处委员，甫经代理营务处耳。且年少新进，何所知能，吾名为之佐，合当代为主持。而慰亭则谓此三人者，既为我之书记，即为我之属下，自当听我指挥。于是二人积不相能，雨农、石斋独兢业自守，不露圭角。"[①]

由此可知，茅少笙、纪堪沛、陈长庆三人当为袁世凯幕府班子最早的成员。不过，当时茅延年自以为是吴长庆幕府中的老人，看不起年纪轻且属新进的袁世凯，倚老卖老，算不上是忠心诚服的幕僚，这三个人后来的结局也不清楚。

1885 年 10 月 28 日，李鸿章奏请委派袁世凯接替陈树棠，担任驻扎

---

① 　王伯恭：《蜷庐随笔》，山西古籍出版社 1999 年版，第 22—23 页。

朝鲜总理交涉通商事宜，李鸿章特别抬高袁的品级，让他以知府分发，俟补缺后以道员升用，并请赏加三品衔，清廷一一予以批准。袁世凯赴朝时，还携带了李鸿章致朝鲜国王李熙的一封密函，李鸿章在密函中嘱咐李熙："袁忠亮明敏、心地诚笃，两次带队扶危定倾，为贵邦人所信重，鄙人亦深契许殿下欲留为将伯之助。鸿章已据情奏闻，奉旨令驻扎汉城襄助一切，以后贵国内治外交紧要事宜，望随时开诚布公与之商榷，必于大局有裨。该员素性耿直，夙叨挚爱，遇事尤能尽言，殿下如不以为逆耳之谈，则幸甚矣。"①

在名义上，袁世凯是清王朝北洋大臣派驻朝鲜的属吏，只不过是一个四等公使的角色，但因为有了李鸿章的密函，朝鲜国王必须随时向袁世凯请示，虽无监国之名，却实际上扮演着类似监国的角色。正因为如此，袁世凯到朝鲜后真的摆出了监国的架势，他遇事直入王宫，或传呼朝鲜大臣问话，盛气凌人。在各国驻朝鲜公使面前，袁自视自己名分高于各国公使，遇有使领聚会，袁本人不出席，仅派翻译参加，以显示自己的尊贵地位。

为了体现"监国"的身份和威风，袁世凯在上任时从国内带去了多个随员，其中，包括刘永庆、吴长纯、吴凤岭、雷震春、王同玉、赵国贤、王凤岗、徐邦杰、唐天喜等，这些人大都充当袁世凯的私人秘书、差弁、亲兵之类的角色。②

到朝鲜后，基于办理通商及外交的需要，他又延聘了吴晓北、唐绍仪、吴仲贤、蔡绍基、梁如浩、林沛泉、周长龄等一批留美学生。③

袁世凯搞权谋是不学有术，但搞外交通商还得依赖有专业知识的留学生。袁世凯在朝鲜形成的这个幕僚班子，属于袁世凯幕府的第一批成员，他们之中的许多人一直跟随袁世凯，成为袁家党的骨干，如唐绍仪、梁如浩、雷震

---

① 《李鸿章全集》第八卷，时代文艺出版社 1998 年版，第 4833 页。
② 李宗一：《袁世凯传》，中华书局 1980 年版，第 53—54 页。
③ 李志茗：《晚清四大幕府》，上海人民出版社 2002 年版，第 268 页。

春、吴凤岭、徐邦杰、蔡绍基、唐天喜等，唐绍仪后来成为中华民国第一任内阁总理。

第二节　定形阶段（1895—1899）

1895—1899 年，是袁世凯小站练兵时期，也是袁世凯幕府班子定形的阶段。

1895 年 12 月 21 日，袁世凯来到天津小站接管定武军。这个本来不起眼的津沽小站遂成为袁世凯发迹的福地，也成为近代中国臭名昭著的北洋集团形成之地。

小站原名新农镇，位于天津东南 70 里，1875 年，李鸿章指令淮军将领周盛波、周盛传兄弟所统的盛军步队驻扎新农镇屯田。1884 年 8 月，添盛字新军十营，由卫汝贵统领驻小站训练。在周盛传、周盛波相继去世后，卫汝贵于 1888 年接任盛军统领。1894 年，卫汝贵率盛军步队赴朝鲜作战，不久即以临阵脱逃罪被朝廷处以斩刑，此后盛军溃散。1894 年底，清政府接受李鸿章的军事顾问汉纳根的建议，在天津小站编练一支新式陆军，由长芦盐运使胡燏棻主持。胡把招募来的士兵编成 10 营，名为定武军。各级军官大都是原淮军的将领，同时还选拔了天津武备学堂毕业生何宗莲（总教习）、吴金彪、曹锟、田中玉、刘承恩等担任教习或军官。此外，还聘请了德国军官沙尔等担任教习。定武军共 10 营，计步兵 3000 人，炮兵 1000 人，骑兵 250 人，工兵 500 人，共计 4750 人。袁世凯接管以后，派吴长纯赴山东、河南、安徽招募步兵 2250 人，派魏德清在奉天锦州、新民一带招募骑兵 300 人，总计官兵达到 7300 人。

袁世凯按照他呈报的营制，将定武军迅速改编成新建陆军。袁世凯任新建陆军督办，其下设参谋营务处、执法营务处、督操营务处、稽查营务处、教习处（洋务局）、粮饷处（局）、军械处（局）、转运局（设在天津城内）、军医局及行营中军等机构，其中，参谋营务处总办为徐世昌、陈燕昌；执法营务处总办为路孝允、王英楷；督操营务处总办为冯国璋、景启；教习处（洋务局）为马森斯；粮饷处（局）为刘永庆；转运局总办为刘永庆；行营中军官为张勋（介乎今之副官长与侍卫长之间）；此外，还有文案阮忠枢、沈祖宪、陈燕昌、萧凤文、田文烈、言敦源、吴镜孙等（这些人相当于现在的机要秘书、秘书等角色）。

新建陆军营制分左右两翼，每翼辖二三营不等；每营官兵1128人。其中，左翼翼长姜桂题，第一营统带姜桂题兼，帮统陆建章，领官叶长盛、吴金彪等，文案田文烈；第二营统带先后为杨荣泰、帮统段芝贵，领官有王金镜、何宗莲等。右翼翼长龚元友，第一营统带龚元友，帮统曹锟；第二营统带吴长纯、帮统刘承恩，领官杨善德等；第三营统带徐邦杰，帮统梁华殿，领官王占元、赵国贤、雷震春等。

直属新建陆军的有炮兵营、炮兵学堂、步兵学堂、骑兵营、骑兵学堂、工兵营、德文学堂等。其中，炮兵营统带段祺瑞，左翼重炮队领官商德全，右翼快炮队领官田中玉，过山炮队领官张怀芝；骑兵营统带任永清，领官孟恩远、吴凤岭等；工程营管带王士珍，帮带卫兴武，队官鲍贵卿、李长泰等。炮兵学堂监督为段祺瑞，教员有德国人祁开菜等，毕业学员中有靳云鹏、贾德耀、傅良佐、吴光新、曲同丰、陈文运、张树元、张士钰、李钟岳、马良、李玉麟、段启勋、冯俊英、郑士琦、何丰林等；步兵学堂监督为刘诰春，毕业学生中有臧致平、丁搏霄、冯克耀、高鹤、田书年等。

值得一提的是，新建陆军完全是模仿德国当时的陆军制度，袁世凯通过中国驻德国公使延聘了十余名德国军官充当新建陆军的教习，教习处（后改为洋务局）负责人为马森斯，负责全军的训练和作战演习。袁世凯对他十分信任，言听计从，操场稽查施壁士和伯罗恩负责操场训练。此外，还有礼节兼军械稽查魏贝尔，炮兵教习祁开菜，骑兵稽查兼教习曼德，德文教习慕兴礼，号兵乐队总教习高士达等。新建陆军所办的炮兵、步兵、骑兵、德文四所随营学堂均聘请德军军官担任总教习。所有学堂均为两年制，毕业生除少数派赴德国、日本留学外，其余都分发新建陆军中担任下级军官。这一时期，由袁世凯派往德国留学的有段祺瑞等人，派往日本留学的有孙传芳、张士钰、张树元、刘询、陈乐山、曾学彦等。

小站练兵，标志着袁世凯班底的基本形成。正如论者所指出的："新建陆军只有七千人，规模并不算大，但其组织甚强，其后势力日张，几乎布满全国。民国所谓北洋军阀者，若大总统、副总统、执政、国务总理、各部总长、巡阅使、检阅使、各省督军、省长，以及军长、师长、旅长都出自小站。"①

第三节　扩张阶段（1900—1908）

袁世凯幕府的扩张期，大致为1900—1908年。1899年12月6日，袁世凯凭借新建陆军的实力，被清廷授予署理山东巡抚，次年3月14日实授。1901年11月7日，署理直隶总督兼北洋大臣，同年6月8日实授。从此，袁世凯从一个高级军事将领跻身于封疆大吏，而且位于封疆大吏之首，其升迁速度之快，恐怕是前所未有。

袁世凯在这一时期继续扩编军队，他一到山东，即奏请将山东原有的34营勇队裁并，改编为武卫右军先锋队，编为20营，重加训练，袁的军队一下子增加了20营。

袁世凯出任直隶总督兼北洋大臣后，利用清廷下令各省编练新军的机会，更是大张旗鼓地编练军队，扩充实力。

袁世凯在直隶总督府设立督练新军的机构——军政司，下设兵备处、参谋处、教练处三处，由刘永庆、段祺瑞、冯国璋分任总办。1904年，依据新章改军政司为督练公所，仍设兵备、参谋、教练三处，分别以言敦源、段芝贵、何宗莲担任总办。袁世凯为了扩军，可以说是雷厉风行，1902年1

---

① 张国淦：《北洋述闻》，上海书店出版社1998年版，第6—7页。

月即奏准从直隶赈捐项下拨款 100 万两作为募练新军费用，派王英楷、王士珍等分赴直隶正定、大名、广平、顺德、赵州、深州、冀州等地，精选壮丁 6000 人，至保定进行训练，至 1903 年复编成常备军左镇，这不仅是北洋新军，也是全国新军中最早成军的一个镇，袁世凯自诩"实开常备军风气之先"①。

之后，袁世凯又先后在直隶、河南、山东、安徽等省招募数万新兵，至 1905 年，前后共编成 6 镇（相当于师）新军，即陆军第一、二、三、四、五、六镇，六镇的首任统制分别是凤山、王英楷、段祺瑞、吴凤岭、吴长纯、王士珍。② 为了适应军队急剧扩充的需要，袁世凯加速了对军官的培养，北洋武备学堂前后入学 200 多人，有 130 多人被袁世凯留用，分发至 6 镇中任职，袁世凯还大力物色留学归国的士官生，据统计，从 1902—1909 年，留日士官生 620 人，为袁世凯所派遣的约占四分之一。

除了武将，袁世凯还先后网罗了一大批文官。在山东巡抚任内，设立了筹饷总局、银圆局、商务局，分别由朱钟琪、马廷亮、唐绍仪总司其事。出任直隶总督兼北洋大臣后，局面更加开阔，他先后设立了筹款局、农务局、工艺局、机器纺织局、警务总局、天津自治局、天津教养局、发审公所、天津巡警局等一系列的机构，用以安插亲信。之后，袁世凯又陆续兼任了参与政务大臣、督办关内外铁路大臣、督办津镇铁路大臣、督办商务大臣、督办电政大臣、会办练兵大臣，本兼八大职务，皆由朝廷特简。恩遇之隆，事权之重，远远超过了当年的曾国藩、李鸿章。袁世凯身兼八职，每个机关均可安插一批亲信幕僚。这一时期，袁世凯物色的文武幕僚有朱钟琪、马廷亮、陆嘉谷、黄璟、张镇芳、杨士骧、杨士琦、孙宝琦、于式枚、赵秉钧、梁士诒、周学熙、蔡廷干、朱家宝、毛庆蕃、梁敦彦、金邦平、富士英、黎渊、

---

① 任恒俊：《谈清末北洋六镇的编练》，《近代史研究》1984 年第 6 期。

② 任恒俊：《谈清末北洋六镇的编练》，《近代史研究》1984 年第 6 期。

稽镜、施肇祥、汪荣宝、张瑛绪、高淑琦、蔡乃煌、娄椒生、张一麐、傅增湘、严修、吴闿生、荫昌、凌福彭、沈桐、闵尔昌、郭则沄、何昭然、陶葆廉、胡惟德、陈昭常、齐耀琳、张锡銮、孙多森、沈兆祉、刘燕翼、杨度、冯学书、曾广钧、唐在礼、袁乃宽等。另外，这一时期还聘请日本籍幕僚坂西利八郎、楠原正三等人。[①]

这一时期，袁世凯权势如日中天。张一麐说袁世凯"虚怀下士"，"两目奕奕有神，凡未见者俱以为异，与人言煦煦和易，人人皆如其意而去，故各方人才奔走于其门者如过江之鲫……"[②]。张一麐是追随袁世凯多年的老幕僚，他的话固然有为老幕主脸上贴金的成分，但大体不虚。

这一时期袁世凯物色的幕僚，既有奏调而来的朝廷命官或者翰林，如陈昭常、蔡汇沧、阮忠枢是候补道；张一麐、于式枚、傅增湘是进士、翰林出身；直隶学务处总办严修任过贵州省学政。值得一提的是，袁世凯在这一时期网罗了大批留学生，如金邦平、富士英、黎渊、汪荣宝、蔡汇沧、唐在礼、陆宗舆、曾彝进、曹汝霖、章宗祥等，这批留学生的加入，为袁世凯参与清末立宪运动提供了有力的支持。

第四节　收缩阶段（1909—1911）

1909 年 1 月 2 日，袁世凯终因树大招风，权高震主，被清廷开缺回籍。袁世凯被开缺，对袁世凯幕府不能不说是一个重大打击。袁身边的文案幕僚大都被迫离开了袁世凯，有的从政，有的另谋出路，如文案张一麐离开袁世凯后投奔浙江巡抚增韫担任文案领袖，袁世凯只留少数几个幕僚陪侍左右。

袁世凯离开京城后，不愿再回交通闭塞、信息不灵的项城县，他在河南卫辉府住了几个月后，于同年 6 月间迁到彰德府（今安阳市）北门外洹上村，

---

① 李志茗著：《晚清四大幕府》，上海人民出版社 2002 年版，第 273 页。

② 张一麐：《古红梅阁笔记》，上海书店出版社 1998 年版，第 43 页。

袁世凯买下天津盐商何炳莹的一座豪华别墅，然后大加扩建成为"养寿园"，这个园子占地数百亩，园内楼台亭阁，错落有致，山石叠翠，池水碧绿。有一天，袁世凯与其兄袁世廉操舟池上，袁世凯持篙立船尾，袁世廉则披蓑垂钓，天津某照相馆应袁氏之约来到河南洹上村将此摄成照片，袁世凯在照片上题其名曰"蓑笠垂钓图"，然后送往上海商务印书馆出版、发行全国的《东方杂志》刊登，以表明自己寄情山水，鱼樵足乐，从此不再过问政治。实际上这是袁世凯玩弄的韬晦术，是他放的一个烟幕弹。袁世凯还与跟随在身边的几个文学侍从诗酒唱和，后辑录为《圭塘倡和诗》刊行于世。所写的诗词大都是风花雪月、闲情十足之类的内容，如"背郭园成别有天，盘餐樽酒共群贤。移山饶岸遮苔径，汲水盈池放钓船。满院莳花媚风日，十年树木拂云烟。劝君莫负春光好，带醉楼头抱月眠"。"烹茶檐下坐，竹影压精庐。不去窗前草，非关乐读书。"诸如此类，似乎袁世凯本人完全陶醉于风花雪月的闲情逸致之中。

在这种虚假的隐逸生活背后，则是袁世凯与其北洋集团频繁的幕后活动。他与故旧书信往来无虚日，交换着政坛信息，窥探政治风云，"养寿园"里设立了专门的电报房，与四面八方保持着密切的联系。每当过年过节的时候，他的老部下们成群结队来到彰德府，名为拜年，实为表忠心，以示不背故主。袁的长子袁克定挂着农工商部参丞的名义和徐世昌、冯国璋、段祺瑞、杨士琦等保持联络，在北京与彰德之间充当通风报信的角色。

公开是风花雪月，十足的闲情逸致，私下里却写下了"寄语长安诸旧侣，素衣早浣帝京尘"，"投饵我非关得失，吞钩鱼却有恩仇"等诗句，已暗藏对清廷报仇雪恨的杀气。"楼小能容膝，檐高老树齐；开轩平北斗，翻觉太行低"，则把他不甘寂寞，希望有朝一日东山再起的意图和盘托出。

袁世凯被开缺后，对权奸十分痛恨的监察御史们并没有就此罢手，他们一再上奏摄政王，要求公开治袁世凯之罪。一日摄政王召见监察御史赵炳麟于养心殿，询问如何处置袁世凯？赵炳麟回答："世凯虽罢官而罪名不著，天下疑摄政王排汉，奸人构之，使民解体，为患滋大。当宣布德宗手诏，明正世凯之罪；黜逐奕劻以靖内奸，任张之洞独相，以重汉人之权；起岑春煊典禁卫军，巩固根本；召康有为、安维峻、郑孝胥、张謇、汤寿潜、赵启霖授皇帝读，并为摄政王顾问，以收海内物望；实行立宪，大赦党人，示天下以为公。"摄政王对此"首肯者再"①。赵炳麟的献策，因为遭到张之洞的强烈反对而被迫放弃，但对袁世凯及其北洋集团来说不能不说是个心惊肉跳的消息。

摄政王虽然没有进一步治袁世凯的罪，但还是采取了一些措施以进一步剪除袁党。1909 年 2 月 8 日，首先将邮传部尚书陈璧革职，永不叙用。2 月 9 日，徐世昌内调为邮传部尚书，而以锡良接任钦差大臣、东三省总督兼管东三省将军事务。3 月 23 日，掌握京师警察大权的民政部侍郎赵秉钧被迫以原品退休。6 月 28 日，直隶总督兼北洋大臣杨士骧病死，由端方继任。锡良到任后，以黑龙江民政使倪嗣冲贪污 20900 余两白银为由，下令将其革职。1910 年 4 月 1 日，正黄旗蒙古副都统署江北提督王士珍以有病为由，自请开缺照准。1911 年 1 月，邮传部尚书唐绍仪被迫乞休。同年 2 月，邮传部最有实权的铁道局局长梁士诒为盛宣怀所参而撤职。摄政王剪除袁世凯爪牙不遗余力，也确实给袁世凯集团以沉重打击，但最终未能完全搞垮袁世凯集团，袁的班底也没有因此而作鸟兽散。

其原因就在于：第一，奕劻的庇护和维护。奕劻是首席军机大臣、首届内阁总理大臣，他是袁世凯用无数金钱牢牢收买过来的老靠山，只要奕劻不倒，则袁世凯就不会有太大的危险。正如监察御史赵炳麟所指出的："世凯虽家居，而奕劻在政府，政无大小毕报，北洋宾吏布满京外，唯世凯意旨是瞻。"②

第二，徐世昌的维护。徐世昌自东北内调为邮传部尚书后，凭借其高

---

① 《赵柏岩集·宣统大事鉴》卷一，页三。
② 《赵柏岩集·宣统大事鉴》卷一，页五。

超的权谋手段不仅没有受到袁世凯的牵连，反而受到重用，由军机大臣至内阁协理大臣，尤其在张之洞、鹿传霖相继去世后，汉大臣中"唯世昌宠最固"。[①] 徐世昌与奕劻紧密结合，成为牵制摄政王的强有力的政治对手。故赵炳麟无可奈何地说："世昌夙为袁世凯幕府，练兵北洋倚为策士，以世凯荐，历官至东三省总督。至是，奕劻引入军机，参与机密，助己驱逐朝士，援引世凯。"[②]

第三，北洋六镇军官都是从小站时代起由袁世凯一手培植起来的，自成体系，只认他们的袁宫保，不认他人，外来势力根本不能在军中立足。例如，摄政王曾尝试用日本留学归来的士官生替换北洋军官。1910 年 12 月，将第六镇统制段祺瑞外放江北提督，而以留日士官生吴禄贞接任第六镇统制。吴禄贞上任后发现根本不能控制协统以下的北洋各级军官。到 1911 年冬，吴本人且被袁世凯唆使的北洋军官刺杀殒命，北洋第六镇重新回到袁世凯爪牙的控制之下。

正由于以上多种原因，袁世凯被开缺，虽给袁世凯幕府造成重大打击，但并没有因此而使之完全解体。辛亥武昌起义的炮声一响，随着袁世凯的被起用，袁世凯幕府迅速死灰复燃，而且局面再次扩大，成为笼罩全国的政治军事势力集团。

第五节　再度扩张阶段（1912 — 1914）

1911 年 10 月 27 日，清廷任命袁世凯为钦差大臣，督办湖北剿抚事宜，节制水陆各军和冯国璋的第一军、段祺瑞的第二军。

袁世凯一旦出山，袁党上下弹冠相庆，袁世凯立即招回自己的原班人马，一个个加官晋爵。例如，赏直候补道段芝贵副都统衔护理湖广总督，简直就

---

① 警民:《徐世昌》，台北文海出版社影印本，第 23 页。

② 《赵柏岩集·宣统大事鉴》卷一，页六。

是一步登天。

1911 年 11 月 16 日，袁世凯出任内阁总理大臣，内阁阁员大都是他的党羽或老朋友：外务大臣梁敦彦，副大臣胡惟德；民政大臣赵秉钧；陆军大臣王士珍，副大臣田文烈；度支大臣严修；海军大臣萨镇冰；司法大臣沈家本，学部副大臣杨度；张謇为农工商大臣；邮传部大臣唐绍仪（先后由杨士琦、梁士诒署理）；达寿为理藩大臣等等。

为了掌握朝廷的全部军权，袁世凯在出任内阁总理大臣后，首先罢免军谘府大臣（相当于今之参谋总长）载涛和毓朗，而代之以附己的荫昌和亲信徐世昌。强令在名义上代行大元帅职权的"监国摄政王"载沣交出大印退回藩邸。调冯国璋入京接任禁卫军总统，随后又以准备出战的名义将禁卫军调出北京城，由段芝贵另编拱卫军负责守卫北京，让赵秉钧接管北京的警察。经过一番周密的布置，袁世凯用自己的班底成员接收清廷的全部权力，隆裕太后和溥仪小皇帝成了袁世凯手中任意摆布的傀儡，只有向袁世凯喊饶命的份儿，而绝不可能对袁世凯构成威胁。

袁世凯在攫取清廷全权后，左右开弓，窃取了辛亥革命的果实，他摇身一变，由清王朝的内阁总理大臣变成了中华民国的临时大总统。

做了国家元首的袁世凯，始终跳不出北洋的小圈子。他曾对自己的亲信声明："他们（指北洋系以外的政治势力）来，我们是欢迎之不暇的，但是要在我这个圈儿里。"[①] 袁世凯因为有这样的心态，自然不可能与其他政治势力分享政治权力。根据民国初年的政治形势，袁世凯为了牢牢控制权力，一方面将亲信安插到政府军政各部门掌握实际权力，同时又通过设立秘书厅、军事处、陆海军大元帅统率办事处、机要局、内史监等形形色色的机构，安排亲信把持这些机构，以达到集权于一身的目的。

总统府秘书厅在秘书长梁士诒之下有机要秘书张一麐、陈汉第、冯学书，

---

① 唐在礼：《辛亥以后的袁世凯》，《文史资料选辑》第 53 辑。

秘书夏寿田、闵尔昌、曾彝进等，他们是清一色的亲信人物。

总统府军事处负责处理军事。军事机要事项皆由参谋部、陆军部提出处理方案呈请袁世凯批示执行；重要具体事件则归总统府军事处研议，研议后有时提出口头意见，有时提出书面意见呈请批示。此外，总统府军事处还起着代替总统与参谋部、陆军部联系的桥梁作用。军事处首任处长李书城，副处长傅良佐，下面还有唐在礼、蔡成勋等。当时是南北合作时期，李书城是著名的革命党人，曾任湖北民军战时总司令参谋长、南京留守府总参谋长，是黄兴的军事助手。袁世凯对不是自己人的李书城表面上始终客气敷衍，但李书城本人心中有数，对于军事处的公事很少发表自己的主张，处务实际上由袁世凯的亲信、副处长傅良佐主持。傅良佐也不客气，各项公文简直连一个字都不给李书城看。李气愤不过，不久就不辞而别。[①]

陆海军大元帅统率办事处成立于 1914 年 5 月 9 日，这是一个由袁世凯直接掌握的机构。相当于前清的军机处。统率办事处有大办事员 6 人：参谋次长陈宧、陆军总长段祺瑞、海军总长刘冠雄、海军司令萨镇冰、总统府侍从武官长荫昌以及王士珍。大办事员下设立参议处，参议有程璧光、陈仪、蒋方震、姚宝来、覃师范、张一爵、姚鸿法、唐宝潮等 8 人。参议之外，还有参谋处行走厚琬、刘邦骥、龚光明、铁忠等。大办事员下还设有军政所、军令所、军械所三个机构。军政所主任贾德耀，军令所主任田书年，军械所主任童焕文，各主任下各配员司三五人，办理例行公事。

统率办事处还有一个特殊机构——军需处，这个军需处并不办理军需，而是专管特务费的机构，处长唐在礼的工作就是调拨支付特务费。

1914 年 5 月 1 日，袁世凯废除国务院，在总统府设立政事堂，特任徐世昌为政事堂国务卿，各部总长是：外交孙宝琦、内务朱启钤、财政周自齐、陆军段祺瑞、海军刘冠雄、交通梁郭彦、司法章宗祥、教育汤龙化、农商张

---

① 唐在礼：《辛亥以后的袁世凯》，《文史资料选辑》第 53 辑。

謇。其中，汤化龙、张謇是进步党人物，但张謇也是袁的故交，其他人物都是袁世凯班底的成员。

政事堂还设有左丞杨士琦、右丞钱能训，赞襄国务卿与闻政事。政事堂下设法制、机要、铨叙、主计、印铸5局和1个司务所。施愚、张一麐、夏寿康（5月9日改任张元奇）、吴廷燮、袁思亮分任5局局长，司务所所长为吴笈孙。政事堂参议有林长民、金邦平、伍朝枢、方枢、郭则沄等。总统秘书厅裁撤后，秘书长梁士诒调出总统府，改任税务处督办。

总统府还设有内史监，以老文案阮忠枢为内史长。内史有沈祖宪、闵尔昌、吴闿生、王式通、夏寿田、郑沅、陈燕昌、董士佐、张星炳、沈兆祉、王寿彭、刘春霖、杨度、刘燕翼、张国淦、谢煊、吴康伯、王振尧、高景祺、马吉樟、杨景震、孟以铭等22人。[①]政事堂还设有参议，林长民、伍朝枢、郭则沄、张国溶、金邦平、方枢、许士熊、徐佛苏、曾彝进、李国珍等先后任参议。

袁世凯窃国后，为了镇压人民的反抗，建立了众多的警察特务机构，如京师警察厅、京畿军政执法处、步军统领衙门、京师一带稽查处、拱卫军司令部执法处等，以上机构都由袁世凯的亲信担任头目，并归袁世凯直接控制指挥，其他人一律不得过问。袁世凯直接指挥的警察特务头子有赵秉钧、杨士琦、陆建章、雷震春、王天纵、王治馨、洪述祖、郝占一等，他们是如狼似虎、吃人不吐骨头的杀人魔王。

袁世凯特别注意收买意志不坚定的革命党人，或者拉拢一时迷失方向的革命党人。这些人包括章太炎、孙毓筠、胡瑛、林述庆、冯自由、李燮和等。例如，章太炎在辛亥武昌起义后，因为与同盟会与光复会的恩怨纠纷解不开，与立宪派旧官僚为伍，捧黎（元洪）拥袁（世凯）。1912年3月，章太炎以袁世凯的谋士自居，向袁世凯献策对付国民党："以光武遇赤眉之术，解散

---

① 章伯锋、李宗一主编：《北洋军阀》第2卷，武汉出版社1990年版，第1120—1121页。

狂狡；以汉高封雍齿之术，起用宿将；以宗祖律藩镇之术，安尉荆吴。"^① 曾任安徽都督的孙毓筠被袁世凯收买过去后，更是成为袁世凯对付革命党的得力帮凶。

第六节　袁败时期（1915—1916）

袁世凯称帝的企图暴露后，激化了北洋派内部的矛盾。对于袁世凯的称帝企图，北洋派上层除段芝贵、朱启钤、周自齐、张镇芳、阮忠枢、唐在礼、袁乃宽、雷震春、吴炳湘、张士钰、杨度、孙毓筠以及封疆大吏倪嗣冲、龙济光、朱瑞等少数人坚决拥护外，大多数持反对或首鼠两端的态度，他们包括徐世昌、张謇、王士珍、段祺瑞、冯国璋、赵秉钧、张勋、张一麐、严修等，这些人中包括了"北洋三杰"在内的许多重量级实权人物。但袁世凯、袁克定父子不顾北洋派的强烈反对，一意孤行，强行实施复辟帝制计划，用下毒的方式搞掉了赵秉钧，以软禁的方式剥夺了段祺瑞的军权。这样一来，北洋派更加离心离德，坐镇南京、尾大不掉的冯国璋公开抗命，并与反袁护国军配合，成为袁世凯帝制垮台的关键人物之一。梁启超、蔡锷、唐继尧、李烈钧领导的护国战争打响后，袁世凯终于面临着众叛亲离的局面，最终在忧郁愤懑中死亡，身败名裂，被牢牢钉在历史的耻辱柱上。袁世凯一死，其幕僚也就树倒猢狲散，袁世凯幕府虽然结束，但他的徒子徒孙们继续祸害中国十余年。

---

① 　马勇编：《章太炎书信集》，河北人民出版社 2003 年版，第 441 页。

第三章　幕府基本特点

第一节　幕府成员的籍贯

从曾国藩幕府开始，清末的几大军政幕府都带有强烈的省籍地域特征，即以一省同乡为主建立起来的。

曾国藩幕府成员以湖南人为主，李鸿章幕府成员以安徽人为主。袁世凯是河南人，但他的幕府中，河南人并不占主导地位。袁世凯出身于李鸿章幕府，从一开始就接纳淮系的人马和旧班底成员，新建陆军的将弁几乎全部出身于淮军行伍或北洋武备学堂，这样，袁世凯自然成为淮系的继承者，因此也有人称袁世凯为"淮系余孽"。

从地域分布来看，袁世凯幕府中，安徽籍的人很多；其次是河北、山东、广东、河南、江苏等省。从地域分布来看，袁世凯幕府成员显然比曾国藩幕府、李鸿章幕府要广泛得多。根据笔者的一个很不完全的统计，袁世凯幕府成员的籍贯分布见下表：

袁世凯幕府主要成员籍贯一览表

姓名	生卒年	籍贯	在幕府主要职务
赵秉钧	1859—1914	河南汝州	民政部侍郎、内务部总长、国务总理
刘永庆	1863—1908	河南项城	新建陆军粮饷局总办兼总办
张镇芳	1863—1933	河南项城	北洋银圆局会办、粮饷局总办、河南都督
赵倜	1871—1933	河南汝南	河南护军使、将军
吴凤岭	1853—1912	河南项城	第四镇统制

续表

姓名	生卒年	籍贯	在幕府主要职务
袁乃宽	1868—1946	河南项城	拱卫军军需处长
赵国贤	?—1911	河南项城	亲兵起家　北洋第六镇统制
王凤岗	?	河南淮宁	亲兵起家
吴笈孙	1876—1947	河南固始	政事堂司务所所长
秦树声	1861—1926	河南固始	总统府顾问
王祖同	1861—1919	河南鹿邑	参政院参政、广西巡按使
袁克定	1878—1955	河南项城	模范团团长
袁克文	1890—1931	河南项城	统率办事处陆军总稽查
唐天喜	1870—1949	河南沈丘	卫队团长
姜桂题	1838—1921	安徽亳州	热河都统
吴长纯	?—1906	安徽庐江	北洋第五镇统制
龚友元	?	安徽合肥	新建陆军右翼翼长
任永清	?	安徽蒙城	新建陆军马队管带
段祺瑞	1865—1936	安徽合肥	陆军总长、国务总理
段芝贵	1868—1925	安徽合肥	拱卫军司令、镇武上将军督理 东三省军务、奉天将军
周学熙	1865—1947	安徽建德	财政部总长
杨士骧	1860—1909	安徽泗州	直隶布政使、总督
杨士琦	1862—1918	安徽泗州	洋务总文案、政事堂左丞
阮忠枢	1867—1917	安徽合肥	内史长
吴闿生	1877—1950	安徽桐城	内史
龚心湛	1871—1943	安徽合肥	财政部次长、盐务署长
陆建章	1879—1918	安徽蒙城	军政执法处处长、督理陕西军务
杨善德	1873—1919	安徽怀宁	北洋第四镇统制、淞沪护军使
江朝宗	1864—1943	安徽旌德	步军统领衙门统领
孙多森	1867—1919	安徽寿州	直隶全省工艺局总办、中国银行总裁
孙毓筠	1872—1924	安徽寿县	约法会议议长、参政院参政、筹安会副理事长
聂宪藩	1880—1933	安徽合肥	北洋督练公所参谋处总办

姓名	生卒年	籍贯	在幕府主要职务
金邦平	1881—1946	安徽黟县	农商部总长
贾德耀	1880—1941	安徽合肥	北洋第二镇参谋、统率办事处军政所主任
倪嗣冲	1868—1924	安徽阜城	安徽都督
张广建	1867—1938	安徽合肥	山东、甘肃都督
李经羲	1860—1925	安徽合肥	约会会议议长、参政"嵩山四友"之一
王揖唐	1877—1946	安徽合肥	内务部总长、参政院、参政、吉林巡按使
方枢	1886—?	安徽定远	法制局参事、政治会议议员、政事堂参议
吴光新	1881—1939	安徽合肥	陆军第二十师师长
吴炳湘	1874—1930	安徽合肥	京师警察厅总监
雷震春	1864—1919	安徽宿州	京畿军政执法处处长
张敬尧	1880—1933	安徽霍邱	陆军第七师师长
张敬虞	?	安徽霍邱	总统府侍从武官
施从滨	1867—1925	安徽桐城	镇江镇守使
童焕文	?	安徽全椒	统率办事处军械所主任
周家鼎	1862—?	安徽肥西	直隶工艺总局会办
徐世昌	1855—1934	直隶天津	国务卿
王士珍	1861—1930	直隶正定	陆军部总长、北洋第二、六镇统制
冯国璋	1859—1919	直隶河间	新建陆军督操营务处总办、直隶都督、 江苏将军、参谋总长
王同玉	?	直隶故城	亲兵出身
赵玉珂	1877—?	直隶天津	京畿警备右翼司令
刘春霖	1872—1944	直隶肃宁	内史
田中玉	1864—1935	直隶临榆	东三省督练公所总参议、陆军部次长
李士伟	1883—1927	直隶永年	参政、中国银行总裁
李长泰	1862—1922	直隶武清	大名镇总兵、第八师师长
李奎元	?—1925	直隶武清	河州镇总兵、拱卫军统领、第十一师师长
王汝贤	1874—1919	直隶密云	拱卫军前路统领、第八师师长
王廷桢	1876—1940	直隶天津	第十六师长、天津镇守使

姓名	生卒年	籍贯	在幕府主要职务
王怀庆	1876—1953	直隶宁晋	天津镇总兵、冀南镇守使
孟恩远	1859—1933	直隶天津	吉林护军使、吉林将军
曹锟	1962—1938	直隶天津	第三镇统制、第三师师长、长江上游警备司令
师景云	1883—1940	直隶徐水	将军府将军
陆锦	1879—1946	直隶天津	模范团团附、参谋次长
陈光远	1873—1939	直隶武清	模范团团副
齐燮元	1885—1946	直隶宁河	第六师第十二旅旅长
蒋雁行	1875—1941	直隶阜城	陆军训练总监
严修	1860—1929	直隶天津	直隶学务处总办，参政院参政
张士钰	1878—1922	直隶武清	拱卫军司令，统率办事处总务厅长
张绍曾	1879—1928	直隶大城	第二十镇统制、陆军训练总监
郑汝成	1862—1915	直隶静海	上海镇守使
李纯	1875—1920	直隶天津	江西都督、江西将军
范国璋	1875—1937	直隶天津	第二十师师长
商德全	1863—1930	直隶天津	天津镇守使、将军府远威将军
田书年	1878—?	直隶天津	率办事处军令所主任
张厚琬	1866—?	直隶南皮	统率办事处参议处行走
姚宝来	1879—?	直隶大兴	陆军部将校讲习所教员，总统府侍从武官
周自齐	1871—1923	山东单县	财政部总长、农商部总长
吴重熹	1841—1921	山东海丰	总统府顾问
王治馨	1968—1915	山东莱阳	内务部次长、顺天府尹
曲同丰	1873—1929	山东福山	保定军官学校校长
楢潘榘	1882—1951	山东济宁	绥远都统
马龙标	?—1927	山东济南	第二、五镇统制、北京军警督察长、将军恒威将军
靳云鹏	1877—1951	山东济宁	山东都督、将军
卢永祥	1867—1933	山东济阳	第十师师长、陆军中将
何宗莲	1861—1931	山东平阴	北洋第一镇统制、第一师师长、察哈尔都统

续表

姓名	生卒年	籍贯	在幕府主要职务
王占元	1961—1934	山东馆陶	第二镇统制、湖北军务帮办
张怀芝	1862—1934	山东东阿	第五镇统制、察哈尔都统、山东将军
朱泮藻	1877—?	山东	北洋第一镇标统
张树元	1879—1934	山东无棣	北洋第五师师长、山东督军
王寿彭	1875—1929	山东潍县	总统府秘书
唐绍仪	1860—1938	广东香山	国务总理
麦信坚	1865—1947	广东番禺	交通部次长
梁敦彦	1857—1924	广东顺德	外务部大臣、交通总长
程璧光	1859—1918	广东香山	陆海军统率办事处参议
梁士诒	1869—1933	广东三水	邮传部铁路总局局长、总统府秘书长、税务局督办
梁如浩	1863—1941	广东香山	1885 年入幕、外交总长
陈昭常	1868—1914	广东新会	吉林巡抚、吉林都督兼民政长
冯耿光	1882—1966	广东番禺	总统府军事顾问，参谋本部高级参议
叶恭绰	1881—1968	广东番禺	交通部次长
蔡廷干	1861—1935	广东香山	总统府英文秘书、礼宾官、税务处会办
黄开文	1865—1936	广东蕉岭县	总统府大礼官
孔昭焱	1881—1941	广东南海	总统府秘书、国务院参事
伍朝枢	1887—1934	广东新会	政事堂参议
龙建章	1872—1925	广东顺德	交通部电政司长、邮传局局长，贵州巡按使
蔡乃煌	1861—1916	广东番禺	江西、安徽、江苏三省禁烟特派员，广东鸦片专卖局局长
罗文干	1888—1941	广东番禺	京师检察厅检察长
凌福彭	1856—1931	广东番禺	天津、保定知府，天津道长芦盐运使，参政
唐宝潮	1887—1958	广东珠海	北洋督练公所派遣员、总统府统率办事处参议
吴廷燮	1865—1947	江苏江宁	总统府秘书，主计局局长
汪凤瀛	1854—1925	江苏吴县	参政院参政
汪荣宝	1878—1933	江苏吴县	驻比利时、瑞士公使
徐占凤	?	江苏铜山	第三镇第五协统领

姓名	生卒年	籍贯	在幕府主要职务
言敦源	1869—1932	江苏常熟	内务部次长、代总长
闵尔昌	1872—1948	江苏江都	文案、内史
洪述祖	1855—1919	江苏常州	内务部秘书
徐树铮	1880—1925	江苏萧县	陆军部次长
唐在礼	1880—1964	江苏上海	统率办事处总务厅厅长、参谋本部次长
曹汝霖	1877—1966	江苏上海	外交部次长、交通部总长
张 謇	1853—1926	江苏南通	农商部总长、"嵩山四友"之一
张一麐	1867—1943	江苏吴县	机要局局长、教育部总长
张一爵	？	江苏吴县	总统府军事处参议
姚鸿法	1882—1947	江苏镇江	统率办事处参议处参议
陆征祥	1871—1949	江苏上海	外交总长、国务卿
徐邦杰	？	江苏句容	亲兵出身，正定镇总兵，总统府指挥使，陆军中将，硕威将军
刘师培	1884—1919	江苏仪征	参政院参政、筹安会理事
顾维钧	1888—1985	江苏嘉定	英文秘书
孙宝琦	1867—1931	浙江杭县	外交总长、代理国务总理
沈祖宪	？	浙江绍兴	文案、内史
钱能训	1869—1924	浙江嘉善	政事堂右丞
章宗祥	1879—1962	浙江吴兴	大理院院长
陆宗舆	1876—1941	浙江海宁	驻日本公使
陈汉弟	1875—1949	浙江杭县	总统府秘书
施肇基	1877—1958	浙江钱塘	总统府大礼官
蒋方震	1882—1938	浙江海宁	保定军官学校校长、统率办事处参议
张锡銮	1843—1922	浙江杭县	镇安上将军督理奉天军务、振威上将军
沈金鉴	1875—1924	浙江吴兴	北洋巡警学堂总办、顺天府尹、湖南巡按使
胡惟德	1863—1933	浙江吴兴	署理外务部大臣、税务处督办
汪大燮	1859—1929	浙江钱塘	平政院院长、参政院副院长
徐 珂	1869—1928	浙江杭县	文案

续表

姓名	生卒年	籍贯	在幕府主要职务
余肇昌	1881—？	浙江绍兴	法制局参事
钱恂	1853—1927	浙江吴兴	参政院参政
王克敏	1873—1945	浙江杭县	中国银行董事
冯学书	？	浙江绍兴	总统府机要秘书
胡宗梀	？	浙江永康	直隶工艺总局提调
刘冠雄	1858—1927	福建闽侯	海军部总长、统率办事处办事员
郭则澐	1885—？	福建闽侯	政事堂参议、铨叙局局长
张元奇	1865—1922	福建闽侯	内务部次长、铨叙局局长
严复	1854—1921	福建侯官	总统府顾问、参政院参政
李景龢	1882—？	福建闽侯	总统府秘书
王世澂	1876—？	福建闽侯	文案、秘书、参政院参政
林长民	1876—1925	福建闽侯	政事堂参议
程树德	1876—1944	福建闽侯	法制局参事
王式通	1864—1930	山西汾阳	约法会议秘书长、司法部代总长、政事堂机要局局长
米振标	1858—1928	陕西清涧	热河军务帮办、骏威将军
周树模	1860—1925	湖北天门	平政院院长
田文烈	1861—1924	湖北汉阳	直隶督练公所总参议、河南将军
陈宦	1870—1943	湖北安陆	参谋次长、统率办事处办事员、四川将军
汤芗铭	1885—1975	湖北蕲州	海军部次长、湖南都督
刘承恩	1863—1922	湖北黄陂	新建陆军帮统、陕西军务帮办
张国淦	1876—1959	湖北蒲圻	参政院参政、内史
夏寿康	1871—1923	湖北黄冈	政事堂参议、肃政使
刘邦骥	1868—1930	湖北汉川	统率办事处参议处行走
覃师范	1880—1944	湖北蒲圻	统率办事处参议
龚光明	？	湖北武昌	统率办事处参议处行走
王闿运	1833—1916	湖南湘潭	清史馆馆长、参政院参政
夏寿田	1873—1942	湖南桂阳	内史

姓名	生卒年	籍贯	在幕府主要职务
袁思亮	1879—1939	湖南湘潭	政事堂印铸局局长
傅良佐	1873—1924	湖南乾城	总统府军事处副处长
杨　度	1874—1931	湖南湘潭	参政、国史馆副馆长、筹安会理事长
胡　瑛	1886—1933	湖南桃源	筹安会理事
萧星垣	1874—?	湖南长沙	侍从武官，陆军中将
饶孟任	1882—1941	江西南昌	总统府秘书、法制局参事
蔡儒楷	1867—1923	江西南昌	山东巡按使、教育部代理总长
张　勋	1854—1923	江西奉新	江苏都督、长江巡阅使
李盛铎	1859—1937	江西德化	总统府政治顾问、参政院参政
曾彝进	1877—?	四川华阳	总统府秘书
顾　鳌	1879—1956	四川广安	法制局局长、约法会议秘书长
施　愚	1875—1930	四川涪陵	总统府秘书、法制局局长、约法会议副议长
朱启钤	1872—1962	贵州紫江	内务部总长、交通部总长
黎　渊	1880—?	贵州遵义	总统府秘书、参政
杨增新	1864—1928	云南蒙自	新疆都督兼民政长
龙济光	1876—1925	云南蒙自	广东都督、将军
龙觐光	1863—1917	云南蒙自	广东陆军第一师师长，临武将军，云南查办使
朱家宝	1860—1923	云南华宁	直隶都督、将军
王英楷	1861—1908	奉天海城	新建陆军执法营务处总办，北洋督练公所总参议，第二镇统制
鲍贵卿	1867—1934	奉天海城	陆军讲武堂堂长、陆军中将
赵尔巽	1844—1927	奉天铁岭	参政院参政，"嵩山四友"之一
马鸿逵	1892—1970	甘肃临夏	侍从武官
宝　熙	1871—1930	满洲正蓝旗	总统府顾问，参政院参政
荫　昌	1859—1934	满洲正白旗	统率办事处办事员，总统府侍从武官长，参政院参政
铁　忠	1864—?	满洲镶白旗	总统府统率办事处议议处行走，镶黄旗汉军副都统，镶白旗汉军都统

由于资料有限，还有部分幕僚的籍贯及生平尚不能确定，他们是刘风镳（直隶工艺总局总稽查）、刘超佩、叶长盛、谭振德、李瑞、徐万鑫、王振畿、张殿如、张国泰、张长林、郑沅、董士佐、邱开浩、张星炳、谢煊、王振尧、马吉樟、杨景震、孟以铭等。

从血缘关系来说，曾国藩幕府、李鸿章幕府中有不少人与曾、李本人有着直接的血缘关系，而袁世凯幕府中亲戚并不多，只有刘永庆、张镇芳等少数几个有着血缘关系的亲戚。所以，张一麐说袁世凯"所用无私人，族戚来求食者悉以已俸食给月廪，不假事权……"[1]

袁世凯幕府中亲戚不多，一方面是因为袁世凯系庶出，与其父亲正房所生的兄长关系不和睦；另一方面也可能与其亲戚中有才干、能任大事者不多有关。

袁世凯曾任命他的家庭教师高景祺为山东省民政长，结果闹了一个国际大笑话。高景祺曾是袁世凯的家庭教师。1914年2月11日，袁任命他为山东省民政长。高头脑冬烘，不谙政治，凡省中要事，部属向他请示时，不知可否，但连说好，好！是一个典型的尸位素餐的角色。当时青岛为德国占领，德国人为扩张侵略权益，准备修建青岛至山东某地的铁路，谒高景祺商谈。按说外交事务，民政长例应禀报国务院，经指示后再做答复，高不懂这一套，也连称好，好。袁世凯知道后，担心高闹出更大的笑话，只好将他免职。为此有人赋诗讽刺之："依然头脑是冬烘，早岁从龙起沛丰。为政只能称好好，封疆重作误痴聋。"[2]袁世凯免去高的山东省民政长后，调他到北京任内史监内史，吃一碗闲饭。

第二节　幕府成员的成分

曾经有人问袁世凯："总统的辅弼人物，谁最信？谁最才？"袁回答：

① 张一麐：《古红梅阁笔记》，上海书店出版社1998年版，第43页。
② 刘成禺、张伯驹：《洪宪纪事诗三种》，第299—300页。

"予最亲信者有九才人、十策士、十五大将。徐菊人（世昌）雄才，杨杏城（士琦）逸才，严范孙（修）良才，赵智庵（秉钧）奇才，张季直（謇）槃才，孙幕韩（宝琦）隽才，阮斗瞻（忠枢）清才，周辑之（学熙）长才，梁燕孙（士诒）敏才。杨晳子（度）善辞，王一堂（揖唐）善谋，张仲仁（一麐）善断，曹润田（汝霖）善计，陆润生（宗舆）善策，章仲和（宗祥）善治，汪衮甫（荣宝）善政，金伯屏（邦平）善文，顾巨六（鳌）善道，施鹤雏（愚）善事。福将王聘卿（士珍），主张冯华甫（国璋），重将段芝泉（祺瑞），儒将张金波（锡銮），老将张子志（怀芝），猛将张绍轩（勋），守将田焕庭（文烈），勇将曹仲三（锟），大将倪丹忱（嗣冲），战将段香岩（芝贵），健将雷朝彦（震春），胜将陆朗斋（建章），强将江宇澄（朝宗），骁将田辒山（中玉），武将陈二庵（宧）。"[1]

袁世凯一口气报了34位幕僚的名字，并把他们区分为所谓"才人""策士""大将"，显然这种划分法是不科学的。

袁世凯幕府成员大体上可分为军人、官僚、文人三类。第一大类便是军人，袁世凯以练兵起家，他的幕府成员自然以军人为主，他们构成袁世凯集团中的骨干。袁氏卵翼下成长起来的军人，除王士珍、王英楷、刘永庆、梁华殿等少部分人，或者因为英年去世来不及自成一系，或者因为个性淡泊没有建立自己的小圈子外，后来大多数继承袁世凯的衣钵，自成一系或割据一方，成为大大小小的军阀集团的首领，其最著名者，有段祺瑞、冯国璋、曹锟、马龙潭、马继曾、王占元、王汝贤、王廷桢、王怀庆、卢永祥、田中玉、田文烈、曲同丰、江朝宗、李纯、李长泰、李厚基、吴炳湘、陈光远、杨善德、何丰林、郑汝成、何宗莲、陈锦、陆建章、张勋、张永成、张绍曾、张怀芝、张锡銮、孟恩远、宝德全、赵倜、段芝贵、姜桂题、徐邦杰、倪嗣冲、聂宪藩、商德全、蒋雁行、靳云鹏、鲍贵卿、雷震春、蔡成勋、裴其勋、潘

① 陈灨一:《新语林》，上海书店出版社1997年版，第73页。

榘楹、齐燮元、孙传芳等。

袁世凯窃取大总统职务后，又收纳了其他一些外来的军阀人物，如阎锡山、汤芗铭、刘冠雄、龙济光、龙觐光、陈宧、杨增新、朱瑞等，进一步扩大了北洋系军阀队伍。这是袁世凯窃取辛亥革命果实，并维持其反动统治达数年之久的主要资本和依靠力量。

袁世凯幕府中第二类成员是官僚。袁世凯先后网罗的官僚很多，最著名的有徐世昌、唐绍仪、梁士诒、杨士骧、杨士琦、张镇芳、阮忠枢、言敦源、朱家宝、田文烈、孙宝琦、朱启钤、梁敦彦、胡惟德、章宗祥、张謇、赵秉钧、陈璧、吴重熹、齐耀琳、周学熙、孙多森、李士伟、严修等。

袁世凯在镇压国民党后，更是大批延揽前清旧官僚，安排到参政院、肃政厅、平政院、内史监、国史馆、清史馆等闲曹中任职，以装点门面，这些人包括赵尔巽（清史馆馆长）、王闿运（国史馆馆长）、汪大燮（平政院院长）、庄蕴宽（都肃政使）、那彦图、丁振铎、唐景崇、增韫、李经羲、宝熙、于式枚、袁树勋、王树楠、赵惟熙、姚锡光、瞿鸿禨（以上均是参政院参政）。当时舆论形容说："二年十一月四日政变后，百方罗致遗老，充实参政院，如摆古董摊，黄发鲐背，掖之而后行，即招之不至，亦必博得一卑词屈体之辞呈现以为快已，小试其端矣。"[1] 也有人形容旧官僚派"有枯木逢春之气象"。有人对此不解，询问袁世凯之用意，袁回答："汉之良相即亡秦之退官，唐之名臣即败隋之故吏。政治不能凭虚而造，参政责任綦重，非富有经验者不理。"[2]

对于袁世凯的这种诡辩，有学者给予了义正词严的批判："昔人有云：亡国大夫不足与图存。现政府人唯求旧，其恃为帝臣王佐者，大抵皆前清覆亡时之逃官降吏，使此辈略具才略，何至断送前朝？稍有良心，又何颜出仕民

---

① 得一：《帝制成立后之预测》，《新中华杂志》第 1 卷第 1 号（1915 年 10 月 1 日）。

② 陈灨一：《新语林》，上海书店出版社 1997 年版，第 20 页。

国？现政府乃皆罗而致之，利用其唯诺无耻之心理，为异日劝进称臣之妙用。夫为人臣而可以事异姓，他日即可操其术更以事人。今之中央长官、地方大员赞成帝制则有余，忠于一姓则不足，一有缓急，吾知其非逃即降，且其速更有加于辛亥数倍者。"①

袁世凯幕府中第三类人物，是新旧文人或者说知识分子。

袁世凯在用人上有他的特点，就是重军人与官僚，轻视文人。

沃丘仲子著《近现代名人小传》说：袁世凯"嫉文人，所援皆武夫俗吏"。②

警民著《徐世昌》说："袁氏重武夫轻词客，喜阴谋恶浮夸，故幕府多旧僚俗吏，罕有文人。而好为议论雌黄之流，尤不得与其选。袁世凯有言，宁用不通之学生，不用虚名文士。"③

袁世凯还有一段名言："天下多不通之翰林，翰林真能通者，我眼中只有三个半人，张幼樵（佩纶）、徐菊人（世昌）、杨莲府（士骧），算三个全人，张季直（謇）算半个而已。"④

清朝数以万计的举人、进士、翰林，在袁世凯眼里却只有三个半"通"者，其他皆是不通之书生，其傲慢狂妄之态可见一斑。

袁世凯之所以轻视传统的士大夫文人，黄濬分析其原因说："大抵光绪初年以来，国人所谓读书人最嫉言洋务者，既登科第，或为谏官，其所掊击者，首李合肥（鸿章），稍后袁项城（世凯）继之，李尚优容，袁则亦薄视书呆。读书人既不为袁所用，则其势必折而为使贪使诈。迄宣统末年，八旗浪子与依附南皮之不更事书痴合力去袁，怡然自得。在南皮（张之洞）其始未必不

---

① 中州退叟：《吾人对于国体变更必要之注意》，上海《新中华杂志》第 1 卷第 1 号（1915 年 10 月 1 日）。

② 沃丘仲子：《近现代名人小传》下册，北京图书馆出版社 2003 年版，第 8 页。

③ 警民：《徐世昌》，台湾文海出版社影印本，第 56 页。

④ 萧一山：《清代通史》第四册，第 2462 页。

以为袁去则清流进用，将大申其志。"①

传统的士大夫文人是清流，代表着社会的良心和正义，他们对以李鸿章、袁世凯为代表的浊流势力进行了不屈不挠的抗争，身为浊流势力总头子的袁世凯自然对清流恨之入骨，其不用士大夫、文人亦理所当然。但袁世凯不用士大夫文人，必然用官僚俗吏，结果走入使贪使诈的末路，造成严重后果。

得一先生指出："枭雄之恶清流，更甚于遗老，非诛锄摧残，亦必以污遗老之道而污之，既污之，即弃之，便全国之中无人望，使士夫之群无人格，趋跄拜跪，咸俯首于天颜咫尺之下而至尊之心慰矣。"②

冯玉祥对此评论说："项城想做皇帝，把礼义廉耻全然扫地，可谓中国之乱全是他一人造下。（其人非贪不使，非诈不使，真奸雄耳！）"③

《三水梁燕孙先生年谱》的作者岑学吕也说："袁氏以一代枭雄，富于治事能力，……至其用人行政，好弄权术，以使贪、使诈为不二法门，故可以用小人而不能用君子，结果养成媕阿诡随之习，至今未已。"④

关于袁世凯使贪使诈，还流传着一个历史故事。周建人先生在《从袁项城说起》一文中为我们原原本本讲了这个故事：

我有一回到北平去，记得听到人家讲袁世凯的故事。说他还没有做总统以前，就有喜欢结识坏人的性情。据说如有人去"投奔他"，托他荐事情，佣人便把来人引进一间房间里等候，里面陈设着许多大大小小的古玩之类。客人静静等着无聊，不免要看陈设的东西。袁世凯是预先叫人在间壁窥看的，如果看见客人把有的古玩偷了，就有被重用的希望，否则希望就减少。如果

---

① 黄濬：《花随人圣庵摭忆》（二），山西古籍出版社、山西教育出版社 1999 年版，第 583—584 页。
② 得一：《帝制成立后之预测》，《新中华杂志》第 1 卷第 1 号（1915 年 10 月 1 日）。
③ 《冯玉祥日记》第 1 册，江苏古籍出版社 1992 年版，第 326 页。
④ 岑学吕编：《三水梁燕孙先生年谱》（一），台湾文海出版社影印本，第 346 页。

被他知道某人不赌，不嫖，不纳妾等等，便是本来在办事的也有失掉事情的危险。因为据讲的人说：袁世凯抱定一种主见，说不做坏事，不贪钱的人，必定难驾驭，而且还恐怕怀有大志向，否则为什么不要做坏事的呢？因此不但不要这种人做事，而且忌他的。我的确听人家这样讲过的。但这话的确不的确呢？推论起来，也许不确实，但也很像确实的。我虽然不能证明袁世凯是否确实曾经用这种方法去试探人，但袁世凯有喜欢坏人、疑忌好人的性质却像确实的。后来不是有蔡锷被他派人看守在北平吗？据说他当初很疑忌蔡锷，后来有人叫蔡锷学腐败，跑胡同。照做以后，监视固然放松了，蔡锷因此能够逃脱。如果此说的确，就可以证明袁世凯的确有疑忌好人，信托小人的性情。贪污，卑鄙，下流这等性质于社会有害，不为大众所欢迎，他大概也知道的，不过他要维持他的特权，他的特别的利益，不得不与小人相结合。这也是专制独裁者的不得已的办法，他只好这样做下去。这结果，自然周围环绕了更多的反社会性质的人们。[1]

袁世凯不喜用士大夫文人，他的幕府中出身于进士、翰林且属于清流者可以说绝无仅有，"幕客唯取明达缜密者"[2]。当然，袁世凯幕府中也有一批追求功名利禄之士人，其最著名者如张佩纶、徐世昌、杨士骧、张謇。这是袁世凯眼中的三个半全人。但徐、杨虽出身于进士、翰林，却是地地道道的阴谋权术家，半个全人张謇虽然一时为袁世凯所用，但张謇是有自己的政治原则的，故最终与袁世凯分道扬镳。

在袁世凯窃取大总统后，出于装点门面之需要，又网罗了一批传统的文人知识分子。如挂名国史馆馆长的王闿运（举人出身的大儒），内史刘春霖（状元）、夏寿田（榜眼）、郑沅（探花）等。其中，夏寿田是王闿运的弟子，

---

① 《周建人文选》，中国文史出版社1988年版，第65页。
② 沃丘仲子：《近现代名人小传》下册，北京图书馆出版社2003年版，第16页。

满脑子是王闿运传授的"帝王之学"，极力怂恿袁世凯称帝，故为袁所宠信，其他不过是装点门面的摆设。

　　袁作为枭雄，具有趋新的特点，故袁世凯不喜欢用旧式文人，却网罗了一批有留学背景的新式知识分子。见下表：

袁世凯幕府中有留学背景的幕僚

姓名	生卒年	籍贯	留学背景	在幕府职务
严复	1854—1921	福建侯官	英国格林尼次海军大学	参政院参政，筹安会理事
梁敦彦	1857—1924	广东顺德	美国耶鲁大学肄业	外务部大臣、交通部总长
唐绍仪	1860—1938	广东香山	美国哥伦比亚大学文科	国务总理
梁如浩	1863—1941	广东香山	美国新泽西州史蒂文工学院肄业	邮传部副大臣、外交总长
杨度	1874—1931	湖南湘潭	日本东京弘文书院	国史馆副馆长，筹安会理事长
程树德	1876—1944	福建闽侯	日本政治大学法律系毕业	法制局参事
林长民	1876—1925	福建闽侯	日本早稻田大学	政事堂参议
王世澂	1876—？	福建闽侯	英国伦敦林肯法律学院毕业	总统府秘书，参政院参政
陆宗舆	1876—1941	浙江海宁	日本早稻田大学政经科毕业	驻日本全权公使
曹汝霖	1877—1966	江苏上海	日本东京法政大学毕业	外交次长，交通部总长
章宗祥	1879—1962	浙江吴兴	日本东京帝国大学法科	大理院院长
施愚	1875—1930	四川涪陵	留学日本、美国、德国	总统府秘书，法制局局长，约法会议副议长
黎渊	1879—1935	贵州遵义	日本中央大学	总统府秘书
唐在礼	1880—1964	上海	日本陆军士官学校炮兵科	统率办事处总务厅厅长、参谋本部次长
金邦平	1881—？	安徽黟县	日本早稻田大学	袁世凯文案、直隶省自治局督理、政事堂参议
蒋方震	1882—1938	浙江海宁	日本士官学校	保定军官学校校长、统率办事处参议
饶孟任	1882—1941	江西南昌	英国伦敦大学毕业	总统府秘书、政事堂、法制局参事

续表

姓名	生卒年	籍贯	留学背景	在幕府职务
李景龢	1882—?	福建闽侯	日本法政大学毕业	总统府秘书
陈　仪	1883—1950	浙江绍兴	日本陆军士官学校毕业	统率办事处参议处参议
方　枢	1886—?	安徽定远	日本早稻田大学毕业	法制局参事、政事堂参议、法制局局长
曾彝进	1877—?	四川华阳	日本京都帝国大学法学部毕业	总统府秘书
顾　鳌	1879—?	四川广安	留学日本	法制局局长、约法会议秘书长
孔昭焱	1881—?	广东南海	日本东京法政大学	总统府秘书
余肇昌	1881—?	浙江绍兴	日本京都帝国大学	法制局参事
顾维钧	1888—1985	江苏嘉定	美国哥伦比亚大学毕业	英文秘书

　　袁世凯幕府中引进了不少留学生，这似乎是一件好事。但遗憾的是，这些留学生大部分表现令人失望。除了唐绍仪在民国第一任国务院总理任内为捍卫新生的民主共和制度作了自己的努力外，大多数人表现不佳。正如由罗隆基、何浩若执笔起草的《大江会宣言》所指出的："今日中国留学界中，其受教会教育之培植者亦不少……实则数典忘祖，出主入奴，为中国前途莫大之隐忧者，即此识字读书，洋其衣服，洋其饮食，洋其论言，洋其文字，洋其眼光，洋其见解之奴隶也。……今日中国之卑污下同、蝇营狗苟、冯道孔光辈者又为谁？为何事？内政之紊乱，外交之屈辱，类皆此一班人物之功绩耳！"① 以此来评价袁世凯幕府中的留学生群体大体不差。五四运动中臭名昭著的、全国上下人人喊打的三个著名卖国贼——章宗祥、曹汝霖、陆宗舆即全部出自袁世凯幕府中。

　　在袁世凯幕府中，还有一类特殊的幕僚，那就是外国顾问与教习。

　　如前面所述，袁世凯小站练兵时聘请了十多名外国人到军中担任教习、

① 　侯菊坤整理：《大江会》，《近代史资料》第80号。

总教习等各种职务，负责传授德国式的军队编练方法，这些人包括稽查员伯罗恩、参选营务兼教练事宜马森斯、马队第一营总教习曼德等。[①]

袁世凯升任直隶总督后，又与日本挂上了关系，军中大量聘请日本教官、教习等。1902 年，日本参谋本部次长田村怡与造专程到保定拜访袁世凯，接洽所谓的"中日军事合作"。同年 10 月 8 日，日本参谋本部总长大山岩元帅对前来中国任职的军官发出特别训示，要他们努力工作，在上层"以实力培植亲日势力"，称这是日本对华政策的百年大计。在这样的背景下，日本人源源不断地进入袁世凯幕府任职。莫理循在 1902 年 2 月 1 日致濮兰德函中说袁世凯聘请了 60 名日本教官。

1902 年，袁世凯聘请日本步兵少佐立花小一郎为练兵顾问，聘请日本炮兵大尉金竹弥三彦为军政司参谋处顾问，骑兵大尉嘉悦敏为军政司教练处顾问，中川文昱为兵备处顾问。1904 年 9 月，立花等人回国后，袁世凯又聘请日本步兵中佐坂西利八郎为练兵顾问兼北洋督练公所总翻译官，步兵少佐沓谷等为翻译官。

与此同时，袁世凯所创办的每一所军事学堂都聘请了日本总教习与教习。将弁学堂总教习多贺宗之（步兵少佐），副总教习井上一雄（工兵大尉），教习傅在田，翻译官岩田义辉（炮兵大尉）。速成学堂教习有近藤义策（辎重兵大尉）、黑川教藏（骑兵大尉）、木堂直枝（炮兵大尉）、郡司厚，翻译官安藤虎男。讲武堂教习有鹫见荣治（步兵少佐）、渡濑二郎（炮兵中尉）、龟井甲子藏（步兵少佐）。军官学堂总教习为寺西秀武（步兵少佐）；教习有中村正一（工兵大尉）、间室直义（炮兵大尉）、樱井文雄（步兵大尉）、守永（步兵大尉）、纳富四郎（陆军特务曹长）、多熹多大治郎（炮兵大尉）、栖崎一郎（骑兵军曹）、井山谦吉（工兵大尉）、渡边辰（工兵大尉）、宫内英熊（骑兵大尉）、雨森良意（三等军

---

① 参见《新建陆军兵略录存》，来新夏主编《北洋军阀》（一）。

医）。翻译官中岛比多吉、田冈正树、西田龙太、平山武清、山根虎之助。宪兵学堂教习有梅津正德（宪兵少佐）、藤林富（宪兵特务曹长）、东元三郎。翻译官高桥寅治。军医学堂总教习为平贺精次郎（兼袁世凯的卫生顾问）；教习有味冈平吉、宫川渔男、我妻孝助、高桥刚吉、藤田秀太郎、三井良贤、鹰巢福市。马医学堂总教习为野口次三郎，教习有篠原保熊、伊藤浪三、浅见正吉、中田醇。经理学堂教习大坪恭三（陆军一等主计）。

据统计，在直隶省内的日本教习、顾问人数逐年增加，1901 年 13 人，1904 年 85 人，1908 年达到 174 人。大量日本顾问、教习涌入直隶，与袁世凯为首的北洋军阀集团建立了密切关系。这些人很多成为"中国通"。有的在日本帝国主义对华侵略过程中扮演了急先锋和元凶的角色，如立花小一郎、坂西利八郎、寺西秀武、山根虎之助等。[1]

在这些日本顾问中，坂西利八郎与袁世凯的关系最深，他在袁世凯身边十余年，北洋军阀的新编制、陆海军大元帅统率办事处的筹备都是坂西利八郎一手策划的。坂西利八郎手下还有两个重要帮手，其中一个就是臭名昭著的土肥原贤二，这人后来成为侵华的元凶。这些人一方面是袁世凯的顾问、教习，同时又是日本派来中国的间谍，唐在礼说："他们的开销很大，都由我们支付，从北洋开始就是如此。这份钱都是由袁自己给他，究竟多少钱我也不得而知。总之，是我们以自己的钱，供给日本人做间谍。"[2]

1912 年袁世凯窃取大总统后，又陆续聘请了不少外国人，除安置在政府各部门任顾问者外，作为总统顾问的就有十余人，其中影响较大的有：

---

① 参见李宗一：《袁世凯传》，第 112—114 页。
② 唐在礼：《辛亥以后的袁世凯》，《文史资料选辑》第 53 辑。

（一）莫理循

莫理循（1862—1920），全名乔治·厄内斯特·莫理循（George Ernest Morrison），是出生在澳大利亚的英国人。中日甲午战争后不久来到中国，在北京生活了 20 年之久，到 1912 年止，他一直担任英国《泰晤士报》驻北京的记者。莫理循是一个"奉行殖民主义的英国人"。他为了大英帝国的利益在中国进行了不懈的努力，广泛地卷入中国的政治活动中去。戊戌政变发生后，莫理循就曾在《泰晤士报》上公开替袁世凯背叛变法维新运动的罪行辩解，从而与袁世凯结下不解之缘。辛亥革命爆发后，他为了大英帝国的利益，参与策划"南北议和"，使袁世凯得以窃取辛亥革命果实当上大总统。事后，莫理循向上司报喜说："《泰晤士报》的赌注押对了。"[①]1912 年 8 月 1 日，莫理循担任袁世凯的政治顾问，与袁保持密切联系，为袁世凯镇压反对派、加强专制独裁统治出谋划策，深得袁的信赖。

（二）有贺长雄

有贺长雄（1860—1921），日本东京人。1881 年毕业于东京帝国大学，1886 年起，先后留学德、奥，获文学和法学博士学位。回日本后任枢密院书记官。先后担任陆军大学、东京帝国大学、早稻田大学教授及《外交评论》主编，并在东京私立法政大学任过教。在 1894—1895 年的日中甲午战争与 1904—1905 年的日俄战争中，有贺长雄均担任日本陆军大本营的法律顾问，是国际知名的国际法及宪法学家，中国留学日本学习法政的学生称他是"东邦法学之泰斗"[②]。英国人莫理循称他"在国际法学领域中被公认为具有与从前的俄国法学家德·马尔滕斯相同的地位"[③]。

有贺长雄长期以来利用他的国际法知识为日本的对外侵略扩张进行辩护，是一个老牌的侵华分子。当袁世凯提出聘请有贺长雄时，有识之士即认

---

① ［澳］骆惠敏编、刘桂梁等译：《清末民初政情内幕·译者的话》，知识出版社 1986 年版，第 3 页。

② 有贺长雄著、张知本译：《局外中立·叙》，湖北政治俱乐部光绪三十一年正月印行。

③ ［澳］骆惠敏编、刘桂梁等译：《清末民初政情内幕》下册，知识出版社 1986 年版，第 101 页。

为袁世凯此举是引狼入室，极力加以劝阻，但袁世凯不予理睬。[①]1913 年
应聘担任袁世凯的法制顾问。来华后，有贺长雄抛出所谓的"国权授受说"，
称袁世凯的政权不是得之于辛亥革命，而是清朝皇室授予的。他利用这个编
造的歪论鼓励袁世凯加强专制独裁统治，破坏共和民主制度，撕毁《中华民
国临时约法》，指导袁世凯制订《中华民国约法》。有贺长雄以德国、日本的
君权至上的宪法为蓝本来论中华民国的宪法，深受推崇个人专制独裁的袁世
凯的喜爱。有贺长雄揣摩袁世凯的心理，引导他一步步地破坏辛亥革命后建
立起来的共和民主制度，实行个人专制独裁，并进而抛掉共和的招牌，实行
帝制，有贺长雄实际上扮演了一个居心叵测的"阴谋政治家"[②]角色。一位日
本著名学者指出，有贺长雄等名为中国政府顾问，实际上是"为一支地道的
保证日本对华政策实施的'海外特殊部队'"的一员，"扮演着为帝国的'亚
洲雄飞'效犬马之劳的角色"。[③]

（三）古德诺

古德诺（Goodnow, Frank Johnson, 1859—1939），美国行政
法学家，教育家。1859 年 1 月 18 日出生于纽约布鲁克林。古德诺先后
就读于马萨诸塞州阿姆尔斯特学院和哥伦比亚大学，1882 年从哥伦比亚
大学法律系毕业后，赴法国巴黎私立政治科学学院和德国柏林大学深造一
年。1883 年回到美国，被聘为哥伦比亚大学历史学讲师和美国行政法讲
师，1891 年升任教授，1903 年任该校市政学和行政法伊顿（Eaton）讲
座教授。1906—1907 年任哥伦比亚大学政治学院代理院长。1913 年辞去
哥伦比亚大学教授，应聘担任袁世凯的法律顾问。1914 年 8 月回美国担任

---

① 1916 年 9 月 18 日陈澹然在致张勋的信中说："前者，项城聘有贺长雄，澹然即谓其忧盗贼不知
藏金，召为管库，切谏不从。厥后胶滩假道，帝制速行，皆出长雄之赐，遗祸至今。"《近代史资料》
总 35 号，中华书局 1965 年版，第 6—7 页。

② 王葆真：《民国初年国会斗争的回忆》，《文史资料选辑》第 82 辑。

③ 卫藤沈吉、李廷江编著：《近代在华日人顾问资料目录·序言》，中华书局 1994 年版。

约翰·霍普金斯大学校长，同时继续担任袁世凯的法律顾问；由韦罗贝代理在华执行的职务。1928年，古德诺从约翰·霍普金斯大学校长位置上退下来，1939年病逝。① 古德诺是美国行政法学大师，他一生著述甚丰。② 古德诺是一个戴着有色眼镜的西方殖民主义者，他认为中国人民民智低下，没有实行民主共和的能力，因此他主张加强袁世凯的权力，实行总统制，立法机构由两院制改为一院制。按照古氏的设计，中国的代议机构的功能将只限于咨询与顾问，没有任何主动的权力。这样的机构在袁世凯的独裁统治下，注定只能是一个装点门面的傀儡和花瓶。古德诺与有贺长雄成为《中华民国约法》的主要设计者和指导者。北京《英文晚报》的评论指出："是时正值国会解散，修正约会［法］，起稿员常时就商古氏，以为其起稿之标准。古氏熟悉中国人之思想，知无不言，以致渠等渐信古氏之条议为有理由，不特待遇之为公家顾问，且视之为诚实友人也。其已修正之约法，现时所訾议为袁氏私造之法者，其中颇多采择古氏及有贺长雄氏之意思。虽时势不同，激烈分子今日颇非笑之，然我人仍信此新约法内结实及变通之精意，尤为世人所公认。因其他约法虽经试验均已证其失败也。且世之非笑古氏之约法者，类多耳食甚至有始终未读此约法之文字者（中文或英文），而亦妄肆讥评焉。"③ 古氏本人在写给卡内基基金会的一篇报告中也承认："一年前，我对立新约法草案的大部分建议，新约法都采用了。"④ 古德诺因为对制订《中华民国约法》"颇有赞助"，与有贺长雄等一同被袁世凯授予二等嘉禾章。因为《中华民国约法》赋予袁世凯以绝对的专制独裁权力，历史学家称之为"袁记约法"。同时，又因为这部约法主要是在古德诺等人指导下制订而成的，故也有人称

① 《近代现代外国哲学社会科学人名资料汇编》，商务印书馆1978年版，第895页。
② 《近代现代外国哲学社会科学人名资料汇编》，商务印书馆1978年版，第895页。
③ 《古德诺博士及其评家》，天津市档案馆编《北洋军阀史料——黎元洪卷》第11册，第99—100页。
④ ［美］杨格：《现代化的保守人物——袁世凯》，张玉法主编：《中国现代史论集》第4辑，联经出版事业有限公司（台北）1980年版。

之为"古德诺宪法"。①

　　1914 年 8 月，古德诺回美国，担任约翰·霍普金斯大学校长，但仍兼任袁世凯的法律顾问，由另一名美国法学家韦罗贝在北京代理他的职务。②1914 年 7 月，古德诺、韦罗贝与袁世凯的国务卿徐世昌重新签订了聘任合同。合同规定："中华民国政府仍聘古德诺为法律顾问，在美国行其职务；并聘韦罗贝为代理法律顾问，在中国北京行其职务。"合同规定，任期为一年九个月，自 1914 年 8 月 3 日起至 1916 年 5 月 2 日止，"在美国任中华民国政府之顾问"，"如政府需该顾问来京而于该顾问无窒碍时，该顾问应于 1915 年 6 月到京居住两月，以备顾问。"合同还规定了古、韦两人的薪金数目，古氏每月薪金 500 美金；韦氏每月薪金为 1000 美金，另加房租 50 美金，等等。③

　　到 1915 年夏，袁世凯帝制自认为已是呼之欲出，帝制派分子已在幕后酝酿多时。当袁世凯要称帝的消息传到美国，古德诺于 1915 年 7 月赶到北京，帮助袁世凯。在洪宪帝制过程中，古德诺扮演了一个活跃的角色。袁世凯的亲信唐在礼指出："最活跃的是美国派来的古德诺，他通过蔡廷干常去见袁世凯，并且以学者的姿态出面和筹安会中人竭力拉拢，对袁称帝表示很积极。袁决心称帝，古德诺的影响也是大的。袁曾说过，古德诺表示美利坚虽

① 民初著名国会领导人汤漪在《中华民国宪法草案说明书》中说："本草案告成之日，反对者乃至不惜推翻国会以为根本解决之计划。反对者之言曰：有强国之宪法，有弱国之宪法，有亡国之宪法。绅绎其旨最为简洁，以为大权集于一人则其国强，分配于各机关则其国弱，采用议会政府制则其国亡耳。其所建反对之义具如此，域中与域外之御用法律家乃引演曲折以发挥之，卒则有'古德诺宪法'出焉，而其所谓强国之效，则持极端非立宪主义，以恢复专制为救国唯一之手段耳矣。"《宪法公言》第 1 期（1916 年 10 月 10 日出版）。

② 韦罗贝全名威廉·富兰克林·韦罗贝（Willoughby, W.F.1867—1960），美国法学家。他早年毕业于普林斯顿大学，时任普林斯顿大学法律学与政治学教授。1914 年夏被派来中国接替古德诺。他在这个职位上一直工作到 1916 年。那年，他重新回到普林斯顿大学担任政府制度研究所所长（1916—1932）。

③ 《北京政府聘任古德诺等为法律顾问契约书》，章伯锋、李宗一主编《北洋军阀》第 2 卷，武汉出版社 1990 年版，第 945—946 页。

然是共和国，却还是赞成中国恢复帝制的，他说中国老百姓不开化，不懂什么民主自由，非帝制不能加以统治。"[1] 顾维钧说："总统（指袁世凯——引者注）也不时接见一些重要的外国客人，如古德诺教授，他应邀来华，对我国适应何种宪法提供意见。他数次会见总统，我均在座。古德诺教授极端赞成中国复辟帝制，建立君主政府……"[2] 顾氏当时是袁世凯的英文秘书，又是古德诺当年的学生，古氏每次晋见袁世凯，顾氏都充当翻译，可以说顾氏是最权威的见证人，他的回忆应确信无疑。古德诺明显倾向帝制，连当时远驻德国柏林的中国公使颜惠庆也明显感觉到了。他在 1915 年 9 月 10 日的日记中写道："古德诺强烈赞成中国实行帝制。"[3]

古德诺到北京后，总统府要求他给袁世凯准备一个文件，论述民主和君主政体哪一种最适合中国的国情。古德诺按照他的一贯观点，很快完成了《共和与君主论》一文。[4] 古氏在文章中首先回顾了英国、美国、法国以及中美、南美各国的宪政历史，从而得出"其民智卑下之国，最难于建立共和"、"勉强奉行，终无善果"的论断。接着，古氏说："中国数千年以来，狃于君主独裁之政治，学校阙如，大多数之人民智识不甚高尚，而政府之动作彼辈绝不与闻，故无研究政治之能力。四年以前，由专制一变而为共和，此诚太骤之举动，难望有良好之结果者也。""然则以中国之福利为心者，处此情势，将持何种之态度乎？将主张继续共和制钦？抑将提议改建君主制钦？此种

---

① 唐在礼：《辛亥以后的袁世凯》，中国人民政治协商会议全国委员会文史资料研究委员会编《文史资料选辑》第 53 辑（合订本），中国文史出版社，出版年份不详，第 219 页。

② 中国社会科学院近代史研究所译：《顾维钧回忆录》第 1 册，中华书局 1983 年版，第 110 页。

③ 上海市档案馆译：《颜惠庆日记》第 1 卷，中国档案出版社 1996 年版，第 276 页。

④ 对于这篇文章的出台，有许多传闻。如许指严著《新华秘记》就说：古德诺撰《共和与君主论》，袁世凯曾赠以 50 万金。（山西古籍出版社、山西教育出版社 1999 年版，第 42 页。方汉奇主编的《中国新闻事业通史》第 1 卷说："美国人古德诺按袁的授意撰写了公开鼓吹帝制的文章后，受了重赏，回国时，袁又亲赠 10 万元。许多外国驻京记者，也因随便发一通揄扬袁氏的电报而大发意外之财。"（中国人民大学出版社 1992 年版，第 1052 页。）袁世凯对于用人民之脂膏来收买人心，历来是出手大方的。

疑问，颇难答复。然中国如用君主制较共和制为宜，此殆无可疑者也。盖中国如欲保存独立，不得不用立宪政治，而从其国之历史习惯、社会经济之状况与夫列强关系观之，则中国之立宪，以君主制行之为易，以共和制行之则较难也。"古氏最后提出，由共和改君主，而欲得良好之结果，则必须具备以下三个条件：一、此种改革不可引起国民及列强之反对；二、妥善解决君主继承问题；三、政府必须预为计划，以求立宪政治之发达。至于中国当时是否已经具备了以上三项条件，古德诺没有正面回答："至此种条件，今日中国是否完备，则在乎周知中国情形，并以中国之进步为己任者之自决耳！如此数条件者均皆完备，则国体改革之有利中国，殆无可疑者也。"①

古德诺的这篇文章于 8 月 3 日刊登在袁世凯御用的北京《亚细亚报》上，日本东京报纸（8 月 11 日）和英国伦敦《泰晤士报》（9 月 9 日）相继予以转载。古德诺的文章发表后，以杨度、孙毓筠为首的筹安会很快出台，筹安会宣言即以古德诺的文章作为立论的基础。筹安会宣言说："我国辛亥革命之时，国中人民激于情感，但除种族之障碍，未计政治之进行，仓促之中制定共和国体，于国情之适否不及三思，一议既倡，莫敢非难。深识之士，虽明知隐患方长，而不得不委曲附从，以免一时危亡之祸。故自清室逊位民国创始绝续之际，以致临时政府正式政府递嬗之交，国家所历之危险，人民所感之痛苦，举国上下，皆能言之，长此不图，祸将无已。近者南美、中美二州共和各国，如巴西、阿根廷、秘鲁、智利、犹鲁卫、芬尼什拉等，莫不始于党争，终成战祸。葡萄牙近改共和，亦酿大乱。其最扰攘者，莫如墨西哥。自爹亚士逊位之后干戈迄毋宁岁，各党党魁拥兵互竞，胜则据土，败则焚城，劫掠屠戮，无所不至，卒至五总统并立，陷国家于无政府之惨相。我国亦东方新造之共和国家，以彼例我，岂非前车之鉴乎？美国者，世界共和之先达

① ［美］古德诺:《共和与君主论》，章伯锋、李宗一主编:《北洋军阀》第 2 卷，武汉出版社 1990 年版，第 947—952 页。

也，美人之大政治学者古德诺博士即言世界国体，君主实较民主为优，而中国则尤不能不用君主国体。此义非独古博士之言也，各国明达之士，论者已多。而古博士以共和国民而论共和政治之得失，自为深切著明，乃亦谓中、美情殊，不可强为移植。彼外人之轸念吾国者，且不惜大声疾呼，以为我民忠告，而我国人士，乃反委心任运，不思为根本解决之谋，甚或明知国势之危，而以一身毁誉利害所关，瞻顾徘徊，惮于发议，将爱国之谓何？国民义务之谓何？"[①]古德诺的文章遂成为洪宪帝制的开场锣鼓。

古德诺之所以直截了当地主张中国应当实行帝制，当然是由他对中国的认识所决定的。美国驻华公使芮恩施在其回忆录中说，古德诺私下常常和他谈论中国的政治问题，古德诺说："这里至今还是一个缺乏政治的社会，这种社会经过了许多世纪，它依靠自行实施的社会的和道德的约束，没有固定的法庭或正式的法令。现在它突然决定采用我们的选举、立法和我们比较抽象的和人为的西方制度中的其他成分，我倒相信如果制度改革能够更和缓些，如果代议制能以现存的社会集团和利益为基础，而不以普选的抽象观念为基础的话，那么情况就要好得多。根据这些经验，这些政治上的抽象原则，对于中国人来说，至今仍然没有意义。"[②] 因此，美国学者杨格认为，古德诺之所以公开鼓吹帝制，"唯一的动因可能是诚实的信念与文化的以及职业的傲慢的融合"。[③] 不管怎么说，古德诺带着西方人的有色眼镜来谈论中国的国情与宪政问题，自然只能得出荒谬的结论。古德诺的言论激起了中国和海外舆论的严厉批评。

（四）韦罗贝

韦罗贝，全名威廉·富兰克林·韦罗贝（Willoughby, W. F. 1867—1960），美国法学家。他早年毕业于普林斯顿大学，时任普林斯顿大学法律

---

① 李希泌、曾业英、徐辉琪编：《护国运动资料选编》上册，中华书局 1984 年版，第 9—10 页。
② ［美］芮恩施著：《一个美国外交官使华记》中译本，文化艺术出版社 2010 年版，第 32 页。
③ 转引自张玉法主编：《中国现代史论集》第 4 辑，第 189 页。

学与政治学教授。1914 年夏被派来中国接替古德诺。他在这个职位上一直
工作到 1916 年。那年，他重新回到普林斯顿大学担任政府制度研究所所长
（1916—1932）。

（五）宝道

宝道（Georges Padoux, 1867—?），法国人，1889 年毕业于巴黎
大学，1890—1896 年任职法国外交部，1896—1904 年担任法国殖民
地宪民斯政府的秘书长，1905—1914 年担任暹罗（今泰国）政府的法国
顾问。1914 年来华担任袁世凯政府的审计院顾问，1919 年任司法部顾问，
1928 年担任南京国民政府立法院、司法院和交通法律顾问，在中国活动时
间很长，广泛参与了中国近代法典的编订。

第四章　幕主与幕僚的关系

清政府竭尽全国的财力让袁世凯编练新军，其本意当然是要练就一支保卫大清王朝的新式军队，但出乎清廷之意料，经袁世凯一手编练出来的北洋六镇新军却成了袁世凯的私家军，而北洋系的大小喽啰成了抱成团的、死心塌地拥护袁世凯的袁家党。这样的结局虽然出乎大清王朝的意料，却也在情理之中。

袁世凯是枭雄，为了培植忠诚拥主的袁家党，可以说是费尽了心机，他的手段无非是以功名利禄外加裙带关系与女色笼络人心。

第一节　以功名利禄驱使人

首先说以功名诱人。晚清自曾国藩开始就有了大臣保荐功臣的陋规陋制[①]，这种陋规陋制为左宗棠、李鸿章、张之洞、刘坤一等封疆大吏继承，到了袁世凯时代更是变本加厉。袁世凯保荐部下功名历来是极端慷慨的，甚至到了无事不保、滥保的地步。这里，我们先看袁世凯的两张保单：

一张是《武卫右军随营学堂出力员生请奖清单》，该清单是这样写的："谨将武卫右军随营学堂出力员生两届期满并案请奖，缮单恭呈御览：奏留直隶候补知府段祺瑞，指分直隶补用知府吴篯孙均请免补本班，以道员仍留原省补用，段祺瑞并加二品衔。分省补用知府冯国璋，请免补本班，以道员仍分省补用。候选同知刘承恩，请免选本班，以知府选用。指分山东补用直隶

---

① 曾国藩在晚年自我检讨中说："名器日滥，弟等实执其咎，治军多年，愧歉莫大于此。"见《曾国藩全集》，第 5948 页。

州知州言敦源请免补本班，以知府仍留原省补用。候选知县卫兴武，请免选本班，以同知选用并加知府衔。候选知县钟麟同，请免选本班，以直隶州知州选用。分发四川教习知县丁云鹏，请以知县仍留原省归候补班补用。山东试用直隶州州判高景祺，指分山东试用府经历周行广，均请免补本班，以知县仍留原省补用。分省试用县丞沈琪、姚济苍，均请免补本班，以知县仍分省补用。候选府经历段启勋，候选县丞赵理泰、方咸五、杨汝钦、何守仁均请免选本班，以知县选用，赵理泰并加同知衔。候选从九品李钟岳、县丞衔监生林葆纶、林辉曾、管云臣、傅良佐，附生齐与权、马克耀、夏鸿钧均请以县丞选用。府经历衔监生于玉龙请以府经历选用。补用都司李纯，请免补本班，以游击尽先补用，并加副将衔。尽先千总李常升、田书年、陈文运均请免补本班，以守备尽先补用并加都司衔。"①

另一张是光绪二十七年四月初十日上的《保荐徐世昌等以供任使折》，该折写道："窃臣伏读光绪二十六年八月初八日上谕：'为政首在得人，现在时局阽危，需才尤亟，各封疆大吏，务各虚衷延访，如有才猷卓著，克济时艰，无论官阶大小，出具切实考语保荐，以备录用等因，钦此！'仰见圣主宵旰焦劳，求贤辅治之至意。臣受恩深重，报称毫无，顾念时艰，夙夜忧惕，每怀古大臣公忠体国，类多以人事君，即我朝中兴以来，督抚诸臣如曾国藩、胡林翼，尤孜孜荐贤，一时得人称盛。臣既愧知人之识，而近今人才亦觉微逊于前。大抵才尚有为者，或心术不皆纯正；心尚无他者，或才具不尽犹长，皆未足寄以事权，即不敢滥登荐剡。兹谨就臣耳目所及，求其才品均堪共信者，得数人焉。查有翰林院编修徐世昌，公正笃诚，才识明练，前在臣军办理营务，遇事能持大体，不避劳怨，调和将士，抚驭得宜，全军翕然悦服，尤于时局要政，潜心考究，志切澄清，故以儒臣而晓畅军情，洞达世务，迹其神明内敛，局干隐然，洵称远到之器。翰林院编修柯劭忞笃学励行，植躬

---

① 来新夏主编：《北洋军阀》（一），第 473—474 页。

正大，其所学以明于故实，切于世用为主，非空疏墨守者可比。又历游督臣张之洞，抚臣于荫霖等幕中，于政之得失，均能通达，故学有根柢，阅历亦深，前年筹办山东本籍义赈，综核认真，民沾实惠，足征任事不苟可谓体用兼赅。山东登莱青道李希杰，器识宏深，志气坚定。整顿榷务，既能洁己奉公，办理交涉复能泛应曲当。上年夏秋之间，海疆多事，烟台为各国船商荟萃之区，匪徒播散流言，到处煽动，情势岌岌危殆，该道从容布置，外防内靖，悉协机宜，卒以销萌固圉，才堪应变、功亦甚伟。直隶候补道孙宝琦，才气开朗，奋发有为，向在北洋供差，历办银钱所、育才馆、武备学堂等事，皆区处精当，条理井然，而于复员国政治条约，均能悉心讲求，亦不坠世俗趋末略本习气，堪称干济之才。候选道毛庆蕃，品行修洁，智虑沉详，久充户部司员，综理精密，物望素孚，嗣在天津办理粮台，筹划支应，极能秉公持正，担怨任劳，既具贞介之操，而平日于国是民瘼，尤能遇事留心，讨究利病，实属为守兼优。以上五员，臣或亲与之共事，或夙稔其为人，或并未曾试面而访察甚确，要皆知之有素，不敢壅于上闻。至应如何破格擢用，因材器使之处，圣心自有权衡，非微臣所敢擅请，所有遵旨保荐贤才缘由，谨恭折据实胪陈。"[1]

从上面两张保单可以看出，袁世凯的幕僚们办了一点鸡毛蒜皮的小事就要向朝廷保举功名，甚至无功而保。

1901 年，袁世凯升任直隶总督兼北洋大臣，慈禧太后又授予他保举封疆大吏的权力。警民著《徐世昌》一书说："至世凯督直，孝钦特假以魁柄，得荐举疆吏，一时奔走其门者不可胜计，北洋派范围益扩，后入民国，此辈倚袁之力，袁亦赖此辈之助，其势力遂膨胀于全国。"[2]

1902 年 4—5 月，袁世凯在残酷地镇压直隶广宗县景廷宾领导的农民

---

① 　来新夏主编：《北洋军阀》（一），第 747—748 页。

② 　警民：《徐世昌》，第 85 页。

起义后，至少三次上奏朝廷为其爪牙们请奖。袁世凯保奖的名单如下：张荣禄、陈永禄、田中玉、李进才、梁保森、王吉林、杨善德、胡聚之、王汝贤、王开福、张廷献、裴家兴、何宗莲、陈光远、万国棠、周明馨、王凤岗、杨骏发、王金贵、鲍玉贵、李贵山、张国泰、谢允卿、关春海、张绍梁、张长林、潘南山、王锡麟、周树荣、刘金标、徐占凤、王万福、刘景春、薛振邦、梁玉山、苗东和、刘五昆、梁作钧、杨振山、王树田、马振邦、张善义、王永华、张家彬、靳云鹏、王振山、刘锡钧、王汝勤、朱泮藻、何丰林、洪自成、孟效曾、张九卿、吴兆廷、高在田、曹树桐、王英楷、刘绍邺、袁祚廙、陈燕昌、边度春、黄元祯、纪云鹏、傅维屏、冯汝骥、郭传文、李钟岳、戴德芳、铭盛、金采、田经年、宋芝田、徐树铮、钱德芳、段祺瑞、倪嗣冲、吴凤岭、马龙标、段芝贵等，共 79 人。[①]

袁世凯为了使他的保荐奏效，他对上也费了不少心思，其法宝则是金钱开路。刘体智撰《异辞录》指出："慈圣晚年，不免于寡人好货，而无与于政事。项城（袁世凯）、西林（岑春煊）以贡献，互相斗富，因其官高愈增。……辛丑回銮后，朝廷惟惧外人图己，项城近在北洋，手握重兵，尤为倚恃。"[②]

袁世凯在以大量金钱孝敬慈禧太后的同时，对慈禧身边有用的太监也一一加以收买。慈禧最宠信的总管太监李莲英是袁世凯巴结、逢迎、孝敬的第一个对象。马宾廷的地位比李莲英低，但也能在慈禧面前说上几句话，袁也不惜屈节交结。经过张勋的介绍，袁世凯与马宾廷太监交换兰谱结为异姓兄弟。有一天，袁世凯与张勋同至颐和园，马宾廷出迎，袁急忙跪单腿向马请安。一个位极人臣的封疆大吏竟然给太监下跪请安，其灵魂是何等卑劣！为了权势，他可以出卖灵魂，出卖人格和官格。即使那些无名的太监，袁也

①《袁世凯奏议》中册，天津古籍出版社 1987 年版，第 569—573 页。
② 刘体智：《异辞录》，山西古籍出版社、山西教育出版社 1999 年版，第 207 页。

拉拢备至，每次入觐，身上总带着十两以至数百两的银票多张，随时投送"门包"。在收买好太监后，袁世凯的直隶总督府与京城大内总管太监处就建立起了热线电话联系，"凡宫中一言一动，顷刻传于津沽，朝廷之喜怒威福，悉为揣测迎合，流弊不可胜言。"①

袁世凯第三个重点收买的对象，便是首席军机大臣、庆亲王奕劻。庆亲王奕劻长期担任首席军机大臣，把持朝政，他为人贪婪无比，无钱不要，无贿不收，且毫无政治头脑，这样的人物正是袁世凯的理想猎物。袁投其所好，专门派杨士琦负责向奕劻进贿，月有月规，节有节规，年有年规。庆王及福晋（即妻子）的生日，唱戏请客及一切费用，甚至庆王的儿子成婚，格格出嫁，庆王的孙子弥月周岁，所需的开支，都由袁世凯预先布置，不费王府一钱。庆王在被袁收买过来后，就完全成了袁世凯手中的傀儡，"弄到后来，庆王遇有重要事件，及简放外省督抚、藩臬，必先就商于世凯，表面上说请他保举人才，实际上，就是银子在那里说话而已。"②

袁世凯用金钱收买了操控朝廷大权的慈禧太后和庆亲王及太监，他的保举也就格外有用，一保即准，很快形成"部臣疆寄，多出袁门"③的局面。

袁世凯在保举部下的过程中，玩弄了许多市恩的手段，让部下格外感谢和记住他的恩惠。

段祺瑞后来对人说起袁世凯对他玩弄的市恩手法，他说："小站练兵初期，有一次，分统一员出缺，应由考试合格的补授，不料却被冯国璋考中了。宫保对我和华甫（冯国璋）本来无分轩轾的，但却对我引为歉然。后来又有一分统出缺，那回他生怕我考不中，特先向我通关节，这是我终身不能遗忘的一件事。"④

---

①　来新夏主编：《北洋军阀》（一），第 1029 页。

②　刘垣：《张謇传记》，台湾文海出版社影印本，第 128 页。

③　姜泣群：《民国野史》，第 11 页。

④　许金城、许肇基：《民国野史》，云南人民出版社 2003 年版，第 36 页。

由于袁世凯的拼命保举，他的部下升官速度之快，开创了清代一朝的许多记录。例如，在翰林院多年不得志的"黑翰林"徐世昌自投袁世凯后，自翰林院七品编修升至二品尚书仅用了 4 年，"为有清一代汉大臣所未有"。[①]又如袁世凯的干儿子段芝贵，从一个在袁世凯麾下跟包跑腿的候补道一举升为布政使并署理黑龙江省巡抚，同样让人跌破眼镜。辛亥武昌起义后，袁世凯出山，窃取清廷军政大权，更是随意任命自己的爪牙以高官。前面提到的那个被清廷革职多年、声名狼藉的候补道员段芝贵在袁出山后立即被任命为护理湖广总督，简直是一步登天。

加入袁世凯幕府，成为升官发财的终南捷径，功名利禄之辈趋之若鹜。监察御史胡思敬说："光绪末年，小人阶之以取富贵者，捷径有二：一曰商部，载振主之；一曰北洋，袁世凯主之，皆内因奕劻而借二杨为交通枢纽。当世凯初莅北洋，梁敦彦方任津海关道，凌福彭任天津府，朱家宝任天津县，杨士骧、赵秉钧均以道员在直隶候补。不两三年，敦彦官至尚书，家宝、士骧均跻节镇，福彭升藩司，秉钧内召为巡警部侍郎。其非北洋官吏而攀附以起者，严修以编修在籍办天津学堂，遂擢学部侍郎；冯汝骙与世凯联姻，遂擢江西巡抚；吴重熹为世凯府试受知师，遂擢河南巡抚。唐绍仪旧从世凯驻朝鲜，甲午之变，出死力护之以归，故遇之加厚，既夺盛宣怀路政畀之，邮传部开，又用为侍郎，一手把持部务，案卷、合同尽为所匿，尚书张百熙虽属世凯姻娅，不能与之抗也。绍仪既得志，复引用其同乡梁如浩、梁士诒、陈昭常等皆列要位。士骧又引其弟士琦入商部。徐世昌久参世凯戎幕，铁良亦尝从之练兵，既入军机，始稍稍携贰。世凯不由科目出身，遇投帖称'门生'者，大喜，必力援之。定成晚入其门，遂长大理院。方其势盛时，端方、陈夔龙、陈璧、袁树勋无不附之。"[②]可以说是气焰熏天。

---

① 警民：《徐世昌》，第 15 页。

② 胡思敬：《国闻备乘》，上海书店出版社 1997 年版，第 57 页。

对于这种保举制度所带来的弊病，朝廷实际上是很清楚的。早在光绪初年，御史张佩纶就揭露说："凡保案中任劳者十之二三，徇情者十之七八……一案累百人，少亦数十人，连名比牒，作福市恩，此何于斜封墨敕哉。"[①]

到了光绪末年，御史赵炳麟说得更加触目惊心："臣观今日大臣争权，小臣附势，人心险诈，朝纲废弛，不早维持，弊将安极？岂徒开明末党援之习，且恐酝唐季藩镇之忧。推究其原，皆因威福下移，天下知大臣不知天子之所致也。"[②]

保举制度使国家名器成为权臣培植私人的工具，朝廷赏罚大权旁落，太阿倒持。但是，腐朽的清王朝已经无力纠正这种"威福下移"的局面了，只能眼看着垮台。

袁世凯在复辟帝制的过程中，更是大肆给他的爪牙分封各种爵位，企图以此让他们感到皇恩浩荡，衷心拥护他的皇位。

中华民国四年 12 月 12 日，利令智昏的袁世凯悍然宣布接受"亿兆推戴"，改国号为"中华帝国"，自称"中华帝国皇帝"，并以 1916 年为"洪宪元年"。袁世凯称帝后的第一件大事，就是大封爵位，牢笼全国文武官吏，借以巩固"洪宪"新王朝的统治。袁世凯对于为他效命的文武官吏一向是慷慨大度的。今番龙袍加身，自然更要广施恩泽，使文武百官畏威怀德。按照"洪宪"元年 3 月 11 日公布的《颁爵条例》，世爵自亲王至三等男，分 6 等 17 级，即：亲王、郡王；一等公、二等公、三等公；一等侯、二等侯、三等侯；一等伯、二等伯、三等伯；一等子、二等子、三等子；一等男、二等男、三等男。年俸自 2 万元、1 万元至 1000 元不等。世职自一等轻车都尉至恩骑尉，分四等六级，即一等轻车都尉、二等轻车都尉、三等轻车都尉；

---

① 《光绪朝东华录》，第 1474 页。转引自李志茗《晚清四大幕府》，第 348 页。

② 《赵柏岩集·谏院奏事录》卷三，第 8 页。

骑都尉、云骑尉、恩骑尉。岁俸自 800 元至 200 元不等。世爵世职均可"世袭罔替"，其原则是，先嫡后庶，先长后幼。此外，满蒙回藏原有的世爵、世职及俸给一切照旧。

袁世凯赐封的第一个对象是副总统黎元洪。1915 年 12 月 15 日首先册封黎元洪为"武义亲王"，这是当时最高的爵位。黎元洪坚决不受封。袁、黎本是儿女亲家，向例每到年节，双方均有礼品馈赠。1915 年底，袁送黎礼，用红帖书"赏武义亲王"字样，派差人四人披红带骑骏马，送至黎元洪官邸。黎见"赏武义亲王"字样，大怒，坚持不收。越日，袁改书"姻愚弟袁世凯"，黎始受之。

12 月 18 日，袁颁布申令称："进见各处文电，纷纷称臣，在人以为尽礼，在予实有难安；况今之文武要职，多予旧日之同僚，眷念故侣，情尤难堪，……凡我旧侣及耆硕故人，均弗称臣，时艰方殷，要在协力谋国，无取仪文末节也。"

经过政事堂议定：黎元洪、奕劻、载沣、那桐、锡良、周馥、世续七人为"旧侣"；徐世昌、赵尔巽、李经羲、张謇四人为"故人"；王闿运和马良为"耆硕"。

20 日，袁世凯认为对"故人"的礼遇还不够，又申令以徐、赵、李、张四人为"嵩山四友"，特颁嵩山照影各一，"用坚白首之盟"，"同宝墨华之寿"。"嵩山四友"与袁世凯见面时，可以不称臣、不跪拜；赏乘朝舆，至内宫换乘肩舆；每人每年给金 20000 元（相当于亲王）；赏穿特种朝服等。

对于袁世凯特别优待"嵩山四友"，有人不解，问袁世凯："公之友亦多矣，他岂不及耶？"袁回答："菊人（徐世昌）、次珊（赵尔巽）、仲轩（李经羲）昔日比肩事主，谊同昆季；季直（张謇）为受业师，亲若父子，乌能屈诸臣工之列？"

但官瘾十足的徐世昌、李经羲却并不以此为满足。徐世昌受封后，对友人发牢骚说:"所谓嵩山四友,即永不叙用之意。"自此,他在东四五条胡同家中自书"谈风月馆"一匾,悬于书斋(此匾现仍悬铁匠营徐宅花园厅房中),表示不问世间政治之意。他在日记中颇有感慨地写道:"人各有志,志为仙佛之人多则国弱,志为圣贤之人多则国治,志为帝王之人多则国乱,世之操治化教育之权者盍审诸?"以此表达对袁世凯称帝的不满。

李经羲是李鸿章的侄子,清末曾官居云贵总督,民国后袁世凯任命他政治会议议长,为袁世凯制造了一部绝对独裁非法的《中华民国约法》(又称"袁记约法")。李经羲自以为有功于袁,向袁要求任命他为广东将军兼节制广西、云南、贵州三省军队。袁回答:"是不啻以一人兼为两广、云贵总督也,乌乎可?"袁世凯称帝之际,李经羲进谒,正色劝阻道:"公以雄才大略见称于中外,今乃甘冒大不韪之名,欲登九五之位,国家利害、人心从违,两不顾虑。设此而易为者,则先叔文忠公已先公作皇帝矣。惜公以数十年之声威,为宵小所弄,堕于一旦也。"袁世凯闻之色变,仅说:"兹事重大,终当决诸全国国民。"当袁世凯锡封他为"嵩山四友",李经羲尝对赵尔巽曰:"项城斯举,无异将吾人革职,永不叙用。"赵尔巽反问道:"公岂犹有做官之雄心耶?"李经羲一时无言以答。

12月21日和23日,袁世凯又两次电传策令,封公、侯、伯、子、男共128人,封一、二等轻车都尉共74人,另外追封3人。"洪宪"元年1月1日,袁世凯又封孔子第70代孙孔令贻袭"衍圣公",加郡王衔。此后,还陆续有赐封。

笔者根据所见到的各种材料,进行了初步统计,"洪宪"封爵名单如下:

"亲王"1人:黎元洪。

"郡王衔"2人:一等公龙济光、"衍圣公"孔令贻。

"一等公"5人:张勋、冯国璋、姜桂题、段芝贵、倪嗣冲。

"二等公"1人:刘冠雄。

"一等侯"9人:汤芗铭、李纯、朱瑞、陆荣廷、赵倜、陈宧、唐继尧、阎锡山、王占元。

"一等伯" 13 人: 张锡銮、朱家宝、张鸣岐、田文烈、靳云鹏、杨增新、陆建章、孟恩远、屈映光、齐耀琳、曹锟、杨善德、雷震春。

"一等子" 9 人: 朱庆澜、张广建、李厚基、刘显世、陈光远、米振标、张文生、马继增、张敬尧。

"二等子" 3 人: 倪毓棻、张作霖、萧良臣。

"一等男" 38 人: 许世英、戚扬、吕调元、金永、蔡儒楷、段书云、任可澄、龙建章、王揖唐、沈金鉴、何宗莲、张怀芝、潘矩楹、龙觐光、陈炳焜、卢永祥、林葆怿、饶怀文、吴金彪、王金镜、鲍贵卿、宝德全、马联甲、马安良、白宝山、昆源、施从滨、黎天才、杜锡钧、王廷桢、杨飞霞、江朝宗、徐邦杰、马龙标、李进才、吴炳湘、吕公望、李嘉品。

"二等男" 20 人: 李兆珍、冯德麟、王祖同、王纯良、吴俊升、李耀汉、王怀庆、马春发、吴庆桐、熊祥生、胡令宣、莫荣新、谭浩明、周骏、刘存厚、叶颂清、张载阳、张子贞、刘祖武、石星川。

"三等男" 32 人: 石振声、吴鸿昌、何丰林、王懋赏、臧致平、唐国谟、方更生、张仁奎、陈德修、马福祥、殷恭先、张树元、周金城、李长泰、李绍臣、许兰洲、康永胜、朱熙、常德盛、孔庚、张殿如、方玉普、马龙潭、裴其勋、朱福全、隆世储、方有田、陈树藩、陆裕光、杨以德、李炳之、吴佩孚。

追封 3 人: 追封前直隶都督、国务院总理赵秉钧为"一等忠襄公"。追封前上海镇守使郑汝成为"一等彰威侯"。追封前江苏第二军军长徐宝山为"一等昭勇伯"。

袁世凯本想通过封爵来巩固其皇帝宝座，但结果却适得其反。由于封爵摆不平，招致天怒人怨，众叛亲离，从而加速了"洪宪王朝"的灭亡，袁氏本人也在一片反对声中忧郁而终，一代枭雄最终落了个身败名裂的下场；那些受封的王公大臣也是昙花一现，跟着袁世凯作了一场短暂的王侯春梦。

其次，袁世凯最擅长的是利禄诱人。

《袁世凯轶事》一书说："袁尝对人言天下无难事，唯有金钱自能达到目的耳！是以袁之一生处政海潮流中，事事能著先鞭者，固由于手腕敏活，其大半亦依赖黄金势力也。"①

作为枭雄，袁世凯在花钱方面格外大方，其手笔之大，常令人咋舌。无论是孝敬上司，还是笼络部下，都是如此。

张镇芳之子张伯驹后来讲过他亲身经历的一件事。1915年的元旦，张伯驹奉父亲张镇芳之命去给袁世凯拜年。张伯驹来到居仁堂，袁立案前，张向袁行跪拜礼。袁以手扶掖之，行礼毕，袁问张年岁，张答："18岁。"袁世凯即说："你到府里当差，好吧？"张答："正在模范团上学。"袁即说："好好上学，毕了业就到府里来。回去代我问你父亲过年好。"张伯驹告辞回家，甫进门就见袁世凯所赏赐的礼物已经先到，礼品是金丝猴皮褥两副、狐皮、紫羔皮衣各一袭，书籍四部，食物等四包。对此情景，当时年轻气盛的张伯驹也不禁折服道："时余正少年，向不服人，经此一事，英气全消，不觉受牢笼矣。"②

袁世凯在编练北洋新军时，留下了《新建陆军兵略录存》等书，表面看起来冠冕堂皇，似乎是学习西方先进的军事制度，但其骨子里却隐含着营私舞弊的封建十足的黑幕。

袁在《上督办军务处禀》中声称："……至所拟饷数，例之湘淮饷制，未免嫌优。但饷薄则众各怀私，丛生弊窦；饷厚则人无纷念，悉力从公。且威著于知恩，罚行于信赏，每届关饷，并简派妥员，核实点发，营员不得经手。则上无侵蚀，下免纷纭，积习颓风，可冀力挽。"③

话说得十分动听，但实际情形则不然。

---

① 车吉心主编：《民国轶事》第二卷，泰山出版社2004年版，第537页。

② 刘成禺、张伯驹：《洪宪纪事诗三种》，第301页。

③ 来新夏主编：《北洋军阀》（一），第22页。

　　按湘淮军的饷章，每1000人月支5800两，而袁氏所订新建陆军饷章，炮队每营（1000人）月饷12018两；步队每营（1000人）月饷8690两；马队每营（500人）月饷7306两；工程队每营（500人）月饷3996两。新建陆军所支的饷项比湘淮军大为增加，但所增加的只是军官，尤其是上级军官的薪俸，士兵的待遇却没有改变过。因为湘淮军士兵的月饷是4两5钱，而新建陆军中待遇较优的炮队月饷不过4两8钱，步队的月饷仍旧是4两5钱。

　　但新建陆军军官的待遇则大大增加了。湘淮军的管带（即营长）月薪50两，办公费150两。新建陆军炮队统带（即营长）则为月薪150两，办公费200两；步队统带月薪100两，办公费300两；马队及工程营统带薪水公费合计均为300两。

　　不特此也，湘淮军营的办公费，包括"帮办及管账目军装，书记，医生，工匠薪粮，并置办旗帜号补各费在内"，湘淮军的办公费，长官是不能全部私吞的，有盈余的就积存了起来；但新建陆军的办公费却不同，长官可以中饱私囊。所以袁氏标榜的新建陆军饷优，只是对军官而言，士兵却一点好处也没有。因为袁氏只要军官对他"知恩"就够了，士兵是不需要的。这是袁世凯收买其部属的方法之一。

　　袁世凯又在新建军章制上，订立了一种所谓"兼充"的制度，一军分为两翼，设统领2人管辖。每步队2000人，炮队2000人，马队1000人；更各设分统1人，分领训练。每步炮工程队1000人，马队500人，各设统带1人，专辖约束。"统领以各分统兼充，分统以各营统带兼充，冀可省官节费"。这办法，表面上是为政府节省公币，但事实上袁氏却是借此来控制其部属，凡是顺从他、巴结他的便擢升兼充分统或统领。因为按照新建陆军章制，营统带兼任公统后，就可增加薪水、办公费及各种杂项开销，每月共284两，擢升兼充统领的可增加260两。

　　还有，湘淮军设有长夫，大体上1000名官兵配备长夫360名。袁世凯的新建陆军也模仿湘淮军设有长夫的编制。计步队 1 营置长夫 272 名，炮队 1 营置长夫 272 名，马队 1 营置长夫 194 名。新建陆军 7000 人，按照编制，配有长夫 2140 人。但事实上，新建陆军成军后并没有作战的任务，长夫并没有征调过，这样，长夫的饷银（每名长夫每月工食费 3 两）全部为新建陆军的各级军官所侵吞。

袁氏这样做，仍然不过是想借此来对其部属示恩，使他们乐为己用而已。不过，这开了后来北洋军阀浮报军额、侵吞缺饷的恶例。袁世凯这样为其部属广辟捞钱的门路，把营私舞弊合法化。他们所得的越多，对袁氏就会更加感激。[①]

对于幕僚，袁世凯还常常施以额外的赏赐，如车马费、回扣费等等，名目繁多。梁士诒回忆，他在担任北洋编书局总办时，除了薪水外，还有一笔车马费。他说："余来天津，住于督署，有时亦住关道署，与于晦若（式枚）同居一室，甚相得。每月北洋编书局总办之车马费，俱由淮军银钱所送来，……当时只将车马费照收，不便详问。"[②]梁士诒后来成了袁世凯手下的红人、交通系的总头目，所有的铁路抵押借款都由他经手，他经手借款所拿的回扣数目很大，成了大富翁，加上他长袖善舞，擅长运用，人称为"梁财神"。

又如，统率办事处总务厅厅长唐在礼月薪 800 元，另加每月津贴公费 500 元，合计 1300 元，已经相当可观。购买日本军火时，唐在礼也能得到些特别款项，这种款项公开说明是某日本洋行送的，起初唐不敢收受，袁世凯却对他说："这是你的名分，可以用来办点儿自己的事，不必上缴。"像唐在礼这样的，还只能算是个肥小的"清官"。

袁世凯后来一条铁路一条铁路地押出去借外债，梁士诒和周学熙这些重

① 参见许金志、许肇基辑：《民国野史》，第 34—37 页。

② 岑学吕编：《三水梁燕孙先生年谱》（上），台湾文海出版社影印本，第 44 页。

量级的幕僚所拿到的回扣就更多了，真正是大发国难横财。①

　　袁世凯在窃取大总统职位后，干脆在统率办事处下面设立了一个所谓的军需处，由心腹唐在礼担任处长。这个军需处名为军需却并不管军需（因为真正的军需分别由陆军部、海军部直接办理），而是一个地地道道的收买处。这个收买处收买的对象五花八门，但给自己人（北洋派）送钱也是这个处的一大业务，受钱的对象包括杨士琦、冯国璋、蔡乃煌、郑汝成、龙济光、倪嗣冲、张勋、杨善德、曹锟、张绍曾、姜桂题、王怀庆、赵倜、张广建、江朝宗、张敬尧、聂宪藩、金邦平、王揖唐、叶恭绰、麦信坚、马龙标、王占元、陈宧、汤芗铭、蒋雁行、陆锦、王廷桢、李纯、孟恩远、杨以德、田文烈、曹汝霖、萧星元、许世英、冯耿光、朱家宝、朱启钤、周自齐、张镇芳、阮忠枢、袁乃宽、唐在礼、段芝贵、雷震春、吴炳湘、顾鳌、杨度、陆建章、唐天喜、张士钰等。袁世凯送款的数目因人而异，少则一两万，多则十万，甚至四五十万。② 袁世凯总是以人民的民脂民膏和血汗钱来供他收买笼络人心之用。袁世凯使贪的结果是，他的部下个个都发了横财，家产数百万，甚至上千万者比比皆是。

　　袁世凯用金钱笼络自己人的同时，也大规模地用金钱收买异己势力为己所用。辛亥革命以后，袁世凯大规模收买革命党人。例如，辛亥革命后曾短期担任安徽都督的孙毓筠，曾是同盟会及国民党骨干之一，他是清朝世家公子出身，有抽大烟、玩戏子、买古董等种种不良嗜好，生活十分腐化。在失去安徽都督宝座后，以安徽选出的国会议员身份来到北京。袁世凯针对孙毓筠的不良嗜好，每月给他提供 15000 元的巨款，并给他一座公馆，并加美人，一并供其享用，结果孙毓筠一头扎进袁世凯怀抱，成为袁世凯对付国民党的得力帮凶。③ 这只是袁世凯用金钱美女收买异己力量的一个典型例子而

① 参见唐在礼:《辛亥以后的袁世凯》,《文史资料选辑》第 53 辑。
② 参见唐在礼:《辛亥以后的袁世凯》,《文史资料选辑》第 53 辑。
③ 温雄飞:《回忆辛亥时我回国的经历》,《上海文史资料存稿汇编》政治军事卷一，第 304 页。

已，类似的事例是很多的。

南通资本家张謇出任袁世凯政府的农商总长，很想为民族资本的发展做些实事。但袁世凯拖欠农商部十几万，张謇想申请一点钱办实事却根本得不到理睬，张謇绝望之下，只好挂冠而去。袁世凯竭全国之民脂民膏搞个人的收买，却根本没有想到要投入一点钱去搞经济建设，发展教育文化卫生事业，这是一个罪恶枭雄的必然选择。对此，顾维钧一针见血地批评袁世凯："他为人精明，长于应付各种人物，但从未想把才能应用在治理国家，使之走上民主道路这一方面。"[①]

袁世凯一生都在玩弄以金钱收买人的把戏，绝大多数都是畅通无阻，但有时也有碰壁不灵的时候。例如，1913年袁世凯为分化国民党，派亲信找到国民党籍议员邹鲁，提出要拨40万元给邹鲁组党，实际上这笔钱是给邹鲁个人用的，只要他脱离国民党并帮助袁世凯对付国民党就可以得到这笔巨款。但邹鲁忠于国民党，始终拒绝袁世凯的利诱。[②]1915年，梁启超撰写《异哉所谓国体问题者》，反对袁世凯帝制自为。袁世凯闻讯后，立即派亲信携带10万大洋赴天津贿赂梁启超，要求他不要发表这篇文章，遭到梁启超的断然拒绝。袁世凯以为梁启超嫌钱少，提出再加10万元，以20万元的代价阻止梁启超发表他的文章。梁启超仍然拒绝，终于又让袁世凯的金钱收买失灵了一次。[③]

对于袁世凯专门以功名利禄诱人的政策，有许多人提出过批评。民国初著名记者黄远庸批评说："大总统令沈秉堃开办浦口费3万，胡瑛赴日本调查费2万，以国家之公产，供个人之牢笼，此即吾人根本上不能赞同袁总统者也。"[④]

---

① 《顾维钧回忆录》第一分册，中华书局1983年版，第90页。

② 邹鲁：《回顾录》，岳麓书社2000年版，第46页。

③ 车吉心主编：《民国轶事》第二卷，第568页。

④ 《黄远生遗著》卷四，台北文海出版社影印本，第173页。

刘声木批评说:"夫己氏(袁世凯——笔者注)在近日诚为奸雄,然比之古人尚不能及。又素不好学,不能如王莽之事事仿《周礼》,曹操之横槊赋诗。……当夫己氏当国之时,专以利禄诱人,一时斗鸡走狗,搏鹰逐兔之人咸出其门,几于为天下遗逃薮。夫己氏利用此辈非法无上之人,以攘大位,此种手段,夫己氏用之熟矣。"①

袁世凯的这种用功名利禄诱人的政策,所造成的社会影响是十分恶劣的。

胡思敬对晚清以来官场风气败坏的过程有如下的考察,他说:"嘉庆时抄没和珅家产,有黄金百两、白金万余两。珅当国 20 余年,所蓄只此,岁不过万金而已。王闿运尝入肃府,见肃顺受礼与近时悬绝,私语人曰:'余尝遨游公卿间,见咸同风气,虽招权纳贿中亦具先正典型。'词虽近谑,实说言也。自来贪贿之臣未有一举而得十万、数十万者。闻光绪初年政府颇有私交,虽恭王不免,然当时督抚入京,应酬政府,人不过三四百金,不受者却之,受者报以貂褂一袭、鹿茸两耳,尚不失礼尚往来之意。嗣后乃有岁馈,亦只三节两寿。最后指缺进贿,直与交易无异。且恐货币不足以动心,有借衽席为媚献之地,如杨士琦、段芝贵、丁乃扬之流,盖愈趋而愈下矣。"②

袁世凯与奕劻狼狈为奸,致使晚清官场风气极端败坏,再也无法收拾。

梁启超曾对曾国藩、李鸿章、袁世凯 3 人的人事政策及其影响有一个对比研究,他的结论是:"我们一回头看数十年前曾文正公那般人的修养。他们看见当时的社会也坏极了,他们一面自己严厉的约束自己,不跟恶社会跑,而同时就以这一点来朋友间互相勉励,天天这样琢磨着。……从自己做起,立个标准,扩充下去,渐次声应气求,扩充到一般朋友,久而久之便造成了一种风气,到时局不可收拾的时候,就只好让他们这班人出来收拾了。所以曾、胡、

①　刘声木:《苌楚斋随笔续笔三笔四笔五笔》,上册,中华书局 1998 年版,第 185 页。
②　胡思敬:《国闻备乘》,上海书店出版社 1997 年版,第 79 页。

江、罗一般书呆子，居然被他们做了这伟大的事业，而后来咸丰以后风气居然被他们改变了，造成了他们做书呆子时候的理想道德社会了。可惜江公、罗公早死一点，不久胡公也卒，单剩曾文正公，晚年精力也衰了。继曾文正公者是李文忠公，他就根本不用曾、胡、江、罗诸人的道德改造政策，而换了他的功利改造政策。他的智力才能确比曾文正公强，他专奖励一班只有才能不讲道德的人物。继他而起的是袁项城，那就变本加厉，明目张胆地专提拔一种无人格的政客，做他的爪牙，天下事就大糟而特糟了。顾亭林《日知录》批评东汉的名节数百年养成不足，被曹操一人破坏之而有余，正是同出一辙呀！李文忠公功名之士，以功名为本位，比较以富贵为本位的人还算好些，再传下去便不堪设想了。其父杀人报仇，其子必且行劫，袁项城就以富贵为本位了。当年曾、胡、江、罗以道德、气节、廉耻为提倡的成绩，遂消灭无遗。可怜他们用了大半世的功力，像有点眉目了，而被李文忠公以下的党徒根本铲除，一点也不留。无怪数十年来中国的内乱，便有增无遗了。"①

刘厚生也指出："李鸿章、袁世凯两人提倡个人功利主义，把我国旧社会中传统之道德一律加以毁灭。凡50年前知识分子不肯说的话，不肯干的事，到'洪宪'时代非说、非干不可了。"②

有论者认为，袁世凯成于此种政策，也败于此种政策。侯疑始指出："项城以智术驭下，误以为举世之人皆可以威胁，以利诱，故其术可以笼络千百中才，而不能网罗一二奇士，此其所以败也。"③

沃丘仲子说："世凯者，恃权冒利之人也。且挟其恃权冒利心以衡天下，以为信义廉耻者皆迂腐肤阔语，讵足信法？苟有权以制人，有利以饵人，则国之人任其操纵矣。庸知风气既坏，狂悍武夫，贪鄙政客，见川粤屡败，冯王骑墙，知大势已去，渐露携贰。世凯睹状，怆愤以死，其末路迨同袁术，

① 《梁启超年谱长编》，第1141—1142页。

② 刘垣：《张謇传记》，第226页。

③ 侯疑始：《洪宪旧闻》，山西古籍出版社1996年版，第121页。

是可喟矣。"①

袁世凯之所以身败名裂，忧愤而死，正是由于他自己一生所造的罪孽造成。

第二节　以裙带关系拉拢人

袁世凯妻妾成群，有正式名分的妻妾就有十人之多，有子女 32 个，其中儿子 17 个，女儿 15 个。

袁世凯完全以家庭和个人的利害来决定子女的婚姻，袁把联姻当作编织自己的关系网，扩大自己势力的机会，下面我们看看袁世凯是怎样通过联姻来编织自己的权力关系网，从而达到巩固自己权力的目的。袁世凯的亲家包括以下显赫人物：

吴大澂（1835—1902），江苏吴县人，曾任河道总督、湖南巡抚等职。袁世凯长子袁克定娶吴大澂长女。

张百熙（1847—1907），湖南长沙人，曾任管学大臣、礼部尚书、户部尚书、邮传部尚书等职。袁之三子袁克良娶张百熙之女。

何炳莹，天津盐商总纲。袁之四子袁克端娶何炳莹之女。

端方（1861—1911），满洲正白旗人，曾任两江总督、直隶总督、川汉粤汉铁路督办大臣等职。袁之五子袁克权聘端方之女。

陈启泰（1842—1909），湖南长沙人，曾任江苏巡抚等职。袁之六子袁克桓聘陈启泰之女。

孙宝琦（1867—1931），浙江杭州人，曾任山东巡抚、外交部总长、国务院总理等职。袁之七子袁克齐聘孙宝琦之女。

周馥（1837—1920），安徽建德人，曾任山东巡抚、两江总督等职。袁之八子袁克轸聘周馥之十一女周瑞珠。

---

① 沃丘仲子：《近现代名人小传》下册，北京图书馆出版社 2003 年版，第 3 页。

黎元洪（1864—1928），湖北黄陂人。辛亥武昌起义后被推举为湖北军政府都督，历任中华民国南京临时政府副总统，北京政府副总统、参政院院长等职。袁之九子袁克久聘黎元洪之女。

徐世昌（1855—1939），直隶天津人。历任军机大臣、巡警部尚书、东三省总督、邮传部大臣、内阁协理大臣等职。袁之十子袁克坚聘徐世昌之女。

张人骏（1846—1927），直隶丰润人。曾任河道总督，山西、河南巡抚，两广、两江总督。袁之长女嫁张人骏之子张元亮。

薛福成（1838—1894），曾任湖南巡抚、驻英、法、比、意四国公使等职，是我国洋务派思想家。袁之次女嫁薛福成之孙薛观澜。

杨士骧（1860—1909），安徽泗州人。曾任直隶总督等职。袁之三女嫁杨士骧之子杨毓珣。

冯汝骙（？—1911），河南祥符人，曾任浙江巡抚、江西巡抚等。与袁世凯联姻，但详情不明。

雷震春（1862—1919），安徽宿州人，京畿军政执法处处长，袁世凯之亲信。袁世凯之孙女嫁雷震春之子。

从以上可以看出，袁世凯通过联姻的方式结成了一张巨大的权力关系网。袁世凯除了以子女的婚姻作政治交易，还千方百计扩大裙带关系。

例如，把养女（张芾的女儿）嫁给段祺瑞，把自己的家庭教师周砥（字道如）介绍给冯国璋续弦。这样一来，袁世凯就和他手下的哼哈两大将建立起了准翁婿关系。

袁世凯的亲家端方在1911年被起义军杀死后，留下妻妾，袁世凯接收过来。后来，为了收买同盟会的叛徒、原安徽省都督孙毓筠，袁世凯将端方的一个爱妾赐给孙毓筠，并赏他一栋房。自此，孙毓筠死心塌地投入袁世凯怀抱，成为对付国民党人的得力帮凶。类似的例子不胜枚举。这就说明，袁世凯不仅以功名利禄诱人，而且利用裙带关系和女色笼络和收买部下，这也是袁世凯市恩的一大手段。

第三节 "用命者乃手足，违令者即寇仇"

袁世凯是枭雄，对部下提倡绝对地服从与愚忠。他的信条是："用命者乃手足，违令者即寇仇。"[1]

这样的话听起来让人觉得毛骨悚然。故有人总结袁世凯一生的手段是："左执黄金，右执白刃。顺我者存，逆我者死。"[2]

吴虬著《北洋派之起源及其崩溃》一书说："北洋军人，多系卵翼于袁世凯，才质驽下者居多，对上只知服从，不敢有所主张。盖北人对长官之忠，非发生于公的意识，全基于私的情感，服从之外，更有'报恩'的观念，牢不可破，只要是'恩上'，或是'恩宪'，无论是否'乱命'，亦须服从。意谓不如此则为'忘恩'，受同人道德责备，此北洋军人之共同心理，即此可见它是私的结合。因此，所谓'党'的意识而亦无之，彼辈习闻学究所谓'群而不党'之说。常对人自道，'我什么党也没有，我是良心党，我良心觉得合势，就办，不合势，就不办'。总之服从、报恩、不党，三个基本意识，可以为北洋军人思想之结晶。由此不正确，不彻底思想，见之于行为，故与时代潮流，愈趋愈远，卒不免为时代巨轮所碾碎也。"[3]

应当说，北洋派的盲从与愚忠报恩思想不是天生的，完全是由袁世凯一手灌输而造成的。但是事情往往与阴谋家、权术家的愿望相反，袁世凯的爪牙在羽翼丰满以后，也不再对袁世凯那么恭顺，那么盲从和愚忠，尾大不掉的情形渐渐开始露头。袁世凯绝对不能接受这样的现实，于是大搞特务组织，这些特务组织除对付异己者、政敌之外，也用于监视自己人。"凡北洋各督军，均有密探侦其行动，或贿其师旅团长密告各督行径。"[4] 到了晚年，袁世凯的疑心病越来越严重，处处怀疑人，监视人，弄得袁家党内人人自危，"不

---

[1]　陈瀛一：《新语林》，第 16 页。

[2]　来新夏主编：《北洋军阀》（一），第 1000 页。

[3]　来新夏主编：《北洋军阀》（一），第 966 页。

[4]　来新夏主编：《北洋军阀》（一），第 1001 页。

敢多讲，也不敢多问，怕闯出事来"。①

自成一系的段祺瑞与冯国璋是袁世凯关注的两个重点人物。

唐在礼回忆说："袁对段祺瑞很用心思，在段左右上下安排了很多人。有不少人讲段酷爱围棋，固然这不失为事实，但他也有难言之隐，当时不免有些借棋隐身的做作。"②

因为段祺瑞不附和、不拥护袁世凯称帝，袁更加恼怒，在用金钱收买了段祺瑞的亲信人物后，就把段祺瑞幽禁在东四铁狮子胡同老陆军部后府学胡同前宅，将内外隔绝起来，不让段过问。③

江苏将军冯国璋开府南京，坐镇东南，也是袁世凯最不放心的一个人物。适冯有断弦之痛，袁亲自做媒，将其家庭女教师周砥如女士介绍给冯国璋续弦。周受袁世凯之密命，暗中监视冯之动向。但时间一长，周却将袁的密谋告诉冯国璋，袁世凯弄巧成拙，成为一大笑柄。筹安会成立后，杨度等征求冯国璋同意帝制，冯首鼠两端，袁密电上海镇守使郑汝成寻找机会杀害冯，冯获悉后，反袁之意志益坚。

不仅段、冯这样的重臣受到袁的监视，即使像唐在礼这样的亲近小臣也时常处于被怀疑的危险境地。唐在礼回忆说："袁处处怀疑人、监视人。我有个时期也很自危。本文前面我已提到，由于和袁一次对话被从统率办事处调到参谋部去。这事过后没几天，我即患了猩红热，约有两三个月，既不能到部，也不能到府。那一个期间，固然我的病很严重，政治上也处在很危险境地，搞得不凑巧都有性命之忧。袁在这一时期对我很怀疑，他不仅派随身伺候过他一二十年的女仆常到我家馈送食品，说东问西，还派他的第二个女儿常来我家。这位二小姐与沈友琴（唐在礼的夫人——引者注）原即相处得很好，借此问长问短，总是要知道我究竟是真病还是装病，为什么正巧在那时

---

① 《八十三天皇帝梦》，第144页。

② 唐在礼：《辛亥以后的袁世凯》，《文史资料选辑》第53辑。

③ 唐在礼：《辛亥以后的袁世凯》，《文史资料选辑》第53辑。

候生病。真是岂有此理，我性命都顾不过来，岂有装得如此周到的。此外，袁的卫队统领唐天喜也常来看我，还有一次带着袁送给我的滋补药丸来。据唐说这是总统自用的补药，是请'大老爷'亲自监配的（当时袁自服的补药都是从各地采办的上等药材，交袁的本家哥哥'大老爷'袁冕堂亲自监配）。唐还亲热备至，说：'总统请您服用，当时就见效验。'说着就着老妈预备开水，劝我服用。此外还常煨些鸡汤和'总统吃着可口的小菜'在用饭时送来我叫吃。在袁方面，不能不说是热诚可感；但在我方面，则确实害怕得紧。因为袁的花样实在多，弄得不好，我送了性命还不知是怎样死的呢！我病好了以后，立即上总统府去见袁，自忖又闯了一道鬼门关。"①

袁世凯用特务监视部下，但对特务本身也不放心。特别是特务头子赵秉钧掌握着袁世凯的见不得人的全部黑幕，袁更是有如芒刺在背，坐立不安。

刘厚生分析说："袁世凯……因在东安门被炸，虽未受伤，以颇受惊。他开始感觉平素最信任的警察首领赵秉钧表面上虽颇恭顺，而赵的思想或能力将来是否能听从他的意旨，不免怀疑。其怀疑之第一点，即是世凯本人此次受炸，秉钧未能先事预防。第二点，即世凯特派胡惟德、赵秉钧、梁士诒三人向隆裕太后陈说清室必须退位之理由时，隆裕太后一面应允退位，同时掩面大哭，口呼：'梁士诒啊，赵秉钧啊，胡惟德啊，我们母子二人的性命，都在你三人手中。你们回去，好好对袁世凯说，务要保全我们母子二人的性命啊。'赵秉钧首先大哭，誓言保驾。而梁、胡二人，虽颇伤感，但不如赵之痛切。此种情形，梁士诒于无意中向世凯陈述。假如世凯是有意识、有修养的人，听到赵秉钧这种情形，只有尊重其人格，而愈加信任。但世凯不然，怀疑其将来不甚可靠。世凯所以不信任赵秉钧的理由，因为他于清室表示忠心，即是将来不愿意自己做皇帝的一种绊脚石。因此，世凯做了临时总统之后，自己另外组织特务机构，化整为零，成为若干组，每组八人至十人，或

---

① 唐在礼:《辛亥以后的袁世凯》,《文史资料选辑》第 53 辑。

五六人不等，均由自己直接指挥。并命令其中每一个组长，暗中监察赵秉钧本人，以及其所管辖各特务之举动与行为，秘密报告。至于在北京、天津之官吏与军人，亦在世凯直接指挥特务监察范围之内。所以，主持暗杀宋教仁之指挥者洪述祖，即是世凯部下小组组长之一。述祖指挥暗杀宋教仁之行为，有人说是述祖仰体世凯的意旨而擅自行动，这未免不近人情。而多数人的推断，是受到世凯命令而行的。但因述祖为内务部秘书，故秉钧嫌疑最重，无法可以自解，只有置之不辩。而世凯即借此机会，于是年七月任命冯国璋率兵攻南京，即以赵秉钧为直隶都督，外示优崇，而把秉钧的根据地——内务部长另派朱启钤接替。朱启钤控制特务，决不能如赵秉钧之有力，而世凯即逐渐收集于其自己直接指挥之下，此与陆军之模范团是一样的作风。"①

不久，备受袁世凯猜疑的赵秉钧，即被袁世凯遣人下药毒毙于直隶都督府内。赵秉钧的副手、内务部次长、顺天府尹王治馨则被袁世凯以贪赃的罪名予以枪决，从而去除了袁世凯的一大心腹之患。

但袁对自己人下毒手，让爪牙们觉得自己的主子是卸磨杀驴、过河拆桥，北洋集团内部无不感到极为寒心。从此，袁世凯更加不得人心。

正如唐在礼所指出的："袁世凯这人有极大的统治欲望，同时喜欢运用权术，又极考究选择手段，而且过去的确尝着不少甜头。因此，当他为了达到自己的要求和目的的时候，就会断然下手，实际不知不觉中玩弄手段已到了不择手段的境界。他这种做法持之既久，与他接近的人就不免人人自危，只好看在金钱、势力的面上去侍奉他，实在对他的感情越来越淡，对他的厉害越来越怕。在这样的恶境中，后来他自然就走上一意孤行这条绝路，直至身死名败为止。"②

我们研究历史者，不能不指出，袁世凯之作恶，不仅祸及自身，而且流

---

① 刘厚生：《张謇传记》，第204—205页。

② 唐在礼：《辛亥以后的袁世凯》，《文史资料选辑》第53辑。

毒后代。正如论者所指出的："种瓜得瓜，种豆得豆，物理如是，政理亦如是。袁世凯使贪使诈，偶收小效，明达之士，早知其不可为训。但既种恶因于前，势必得恶果于后，此稍有常识者所能预言。……袁氏见不及此，用尽心机，泥沙黄金，以为天下英雄，尽入吾彀中。讵知一朝失足，便成独夫，正符当日士流所谓'结五千年旧英雄之局'。事后追思，何胜感喟。不唯祸及袁氏一身，且使其所培植之北洋武人，全体中毒，冯（国璋）段（祺瑞）王（士珍）固不免误于学袁，吴（佩孚）孙（传芳）张（作霖）又何尝不误于学袁？"[1]

第四节　幕僚的双重效忠模式

袁世凯的爪牙固然对袁感恩戴德，但他们还有另外一个主子，即清朝皇帝。袁世凯的幕僚们的发迹固然是由于袁世凯的提携，但在形式上仍出于皇帝的恩赐。所以，袁世凯的幕僚在事实上存在一个双重效忠的问题——忠于袁世凯和忠于清朝皇帝。

当袁世凯趁辛亥革命之机取代清朝皇帝称中华民国总统，他的幕僚大多勉强表示接受；当袁世凯要帝制自为时，能够接受的就不多了。

我们先看袁世凯的心腹、首席军师徐世昌，徐氏在总结自己的一生时说过："吾与清室及项城（即袁世凯）皆有不可解之关系。"就徐世昌与袁世凯的关系来说，袁世凯出身官僚，其用人标准，以"有能力之官僚"为上选，徐世昌其人貌似谨愿，内多机变，非常适合袁世凯用人的标准，故徐、袁一见倾心，结拜为金兰兄弟。自小站练兵起，徐世昌即成为袁世凯的幕府领袖。徐、袁的结合，对于清末民初中国政局有极大的影响。我们知道，袁世凯固然是一个大阴谋家、大野心家，官场权术样样精通，而且无所不用其极，但他因此亦常常招致各方面侧目，成为众矢之的。袁世凯一生中，几次差点阴

---

[1]　来新夏主编：《北洋军阀》（一），第1001页。

沟里翻船，其原因就在这里。而徐世昌则不同，他是翰林出身，为人温和，学问、道德修养均远远超出袁世凯之上。徐世昌的政治手腕更为圆滑老到，能做到四面讨好，八面玲珑，做事不显山露水。每当袁世凯遇到政治逆境时，徐世昌总是及时伸出援手，使袁世凯有惊无险，化险为夷。但反过来说，徐世昌如果没有袁世凯的援引、推荐，也很有可能终老翰林院，默默无闻。因此，徐世昌与袁世凯一文一武，一刚一柔，一机智一稳健，互相取长补短，互相提携，互相利用，这是他们能够在清末民初政坛上呼风唤雨数十年的重要原因。而从徐世昌与清廷的关系来说，徐世昌以一穷翰林，在短短数年间，即累迁至正一品军机大臣、内阁协理大臣，外加太子太保，以至太傅，位极人臣，升迁之快，恩遇之隆，在有清一代实为罕见。因此，在内心里，徐世昌对清廷充满了感恩戴德之心。但在袁世凯与清室两者的天平上，徐世昌往往自觉地、不自觉地偏向袁世凯。所以，当辛亥革命爆发后，徐世昌深知清廷气数已尽，便施展巧妙手段帮助袁世凯自清室手中取得政权。徐世昌为减轻自己的一点愧疚心，只好以尽力维护清室优待条件作为报答。当袁世凯死后，徐世昌确实有过恢复清室的念头。但毕竟已时过境迁，清室复辟谈何容易？徐世昌是一个精明的人，当他意识到复辟帝制会激起全国人民反对的时候，也就只好放弃这个念头。在内心情感上，徐世昌始终将自己当成一个遗老。在徐家，不论任何人，见面请安，均须行满洲礼节，不许行鞠躬礼。每逢清室祭祀大典，徐世昌依然穿朝靴马褂，处处表示自己不忘"大清朝"的天恩。在袁世凯与清廷之间，徐世昌始终处于一种非常微妙的关系，但以自己的利益为依归，巧妙地周旋于两者之间，可谓左右逢源，处处显示出徐世昌高人一等的幕僚手腕。

　　徐世昌如此，王士珍、冯国璋、张勋等无不念念不忘清朝皇帝。王士珍在辛亥革命后即回到正定老家，1914 年，袁世凯、袁克定强行让他出山。王士珍对于袁世凯称帝始终持反对态度，在上奏时，于"臣"字必加涂抹，与张勋的强项正相同。"虽受恩私室，然实心清朝者也"。

　　袁世凯的另一位心腹大将冯国璋也一直眷恋着逊清皇帝，希望让清帝在适当时机复辟。冯国璋在南下江苏任职时，就搜寻了一批复辟分子如胡嗣瑗、张季煜、刘体乾、长兴、贺硕麟、丁传靖等到他的幕府中。胡嗣瑗生于1869年（清同治八年），1903年癸卯科进士，后任翰林院编修，他是一个极端顽固的复辟分子，后来曾任伪满洲国执政溥仪的秘书长、伪满参议府参议等职。冯国璋任命胡嗣瑗为将军府谘议厅厅长。胡嗣瑗极端痛恨袁世凯取清廷而代之，冯国璋之所以将这批臭名昭著的复辟派分子收罗到自己的幕府中，显然是因为他们之间"志同道合"。由于胡嗣瑗的介绍，冯国璋又与复辟派的另一要角康有为有了接触，康有为即派他的学生潘博于1914年间到南京访问冯国璋，受到冯的款待，在潘博离开的时候，冯国璋又托潘博给康有为送了礼和一副寿联，寿联当中有"天南一人"几个字，可见冯对康的推崇。此外，以梁启超为首的研究系和中华革命党的成员也对冯国璋做了不少工作。袁世凯为了将胡嗣瑗从冯国璋身边调开，直接由政事堂发布命令："任命胡嗣瑗为金陵道尹。"袁发布这个调令事先没有征求冯国璋的同意，冯不能接受，立即给袁复电，说胡经手事件重要，一时不能北上展觐，请准予暂缓就职。袁不允，复电说："地方重要，应令该员先行就职，毋庸来京觐见。"两人针锋相对。但冯对此不予理睬，继续让胡嗣瑗待在谘议厅长的位置上。袁见他的命令不灵，也十分恼火，马上又派阮忠枢南下，驱赶胡嗣瑗。袁的这些举动，对冯又是一个严重刺激，更加坚定了他反对洪宪帝制的决心。

　　袁世凯知道冯国璋与张勋这两员大将依恋逊清皇帝，复辟念头十足，为了洪宪帝制进行下去，袁世凯特派阮忠枢南下专门做冯、张二人的工作，阮向冯、张竭力陈述保持北洋团结的重要性，并允许冯国璋等"不必明白赞成，亦不必正当反正"。在阮忠枢的说服下，冯国璋公开发出"辟谣通电"，说他与袁世凯以公谊论"心悦诚服"，以私情论"受恩深重"，"分虽僚属，谊犹家人"。此后，冯国璋对帝制一直采取消极敷衍的态度。与帝制有关的事务，冯一概推给热衷于帝制的江苏巡按使齐耀琳去办。

至于袁世凯非嫡系的张勋更是忠于逊位的皇帝。张勋入民国后，仍蓄发拖辫子，其军队亦皆辫子盘头，以示始终忠于清室。但同时也表示："有项城在，则不为复辟之举。"①

在袁世凯与清朝皇帝之间，这批人有他们独特的行为准则。

小　结

关于袁世凯幕府用人政策及其后果，学界多有论述，下面引用两位学者的议论作为本篇的结论。

克士先生指出："袁世凯的确有疑忌好人、信托小人的性情。贪污、卑鄙、下流这等性质于社会有害，不为大众所欢迎，他大概也是知道的。不过他要维持的特权，他的特别的利益，不得不与小人相结合，这也是专制独裁者的不得已的办法，他只好这样做下去。这结果，自然周围环绕了更多的反社会性质的人们。我们而且还明了，这种封建社会里的特权者，虽然一般都是专制、压迫人民的。……愈是在一定时期新势力起来时，他会愈加采用卑鄙下流的手段去维持自己的地位与利益的。在袁世凯时代，中国人的民主要求已经趋坚强，专制独裁的地位发生动摇了。他如果还要坚持下去，必然愈加不择手段，也愈加重用小人、败类等来做他的手脚了。吸收腐败的蜕化分子同时，专制主义者心里也会很明白：知道自己的主张决不能与比较进步的民主主义相抵抗的，好像自己已知道处于悖理的一方。不过他虽自知理屈，却决不甘心罢休。自然只好采取一切非正义的手段去挣扎，这也就是袁世凯喜欢录用小人及以后组织一种秘密警察似的东西以捕杀青年的由来。"②

早年曾经受到过袁世凯提携的江亢虎也在《袁项城印象记》一文中指出：

---

① 刘成禺、张伯驹著：《洪宪纪事诗三种》，第 324—325 页。

② 克士：《从袁项城说起》，《民主》1946 年第 19 期。

"尤可恨者，豢养鹰犬，奖励暗杀，滥用金钱，堕毁名节，劫持舆论，颠倒是非，民国 30 年来一切政治黑暗，项城实其作俑者。卒之身败名裂，国家民族亦随以陵夷，项城真死有余辜矣！余虽早蒙识拔，亦深感知遇，然终不敢以私恩而忘其公罪也。"①

　　上面两位学者的议论，意思已经十分全面而且明确，用不着笔者再多说什么了。

---

① 江亢虎：《袁项城印象记》，《文友》1943 年第 10 期。

中

篇

幕府武将

第一章　"北洋三杰"

王士珍、段祺瑞、冯国璋是袁世凯幕府中的所谓"北洋三杰"，人称龙、虎、狗。徐世昌说："就军人方面言，项城成功，所倚为干城者为段祺瑞、冯国璋、王士珍三人，时称'北洋三杰'也。帝制失败，其原因故甚复杂，而关系此三人者为多。"①

第一节　北洋之"龙"王士珍

王士珍是北洋三杰之首，是"龙"。王士珍其人"亢爽有智略"，袁世凯称他为"福将"。关于王士珍所扮演的角色，有论者指出："王士珍与段祺瑞、冯国璋所谓龙、虎、狗北洋三杰中，虽然最高官职在清为陆军部大臣，于民国为国务总理兼陆军总长，不及冯国璋之曾代理大总统，段祺瑞之曾任中华民国临时执政，但段、冯二人均遭袁世凯之防，且遭各方之忌而发生不少利害冲突。唯有王则与各方无所争执，因为他凡事都是依违两可，几次有机会上台，都是接受邀请暂作调和，不需要他的时候他便下台，从来也不作恋栈之意，说他清高也谈不上，说他热衷做官亦未必是。袁世凯曾利用他代替段祺瑞，做无权的陆军总长，他也不辞谢；张勋命他以国民代表的名义，面谒黎元洪要求将大政归清室，他也去；冯国璋请他出任国务总理，以调和冯、段的冲突，他也干。其后北京历次政变青黄不接时，他都出来组织治安维持会，谁也不得罪。如此看来，说好听的，王堪称药中的'甘草'；说不

---

① 张国淦：《北洋述闻》，第 75 页。

好听的，王则为麻将中的'听用'而已。"①

由荫昌介绍投靠袁世凯

王士珍，字聘卿，号冠乔，别号冠儒，直隶（今河北省）正定县牛家庄人。生于 1861 年 7 月 14 日（清咸丰十一年六月初七日）。曾祖父、祖父两代均精通医术，父亲和伯父去世早，王士珍遂兼祧两房，由生母丁氏和伯母刘氏抚养成人。王士珍 9 岁入私塾读书，1878 年王士珍投军，分发河北正定镇标学兵队，不久开赴山海关驻防。1885 年，直隶总督兼北洋大臣李鸿章在天津创办北洋武备学堂，通饬淮军各部选送学员，王士珍由聂士成保送入学，三年后毕业，其考语是："操行学绩俱优"。毕业后，王士珍返回山海关军营，担任正定镇标随营炮办学堂督办。

1894 年，中日甲午战争爆发，王士珍带领由学员组成的炮队营，随直隶提督叶志超开赴朝鲜牙山。在牙山激战中，王士珍曾多次向叶志超请战，皆被拒绝。9 月 12 日，日军兵临平壤城下，王士珍在观察阵地形势后，向叶志超建议在城外山上设所，但不为叶所采纳。9 月 15 日，日军进攻平壤，在激战中王士珍多处负伤，左手无名指被炸掉，额头被弹片划伤，平壤失守后，清军在撤退途中又遭到日军伏击，溃不成军，王士珍随身带有军用地图，他按图索骥，率所部安全撤回国内，此时炮队官兵又饥又渴，十分疲惫，他们在一处村庄休息时，在一堆乱柴火下发现有村民掩藏的两口大缸，里面装有衣服和面粉，官兵闻之大喜。王士珍命令官兵只许以面粉充饥，然后将五两白银放入缸中，仍旧封好才带官兵上路。

中日议和后，王士珍随新任直隶提督聂士成移驻天津附近的芦台。1895 年冬，袁世凯肩负光绪皇帝赋予他的编练新军的重任来到天津小站，接管由原淮军将领胡燏棻编练的定武军，作为新军的基础。袁世凯到任后，招揽北洋武备学堂的毕业生，北洋武备学堂总办荫昌遂将以前毕业的王士珍、

---

① 张朴民:《北洋政府国务总理列传》，香港商务印书馆 1984 年版，第 62—63 页。

段祺瑞、冯国璋、曹锟、张怀芝、段芝贵、王英楷、李纯、田中玉、杨善德、王占元、鲍贵卿、陈光远、何宗莲、李长泰、梁华殿、商德全、王汝贤、张永成、吴金彪、马龙标等人陆续推荐给袁世凯。据统计，1896 春，在袁世凯的新建陆军中提任统带、帮带、领官、哨官、哨长教习的北洋武备学堂毕业生有 130 余人。

王士珍投入袁世凯的麾下后，受到袁的重视，被任命为督操营务处和帮办兼新建陆军讲武堂总教习，稍后又兼任工兵营管带，德文随营武备学堂监督。王士珍以悉心筹划。办事认真，博得袁世凯的倚重，凡有关训练军队的上奏或下发的文牍，袁世凯都命王士珍参赞擘画。凡全军成绩考核和升降黜陟，也无不与之磋商。①

"北洋三杰"之首

1897 年，荣禄奉旨检阅新建陆军，王士珍将工兵营制造的水雷、旱雷、踩雷及舟桥器械等列陈出来，请荣禄巡视，然后进行实弹演习，直看得荣禄眼花缭乱，连连叫好。次年春，荣禄再来小站阅军，在过海河时，王士珍指挥工兵营当场搭帆布桥迎接，荣禄一行人行走在临时搭建起来的帆布桥上，如履坦途，深为惊异。王士珍的表现，在荣禄心中留下了能干的印象，荣禄在致袁世凯函中曾称赞王士珍"负治国大才，不第长于兵事也"。②

1898 年 10 月，王士珍与段祺瑞、冯国璋主持编成的《新建陆军兵略录存》和《训练操法详晰图说》，成为北洋新建陆军的标准课本，也是晚清编练新军的主要教材。这些书都打上了袁世凯的名字。随后，袁世凯将其呈送光绪皇帝御览，使袁赢得颇多的美名。

1899 年 12 月 6 日，袁世凯署理山东巡抚，跻身于封疆大吏之列。袁在赴任前特派王士珍率少数人马赴山东探路，为新建陆军移师山东做准备。

---

① 公孙訇：《王士珍》，朱信泉、宗志文主编《民国人物传》第 7 卷。
② 尚秉和：《德威上将军正定王公行状》，第 3 页。

王士珍不负重托，为时仅 1 月余，就将山东省内适宜屯兵之处及沿海要塞形势一一掌握，向袁世凯复命。袁遂令王为天津小站留守司令，指挥各营依次开拔。袁世凯出任山东巡抚之日，义和团运动已经如火如荼地开展起来。前两任山东巡抚李秉衡、毓贤对义和团均以"抚"为主，而袁世凯一贯残民以逞，力主"剿"。王士珍向袁世凯建议：先行劝解，继威之以兵；如仍不从，再捕诛首犯，解散胁从。但袁世凯枭雄成性、残民以逞的本质发作，对义和团群众采取不论首从，一律疯狂屠杀的血腥政策。他颁布《严拿拳匪暂行章程》，规定："无论军民人等，凡有练拳或赞成拳党者，杀无赦！"他派张勋、雷震春、孟恩远、曹锟、吴凤岭、倪嗣冲等各带军队，分别到山东各州县"兜剿"，用近代化的大炮和步枪屠杀数万义和团成员，把整个山东纳于血海之中。王士珍虽然没有充当屠杀义和团的主凶，但也参与了镇压义和团的活动，他亲自监杀了从北京来山东的义和团大师兄渠魁。在直隶义和团运动达到高潮时，各国传教士、教民和洋商纷纷逃避山东。王士珍特编了更衣队沿途保护这些人，并资送粮食、食品、衣服、钱财，极力讨好侵略者。镇压义和团后，袁世凯任命王士珍为山东全省操防营务处督办，在段祺瑞、冯国璋协助下，进行军事训练，将山东原有的 34 营勇队裁并，改编为武卫右军先锋队 20 营，重加训练。不久，袁世凯为了向帝国主义主子献媚，特别邀请德国驻胶州总督到济南观操。这位德国殖民地总督得知主持操练的王士珍、段祺瑞、冯国璋都是由德国老师教育出来的，大为高兴，当面称赞王、段、冯为"北洋新军三杰"。"北洋三杰"的名称由此传开。

1901 年 11 月 7 日，袁世凯由山东巡抚调任署理直隶总督兼北洋大臣。袁世凯从练兵中尝到甜头，到直隶后，更加积极地扩充军队。他丧尽天良，首先从顺直善后赈捐项下挪用 100 万两，作为募练新军之用，稍后又通过清廷，要求各省每年协解直隶练军费用 318 万两白银，竭全国之财力来成就袁世凯扩军欲望。在饷银有了着落后，王士珍、王英楷等人奉命分赴直隶正定、大名、广平、冀州、赵州、深州、顺德等州县，会同地方官精选 6000 名壮丁。袁世凯在保定设立直隶军政司，作为治军的机关，自兼督办以王士珍为总参议，下设兵备、参谋、教练三处，以刘永庆、段祺瑞、冯国璋分任总办。袁世凯把招募来的直隶 6000 名壮丁训练成北洋常备军一镇，北洋军名称即由此而来。在编练北洋常备军过程中，王士珍主持编写了《常备续备后备各军章程》，常备军一镇成军后，王士珍兼任左翼翼长。

袁世凯为了达到将全国新军置于他控制之下的目的，他奏请清廷成立练兵处，督练考察全国新军，得到清廷的批准。1903 年 12 月 4 日，清廷批准在北京锡拉胡同成立练兵处，奕劻为总理练兵大臣，袁世凯为会办练兵大臣，铁良为襄办大臣。练兵处下设提调及军政司、军令司、军学司，以徐世昌为提调，刘永庆为军政司正使、段祺瑞为军令司正使、王士珍为军学司正使，均赏给副都统衔。徐世昌、刘永庆、段祺瑞、王士珍都是袁世凯的心腹爪牙，这样一来，练兵处的实权全部掌握在袁世凯手中，奕劻只不过是个傀儡而已。

作为练兵处军学司正使，王士珍主持编制了新军营制、饷章及军屯要扼等。北洋六镇成军后，王士珍还先后兼任北洋第二、第六镇统制官，并以练兵有功，赏给头品顶戴。

1906 年 10 月，清廷调集 33958 名新军官兵在河南彰德举行秋操，这是新军成立以来第一次大规模军事操练，王士珍以练兵处署军学司正使出任陆军会操阅兵处总参议，其职责是："总理阅兵处各项事务，遵奉阅兵大臣之谕，施行方略，监视军情，节制宪兵队并指导会操等事。"[1]整个会操从始至终进行得十分顺利，显示了王士珍的指挥才能，中外观操者，一致称赞王士珍，"调度擘画，为不可多得"。王士珍的声望也因此而"骎骎乎驾于冯、

---

[1]　来新夏主编：《北洋军阀》（一），第 794 页。

段二人之上"。①

外放江北提督

1907 年，王士珍以陆军部右侍郎的身份外放为江北提督。

提督全称为提督军务总兵官，为一省军事长官，归总督或巡抚节制。江北提督归两江总督归制。江北提督不仅节制军队，而且兼理江淮盐、漕事务，是一个肥缺，王士珍在袁世凯卵翼下飞黄腾达，步步高升，但贪污中饱的机会不多，而外放到江北提督这个肥缺后，王士珍也趁机敛了一笔钱财，在北京、天津等大城市购置多处房产，并在老家正定城内购地 20 余亩，建造王氏宗祠和有 400 余间房屋的豪宅，同时在正定及邻县购地 15 顷，②成为富甲一方的大地主、大官僚。

1909 年 1 月 17 日，王士珍曾上奏清廷："江北巡防马、步队及卫队等营，饷制参差，名目烦琐，谨遵部定章程，裁并更定，以昭画一，拟自宣统元年正月起，改照新章，一律办理。"③但因为袁世凯已于半月前被开缺回籍，王士珍也不安于位，一再请辞。1910 年 4 月 13 日，清廷批准王士珍"因病乞休"，他回到老家过起了隐居生活。

随袁世凯东山再起

1911 年 10 月 10 日，辛亥武昌起义爆发。在"非袁不能收拾局"的呐喊声中，清廷被迫起用两年前开缺回籍的袁世凯，任命他为湖广总督，随又加钦差大臣，全权负责镇压起义。袁世凯受命后，首先起用老部下。他奏请起用副都统衔王士珍襄办湖北军务，"所有增募新军，布置后路各事，责成经理"。④1911 年 11 月 5 日，根据袁世凯的电奏，清廷又任命王士珍暂时署理湖广总督。1911 年 11 月 2 日，袁世凯被清廷授予内阁总理

---

① 公孙訇：《王士珍》，朱信泉、宗志文主编《民国人物传》第 7 卷。
② 公孙訇：《王士珍》，朱信泉、宗志文主编《民国人物传》第 7 卷。
③ 来新夏主编：《北洋军阀》（一），第 390 页。
④ 来新夏主编：《北洋军阀》（一），第 406 页。

大臣，袁随即奏请以王士珍署理湖广总督，"所有前敌事宜"均由王士珍处置。

武昌起义后，清廷焦急万分，但王士珍却在老家过着悠然的生活，并不急于出山赴命，并且一再请求朝廷收回成命。11月9日，清廷又电催王士珍出山赴任，上谕称："现在鄂事紧要，袁世凯已奏报启程入都，与该署督路过交接。王士珍著立即启程赴鄂，毋稍延缓。当此事机危迫，务宜力任其难，所请收回成命之处，著毋庸议。"[①]但王士珍始终以有病为由拒绝赴任，清廷不得不改任直隶候补道段芝贵暂任护理湖广总督。

11月18日，袁世凯奉命组成所谓责任内阁，提名王士珍为陆军部大臣，王士珍依然以病为由请求朝廷收回成命。当天，朝廷又电催其出山："现在大局危迫，陆军部为全国军政总核，关系重要，王士珍治军有年，深资得力，朝廷倚任方殷，著即力疾来京任事，不得稍有诿卸。"[②]在清廷的严厉催促下，王士珍才姗姗来迟，前往北京就职。

王士珍虽然是袁世凯一手扶持起来的，但他对清廷也怀有深深的眷恋之情，不忘朝廷的恩泽。因此，当袁世凯借辛亥革命之机两面谋利，趁机逼宣统皇帝退位的时候，王士珍显然对袁世凯这种以下犯上的行为没有心理准备，感到不能接受。1912年1月26日，段祺瑞率领在湖北前敌的46名北洋军将领电奏清廷，要求明降谕旨，宣示中外，立定共和政体。2月5日，段祺瑞等9名北洋将领再次联衔电奏清廷，痛斥少数王公迭次阻挠颁发共和诏书，声言："谨率全军将士入京，与王公剖陈利害。"对于这种赤裸裸地以武力威胁朝廷的做法，王士珍更加反感，他有电致段祺瑞，"责以皇恩浩荡，不应发此电"。[③]

在清廷大势已去的情况下，王士珍又竭力为其退位力争优待条件，以

① 来新夏主编:《北洋军阀》（一），第412页。

② 来新夏主编:《北洋军阀》（一），第435页。

③ 杜春和等编:《北洋军阀史料选辑》上册，中国社会出版社1981年版，第266页。

示不忘皇恩。1912 年 2 月 12 日，清廷颁布皇帝退位诏书，统治中国长达 260 余年的清王朝从此结束。王士珍为表示自己忠于清室，决定辞去陆军大臣的职务，他说："身任陆军大臣，决不愿署名于皇帝退位诏书。"

袁世凯的党徒多是功名利禄之人，在袁世凯篡夺辛亥革命果实摇身一变为中华民国临时大总统后，辞官以示仍忠于前清的，只有王士珍和徐世昌等少数人。

出山取代段祺瑞

民国成立后，袁世凯曾几次派人到正定请王士珍去北京任职，都被王婉言谢绝了。民国成立以来，陆军总长一职由段祺瑞担任。段祺瑞其人不仅性格刚愎自用，而且效法袁世凯，搞自己的小圈子，陆军部对于军官的提升或降黜，段往往擅自做主，而且所提拔的又多是他的门生或旧属，如徐树铮、靳云鹏、傅良佐、吴光新、曲同丰等，在陆军中自成派系，有尾大不掉的趋势，使一贯视军权如命根的袁世凯感受到了威胁和挑战。为了逐渐剥夺段祺瑞的兵权，袁世凯决定起用隐居家乡的王士珍。因为王士珍为人性格温和，不揽权夺利，不结党营私，是个招之即来、挥之即去的性情中人。1914 年夏，袁世凯派长子袁克定专程前往正定迎王，并嘱咐说："王公不来，勿归也！"袁克定到正定后，卑词恭礼敬请王士珍出山，助其父亲一臂之力。但王士珍仍然始终拒绝，袁克定无功而返。

1914 年 4 月初，段祺瑞从镇压白朗起义的河南前线回北京，事前曾以电报通知王士珍，他将在正定下车，登门拜访。王士珍到时到车站迎接，段乘坐的专列到达正定，段派人请王士珍上车谈话。谈话间，火车便启程北上，王士珍就这样被挟持来到北京。

王士珍到北京后，袁世凯任命他为陆军上将，担任模范团筹备委员。同年 5 月 9 日，袁世凯宣布成立"陆海军大元帅统率办事处"，特派王士珍与荫昌、萨镇冰、陈宧、段祺瑞、刘冠雄 6 人为统率办事处大办事员。统率办事处成立后，袁世凯命陆军部、海军部将重要公事移到办事处处理，把这两

个部的实权抓到自己手头。统率办事处虽有 6 名大办事员，但实际起作用的
是王士珍。唐在礼说："当时在办事处里，王实权最大，但他表面沉着，不肯
自专作主。大事上袁很尊重他。"① 这样，袁世凯通过王士珍直接抓陆海军实
权，而把陆军总长段祺瑞逐渐撇到一边。

段祺瑞与袁世凯因争夺军权矛盾激化。1915 年 5 月 31 日，段祺瑞因
"病"请假退居香山，由袁世凯命王士珍署理陆军总长。8 月 29 日，段祺瑞
明令解除陆军总长职务，由王士珍接任。

王士珍接任陆军总长之时，帝制运动已经大张旗鼓地进行起来。但王士
珍同样也不支持袁世凯称帝。当时内外文武大吏纷纷上书劝进，独王士珍始
终没有动静。有人提醒王士珍跟进，王却轻描淡写地回答："自己人嘛！何
必来这一套。"显然，他心里始终不赞成袁世凯称帝，但袁知道王士珍为人
精明圆滑，不会公开反对，也不对自己构成威胁，也就只好暂时容忍他的
行为。

袁世凯公开称帝，激起全国人民的反对，蔡锷、唐继尧、李烈钧等
在云南首先举起讨伐袁世凯帝制自为的大旗。袁世凯起初还想凭借北洋武
力镇压护国军，但北洋派内部分崩离析，与段祺瑞一样，北洋派另一名
大将、江苏将军冯国璋也站到了袁的对立面，"北洋三杰"已有两位公开
站到了自己的对立面，王士珍这位"北洋之龙"也已失去了旋转乾坤的
能力。

在无可奈何之下，袁世凯不得不妥协，首先于 1916 年 3 月请出段祺
瑞，让他出任参谋总长，4 月 23 日，袁又任命段祺瑞为国务卿兼陆军部总
长，王士珍改任参谋总长。此时，袁世凯虽已明令宣布撤销帝制，但仍想保
住大总统的宝座。为此，袁世凯寄希望于王士珍、段祺瑞、冯国璋这三员大
将，希望王士珍团结北洋派维持局面。为此，袁世凯召见王士珍密谈。但无

---

① 唐在礼:《辛亥以后的袁世凯》《文史资料选辑》第 53 辑。

奈大势已去。袁世凯终因帝制失败、众叛亲离羞愤成病，于6月6日一命呜呼。

以北洋元老身份调和四方

袁世凯死后，黎元洪继任大总统，段祺瑞仍任国务卿兼陆军总长，王士珍仍为参谋总长。不久，府（总统府）院（国务院）之争突起，段祺瑞极力主张对德宣战以换取日本的军火和货款，以扩张皖系军队；而黎元洪则在英美影响下不主张对德宣战。王士珍是亲德派，也不主张对德宣战，并向段祺瑞提出"德国不可轻侮"的劝告。①

1917年5月23日，黎元洪免去段祺瑞的国务院总理兼陆军总长，任命伍廷芳暂代国务院总理，任命王士珍为京津一带的临时警备总司令。黎元洪请徐世昌出任国务院总理，徐不敢出山，黎元洪又于5月25日亲往王士珍在北京的官邸，请他出任国务院总理，王也不敢得罪段祺瑞，婉言谢绝。段祺瑞被免职后，潜赴天津，策划武力倒黎。面对武力威胁，王士珍并不真心拥黎。

6月14日，张勋率"辫子军"以调停的名义入京。张勋的真正目的是复辟清室。王士珍本有恋清的情结，立即附和张勋复辟。6月30日，王士珍偕梁鼎芬、李庆璋等复辟分子来到总统府，逼迫黎元洪"奉还大政"于宣统。7月1日，张勋宣布拥戴废帝溥仪复辟。王士珍被授予"内阁议政大臣"兼"参谋部尚书"，成为复辟主角之一。

当段祺瑞起兵讨伐复辟时，王士珍和另一位"内阁议政大臣"陈宝琛建议授予张作霖"东三省总督"，命他火速进京勤王。②张勋复辟失败后，王士珍深感无脸见人，准备回老家隐居。但段祺瑞并没有追究他的罪责，让他继续留任参谋总长。

---

① 杜春和等编：《北洋军阀史料选辑》上册，第205页。
② 爱新觉罗·溥仪：《我的前半生》，第102页。

　　段祺瑞重掌北洋政府实权后，与代理大总统冯国璋又产生了严重矛盾。段主张以北洋武力统一西南各省，而冯国璋则主张"和平统一"，两人明争暗斗，矛盾激化，段在"武力统一"政策失败后，于1917年11月15日，宣布辞去国务院总理兼陆军总长职务，冯国璋即命王士珍接替段的职务。此时，段的军事实力还在，王士珍不敢过分得罪段，不得不向段妥协，于同年12月18日，将陆军总长一职让予段的"四大金刚"之一的段芝贵。1918年2月20日，王士珍在段派的倒阁压力之下，又辞去国务院总理职务。

　　著名新闻记者陶菊隐在《政海轶闻》一书中说："以王资望，直可继袁世凯之后执北洋牛耳，徐世昌百计遏之，王亦自甘淡泊，置不与较。"①

　　徐世昌在1918年9月4日被安福国会选举为第五任正式大总统后，也没有忘记王士珍这位北洋元老。1920年10月，徐荐王士珍为苏皖赣巡阅使，王以病辞。1920年后，王士珍先后任河北正丰煤矿公司董事长，北京电车公司董事长。直皖、直奉战争时，王士珍以北洋元老身份担任调停斡旋的角色。1926年国民军退出北京后，王士珍又被推举为京师临时治安维持会会长。以后又担任京师救济联合会会长。1928年，张作霖安国军退出北京时，王士珍再次出任治安维持会会长。陶菊隐说："王德量俱宏，无疾言厉色。……民国以来，历任显要而权势不属，唯于变革蜕嬗之顷辄为市民所推重，出任过渡时代之治安维持会长，故虽无赫赫之功，而三尺童子无不知此老。"②

　　王士珍晚年白须疏朗，仪表不凡。但他也有难言的隐痛，即没有子嗣，曾对人叹息说："予年迈无嗣，万念灰尽，固不独视官如敝屣也。"有人劝他纳妾，王士珍悽然答道："予固有妾二人，以赋性不好近女色，恒鲜敦伦。

① 　陶菊隐：《政海轶闻》，第35页。
② 　陶菊隐：《政海佚闻》，第35页。

偶一为之，脑海中不免存一索得男之念，然终成幻想。天实为之，谓之何哉？"①不孝有三，无后为大。王士珍因有伯道之忧，故为人消极，愈到晚年愈甚，后沉迷于黄老之术，好道术家言。有一四川人，寓居北京寺庙中，倡万教合一之说。王士珍与这个空头骗子见面，也为其邪说所倾倒，与这个邪教骗子发起组织所谓道德学社，可见王的荒唐无稽。王晚年还有一事足可记载，在北京时与曹锟的嬖人李彦青比邻而居，李彦青是澡堂子擦背出身，恃宠而骄，小人得志后无恶不作，他征歌选色，终夜喧哗。王士珍大为恼火。王士珍为人本来是恺悌慈祥，从无疾言厉色，但对此恶徒，竟也忍无可忍，见李必痛骂。1924 年，冯玉祥发动北京政变，推翻贿选总统曹锟后，将李彦青枪毙，王士珍引以为一大快事。

第二节　北洋之"虎"段祺瑞

段祺瑞是所谓北洋三杰中的"虎"，袁世凯称他为"重将"。袁死后，他成为北洋皖系的首领。

先投李鸿章，后投袁世凯

段祺瑞，原名启瑞，字芝泉，晚号正道老人。段氏世出江西饶州，明朝末年始迁安徽英山县（今属湖北），后迁寿安、六安。段祺瑞于 1865 年 3 月 6 日（清同治四年二月初九）出生于六安，后落户安徽合肥，段成名后人称"段合肥"。段的祖父段佩，以办团练屠杀捻军起家，以功累保提督衔记名总兵，授荣禄大夫振威将军。其父段从文是个老实厚道的农民。

段祺瑞少年时代一直随祖父在其驻防地宿迁读书。1879 年，段祺瑞的祖父死于宿迁军营，段扶祖父灵柩归葬合肥。祖父去世后，段家一落千丈。段祺瑞在合肥私塾读书时，因为缴不出私塾老师的束薪，竟被一侯姓老师抢去砚台抵束薪。有趣的是，后来段祺瑞发迹驻保定时，这位侯老师厚着

---

① 陈灏一：《睇向斋谈往》，第 121 页。

脸皮前来拜访，段不计前嫌，赠送百金和狐皮马褂、羊皮袍子一件，这是后话。

由于生计艰难，年仅 17 岁的段祺瑞取得母亲的同意，只身一人前往山东威海投靠族叔祖段从德。段祺瑞从家出发时，其母给他一块鹰洋作为路费，并且嘱咐说："望汝立志有为，勿负我千辛万苦的期望。"母子抱头痛哭一场后，段祺瑞只身一人出发，从安徽合肥到山东烟台，段祺瑞凭借一块鹰洋的盘缠一路走过来，步行 2000 余里，终于到达烟台。段祺瑞此举表明，他从小就有过人的胆识，这是其后来脱颖而出的一个重要因素。段祺瑞到烟台后，段从德收留了他，任命他为营哨书。

1884 年，李鸿章在天津创办北洋武备学堂，段祺瑞考取炮科。1887 年，段以最优等成绩毕业，奉派赴旅顺，监修炮台。1888 年冬，李鸿章选派段祺瑞与吴鼎元、商德全、孔庆唐、滕毓藻 5 名武备学堂毕业生赴德国留学。段等 5 人到德国柏林后，先入军校学习两年，吴鼎元等 4 人先行回国，段祺瑞又前往克虏伯炮厂——德国著名的军火制造厂实习 2 年。1890 年秋，段祺瑞从德国归来，奉派为北洋军械局委员。

从 1891 年起，段祺瑞前往山东威海担任淮军随营武备学堂教习。1894 年夏，中日甲午战争爆发，淮军全军溃败，李鸿章身价一落千丈。李鸿章的淮军将领大多起家行伍，对于武备学堂的学生及留洋生一直抱轻视态度，武备学堂学生毕业后大多只能派入淮军（练军或防营）中担任教习，没有指挥军队的机会。袁世凯到天津小站练兵后，深知单靠不识字的行伍将领不足以成大事，为了练成一支新式军队，袁世凯从一开始就有意以官禄笼络一批北洋武备学堂的毕业生，破格提拔他们为各级军官，给予指挥和训练的实权。在这样的背景下，段祺瑞与冯国璋、王士珍、曹锟、张怀芝等一批淮军教习或下级军官于 1896 年起相继投靠了袁世凯。

段祺瑞投袁后，首先被任命为新建陆军炮队统带，两年后，又兼任新建陆军炮队随营学堂总办。

1899 年，袁世凯调署山东巡抚，段祺瑞随袁开防济南。1901 年，袁世凯署直隶总督兼北洋大臣，袁世凯奏准炮队统带及随营学堂总办段祺瑞以知府补用。1902 年夏，袁世凯在直隶保定成立北洋军政司（1904 年改称督练公所），作为编练新军的领导机关。袁世凯自兼督办，以军政司下设兵备、参谋、教练三处，分别以刘永庆、段祺瑞、冯国璋担任总办。

北洋之"虎"

袁世凯笼络部下的法宝就是功名利禄。他总是抓住多种机会和借口，为自己的部下请功请赏。1902 年 7 月 9 日，袁世凯即以段祺瑞办理随营学堂有功为由，奏准段免补知府，直接以道员留省补用，并加二品衔。这年春，直隶广宗、威县等地农民为了反对官府摊派大宗赔款，以广宗县武举人景廷宾为首准备武装抵抗。为此，袁世凯惊恐万分，立即指派段祺瑞、倪嗣冲等指挥刚刚编成的北洋军步马炮兵 2000 余人由保定南下；袁又从山东调集武卫右军先锋队数营西进，两路合围广宗县，以血腥野蛮的手段绞杀了起义，景廷宾被捕遇害。在镇压起义后，袁世凯立即为爪牙请赏。袁在《道员段祺瑞等剿匪出力请奖片》中说："留直补用道段祺瑞，此次派令统带武卫右军前往广宗剿办逆匪，该道建议夤夜深入，直捣巢穴，不得旁攻村落，多杀裹胁愚民，卒能将件只村一鼓而平，余匪亦悉瓦解，谋定而动，识略堪嘉。又分省补用道倪嗣冲，臣加派为营务处与段祺瑞会同布置，值威县匪类蜂起，声称为景逆复仇，势颇凶悍。段祺瑞与倪嗣冲移军往御，连日三捷。迨匪徒溃散，戒士卒不许追击，尤不许一卒一骑入村搜捕，保全甚多，匪畏民怀。又件只村剿平后，景逆漏网逃匿，倪嗣冲潜密踩缉，卒令凶渠就缚，得伸显戮，绝根株而除隐患，功亦甚伟。合无仰恳天恩，将二品衔留直补用道段祺瑞赏戴花翎，并加勇号。三品衔分省补用道倪嗣冲赏加二品衔，仍以道员留于直隶补用，并可否加恩均交军机处记名简放之处，出自逾格鸿施。臣因将才难得，宜加鼓励起见，是否有当，谨附片具陈。伏乞圣鉴训示。"① 袁世凯的奏折一则为段祺瑞表功,二则极力掩饰其镇压景廷宾起义的血腥与残忍,美化自己。七月初六,清廷以段祺瑞"剿匪"著有劳绩,赏戴花翎,加"奋勇巴图鲁"。段祺瑞一年数迁,无不得力于袁世凯的保荐。

1903年12月4日,清廷设立练兵处,以亲庆王奕劻为总理练兵大臣,袁世凯为会办大臣,铁良为襄办大臣,段祺瑞以直隶补用道充军令司正使。次年起,段祺瑞历任北洋陆军第三镇、第四镇、第六镇统制。1906年起,段祺瑞又兼任北洋武备学堂监督兼军官学堂总办。

1907年起,段祺瑞不再担任第三镇统制,主持办理北洋陆军各学堂。1908年和1909年,段祺瑞两度派充会考陆军留学毕业生主试大臣,1910年5月25日,段祺瑞因督办北洋陆军学务出力,赏头品顶戴。

段祺瑞长期主持北洋各学堂,与北洋各学堂毕业生有了师生关系,久而久之,段就有了自己的小圈子,在袁死后遂形成了以段为首的皖系。

瓦解滦州兵谏,稳定北洋后院

1910年12月17日,清廷赏镶黄旗汉军副都统段祺瑞侍郎衔,署江北提督,这是段第一次离开袁世凯的幕府,自己独立开府建衙,成为统率一方的高级将领。

到任后,段祺瑞会同两江总督张人骏,全力镇压江北土匪会匪。1911年9月16日,会同张人骏联衔会奏保奖42名在拿获土匪会匪中出了大力的部下,上奏说:"江北匪氛素炽,结盟拜会,几于相习成风,而拒捕抗官,大属肆无忌惮,实在出力各员均能不避艰险,允谊酬赏力,方足以策励将来。再此折系臣祺瑞主稿。"

1911年10月10日,辛亥武昌起义爆发,清廷被迫起用已经罢黜的袁世凯,任命他为湖广总督加钦差大臣,全权负责镇压起义。袁出山之前,首

---

① 廖一中、罗真容整理:《袁世凯奏议》中册,天津古籍出版社1987年版,第572页。

先召回自己的老部下。同年 10 月 22 日，清廷电寄段祺瑞："据袁世凯电奏，请饬署江北提督段祺瑞酌带得力将弁，毋庸多带队伍，克日由海道北上，径赴鄂境等语，段祺瑞著即赴前敌，与袁世凯协商布置。"①

10 月 25 日，清廷又根据袁世凯的请求，任命冯国璋为第一军总统，段祺瑞为第二军总统。10 月 26 日，清廷又电寄段祺瑞，立即北上河南信阳一带指挥第二军。清廷并命第一、二两军均归袁世凯节制调遣。清廷心急火燎，但袁世凯及其党徒并不着急。段在清廷连电催促下启程北上，先到河南彰德晋见袁世凯，请示机宜。段祺瑞在请示袁世凯后，并没有按照清政府的意图立即统兵南下武汉，而是带着少数亲信随从北上京师，代替袁世凯去瓦解滦州兵谏，替袁世凯看守北洋后院。

宣统三年三月二十日，管理军机处事务大臣载涛等奏请"援照旧案，举行秋操"。地点在直隶永平府，参加秋操的部队分为东、西两军。以驻扎天津小站、马厂等地的第四镇为主力，并将禁卫军一协以及驻扎保定之第六镇步队一标、马队一营、工程一队，酌量并入，混编为一军，称西军；以驻扎北苑之第一镇为主，同时将驻扎保定、永平等地的第二镇混成一协酌量并入，混编成一军，称为东军。秋操的重点在"练习野外勤务，及攻守一切战法"。并令有关员司迅速筹备，"务期完善"。四月二十日，清廷旨派冯国璋充东军总统官，舒清阿充西军总统官。闰六月十六日，清廷旨派军谘府大臣载涛为校阅总监。八月初十日，外务部、军谘府会同照会各国驻华公使、外宾愿往永平观操者，于八月十六日前到京，俾以专车送往操场参观。秋操开始日期定于八月二十五日。

清政府举行这次大规模秋操，显然含有炫耀武力，向革命党人示威的用意，因而引起新军中革命党人的强烈不满。先后奉派参加秋操的第六镇统制吴禄贞、第二十镇统制张绍曾与第二混成协蓝天蔚等人密议，决定利用参加

---

① 来新夏主编：《北洋军阀》（一），第 406—407 页。

秋操之机，暗中私带子弹，相机起义。吴禄贞、张绍曾与蓝天蔚三人为日本陆军士官学校前后期同学，吴、张为第一期，蓝为第二期。他们回国后，由清政府分发到新军中任职。1907 年初，徐世昌调任东三省总督，吴、张、蓝三人随徐世昌到奉天军界任职。他们三人"志趣相投，过从密切"，又都是"北洋军中杰出的维新人物"，因而被称为"士官三杰"。这一年，著名革命党人宋教仁到辽东发展同盟会，吴、张、蓝三人均秘密入盟，并成为辽东支部的负责人。他们利用职务之便，开始在新军中发展革命力量。宣统二年，吴禄贞在良弼、奕劻等清廷权贵支持下，取代袁世凯的干将段祺瑞出任第六镇统制，驻扎保定。宣统三年初，张绍曾署理第二十镇统制，驻扎奉天。蓝天蔚则担任了第二混成协统领，同驻奉天。吴禄贞平日"喜言革命"，"锋芒过露"，引起清廷的猜忌。不久即中止第六镇参加秋操的任务，改由第二十镇派一协参加。张绍曾奉命后，即以革命党人最多的七十八标、七十九标为主体，并在全镇中挑选一批革命党人，合编成一个混成协，由他亲自率领前往永平参加秋操。

八月中旬，除驻奉天的第二十镇外，驻扎近畿的第一、二、四镇及禁卫军的一个协先后开抵永平府，并分军种（步队、马队、炮队）进行演习。等所有部队到齐，即分东西两军进行对抗演习。

武昌起义爆发后，清廷顿时慌成一团。当晚，校阅总监、军谘府大臣载涛匆忙从永平赶回北京，调遣军队南下。二十一日，清廷抽调参加秋操的第二、四两镇各一部，由第四镇统制王遇甲率领火速南下，并将已到达永平的禁卫军全部调还北京，在北京城宣布戒严。二十二日，由军谘府大臣、秋操校阅总监载涛奏请停止秋操，准备集中全力对付武昌起义。

当武昌起义爆发时，张绍曾率领参加秋操的部队刚抵达直隶昌黎。清政府下令停止秋操，命其将部队开到滦州听候调遣，张绍曾遂赴京探听消息。当他得知清廷将派他率部南下镇压起义后，立即回滦，并偕心腹将领急返奉天，与驻扎该地的护理第三镇统制卢永祥、第二混成协统领蓝天蔚商讨对策。张绍曾主张响应武昌起义，但卢永祥对此持反对态度。而"素抱革命主义"的蓝天蔚，因害怕东三省赵尔巽勾结日本驻兵干涉，也不同意立即反正，主张先看形势的发展，选择有利时机再发动。在这种情况下，张绍曾提出一个"权宜之计"，即"要求清廷改革政治，宣布立宪，停止讨伐民军的战争"。张绍曾认为，这既可以满足一般守旧将领的要求，而且清廷必定不会允准，到时再发动起义，则旧派将领也就无话可说了。这就是张绍曾的"假立宪之名，行革命之实"的策略。张绍曾的提议，得到大家的赞成。他们商定："先向清室陈述国事意见，如不采纳，再行发动。"并令第二十镇秘书长吕均等人起草要求立宪政纲。最后拟定立宪政纲十二条，主要内容是：在维持"大清皇帝万世一系"的前提下，要求立即召开国会、制订宪法、组织责任内阁，皇族永远不得充任内阁总理大臣及国务大臣，国事犯之党人一律特赦等。

九月初六日，张绍曾由奉天返滦，向二十镇官兵宣布：武昌革命，名正而言顺，专尚征讨，不合人情。况以同种相残，世界无此蛮行，所有军队，均不前进。当天，张绍曾派吕均率数十骑将所拟立宪政纲十二条专程送北京，上奏清廷，同时通电全国。震撼一时的"滦州兵谏"就此发生。清廷接到十二条政纲后，立即召开御前会议商讨对策。会上，争论非常激烈。以内阁总理大臣、庆亲王奕劻为首的旧派坚决反对"兵谏"政纲，主张严惩张绍曾；而以载涛、良弼为首的新派虽然认为张绍曾公开抗拒调遣应该惩办，但不应操之过急，主张暂准所请，以示羁縻。御前会议最后采纳了载涛等人的意见。

九月初七日，清廷派吴禄贞去滦州"抚慰"。吴欣然应命，并电约在奉天的蓝天蔚与第二十镇三十九协统领伍祥桢"速来滦会商"。初八日晨，吴抵达滦州，立与张绍曾密议，决定合组"立宪军"，占领北京，控制中央政权，"挟天子以令诸侯"。具体行动计划是，以滦州张绍曾部为第一军，奉天蓝天蔚部为第二军，保定吴禄贞部为第三军。第一军由滦州趋丰台，第三军由保定趋长辛店，由南、北两方向合围北京，第二军则作为后援。就在吴、张密谋组织"立宪军"的当天，山西新军杀死巡抚陆钟琦，宣布独立，推阎锡山为都督。根据山西独立的新形势，吴、张重新商定了联合阎锡山共同行动的计划。由张绍曾以组织"立宪军"的名义，把蓝天蔚、卢永祥各军迅调滦州集合。吴禄贞则去石家庄，与阎锡山商组燕晋联军，把晋军调至石家庄，然后同时宣布独立，从南北两面夹击北京。吴禄贞并提议：将来以张绍曾为直隶都督，阎锡山为山西都督，由他出任燕晋联军大都督。

九月初十日，吴禄贞赶回北京复命，声称张绍曾"并无异志"。这时，清廷又命令他率领第六镇第十二协由石家庄进攻山西革命军。吴禄贞不露声色，立即赶回石家庄。九月十二日，吴禄贞在石家庄致电清内阁及资政院，要求与革命军停战，并严劾在汉口烧杀之清军将领。十三日，吴禄贞又电告清廷，宣布扣留连往前线之军火，"以消战争而保和平"。十四日，吴赶到娘子关与阎锡山会商，合组燕晋联军，阎表示"拥护吴公禄贞做燕晋联军大都督"。当晚，吴赶回石家庄。

张绍曾自送走吴禄贞后，也在积极做向北京进攻的准备。九月十一日，他扣留由京奉铁路连往武昌前线的 5000 支枪和 500 万发子弹，但联络卢永祥、蓝天蔚的计划却未能成功。卢永祥奉清廷密令入关进攻山西，并将吴、张的计划向清廷告密。蓝天蔚也因故未能进关与张绍曾会合。

清廷获悉吴、张等人的计划后，非常恐慌。一方面迅速答应兵谏的全部要求，"以钳其藉口"。九月初九日，清廷下诏罪己。十一日宣布解散"皇族内阁"，另任袁世凯为内阁总理大臣，组织完全内阁。著资政院起草宪法，奏请裁夺施行。十三日资政院根据张绍曾等人的十二条政纲，拟定宪法重大信条十九条上奏，十四日清廷宣布"全部采纳"，择期"宣誓太庙"，颁布实行。另一方面，对吴、张等部采取了一系列分化、收买和防范措施。

九月十四日，袁世凯指使周符麟到石家庄谋杀吴禄贞。周原为第六镇协统，因被吴禄贞撤职，怀恨在心。周到石家庄后，用重金收买了吴禄贞的骑兵营长兼卫队长马蕙田等人。吴为人志大气豪，他虽然知道袁世凯派周到石家庄来刺杀他，但他始终相信马蕙田等人不会叛变他，因而不加戒备。九月十六日凌晨，吴禄贞正在司令部批阅文件，马蕙田突率军官数人撞入。吴见势不妙，企图夺门而出，却为凶手击倒，头亦被割去。周符麟官复原职，袁世凯的另一爪牙第十一协统领李纯升任第六镇统制，第六镇又重新置于袁世凯的绝对控制之下。同一天，袁世凯奏请削去张绍曾的第二十镇职务，改授以陆军部侍郎兼长江宣抚大臣的虚衔，命他去南方"劝导"革命党人。袁世凯以潘矩楹接任第二十镇统制。吴禄贞被刺，对兵谏行动是一个致命的打击。吴禄贞的第六镇编制为 12593 人，是拟议中的"立宪军"的主力，而张绍曾的第二十镇仅有 5357 人，蓝天蔚的第二混成协则更少，只有 3362 人。况且这三支部队均是由袁世凯一手编练而成的，多数将领均是袁的私党，吴、张、蓝只能掌握其中的一部分。吴禄贞被刺，张绍曾顿感势单力孤，难以有所作为。当时第二十镇内坚决主张革命的下级军官王金铭、施从云等力劝张绍曾拒绝交卸兵柄，立即率部起义。但张绍曾却已完全失去了信心，他对王金铭等人说："你们万不可轻举妄动，你们这一协才几营人，其他的协不见得和你们一致行动。本镇内部既不统一，如何能行大事？……现在袁世凯所嫉恨的只是我个人。我离开本镇，交出兵柄，正所以保全本军。"九月十九日，张绍曾交出兵权，离开了第二十镇。二十一日，驻奉天的蓝天蔚也因起事失败，被赵尔巽免职出走。至此，被清王朝视为心腹之患的"滦州兵谏"烟消云散。

1911 年 11 月 13 日，袁世凯在卫队的保护下，威风八面地开进北京城。在瓦解滦州兵谏的过程中，段祺瑞发挥了重要作用。杨玉茹在《辛亥革命先著记》中说："当吴禄贞、张绍曾东西屯兵、抗疏言事时，北方秩序岌岌不保。袁世凯……颇以为忧。商于第二军军统段祺瑞，欲留兵扼武胜关与南军相持，而自提大军定北方，平反侧，以固后路。祺瑞云：'此小事，无烦大兵，祺瑞了之足矣。'即芒鞋草笠，微行北归，未旬日而禄贞、绍曾皆败。"杨玉茹的记载也许过于突出了段的作用，但段在其中发挥了重要作用则是完全可以肯定的。

武力逼宫，"一造共和"

段祺瑞一生中有所谓"三造共和"的美誉，而辛亥年他领衔北洋军将领以武力逼退清帝，则是他"一造共和"的举动。

代替袁世凯在武汉前线指挥清军与革命军作战的第一军总统冯国璋不明白袁世凯两面取利的渔翁心态，他指挥清军与革命军作殊死战，并以优势兵力和火力于 1911 年 11 月 27 日攻下汉阳，予革命军以重挫。次日，清廷立即封冯国璋为"二等男爵"。冯国璋马上向袁世凯提出要求进攻武昌，袁复电不准，冯又私下向隆裕太后上奏，要求拨给饷银 400 万两，愿把平息"叛乱"的任务独自承担下来，无须依靠袁世凯。如果让冯国璋这么蛮干下去，就有可能将袁世凯的如意算盘打破。为此，袁世凯决定立即走马换将，将冯国璋换下来，让能贯彻自己意图的段祺瑞前往接替。

12 月 7 日，袁世凯下令冯国璋调任察哈尔都统，任命段祺瑞署理湖广总督，并任第一军总统兼领湖北前线各军，驻孝感。12 月 14 日，段、冯在武汉交接关防。段祺瑞到达前线后的第四天，南北议和正式开始，前线进入停战状态。段祺瑞到前线后，在廖宇春（保定陆军小学堂监督）、靳云鹏等人的说服下，已经赞成共和。

12 月 20 日，段祺瑞委派的廖宇春与黄兴委派的代表顾忠琛（江浙联军参谋长）在上海文明书店内协议秘密条款五项：（一）确定共和政体；（二）优待清皇室；（三）先推覆清政府者为大总统；（四）南北汉满军出力将士各享其应得之优待，并不负战时害敌之责任；（五）同时组织临时议会，恢复各地之秩序。廖宇春随即回到汉口向段祺瑞汇报，段无异议，随即与靳云鹏商定进行办法：第一，运动亲贵，由内廷降旨，自行宣布共和；第二，由各路统兵大员联名要求宣布共和；第三，用武力胁迫清廷宣布共和。开始，段等拟实行第一项办法，但为宗社党所阻，行不通，乃转而实行第二策，秘密运动各路统兵大员，由段祺瑞领衔联名电奏，请求确立共和政体。[1]廖宇春还对段祺瑞说："项城安危，视公而定。公肯为共和主动，则项城为被动，其危立解。"就是说，段、袁只有唱双簧，事情才好办。段、靳等商量妥当后，靳云鹏即北上京师面见袁世凯，告诉他："第一军全体主张共和，并议推宫保为临时大总统矣。"袁世凯听了自然大喜，但口头却还要装腔作势地说："汝曹握兵柄者，亦复如斯，我尚何言，但使我得有面目与世人相见足矣！"[2]

1912年1月26日，由段祺瑞领衔，率领在湖北前线的50名将领致电内阁、军咨府、陆军部及各王公大臣，要求立定共和政体。电文如下："内阁、军咨、陆军并各王大臣钧鉴：为痛陈利害，恳请立定共和政体以巩皇位而奠大局，谨请代奏事。窃维停战以来，议和两月，传闻宫廷俯鉴舆情，已定议立改共和政体，其皇室尊荣及满、蒙、回、藏生计权限各条件：曰大清皇帝永传不废，曰优定大清皇帝岁俸不得少于四百万两，曰筹定八旗生计蠲除满蒙回藏一切限制，曰满、蒙、回、藏与汉人一律平等，曰王公世爵概仍其旧，曰保护一切私产。民军代表伍廷芳承认列于正式公文，交万国平和会立案云云。电驰报纸，海宇闻风，率土臣民，罔不额手称庆，以为事机至顺，皇位从此永保，结果之良，轶越古今，真国家无疆之休也。想望懿旨，不遑朝夜，乃闻为辅国公载泽、恭亲王溥伟等一二亲贵所尼，事遂中沮，政体仍待国会公决。祺瑞自应力修战备，静候新政之成。唯念事变以来，累次懿旨，莫不轸念民依，惟国利民福是求，惟涂炭生灵是慎，既颁十九信条，誓之太庙，又允召集国会，政体付之公决。又见民为国本，宫廷洞鉴，具征民视民听之所在，决不难降心相从。兹既一再停战，民军仍坚持

---

① 廖宇春（少游）：《新中国武装和平解决记》，陆军部编译局1912年编印。

② 《辛亥革命》第八册，第547页。

不下，恐决难待国会之集，姑无论迁延数月，有兵溃民乱、盗贼蜂起之忧，寰宇糜烂，必无完土，瓜分惨祸，迫在目前。即此停战两月间，民军筹饷增兵，布满各境，我军皆无后援，力太单弱，加以兼顾数路，势益孤危，彼则到处勾结土匪，勒捐助饷，四出煽扰，散布诱惑。且于山东之烟台、安徽之颖、寿境界，江北之徐州以南，河南之光州（山）、商城、固始，湖北之商（麻）城、襄樊、枣阳等处，均已分兵前逼。而我皆困守一隅，寸筹莫展。彼进一步，则我之东、皖、豫即不自保。虽祺瑞等公贞自励，死生敢保无他，而饷源告匮，兵气动摇，大势所趋，将心不固，一旦决裂，何所恃以为战。深恐丧师之后，宗社随倾，彼时皇室尊荣，宗藩生计，必均难求满足。即拟南北分立，勉强支持，而以人心论，则西北骚动，形既内溃。以地理论，则江海尽失，势成坐亡。祺瑞等治军无状，一死何惜，特捐躯自效，徒殉愚忠，而君国永沦，追悔何及，甚非所以报知遇之恩也。况召集国会之后，所公决者尚不知为何项政体，而默察人心趋向，恐仍不免出于共和之一途，彼时万难反汗，是徒以数月水火之患，贻害民生，何如预行裁定，示天下以至公，使食毛践土之伦，歌舞圣明，零涕感激，咸谓唐虞至治，今古同揆，不亦伟哉。祺瑞受国厚恩，何敢不以大局为念，故敢比较厉害，冒死陈言，恳请涣汗大号，明降谕旨，宣示中外，立定共和政体。以现在内阁及国务大臣等暂时代表政府，担任条约、国债及交涉未完各事项，再行召集国会，组织共和政府，俾中外人民，咸与维新，以期妥奠群生，速复地方秩序。然后振刷民气，力图自强，中国前途实维幸甚，不胜激切待命之至，谨请代奏。"①

在逼宫电上署名的是：署理湖广总督第一军总统段祺瑞，古北口提督毅军总统姜桂题，护理两江总督长江提督张勋，察哈尔台都统陆军统制官何宗莲，副都统段芝贵，河南布政使帮办军务倪嗣冲，陆军统制官王占元、陈

---

① 来新夏主编：《北洋军阀》（五），第 121—123 页。

光远、李纯、曹锟、吴鼎元、潘榘楹、孟恩远，总兵马金叙、谢宝胜、王怀庆，参议官靳云鹏、吴光新、曾毓隽、陶云鹏，参谋官徐树铮，炮队协领官蒋廷梓，陆军统领官朱泮藻、王鼎镜、鲍贵卿、卢永祥、陈文远、李厚基、何丰林、张模元、马继增、周符麟、萧广亭、聂求淬、张锡元、施从滨、萧安国，营务处张士钰、袁乃宽，巡防统领王汝贤、洪自成、高文贵、刘金标、赵偶、仇侯圉、□启、刘兴顺、柴得贵，帮办天津防务张怀芝。①

2月5日，由段祺瑞领衔，第一军将领又发表了一封紧急电报："共和国体，原以致君于尧舜，拯民于水火，仍因二三王公迭次阻挠，以致恩旨不颁，万民受困。现在全局威迫，四面楚歌。……时至今日，乃并皇太后、皇上欲求一安富尊荣之典，四万万人欲求一生活之路而不见许，祖宗有知，能不恫乎？盖国体一日不决，则百姓之兵燹冻馁死于非命者何啻数万，瑞等不忍宇内有此败类也，岂敢坐视乘舆之危而不救？谨率全体将士入京，与王公剖陈利害。祖宗神明实式鉴之！挥泪登车，昧死上达！"

言外之意，清帝再不退位，他段祺瑞就要反戈一击，率领军队攻打北京来了。这真是刀光剑影，令人望而生畏！袁世凯接到段祺瑞等发来的电报后，立即召集王公大臣会议，各王公大臣看了，一个个吓得面如灰土，毛骨悚然。那些顽固反对清帝退位的少壮派亲贵也不敢吭声了，清帝退位的决定就此定下来。1912年2月12日，隆裕皇太后发布退位诏书。统治中国260余年的清王朝宣告垮台。

段祺瑞领衔的两通电报赤裸裸地摆出武力逼宫的姿态，给予清朝皇室的压力最大。段祺瑞在辛亥年的表现与冯国璋形成鲜明的对比。有人在论述段、冯的功过是非时说："汉（口）人至今犹詈冯之残忍也。段祺瑞虽与冯同受清廷之命，而始终未与民军激战。当时论者谓：'若以段易冯，则汉口之蹂躏或

---

① 张黎辉：《迫清帝退位通电列名者考》，《近代史资料》总第74号，第280—281页。

可邀免.' 则段与冯之优劣，于此可见矣。"

段领衔发表的两通电报，虽然是袁世凯的智囊和文案人员策划拟定的。[①] 但由段领衔发表，无疑是极大地提高了段的政治地位。有人说："辛亥军兴，黎宋卿（元洪）威震江汉，天下向风；林颂亭（述庆）身先士卒，百战百胜；唐少川（绍仪）舌战群英，心力俱瘁；伍秩庸（廷芳）弭定共和，百折不回；段芝泉（祺瑞）首请逊位，威加万乘；汪精卫和会南北，转危为安。国人颂功德者,佥称此六人。"[②] 段祺瑞公馆的下人也以钦佩的口吻说他们的主人"三句话就把清家皇上推倒了"，言下不胜钦佩之意。尽管现在看来，这种说法多少有些荒唐，但却代表了当时一部分人的认识水准。从此，段祺瑞"一定共和"的名声传开了。但实际上，段祺瑞的两通电报，"谓之直接促成南北之统一，毋宁谓之间接促成袁氏之总统"。

执掌兵权，袁氏股肱

袁世凯窃取中华民国临时大总统宝座后，为酬答段祺瑞的拥戴之功，于 1912 年 3 月 30 日任命段祺瑞为陆军部总长，以取代眷恋逊清皇室的原陆军部大臣王士珍，掌握陆军兵权。袁世凯窃权后，政潮不断，内阁更换频繁，但陆军部总长始终由段祺瑞担任。段祺瑞掌握陆军行政大权，成为袁世凯的股肱和台柱。在陆军总长任内，段祺瑞为巩固袁世凯的统治效犬马之力。

袁世凯上台时，北洋军的势力范围仅及长江以北，包括华北、东北一带，长江以南国民党人还掌握着数省政权，对袁世凯形成一定的牵制。段祺瑞与他的主子袁世凯一样，对国民党（革命党）人持敌视的态度。

1912 年 8 月 25 日，国民党总理孙中山应袁世凯的邀请来到北京，袁、段表面上给予隆重盛大的欢迎，但在私下宴会时却纵容北洋将领肆意地挑衅。

---

① 据段的亲信曾毓隽回忆，段领衔发表的两通电报，都是袁世凯、梁士诒等人策划好后，托靳云鹏等送到武汉，由段领衔发出的。

② 陈赣一:《新语林》，第 38 页。

当时在场的国务院铨叙局局长张国淦回忆说:"中山到京后第三天,袁世凯在迎宾馆设筵为盛大欢迎,到者有四五百人。在大厅布置门形餐案,孙及其随员北面南向坐,袁及内阁阁员及高级官吏皆北向坐,北洋一般军官坐在东西两排,孙、袁在正中对坐。入座后说了一些普通客套语,吃过一个汤,第二个菜方送上来,便听到西南角上开始吵嚷,声音嘈杂,说的都是'共和是北洋之功',随着又骂同盟会,认为是'暴徒乱闹';随着东南角也开始响应,并说'孙中山一点力量也没有,是大话,是孙大炮'、'大骗子'。这时两排的军官已经都站了起来,在吵嚷的同时,还夹杂着指挥刀碰地板、蹬脚和杯碟刀叉的响声,但都站在自己的座位呼喝乱骂。中山态度还是从容如常,坐在他旁的秘书宋霭龄等也不理会。仍照旧上菜,只是上得很慢。我当时想袁或段(陆军总长)该说一说,你们不能胡闹,但他们始终没作声。闹了有半小时左右,似乎动作很有步骤,从当时的情形看,显然是预先布置好的。起头的是傅良佐等,想在吵闹时等中山或他的随员起而答辩,便借机由北洋军人侮弄他一番。但出乎意料的是,中山等始终未加理睬,若无所闻。筵宴终了,孙、袁回到厅旁休息室,厅内便又大乱起来,北洋军人离开座位肆意乱吵,非常得意,很久才逐渐散去。中山来京时,我每天在上午国务院办公后都到迎宾馆,经过这一场的第二天,我到他那里向他表示:北洋军人都是老粗,程度太不够。但中山却仍和往常一样,并对我说,这没什么关系,态度丝毫没变。"①

　　1913年3月20日,赵秉钧奉袁世凯之命指使暴徒刺杀国民党代理理事长宋教仁后,受到舆论的谴责,赵不安于位,称病不出,袁世凯便于5月1日任命段祺瑞暂代国务院总理,段祺瑞内阁成为主持对南方各省作战的战时内阁。

　　以武力消灭国民党人,袁世凯、段祺瑞等人早有预谋。1913年3月间,

---

① 张国淦:《北洋述闻》,第45页。

袁的另一位亲信、河南都督张镇芳曾上书段祺瑞建议以武力解决问题。对此，段祺瑞复函答复说："至于党派竞争，不顾大局，非武力震慑不可，自当密为筹备。"①

段祺瑞代理国务总理后，袁世凯于5月6日在总统府召集段祺瑞开第二次秘密军事会议，决定了对南方作战的总方略，其中规定："有攻击南方敌军任务之北军，第一期对于湘、赣、皖、苏作战，利用京汉、津浦两路线集中，以鄂省为主要策源，并以海军策应沿岸，兼妨害敌军之集中。"会议结束后，段祺瑞负责调兵遣将，任命段芝贵为第一军军长，以冯国璋为第二军军长，分别从京汉路和津浦线南下。在段祺瑞调兵遣将的同时，袁世凯政府内部仍有个别人主张从政治方面求解决，对此主张，段祺瑞不屑一顾，反映了他穷兵黩武的军阀心理。张国淦回忆说："段祺瑞代总理，除国务会议外，不到院（有时会议亦不到，闻之参谋长陈宦言，段每日在居仁堂西偏小楼上处理军事）。一日，袁谈及：'南方情形，近来调集军队，将图不轨，不得已，只有用武力镇压。'我言：'以军力论，南北比较，此时不难制胜。但是民气澎湃，不可遏抑，潮流所趋，匪仅中国。若专靠武力，总不能根本解决，何不从政治方面求一永久妥洽办法？'袁言：'副总统与二庵（陈宦）电，亦主张武力。'我言'副总统与我通信说：本意不是如此。'袁嘿然有不愉之色（与袁共事有年，只此一次），言：'你可向总理说明，于国务会议时提出讨论。'至国务会议，我本此意提出，语尚未竟，段当时板起面孔，大声言：'军事非你文人所知，不应干预。'教育（总长）范源廉为调解，余愤然退出，即递辞呈。袁派秘书张一麐来挽留。段对我不满，许辞。袁不允，盖仍欲借我与副总统作桥梁也。于是段以院令派秘书卢弼代理秘书长。其后，袁既决计用兵，则与副总统商洽，参谋次长优为之矣。"②

---

① 胡绳武、金冲及：《辛亥革命史稿》第4卷，上海人民出版社1991年版，第576页。

② 张国淦：《北洋述闻》，第50—51页。

　　"二次革命"是一场不对称的战争，南方各省军队数量虽然不少，但缺乏统一的指挥，也没有必要的战争准备。在战争打响前，袁世凯就已通过收买的手段，对南方各省军队进行了分化，大部分已经没有了战斗意志，战争一旦打响后，被北洋军逐一击破，不到两个月就完全失败。国民党人失去了全部地盘和军队，国民党领袖孙中山、黄兴及其骨干全部流亡海外。袁世凯的北洋军进驻南方各省，北洋军和投靠袁世凯的地方军阀一统天下。接着，段祺瑞又在袁世凯授意下，以霸王硬上弓的方式驱赶黎元洪离开湖北老巢。黎元洪夤缘时会贪革命党人之功为己有，获得"辛亥首义"的名声，从革命党人硬拉出来的"床下都督"，一步登天，出任副总统兼湖北都督，成为所谓创造民国的伟人。在袁世凯窃取临时总统宝座后，黎元洪就一头栽进了袁世凯的怀抱，他助纣为虐，为虎作伥，残酷地镇压革命党人。但是，黎元洪以副总统的名号和湖北的地盘实力坐镇武汉，武汉俨然成为除北京之外的第二个政治中心，这使专制独裁的袁世凯无论如何觉得不舒服。为了让黎元洪离开湖北老巢，他费尽了心机，参与策划的虽然有陈宧、饶汉祥等一批人，但最后出面执行的仍然是段祺瑞。1913年12月8日，段祺瑞奉袁世凯之命来到武昌促驾。段祺瑞的亲信曾毓隽回忆说："癸丑一役结束，由是有迎黎之举。是年（民二）十二月袁派段祺瑞到鄂，余亦随行，下车遂渡江谒黎，在副总统府两宿。黎召其参谋长金永炎，商整理军队事大致就绪，宣布段北归。黎送过江，在车站上车后，段反下车，黎遂北上。金偕段返署，发电告袁，而段署湖北都督之令下矣。不两月，令段芝贵接任湖北都督。"黎元洪就这样被袁、段以霸王硬上弓的方式请到北京。袁世凯遂将黎元洪安置在中南海瀛台，这里原来是戊戌政变后软禁光绪皇帝的地方。从此，黎元洪遂处在袁世凯的绝对控制之下，成为一名地地道道的政治俘虏。

　　段祺瑞在驱走黎元洪后，袁世凯于1913年12月20日任命段祺瑞以陆军总长暂兼代湖北都督。这只是袁世凯的权宜安排。果然不到2个月，袁世凯即于1914年2月1日免去段的湖北都督兼职，任命段芝贵接替。

从民国元年后2年多时间，段祺瑞作为袁世凯的心腹大将，充当了袁的重要打手。这时，段袁关系十分融洽。段的夫人张佩蘅是袁世凯元配夫人丁氏的干女儿。这时，张佩蘅可以自由地进出门禁森严的总统府见干母亲，段祺瑞也经常在干岳父袁世凯的身旁参与重大机密，当时人们认为，段总长是袁总统面前数一数二的红人。

镇压白朗失手，大损"虎"将声威

白朗（1873—1914），河南宝丰县人。因为他身材又高又瘦，步行速度快，人送绰号"白狼"。其人个性豪爽，善于驾驭人，疏财仗义，是以能得众人拥护。1911年，白朗在家乡拉杆起义，反抗官府的黑暗统治。开始时只有二三十人，因为缺乏武器，不能大举，后将宝丰县长的儿子劫去勒赎，索到新式五响钢快枪十支。有了这批武器，起义队伍迅速扩大，到1913年夏，白朗率起义队伍将河南最富庶的禹县及唐河县城攻破，打富济贫，大得人心，从此声威大振，白朗军扩大到五六千人，半数已有了快枪，还有了一批机枪和六尊大炮。在"二次革命"失败后，河南及邻省的一些下层革命党人和进步青年，为了反抗袁世凯及河南都督张镇芳等的屠杀政策，纷纷加入白朗军。白朗军在革命党人的影响下，开始使用"中华民国扶汉讨袁军"的旗号，把斗争矛头明确指向以袁世凯为首的北洋军阀的反动统治，如白朗用"中原扶汉军大都督白"名义发布的布告写道："父老伏处于异族专制几三百年，水深火热，控告无所。势极则变，物极则返，相摩相荡，于是始有往岁革命之举。方幸君权推倒，民权伸张，神明华胄，自是可以自由于法律范围，而不为专制淫威所荼毒。孰料袁贼世凯，狼子野心，以意思为法律，仍欲帝制自为，摈除贤士，宠任爪牙，以刀锯刺客待有功，以官爵金钱励无耻，库伦割弃而不顾，西藏叛乱而不恤，宗社党隐伏滋蔓，而不思防制铲除，唯日以植党营私，排除异己，离弃兄弟，变更法制，涂饰耳目事。摧残吾民，盖较满洲尤甚！海内分崩，民不聊生。献媚者乃称为华盛顿，即持论者亦反目为拿破仑，实则吕政、新莽不如其横酷也。朗用是痛心疾首，奋起陇亩，纠合豪杰，为民请命，故号称'扶汉'。孔子曰：'颠而不扶，则将焉用彼相？'今汉虽复，若一任袁贼自为，而不早为扶持，行将即颠，则又焉用吾民？夫天下之大，匹夫与责。秦民夙称强武，而又热心爱国，岂其见神奸主政，群凶盈廷，河山之断送，汉族之沦胥，而遂漠然不一援手？朗幸赖黄帝在天之灵，起义以来，所向克捷。兹者兵指秦陇，坚城雄关，望风披靡，虽则由我师武，要亦民苦虐政，人无斗志。现已逾秦岭，出大峪，耀武咸宁，观兵长安。城克之日，但申沛公三章之约，不举项王三月之火。我诸父老昆弟，其各安堵勿恐。此布。"

　　白朗军初起时，袁世凯正在全力镇压"二次革命"，对于白朗军并没有看得十分严重，只是命令河南都督张镇芳和护军使赵倜负责进行围剿，但白朗军越剿越强，起义队伍扩大到豫皖鄂三省边区，在1914年1月间连克豫东南的光山、潢川、商城和皖西的六安、霍山，直逼皖中的舒城和鄂东的英山，如入无人之境。袁世凯痛恨张镇芳、赵倜无能，连忙命令段祺瑞赶紧辞去湖北都督的兼职，北上河南，以陆军总长的名义指挥对白朗军作战。2月3日，袁世凯又明令将张镇芳革职，以段祺瑞兼领河南都督，袁将镇压白朗军的希望寄托在段祺瑞身上。

　　段祺瑞进驻河南开封后，调集河南、湖北、安徽三省境内，北洋正规军2万余人进行会战，段祺瑞向袁世凯建议使用所谓"四面兜围"战术，他在致袁世凯的电报中说："愚见尚以四面兜围，堵匪使北，歼于霍邱、霍山、叶家集之间为上策。"[1]然而，段祺瑞的战术并没有奏效，白朗军面对北洋军优势兵力的围剿，主动放弃中原，调头西进。1914年2月下旬，白朗军突破重围，离开安徽，在豫南越过京汉铁路，进入鄂北，于3月7日，攻克鄂北重镇老河口，3月14日攻克豫陕交界的重要关隘荆紫关，起义大军从这里

<hr/>

[1] 《白朗起义》，中国社会科学出版社1980年版，第107页。

挺进陕南。

段祺瑞的"四面兜围"战术失灵，袁世凯十分恼怒，于3月11日令参谋部、陆军部传令段祺瑞和湖北都督段芝贵："白狼潢池小丑，乘隙蠢动，近日发兵两万人，奔驰两阅月，卒未殄灭，各国视之，大损威信，极为军界耻辱。老河口又生戕杀外人重案，若不迅速扑灭，恐起交涉，牵动大局。宜拨健步壮儿两三支，酌配利器，使力足以当一路，加饷费，责令追击兜剿，严定惩罚，不准因循纵寇，以殄灭此股目的；又选调马队两三支，与步队相辅进行，使匪不及掩匿；并暗悬重赏，诱其同类自相攻残，当可早日荡平。望妥筹迅复。近日匪之内容，毫无所闻，是侦探太不得力，望注意。"

白朗军进入陕南后，曾经参加过"二次革命"的原陕西陆军第一师团长王生歧率领1个团的官兵参加白朗军，陕西的农民武装也纷纷加入，起义军人数达到两万人以上，声势更加浩大。陕南秦岭山区，山高路陕，道路崎岖，使围追堵截的北洋军一时使不上力，袁世凯迅速"剿灭"白朗军的企图成为泡影。这时，帝国主义列强向袁世凯施加压力，甚至要求干涉，中外报纸又连篇累牍地加以讥讽批评，使急于取得帝国主义好感以便为做皇帝打下基础的袁世凯惊恐万分、寝食难安。袁并为此迁怒于段祺瑞等指挥无方。3月21日，袁世凯致段祺瑞、段芝贵及王汝贤："白匪久未平，各国报纸谓政府力弱，不足以保治安，乱党又从中鼓吹，殊损威信。因而近日中国债票跌至百分之十二三，续借款愈难办，关系全局甚重，望努力设法督饬速平为要！"[1]

3月23日，袁世凯又致电段祺瑞称："自权鄂任，瞬将半载，深用劳念。以总长久在外，各国注视白狼更重，且久未平，尤损声威。可商田（文烈）民政长妥为布置，仍宜早回京，以电调度，在京与在汴相差不远。"[2] 接到袁

---

① 《白朗起义》，中国社会科学出版社1980年版，第146页。

② 《白朗起义》，中国社会科学出版社1980年版，第149页。

的责备电文，段祺瑞当即复电表示："久劳师旅，未靖匪氛，殊深愧悚！离京日久，一切均待面陈。……容与田民政长妥商布置，即遵令旋京供职。"①4月3日，袁世凯任命田文烈兼护河南都督，调段祺瑞回京供职。

段祺瑞此番挂帅出征白朗军，连连失手，大失北洋"虎"将声威，袁世凯对他的信用也大打了折扣。段祺瑞入京后，袁世凯亲自指挥对白朗军作战，他任命陆建章为"西路剿匪督办"，指挥北洋军20万进行追剿。同年8月初，白朗战死，20世纪初中国规模最大的一场农民起义终于被镇压下去。

权力政见之争，袁段矛盾激化

袁世凯为了加强专制独裁，于1915年5月间进行了两次重大的政府机构改组，一是撤销国务院，设立政事堂；二是撤销总统府军事处，成立陆海军大元帅统率办事处，掌管全国军事。

陆海军统率办事处成立于1915年5月9日，该处没有专设最高长官，实际上由袁世凯本人直接掌握。统率办事处以陈宧（参谋次长）、段祺瑞（陆军总长）、刘冠雄（海军总长）、萨镇冰（海军总司令）、荫昌、王士珍等6人为大办事员。统率办事处成立后，袁世凯命陆军部、海军部将重要公事移到统率办事处处理。段祺瑞虽是陆军总长兼统率办事处大办事员之一，但陆军部大权已被袁世凯无形中剥夺，段对此极为不快，消极抵制，不再到部上班，陆军部日常事务由次长徐树铮代拆代行。段本人则在官邸内以下围棋、打麻将等消遣时光。袁世凯对段祺瑞的消极抵制不满，斥之为"暮气"。

1914年10月，袁世凯在军事上又采取了另一个重大措施——建立所谓的"模范团"。"模范团"的建立，始于蒋方震建议，蒋是浙江海宁人，毕业于日本陆军士官学校第三期，与蔡锷同学。蒋方震与蔡锷、张孝准被称为"士官三杰"。蒋方震以第一名成绩毕业于陆军士官学校，日本天皇依据

① 《白朗起义》，中国社会科学出版社1980年版，第146页。

惯例亲自为他颁赠军刀。蒋方震从日本毕业后又赴德国留学四年，成为民国初年学贯中西的军事人才。袁世凯很器重他，先后任命他为保定陆军军官学校校长和统率办事处参议。蒋方震痛恨日本侵略中国，想依靠袁世凯建立一支强大的国防军。他向袁世凯建议，改变北洋军模仿日本练兵的老办法，改采德国的军事教育与训练方法。袁世凯认为刚愎自用的段祺瑞主管陆军部，羽翼已丰，渐成尾大不掉现象，况且段祺瑞老气横秋，对袁克定毫不买账，怏怏非少主臣。袁世凯早就在盘算着如何改造北洋军队，蒋方震的条陈正合他的胃口，于是立即加以采纳，在酝酿成立模范团时，袁世凯提出让袁克定担任模范团团长，段祺瑞很不以为然，硬邦邦地顶了一句："我看他不行吧！"两人争辩了许久，仍没有结果。最后气急败坏的袁世凯拿出杀手锏，问："你看我行不行呢？"这一来，段无言以对。段祺瑞有个生理特点，就是生气时鼻子会歪到一边去，人称段"歪鼻子"。这一下，段祺瑞被袁世凯气得够呛，又不能生气发火，只能心里生暗气，鼻子早已气歪到一边去了。

1915 年春，袁世凯为换取日本支持他称帝，准备接受日本提出的灭亡中国的"二十一条"。据说，段祺瑞基于民族大义，通电反对，宣称不惜与日本一战。这对于急欲以出卖民族利益换取日本支持帝制的袁世凯来说，是一重大打击。袁对段的忌恨加深了。[①]

当袁世凯复辟帝制的企图公开后，段祺瑞曾对袁世凯进行了多次规劝和谏阻，但袁不予采纳，段祺瑞和他的弟弟段启勋在一次谈话中，曾有所交代，其胞侄段宏纲记录如下："伯父谓叔父曰，在这件事初发动时，即有人向我报告，我于会见项城时，曾以试探的口气询问，而袁氏矢口否认，谓你不要听信这些无稽谣言。后来风声渐紧，我又进言陈述利害，袁虽仍然否认，可是态度神情却不如以往那样坚决，直至云台（袁克定的号）以假印的日人所

---

① 丁贤俊:《论段祺瑞三定共和》,《历史档案》1988 年第 3 期。

办《顺天时报》（当时《顺天时报》主论是反对的，袁有所闻，索阅，故袁克定另印该报呈阅）欺骗乃翁，筹安会也毫不掩饰地暴露事实，司马昭之心已路人皆知。我第三次约定时间往谒，不顾一切痛陈利害，并举出种种事实证明事关国家安危和袁氏身家性命，万不能做，万不可做。而袁态度神情紧张，恼羞成怒，竟厉声地回答我：这是克定和杨度等讨论与研究的问题，你何必这样重视多言呢？拂袖而起。我亦起立大声地说：我受总统数十年知遇，不敢不以直言奉上，悬崖勒马尚可挽救，否则悔之晚矣！袁不答，我只好辞出。后来大典筹备处种种丑剧及各省劝进电报纷出，祸在眉睫，我置生死于度外，预备再作最后之力争。两次请见，袁竟以身体不适，饰词拒绝，而无法挽救。苦思几昼夜，我受袁氏数十年知遇，如潜出声罪致讨，衡之旧道德，我不能这样做。爱国之心人不我后，必有人群起而歼灭之，我只有将死生置之度外，听其发落。袁氏此番危国丧身谬举，完全为袁云台一手所造成，将来史家秉董狐之笔，可大书曰：袁克定弑其父。袁氏丧亡不足论，只是国家大伤元气矣！叔父听毕说：我当时在矿厂，时刻为兄危，何不离开危城以避之？伯父笑答曰：我既不能打破道义观念，如潜出反更遭袁氏父子之忌，或更为危险。"①

由于段祺瑞公开反对帝制，不愿合作，袁、段关系更加紧张。两人因公见面时，袁屡屡对段讲："你气色不好，想是有病，应当休息休息。"所谓"休息"是辞职的同义词，这是袁逼段辞职的表示。段不得不以"病"为由请求开缺。1915年5月31日，袁世凯令准段辞去陆军总长，以王士珍署理。令文如下："前据陆军总长段祺瑞呈称：自去冬患病，饮食顿减，夜不成寐。迨至今春，遂致咯血，多方诊治，时轻时重，医言血亏气郁，脾弱肺热，亟当静养服药，方能有效。迄今四月有余，方值国家多故，未敢言病，现大局稍就平定，拟请开去差缺，俾得安心调理，冀获速痊等情。当传谕少给假期调养。兹据续

---

① 段宏纲：《先伯段祺瑞事略》，《文史资料存稿选编——晚清北洋》下册，第812页。

请开去各项差缺，俾得安心调养，庶获就痊等语。查自辛亥改革以来，该总长勋劳卓著，艰险备尝，民国初建，忧患迭乘，数年经营，多资臂助，因而积勤致病，血衰气弱，形容羸削。迭于会议之时，面谕该总长酌于一星期抽两三日赴西山等处清静地方调养休息，以期气体复强，而该总长以国事为重，仍不肯稍就暇逸，尽瘁国事，殊堪嘉敬。兹据呈请开缺，情词肫挚。本大总统为国家爱惜人才，未便听其过劳，致增病势，特著给假两个月，并颁给人参四两，医药费五千元，以资摄卫。该总长务以时局多艰为念，善自珍重，并慎延名医，详察病源，多方施治，切望早日就痊，立即销假。其在假期内如有军务重要事件，仍着随时入内会议，以抒嘉谟，而裨国计，此令。"①

这种官样公文，与前清摄政王载沣开缺袁世凯如出一辙。从此，段便以有病为辞，躲在官邸，不出门，不办公，也不见客。唯一的活动就是下围棋，打麻将，以此消磨时光。据说，在段祺瑞辞职的初期，袁世凯不断派人往段的公馆里送东西，什么鸡汁呀、参汤呀，差不多隔天就有人送过来。但是大家都知道袁世凯的手段毒辣，原国务院总理赵秉钧就死得不明不白，许多人都相信是袁世凯派人送毒药毒死的。段祺瑞官邸的人都怀疑袁送来的这些鸡汁、参汤也同样下了毒，段祺瑞当然不敢吃，公馆里也没有人敢吃，只有倒掉完事。当时没有送去化验，其中是否下了毒，也就无从知道了。

开始，段祺瑞夫人张佩蘅还能够和干母于氏通通电话，后来连电话也不通了，袁、段关系几乎决绝。段祺瑞辞去陆军总长后，段的亲信徐树铮等还在陆军部。袁世凯授意肃政厅弹劾陆军部次长徐树铮虚报军火费40万元，以此为由免去徐树铮的职务，从而将段的势力从陆军部清除出去。8月，袁世凯正式免去段的陆军总长，改由王士珍担任。这时谣言四起，风声鹤唳。如说段的官邸发现刺客，段的厨子被袁收买，在食物内放置毒药被发觉，又说守卫段氏官邸的士兵将有异动。甚至还有人传言，袁世凯因为痛恨段祺瑞

---

① 来新夏主编:《北洋军阀》（五），第127页。

不合作，派人送了一碗鸡汤给段，表面上说是慰问他的病，其实鸡汤里下有毒药，想把段祺瑞毒死，不料这碗鸡汤被段的一个姨太太喝下去，立刻毒性发作死了，等等。这些捕风捉影的传言不胫而走，弄得满城风雨。虽是谣言，但段家人确实很紧张，有人主张段应速去天津租界以防不测，但段均不为所动，这也显示段的坚毅性格。

就在这样的背景下，段祺瑞于 1915 年 8 月 3 日发表通电"辟谣"："以大总统知祺瑞之深，信祺瑞之坚，遇祺瑞之厚，殆无可加，是以感恩知己，数十年如一日，分虽部属，情逾骨肉。"并谓："某国报纸以挑拨离间之诡计，直欲诬罔祺瑞为忘恩负义之徒，甚至伪造被人行刺之谣，更属毫无影响，不得不略表心迹，以息谣言。"①

段祺瑞曾对他反对袁氏称帝有如下的表白："我当年曾发采取共和之电，如今又拥护项城登极，国人其谓我何？且恐二十四史中亦找不出此等人物！所以，论公，我宁死也不参与；论私，我以此只有退休，绝不多发一言。"②

袁世凯称帝后，第一件事就是大封爵位，黎元洪被封为武义亲王，其下各封公侯伯子男等爵，冯国璋被封为一等公，但段祺瑞没有任何爵位。

收拾残局，保全袁氏

袁世凯在内外交困、走投无路的情势下，不得不考虑取消帝制。为此，袁世凯派袁克定请回段祺瑞。见到段后，袁即检讨说："我老且病，悔不听你言，致有今日纠纷，若取消帝制，还需要你帮忙。"段回答："我当竭吾力相助。"

3 月 21 日，袁在怀仁堂召集会议，自国务卿陆征祥以下至各部总长一律参加，段祺瑞和徐世昌、倪嗣冲也应召出席。袁世凯在会上说明帝制无法坚持，决用明令取消，并将取消帝制的文稿交诸人传阅。同日，袁世凯命令

---

① 韩信夫、姜克夫主编：《中华民国大事记》第 1 册，第 385 页。

② 丁贤俊：《论段祺瑞三定共和》，《历史档案》1988 年第 3 期。

陆征祥辞去国务卿，专任外交总长，任命徐世昌为国务卿，次日又任命段祺瑞为参谋总长，实际上是要让徐、段出来主持善后。

但徐世昌是文人，对于军队指挥调度存在困难。袁世凯企图在撤销帝制之后仍维持其总统地位。为了以实力与护国军交涉，袁世凯决定以段祺瑞代徐世昌出任国务卿。

但袁没有料到，段虽然同意出山，但同时向袁提出改政事堂为责任内阁制。袁意识到，这是四年前国民党人限制他权力的老法子，心里不免窝火。但考虑到自己的地位今非昔比，也只有忍受。1916 年 4 月 21 日，袁公布政府组织令。22 日，任命段祺瑞为国务卿，23 日又任命段兼陆军总长。5 月 8 日，又公布修正政府组织法，宣布撤销政事堂，恢复国务院。随后，段又要求袁世凯裁撤总统府机要局、统率办事处、军政执法处三大机关，要求袁世凯全面交权。但遭到袁世凯的拒绝，三个机关一直顶着没有裁撤。结果，又引起段的不满。

袁世凯认为段背主自立，大为恼火，转而想求助于冯国璋，但冯也并不比段更忠实。当袁世凯处于绝境时，段祺瑞与冯国璋这两位心腹大将为了争当后袁时代的北洋领袖钩心斗角，把袁世凯当成了他们之间的筹码。事情拖至 6 月上旬，袁世凯怒火攻心，一病不起。在临终之前，急忙召见段祺瑞进中南海交代后事。6 月 6 日凌晨，段祺瑞和徐世昌、王士珍、段芝贵、张镇芳等匆匆赶到居仁堂袁的病榻前，此时袁已处于弥留状态，不能开口说话。在徐世昌的催问下，袁才对未来人事安排，说了"约法"两个字。

袁一死，段以国务院总理兼陆军总长的身份成为北京中央政府的最高领导人。他未尝不想继袁之后做总统，但他细察各方形势，觉得自己出任总统的条件并不成熟，不得不暂时奉黎元洪为总统以为过渡。袁一死，段便拉着黎元洪的亲信、教育总长张国淦前往东厂胡同黎元洪官邸，以一种特殊方式履行请黎元洪任总统的手续，张国淦回忆说："我们走进黎的办公室（东花厅）见到黎元洪，段向黎鞠躬后，黎坐在一个长桌的西首，我和段坐在南北靠近两头，黎、段相对而视，都不说话。我当时想：黎应该问袁总统故去的情况，段应该说请副总统出来担任大总统等话。平时段是拙于言词的，在有什么事情时，常常是先向我们商量到那里应该怎么说，或者旁人替他说，但现在在这样重大的问题上，我就不明白他为什么不说话了，而我在当时对这样重大的问题又不便替他说，这样足足坐了半个多钟头没说一句话。忽然段站了起来和黎握了手，然后向我说：'潜若，你今天不要到国务院去，黎总统这里没有人，你就在这里帮忙吧！'说完后，他点了点头就走了。大总统就是用这样的方式请出来的。"

当黎元洪继任总统的告令公布后，北洋派军人不服，他们数百人群集段祺瑞的官邸请愿，反对黎元洪任总统，要求拥护徐世昌做总统，黎元洪及其亲信听到风声后，立即派张国淦到段的官邸，费了好大劲才挤进官邸内见到段，段即问张："你到这里来做什么？"张答："黎总统听到外边一些事情，让我来问问。"段没好气地说："我既然请副总统出来，这就是我的事了，他不要管，如果他怕的话，就请他来管吧！"说完就走了。从这里也可以看出，段对于请黎出任总统是很不情愿的。

请出黎元洪后，段祺瑞于次日即给总统府送来一道优礼袁世凯的命令，要黎元洪以总统名义发布："民国肇兴，由于辛亥之役。前大总统赞成共和，奠定共和，苦心擘画，昕夕勤劳，天不假年，遘疾长逝。追怀首绩，薄海同悲。本大总统患难周旋，尤深痛怆。所有丧葬典礼，应由国务院转饬办理人员，参酌中外典章，详加拟订，务极优隆，用副国家崇德报功之至意！"[①]

这个"总统令"极尽颠倒黑白的能事，把一个篡夺辛亥革命果实的窃国大盗及背叛共和的元凶大恶描绘成为一个创建共和维护共和的"元勋"。段祺瑞就是以这样颠倒是非黑白的调子来为旧日主子筹办送终典礼的。国务院

① 岑学吕：《三水梁燕（士诒）先生年谱》（一），第344页。

成立"恭办丧礼处",确定治丧负责人,通令全国下半旗,停止一切娱乐、上课和宴会,以示哀悼。并举行公祭,由段祺瑞以国务院总理身份代表黎元洪总统主祭。

袁世凯的女儿袁静雪回忆,这时还有一个有关段祺瑞的传言:"就在这个时候,忽然传来了一个惊人的消息,说是段祺瑞要带兵围困总统府,杀死我们全家。大家一听,非常惊慌。大哥、二哥赶紧同去问个究竟。段祺瑞为了证明他绝无此意,就让他的太太张氏带着他们的女儿前来守灵,并且让她们住在府里,以示无他。段祺瑞本人也天天来看望和照料,只是不在府里住罢了。我们家里的人,由于这场虚惊,心中更是留下了暗淡不安的阴影。"①

6月8日,袁世凯入殓,头戴天平冠,身穿祭天大礼服,足蹬朱履,俨然一个"大行皇帝"模样,袁因在人间做皇帝而身败名裂,但到了阴间却从此可以长做"大行皇帝"。6月28日,灵柩移葬河南洹上村,黎元洪率全体文武官员到新华门恭送,段祺瑞及袁的亲信们则执绋随灵柩前往彰德。灵柩到达洹上后,段祺瑞又下令成立董理墓地工程处,由河南巡按使田文烈主持,历时一年多,耗资数百万元修建了一座有帝王陵园气派的"袁公林"。

袁克定因与段祺瑞夫人张佩蘅是干兄妹,以前袁克定一直叫段祺瑞大哥,自帝制闹翻后,两人势同水火。现在段祺瑞一手为袁世凯操办隆重丧事,让袁克定十分感激,曾再三向段致谢,并且逢人便说:"得亏总理。"②

皖系领袖,几起几落

袁世凯死后,北洋派分裂成为以段祺瑞为首的皖系和以冯国璋(冯死后是曹锟)为首的直系,两派军阀控制北京政府达十余年,直至1927年被国

---

① 吴长翼编:《魂断紫禁城》,第65页。
② 王楚卿:《段祺瑞公馆见闻》,《文史资料选辑》第41辑。

民革命军消灭为止。

段祺瑞作为皖系军阀的领袖，在袁死后以国务院总理兼陆军总长的名义掌握北京政府实权。因为与黎元洪总统争权，酿成府院之争和张勋复辟，政潮迭起。在张勋复辟失败后，段奉冯国璋为代理大总统，自己仍以国务总理身份掌握实权。此时的段祺瑞，"势益枭张，乃大借外债以供诸军饷，倚外自重，而损失国权。复蔑视元首，压迫民意，记者以李完用比之"①。段、冯二人明争暗斗，结果是冯、段二人同时去职，捧出北洋元老徐世昌做总统，段祺瑞退居幕后，操纵时局，直到 1920 年直皖战争爆发，皖系军队被直系击溃，段下野隐居天津租界 4 年。1924 年 11 月，段祺瑞为奉系军阀张作霖拥戴出山，出任中华民国临时执政，直至 1926 年 4 月 19 日宣布下台，从此退出政坛，隐居天津租界。

1933 年 2 月 1 日，蒋介石担心段祺瑞被日本侵略者利用，便迎接他南下定居上海。1936 年 11 月 2 日段祺瑞病逝，临终前，他留下"八勿"遗言："勿因我见而轻启政争，勿空谈而不顾实践，勿兴不急之务而浪用民财，勿信过激之说而自摇邦本。讲外交者勿忘巩固国防，司教育者勿忘宝存国粹，治家者勿弃固有之礼教，求学者勿骛时尚之纷华。本此八勿，以应万有，所谓自力更生者在此，转弱为强者亦在此矣。"②一个刚愎自用、累次挑起政争和战争的派系头目，到了临死时却告诫别人"勿因我见而轻启政争"，真是一个最大的讽刺。

第三节 北洋之"狗"冯国璋

冯国璋是所谓北洋三杰中的"狗"，论年龄，北洋三杰以冯居长，他是北洋嫡系的长门长子，因冯在兄弟行中排第四，故人称他为"四哥"或"冯

---

① 佚名编：《中国近世名人小史》，中国国民书局 1927 年 8 月版，第 12 页。

② 来新夏主编：《北洋军阀》（五），第 199 页。

四哥"。投入袁世凯麾下后,向与他同岁的袁世凯投门生帖子。到了辛亥年,袁世凯为笼络冯国璋,特地派袁克定将冯的门生帖子送还,袁并自书"兰谱",与冯结为金兰兄弟。袁世凯一生的成败,与这位北洋之"狗"有很大关系。

先投聂士成,后投袁世凯

冯国璋,字华符,也作华甫,直隶河间县人,生于1859年1月7日(清咸丰八年十二月初四)。冯国璋的父亲冯春堂脾气暴躁,嗜酒无度,不务正业,家境日益没落。冯国璋早年就读于私塾,1881年考入保定莲池书院,但因家计发生困难,于次年辍学。1884年,25岁的冯国璋在走投无路的窘境下到天津大沽投淮军直字营当兵。次年,直隶总督兼北洋大臣李鸿章在天津创办北洋武备学堂,挑选淮军各营兵弁入校学习。冯国璋由淮军大沽统领刘祺保荐入第一期,与段祺瑞、王士珍、张怀芝等同学。在武备学堂求学期间,冯国璋与王士珍、段祺瑞结成金兰兄弟,论年龄,冯居长,王老二,段老三。这三个人后来全部投入袁世凯麾下,成为北洋系的所谓三杰。

冯国璋在武备学堂学习期间,曾于1888年回原籍参加科举考试,中秀才,次年参加顺天乡试落榜,又返回武备学堂学习,1890年毕业,因为成绩优秀,留学堂任教习。当年淮军将领多是行伍出身,轻视武备学堂的毕业生,学生毕业后很少有带兵立功的机会。冯国璋为了建功立业,于1893年投入淮军将领聂士成幕府当幕僚,由于忠于职守,很快受到聂士成的信任。1893年10月起,随聂士成率武备学堂学生前往东北三省边境地区考察地形,次年春,考察完毕,冯国璋等又协助聂士成编撰《东游纪程》,对东北三省的兵要地理、地形地貌、驻军防守、驿站道路等情况作了详细的记载。不久,中日甲午战争爆发,冯国璋随聂士成入朝鲜作战,淮军虽然一路败退回国,但冯国璋个人却因为立有小功而被清廷嘉奖,免补用知县,加五品顶戴。

中日《马关条约》签订后，中日战争结束不久，聂士成推荐冯国璋担任清廷驻日本公使裕庚的军事随员前往日本。在日本期间，冯国璋结识了日军陆军大将福岛安正、中将青木宣纯等人，并留心考察日本军事，编成兵书数册。

1896 年，聂士成推荐冯国璋前往天津小站辅助袁世凯练兵。冯即将前在日本编成的数册兵书进呈袁世凯，袁视之为"鸿宝"，并赞誉"军界之学子，无逾公者"。[①] 袁世凯随即任命冯国璋担任督操营务处帮办兼步兵学堂监督，不久又升为督操营务处总办，主持编写兵法、操典、营制、饷章及各项图说，新军兵法操典多经其一手修订。

1899 年，袁新建陆军改称武卫右军，袁世凯随后升任山东巡抚，冯国璋随武卫右军开往山东。到济南后，奉袁之命改编山东旧军，组成武卫右军先锋队二十营。冯国璋与王士珍、段祺瑞等收集中外兵书，结合由武卫右军的实际需要编成《训练操法详晰图说》，作为武卫右军随营学堂的教科书，《图说》开宗明义指出："训以固其心，练以精其技"；"兵不训罔知忠义，兵不练罔知战阵"。《图说》对将、弁、兵各自提要了相应的要求。对于将，要求"上宣力于王室，下自奋于功名"；对于弁，则要求知道"高官显秩无难拾级而升，厚禄重糈可以操券而得"。对于士兵，则告诉他们："自古将多行伍""命该不死自然生""安分守己把钱剩""必然就把头目升"。《图说》在军事训练方面，照搬德国、日本的有关操典，而在建军理念方面，则完全沿袭封建宗法伦理思想。

1900 年，义和团运动爆发，冯国璋参与镇压义和团，奉袁世凯之命率一支人马驻守山东与直隶交通的咽喉要道德州，阻隔直隶、山东两省义和团的联系通道，便于各个镇压。因镇压义和团有"功"，袁世凯立即保奏冯国璋为补用知府。镇压山东义和团后，袁世凯在山东举行秋操，袁世凯邀请德

---

① 来新夏主编：《北洋军阀》（五），第 98 页。

国驻山东胶州湾总督至济南观操。参加演练的武卫右军"一举足则万足齐发，一举枪则万枪同声，行若奔涛，齐如直木"①，这位德国的殖民地总督称赞指挥操练的王士珍、段祺瑞、冯国璋三人为"北洋三杰"。在半殖民地化逐渐加深的晚清，国人崇洋思想达到顶峰，凡人凡事只要一经洋人品题，自然就身价百倍。"北洋三杰"之名也因此不胫而走。

1901年，袁世凯继李鸿章任直隶总督兼北洋大臣。为编练北洋常备军，袁在直隶保定创办北洋军政司，下辖兵备、参谋、教练三处。冯国璋任教练处总办。1903年，冯国璋升任清廷练兵处军令司副使（正使为段祺瑞）。

冯国璋首先创办北洋行营将弁学堂，任督办，聘日本陆军步兵少佐多贺宗之为总教习，专门训练淮军宿将和禁卫军侍卫官。淮军学员年龄大的已逾六十，武职已至提督，文职已是道员。随后，创办北洋速成武备学堂，任督办，随后又陆续办了北洋陆军师范学堂、经理学堂、军械学堂，使北洋军官兵接受系统的军事教育和训练。

1906年，冯国璋又兼任了陆军贵胄学堂总办。该学堂专门培养王公贵族、四品以上宗室及现任满蒙文武官员子弟。学生因系出天潢贵族，一个个骄横跋扈，不可一世。学堂饭菜偶尔不合口味，这些学生不仅掀桌掷碗，而且将厨师拖出去揍一顿。为了教训这批骄态毕现的贵胄子弟，冯国璋将为首闹事的几个人叫来，训诫他们："今日之学生，即他年之师表。予在学生时代，但知埋头读书，他非所问。诸生乃天潢贵胄，自应明礼让，庖人不良，可告庶务委员撤换他们，何必滋生事端而后快？请说出你们的理由来！"这几个人噤若寒蝉，冯便说："这次不追究，再犯决不轻饶。"②经过这一顿训诫后，贵胄学堂的学生不再寻衅滋事。这事说明冯国璋办教育有他

---

① 《戊戌变法》第1册，第338页。

② 陈赣一著：《睇向斋谈往》，第113页。

一套办法。

贵胄学堂还附设有王公讲习所，冯国璋常亲自为王公亲贵讲授军事学，与他们建立起了密切的关系。后来担任摄政王的载沣也是这个班的学员。"乃王公贵胄，既服公之学，又爱公之诚，久之以师礼相待，无复有贵人状态矣。"[1]

冯国璋成为北洋系的军事教育家，他曾为许多军事教科书和专著审稿鉴定或为之作序。他在《军事初阶》一书的序言中指出："欲行远者必自迩，欲登高山者必自卑，欲求武备之精微亦必基于浅近武备之学，层累曲折，百出而不穷。然如躐等以求，终不能得其门径。国璋督理北洋学堂时曾与贺君丹臣计议及此，丹臣因有《军事初阶》之作，先总纲，次军事，次地形，地图，工程，枪炮，测量，方位，气候，命令，队种，搜索，行军，战斗，卫生，内务，凡十八种。编语不必深义，不必奥因，其本根之地，浚其知识之源，由是精而进之，其成就岂复可量？兹贵胄学堂开办伊始，课程之中军事綦重，因取是书，略事损益，以为学者之先导，而成就之基亦即立乎此矣！"[2]

冯国璋主持北洋军事教育数年，为袁世凯培养了数千名具有浓厚北洋派系观念的军官，输送到北洋六镇及北方各省新军中，对于以袁世凯为首的北洋军阀集团的形成发挥了重要作用。张一麐在《故代理大总统冯公事状》中写道："袁公练兵，公固与有力焉。……公独刚柔得中，四方才俊，一听公部勒。举北洋各学堂造就之众至数千人，今之上而统帅，下而校尉，内而部曹，外而幕职，凡北洋军学出身者，非同学即其门下士也。自其任教练时，淬厉人才，讲求韬略，设陆军编译局，而以武学官书局分布各省。各省言军事者，于是靡然从风矣。"[3]

1907年4月6日，清廷以办理北洋武备学堂成绩昭著，赏冯国璋三代

---

[1] 来新夏主编：《北洋军阀》（五），第99—100页。

[2] 公孙訇：《冯国璋年谱》，河北人民出版社1988年版，第7—8页。

[3] 来新夏主编：《北洋军阀》（五），第98—99页。

正一品封典。1909 年，清廷军咨处成立，冯国璋任军咨使，他先后向军咨处军咨大臣条陈时事至数万言，冯国璋指出：各国练兵均有明确的目标，如甲国练兵，以某国为对手；乙国练兵，又以某国为对手。在假想敌国确立后，则可以对于地形地貌、器械、将校指挥、侦探等各方面都进行有的放矢地训练和准备，一旦交战，则可以做到知彼知己，驾轻就熟。冯国璋认为，清廷练新军，没有明确的假想敌国，漫无目的，这样训练出来的军队，又岂能稳操胜券？因此，他建议练兵首先宜确立宗旨，确定假想敌国。其次，冯国璋认为，中国幅员广漠，地势各不相同，省各几镇，不仅多寡不当，而且省自练兵，将启畛域之见，难以形成统一的国防军，应当改设军区，根据地形、交通等各种因素，合数省为一区，区各设数师，无事则操练，有事则分哨，使全国指臂相使，呼吸相通。此外，关于普及教育、全国皆兵，筑军港练海军、设军工厂自造武器等，冯国璋也都有具体的建议。但晚清的朝廷由于受到各种因素的制约，已很难有雷厉风行、大刀阔斧的作为，冯国璋的建议以理论上讲，都是很有见地的，也是合理的，但要付诸实施却并不容易，结果，冯的建议没有一样得到采纳实施，"公乃愤吾谋之不用，浩然思去其官。值西陵与祭，坠马受伤，方有元配吴夫人之丧而母孙太夫人又已逝世，屡乞假不得请，公亦钳口结舌，随声画诺，不复言天下事矣。然清廷固知公之可大任也。"①

辛亥督师攻打革命军

辛亥武昌起义爆发后，革命军首先占领武汉三镇。清廷立即派陆军部大臣荫昌率领第一军南下镇压革命，并调陆军第五镇及混成第五、第三十九协编为第二军，旨派冯国璋第二军军统听候调遣，准备南下增援。但北洋将领只知道有袁宫保，不知有朝廷，他们不愿服从荫昌的指挥，动作十分缓慢。清廷迫不得已，被迫起用袁世凯为湖广总督，以取代荫昌赴前敌指挥。

---

① 来新夏主编：《北洋军阀》（五），第 100 页。

1911 年 10 月 23 日，冯国璋首先来到彰德见袁，请示机宜。袁奏请冯国璋接替荫昌担任第一军总统，并交代冯国璋："非筹备周妥，计出万全，断难督师进攻。"实际上是要冯先观望一下。10 月 27 日，清廷授袁世凯为钦差大臣，同时召回荫昌，由冯国璋任第一军总统，段祺瑞为第二军总统，均归袁节制调遣。袁世凯在条件得到满足后，于 10 月 30 日自彰德南下，进驻湖北孝感，命令先期抵达前敌的冯国璋立即组织兵力进攻汉口的革命军。冯随即发出所谓《第一军总统告示》："此次匪党肇乱，贻害闾阎不浅，官军连日大胜，克复在指顾间。匪心业已涣散，弃械四处逃逸，诚恐被胁良民，玉石俱焚可怜。更有逃窜匪党，到处煽惑谣言。各府州县军民，不可轻听生变。武汉势已孤立，匪首闻已自歼，乱党互相残杀，天心于此可见。告尔商民人等，各安生业勿迁，官军平定匪乱，家家重见青天。闻匪派出军队，在外孤立无援，如果投顺来降，饷项设法补还。"①

第一军协统李纯、王占元、陈光远都是冯国璋的亲信，他们见袁世凯、冯国璋已经出山，一改过去的消极避战而振作起来，他们指挥如虎狼般的北洋军疯狂地扑向汉口。汉口地形平坦，革命军无险可守，遂与北洋军展开巷战，丧心病狂的冯国璋下令放火烧城，他任命熟悉汉口地形的汉阳人易乃谦为进攻汉口的前敌司令，北洋军纵火烧城，使汉口镇的繁华市区化为焦土，居民死伤惨重。当时，冯的态度十分嚣张，他声称："为了驱逐顽强的敌人，除不惜将（汉口）中国市区全部焚毁外，甚至或将不免要求各国租界内之外国人暂时全部退出也未可知。"

在攻陷汉口后，冯国璋又接着部署下一步作战行动，在前敌军事会议上，冯国璋回顾了曾国藩与太平军争夺武汉三镇的战例，他说："昔日之势，重在武昌，武昌以洪山为扼塞，洪山失则武昌不守，顺流以取汉阳、汉口，如破竹耳。今日之战，则重在汉阳，汉阳之大别（龟山）诸山，俯瞰武汉，如釜

---

① 贾党非：《辛亥武昌起义》上册，中华书局 1982 年版，第 232 页。

底一丸，下掷则全城瓦碎，不待攻而自破矣。为今之计，唯有先取汉阳，为攻心之上策。"①

11月2日，清廷任命袁世凯为内阁总理大臣，组织完全内阁，并电令袁迅速进京组阁。11月4日，冯国璋来到滠口与袁世凯、萨镇冰筹备战局，决定下一步作战行动为夺取汉阳。从11月5日起，冯国璋就命令炮兵隔着汉水炮轰汉阳的革命军阵地。11月12日，袁世凯离开湖北前线进京准备组阁。此前，袁已派刘承恩、蔡廷幹来到武昌与黎元洪谈判，革命党人的领袖们当时都有一种天真幼稚的想法，就是他们把袁手中的北洋军看得过于强大，没有战胜消灭这股军事力量的信心，他们都倾向于动员袁世凯反戈一击推翻清政府，然后举他为共和国的第一任大总统，使革命速成。

袁世凯刚到京，蔡廷幹就带着黎元洪的复信火速进京，向袁报告。黎在信中要袁"当仁不让，见义勇为"。袁对于来自革命党领导人的允诺心里不免一阵狂喜，但老奸巨猾的袁世凯懂得，为了让革命党人完全就范，还有必要给革命党人以更厉害的一击。于是，他电令冯国璋迅速拿下汉阳。

冯国璋指挥的北洋军有第四镇全部、第二镇和第六镇各一个混成协，有官兵3万余人。相对于革命军，北洋军在人数、武器和训练等方面都占有优势。当时武汉前线的革命军是两湖军队，最高领导人是湖北军政府都督黎元洪，直接指挥作战的是黎元洪委任的战时总司令黄兴，黄兴的战时总司令部与湖北军政府下设的军务部及参谋部是平行机构，黄兴与军政府军务部长孙武、参谋部长吴兆麟矛盾很大，相互牵制；湖南支援湖北的军队虽然号称"善战"，但与湖北当地军队之间也存在很多矛盾。总之，革命军内部指挥不统一，训练缺乏，武器也不如北洋军。更致命的不利因素是，革命军高级指挥官在战略问题上存在严重分歧。孙武、吴兆麟、杨玺章等人认为部队中新兵太多，且缺乏炮兵等重武器，不利于发动进攻，主张坚守汉阳。黄兴则认为，

---

① 王树枬:《武汉战纪》,《辛亥革命》(五), 第234页。

北洋军的主力已经转移到蔡甸方面，汉口方面兵力单薄，正是出其不意、反攻汉口的大好时机，主张集中兵力发动反攻。在意见不统一的情况下，黄兴于11月16日命令反攻汉口，并且亲临前线指挥。经过一天的激战，革命军无法在汉口立足，被迫退回汉阳。在退回汉阳途中，各部队秩序混乱，遭受很大损失，但是，由于清朝海军在长江江面上起义，随后分成两个舰队，由汤芗铭率第二舰队援助湖北革命军，第一舰队前往打南京。第二舰队于11月19日开回武汉参加对北洋军作战，使革命军掌握了长江面的控制，对革命军民是一个很大鼓舞。

汉阳争夺战从11月21日开始，冯国璋指挥北洋军猛扑汉阳，战斗持续了一个星期，至27日下午，北洋军占领汉阳。此次争夺战，是整个辛亥革命史上最为激烈的战役之一，革命军前后伤亡3300余人。当时报纸报道说："武昌城外，由江中捞出之死尸陈列堤上，不计其数。内有未死而呻吟者，有妇人抱子，母死而子苏，啜泣索乳者。血溅江边，死者相枕藉。"形成一幅惨绝人寰的画面。①

汉阳保卫战的失败，原因众多，但黄兴的指挥失误也是不可忽视的因素。如果他不轻率地决定反攻汉口，而是固守汉阳不动，那么汉阳也不至于那么快就失守。汉阳失守，对于革命军来说，是一次严重挫折，黄兴曾痛哭流涕地说："战事一败至此，官兵无一人用命，眼见汉阳已失，我亦无面目见一般同志，唯有一死以谢同胞。"②

冯国璋攻下汉阳，对于已处于总崩溃前夕的清廷来说，似乎是一剂强心针。攻下汉阳的当日，清廷即电告冯国璋予以嘉奖："将士连日苦战，忠勇可嘉，现已夺回黑山等处，尤属异常奋勇，著赏给银两万两，由度支部发给，所有出力将弁，著冯国璋择尤优奖，以示鼓励。将士伤亡甚多，朝廷殊深悯

---

① 李新主编:《中华民国史》第11编下册，第311页。
② 毛注青编著:《黄兴年谱长编》，第235页。

恻，并著妥为抚循，查明请恤。"次日，清廷又锡封冯国璋为二等男爵。冯国璋收到封爵的电旨后，十分激动，对他的秘书刘宗彝等人说："想不到我一个穷小子，现在封了爵啦！这实在是天恩高厚，我一定要给朝廷出力报效。"他喜极而泣，最后竟大哭起来。

为了获得更大的功名，冯国璋立即致电袁世凯，要求乘胜进攻武汉最后一个重镇武昌，声称武昌唾手可得，时机万不可失。但袁世凯的复电却要冯勿骄勿躁，没有他的命令，不许轻举妄动。回电给正在兴头上的冯国璋泼了一盆冷水。冯国璋对袁世凯的意图很难理解，便托人向隆裕太后直接启奏，要求朝廷拨给饷银 400 万两，他愿把平息"叛乱"的任务独自承担下来，无须依靠袁世凯。①12月1日，冯国璋又致电内阁、军咨府、陆军部，声称："国璋专顾前敌，自不难一举扫而平，而后患亦可永绝。"

袁世凯见冯国璋不明白自己的真实意图，一味地主张进攻。袁怕冯国璋一味硬打下去破坏了他两面渔利的投机意图，连忙派亲信到武汉婉劝冯国璋。来人对冯国璋说："革命党一旦反攻过来，你打算怎么办？"冯答："我只有尽忠报国，不知有他。"来人见说服不了冯国璋，只好北上复命。袁随即又派人来见冯国璋，说："天下纷扰，你不要固执己见，倘时机到来，你也可酌情行事。"冯的回答仍然是："我意已执，请勿多言。"②

12月5日，冯国璋再次致电内阁，请求派援军攻打武昌，并且一再表示"愿为朝廷效死"。袁世凯的两面渔利意图不可能跟冯国璋挑明，而冯国璋本人感于朝廷的恩德，对朝廷有着强烈的报恩心理，一心要为朝廷出死力。袁世凯感到这样下去，他的两面渔利政策就有可能坏在冯国璋手里，于是，袁世凯于12月8日奏准将冯国璋调任察哈尔都统，冯未到任前，由署第一镇统制何宗莲署理；同时调段祺瑞为第一军总统。

---

① 公孙訇:《冯国璋年谱》，第 15 页。
② 吴长翼编:《魂断紫禁城》，第 173 页。

冯国璋在武汉前线正打得顺手，袁世凯却把他撤下来，冯感觉自己受了袁的愚弄，带着一腔怒气和怨气回到北京，既不去见袁汇报，也不到察哈尔去任都统。冯和他的亲信幕僚在北京煤渣胡同住宅住了下来。

袁世凯很快又想出了牢笼冯国璋的办法，他派长子袁克定拿着冯国璋以前向袁拜师时的门生帖子和袁亲自填写的"兰谱"，登门拜访冯国璋来了。进得门来，袁克定叫一声"四叔"，接着就跪在冯国璋的跟前，一面向冯磕头，一面嘴里还不断叫着"四叔"，将门生帖子和兰谱递给冯国璋。袁这样做，是告诉冯：他袁世凯今后不再把你当门生部下，而是金兰兄弟了。冯国璋面对这突如其来的一幕，虽然明白这又是袁世凯的牢笼之计，但内心里还是很感动，连忙把袁克定从地上搀扶起来，一面嘴里还连连说："老弟，快起来！快起来！你这是寒碜我，我一半天就过去看宫保。"

见到袁世凯后，袁即改派冯国璋担任顺天府军统兼禁卫军总统。

禁卫军是1909年载沣任摄政王监国后着手建立起来的。载沣建立禁卫军，原出于德国亨利亲王的建议，其目的是像德国那样，由皇室亲揽兵权。摄政王载沣先后任命载涛、贝勒毓朗、陆军部尚书铁良等为训练禁卫军大臣，经过近三年的训练，于1911年成军，成立两协，以王廷桢、姚宝来分任第一、二协统，官兵共12000人，禁卫军总统官为载涛。禁卫军计有步兵两协，每一协辖有步队两标，另外还有炮标、马标和工程营、辎重营等。除步队第四标是招募直隶、山东、河南三省的汉族壮丁外，其他各标、营官兵都是满族和蒙古族的青壮年。禁卫军由摄政王载沣直接统率调遣，可见这是保卫清廷的铁杆武装。袁世凯出任内阁总理大臣后，摄政王被勒令退休不问政事，皇室被销去兵权，载涛奏请派徐世昌为专司训练禁卫军大臣，禁卫军的指挥大权落入袁世凯心腹手中。袁世凯之所以改调冯国璋为禁卫军总统官，是因为冯与皇族有着密切的关系，而且冯又是以忠于清室姿态出现的，于是冯很顺利地掌握了这支武力。

当然，袁世凯任命冯国璋去掌握禁卫军，并不是要他利用这支军队去维护清皇室，而是要冯去稳住这支军队，在他袁世凯逼宫时不要出来反对，不要制造阻力。袁世凯很清楚，冯国璋很效忠于清室，但他相信，冯是他一手提拔起来的，在关键时刻，冯最终会以袁的意志为意志的。

冯接统禁卫军后，就着手组织禁卫军司令处，冯将原第一军司令部的幕僚全部调来，参谋长刘恩源（后易张联棻）、副官长赵俊卿、秘书长恽宝惠、军需处长铁忠（一个月后即易以冯的私人账房张调辰）、军械处长熊炳琦、军法处长王金缓、军医处长纪书元。

1912 年 1 月 19 日，以满族人阿勒精阿为首的一些人组织君主立宪会，推举冯国璋为会长，蒙古郡王贡桑诺尔布为副会长。随后，冯国璋带着贡桑诺尔布、阿勒精阿、恽毓鼎等 3 个人来到石大人胡同外务部晋见内阁总理大臣袁世凯。冯国璋即以会长的身份向袁申述君主立宪的主张。冯陈述完毕后，袁世凯即装腔作势地答复道："我和你们大家的意思是一样的。可是，有实际困难也不能不和大家说，现在最要紧的是军饷没有着落，还有宣布独立的地方太多了，我们的军队顾此失彼，实在是不敷分布。所以，我现在正在和革命党力争。"冯国璋等人听了袁世凯这种冠冕堂皇的官腔，觉得不得要领，便垂头丧气地退了出来。

1 月 24 日，袁世凯又单独召见冯国璋，婉言劝说，令其附和共和。冯国璋接受劝告，从此放弃主战论和君主立宪主张。

1 月 26 日，段祺瑞领衔的逼宫电发布后，袁世凯为了掩盖自己的逼宫意图，又以袁世凯、徐世昌、王士珍、冯国璋的名义联衔发表致段祺瑞电，声称："忠君爱国，天下大义；服从用命，军人大道；道义不存，秩序必乱。"并戒其切勿轻举妄动，袁世凯与段祺瑞大唱双簧。

事实上，冯国璋对于这种赤裸裸的逼宫行为是很不以为然的。他看完段的电报后，很生气地对身旁的秘书长恽宝惠说："芝泉怎么会发出这样的电报？他本人现在正在保定，这个电报，是不是有人捏造，还是他的本意，我一定要问一下。"

恽宝惠等人都很清楚，这种电报肯定是袁世凯授意的，不然，段祺瑞也没有这么大的胆量发这种明目张胆的逼宫电报，故恽宝惠及冯的副官长赵俊卿等人立即劝解说："这个可以不必问了，谁还敢假冒他的名字哪，好在这个通电里并没有列咱们的名字。"

过了几天，袁世凯就派靳云鹏来到煤渣胡同冯的官邸，替段祺瑞解释领衔发通电的原委，不料冯不接受解释，反而对靳云鹏拍桌子发了一通脾气。靳狼狈辞去后，余怒未消的冯国璋又对着前来请示的恽宝惠等大发了一通牢骚："真是岂有此理！当统帅的人，怎么能够私离驻地！他（指段祺瑞）不在，他们就敢打出这样的电报，真是岂有此理！刚才翼青（靳云鹏字翼青）来了，替芝泉解说，并且希望我原谅。好啦！我也不再追究，不再回电了。我要是回电的话，就没有好的。"

在清帝宣布退位前，袁世凯召集冯国璋等亲信开了一次会，宣布清帝即将退位，以统一北洋派内部。冯国璋对袁世凯悍然逼退清帝很有意见，开完会回到煤渣胡同官邸，就召集他的几个儿子，表明他对清帝退位的态度，他以异常严肃的口气说："今天我刚开完了会，会上谈的，主要是宣布皇上将要逊位，国家将要改为共和体制。我当时问：'逊位逊给谁？'宫保说：'逊给国民。'这样，我当然无话可说。如果帝位逊给某某人的话，我连那个人一块儿打。"[1] 冯国璋口中的"那个人"，无疑指的是袁世凯。

冯国璋还对人说："以前我说过，要想推翻清朝，我不干！现在说推翻清朝，还政于民；既是还政于民，我同意，我支持。"

袁世凯就这样以"还政于民"的遁词换取了冯国璋同意共和。2月1日，冯国璋单衔入奏，申明不可继续作战的理由，要求皇上退位移跸颐和园的万寿山。否则，北洋六镇军队攻击北京。2月3日，冯国璋又随袁世凯进宫，面奏维持京城秩序的办法。2月4日，冯国璋领衔，率北方将领六十人，致

---

[1] 冯家迈：《回忆我的父亲冯国璋》，《文史资料存稿选编·晚清北洋》上册，第900页。

电民军总代表伍廷芳，为清帝争优待条件，电文称："北方军界不忍生灵涂炭，现多主张共和国体，朝廷亦无成见，无非尊重人道，以国利民福为宗旨。朝廷若以政权公诸国民，为数千年未有之盛德，凡我臣民，自应欢迎感戴，以尽报答之微诚。我军界同人，协同北方各界人士，商议之优待条件，务请贵代表照此承认，庶望从此戢祸息战，得以和平解决，免致兵连祸结，横生分裂之惨，想贵代表应亦同此心理。"

2月8日，冯国璋又继袁世凯之后，领衔致电伍廷芳，主张"帝号相承不替"，以及不用"逊位一语"。

2月10日，冯国璋遵照袁世凯的意旨，来到西苑的禁卫军司令处，在王廷桢、姚宝来两位协统及其他幕僚的陪同下，召集禁卫军官兵讲话。他手里拿着袁世凯和革命军协商好了的《优待清室条件》，站在广场前面的一张大方桌上对禁卫军官兵说："我今天来，是和大家说一件最要紧的事。大家知道，总理大臣是主张君主立宪的，我向来也是主张君主立宪的。为了这个问题，总理大臣已经和民军代表商量了很多日子。现在隆裕皇太后已经下了'懿旨'，说是国体问题，交由国民会议公决。但是，这个问题，要看哪一方面的力量大，说出话来才有劲。现在宣布独立的省份太多了，要是打起来，我们的军队实在是不敷分布，并且，外国人也不借给我们钱，因而军饷也没有着落，可以说，今天的局势是万分危急的了。就是我们禁卫军和第一镇的官兵肯拼着性命打，试问：护卫皇宫和保卫京师的责任又交给谁？所以，总理大臣已经和民军代表商定了优待条件：皇太后、皇上的尊号，满族、蒙古族的待遇，还有我们禁卫军的一切，一概不动……"

说到这，冯就把他手里所拿着的那个纸卷平展开来，接着便念起了《清室优待条件》来。当他刚念到它的第一款里所写的"大清皇帝辞位"的时候，队伍里面立刻出现了小小的骚动，有的嘴里发出了虽然辨不出字音，却是代表着又惊又疑的那种声音，有的干脆就用手去擦眼泪。随着冯的大声宣读，队伍里面的骚动情况越来越严重，很多官兵都在交头接耳，叽叽喳喳地互相发表着自己的意见，这就使得原来极其整齐的分列队形，逐渐地显现出一些凌乱的景象来。但是，在这全面骚动的情况下，却出现了一个例外的局面，那就是，在那戴有红帽箍的队伍里，却有几个队列的官兵基本上依然整齐地站立在那里，似乎对冯刚才所宣布的那些话无动于衷似的，这就是全部属于汉族的步队第四标的队伍了。等到冯把《优待清室条件》念完了以后，接着更加提高了嗓音说："我刚才所说的事情，不论是官长目兵，有什么话都可以对我说。你们大家可以推出几个代表来，这几个代表可以离开队列往前走五步，就让他们几个人代表大家申述意见。"过了一会儿，便看到队列里走出来了几个代表，他们一开口便提出了两个问题。他们说："刚才总统官所说的话，我们全听明白了。不过，我们要代表大家问两句话：第一，皇太后、皇上的安全，总统官能够担保吗？第二，我们禁卫军将来归陆军部编制，是不是会取消？总统官对于这一点是不是可以担负完全责任？"

冯听了，立刻答复说："两宫的安全，我姓冯的敢以身家性命担保。在优待条件上，虽然有日后要搬到颐和园的条文，可是，我敢担保两宫决不离开宫禁，仍然由禁卫军照常担任守卫；至于我们禁卫军，不论我日后调任什么职务，走到什么地方，永远不跟你们脱离关系。"冯说完了这一段话，那几个代表虽是已经归队，但队伍里交头接耳的情况，并没有因为有了冯的保证而平息下去。这时，冯急中生智，又大声地向着大家说："我还有话跟你们说。"同时，协统姚宝来又赶忙地高喊了一声："立正！"这才把当时的骚动局面慢慢地稳定了下来。冯继续大声说："你们不管是目是兵，赶紧推出两个人来。今天就发给他们每人一支手枪，并且从今天起就跟随在我的左右，以后不论在家出外，只要发现我和革命党勾结的情形，准许这两个人立刻把我打死，并且不许我的家属出来报复。"场下当即推出两个人，一个叫福喜，一个叫德禄，都是步队里的正目。冯看到当时的大势已定，也走下了那方桌，同时，回过脸来对他的秘书长说："你回军司令处，立刻就办两个命令，委派这两个人做本处的副官，每人月支饷银 50 两。"冯边说着，边和大家回到了大楼的办公室里，接着便看到他往红绒的长沙发的靠背上一靠，把军帽一摘，用一只手捂着胸口，从嘴里长长地出了一口气，发出了"唉"的一声。也就在他发出了这一声"唉"以后，他就靠在那长沙发上默默地不发一言。其他人也只得陪坐在一旁，谁也没有再说一句话。屋子里的气氛，就此沉默了下来。看来，冯原来对于清帝逊位这一问题，是和袁有着不同的意见的。但是，像上面所谈过的那样，他对于袁又是有着"知遇之感"的。事实上最大可能性是这样：袁已经把他所策划的阴谋告诉了冯，并且已经取得了冯的同意，所以冯才说出了和袁一鼻孔出气的那一番话。可是跟着又发现了会场上那一番骚乱情况，所以他又临机应变地来上那么一出戏剧性的表演。这时，他在"痛定思痛"之余，这才有了"唉"的那一声表示。这一声，既庆幸着他自己逃过了一场惊险，同时，也在惋惜着自己终于不得不做了袁的驯服工具。就这样，冯跟着便在这沉默的气氛中离开了镇司令处。那福喜、德禄两个人当时也就由镇司令处发给了马匹，并且就由他们跟随着冯转回煤渣胡同他的住宅去了（这两个人的手枪，是以后由军司令处发给的）。

事后，协统姚宝来曾谈起，由于当时关于清帝逊位的传说传布得越来越广泛，因此，禁卫军的全镇官兵，除了步队第四标以外，军心是不够稳定的，特别是当他们听到冯要来讲话的时候，更是议论纷纷。当时他那一协所属的标统、管带们就曾来问过他：总统来讲话，是不是关于国体的问题？由此可见，就在那个时刻，他们对于这一关涉到他们生死存亡的问题，确是到了他们决定自己态度的时候了。可是，在那千钧一发的紧急关头，冯却灵机一动，表演了那一出苦肉计来，所以才把一场轩然大波巧妙地稳定下去。如若不然，要想让清廷的禁卫军反过头来赞成共和，那真是一件不可想象的事情了。在这里，我们不能不赞扬袁世凯的"英明果断"，他事先所下的一着棋子，的确是发挥了它不得不起的作用。也由于这一着棋子的作用，才使得清廷的逊位诏书，在这以后的不多几天，终于顺利地公布出来。

清帝虽然退位，冯国璋依然十分留恋他，他小心翼翼地将自己的红顶花翎官帽陈列在客厅的四足帽架上，上面盖一块紫色的"帽袱子"以防灰尘。他的小辫子也一直到同年 8 月赴直隶总督任时才恋恋不舍地剪去。这种心态的人，一旦有机会，他就要搞复辟的。

清帝退位后，冯国璋一直兼任禁卫军的军统。1913 年 12 月，冯国璋出任江苏都督后，禁卫军改为陆军第十六师，师长由王廷桢担任，随冯国璋开赴江苏。

袁世凯的得力帮手

袁世凯窃取中华民国临时大总统后，冯国璋担任禁卫军军统兼总部府军事处处长，以北洋军界代表的身份为袁世凯的各项专制独裁措施帮腔，讨伐一切异己。

在建都之争中，冯国璋与姜桂题、段祺瑞等于 1912 年 3 月 2 日通电，蛮横地叫嚷："临时政府必应设于北京，大总统受任暂离京一步，统一政府必须旦夕组定。"向南京临时政府示威并施加压力。

为了保证唐绍仪内阁和临时参议院独立行使权力，孙中山提议由王芝祥率辛亥革命军 1 万护送国务员、议员北上，然后留驻北京，结果又遭到袁世凯的强烈反对，他唆使北洋将领抵制。冯国璋、段祺瑞、姜桂题等又在袁世凯的授意下通电全国，叫嚣："北方秩序，业已平定，国务员北来，北方军界力任保护之责。若必携带重兵，则是有心猜忌，北方军人万难忍受。倘有意外，本将校不负责任。"

在王芝祥督直的问题上，也是如此。王芝祥任直隶都督，原是唐绍仪组阁时与同盟会达成的协议，并得到袁世凯的同意。5 月 26 日，当王芝祥到京准备去就任时，冯国璋、王占元等十余人便于 27 日联名上书袁世凯，声称直隶各路军队对委任王芝祥督直"绝不承认"，"且极愤懑"。他们声称：非有"声威兼著，在直隶有年，感情甚孚，及军界素所仰望者，难资震慑。"①

①　李新、李宗一主编：《中华民国史》第 2 编第 1 卷上册，第 109 页。

袁即以军队反对为借口，改委王芝祥为南方军队宣慰使。

1912年9月8日，冯国璋出任直隶总督兼民政长，总揽军民两政。冯国璋到任后，在用人及财政等问题上与顺直省议会动辄冲突，顺直省议会且致电袁世凯，反对冯国璋兼任民政长，弄得冯国璋左右为难，不得不电请辞职，他在致国务院的电报中说："国璋德望未能孚众，能力不足服人，一切行政计划，省议会多未同意。直省财政本已罗掘俱穷，致费无着，补苴乏术，饷项支绌，兵溃堪虞，虽有救济之方，议会亦难承认。国璋服官本省，不愿与乡人过生恶感，值此时势难处，财政外交万分棘手，全省安危所系，不得不据实披沥上陈，顷已电请大总统另简贤能，以维大局，庶可与议会协商一致进行。现在行政各官均办事为难，不安其位，国璋刻正力维持，祈俯鉴苦衷，代为陈转。"随后，冯国璋又专门赴京谒袁世凯请求辞职。袁世凯为维护自己的心腹大将，于1912年11月5日公开电斥顺直省议会，蛮横地不许省议会干预用人行政，并命冯国璋回任。随后，袁世凯又授予冯国璋勋一位和陆军上将军衔为其壮胆撑腰。

围绕第一届正式国会参众两院议员的选举，袁世凯为首的北洋派与国民党展开了殊死搏斗。选举结果，国民党在国会选举中击败反对党，以较大的优势获得组阁权。袁世凯很清楚，宋教仁一旦组阁，将会严重妨碍他的专制独裁。为此，袁世凯决定不惜任何代价全力破坏宋教仁组阁。在袁世凯的授意下，冯国璋暗中组织所谓"救国团"，攻击宋教仁"莠言乱政"，抱总理野心，"思攫现政府而代之"，并将民国成立以来内政、外交的失败全部归咎于国民党"醉心权力，不能垂功德而祛私见"。袁世凯在黔驴技穷之后，铤而走险，指使赵秉钧收买歹徒将宋教仁刺杀于上海火车站。冯国璋也许是因为不知道宋教仁被暗杀的内幕，他于4月10日致电国务院请求重惩暗杀罪犯。电文说："自暗杀潮流浸淫输入，狙击之案时有所闻，今且戕贼国良，机摇全局，此风一长，将见人权失其保障，元善被其芟夷，竞启杀机，互相屠杀，同舟尽属敌国，康庄尽属危途荆棘，天地更无宁日。夫人事主接，交际纷纭，自非圣贤，讵免怨慰，然忿斗仇杀国有常刑，良以生命所关，不容任意侵犯，若图快私意横逞密谋，使身受者灾福剥肤中于不觉，似此举动已轶出法律之范围，暴徒之心目中既不知道德刑罚为何物？倘不执重典以绳其后，恐颓流所极，保障为难，孙都督主张特定暗杀罪犯专条为权宜救急之计，尤深识卓，国璋甚表同情。唯民国新律尚无成书，暂行刑律杀伤罪又有第三百十一条可以援引，另订既嫌抵触，且按刑名至绞决死刑为极端处分，以惨无人道之凶顽犹听其苟延时日，保全肢体，罪不蔽辜，岂可谓平拟？请大总统准照孙都督电饬国务院详细核议，此后对于暗杀罪犯案究应如何加重惩治，妥拟特别办法，暂以命令通行各省，借遇厝火燎原之势，庶免涉冰履尾之忧，于世道人心不无裨益。"[①] 主使暗杀宋教仁的元凶正是袁世凯，冯国璋的这通电报等于给他的主子判了罪责。如果冯国璋知道指使人是袁世凯的话，他肯定不会打这通义愤填膺谴责暗杀罪行的通电的。

　　纸包不住火，袁世凯指使暗凶的真相很快暴露于天下。冯国璋马上改变态度，不再主张惩罚暗凶罪犯，反而倒打一耙。1913 年 5 月 19 日，冯国璋、段祺瑞、姜桂题、张勋等通电辱骂中华民国的缔造者孙中山、黄兴等人，为袁世凯即将发动的反革命战争制造舆论。1913 年 7 月 23 日，冯国璋被袁世凯任命为江淮宣抚使兼军第二军军长，率禁卫军大部及北洋第四、五两师沿津浦路南下，镇压"二次革命"。24 日，冯率军队从天津南下。26 日，袁世凯命令冯国璋、张勋进攻南京。8 月 8 日，激进的革命党人何海鸣在江苏讨袁军总司令黄兴弃职出走后率百余人占领江苏都督府，宣布江苏恢复独立，自任江苏讨袁军临时总司令，推陈之骥为江苏都督。陈之骥为冯国璋的女婿，在革命已经处于最低潮的情况下，陈之骥已经无心反袁，立即宣布取消独立。在英国驻南京道总领事的协助下于 8 月 10 日渡过长江潜往其岳父冯国璋的军营，商谈所谓和平解决方法。11 日下午何海鸣第三次宣布独立，

---

①　公孙訇：《冯国璋年谱》，河北人民出版社 1988 年版，第 26—27 页。

陈之骥带着他岳父的旨意从浦口潜回南京城内时才发现部队已不听他指挥，便在日本领事馆参赞的护送下乘日本军舰转往上海，后流亡日本。

南京再次宣布独立后，张勋所部即于 8 月 14 日起攻城，与讨袁军血战，冯国璋则一直在浦口隔江观战，直到 22 日，冯国璋看到张勋已经占领南京的制高点天堡城，才命所部于 23 日晨分别向神策门、太平门发起攻击。但是，冯同时又指示："本军首天攻击，早迟必定成功，无须太为着急。"显然，冯国璋是想让张勋打头阵，为他火中取栗。激战至 9 月 1 日上午 9 时，张勋部用地雷炸开太平门、朝阳门间的一段城墙，攻入城内。上午 11 时，冯国璋部协攻入城内。北洋军入城后，按照事先大掠三日的许诺，各部划分地盘，疯狂进行抢掠奸淫，冯国璋部一把火把繁华的下关烧成灰烬，这是冯国璋继火烧汉口后，犯下的又一桩滔天罪行。饱经沧桑的南京城，在冯国璋和张勋北洋军的蹂躏下，再次惨遭浩劫。

出任江苏都督，坐镇东南

1913 年 9 月 2 日，北洋军攻陷南京，冯国璋在其秘书长胡嗣瑗的极力劝说下，保举首先攻入城内的辫子军统率张勋为江苏都督。9 月 3 日，袁世凯准其所请，任命张勋为江苏都督。9 月 10 日，冯国璋奉命回任直隶都督。9 月 15 日，赴袁世凯之宴请，冯在宴会上致答词声称："此次奉命出师，内承大总统方略，陆、参两部指导，海军之辅助，得以迅奏联功。后此却有两点希望：一、军事之阅历，炎风烈日，士卒均能耐苦，万分尽其天职；二、政治之障碍尽扫，此次除暴安良，适值新政府组成，从此便可一意建设，国家统一之巩固可以无虞，待我国跻于列强，然后招燕当有百倍于今日之乐者。"①

张勋是一个有名的冥顽不灵的跳梁小丑，他和他的辫子军极端仇视革命，仇视革命党人，在打入南京城后，张勋纵容辫子军烧杀掳掠奸淫妇女，无恶不作。甚至连袁世凯也承认张勋及其辫子军的行为使北洋军"丧尽名誉"，

---

① 公孙訇：《冯国璋年谱》，第 30—31 页。

各界人士纷纷向冯国璋的"江淮宣抚使署"检举张勋的暴行，冯国璋不愿因此得罪于张勋，便以旧官场中惯用的"推、拖、骗"的手段对付，一方面批示原来的具呈人，说明"已转江苏都督查核办理"，同时却把收到的控诉材料照转张勋，让贼去捉贼。

张勋的暴行甚至也殃及日本驻南京领事署，日本内阁为此开会，训令驻华公使山座园次郎向袁世凯正式交涉。张勋不是北洋嫡系，袁世凯本就不大情愿将江苏都督这个东南第一督的位置落到张勋手中，日本外交交涉事起，袁世凯就以此为借口准备将张勋调开，由心腹大将冯国璋接任。经过一番紧张的幕后调停说服，袁世凯终于迫使张勋让出江苏。1913 年 12 月 16 日，袁世凯下令免去张勋的江苏都督，调任长江巡阅使，驻防徐州。同日，冯国璋由直隶都督调任江苏都督。

冯国璋在北上述职时曾托人在北京物色一位如意夫人。冯国璋的原配夫人吴凤于 1911 年去世后，虽然身边小妾也有几位，但缺少一位落落大方能够在正式场合抛头露面的如意夫人，所以一直不满足。袁世凯从姨太太的口里得知冯国璋物色新夫人的消息后，立即决定将自己的家庭女教师周砥女士介绍给冯，以便进一步笼络和控制这位心腹大将。

周砥，字道如，原籍安徽合肥，生于江苏宜兴，是原淮军将领周盛传的孙女，早年毕业于天津的北洋女师范学堂，名义上算是袁世凯的学生，毕业后做过小学教师，后由袁的幕僚傅增湘介绍到袁世凯处做家庭教师，教袁的女儿读书，随袁世凯家住进了中南海。后来，周砥虽已不再在袁家教书，但因为她和袁世凯的三姨太金氏相处得很好，仍然常来常往。她是一个老姑娘，曾经声称不嫁任何人。但袁世凯却不管这些，亲自做媒，将周砥介绍给冯国璋，这样，袁和冯之间在门生、僚属关系之外，又加上了一层翁婿关系。袁世凯以女方长辈的身份操办了这次婚姻，不仅置办了女方妆奁，并派一位武姓保姆作为陪嫁的老妈。袁出手大方，陪嫁的嫁妆十分丰厚，仅金银首饰、珠宝玉器即达 120 担之多。袁还命江苏省民政长韩国钧代表自己做证婚人，出嫁时，袁又派三姨太金氏和长子袁克定亲自护送周砥前往南京。

冯国璋对此也不敢怠慢。于 1914 年 1 月 14 日，下令都督府文武人员全体出动操办婚礼，借南京龙王庙蒋家花园为女宾招待处，中正街悦宾楼为男招待处。1 月 17 日，冯国璋亲自过长江迎接新婚夫人及护送人员于下关，炮兵、军舰均鸣炮致敬。1 月 18 日，冯、周婚礼在南京举行，韩国钧代表袁世凯主婚，宣读文明结婚证书。北洋系及各省军政要人或他们的代表齐集南京，热闹异常。这种热闹无比的政治婚姻的背后隐藏的是用心良苦的政治交易。结婚后，周砥即把袁世凯家当娘家走动，袁世凯的子女跟着改了称呼，称她为"四姐"，那么冯国璋则是"四姐夫"了。

袁世凯在镇压"二次革命"后，公开取缔国民党、解散国会，撕毁《中华民国临时约法》，废除内阁制，一步步走向独裁专制，袁的这些倒行逆施，都得到了冯国璋等北洋派军阀的支持。这个过程中，许多攻击国民党、国会、《临时约法》的文电都是由冯国璋、段祺瑞、姜桂题等领衔发出的。

1914 年 1 月下旬，冯国璋在公开通电中主张：中国"应于世界上总统总理之外，别创一格，总统有权则取美（国），解散国会则取法（国），使做大总统以无限权能展其抱负。"[1]

袁世凯的党徒们就是这样肆无忌惮地为他们主子的倒行逆施捧场叫好。有道是，机关算尽反误了卿卿性命。这句话用来形容袁世凯倒是十分适合的。袁世凯的一切人事安排都是为了他的称帝而精心布局的。把冯国璋这位心腹大将放在江苏这个关键位置上，袁世凯原以为东南半壁从此无忧，但事情往往走向自己的反面。

1914 年 6 月 30 日，袁世凯通令各省都督改称将军，冯国璋以宣武上将军督理江苏军务，李纯以昌武将军督理江西军务，王占元以壮威将军督理湖北军务。王占元、李纯都是冯国璋的老部下，一贯唯冯马首是瞻。三人开

---

[1] 李宗一：《袁世凯传》，第 272 页。

府长江流域，声气相通，逐渐形成了以冯国璋为首的所谓直系"长江三督"，对袁世凯渐成尾大不掉的形势。据说，袁世凯曾派人给冯国璋送来一桌菜，但每道菜肴都只有半份：半只鸡、半只鸭、半条鱼，……后来有人推测说，袁世凯此举暗示冯国璋已经拥有了东南半壁江山，应该知足了，只要冯不反对帝制，他袁某愿与他平分天下。但问题就在冯国璋也是一个依恋前清的人，他的拆台最终成为袁世凯洪宪帝制失败的致命伤之一。

晋京受骗上当，恼羞成怒返宁

1915年1月18日，日本向袁世凯提出灭亡中国的"二十一条"要求后，冯国璋等北洋军阀都表示了反对态度。2月1日，冯国璋与段祺瑞领衔19省将军致电袁世凯，反对"二十一条"，电文称："有图破坏中国之完全者，必以死力拒之。中国虽弱，然国民将群起殉国。"4月6日，冯国璋再次致电袁世凯，"请缨为国御侮"。然而，袁世凯为了换取日本支持他复辟帝制，却悍然决定承认日本的苛刻条件。5月6日，袁世凯密电冯国璋，告以准备与日本签订"二十一条"，要冯国璋"务处以镇静，勿自惊扰，密筹防范，不可稍涉宣泄，致生影响"。

袁世凯在承认丧权辱国的"二十一条"后，认为复辟帝制的时机已经成熟，重新启动了帝制的程序。

1915年春，袁克定和杨度请邀梁启超到北京西郊的汤山温泉赴宴。席间，袁、杨以"变更国体"的话题试探梁启超。梁沉吟片刻，即如实道出了自己反对帝制的意见，话不投机，汤山小宴不欢而散。此后，梁启超南下广东新会为家父祝寿，在省亲期间，梁启超给袁世凯写了一封长信，梁从国家前途和袁个人利害两方面向他作以劝谏："何苦以千金之躯，为众矢之鹄；舍磐石之安，就虎尾之危；灰葵藿之心，长崔苻之志。"[①]

祝完寿后，梁启超取道上海北上，这时"共和不合中国国情"的论调已

---

① 梁启超：《盾鼻集·函牍二》。

经十分流行。梁启超便顺道前往南京拜访冯国璋，想从袁的这位心腹大将口中摸摸袁的底细，不料身为宣武上将军的冯国璋也正为不知袁的底细而苦恼。于是，冯国璋决定拉梁启超一道北上劝阻袁世凯帝制自为，他对梁启超说："我之辩说远不如子，子之实力亦不如我，必我与子同往，子反复予以开导，我隐示以力为子后盾，庶几千钧一发，危机可挽。"

于是，冯国璋便以"晋京请示要公"的名义让津浦铁路局挂了一节"花车"，偕梁启超及他的幕僚恽宝惠、刘宗纪等几个北上。在途中吃晚饭的时候，大家边吃边谈，不知不觉又把话题扯到帝制上去了，梁启超问大家："袁世凯会不会做皇帝？"冯国璋回答说："云台（袁克定字）他们为享受将来一套长久的富贵，或者会有这样的谋划。要说项城本人也愿意这样做，据我看，他决不至于这么笨。"最后，冯还以自信的口气说："以我和项城向来的交情，我可以问得出来！"

6月21日，冯到北京住进了禁卫军司令部。次日，冯即到总统府去见袁。这次袁冯谈话，总统府于次日有以下的文字发表：冯言："帝制运动，南方谣言颇盛。"袁言："华甫（冯之字），你我多年在一起，难道不懂得我的心事？我想谣言之来，不外有两种原因：第一，许多人都说我国骤行共和制，国人程度不够，要我多负点责任。第二，新约法规定大总统有颁赏爵位之权，遂有人认为改革国体之先声，但满、蒙、回族都可授爵，汉人中有功民国者岂可丧失此权利？这些都是无风生浪的议论。"稍停，袁又言："华甫，你我是自家人，我的心事不妨向你明说：我现有地位与皇帝有何分别？所贵乎为皇帝者，无非为子孙计耳！我的大儿身有残疾，二儿想做名士，三儿不达时务，其余则都年幼，岂能付以天下之重？何况帝王家从无善果，我即为子孙计，亦不能贻害他们。"冯言："是啊，南方人言啧啧，都是不明了总统的心迹，不过中国将来转弱为强，则天与人归的时候，大总统虽谦让为怀，恐怕推也推不掉。"袁勃然变色言："什么话？我有一个孩子在伦敦求学，我已叫他在那里购置薄产，倘有人再逼我，我就把那里做我的菟裘，从此不问国事。"

　　冯和袁谈了些江苏地方上的公事后，话题再次引到了全国各地都在关心的帝制问题。冯试探着说："外间既然有着这么多的传说，其实以总统的地位、勋业来说，全国内外，是没有任何人能够比得上的。这个时候，就是真的做个进一步的计划，也还不是不可以行的事情。"袁听了以后，叹息着说："唉！华甫，你我是多年的老弟兄了，你还能不知道我的心事，你怎么也说这样的话！不过，辛亥革命成功得过于容易，很快地就实行了共和政体。你看，这已经有三年多了，由于党人还在到处捣乱，使得全国国民始终不能安居乐业。所以，就人心的趋向来说，共和政体是不适宜于中国的。现在正有一些人组织了一个筹安会，准备研究一下国体的问题，我也很想听听他们大家的意见。华甫，你看怎么样呢？"冯便紧扣着袁的话头，进一步地试探着问："假如国体真的要变，那么，总统认为谁来主持这个国家最合适呢？"袁接着说："依我看，还不如还政于清。"当冯听了袁的话以后，不觉地灵机一动，认为这绝不是袁的"由衷之谈"，便迎合了袁的心理，道出了："现在人心已去，怎么能够还政于清！"袁又说："那么，找一个明朝的后人姓朱的来主持，怎么样呢？"冯说："明朝的后人，现放着一延恩侯朱煜勋。我是做过正白旗汉军副都统的，朱是正白旗的人，所以曾经见过他几面，像他那个样子，那怎么行呢？"袁接着又说："那么，就仿照着梵蒂冈教皇的办法，让孔燕庭（衍圣公孔令贻字燕庭）来主持吧！"冯就笑着回答说："在我们中国，那怎么能办得到呢！"跟着，便用了极其郑重的语气和袁说："依照国璋的意思，假如要改君主立宪的话，那还是就请总统来正大位，岂不最好！"袁便也笑着回答说："你我是自己人，我的事，你还有什么不知道的呢。我不但没有这种意思，也决不愿意这么做。我们翻开历史看一看，哪一个朝代的帝王是能够传之久远的，哪一个帝王的后代是能够保全的……"袁说到这里，便用着感伤的语调继续和冯说："……就是我肯这么做，那么，将来继承帝位的人，像老大是个残废，能够做皇帝吗？老二是个风流浪子，那就更不用提了。"

　　冯国璋在北京期间，还受袁世凯的委托去检阅了模范团。

袁世凯为了拉拢冯国璋，对冯优礼有加。某日，袁世凯吃早餐，发现桌上有牛奶，袁马上令差官问冯上将军早起否，将这碗牛奶送去，说是冯上将军爱吃的，总统今早上正吃，便想起冯上将军，特地送来。又一日，袁吃午餐，有大碗红烧猪蹄，袁又说这是华甫爱吃的，又令差官电告冯上将军等一下再吃饭，总统就送菜来，佐以大馒头四个，说今日午饭，知道这菜上将军爱吃，所以送来。

冯国璋觐见回来后，对他身边的幕僚说了经过，最后得出结论说："照项城的这些话看起来，他是不会干这种傻事的。"冯的秘书长恽宝惠接茬说："总统已经明确地说出：共和政体不适宜于中国。如果真的要实行帝制的话，他所说的那三个人，既然都不适合，那么，除了他本人做皇帝以外，还能有什么人！依我看，上将军似乎不可以过信总统的话。"冯听了只是淡淡说了一句："那也不至于吧！"

在冯觐见袁世凯退出后，袁克文即邀冯在流水音书斋小宴，邀段芝贵、唐在礼及二三内史作陪。冯见段芝贵在座，即愤然说："总统胆子太小！中国不行帝制，决不能强。今日劝进，大遭训斥，奈何，奈何！"

袁克文接茬说："恐非其时耳。"

冯又说："癸丑乱平，即为改制之机。是时予即力劝，总统不纳，恐背民意。民意何物耶？欲改则改可矣。总统昔颇有果断，今怯弱何耶！"

袁克文连忙说："今日饮酒，莫谈国事如何！"

入席后，冯国璋、段芝贵又历陈帝制之宜，民主之非，历两三个小时始罢。据此，袁克文认定冯国璋是最初劝进的人，他后来的反对帝制，"既愤杨度等未先与谋，复贪政客辈总统之饵，非真为国计也。"[1]

冯国璋于7月9日回到南京，8月14日，筹安会出台，帝制的开场锣敲响。冯国璋又派他的秘书长恽宝惠专程赴京打听内幕消息。这次，热衷于

---

[1] 袁克文:《辛丙秘苑》，第15页。

帝制的阮忠枢、袁乃宽将袁世凯帝制自为的全部内幕告诉了恽宝惠，恽随即告冯国璋："主座（袁世凯）称帝一事，志在必行。"恽回到南京后，又向冯作了详细汇报，冯听了以后，只说了一句："我都明白了！"[1] 冯这才明白，袁世凯上次没有对他说真话，感到自己受了袁的欺骗，深深地被刺伤了心。

从冯国璋的角度来说，他不希望袁世凯称帝，是因为他一直眷恋着逊清皇帝，希望让清帝在适当时机复辟。冯国璋在南下江苏任职时，就搜索了一批复辟分子如胡嗣瑗、张季煜、刘体乾、长兴、贺硕麟、丁传靖等到他的幕府中。胡嗣瑗生于 1869 年（清同治八年），1903 年癸卯科进士，后任翰林院编修，他是一个极端顽固的复辟分子，后来曾任伪满洲国执政溥仪的秘书长、伪满参议府参议等职。冯国璋任命胡为将军府谘议厅厅长。胡嗣瑗极端痛恨袁世凯推翻清廷。冯国璋之所以将这批臭名昭著的复辟派分子收罗到自己的幕府中，显然是因为他们之间"志同道合"。

由于胡嗣瑗的介绍，冯国璋又与复辟派的另一要角康有为有了接触，康有为即派他的学生潘博于 1914 年间到南京访问冯国璋，受到冯的款待，在潘博离开的时候，冯国璋又托潘博给康有为送了礼和一副寿联，寿联当中有"天南一人"几个字，可见冯对康的推崇。此外，以梁启超为首的研究系和中华革命党的成员也对冯国璋做了不少工作。

袁世凯为了将胡嗣瑗从冯国璋身边调开，直接由政事堂发布命令："任命胡嗣瑗为金陵道尹"。袁发布这个调令事先没有征求冯国璋的同意，冯不能接受，立即给袁复电，说胡经手事件重要，一时不能北上展觐，请准予暂缓就职。袁不允，复电说："地方重要，应令该员先行就职，毋庸来京觐见。"两人针锋相对。但冯对此不理睬，继续让胡嗣瑗待在谘议厅长的位置上。袁见他的命令不灵，也十分恼火，马上又派阮忠枢南下，驱赶胡嗣瑗。袁的这些举动，对冯又是一个严重刺激，更加坚定了他反对洪宪帝制的决心。

---

[1] 恽宝惠：《我所知道的冯国璋》，《文史资料存稿选编·晚清北洋》上册，第 870—871 页。

从消极反对到公开决裂

1915 年 8 月，帝制运动公开后，冯国璋曾对身边的亲信说："我跟老头子这么多年，牺牲自己的主张，扶保他做元首，对我仍不说一句真话，闹到结果，仍是帝制自为，传子不传贤，像这样的曹丕（指袁克定），将来如何侍候得了。"①

袁世凯知道冯国璋与张勋这两员大将依恋逊清皇帝，复辟念头十足，为了将洪宪帝制进行下去，袁世凯特派阮忠枢南下专门做冯、张两人的工作，阮向冯、张竭力陈述保持北洋团结的重要性，并允许冯国璋等"不必明白赞成，亦不必正当反正。"在阮忠枢的说服下，冯国璋公开发出"辟谣通电"，说他与袁世凯以公谊论"心悦诚服"，以私情论"受恩深重"，"分虽僚属，谊犹家人"。

此后，冯国璋对帝制一直采取消极敷衍的态度。与帝制有关的事务，冯一概推给热衷于帝制的江苏巡按使齐耀琳去办。1915 年 11 月，按照帝制派的布置，全国各省陆续举行所谓国体投票，由所谓的"国民代表"在将军或巡按使公署内举行，并规定将军和巡按使为投票监督人。在江苏省"国民代表"投票的那一天，冯又推说有病，不准备到场去主持。

为此，冯的亲信苦苦劝说："要是上将军今天不出去，今天的事情也还是要办。并且，今天的经过，北京方面也不会不知道，那么岂不是徒然大伤极峰（指袁世凯）的感情！同时，代表们现在还没有投票，假如上将军真的不肯到会的话，怕的是因此而影响了这次投票的结果，那就更不好了！"冯的承启处长宋秉智函说："你老人家跟了大总统这么多年了，样样的事情都帮了他！到了现在的这次事情，你老人家就可以不必认真了！"在亲信的苦劝下，冯才来到投票场所，但是，"徐庶进曹营"，一言不发。投票的结果，江苏省六十票，"一致赞成君宪"。

---

① 恽宝惠：《谈袁克定》，《文史资料选辑》第 26 辑，第 141 页。

　　冯不积极拥护帝制，袁世凯仍想调虎离山，于 1915 年 12 月 18 日，袁世凯宣布调冯国璋为参谋总长。对于这个调虎离山计，江苏巡按使齐耀琳给袁世凯打电报说："江苏地方重要，督理军务，万难遽易生手。"请求援照黎副总统的前例，准冯以宣武上将军遥领参谋总长。冯国璋见袁世凯要调虎离山，立即称病不出，江苏将军公署的事务也交参谋长师景云和江宁镇守使王廷桢代拆代行。此后一段时间，冯国璋对于"洪宪皇帝"依然采取表面上的恭顺态度。冯国璋、齐耀琳联衔会奏的上折，开头总是写"宣武上将军督理江苏军务一等公臣冯国璋、江苏巡按使一等伯臣齐耀琳谨奏"，末尾写"伏乞皇帝陛下圣鉴。谨奏。"

　　冯国璋表面上的恭顺并不等于他改变了对帝制的态度，他是在待机观变，等待时机。云南反袁护国军出师后，袁世凯屡次要冯国璋出任征滇总司令，冯又以"政躬违和"为借口一推了之。

　　冯国璋称"病"后，袁世凯又以"赐医""赐药"为名，派来大批"医官"进驻冯国璋的江苏将军公署，以诊医送药为名，对冯进行监视。与此同时，袁还先后派心腹蒋雁行、阮忠枢等来到南京，一半是为了劝说，一半是为了监视。有一次，冯国璋抓住前来探病的蒋雁行的手"痛哭"起来，边哭边诉说："我跟随总统一辈子，总统要怎么样，就怎么样，为什么总统不把我当自己人了？"冯国璋就是这样与袁世凯斗法，在时机未到时不公开决裂。当时，护国军方面急于要冯国璋表明反对帝制态度，护国军领导人梁启超等嫌冯国璋过于优柔寡断了，梁启超在致蔡锷的秘信中说，冯对袁世凯又怨又恨，但态度持重，"虽知大义，而极寡断"。梁启超还提到冯国璋之优柔寡断，类似曹爽。

与袁世凯公开决裂

　　冯国璋在很长一段时间里采观望的态度，在袁世凯与护国军之间实行中立。云南起义后，云南护国军都督唐继尧派李宗黄为代表驻上海与各方联系，袁世凯侦知后，电令冯国璋"严拿究办"。冯不仅不执行，且亲自接见李宗黄，与护国军暗通款曲。第一次，冯对李表示："最低限度，我这边的队伍是决不会公开去跟护国军打仗的，这一点，你请唐将军尽管放心。"第二次，冯又向李提出三点办法：(一)立即复电唐继尧，表示赞同推翻帝制，恢复共和；(二)由他负责维持长江中下游各部北军的绝对中立，尤将拒绝增援川、湘北军；(三)必要时，联络长江各督发表通电，请袁世凯取消帝制，并宣布调停时局办法。

1916年3月10日，冯国璋认为公开反袁的时机已经成熟，立即宣布"政躬渐就平复，自即日起销假视事"，准备公开站出来反对帝制。

3月15日，陆荣廷以广西都督名义通电宣布广西独立，四川将军陈宧派代表到南京见冯国璋，表明四川惟冯马首是瞻的态度，冯送走四川代表后，即与各方联络。3月21日，江苏将军冯国璋、江西将军李纯、长江巡阅使张勋、山东将军靳云鹏、浙江将军朱瑞联名密电袁世凯，要求撤销帝制，"以平滇黔之气"，这就是对袁世凯洪宪帝制致命一击的"五将军密电"。电报到达北京时，袁克定、梁士诒等不敢将这样的电报呈送袁世凯，最后还是由直隶将军朱家宝将此电转呈上去。据说，袁世凯看完电报，双目发呆，半响没有说一句话。次日，袁世凯被迫下令撤销"承认帝位案"，但仍称大总统。

3月23日，袁世凯令准冯国璋辞去参谋总长，仍督理江苏军务，特任段祺瑞为参谋总长，此举表明袁仍想依赖冯、段办理帝制善后。但冯国璋并不以袁的撤销帝制为满足，他的基本思路就是"效辛亥袁氏之故事"，以南方护国军势力来迫袁退位，同时又挟北洋派势力胁迫南反袁势力早日息兵议和，他冯国璋也可以像当年袁世凯一样，两面渔利，以中坐大。4月1日，冯国璋致电袁世凯，声称："南军希望甚奢，仅仅取消帝制，实不足以服其心。就国璋观察，……须于取消帝制而外，以速为根本解决。从前帝制发生，国璋已信其必酿乱阶，始终反对，惟间于谗邪之口，言不见用，且恐独抒己见，疑为煽动。望……立即再进一步，以报现局。"电报比较含蓄地表明了要袁世凯辞去总统的要求。冯的电报发出后，袁世凯很快打来复电，仍谈他已经在英国伦敦购有房屋，随时准备去那里"归老"一类言不由衷的老调，然后口气一变说，他受全国国民的付托，一时还实在不能够放弃大总统的职位。冯看了这样的复电极不满意。随后，阮忠枢也来了一个电报，问冯国璋：袁下野后，西南方面如果还有更进一步的要求，那该怎样对付？当时有一种甚嚣尘上的声音，就是要求把帝制罪魁交付国民裁判并没收其全部财产，袁世凯最害怕的就是这个。4月16日，冯国璋又给袁世凯打了个"加急"密电，电文最后说："为今之计，唯有恳请大总统念付托之重，以补救为先，已失之威信难追，未来之修名可立。及此尊重名义，推让治权，开诚布公，昭告中外。对于未变各省者，不必派军队，致启猜疑。前敌战事已停，亦宜规划收缩，毋庸加增兵备，示以天下无烦金革，共保和平，我大总统安富尊荣，当无殊于畴昔。如承采纳，祈赐施行。国璋仰荷恩知，追随最久，思不出位，夙所服膺，纵丛谤招尤，而素怀不改，钧座任职一日，誓竭一日之孤忠。设事与愿违，则私谊拳拳，亦终不忘于毕世。"[1]

"名为保袁，阴实自重"

袁世凯在宣布撤销帝制后，本想任用段祺瑞出来处理善后，但段一出山即向袁世凯索要全权，背主自立，袁世凯转而求助于冯国璋。

1916年5月1日，冯国璋在先前与张勋、齐耀琳联合提出的八项主张基础上，依据所谓的"法律"与"国情"，重拟关于总统、国会、宪法、经济、军队、官吏、祸首、党人的等八项主张。关于总统问题，冯国璋提出："袁大总统以清室付托，组织共和政府，统治民国，授受之际，本极分明。现因帝制发生，起一波折，近虽取消帝制，论者皆谓民国中断，大总统原有地位，业已消灭，绝难再行承认，言之亦自成理。然欲根据法律立论，则民国四年以后，大总统固已失其地位，副总统名义，亦当同归消灭，中国目前实一无政府、无法律之国。而援引约法谓副总统可以代行职权之说，当然不成

---

① 李希泌等编：《护国运动资料选编》下册，第645—646页。

问题，即欲拥护共和元首，在改良政治，欲政治改良，而谓不能属之袁大总统，则必出于另举。欲举总统必开国会，必有发表召集之人，今舍去大总统而以副总统行使职权，牵入约法条文，殊于事实不合。不如根据清室交付原案，承认袁大总统，对于民国应暂负维持责任，以顾大局，并回复副总统名义，强其出任国事，方可补济法律之穷。一面迅筹国会锐进办法，提前召集，仍由袁大总统于事前宣布明令，一俟国会开幕，即行辞职，是未来之大总统，可以依法产出，而实行内阁制，组织新政府，皆得次第建设，由根本及枝干，均有脉络可寻，若网在纲，有条不紊，庶几树立强国基础，不致有轻重倒置之虞。"①冯国璋的八条，表面上保袁，实际上是为了阻止黎元洪以副总统身份继任总统，为自己接袁的班作打算。袁世凯对此早已心知肚明，但他已经找不到比冯更听话的走卒，也只能将就冯。5月3日，蒋雁行将冯国璋拟的八条意见呈送袁世凯。5月4日，蒋雁行电告冯国璋："现在大总统及北方同人，均深信我叔，决无他项意见，并相望甚殷。侄看上边意思，颇欲我叔说强硬之话，力为维持，以救大局。"②然而，冯国璋并不比段祺瑞更忠实，他利用护国军和袁世凯两方对他的依赖心理，积极联络组织以他为中心的第三势力，为自己上台做准备。在冯国璋的策划下，5月18日，在南京召开各省代表会议，出席代表23人，公推冯国璋为主席。讨论的第一个议题就是袁世凯的去留问题，多数代表主张袁世凯退位。袁见形势不利，指使悍将倪嗣冲出马强硬主张袁世凯留任。由于张勋、倪嗣冲抵制，冯国璋与张、倪"已隐成敌国"，冯遂于30日宣布保境安民，解散南京会议。袁世凯指望冯国璋保驾的企图又一次落空。对冯背主自立，袁世凯十分痛心，他对王士珍说："今日大事破坏，皆我自己失计。冯国璋当日因擅添禁卫军事，即已变心，背地颇多怨余之言，余闻之不惟不究，反赠以相片等物，以固其心，并听其出守南京要地。初以

① 李希泌等编：《护国运动资料选编》下册，第652—653页。
② 李希泌等编：《护国运动资料选编》下册，第650页。

南京乃冲繁之地，冯性粗率，此去必不能与地方融洽，讵知竟能相安。此后欲再减除彼之权势，遂不能矣。我心虽懊悔，已属无论如何，然终不料其叛我至此地步。滇、黔反侧，远在边地，尚非紧要，浙、粤之变，余亦另有把握，冯乃我手下最有力量之人，彼竟公然宣布叛言，遂使各省皆为摇动，大事益为棘手，令予进退维谷。至退位之法，予筹之已熟，即求优待条件，亦甚易，但由冯、段等挟持而退，或挟持而留，人必以魏晋故事相讥笑，予岂肯为之？此次南京会议，明为北方势力，实不啻由予手中攘夺大柄，其结果予早洞悉，曾筹有对付彼二人之计。最可笑者，冯国璋以南京为负固之地，添兵于前，调兵于后，纵令南京成为金城汤池，总不能以南京为都城，余终不令冯坐享成功，届时离去南京，猛虎失势，为力无几，即令不然，段、冯二人亦降堕其信用，无发言价值，况财政一端，亦足制彼等死命乎！"①

　　末路枭雄的悲鸣比起常人来更加可怜。据说，周砥自嫁给冯国璋后，她还承担了一项特殊任务，就是经常报告冯国璋动态。有一天，冯国璋左右告诉孙洪伊："近来截获周夫人报告甚多，凡国璋与各处往来电报，各派人来宁游说，有不利于项城帝制者，周夫人每日探悉原委，作详细报告，密递项城，故南京一举不动，项城皆了如指掌。递书由北京携来婢书，出署传递。宁署中人，以项城洞悉秘密，细察何人泄露，一日截获婢书递书，恍然皆周夫人之所为。周夫人又改易他途，操察者仍跟踪而往。"袁世凯取消帝制后，周砥仍时有手书上报新华宫主人。袁世凯有感而发，说："予豢养左右数十年，高官厚禄，一手提拔，时至今日，无一人不负予。不意一妇人，对我能始终报恩，北方文武旧人，当愧死矣！"②

　　1916 年 6 月 6 日，当国务院发来的"袁大总统薨逝"的通报到达冯国璋手里时，冯国璋一时难以相信他的旧主子居然会如此快地死去，想起往日

① 李希泌等编：《护国运动资料选编》下册，第 661 页。
② 刘成禺：《洪宪纪事诗本事簿注》，第 272 页。

几十年袁对他的知遇之恩，冯国璋不禁悲从中来，声泪俱下悲泣说："大总统这么一个英明人物，想不到会落到现在这样的结果！我受了他这么多年的知遇……"说到这里，冯再也说不下去，一举伏在他的办公桌上放声大哭起来。

袁死后，冯成为北洋直系首领

袁世凯死后，北洋派正式分裂，冯国璋成为直系首领，李纯、陈光远、王占元、曹锟等督军是冯国璋的嫡系。冯国璋死后，曹锟、吴佩孚成为新直系领袖。

1916 年 10 月 30 日，国会选举冯国璋为副总统，仍兼江苏督军。1917 年 7 月张勋复辟，冯国璋本是最初参与策划的要角之一。但冯国璋当了副总统后，想到大总统的宝座已伸手可及，于是又改变主意，想做即将到手的大总统，不想做"议政大臣"张勋手下的"南洋大臣兼两江总督"，所以当张勋复辟闹剧上演的时候，冯国璋退出了。

张勋复辟失败，黎元洪下野，冯国璋于 8 月 1 日到北京任代理总统。很快，冯国璋与把持实权的国务院总理段祺瑞发生严重的权力冲突。1918 年 10 月，段祺瑞控制的安福系国会以冯代理总统期满为由，改选徐世昌为总统，实际上是将冯赶下台。冯下台后，段祺瑞也辞去了国务总理职务，两个对手似乎打了个平手。

1919 年 12 月 28 日，冯国璋在北京帽儿胡同官邸病故。临终前口授遗言："和平统一，身未及见，死有遗憾，希望总统一力主持，早日完成。"冯国璋死后的第二年，直皖战争爆发，以曹锟、吴佩孚为首的新直系打败了以段祺瑞为首的皖系。曹锟进京后特意来帽儿胡同冯宅，让冯氏家人打开祠堂，曹锟冲着冯国璋的大相片行礼后说："四哥！我给你报了仇啦！"他转过脸来，对着冯国璋之子说："这次，我给大总统出了气啦！我们年轻在小站的时候，他（指段祺瑞）就打不过我！"

第二章 封疆开府武将

第一节 "活阎王"龙济光

龙济光本来不是袁世凯的嫡系，但辛亥革命后龙济光依附袁世凯，成为袁的死党，为袁世凯镇守辛亥革命的主要策源地广东，屠杀无数革命党人，被人们称为"活阎王"。

以杀戮起家的封建军阀

龙济光，字学诚，云南蒙自县人，清同治六年（1867）生。龙济光是云南土司的后代，龙家几代以残酷剥削的手段而发迹，成为红河流域独霸一方的土皇帝。龙济光生得人高马大，从小不喜读书，却喜欢舞枪弄棒。光绪年间在蒙自等地办团练武装，参与镇压滇南人民的反清斗争。

清朝末年，广西吏治腐败，官逼民反，在1895—1905年间，广西爆发了以游维翰、王和顺、陆亚发、陆亚宋等人领导的大规模反清运动，人民群众称这些武装为游勇，而清政府则诬称这些反抗压迫的武装叫"游匪"。游勇成员主要来自三个方面：一是当年中国援越抗法的冯子材、刘永福的旧部；二是太平天国起义在广西的秘密会党三点会成员；三是广大群众中有觉悟的分子。游勇的领导人是三点会首领、抗法的官兵、太平天国战士的后代等。游勇反清运动一爆发，清政府就惊慌失措。光绪二十九年三月（1903年4月），将广西籍的署理四川总督岑春煊调署两广总督，岑到任后，驻节广西梧州，先后调集广东、广西、湖南、云南、贵州五省十余万兵力围剿广西游勇武装。

此时，驻防云南广南县的续备营补用同知龙济光也被岑春煊征调，龙喜出望外，除续备营的基本队伍，又在云南文山、临安府等地招募了 5000 多人直奔广西而来。龙济光将队伍带到广西百色地区后，岑春煊将该部装备一新，并任命龙济光边防军济字营统领，龙济光和陆荣廷成为岑春煊手下镇压游勇武装的两位悍将。龙济光伙同滇军武威营王镇邦等部执行"剿抚兼施"政策，龙济光手中的屠刀杀遍了大半个广西省，从百色到柳州、凌云、南宁以及广西北部，百色地区游勇首领游维翰、柳州地区游勇首领陆亚发等都死在龙济光手中。游勇的鲜血染红了龙济光的顶子，龙济光在长达三年的大屠杀中为清廷立下汗马功劳，清廷论功行赏，龙济光升任广西边防军务督办。

光绪三十三年十月二十六日（1907 年 12 月 1 日），孙中山、黄兴领导镇南关起义，广西巡抚张鸣岐限令龙济光和陆荣廷于 7 日内夺回镇南关镇北炮台。据说，起义前革命党人曾与清军管带黄福廷、统领陆荣廷进行过联络，黄陆均表示愿意反正，但起义发生后，黄、陆见起义军人数甚少不足以成事，遂反过来镇压起义军。由于敌我兵力悬殊，血战七昼夜，起义失败。在起义被镇压下去后，龙济光、陆荣廷又对参与起义的官兵和群众进行了大屠杀。龙济光因屡立战功，于光绪三十四年（1908）升任署理广西提督，次年实授。

宣统三年，两广总督张鸣岐鉴于广东水师提督李准居功自傲，调遣不灵，遂奏请调龙济光部入广东，龙济光任广东陆路提督。不久，赵声、黄兴领导的广州起义爆发，起义队伍直接进攻张鸣岐的两广总督衙门。起义发生后，龙济光和李准立即调集军队镇压起义。起义失败后，清军闭城搜捕三天，凡是头上没有辫子和不是广东口音的人都当成革命党人，予以逮捕杀害，龙济光的衙门前伏尸累累。龙济光杀人的手段极其残暴，用几寸长的大铁钉砸入人的脑袋将其处死，然后丢入大海。史书上说黄花岗七十二烈士，但没有留下名字的无名烈士不知道还有多少。①

---

① 普梅夫：《广东督军龙济光》，《文史资料存稿选编·晚清北洋》上册，第 924 页。

广州起义被镇压下去后，龙济光升任陆军第二十五镇统制。

辛亥武昌起义爆发后，龙济光基于其一贯的反动立场，立即打电报请求让他去武汉镇压革命。但龙济光手下的两位协统却认为清朝大势已去，想劝龙认清形势反戈一击，协统李万祥自告奋勇去劝说龙济光，没说上几句，龙济光就将李万祥拉到衙门外枪决。另一个协统见势头不对，弃职逃出广州幸免一死，龙济光的残暴可见一斑。

全国革命形势发展很快，在广东民军领导人陈炯明、王和顺分别率队伍向广州进军之际，广东绅商联合各界代表于宣统三年九月十八日（1911 年11 月 8 日）在广东省咨议局开会，主张广东独立，脱离清政府，他们推原两广总督张鸣岐为广东都督，龙济光为副都督。当这些绅商上层人物将印信送去时，张鸣岐早已微服逃走，不知去向。次日，绅商代表又举龙济光为代理都督，龙也不干，说他是忠于清朝的，不能不战而降。于是，只好改推革命党重要干部胡汉民为都督，陈炯明为副都督。

龙济光密电清内阁总理大臣袁世凯请示机宜，袁令他暂时退出广州，表示广东独立，伺机而动。后经过多方调停协商，龙济光率所部十多个营驻防高雷一带。

袁世凯在广东的死党

1912 年 12 月 3 日，袁世凯任命龙济光为副护军使。

1913 年 7 月，"二次革命"爆发。广东都督陈炯明于 7 月 18 日宣布广东独立，通电讨伐袁世凯。7 月 26 日，袁世凯任命龙济光为广东镇抚使，督师进攻广东革命军队。

当时，广东的革命军军官多数已被袁世凯收买分化，对陈炯明的命令阳奉阴违，随时准备倒戈投靠袁世凯。龙济光接到袁世凯的命令后督师向广州进军，7 月 30 日驻肇庆的警卫军管带李耀汉叛变，投降龙济光。要隘失守，广州岌岌可危。这时，岑春煊从上海来到广州，以老上司的资格动员龙济光等反袁。岑春煊派人送亲笔信到龙济光手中，劝龙反袁。龙不为所动，对信使十分冷淡。

8月4日，陈炯明手下炮兵团和辎重营在广州近郊燕塘叛变，冯德辉自称粤军临时总司令，炮击陈炯明的都督府，陈炯明见大势已去，匆匆逃往香港。陈炯明出走后，广州商会等推举苏慎初为代理都督，宣布取消独立，维持地方秩序。次日，独立第五旅又逼苏慎初下台，拥张我权为都督。但袁世凯已于8月3日任命龙济光为广东都督，不承认广东方面的拥立。

龙济光于8月11日，率领所部济军抵达广州，蛮横地逼迫广东的军队迁出观音山，激起广东军队的抵抗，激战三日后，龙济光全面控制了广州。

龙济光在广东站稳脚跟后，袁世凯为了进一步拉拢龙济光，便将自己的一个女儿嫁给龙济光的儿子龙象乾，两人结为儿女亲家，袁以这种手段羁縻龙济光，让他死心塌地拥护自己。

广东是革命领袖孙中山的故乡，很多革命党的高级干部也都是广东人。袁世凯在镇压"二次革命"后，纵容他的鹰犬在各省大肆捕杀革命党人，其中尤以广东、湖南、湖北、安徽、陕西等革命党人最多的省份杀戮最为厉害。龙济光秉承袁世凯的旨意，在广东大肆屠杀革命党人，继城市后，又在农村实行"清乡"，济军一路烧杀掳掠，奸淫妇女，搞得农村十室九空。广东人叫龙济光为"龙阎王"。旅居香港的广东团体发出电报，请梁启超（此时正是袁的红人）转告袁世凯制止龙济光的滥杀，袁不但不制止，反而为自己有这么一只罪恶鹰犬而高兴，称赞龙济光"忠勇诚朴"。

龙济光嗜杀成性，但他自己却十分怕死。他在都督府内的官邸及五层楼周围构筑了十分坚固的防御工事，有如铜墙铁壁。五层楼在广州观音山顶，官邸在观音山脚，五层楼和官邸之间有一座天桥连接，龙济光每天都要到五层楼视察，带着贴身差弁从天楼上来往，天桥周围装设有铁丝护栏，防御十分严密。此外，他还在官邸到观音山顶五层楼之间挖了一条铁道作为交通沟。龙济光随身总是携带一根手杖，实际上是手枪。他认为这玩意儿比普通手枪好，因为手枪不能一天到晚提在手里，而手杖可以形影不离，外人也不会加以防范，他要杀起人来十分方便。龙济光时时处处提防别人暗算他，为防身而机关算尽。

龙济光不仅嗜杀，而且十分贪婪。他在广东榨取钱财的主要手段就是臭名远扬的花捐、赌捐、烟捐。他公开纵赌，纵吸鸦片，大设公娼，纵容私娼。广州市妓院、烟馆、赌场林立，随龙济光到广东来的云南人大都做了"三捐"官，且是赌、吸、嫖的能手，把广东搞得乌烟瘴气，好似人间地狱一般。而龙济光就借此大发其丧尽天良的"三捐"财。龙济光在广州榨取了多少财富，自然没有统计。当他1916年在广东垮台逃往北京时，他的小老婆一次就从香港的外国银行提走1800万元港币，聚敛之厉害，由此也可见一斑。

为了推翻龙济光在广东的残暴统治，朱执信、邓铿等革命党人在广东各地组织民军讨伐龙济光，但遭到失败。1915年7月中旬，龙济光从观音山下来会见其长兄龙觐光，革命党人钟明光化装为小贩在路旁向龙氏兄弟扔去一颗炸弹，炸死龙的几位随从，龙的腿被炸伤。龙借此大兴党狱，钟明光被捕牺牲，无辜受害者不计其数。

《中华新报》揭露说：龙济光"一方面自行卖（鸦片）烟，一方面纵令兵士搜烟；一方面得贿包赌，一方面纵令兵士捉赌，以致全粤九十四县无一人不受其祸，无一处不遭其灾"。龙济光杀人之多，比诸前清之"扬州十日"、"嘉定三屠"亦有过之而无不及；其杀人之惨，"或者湖南之汤屠户（指汤芗铭）可及其十分之五六"。广东"三千余万同胞，无老无幼，无男无妇，无一人不痛恨龙氏者"。[①]

洪宪帝制的积极拥护者

袁世凯为酬报龙济光的杀戮之"功"，于1914年6月30日特任命他为振武上将军，督理广东军务，并特许他在广州开府建衙。

---

① 李新、李宗一主编：《中华民国史》第2编第1卷下册，第789—790页。

　　1915年5月9日，袁世凯承认日本灭亡中国的"二十一条"后，遭到全国人民的反对，而丧心病狂的龙济光竟电请袁世凯在广州搞提灯游行以示庆祝。

　　龙济光不仅效忠袁世凯，而且主动献媚"皇太子"袁克定。1915年11月，龙济光写信给袁克定表忠心：

　　大爷钧座：敬肃者。济光渥荷隆霁，远违光霁，私衷恋结，与日俱深。……粤省自筹安会宗旨宣布，即由济光首先提倡，率属赞成，复集各界组织"集思广益社"以相联络，严惩报馆，以端舆论。……本月一日，决定国体，全省九十四代表，一致赞成君宪，公推我大总统为大皇帝，群众嚣向，欢声雷动，业已肃电上闻。

　　至于粤省防务，早经严密布置，虽乱党藉口国事，纷纷由东、南洋内渡，潜匿港澳，聚众会议，迭于省城内外恩平、开平、阳江、台山、新会潜设机关，或图据城起事，均经先事侦悉，次第破获。……又日前逆党在南洋各埠通电内地，反对国体，狡袭辛亥故智，希图摇惑人心。经饬各局不准转递，以杜讹传。嗣探逆谋在香港设法灌输内地，复请英领转告港督：港粤唇齿相依，休戚与共（此处夹行中批："与英人接洽最要"），此等逆党电报、传单，无非志在煽乱，亟应干涉制止，以遏乱萌，共保公安。承港督同意赞成，许为助力。港粤一体，查禁从严，逆谋虽狡，终无由逞。知关廑注，谨以奉闻。恭叩崇安，伏乞垂鉴。振武上将军、督理广东军务龙济光谨肃。印。①

　　当袁世凯帝制活动公开后，龙济光积极拥护，除打电报劝进外，还在广东积极筹备帝制。1916年1月11日，龙济光、龙觐光兄弟联名致电政事

---

① 章伯锋、李宗一主编：《北洋军阀》第2卷，武汉出版社1990年版，第1124页。

堂："国民代表大会广东国民代表额定九十四名，于本日投票决定国体，一致赞成君主立宪，并公戴今大总统为中华帝国大皇帝。"[1]

袁世凯公开称帝后，大封洪宪功臣，封龙济光、张勋、冯国璋、姜桂题、段芝贵、倪嗣冲等 6 人为一等公，这是当时最高的爵位，龙且列在首位。可见，这位并非北洋嫡系的龙济光在袁世凯心目中的分量，"圣"眷之隆，无与伦比。

1916 年 1 月下旬，龙济光在打退惠州反袁护国军后，袁世凯为激励其爪牙疯狂镇压护国军，又于 1 月 28 日宣布加封龙济光郡王衔。

云南护国军起义后，袁世凯任命龙济光的长兄龙觐光为临武将军、云南查办使，率军假道广西进攻云南。龙觐光和广西将军陆荣廷是亲家，龙济光认为争取陆荣廷配合不会有问题。陆荣廷满口答应，并建议龙觐光只带部分基本队伍自带枪械前去，可以帮他在广西招募兵员，这样既可以省钱，又可以省力，一举两得，龙济光兄弟喜出望外。袁世凯也立即拨给陆荣廷军费 100 万元，枪械 5000 支。龙觐光只带 4000 名基干队伍，又带 5000 支枪准备到广西后配发新兵。

陆荣廷与龙济光是在广西同时发迹的，而现在龙济光封"一等公"，而陆荣廷却只封了个"一等侯"，后来龙济光又加封"郡王衔"，更让陆相形见绌。陆对袁皇帝封赏不公大为气恼，后在各方面的劝说之下准备参加到讨袁护国行列中来。

1916 年 1 月 30 日，广惠镇守使、广东陆军第一师师长龙觐光到达南宁。2 月 8 日，袁世凯特任龙觐光为临武将军、云南查办使。龙觐光到广西后，先去拜见亲家陆荣廷，见面后一个满怀期望，一个笑里藏刀殷勤招待。陆荣廷告诉龙觐光，代为招募的 5000 新兵已在百色集中训练，正等待移交和装备。

---

① 　中国第二历史档案馆编：《中华民国史档案资料汇编》第三辑政治（二），第 1080 页。

2月下旬，龙觐光从广西百色地区兵分五路进攻云南：第一路以广东陆军第一混成旅旅长李文富为司令，出百色进攻滇边剥隘；第二路以虎门要塞司令黄恩锡为司令，间道入广南，相机会攻剥隘；第三、四两路分别以桂林司令张耀山、田南道尹吕春瑄为司令，作为后援；第五路以朱朝瑛为司令，趋黔边以阻云南护国军南下，保护后路。

与此同时，龙济光又派儿子龙体乾回云南联络土匪，于1916年3月9日攻陷个旧，扰蒙自、围临安。21日被护国军击溃。

3月中旬，陆荣廷起兵反袁。3月12日，陆荣廷与护国军李烈钧部、赵钟奇部进攻百色，于次日将龙觐光部包围，勒令缴械投降。由水路从广东运来的枪弹也在南宁为陆荣廷扣押。3月15日，陆荣廷正式宣布广西独立，自任都督，3月17日，龙觐光被迫缴械投降，并通电各省，宣布辞去云南查办使，"赞助共和，以谢天下"。龙觐光和他儿子被送往南宁监视居住。陆荣廷此举对龙济光兄弟是一重大打击。

云南护国军起义后，中华革命党人立即在广东各地组织民军推翻龙济光的反动统治。

广东的讨袁驱袁民军有中华革命军和护国军两大系统。中华革命军奉孙中山为大元帅，总司令官为朱执信，主要将领还有邓铿、叶夏声、古应芬等人，他们活跃在南海、新会、江门、新宁、高州等一带。护国军又分别以原广东都督陈炯明和进步党重要成员徐勤为首领。陈炯明自称广东大都督，以林海山、陈国强、陈月侨、董伯群、叶匡等人为支队长，号称"十路十八支队"，在惠州、博罗、增城、淡水、顺德等地开展讨袁驱龙斗争。徐勤则自称广东全省护国军总司令，以吕仲明为南路司令、王伟为北路司令、关仁甫为东路司令，其目标是直接夺取省城广州。广州遍地皆是民军，龙济光、张鸣岐等广东官吏龟缩在设防坚固的广州观音山不敢越雷池一步。

1916年3月24日，两广护国军总司令陆荣廷、总参谋梁启超传檄广东军民，谓："广东将军龙济光、巡按使张鸣岐竟昧天良，甘心从逆。本总司令、总参谋……今已统率劲旅，合围省城。济光、鸣岐若能悔罪投诚，自当予以更新之路。倘犹执迷拒命，势亦难逃渠首之歼。"

龙济光走投无路，进退失据，被迫于1916年4月6日宣布广东独立。发布《独立布告》，想摇身一变继续维持他在广东的残暴统治。《布告》全文如下：

为布告事：现据广东绅商学各界全体公呈：粤省连年灾患，地方已极凋零。近来各省多已反对袁氏，宣布独立，粤省危机四伏，糜烂堪虞。各界全体为保持全省人民生命财产起见，集众公议，联请龙上将军为广东都督，以原有职权保卫地方，维持秩序。此系拥护共和天经地义，请即刚继执行等情。查阅来呈，持议甚罿。本都督身任地方，自以维持治安为前提，刻经通电各省各机关、各团体，及本省各属地方文武，即日宣布独立。所在各地方商民人等及各国旅粤官商，统由本都督率领所属文武担任保护，务须照常安居营业，毋庸惊疑。如有不逞之徒，假托民军藉端扰害治安，即为人民公敌，本都督定当严拿重办，以尽除莠安民之责。其各同心协力，保卫安宁，有厚望焉。特此布告。广东都督龙济光。

4月7日，龙济光、张鸣岐联名发表独立通电，宣布粤省独立。龙济光在广东宣布独立，对袁世凯又是一次严重打击，据袁的亲信索崇仁说：袁世凯"自粤浙相继独立后，大约即受肝疾，饭量亦减"。

龙济光宣布独立后，加入护国军阵营，亲自到肇庆与陆荣廷谈判并达成协议，承认在肇庆成立两广都司令部等条件。

5月1日，两广护国军都司令部在肇庆成立，岑春煊任都司令。5月8日，又在肇庆成立军务院，推唐继尧为抚军长，岑春煊为副抚军长，龙济光任广东督军兼军务院抚军之一，龙济光以北伐为名，将所部扩编为3个军。

6月6日，袁世凯病死，龙济光未征得肇庆军务院同意，擅自于9日电告北京政府宣布广东取消独立，投靠掌握北京政府实权的段祺瑞。不久，即在护国军和广东民军的联合进攻下退出广州。龙看大势已去，接受段祺瑞的调停，将广东督军印信交给陆荣廷，前往海南岛任"两广矿务督办"。

1917年秋，护国战争开始。段祺瑞任命龙济光为"两广巡阅使"，指使龙率其残部进攻广州，但被讨龙军打败。海南岛黎民乘机驱赶琼崖镇守使龙裕光，龙济光兄弟在海南岛也不能立足。龙济光率领残部千余人渡海北上天津，段祺瑞指定天津小站——原来袁世凯练兵的地方作为龙济光的驻兵之地，龙济光则住进了北京宣武门外的米市胡同，段祺瑞对这位凶悍的"洪宪郡王"优礼有加，特发第一号紫牌汽车出入公府，并拨给300万元让他编练振武新军。龙济光以其侄龙运乾为司令官，列德权为参谋长，招募新兵两万人在天津小站训练。龙运乾是纨绔子弟，终日狂嫖滥赌，所练的振武新军糟不可言。徐世昌上台后，将其缩编为两个旅，军费每月10万元。1920年直皖战争爆发，张作霖奉军入关，将龙的振武新军缴械遣散。

1921年，龙济光升任将军府隆威上将军。

1922年龙患半身不遂，1925年3月12日病死。

第二节　愚顽"辫帅"张勋

张勋是袁世凯麾下一员冥顽不灵、荒淫残暴的落伍军阀，袁世凯称之为"猛将"。袁世凯帝制失败后，顽固不化的张勋再次上演了一幕复辟闹剧。

先投宋庆，后投袁世凯

张勋，字少轩，又作绍轩，江西奉新人，生于清咸丰四年（1854）。张勋的祖父张昆一在景德镇开过豆腐店，其父张衍任在奉新县罗塘乡赤田村务农。咸丰十六年（1866），其父病死后，张勋不务正业，染上赌博等毛病，其继母温氏为了劝他改变劣习，竟遭到张勋的忤逆，温氏有感于夫死家贫、儿子不服管教，愤而于咸丰十七年（1867）自缢身亡。张勋忤逆不孝，激起族人公愤。族中长辈准备对张勋"开祠堂"，实行家法处置。但新建县的曹秀才却认为张勋将来会有出息，立即以女许配张勋，并资助他们离家远走高飞。张勋首先来到南昌大梟司衙任骑牌（即衙士），混一口饭吃。后经人介绍，前往长沙投湖南巡抚潘鼎新部当兵，不久，潘鼎新调任广西巡抚，张勋随部队开到广西，后转入广西提督苏元春部，光绪十七年（1891）升任亲兵什长。有一年，庆亲王奕劻生日，苏元春派张勋携巨款到上海去采购祝寿礼品送往北京。张勋来到花花世界的上海滩后，沉迷于酒色，竟在上海将购买礼物的款项全部花光，无法交差，情急之下跑到杭州向杭嘉湖道道员万福康磕头，陈说自己一时荒唐，参与赌局，致将所带款项输光。万福康历任肥缺，聚敛了巨额财富，但年届知天命之年仍无子嗣，希望通过多积功德能够早生贵子，尤其是对上门求告的同乡更是有求必应。张勋这位江西同乡上来一顿磕头，万福康不仅如数给了他钱，还代写了一封介绍信。张勋遇上这种好人，顺利过了一关，成为以后飞黄腾达的基础。

光绪二十年（1894），中日甲午战争爆发，张勋随四川提督宋庆调驻奉天。因为在宋庆军中不得意，张勋于光绪二十一年（1895），到天津小站投靠袁世凯，初任新建陆军的中军官，这是一个介于现在的副官长和侍卫长之间的官。袁曾通令表扬张勋"忠勇朴勤，谙练营务"[1]。

光绪二十五年（1899），袁世凯升任山东巡抚，张勋随袁世凯来到山东济南。不久，中外反动势力联合镇压义和团运动，张勋等奉袁世凯之命，带着北洋军到山东多个州县"兜剿"义和团，张勋率部在山东海丰（今无棣县）、阳信、滨州一带疯狂屠杀义和团群众，因杀戮有"功"，升副将、总兵。

光绪二十七年（1901），慈禧太后挟带光绪皇帝从西安回北京，路过直隶境内时，直隶总督袁世凯令张勋带队伍随銮保驾。时值严冬季节，漫天

---

① 李宗一：《袁世凯传》，中华书局1989年版，第56页。

飞雪，张勋深夜在雪地中带队巡查。慈禧太后夜不成寐，出外察看时，见一矮胖军官不避风雪查夜，忠于职守，甚为感动，连忙问张勋："深夜为何尚未睡？"张勋答应："雪夜巡哨必松懈，车驾在途，警戒宜严，当通宵巡视，以防意外。"慈禧大为赞许。几天后，慈禧太后亲自召见了张勋。

光绪二十八年（1902），张勋奉调到北京宿卫端门，多次充当慈禧太后和光绪皇帝的扈从。张勋善于钻营，对慈禧太后更是曲意逢迎巴结，伺候恭顺，深得慈禧的宠信。是年春夏间，张勋统带马队于节制口外捕练诸军，奉旨出居庸关，缉办大同、宣化间大股马贼，数月后剿平。光绪三十年（1904），以肃清口北有功，赏巴图隆阿巴图鲁称号。

光绪三十二年（1906），张勋所部调到奉天，隶赵尔巽将军麾下，为奉军辽北总统兼统后路、右路马步各营，驻扎昌图。是年底，赏头品顶戴。光绪三十三年（1907）春，辽北局面安定后，赵尔巽为张勋请功，以提督记名。同年5月间，徐世昌出任东三省总督，擢张勋为行营翼长，节制三省防军。光绪三十四年（1908）授云南提督，赏穿黄马褂，旋调甘肃提督，仍留奉天驻防。不久，慈禧太后和光绪皇帝相继病死，张勋如丧考妣，大哭一场。

宣统二年（1910），张勋奉旨接统江防各军会办长江防守事宜，驻江苏浦口，并许专折奏事。宣统三年（1911）调补江南提督。

辛亥武昌起义后，驻南京的新军第九镇酝酿起义响应，两江总督张人骏召张勋入南京商议对策，张勋大声叫嚷："各位今天和我是同僚，明天如有树白旗降者，我即以敌人对待。"[①]

宣统三年九月十七日（1911年11月7日），南京城内的第九镇部分官兵发动起义，率队进攻两江总督府，因无外援，很快失败。张勋随即在城内展开搜捕，"凡剪发、悬白旗、携白布者辄遭暴戮"。

---

① 龚师曾、徐少相:《张勋的生活经历》,《文史资料存稿选编·晚清北洋》上册，第717页。

在江南、苏北相继光复之后，江苏省内只有江宁（南京）还在清军盘踞下。张勋以江南提督挟持两江总督张人骏、江宁将军铁良负隅顽抗。为了激励军心士气，张勋赤着上身，将辫子盘在头顶上，背负鬼头大刀，跪在全军面前，挥泪求所部官兵死战，并且许诺："众位兄弟，帮俺老张一场，俺老张死亦甘心。倘若得胜，许你们奸掠三天，俺老张背盟，就是王八蛋。"① 为了攻克这个东南重镇，上海都督陈其美倡议组建江浙联军，得到江苏都督程德全、浙江都督汤寿潜的赞同，并公推第九镇统制徐绍桢为江浙联军总司令，指挥万余革命军进攻南京。战斗从十月初四打响，革命军先扫清外围，张勋指挥数千人反扑，与革命军来回争夺城外阵地，但终于不敌，被迫缩回城内。十月初八（11月28日），革命军对南京发起总攻，十月十一日（12月1日）黎明，江浙联军攻下南京制高点天堡城，南京城已处于江浙联军的炮火控制之下，无法据守。在美国人马林的调停下，张勋等派人向江浙联军总司令徐绍桢、镇江都督林述庆求和，徐、林允许城内清军投降，但拒绝了让张勋率所部转移他处的要求。当天晚上，张勋率所部仓皇渡过长江北窜，张人骏、铁良也跟着弃职而逃，南京光复。

张勋率部败退江苏徐州后，清廷曾先后任命张勋为江苏巡抚、署理两江总督兼南洋大臣，寄希望张勋打回南京，但清廷大势已去，革命已成燎原之势，张勋又岂能螳臂当车？

"袁公不负朝廷，勋安敢负袁公"

1912年1月1日，中华民国南京临时政府成立，孙中山当选为临时大总统。张勋对新生的中华民国极端仇视。当时虽然正在进行南北议和，但张勋率领残部伙同皖北的倪嗣冲不时向革命军挑衅。

袁世凯窃取辛亥革命果实后，曾派张勋的旧上司徐世昌、田文烈来到张勋驻防地，商榷张勋部的改编问题，决定将张勋所部改编为武卫前军，驻扎

---

① 孤竹里奴编：《张勋秽史》，出版年份不详，第9页。

在山东兖州地区。徐世昌、田文烈离开张的防地时，张勋表态说："袁公的知遇不敢负，君臣的大义不敢忘。袁公不负朝廷，勋安敢负袁公？只有这几句，无它话可说。"① 张勋还扬言："项城在位，决不复辟。服从民国，非予所知。"②

袁世凯要利用张勋这样的愚顽军阀来对付江苏境内的革命军，张勋乘机在山东招兵买马，招募60余营，兵力达3万余。

张勋一直以清朝的忠臣自命，自称"非坚忍无冀于挽回"，一直怀抱着复辟帝制的祸心，时刻梦想着推翻民主共和制度。张勋及他的军队始终留着发辫，以示仍然效忠于清室。据说，袁世凯几次写信给张勋，要他剪掉辫子，张勋不予理睬。人们称这个拖着长辫的军阀为"辫帅"，称他的军队为"辫子军"。张勋一直和蜷伏于各地的复辟分子保持密切联系。

胡嗣瑗在《〈松寿老人自叙〉签注》中说："壬子春，公移军兖州，王给谏宝田……以兴复大计说公，极相契合，每夜公微行过宝田密语，或达旦乃归，幕客皆不得闻。时恭亲王（溥伟）居青岛，朝士如于侍郎式枚、刘副大臣廷琛……先后会岛上，谋讨贼反正，介宝田纳交于公，诸人游兖必至宝田所，公辄密就筹议。"③

张勋驻防的兖州成了策划复辟的一处大本营。有人为此赋诗道："敢因世易负初心，辫子盘头发不簪。福禄长生牌位供，愚忠岂是感人深。"

有一次，张勋抚摸着他的花白辫子对身边的亲信表白说："我的这条辫子正是我的清白。"他还说："有人在我面前赞扬过我的辫子，也有人在背地里大骂我的辫子。"说完，又自个儿大笑起来。

还有一次，张勋见到保皇党巨头、原陕甘总督、兵部尚书长庚的儿子，立即像见到知音一样，显得十分兴奋，对长庚之子说："令尊大人在隆

---

① 《文史资料存稿选编·晚清北洋》上册，第717页。
② 刘成禺：《洪宪纪事诗本事簿注》，山西古籍出版社1997年版，第277页。
③ 李宗一：《张勋》，李新、孙思白主编：《民国人物传》第1卷，第219页。

裕皇太后逊政后弃官北上，诚为我张某人的师表。但是，我自有一番苦心孤诣……"①

1913 年 7 月，"二次革命"爆发，袁世凯命张勋率部南下镇压革命军。张勋自辛亥年败退山东兖州以来，时刻想着复仇，现在终于有了报复的机会，立即起兵南下，十分卖力地进行反革命的报复。张勋的辫子军成为津浦线上进攻的主攻部队。对于这个封建余孽，江苏讨袁军总司令黄兴仍幻想利用他忠于清室的思想来策动他反袁。黄兴于 7 月 16 日致电张勋，说："世凯不仅民国之大憝，且清室之贼臣，无论何人，皆得申讨。公手绾兵符，威重海内，现冷军已在徐州方面与袁军接仗，公苟率一旅之众，直捣济南，则袁贼丧胆，大局随定，国家再造即由我公矣。"② 黄兴的一纸电文，当然不可能改变张勋仇视革命的顽固立场，策反不会有什么结果。

7 月 18 日，北洋军开始转入反攻，袁世凯调集北洋第四、五师等部队与张勋的武卫前军协同作战。经过激烈战斗，于 24 日占领徐州，江苏讨袁军一部败退南京，一部在浦口向北洋军接洽投降。黄兴鉴于江苏讨袁军将士不用命，作战意志薄弱，认为败局已定，悲愤万分，企图自杀，后经部下一再规劝，遂于 7 月 29 日夜乘日舰"嵯峨号"离开南京赴上海，后流亡日本。

统帅出走，江苏讨袁军三军无主，南京城内一片混乱。张尧卿、何海鸣、韩恢等一批革命党的中下级军官主动站出来维持南京讨袁局面。张尧卿自立为江苏都督，何海鸣为讨袁军总司令兼第八师师长，韩恢为第一师师长。第一、八两个师的官兵大都保持高昂的革命斗志，他们一不为财，二不谋官，为革命信念而战，能够做到人自为战，始终保持着良好的纪律和旺盛的战斗意志。他们就是这样的状态下与优势的北洋军展开殊死搏斗。

---

① 赵欣余：《丁巳之役马丁誓师亲历记》，《文史资料存稿选编·晚清北洋》上册，第 749 页。

② 毛注青编著：《黄兴年谱长编》，中华书局 1991 年版，第 394 页。

　　江苏讨袁军自徐州败退后，袁世凯命张勋以陆军上将、江北镇抚使的名义督师南下。张勋所部自台儿庄沿运河南下，五日之间行军千余里，陷清江浦，进抵扬州，然后夺取长江两岸炮台，陷镇江，进抵南京城外。

　　8月14日，张勋所部在江苏第四师（师长系徐宝山之弟徐宝珍）的配合下突袭南京紫金山，驻守紫金山的部队临战叛变，张勋部遂不战而占紫金山。守城部队发觉后，立即发起反击，于当天中午夺回天堡城，并在天堡城架炮轰击紫金山，张勋、徐宝山部不支，弃山而走。

　　8月16日，张勋以一部佯攻雨花台，以大部突袭天堡城，虽然一度攻上天堡城，随后在讨袁军主力第八师第二十九团的反攻下，张勋再次败退。次日，讨袁军乘胜收复紫金山。

　　8月19日，张勋第三次发起攻击，重占天堡城，并乘胜向南京太平门、洪武门一线发动进攻，一度攻入太平门，但遭城内讨袁军的堵截，被迫退出。8月20日，讨袁军第八师第二十九团、第三十二团及炸弹队等部再次向天堡城发起反攻，再次收复。但因为寡不敌众，至21日下午，又被张勋部夺去。8月19日，安徽讨袁军总司令柏文蔚率千余人到达南京，被推举为江苏都督兼第八师师长，领导南京的讨袁战争。柏文蔚是革命党人中具有较高资历和威望的高级将领，由他来领导南京的讨袁战争应该是有利的。可惜的是，张尧卿因为柏文蔚夺去了他的都督职务而不满。在生死存亡的关头犹争名位，而不考虑战争的需要与否，可见张尧卿等人的革命动机不纯。柏文蔚见南京讨袁军内部矛盾重重，何海鸣又不得人望，强敌压境，前途无望，遂留书何海鸣，于8月25日率少数人离开南京，途中遭北洋军伏击，柏文蔚化装成工人潜往上海转赴日本亡命。柏文蔚的出走，对南京的讨袁军来说是一种无形的损失。柏文蔚出走后，何海鸣遂一身兼江苏都督、江苏讨袁军总司令、第八师师长等要职，全权指挥。

　　这时，攻打南京的北洋军冯国璋部、第三师、第四师、第五师等陆续抵达南京城下。8月26日，北洋军全线攻城。

张勋部马队突入朝阳门，张宗昌的第三师一部攻入神策门。张勋一阵狂喜，连忙向袁世凯报捷。但是，张勋的马队一入城内即遭到预设坑道的阻拦，全军覆灭，给张勋以迎头一棒，与此同时，张宗昌部也遭火力封锁，被迫退出城外。

8月29日，北洋军完成对南京的全面包围，张勋、徐宝山部攻朝阳门，第三师攻神策门，第五师攻太平门，第四师一部攻雨花台。31日晨，北洋军发起总攻。9月1日晨，江苏讨袁军卫队团长叛变，张勋部乘机用地雷炸开太平门、朝阳门之间的城墙蜂拥而入。中午，北洋军第三师攻入神策门，第五师攻入太平门，第三师攻入通济门。经过一天一夜的激战，江苏讨袁军伤亡殆尽，南京于9月2日陷落。

北洋军入城后，按照事先大掠三日的许诺，各部划分地盘，肆意进行抢劫。南京城"被劫一空，虽家具什物，亦搬动全尽。各等人民皆体无完衣，家无一餐之粮。"①南京再次惨遭浩劫。在这个过程中，张勋的"辫子军"表现得特别凶残。这种穿蓝大褂、拖长辫子的"辫子军"到处烧杀掳掠，无恶不作，比土匪还要厉害三分，他们以此发泄对革命党人的仇恨。死于"辫子军"屠刀下的南京军民不知有多少。

招惹日本人，丢了江苏都督宝座

张勋在镇压"二次革命"的过程中出了死力，袁世凯根据冯国璋的保荐，于1913年9月3日任命张勋为江苏都督，取得了江苏这个重要省份，这对于志在复辟的张勋来说是求之不得的好事。袁世凯以张勋镇压革命有功，先后授予他勋一位及一等嘉禾、文虎章，张勋皆拒而不受，以示不接受民国的勋位勋章，但对于江苏都督则愉快接受了。

张勋不是袁世凯的嫡系，对于将江苏这样重要的省份交给张勋，袁是老大不情愿的，但出于"先入咸阳者为王"的约定，袁又不能不任命张勋。然

① 李新、李宗一主编：《中华民国史》第2编第1卷上册，第351页。

而，袁很快就找到了将张勋从江苏都督宝座上赶走的借口。

攻陷南京后，张勋部在南京城内疯狂屠杀，殃及城内的日本侨民，有3名日本侨民被杀。另外，日本驻南京领事署传信员于传信途中为张勋的"辫子军"所阻，该传信员所携的日本小太阳旗为"辫子军"撕毁。事件发生后，日本政府召开特别内阁会议商讨对策，并通过决议，训令日本驻华公使山座园次郎向袁世凯政府正式交涉。10日，山座园次郎晋见袁世凯，提出口头抗议，并于次日照会外交部，要求：惩凶；赔款；严惩肇事有关人员；北京政府公开向日政府道歉；张勋须亲赴日领事馆道歉；行凶之军队须至日领事馆前行举枪礼以示惩戒。

张勋在国内同胞面前是一个凶残暴戾的恶煞，但在侵华列强面前却一贯是一个恶心十足的奴才。有人说，张勋见了外国人往往丑态百出，就连见了洋人的狗也要磕三个响头。这次，日本人一抗议，张勋连忙鸣炮列队赶往日本领事馆赔礼道歉，出尽了丑。袁世凯也认为张勋"辫子军"在南京的奸淫掳掠行为使北洋军"丧尽名誉"，通令各军，对奸抢有据之士兵，立按军法严办，而且下令："着江苏都督张勋迅速查明戕掠凶犯，按军法从严治罪……所有被戕掠之日本商民，着李盛铎查明损害情形，按数赔偿，并妥为慰问。"

尽管张勋一再赔礼道歉，日本人始终揪住他不放，并要求撤他的职。袁世凯也乐得借这个机会赶走张勋。但张勋早已尾大不掉，要赶走张勋也并不容易。袁世凯亲自写了一封长函给张勋，备述在日本人压力下不得不如此处置，要张勋顾全大局让出江苏都督。

接到袁世凯派专人送来的长函，张勋认为袁是借题做文章，大为不满。他曾对人说："余平南京后，有崇文门监督河某者说余曰：'君大功告成，何不请大总统为大皇帝。'余痛骂之而去。此袁所以去予代以冯华甫也。"张勋一怒之下，复信袁世凯，以解甲归田为请，实际上是以撂挑子对袁世凯进行要挟。

张勋赌气要撂挑子，袁世凯赶紧请徐世昌、阮忠枢出面劝张勋遵命。阮忠枢是张勋的拜把兄弟，两人关系不错。阮忠枢奉命来到南京，苦劝张勋遵命并榷商交换条件。

在一切商妥后，袁世凯于1913年12月16日正式免去张勋的江苏都督，由冯国璋接任。张勋调任长江巡阅使，驻防徐州。袁世凯从优批给张勋月支2万元，以示优待。

1914年7月，袁世凯命张勋的武卫前军改名定武军，张勋加定武上将军称号仍领长江巡阅使。同年9月，张勋曾进京觐见袁世凯，袁在居仁堂召见，两人讨论大政，张勋侃侃而谈，袁击节赞叹："血性男儿！血性男儿！"不止。这是袁张关系比较融洽的一个时期。

对袁世凯称帝既不公开反对，也不赞成

1915年8月，袁世凯称帝的野心公开。据说，袁世凯事前曾征求张勋的意见；张勋力持不可，仍以"优待皇室，保卫宫廷"为请，并派专使到北京向袁世凯陈述利害。

袁世凯在筹备帝制的过程中，最不放心的封疆大吏就是冯国璋和张勋两人。帝制公开后，张勋、冯国璋、齐耀琳联名电到北京，电文如下："政事堂、国务卿、左右丞、各部总长钧鉴：华密，近日京中有人发起筹安会，意在变国体，一再通电各省，并要求派员入会讨论。勋等因此种非常举动，仅由三五私人立会号召，何敢率行附和，致蹈越职违法之嫌，故未复电派员，静候中央办法。顷接段香岩、梁燕孙、朱桂莘、周子廙、张心庵、唐质夫、雷朝彦、江宇澄、吴静潭、袁绍时诸君联名会电，略谓现在多数舆论，趋重君主立宪，共和不能适用，无待烦言，当于宪法未定之先，熟筹解决等语。诸君皆手造民国肩担重任之人，亦复极力主张此说，自与私人发挥己见，冀倾众听者不同。大势所趋，风云一变。勋等当辛亥事起，分任南北驰驱，深虑中国数千年之名教纲常，因放弛而驯致隳坏，力主保存君宪政体，藉可拯救危亡。无如当时潮流，横决莫御。迨至清廷逊政，全国景从，令申颁行，罔

有或贰。兹既昌言改革，且限定专议国体为范围，揆之平昔微衷，若合符契。唯事关国家根本，实系中外具瞻，著手后经纬万端，备极繁重，勋等才识短浅，待罪一隅，于大局之安危，法理之出入，窥天测海，戾见难周。若为扣槃扪籥之谈，不免摘埴索途之惧。诸公赞襄密勿，操握国柄，为百司之表率。举凡社会推移，人情向背，自己烛照数计，洞瞩无遗，此事当如何定计决疑，必早权衡至当，应请统筹立断，由国务卿定稿领衔，联合京外文武长官，列名陈请，提交参政院代行立法院会议，以昭公正而免参差，中国前途，庶几有豸。勋等往复商榷，意见相同，合电奉闻，好祈核示办理，不胜翘企之至！张勋、冯国璋、齐耀琳冬印。"

这个电报到京后，以其拒绝推戴，袁即命留中不发。随后，袁世凯派阮忠枢南下，前往徐州向张勋反复陈说，张回答："项城若能使宣统复辟，某愿负东南半壁之责。若项城自做皇帝，某不赞成，不过项城待我甚厚，某不加干涉，任其办理可也。"①

最后，阮劝说张"虽不必明白赞成，亦不必正当反对"。张同意这样做，故张始终没有明确地劝进文电发表。其致参政院的电报也只有短短几句："参政院鉴：巩固国基，自以君主立宪为救亡善策，勋当一体赞同。应请贵院主持议决，以定大计。全国幸甚。勋。啸印。"

袁世凯赐封张勋为一等公爵，张亦不谢恩。

1915年12月云南护国军起义后，张勋的态度又为之一变，冯国璋与护国军暗通款曲，张勋则转而支持袁，反对护国军。

1916年4月10日，袁世凯任命张勋以长江巡阅使兼署安徽督军。4月18日，张勋会同冯国璋、齐耀琳发表通电，提出总统留任、大赦党人、惩办奸党等八项主张，请求同意。

5月5日，冯国璋亲赴徐州与张勋磋商大计，过蚌埠时邀新任长江巡阅

---

① 孤竹里奴编：《张勋秽史》，第17页。

副使兼署安徽巡按使倪嗣冲同行。6 日晨，冯、倪抵徐与张勋密商，一致同意发起南京会议，以决国事。当天，张勋、冯国璋、倪嗣冲联名致电袁世凯，电报称："勋等集议再三，以为今日之局，内氛日亟，外侮难祛，欲图御侮之方，必有折中之策，务祈大总统坚持于上，竭力搘柱，切勿轻听流言，灰心退位，并希振作精神，专意维持外交，示天下以决心，杜邻邦之窥伺，持危定乱，莫要于兹。至于各省内乱，勋等自当力任其难，以负完全责任。即使潢池盗弄，偶有不靖，亦不难以兵力立与歼荄。勋等商権移时，意见相同。谨掬血诚，伏祈明察。"①

对于南京会议，张勋、冯国璋、倪嗣冲三人各有心思。冯国璋是以拥袁为表象，实际上是以自己继袁任总统为目标；张勋则企图乘冯国璋承认袁世凯的总统地位为清室转让的歪理，寻求清室复辟之机会；而倪嗣冲则是铁杆的拥袁派卒子。一台戏三种心思，会议刚开演就被倪嗣冲破坏。

1916 年 6 月 6 日，袁世凯自遭诛灭，洪宪闹剧收场。

袁世凯死后，张勋再演复辟闹剧

袁世凯一死，约束张勋的人已经没有了。从此，张勋更加肆无忌惮地策划复辟清室。

张勋从反面总结袁世凯帝制覆灭的教训，认为恢复帝制是应该的，但不应该建立袁家王朝，而应该恢复爱新觉罗氏的清王朝。因为袁世凯受恩于前朝，自己做皇帝有似曹操、王莽，"辜负皇恩"，有失忠义。

从 1916 年 6 月至 1917 年 5 月，张勋先后在徐州主持召集四次会议，策划清室复辟。也许是天遂人愿，张勋很快找到了复辟的机会。黎元洪与段祺瑞争权夺利，酿成府院之争，不甘心做傀儡总统的黎元洪，一怒之下于 1917 年 5 月 23 日下令免去段祺瑞的国务总理兼陆军总长职务，特任外交总长伍廷芳暂代国务总理，以陆军部次长张士钰暂代陆军总长。段祺瑞拒绝

---

① 李希泌等编：《护国运动资料选编》下册，第 651 页。

解职，且潜往天津策动北洋系各省督军出来驱逐黎元洪。走投无路的黎元洪邀请张勋进京调停。张勋把这看成是复辟的大好机会，欣然带领 4300 余名"辫子军"入京，张勋到达天津后，逼迫黎元洪于 6 月 12 日下令解散他最为痛恨的国会。6 月 14 日，张勋入京，以调停为名，行复辟帝制之实。这时，复辟派重要角色康有为、沈曾植、王乃徵、徐良等相继来到北京。康有为在途经丰台望见西山时，赋诗一首：

> 廿载流离逐客悲，国门生入岂能知。
>
> 长驱津浦有今日，大索长江忆昔时。
>
> 朝市累更哀浩劫，天人合应会佳期。
>
> 西山王气瞻葱郁，风起云飞歌有思。

7 月 1 日晨，张勋在王士珍、江朝宗等人的接应下，带领康有为、刘廷琛、张镇芳、万绳栻、胡嗣瑗、陈曾寿、陈毅、商衍瀛、沈曾植、王乃徵、王士珍、江朝宗等复辟派的文武大臣乘车进入紫禁城，凌晨 3 时许，逊帝溥仪在养心殿召见张勋等。张带领诸人匍匐在地，首先向溥仪行三跪九叩礼，然后由张勋奏请复辟。张勋在胡扯了一通后说："隆裕皇太后不忍为了一姓的尊荣，让百姓遭殃，才下诏办了共和。谁知办的民不聊生……共和不合咱的国情，只有皇上复位，万民才能得救……"

张勋唠叨完了，溥仪按照师傅们事先告诉他的一套回答说："我年龄太小，无才无德，当不了如此大任。"

张勋听了马上称赞说："皇上叡圣，天下皆知，过去圣祖皇帝（指康熙）也是冲龄践祚……"

听张勋叨唠不休，溥仪忽然想起了一个问题，连忙问："那个大总统怎么办呢？给他优待还是怎么？"

"黎元洪奏请让他自家退位，皇上准他的奏就行了。"

说到这里，溥仪想起师傅们事先教给他的一套话，马上表态说："既然如此，我就勉为其难吧！"

张勋等再次磕头退下。这时奏事处太监拿来事先已经拟好的一大堆"上谕"，溥仪一口气就下了八道"上谕"：

一、即位诏。诏书宣布"于宣统九年五月十三日（1917 年 7 月 1 日）临朝听政，收回大权，与民更始。"

二、黎元洪奏请奉还国政，封一等公，以彰殊典。

三、设内阁议政大臣，其他官制暂照宣统初年，现任文武大小官员均着照常供职。

四、授张勋、王士珍、陈宝琛、梁敦彦、刘廷琛、袁大化、张镇芳为内阁议政大臣。

五、授万绳栻、胡嗣瑗为内阁阁丞。

六、授各部尚书：梁敦彦为外务部尚书，张镇芳为度支部尚书，王士珍为参谋部尚书，雷震春为陆军部尚书，朱家宝为民政部尚书。

七、授徐世昌、康有为为弼德院正副院长。

八、授总督和巡抚：张勋兼直隶总督，冯国璋为两江总督，陆荣廷为两广总督。其他各省督军改称巡抚。

次日，溥仪宣布又补授瞿鸿禨、升允为大学士，冯国璋、陆荣廷为参与国政大臣；补授沈曾植为学部尚书，萨镇冰为海军部尚书，劳乃宣为法部尚书，李盛铎为农工商部尚书，詹天佑为邮传部尚书，贡桑诺尔布为理藩院尚书。

张勋还发表通电，攻击辛亥革命"创改共和，纲纪隳颓，老成绝迹，暴民横恣……"谬称共和不若君主，"相距天渊"。"为时势计，莫如规复君主；为名教计，更莫如推戴旧君"。宣布已"奏请皇上复辟"，以使国民"享数百年或数十年之幸福"。并通令各省"遵用正朔，悬挂龙旗。"

那些早就盼着清室复辟的王公贵族对于张勋复辟则是既高兴又不高兴。

不高兴的是，张勋宣布复辟的第二天专门发了一个"上谕"，禁止亲贵干政，王公贵族对此十分忿激。醇亲王载沣被那些王公贝勒贝子们包围起来，吵嚷着要和张勋理论，并要求"皇上"做主。陈宝琛师傅立即对溥仪说："本朝辛亥让国，就是这帮王公亲贵干政闹出来的，现在还要闹，真是无知已极，皇上万不可答应他们！"

张勋及其复辟集团的倒行逆施，立即遭到全国人民的强烈反对。段祺瑞趁机在天津马厂组织讨逆军总司令部，自任总司令，段芝贵、曹锟分任东西两路司令，率师讨伐张勋。讨逆军事行动从7月5日开始，到7月12日晚结束，张勋的辫子军一部被击溃，一部缴械投降。张勋在德国人的保护下仓皇逃往荷兰使馆寻求庇护。张勋复辟丑剧为时仅12天即告收场。

7月17日，代理总统冯国璋发布总统令，通缉张勋及其同谋康有为、刘廷琛、万绳栻、梁敦彦、胡嗣瑗等。张勋龟缩在荷兰使馆，成为人们耻笑的对象。有人以张勋两名小妾的名字赋长联云："往事溯从头，深入不毛，子夜凄凉常独宿。大功成复辟，我战则克，琴心挑动又私奔。"

张勋一生荒淫无耻，有一妻十妾。联中的"毛"指张勋的小妾小毛子，此人是秦淮名妓，张勋任江南提督以八千金买来，筑别室于南京松涛巷口，楼下守兵荷枪，行人不得驻足。"琴"即张勋在天津纳的新宠王克琴，尽夺小毛子之宠，小毛子忧郁而亡。王克琴后生一子，贺仪极盛。及至张勋复辟失败，张遁入荷兰使馆，王克琴席卷所有逃往上海。

1918年10月23日，新上任不久的徐世昌总统据曹锟电呈，宣布取消对张勋的通缉令。1921年，徐世昌又任命张勋为热河省林垦督办。张勋以职小权轻辞不就。

1923年8月2日，张勋病死于天津英租界，时年69岁。

据估计，张勋一生聚敛的动产、不动产达五六千万元。生活极其腐化奢淫。他家的丫鬟来喜专门负责给燕窝钳毛，日子长了，眼珠都钳瞎了。

张勋的私生活极其腐烂，而且十分蛮横霸道，妻妾到了张勋家，虽然吃穿很好，但从此失去一切自由，就像坐牢一样。平时不许小妾和外人说话，也不许来往。张有酣睡在女人身上的怪癖，稍微一动即予拳打脚踢，甩下床去。小妾们不敢上床再睡，只好在椅子上熬一夜。张勋的宠妾王克琴说："这种非人的待遇真是连牲畜不如。"①

第三节　卑鄙佞倖的段芝贵

袁世凯麾下，有两位姓段的重要人物——段祺瑞和段芝贵，北洋系圈子内的人称段祺瑞为"老段"，段芝贵为"小段"。有人说，小段作事"老练机密，残酷生辣"。也有人说，段芝贵"卑鄙佞倖，而项城宠信之"。袁世凯先后封他为陆军上将、镇安上将军督理奉天军务兼节制吉林、黑龙江军务、一等公爵。

贿官买官连升数级的段芝贵

段芝贵，字香岩，安徽合肥人，生于清同治八年（1869）。段芝贵与段祺瑞（字芝泉）这两个近代史上的显赫人物都是安徽合肥人，一般人都怀疑两段是同一家族。其实不然。段祺瑞祖籍江西，四迁至合肥，可以说是落籍不久的外来户；而段芝贵则是世居合肥的土著。他们两人是同姓不同宗，并无亲戚渊源。从年龄上说，段祺瑞年长，故人称他为老段，而称段芝贵为小段。在发迹后，两段叙过宗谊，论辈分，段芝贵还长段祺瑞一辈呢。

段芝贵幼年间曾在李鸿章家做过书童，由于他聪明伶俐，为人乖巧，深得李鸿章的欢心，李鸿章在直隶总督兼北洋大臣任上创办北洋武备学堂，保送段芝贵入该学堂读书，段毕业后留学堂任教习，后任职于北洋军械局。据说，段芝贵虽是北洋武备学堂的毕业生，但学习成绩平常，对于军事学简直可以说一窍不通。但他擅长应付敷衍人事，他的精力都用在对付人上面去了。

---

① 杨文恺:《张勋之妾王克琴的自述》,《文史资料存稿选编·晚清北洋》上册，第776页。

段芝贵的父亲段有恒是准军军官，和袁世凯认识。袁世凯到天津小站编练新建陆军后，即于光绪二十三年（1897）将段芝贵调到新建陆军，任命他为督操营务处提调。袁世凯署理山东巡抚后，任命段芝贵为文巡捕，并由督办营务处派李纯、陈文远和李在田作为文巡捕的属员。袁世凯从天津小站出发前往山东济南就任时，乘坐八人抬的大桥，到青县以后才改乘大船。文巡捕的职务类似后来的副官长，在袁世凯身边服务，遇有地方文武官吏前来，都由段芝贵接待。在赴山东济南途中，段芝贵作为文巡捕随侍在袁的左右，在行至沧州时，袁世凯临时有事召见段芝贵。当段芝贵稍后回到袁的身边时，袁就问段到哪里去了，段随口撒谎说："随员陈文远病了，我替他请大夫去了。"

在应付完袁世凯的盘问后，段芝贵立即找到陈文远，悄悄地将事情的原委说了一遍，让他在回答袁世凯的问话时按照他编造的谎言答复。果然不出所料，当袁世凯后来见到陈文远时，袁果然问道："听说你病了，好了吗？天气太热，免不了要中暑，吃副药，休息休息就好了。"陈文远便按照段芝贵事前对他的吩咐回答了袁世凯的提问。这件事很小，但说明袁世凯一直在考察身边的人，而段芝贵对这件事的处理也反映了他是个很细心机警的人。

袁世凯由山东巡抚调任直隶总督兼北洋大臣后，由于《辛丑条约》的限制，天津市内不许驻兵，袁世凯便从他的队伍中挑选若干兵弁，换上警察衣服，驻在总督衙门附近，段芝贵被任命为北段警察总办，天津金刚桥以北，由总督衙门到老车站，都归他管辖。北段警察总办虽辖有1个团的兵力，但因为另有统领到金校直接带兵，段芝贵的主要工作还是为袁世凯奔走应酬。有一段时间，段祺瑞被调离北洋第三镇，由段芝贵接任，但为时甚短，缺任后仍回天津为袁世凯办理交际应酬方面的事务。

光绪三十二年（1906），盛京将军赵尔巽因东三省形势危殆，办事棘手，奏请朝廷派员前往查看，共商要政。这年九月，清廷派首席军机大臣、庆亲王奕劻之子载振和徐世昌前往，途经天津时，袁世凯留他们小住几天，由段芝贵等负责接待。段芝贵在安排载振看戏时，发现载振为一个色艺俱佳的歌妓杨翠喜所倾倒，善于察言观色的段芝贵觉得奇货可居，立即以12000两白银将杨翠喜从妓院赎出，待载振从东北回来时献上，并从天津商会王竹林处借得白银十万两作为奕劻寿礼。载振得到段芝贵献上的厚礼后大喜，欣然受之。

　　不久，清廷酝酿东三省改设行省，设东三省总督及奉天、吉林、黑龙江三省巡抚。消息传出，谋官者纷纷奔走于首席军机大臣奕劻之门。奕劻因为与袁世凯早有勾结，对谋官者一概挡驾。不久，东三省总督及三省巡抚人选保单发表，东三省总督兼管三省将军事务，钦差大臣徐世昌，奉天巡抚唐绍仪，吉林巡抚朱家宝，署理黑龙江巡抚段芝贵。此四人均袁世凯的心腹和死党，这是袁向奕劻推荐的结果。这样一来，袁的北洋系势力控制了东三省，把东三省变成北洋系的外府。这个任命名单一公布，舆论立即哗然，特别是段芝贵以一个候补道署理巡抚，连升数级，更使举朝哗然。监察御史赵启霖愤愤不平地表示："黑龙江事最棘手，日俄交涉，多在该省，胡匪又群聚于彼，内治外安，谈何容易？以如此重寄而付之于资望甚浅、才具极庸之段芝贵，渠有何功何德，以一道员越数级而超升巡抚？俟彼三月，如无成效可观，我当以白简从事，勿谓其官不惜重赀而来，内有奥援，便可常保此座也。"[1]

　　赵启霖并没有等三个月，便于光绪三十三年三月二十五日（1907年5月7日）狠狠参奏了一本，重点参段芝贵和奕劻、载振父子，并且牵及袁世凯。参折在叙述了段芝贵献杨翠喜、送寿礼的事实后指出："在段芝贵，以无功可纪，无才可录，并未引见之道员，专恃夤缘，骤跻巡抚，诚可谓无廉耻。在奕劻、载振父子，以亲贵之位，蒙倚畀之专，惟知广收略遗，置时艰于不

---

① 侯毅：《清末台谏中勇于同权奸斗争的"三菱公司"》，《〈近代史研究〉专刊》第3辑。

问，置大计于不顾，尤可谓无心肝。"①

慈禧太后览折大怒，当即谕令撤去段芝贵的布政使衔，毋庸署理黑龙江巡抚。同时，谕令彻查此案。上谕称："御史赵启霖奏：新设疆臣，夤缘亲贵。物议沸腾、据实纠参一折。据称段芝贵夤缘迎合，有以歌妓献于载振，并从天津商会王竹林措十万金，为庆亲王寿礼等语。有无其事，均应彻查，著派醇亲王载沣、孙家鼐确切查明，务期水落石出，据实复奏。"②

这一下，段芝贵、载振及其后台奕劻、袁世凯都慌了手脚，段芝贵悄悄地把杨翠喜从载振的贝子府里接出来，送到天津盐商王竹林家中，叫王承认杨是他新纳的小妾。王竹林本是接近官府的奸商，现在既可白得一个美妾，又可见好于权贵，当然是求之不得的美事，便满口应允下来。醇亲王与孙家鼐查到王竹林处，王便依照段芝贵等事先嘱咐的话，依样画葫芦说了一遍，于是载沣、孙家鼐便以"事出有因，查无实据"八个字回奏上去。结果，终于使大事化小，段芝贵虽然被撤职，但奕劻、袁世凯丝毫无损，只要后台在，就不会没有段芝贵的功名。段芝贵被撤职后，袁世凯介绍他到东三省总督徐世昌处闲住。有人赋诗说："买赠佳人金屋娇，封疆擢任气何豪。启霖多事煞风景，却上弹章拆凤巢。"

随袁世凯出山，成为袁的打手

辛亥武昌起义爆发后，清廷被迫启用袁世凯，并让原被革职的或开缺的北洋系成员随袁世凯一道出山。其中直隶候补道段芝贵等"均著准其调赴前敌差遣委用"。在袁世凯北上就任清廷内阁总理大臣职务后，清廷又于宣统三年九月初八（1907年11月14日）谕派赏直隶候补道、副都统衔的段芝贵暂护理湖广总督，段芝贵一步登天，在短短的几天里，从候补道员跃升为封疆大吏，真是出乎意料。次日，清廷又电谕段芝贵："当此军事吃紧，务当

---

① 侯毅：《清末台谏中勇于同权奸斗争的"三菱公司"》，《〈近代史研究〉专刊》第3辑。
② 来新夏主编：《北洋军阀》（一）第383页。

激发公忠，力图报称。"①

段芝贵是袁世凯的死党，自然以袁的意志为意志。1912 年，袁世凯窃取大总统职位后，任命段芝贵为拱卫军总司令，负责北京的治安。同年 12 月，出任察哈尔都统。刘成禺在《世载堂杂忆》一书中写道："袁世凯入民国，重要密件，事事皆付芝贵执行，如密令京津保四镇兵变，捕杀张振武，毒死赵秉钧等案，皆芝贵怀挟密令，相机行之。"②

关于京津保四镇兵变的内幕，刘成禺介绍说："唐少川告予曰：当时兵变发生，南（方）代表束手无策，促予黎明访袁。予坐门侧，袁则当门而坐，曹锟戎装革履，推门而入，见袁请一安。曰：报告大总统，昨夜奉大总统密令，兵变之事，已办到矣。侧身见予，亦请一安。袁曰：胡说，滚出去。予始知大总统下令之谣不诬。后查兵变始末，其策建于段芝贵，初欲扩大拥袁为陈桥之变；后见南方军势尚盛，内有冯国璋之禁卫军不合作，乃缩小范围，令曹锟第三镇中密派一营哗变，藉以恐吓南（方）代表。不知一发而不可收，京中变兵，经禁卫军镇压击散，冯国璋恐兵变危及两宫，故全军出击，未几京、津、保全告变矣。曹锟为段芝贵所绐，愤懑回天津原籍，因此密令由段芝贵黑夜亲手交曹也。曹归津，袁乃派人赍金佛十二尊赐曹锟，段芝贵亲往说之，始来京。"③"北京兵变，虽曰段（芝贵）谋，不能说袁不知。袁术如此，军纪从此败坏矣。无怪张之洞评袁，不但有术，且多术矣。袁创此术，部下多效之，王占元部下之武昌兵变，兵士整队掳掠；某军武穴兵变，官长奉令劫夺。用术一时，流毒甚远，深可慨也！"④

民初的政治斗争，多有段芝贵的参与。例如，袁世凯因参议院否决了他提名的内阁人选名单，而恼羞成怒，段芝贵等军警特务头目即组织所谓"健

---

①　来新夏主编：《北洋军阀》（一），第 415 页。

②　刘成禺：《世载堂杂忆》，第 210 页。

③　刘成禺：《世载堂杂忆》，第 171—172 页。

④　刘成禺：《世载堂杂忆》，第 172 页。

公十人团"，给每一位参议员发一封署名"健全十人团"的恐吓信。信中写道："今日瓜分在即，而吾国务院摇摆不定，已陷于无政府之地步。此皆贵议员各争党见，不顾大局所致。明日国务员倘再不能通过，我中国亡无日矣。而我诸先烈牺牲性命所造成之共和国，不幸亡于诸君之手；又不幸而以诸君之故，使吾等为亡国奴。诸君之肉，其足食乎？吾等与其将来为亡国奴，不如今日死；又不如牺牲我个人之生命，使诸议员先死！而我四万万同胞或有生之日也。敬备炸弹十枚，以伺诸君后。健公十人团上。"

袁世凯在镇压"二次革命"的前夕，又指使冯国璋、段芝贵、姜桂题、张勋等北洋高级将领81人联名发表通电辱骂缔造中华民国的元勋伟人。在这份电报中，段芝贵排名第二，可以看出段在北洋军阀中的地位。

袁世凯在做好一切准备后，派两路大军南下，冯国璋、张勋等部沿津浦铁路南下，进攻徐州、南京等地；另一路则由段芝贵统率第一军由京汉铁路南下，由湖北进攻江西、湖南。袁世凯任命段芝贵为陆军上将、陆军第一军军长兼江西宣抚使。袁世凯的意图是在战争结束后任命冯国璋为江苏都督，任命段芝贵为湖北都督，用这两名心腹大将坐镇号称南北枢纽的江苏、湖北两个重要省份。但事情并不顺利，在津浦路上，冯国璋一味避战，而让顽固不化的张勋抢了头功，袁世凯不得不暂时任命张勋为江苏都督，以塞悠悠之口；而在京汉线上，袁世凯任命段芝贵为第一军军长，所统率的主力是王占元的第二师和李纯的第六师。李纯当时是豫南总司令，他想通过战争取得江西都督的位置，对于袁世凯安排段芝贵作为自己的顶头上司，以为是段芝贵要和他争江西地盘，心里很不高兴，加以段芝贵没有带兵作战的经历，没有军事经验，李纯更加瞧不起他，对段芝贵这位军长很不服气，也很不礼貌，让段芝贵生了不少闲气。镇压"二次革命"后，李纯取得了江西地盘。1914年2月1日，段芝贵也终于继段祺瑞之后做了湖北都督。同年6月30日，袁世凯晋升段芝贵为彰武上将军督理湖北军务。当时称上将军的只有段祺瑞、张锡銮、冯国璋、龙济光与段芝贵5人。

段芝贵到任后，与坐镇河南省开封的陆军总长段祺瑞配合，全力镇压白朗起义。白朗起义军作战灵活，段芝贵和段祺瑞对白朗起义的作战开始并不顺利。袁世凯1914年3月21日致电段祺瑞等以示不满。电报如下：

开封段兼督、武昌段署督、信阳王副司令汝贤：华密。白匪久未平，各国报纸谓政府力弱，不足以保治安，乱党又从中鼓吹，殊损威信。因而近日中国债票跌至百分之十二、三，续借款愈难办，关系全局甚重。望努力设法督饬速平为要！大总统。马印。[①]

白朗起义历时三载，转战河南、安徽、湖北、陕西、甘肃五省，攻克过50多座大小城市，沉重地打击了袁世凯的反动统治。但白朗起义军始终没有建立过稳固的根据地，重蹈了中国历史上农民战争中流寇主义的覆辙，最后终于在北洋军优势兵力的进攻下失败。

洪宪帝制祸首

段芝贵虽然得到袁世凯的宠信，但他在湖北并不十分愉快。因为他本人没有直接掌握军队，兵权全在第二师师长王占元手里。王占元也和李纯一样，是直系首领冯国璋的心腹大将，对于皖系的段芝贵并不十分买账。后来，袁世凯为了安抚王占元，给他加了一个帮办湖北军务的头衔，但仍不能满足王的欲望。

当时，驻奉天的镇安上将军张锡銮也与所辖的奉系师长张作霖、冯麟阁处得很不融洽，于是袁世凯决定将段芝贵与张锡銮对调。段芝贵于1915年8月2日调任镇安上将军、奉天将军兼节制吉林、黑龙江军务。

段芝贵的父亲段有恒是淮军出身，曾在奉天任职多年，张作霖被赵尔巽招抚时，曾经拜段有恒为义父，请段作他的保人，论起来段芝贵和张作霖是

---

① 杜春和编：《白朗起义》，第146页。

义兄义弟。因此，段芝贵兴高采烈地到奉天去接任。回想十年前，段芝贵因
以卑鄙下流手段运动黑龙江巡抚而遭革职处分，弄得十分没有面子。如今不
到十年，段芝贵却以镇安上将军的身份成为东三省的最高军政长官。想到这
里，段芝贵心里不免有几分得意，过去灰头灰脸的一幕已经翻过去了。

袁世凯帝制自为的意图公开后，最擅长拍马屁的段芝贵自然紧紧跟进。
段芝贵致参政院电报中说："参政院鉴：巩固国基，不能不妥筹长治久安之
策。舍君主立宪，无以救亡。芝贵征求全国军人意见，体察湖北、奉天舆
情，一致主张。特请贵院迅速议决君宪政体，将全国请愿书咨请政府核定
公布。若候至国民会议，时期太长，民心不定，恐非救国善策。段芝贵。
谏印。"①

1915年10月28日，段芝贵致电统率办事处等呈报奉天筹备帝制活动
的经过：

北京。统率办事处，政事堂，各部、院，各省将军、巡按使，并转各镇
守使、徐州巡阅使、承德、张家口、归化厅都统，福州、贵阳护军使，上海
镇守使鉴：奉省今日决定国体投票，计奉省五十六县，代表共五十六人，开
票后，赞成君主立宪，全体一致。各国民代表复全体推戴今大总统袁公世凯
为中华帝国大皇帝，欢声如雷。是日，礼仪肃穆，秩序整齐，全场皆为中国
前途庆幸。计：各代表报告票数电一件、推戴电一件，均是电达大总统及代
行立法院者；委托代行立法院为总代表电一件，是电达代行立法院者；又商
界推戴电一件，军政呼界推戴电共一件，系电达大总统者，均于即日办竣。
芝贵敬致祝词，文曰："神圣首出，国体改良，箕毕同好，拥护中央，爱我元
首，建极惟皇，千年万，康乐无疆。云云。"特以奉闻，伏乞鉴察。奉天将
军兼巡按使段芝贵叩。十月二十八日。

---

① 筹安会编：《君宪问题文电汇编》，第96页。

　　袁世凯称帝后，大封"功臣"，封段芝贵为一等公爵。封一等公爵的仅5人，段居其中，从此可以看出在袁世凯黄袍加身的丑剧中，段芝贵扮演了一个显赫的角色。刘成禺说："洪宪帝制，世凯颁皇室规范之制，自皇二子以次，皆得饰碧玉洗于帽前，以别凡流，芝贵亦获此赐，故京师人谓芝贵实居养子之列。"刘成禺为此赋诗云："宝扇龙帷上寿樽，南薰宫里烂盈门。君王碧玉颁冠玉，养子承恩四子婚。"①

　　段芝贵在晚清因杨翠喜一案秽声远扬，而今段以镇安上将军成为东三省最高军政长官，东北地方军阀自张作霖以下皆不服。据说，张作霖曾派其参谋赵锡龄特函谒见张镇芳，质问袁世凯何以重用此种人？张镇芳复张作霖函云："可径以兵攥之。"张作霖接到信后，又派赵锡龄持函去见张镇芳，谓如此办法，恐怕袁世凯怪罪。张镇芳对赵说："项城方面，有我负责。"②张作霖得到张镇芳的支持后，遂与冯麟阁等联合驱段芝贵。段芝贵逃回关内后，张镇芳之公子张伯驹赋诗嘲笑之："三边节制宠超群，秽史流传事尚闻。一夜枪声行署外，可怜吓走上将军。"

袁世凯死后，依附同乡段祺瑞

　　段芝贵是反袁护国军指名要求惩处的洪宪帝制"十三太保"之一，但由于段祺瑞的庇护，在北京政府1916年7月14日发表的惩办帝制祸首命令上并没有列入段芝贵的名字，使他轻易逃脱了惩处。

　　袁世凯死后，北洋派分裂成以冯国璋为首的直系和以段祺瑞为首的皖系。段芝贵和冯国璋、段祺瑞两个人都很熟悉，也没有什么恩怨，不过，段芝贵与冯国璋手下的两员大将李纯和王占元都发生过摩擦，自然留下阴影。而段芝贵与段祺瑞不仅是安徽合肥同乡，而且攀上了同宗关系，段芝贵自然逐渐向段祺瑞靠拢。

---

① 刘成禺，张伯驹：《洪宪纪事诗三种》，第25页。
② 刘成禺，张伯驹：《洪宪纪事诗三种》，第302页。

据知情人透露，袁世凯在世时，小段、老段并没有什么特殊关系，老段曾经是反对袁世凯称帝的中坚，而小段则是袁世凯的忠臣。袁死后，小段才和老段日渐亲近起来。两人尽管个性不同，但小段却是个极其机警聪明的人，善于逢迎，自然很快得到老段的信任。

1917 年 7 月，张勋复辟发生后，段芝贵随段祺瑞赴天津附近的马厂组织讨逆军，段祺瑞任命段芝贵为东路讨逆军司令，指挥第八师和第十六师混成旅沿京津铁路西进；曹锟为西路讨逆军司令，指挥第三师、第二十师沿京汉铁路北上，东西两路直指张勋盘踞的北京城。张勋的"辫子军"很快被打败，复辟闹剧仅维持了 12 天。张勋复辟失败后，段芝贵自然有了功劳，于是被段祺瑞任命为京畿警卫总司令。在处理张勋复辟的罪犯时，段芝贵还趁机报了私仇，抓获了原来在奉天驱赶他的冯麟阁。按照段芝贵的本意，本想将冯麟阁就地正法，但因为抓获冯麟阁的陈文远师长不肯照办，冯才保住性命。

1917 年 12 月 18 日，段芝贵出任王士珍内阁的陆军总长，至 1919 年 1 月 11 日为止。民国以来，出任陆军总长的只有段祺瑞和王士珍，段芝贵是出任该职的第三人。段芝贵成为段祺瑞为首的皖系"四大金刚"之一。

1920 年直皖战争爆发，段芝贵与徐树铮分任皖军西路和东路总司令。皖军西路在京汉铁路京保段，有边防军第一师、边防军第三师第五混成旅、陆军第十五师、第九师两个营和第十三师辎重营，在涿州、固安、涞水以北布防。直军西路总指挥为骁将吴佩孚，指挥的部队有第三师及第二、第三两个混成旅。西路是皖军的主攻方向，双方的主力部队都在这里。段芝贵的指挥部设在琉璃河附近铁路的一列火车上，车前悬一木牌，上书"总司令处"四个大字，办事人员有百余人之多。火车上，除指挥作战的东西外，还有烟枪、烟盘 14 副，麻将牌 7 副，厨师 20 余人。而吴佩孚则轻骑简装，在固安以南约 30 里的牛驼镇坐镇指挥，双方主帅形成了鲜明对比。在战争打响前，皖系曾放出大话：仗一打，七天内必占领直系老巢保定、德州，十日之内俘虏曹锟、吴佩孚。然而，牛皮不是吹出来的。皖军的西路和东路总司令段芝贵、徐树铮都是不知兵的门外汉，与知兵善战的直军主帅吴佩孚比起来，相去不啻天壤。

战争只打了三四天，皖军即众叛亲离，全军溃败。段芝贵、徐树铮眼见前线战事失利，指挥失灵，即闻风丧胆，仓皇逃回北京。直皖战争以皖系的彻底失败而告终。

皖系失败后，段芝贵即列入祸首，被画影图形地在各地悬赏通缉。但他和所有祸首一样，依旧在帝国主义的庇护下逍遥法外，匿居北京使馆不出。1922年1月被撤销通缉，移居天津租界，不问政事。1925年3月22日病死，享年56岁。

第四节　毅军老将姜桂题

姜桂题是袁世凯麾下的毅军统领，其人身材高大，比常人要高出一个头，而且为人诙谐，个性独特，毅军官兵昵称他为"姜罗锅"。姜桂题与袁世凯的嗣父袁保庆是换帖的拜把兄弟。故袁称姜为"叔"，姜呼袁为"老四"。袁世凯依靠他来维系北洋非嫡系。

背弃捻军投靠清军，成为毅军统领

姜桂题，字翰卿，安徽亳县人，生于清道光二十四年（1844）。姜家是亳县姜、蒋、刘、李、耿、马、路、汤八大家族的首户。姜桂题早年丧父，其母雷氏将他送给郭家当义子，郭家为他改名姜郭定。他发迹后，人称他为"姜老郭"。

清咸丰年间，安徽发生了以张乐行为盟主的捻军起义，其中亳县有著名的"亳州三雁"，即红旗李廷彦、花旗雷雁、黑旗丁世彦。其中花旗雷雁是姜桂题的姑表兄弟，因为此关系，姜桂题参加了雷雁率领的捻军，做了二趟主（捻军称自己首领为趟主）。

同治二年（1863）春，钦差大臣僧格林沁指挥清军攻陷捻军根据地雉河集，捻军盟主张乐行被俘牺牲，"亳州三雁"中的李廷彦、丁世彦也相继遇难，捻军受到沉重打击。僧格林沁对捻军一面残酷杀戮，一面采用收买分化政策，向花旗雷雁送来招降札子，雷雁见大势已去，弃军而去，招降札子落入姜桂题手中。姜桂题立即出卖捻军兄弟，投靠僧格林沁，当了一名哨官。在僧格林沁的副官陈国瑞指挥下，姜桂题掉转大刀参与镇压捻军，成为捻军的凶恶敌人。姜桂题因镇压捻军有功，被任命为管带。

同治四年（1865），清毅军统领宋庆听说姜桂题很勇敢，就把他招到麾下，姜开始了在毅军内"由偏禅而登统帅"之路。姜桂题随宋庆追击捻军张宗禹部，转战皖、豫、直、鲁，屠杀起义军。同治七年（1868），捻军起义失败后，姜桂题又随宋庆西征，在攻打肃州时，姜身负重伤。镇压甘肃回民起义后，姜桂题被授予总兵，加"巴图鲁勇"号。

光绪六年（1880），钦差大臣袁甲三奏请将毅军调到旅顺防守，姜桂题随宋庆离开苦寒的西北地区，在旅顺驻防十几年。中日甲午战争爆发后，姜桂题、卫汝成、徐邦道等守卫旅顺，由龚照玙统率，但各军互不协调，各行其是。据说，在日军进旅顺口前，姜桂题曾抓获日寇侦探十余人将其斩首后穿耳悬挂于树上，以示威武。姜桂题等清军只注意防备日寇从海上进攻，却未料日寇越山从背后杀来，姜桂题等毫无防备，被日寇击溃。日寇见树林上悬挂的侦探首级，顿时兽性大发，在攻下旅顺后进行疯狂大屠杀。[①] 姜桂题有亏职守，被朝廷革职永不叙用。

光绪二十一年（1895），袁世凯到天津小站编练新军。袁世凯为了将新建陆军变成袁家军，多方笼络和收罗能够为己所用的军事人才。光绪二十二年（1896），姜桂题因为是袁家故交，也被袁世凯收罗到自己麾下，参与练兵。袁世凯鉴于姜桂题是毅军的老将，便任命他为右翼翼长。

当时，姜桂题还是一个被朝廷革职的人，功名尚未起复，每逢新建陆军

---

① 王伯恭：《蜷庐随笔》，山西古籍出版社1999年版，第99页。

阅操时，其他将领个个翎顶辉煌，只有姜桂题一人穿着袍褂，头上却没有顶戴，大帽子上面光秃秃的，别人便嘲笑他是个"蜡扦"，但他并不以为意。

袁世凯署山东巡抚后，姜桂题也随袁世凯开到山东，率部进驻山东泰安、青州（今益都）、潍县等地。

光绪二十六年（1900）八国联军侵入北京，慈禧太后挟光绪皇帝仓皇西逃，并授命奕劻、李鸿章为全权大臣，向八国联军乞和。李鸿章随即奏调姜桂题率 8 营老毅军入京"拱卫京师"。姜桂题秉承李鸿章的旨意，勾结八国联军屠杀义和团，充当侵略者的帮凶。《辛丑条约》签订后，姜桂题又奉命前往西安迎接慈禧太后和光绪皇帝回京，两宫回到北京后，姜桂题又指挥所部入卫京师。姜桂题善于奉承，得到慈禧太后的宠信。因"功"加太子少保衔，授紫禁城及西苑骑马，赏穿黄马褂。姜桂题之受宠，从以下一个故事也可反映出来。慈禧太后一生骄奢淫逸，从西安回到北京后，照旧歌舞升平，过着醉生梦死的糜烂生活。慈禧在宫里看戏时，少不得也要召集一些文武官员陪看，名曰"赏听戏"。姜桂题迎贺有功，每次赏听戏，自然少不了有他。他第一次进宫去看戏，仍和平时在戏园子里一般，看着看着，看高兴了，不知不觉手舞足蹈，大声叫好起来。在宫里"赏听戏"本是这些文武大员们的荣誉，照例是诚惶诚恐，鸦雀无声的，谁也不敢放肆，鼓声喝彩，唯恐惊了驾。现在居然有人大声叫好，在座的官员一个个相顾失色，都替姜桂题捏了一把汗。慈禧也听见了，便叫太监去看看，是什么人这么放肆。太监回报说："是姜桂题！"慈禧听说是姜桂题，不但不气，反而笑了，说："甭管他了，那是个粗人。"这么一来，姜桂题在宫里听戏叫好，就算是"奉了旨"了。

光绪三十一年（1905），姜桂题奉命办理长江防务，驻南京浦口编练江防军。

光绪三十四年（1908），毅军统领马玉昆病死在直隶通县，朝廷加谥号"忠武"。马玉昆死后，清廷即命姜桂题继任武卫左军总统官，将所训练出来的 20 营江防军交张勋接管，本人北上直隶就职。姜桂题从捻军的叛将发迹成为毅军的统帅。宣统二年（1910），姜桂题升任直隶提督兼武卫左军总统官。

辛亥革命后，姜桂题派一部官兵由米振标率领开往山西镇压革命。在南北议和期间，袁世凯指使心腹大将段祺瑞领衔发表通电以武力逼宫，姜桂题也列名电报上，附和袁世凯，帮助袁窃取辛亥革命的果实。

姜桂题劝袁世凯早正帝位

袁世凯窃取辛亥革命的果实，从清王朝的内阁总理大臣摇身一变成为了中华民国的临时大总统。为了打消南京临时政府让袁世凯南下就职的念头，袁指使北洋第三镇发动"兵变"，吓阻南京来的迎袁专使蔡元培等人。

兵变发生后，外国驻华使节向袁世凯提出抗议，并要求赶紧制止兵变。袁心中有数，不慌不忙地回答说："不要紧，这只是一部分。我的毅军还挺稳当，可以保卫治安。"但第二天，毅军也跟着闹起了兵变，还砸了戏园子。袁世凯便下令毅军开到直隶通州去。

民国成立后，武卫左军恢复毅军名称，有几万人，号称十万。姜桂题曾与袁世凯的嗣父袁保庆是换帖的拜把兄弟。在加入袁世凯麾下后，又与袁世凯换贴称兄道弟。在袁当了总统后，姜桂题按照惯例，将"兰谱"退回给袁世凯。事实上，袁世凯对这位老把叔、老把兄始终另眼相看。姜桂题在袁世凯面前，是唯一敢开玩笑的人，他甚至可以当着袁的面拉小便，袁仍不以为忤。

姜桂题的毅军待遇也高出袁的嫡系部队，例如，毅军士兵月饷为 4 两 3 钱白银，合大洋 6 元，而袁嫡系北洋军士兵每月只有 3 两 3 钱，而且毅军军服等费用也不从士兵月饷中扣除。毅军军官的饷银也比北洋军军官要高，毅军管带月饷为 500 两白银，而北洋军同等级的营长只有 120 两白银；毅军统领（相当于旅长）的月饷是 700 两白银。还有一次，北洋政府陆军部从德国进口 6 尊最新的管退炮，袁世凯下令全数拨给毅军。

毅军自宋庆时代起就有一个传统，将官士兵一向和家人父子一样。将官家里有事，便由部队士兵来代办，穿堂入室，不以为奇。因此，每逢作战，便能抱成一团，有句口号说"打不散的毅军"，就是这个缘故。姜桂题一天到晚和士兵嘻嘻哈哈，不拘小节。而且部下犯了错误，姜桂题照例总是斥责将官，不加罪士兵，因此士兵们便对他特别爱护，称他为"姜锣锅"。只要提起"姜锣锅"来，个个赞不绝口。对于姜桂题的这种随随便便，不摆长官威仪的马大哈式的作风，毅军将领都说"这才是唯大英雄能本色呢"。

民国初年，袁世凯为了实行专制独裁，不断挑起政治纠纷，政治斗争不断。姜桂题作为北洋元老，十分卖力为袁世凯帮腔。1912年7月19日，参议院否决袁世凯提名的内阁名单后，袁世凯唆使北洋文武官员及军警起来反抗，他们纷纷发表通电，攻击参议院"挟持党见，故作艰难，破坏大局。"袁本人则邀各党派参议员六十多人至总统府开谈话会，大谈内政、外交危迫、要议员化除成见，协力挽救"国家"。7月25日，北京军警联合会再次召开特别会议，提出如不通过，就请袁世凯下令解散参议院。当天午后2时，姜桂题以毅军总统官的身份与拱卫军司令段芝贵、直隶提督马金叙和军政执法处处长陆建章等军警要人在安庆会馆"招待"参议员、新闻记者及政界各员，声称"军人等抱一种国家观念，以外患之迫，财政之危，劝告诸君舍内而对外，移缓以就急。"在北洋军警的强大压力下，参议院被迫就范，于7月26日通过了袁世凯提出的名单。

1913年8月1日，袁世凯任命姜桂题为热河都统，次年6月实授。姜桂题受命后将毅军陆续开到热河。姜桂题到任后，与奉天都督张锡銮配合，全力镇压蒙古上层发动的叛乱，为袁世凯镇守一方。

1915年，袁世凯复辟帝制的企图公开后，姜桂题领衔劝进。9月，姜桂题又同段芝贵、倪嗣冲等人以安徽"公民"名义具呈请愿书，谓："今日之政体，非君主立宪，不足以定国是，安人心。"① 劝袁世凯早正帝位。

---

① 全国请愿联合会编：《君宪纪实》第1册，第37页。

袁死后，依附皖系首领段祺瑞

1916 年 6 月 6 日袁世凯死后，黎元洪继任总统，段祺瑞任国务院总理兼陆军总长，掌握北京政府实权。也许是安徽同乡关系，姜桂题在政治上比较接近以段祺瑞为首的皖系。在府院之争中，姜桂题、张勋、倪嗣冲等军阀联名发表通电，要挟总统黎元洪解散国会，并声称"不辞武人干政之嫌"。

1920 年直皖战争前夕，姜桂题奉徐世昌总统之命与张怀芝调停直皖矛盾，但受到直系军阀首领曹锟、吴佩孚的冷遇，姜桂题自讨没趣，只好向徐世昌声明"嗣后绝不再作调人"。

直皖战争以姜桂题所依附的皖系彻底失败而告终。战争结束后，奉系军阀张作霖的势力伸入蒙疆地区。1921 年 9 月 10 日，姜桂题的热河都统被奉系汲金纯夺去，姜桂题失去盘踞了八年之久的热河地盘。内调北京后，徐世昌任命他为昭武上将军、陆军检阅使、毅军统领兼管理将军府事务。

徐世昌总统是一个文人，手中没有军队作为资本，由于他和姜桂题关系良好，调毅军进北京"拱卫京畿"，是希望姜桂题的毅军为自己保驾。

调到北京不久，姜桂题因为血压高，血管破裂发生中风。把病养好后，医生叮嘱他："还要静养，血管要是再次发生破裂，可就没法治了。"姜桂题最爱听戏，医生特别嘱咐："要听戏，可得离锣鼓家伙远着点，免得把脑子震坏了！"1922 年 1 月 16 日，姜桂题到城南游艺园看戏，游戏园安排他坐在前排，戏还没唱完，姜桂题的脑血管就被锣鼓震裂了，脑出血发作死去。

姜桂题在几十年的军旅生涯中，聚敛了巨额财富，在家乡亳县购置大量田产。为了防止乡民的反抗，姜桂题派三个营的毅军长年驻扎亳县，专门替他看家护院，镇压人民。驻扎亳县的这些毅军军纪败坏，横行乡里，无恶不作，他们为了增加收入，在亳县公开种植鸦片，使亳县成为鸦片泛滥的毒区，很多人为此而倾家荡产。

姜桂题有一妻六妾，他的五个儿子自小养尊处优，个个都是横行乡里的衙门恶少。他的长子姜瑞云依仗权势勾结官府以很低的价格强行买地，当地民谣云："姜老扁（瑞云），真赖皮，掂着竿子置人家的地。"姜的次子姜瑞焱早年随姜桂题在北京挂名少将衔营长。此人只会吃喝玩乐，草菅人命，无恶不作。他在亳县盖起了豪华的大观楼和大观园，作为纵欲行凶的魔窟。有个妓女叫石双喜，被姜瑞焱看中，并金屋藏娇，在玩腻后，不是逼她喝酒就是逼她上吊，结果石双喜死于非命。姜桂题的第三妾是用金钱买来的，因为男女关系问题，被姜瑞云侦知，报告于姜桂题，姜回电秘密处死。姜瑞云就带人用白绫把她绞死。①

姜桂题用聚敛的不义之财，培养了几个恶少，造孽一方，这是封建军阀的反动性所决定的。连段祺瑞也说姜桂题"留了很多造孽的产业"，"没有给子孙留一点德。"② 军阀之造孽，是其本性所然。

第五节　愚顽"屠夫"倪嗣冲

倪嗣冲是袁世凯麾下愚顽而又凶残的"屠夫"，辛亥革命后进驻安徽，对安徽进行了长达七年的残暴统治，罪恶昭彰。袁世凯的罪孽，有很大一部分就是由他的这些凶残爪牙造成的。

秀才出身的凶残军阀

倪嗣冲，字丹忱，安徽阜阳人，生于清同治七年（1869），曾中秀才，后投淮军当兵。光绪二十一年（1895）投袁世凯，入新建陆军，是袁世凯早期班底成员之一，但一开始他并不是北洋系很重要的一角。

倪嗣冲后来捐得候补知府，经袁世凯推荐，升任奉天提法使及黑龙江民政使。光绪三十四年十二月十一日（1909年1月2日），袁世凯被开缺回原籍后，东三省总督徐世昌不安于位，也呈请开缺，清廷随即将徐世昌内调

---

① 张荫庭、孙光泉：《姜桂题父子鱼肉乡里纪实》，《文史资料存稿选编·晚清北洋》上册。
② 段宏纲：《先伯段祺瑞事略》，《文史资料存稿选编·晚清北洋》下册，第824页。

为邮传部尚书。新任东三省总督上任伊始，即采取措施铲除袁世凯布置在东三省的爪牙。倪嗣冲以贪赃被革职。宣统元年十一月二十日（1910 年 1 月 1 日），锡良奏明朝廷："查明已革黑龙江民政使倪嗣冲赃款二万九百余两，悉数追出，拔归屯垦经费。"①

倪嗣冲被革职后，闲居了近两年。但辛亥武昌起义爆发后，倪嗣冲东山再起的机会来了。袁世凯受命出山伊始，即要求清廷起用已被开缺、革职的爪牙。清廷任袁心切，被迫一一答应。宣统三年八月三十日（1911 年 10 月 21 日），清廷上谕，答复袁世凯："电奏悉，筹划一切，均甚妥协。副都统王士珍著襄办湖北军务，所有增募新军，布置后路各事，责成经理。军咨府正使副都统冯国璋著迅赴彰德，筹商一切，如必须第二军往助，再令迅回带往，或令各该统制带往战地，相机办理。至请调之副都统衔开缺奉天度支使张锡銮，已革黑龙江民政使倪嗣冲，直隶候补道段芝贵，山东军事参议官陆锦，直隶补用副将张士钰，直隶候补知府袁乃宽，均准其调赴前敌差遣委用。并著第四镇统制官吴凤岭驰赴前敌。现在军情紧急，该督务一面召集巡防军队并饬所调各员迅速前往，一面赶即料理，先行起程，以便就近委筹调度，早靖匪氛。"②

倪嗣冲复出后，袁世凯任命他为河南布政使，帮办河南军务。倪嗣冲在河南成立了一支有 5 个营的军队。不久，袁世凯即任命倪嗣冲为武卫右军左翼长，督办皖鲁豫苏四省"剿匪"事宜，让他率军从河南进攻安徽的革命党人。

倪嗣冲是一个极为愚顽而又凶残的军阀，他极端仇视革命，仇视革命党人。他视革命党为"乱党"，视革命党人为"匪"。在南北议和期间，他不顾南北两军达成的停战令，在夺取安徽太和后继续进攻安徽阜阳。这里是颍州

---

① 来新夏主编:《北洋军阀》（一），第 393 页。
② 来新夏主编:《北洋军阀》（一），第 406 页。

府城淮上军副总司令张汇滔率革命军据城坚守，经过 3 天激战，倪嗣冲部攻入城内，张汇滔率部突围而走。这一战，淮上军有 500 多人战死，300 多人被俘。倪嗣冲攻入城内后兽性大发。除了将被俘的 300 名革命军人全部枪杀外，还把阜阳城内所有不是本地口音的人一律当做"乱党"杀死。[①] 充分暴露了倪嗣冲的凶残本性。在夺取阜阳后，倪嗣冲继续进攻，从淮上军手中夺取了皖北的许多地方。

祸皖七年

1912 年 4 月 27 日，柏文蔚署理安徽都统兼民政长，7 月 1 日实任。柏文蔚是同盟会骨干，是一个具有较高声望的革命党人，而且革命立场比较坚定，被袁世凯视为眼中钉。袁世凯曾授意倪嗣冲收买死党，暗杀柏文蔚，但没有得逞。

1913 年 3 月，袁世凯收买刺客，以卑鄙的阴谋手段刺杀了国民党领导人宋教仁，成为"二次革命"的导火索。为了分化瓦解南方革命势力，袁世凯曾派人到安庆逼柏文蔚辞去安徽督办，改任有名无实的导淮督办，为柏文蔚严词拒绝。袁世凯在做好反革命战争的准备后，于 1913 年 6 月 30 日悍然下令免去柏文蔚的安徽都督，调任陕甘筹办使，派其亲信孙多寿接任柏文蔚的职务，调虎离山。柏文蔚电辞陕甘筹边使，于 7 月 10 日前往南京，与孙中山、黄兴等磋商应变之策。

1913 年 7 月 15 日，黄兴出任江苏讨袁军总司令，黄兴同时任命柏文蔚为安徽讨袁军总司令。7 月 17 日，柏文蔚宣布安徽独立讨袁。7 月下旬，柏文蔚来到安徽蚌埠，成立安徽讨袁军总司令部，皖北各部赴正阳关，集中淮上屯田部队则由张汇滔率领扼守凤台——寿州一线。倪嗣冲获悉寿州已经宣布独立，即率所部八营兵力开抵颍上，进逼正阳关，在鲁口与讨袁军隔河对峙。7 月 20 日，河南都督张镇芳派所部旅长王钰锦率一丈队自河南周口

---

① 胡绳著：《从鸦片战争到五四运动》下册，第 1078 页。

店出发，增援倪嗣冲。倪嗣冲在得到豫军的增援后，以豫军据守正阳关，自己率主力进攻凤台的讨袁军，其计划是"取道凤台，直捣寿县。"7月31日起，倪嗣冲指挥所部定武军向凤台外围阵地发起攻击。淮上讨袁军主力5000余人在凤台城外土山、古域等地依有利地形布防，严阵以待。8月2日凌晨3时左右，倪军向讨袁军发起猛烈进攻，经过十几个小时的激战，倪军攻占古城要塞，讨袁军被迫退守凤台内城。战至下午4时，讨袁军终于不敌，被迫放弃凤台渡淮河溃退。8月3日，倪军渡过淮河，向寿州进击。沿津浦铁路南下的北洋军第二军军长冯国璋分兵1个团增援倪嗣冲，协同进攻寿州。8月5日寿州失守，张汇滔率部退守庐州，被胡万泰部包围，张汇滔仅率少数人突围逃出。8月6日，豫军占领正关。至此，淮上讨袁军全部失败。

倪嗣冲又派遣所部统领王治国、叛变投袁的安徽第一旅旅长顾琢瑭，配合汤芗铭指挥的海军舰队进攻芜湖，讨袁军不敌，龚振鹏被迫弃出走。至此，安徽讨袁军全部失败。

袁世凯于7月27日任命倪嗣冲为安徽都督，从此开始了倪嗣冲残暴统治安徽七年的历史。

倪嗣冲为了巩固他的反动统治，大量任用他的部下和亲戚。如倪嗣冲的胞弟倪毓棻任第四路统领兼皖北镇守使，胞侄倪道烜任督军公署副官长兼第九路统领，胞侄倪道烺任凤阳关监督兼正阳关盐务局局长，胞侄倪朝荣任安武军第一旅旅长，女婿王普任安徽都督府副官长、安武军第三旅旅长兼皖南镇守使，外甥华毓庵任安武军第五旅旅长。倪嗣冲还安置了不少亲戚的亲戚，如倪嗣冲的岳丈宁姓、女儿婆家王姓、姐夫家华姓，连襟家程性、赵姓，胞弟岳丈家戎性等凡是沾亲带故的都一律委以要职。据统计，倪嗣冲的50多个亲族占据了安徽军队、政府、税收等部门的要职，并几乎掌握了安徽全省的税收机关。倪嗣冲亲戚的亲戚前后有30人先后担任厘金局局长、关卡总办、监督等肥缺，如倪的女婿王普的四弟王维生任芜湖纸烟税局局长，王普的本家王孝其任督军公署秘书长，王普的另一本家王汝周任芜湖盐务局局长。① 总之，以倪嗣冲为中心的倪氏家族势力独霸安徽，形成一人得道，鸡犬升天的局面。

倪嗣冲独霸安徽后，拼命扩充他的定武军，从最初的 5 个营扩充到八路40 个营，这是一支极端反动的军阀武装。

倪嗣冲上台后，继续残酷镇压革命党人。1913 年秋，倪嗣冲派遣定武军到寿县进行所谓"清乡"，不仅滥杀无辜，而且把被他屠杀的革命党人的心肝烹炒下酒，大嚼狂饮，充分暴露了这支军队的残忍。安徽人民愤怒地斥责这支禽兽不如的反动武装，称倪嗣冲为"倪屠夫"。为了防范革命党人在安徽活动，倪嗣冲在省内遍设特务机构，制定了各种迫害人民的反革命禁令和条例。在省城安庆设探访局，配合军警到处搜捕革命党人；在各县设立清乡团，动辄以"敌党"、"叛匪"的罪名滥杀无辜。倪嗣冲曾密令各县和探访局："凡拿获乱党，证明后即行就地正法，然后呈报。"②

倪甚至对逃亡安徽省外的革命党人也不放过，派遣特务跟踪追杀。范鸿仙、张子刚、孙德生、张汇滔等安徽革命党人在上海多地遭倪嗣冲派遣的特务暗杀身亡。

在倪嗣冲统治安徽的七年里，究竟有多少革命党人惨死在倪的屠刀下，根本无法统计。倪嗣冲一方面残酷屠杀革命党人，殃及无辜；另一方面横征暴敛，对安徽人民进行疯狂的掠夺和榨取。

他掠夺的手段百出，花样繁多：一是增设关卡、抽取厘金。安徽省内有厘金局 90 多个。重重税收，使商人不堪重负，造成市面萧条，经济破产。二是巧立名目，滥征苛捐杂税，如田赋附加、盐税加征、验契税等。仅验契税一项，安徽全省一年即被勒索达 240 万元之巨。

---

① 戴惠珍等著：《安徽现代史》，安徽人民出版社 1997 年版，第 5—6 页。
② 戴惠珍等著：《安徽现代史》，安徽人民出版社 1997 年版，第 4 页。

　　倪嗣冲及其家族统治集团的大小爪牙帮凶通过横征暴敛，一个个成了暴发户。倪嗣冲本人在家乡阜阳就占有土地七八万亩，成为阜阳第一大地主。倪氏家族还在省内外城市开设银行、钱庄、商店、工厂，据估计总资产达8000万元，存在天津租界内的现洋就达2000多万元。[1] 倪嗣冲将安徽人民剥了几层皮，从而使自己成为富甲一方的暴发户。

　　在倪嗣冲的残暴统治下，安徽经济萧条，教育破产，人民遭受无辜荼毒。倪嗣冲统治安徽时期，是安徽近现代史上最黑暗、人民最忍气吞声的一个历史阶段。

洪宪王朝的第一忠实奴才

　　倪嗣冲的发迹全靠袁世凯的提拔，他对袁世凯一直感恩戴德，始终是袁世凯最忠实的奴才和打手。

　　袁世凯帝制自为的意图公开后，倪嗣冲积极劝进。1915年9月2日，倪嗣冲与段芝贵领衔的北洋19名将军联名向袁世凯上劝进袁，恳请袁世凯迅即"改君主政体，以固根本，而救危亡"。

　　倪嗣冲还参与了"全国请愿联合会"的请愿活动，积极为袁世凯称帝伪造"全民拥戴"的所谓民意。

　　倪嗣冲还与段芝贵、姜桂题等以安徽"公民"的名义具呈请愿书，谓"今日之政体，非君主立宪不足定国是，安人心"。

　　1916年1月4日，倪嗣冲、李兆珍（安徽巡按使）联名电请袁世凯"早正大位，以定名分，而安人心"。

　　1916年2月10日，倪嗣冲、李兆珍又联名密电政事堂等，驳斥反对洪宪帝制的言论。

　　倪嗣冲积极劝进，深得洪宪皇帝的"圣心"。袁世凯称帝后大封五等爵位，封倪嗣冲为一等公。当时封为一等公的仅有6人，以倪嗣冲的资历，这

---

① 戴惠珍等著：《安徽现代史》，安徽人民出版社1997年版，第7—8页。

是破格荣封，皇恩浩荡。倪受封后，在谢恩折中颂扬袁世凯为"圣主"，他本人愿尽犬马之劳为"中华帝国"效命，"为圣主效命疆场"，大表忠心。

然而，洪宪帝制是违背时代潮流的逆流，除了袁世凯的一小撮心腹爪牙，全国人民愤怒申讨袁的倒行逆施。在袁世凯众叛亲离之际，倪嗣冲还想为袁世凯效忠。

1916 年 5 月 18 日，冯国璋在江苏南京主持召开南京会议，讨论袁世凯的去留问题。多数代表主张袁氏退位。袁闻讯后急命倪嗣冲出马破坏南京会议。当晚，倪嗣冲带领 3 个营的卫队示威似地赶到南京。次日，南京会议举行第二次会议，会议开始，倪抢先发言，他大声地吼叫着，还不时用手拍打着桌子，情绪激动，旁若无人地表演着，他大声嚷叫道："你们大家，竟然有人对大总统的地位提出什么建议，我对于这一点，表示坚决反对。"倪嗣冲说到这里，山东代表丁世峄立刻站起来，愤然退出了会场。倪嗣冲视而不见，依然盛气凌人地逼问在座各代表："你们大家是不是可以全权代表本官？"最后，倪嗣冲建议，由各个代表代表他们的本官联衔给西南护国军方面打电报，请他们罢兵言和。于是，就有人附和倪的建议，也有人认为这次会议只是彼此交换意见，不应该再发什么通电。在代表们议论纷纷相持不下的时候，坐在会议主席位上的冯国璋见会议已违背他的初衷，便站起来说了一句："再做商量吧！"然后宣布散会。由于倪嗣冲出面作梗破坏，南京会议没有达到冯国璋最初的目标，最后不了了之。

对于倪嗣冲在南京会议上的表现，冯国璋的秘书长恽宝惠分析说："至于冯召开这次会议的目的，可能有以下的几个方面：首先是他看到袁这时已处在众叛亲离的境地，可以借着这次会议的机会进行倒袁；其次是通过这次会议的召开，可以使袁看到不是我姓冯的对你不帮忙，而是大家对你已经离心离德；再其次是虽然很少有这种可能，但是也不能不估计到的一点，那就是，假如全场仍旧一致拥袁，他就顺风转舵，改变他原来所持的态度。"出乎冯意料的是，正在开会的中间，半途里杀出了一个莽张飞式的倪嗣冲来，这就把原来由冯主持的平平稳稳的会场给搅了个"不欢而散"。倪嗣冲的到来，也并不是偶然的。这是因为冯所估计到的情况，袁同样也能估计到。可能是袁认为，像这样的会议，如果要继续开下去的话，显然会对自己不利。同时，在开了第一次会以后，中间还隔了两三天才开的第二次会。那么，在第一次会上那山东代表丁世峄所提出的有关袁退位的建议，就很自然地会传到了袁的耳朵里，因此，就迫不及待地指使了他的忠实爪牙倪嗣冲带着大批的卫队示威似地去到南京，并且又示威似地大闹会场。否则，倪也算是当时的一个"方面大员"了，又怎么能够心粗气浮到那种程度呢！

1916 年 6 月 6 日袁世凯病死，倪嗣冲即使想为袁效愚忠也不可能了。

上蹿下跳的跳梁小丑

袁世凯死后，以张勋、倪嗣冲为首结成了北洋各省军阀同盟，即所谓"督军团"。这个督军团挟北洋武力干涉中央行政，制造政治风潮，作为"督军团"盟主之一的倪嗣冲扮演了一个上蹿下跳的跳梁小丑角色。

1917 年 7 月，"督军团"盟主之一的张勋拥戴清废帝溥仪复辟，倪嗣冲是参与复辟阴谋的重要角色。溥仪复辟后，封倪嗣冲为"安徽巡抚"。倪嗣冲立即指示在安徽各地张贴黄榜，宣布"圣谕"，悬挂龙旗，改称"大清帝国"。

张勋发动复辟后的三日，却始终没有得到外省的响应，大为恐慌。7 月 4 日，张勋致电参加徐州会议的各省督军，说第四次徐州会议，首由张怀芝、倪嗣冲等人"揭出复辟宗旨，坚明要约"，自己带队北上只是实行会议宗旨。而现在复辟已实行，"诸公意怀观望，复电多以事前未商为言，闻之不胜悚愧。"要求他们履行以前的诺言，赞助复辟。

但倪嗣冲却于 7 月 5 日发表通电声称自己对于复辟之举"事前既毫未商明，事后岂甘心承认？"并表示自己今后一切当随冯国璋、段祺瑞一致进行。

7 月 6 日，代理大总统冯国璋任命倪嗣冲为"讨逆军南路总司令"，所有沪、杭、赣各师旅统归节制。这样，倪嗣冲这位复辟的主要策划者摇身一变又成为反对复辟的总司令。

7月7日，冯国璋下令免去张勋的安徽督军、长江巡阅使各职，特任倪嗣冲为安徽督军。7月9日，冯国璋又令倪嗣冲节制张勋留在徐州的军队。倪嗣冲趁机吞并了张勋留在徐州的50个营约2万人的"定武军"，改编为"新安武军"，倪嗣冲的军事实力更加雄厚。他凭借这支反动武装继续维持其在安徽的残暴统治，直到1920年9月被免职下台为止。

1924年8月9日，倪嗣冲病死在天津租界。

第六节　"虎威将军"曹锟

曹锟是袁世凯所封的所谓"虎威将军"，是袁世凯麾下的一员猛将。在袁死后，曹锟继冯国璋之后成为新直系军阀集团的首领，把持北京政府达4年之久。

从布贩到北洋台柱

曹锟，字仲珊，直隶天津人，生于清同治元年（1862）十月二十一日。曹锟之父曹本生是一位造木船的工匠，收入微薄，家中生计维艰。曹锟生于壬戌年，生肖属狗，正值大雪纷飞的隆冬时节，按照算命书上的说法，寒冬腊月生的"狗"注定会是一条"穷狗"。然而，曹锟这命中注定的"穷狗"，在投靠袁世凯发迹后，兄弟五人疯狂聚敛钱财，成为拥赀数千万的暴发户，富甲一方。所谓命中注定是"穷狗"的说法不攻自破。

曹锟幼年读了几年私塾，也认了一些字，但对于四书五经八股文之类的东西提不起兴趣，平时专爱看一些武侠、公案之类的小说和大鼓词，他最羡慕的是窦尔墩，他也买了一对护手双钩，埋头苦练。由此逐渐染上了恶习，不务正业。16岁时开始贩布生涯，开始时无力购买独轮小推车，只好肩挑手提，走街串巷，到处叫卖。等攒了一些钱后，买了一辆独轮小车，往返于天津与塘沽之间，每次差不多都能赚上几文铜钱。只要曹锟有钱到手，便和一些狐朋狗友挥霍一空。这样，曹锟的布虽然卖出去了，但本钱却总是不能按期归还布庄。日子一长，布庄头就不把布赊给曹锟了。曹锟失业回到家里，仍和一些不三不四的人干些不体面的勾当，把老实本分的曹本生气坏了，有一次，曹本生气急之下抄起造船用的板斧就要劈曹锟，曹锟从此离家出走，来到天津城里。曹锟在天津城里辗转认识了跑船帮生意的商人，他们用小船装生姜、白糖、杂货、布匹之类运往营口、葫芦岛去售，又从葫芦岛买进粮食运回天津出售。当时海盗出没频繁，跑船帮生意的人都要有股子力气，懂武术，既能拉纤，还能起保镖的作用。曹锟生来就腰圆膀大，体格健壮，臂力过人，又会使护手双钩，正是船帮商人欢迎的角色，便邀曹锟参加。穷极无聊的曹锟立即满心欢喜参加了这个商帮，拉了两年船，不仅衣食有了着落，而且结交了天津地面上一些有头有脸的朋友。

光绪八年（1882），20岁的曹锟在天津投淮军郑谦部当兵。曹锟因为生得五大三粗，体格魁梧，又精武术，入伍后被淮军管带郑谦看中，收曹锟为"义子"，随后又将独生女儿许给他，这就是曹锟的元配夫人郑氏。

光绪十一年（1885），李鸿章创办天津武备学堂，曹锟因岳父的关照，进入武备学堂第一期学习。光绪十六年（1890），李鸿章亲自主持武备学堂第一届毕业生考试。考试完毕后，李鸿章上奏朝廷："臣亲临考验各项操法，一律娴熟，试以炮台工程做法及测绘，无不洞悉要领，因择其屡考优等生，饬令回营转相传授。学生之著者有：段祺瑞、冯国璋、王士珍、段芝贵、陆建章、王占元、雷震春、张怀芝、曹锟、李纯、蔡成勋。"李鸿章奏折中列举的诸人，后来都投入袁世凯的幕府，成为袁世凯北洋军的台柱。

曹锟毕业后被分发到淮军提督宋庆所部毅军中任哨官。光绪二十年（1894），中日甲午战争爆发，曹锟随宋庆开赴朝鲜作战。宋庆所部在朝鲜和辽东战场一败再败，损兵折将，但曹锟总算保全性命而归。

光绪二十一年（1895），曹锟到天津小站投入袁世凯新建陆军，最初任步军左翼第一营帮带，后升学兵营统带兼督操营务处提调。

曹锟貌似忠厚，却也擅长攀援。他打听到天津宜兴埠有一位退伍在家的清军提督曹克忠，人称"曹大帅"，此人曾随左宗棠西征，立有战功。曹克忠且是袁世凯的叔祖袁甲三的拜把兄弟。曹锟认为可以利用曹克忠，便有事没事往曹克忠家跑，嘘寒问暖，殷勤伺候，取得曹克忠的欢心，然后两人叙起同宗，曹锟小两辈，称曹克忠为爷爷，自以孙子自居。后来，由"曹大帅"的姨太太出面向袁世凯游说，要袁关照曹锟。这层关系又成为曹锟在袁世凯面前受宠的因素之一。

光绪二十五年十一月四日（1899年12月6日）袁世凯署理山东巡抚，次年二月十四（3月14日）实授。袁世凯到山东后残酷镇压义和团，曹锟参与了对义和团的屠杀。光绪二十七年九月二十七日（1901年11月7日），袁世凯署理直隶总督兼北洋大臣，曹锟所部成为袁世凯的护卫亲兵。曹锟俨然是袁世凯的随身侍卫，袁每次赴京总要曹锟护驾随行。曹锟颇有一套做人的手腕，他和京城王公府第门口的当差相处得很好，连亲贵子弟也因为曹锟态度谦卑，说话有趣，又会些花拳绣腿的武术，和他们趣味相投，也都愿和曹锟拉拉扯扯，这些都为其主子袁世凯的仕途增加了几分有利的因素，因此，袁世凯更加宠信曹锟。

光绪三十一年（1905），京畿陆军第一镇成军，该镇是以京旗营为基础组建起来的，官兵大都是旗人，曹锟因为和旗人关系较好，袁世凯便保荐曹锟担任该镇第一协统领。次年彰德秋操时，曹锟任北军第一混成协统领。光绪三十二年（1906）初，曹锟以尽先补用副将升北洋第三镇统制（相当于师长）。同年，经新任东三省总督徐世昌奏调，曹锟率第三镇移驻吉林长春，并升记名总兵。

宣统三年春，清廷授予曹锟副都统衔。同年夏，清廷又授他"补总兵后以提督升用"。

第三镇是由袁世凯起家的老本组建的，是北洋嫡系中的嫡系，各级将领都是北洋各镇的骨干，随袁最久，训练、装备及官兵待遇都优于其他部队。

曹锟之前担任第三镇统制之人，一个是北洋之"虎"段祺瑞，一个是袁的干儿子段芝贵，袁将第三镇交给曹锟统率，是袁世凯信任他的表现。有人把曹锟与袁世凯的关系，比做三国时代的许褚与曹操。

第三镇出关之初，日本兵还没有撤走。曹锟担心和日本兵发生冲突，对部下实行严厉管束，不准官兵随便出营，有事告假也不批准。因此官兵常有怨言，他们在背后常说："统制是孬种，在中国地里还怕外国人，这像什么事！"

有一天，曹锟正要出门，在门口就听到有士兵在背后骂他："白帽子（指日本兵）乱出溜，他不管，不许咱们出去，真他妈的孬种！"曹锟对士兵骂他不仅不怒，反以讥讽的口气回答说："你他妈的，懂得什么！不是我不让你们出去，你们惹得起日本人吗？"士兵们仍不服，反问曹锟："惹不起日本人，我们到这儿干什么来了？"曹锟依然连笑带骂地说："咱们是来保境安民的，不是来打仗的，你他妈的懂什么？"①

曹锟带兵，一直沿用他早年在天津当混混儿时的办法来维系官兵关系，大概是他看了《东周列国志》中吴起替部下吮痔那一套做法吧，他当管带的时候，曾经替病号拿过夜壶。他对官兵向来很宽厚，他对官兵训话时说："你们出去逛窑子，我不管你们，别得了脏病就行！"因为曹锟一向对官兵很放纵，所以他的部队军纪很差，所到之处，扰民十分厉害，如同土匪一般。1905年日俄战争结束后，东北蹂躏极深，土匪蜂起，曹锟奉命指挥第三镇剿匪。但曹锟的第三镇官兵所到之处奸淫掳掠，和土匪没什么两样，老百姓遭受兵匪双重蹂躏。

在袁世凯被清廷开缺后不久，曹锟也因丧父丁忧回天津居丧，徐世昌任命卢永祥护理第三镇统制。回到天津后，曹锟利用搜刮来的不义之财，在天津咸水沽大兴土木，兴建了一座很考究的宅院，昔日的津沽小布贩来了个咸鱼大翻身。

---

① 章青：《曹锟的一生》，《文史资料存稿选编——晚清北洋》下册，第 732—733 页。

袁世凯的"赵子龙"

辛亥武昌起义后，清廷被迫起用罢黜回河南彰德的袁世凯。

曹锟闻讯后，立即赶到河南彰德去见旧日主子袁世凯请示机宜。见到袁世凯后，曹锟恭恭敬敬行完大礼，然后说："请宫保安，祝宫保万福！曹锟因为守制没有来给宫保请安！"袁世凯立即笑容满面地夸奖道："守制读礼，是人子分内的事。听你说话，这几年很有进步！"这几句话，不仅曹锟听了很受用，就连北洋各镇的官兵都说："曹三守制这几年读了不少书，连说话都不是他早先那个味儿了！"

这时，第三镇已奉袁世凯之命开到关内，袁世凯命令曹锟立即回任第三镇统制，赴石家庄接收队伍，听候调遣。当袁世凯从湖北前线进京准备去担任清朝的内阁总理大臣时，袁世凯指令第三镇第十标作为他的卫队，第十标标统唐天喜担任他的卫队司令。曹锟也随袁世凯一同进京，在东城帅府园找了一处地方作为第三镇的驻京办事处。

曹锟出山后，东拼西杀，为袁世凯窃取辛亥革命果实干了以下三件大事：

曹锟所做的第一件大事是镇压山西起义军。

宣统三年九月初八（1911 年 10 月 29 日），山西太原新军第四十三混成协官兵起义，攻占巡抚衙门，杀死巡抚陆钟琦，推阎锡山为都督，温寿泉为副都督。随后，阎锡山派山西陆军总司令姚以价率三个营进驻娘子关以防清军进攻。

山西近在京畿左侧，山西的光复，对于清廷是有力的一击。清廷得到陆钟琦被杀的消息后，派第六镇统制吴禄贞署理山西巡抚。但吴禄贞是同盟会员，正在酝酿在北方举义。吴禄贞受命后，将计就计，于九月十五日（11 月 5 日）来到娘子关与阎锡山、温寿泉、姚以价密谈，决定组织燕晋联军，吴禄贞任大都督兼总司令，阎锡山、张绍曾为副都督兼副司令。吴禄贞等人的计划如果成功，不仅清政府将立马垮台，袁世凯更是将死无葬身之地。袁世凯有着很灵敏的反革命嗅觉，立即采取了对策。九月十七日（11月7日）晚，吴禄贞被袁世凯指使的歹徒刺杀于石家庄车站。吴禄贞一死，北方革命党人失去主心骨，优柔寡断的第二十镇统制张绍曾又被清廷解职，燕晋联军成为泡影，北方革命遭受严重挫折。九月二十四日（11月15日），清廷任命张锡銮为山西巡抚。张锡銮也是袁世凯的心腹，袁世凯立即命令曹锟率第三镇进攻山西，为张锡銮到任开道。娘子关是山西与直隶交界的重要关隘，因唐朝平阳公主率娘子军驻守而得名，这里是太行山脉进出山西的门户，自古即有天险之名，易守难攻。姚守价率领的山西革命军3个营，虽然是凭险而守，但还是没有阻挡住曹锟第三镇的进攻。这一仗，是北洋第三镇成军后的第一仗，兵力和炮火都有明显的优势。从九月二十六日至三十日（11月16日～20日），攻守双方在娘子关鏖战5日，第三镇终于攻下娘子关。娘子关失守后，山西已无险可守，山西光复军紧急会商，决定放弃太原，都督阎锡山分兵一半与总参议赵戴文向晋北转移，最后入归绥；副都督温寿泉率另一半南下，攻下运城，建立河东根据地，曹锟令协统卢永祥率部尾追山西光复军。至此，山西起义军对北京西侧的威胁完全解除。

曹锟所做的第二件大事就是奉命镇压滦州起义。

吴禄贞、张绍曾、蓝天蔚联合发动的滦州兵谏失败后，张绍曾于九月十九日（11月9日）交出兵权，袁世凯派潘矩楹接任第二十镇统制。潘矩楹上任后，立即将该镇部队分别调往奉天、锦州、沟帮子、葫芦岛等地驻防，仅留第七十九标的一、二、三营驻直隶滦州，以此分散军中的革命力量。然而，驻滦州的第七十九标正是革命力量最强的一支部队。该标第一营管带施从云、第二营管带王金铭等都是最激进的革命党人。这两营中"自排长以至士兵，十九皆倾向革命"。在北方革命党人白毓崑、孙谏声及凌钺等人的策动下，七十九标官兵于十一月十二日（12月31日）宣布起义，通电主张共和。1912年1月3日，正式宣布成立"北方革命军政府"。起义军推王金铭为军政府大都督，张建功为副都督，施从云为总司令，白毓崑为参谋长，孙谏声为军政部长，朱佑保为民政部长，凌钺为外交兼司法部长，陈涛为前敌总指挥，张良坤为秘书长。

袁世凯接到滦州起义的警报，立即命令曹锟派遣第三镇第六协统领陈文运一部会率第十二标前往增援，曹锟也赶到前线指挥同直隶通永镇守使王怀庆联合镇压起义。1月4日晚，起义军按预定计划准备开拔时，张建功突然叛变，率所部第三营进攻军政府，使起义军受到很大损失。王金铭为了争取时间，决定放弃与张建功作战，率第一、第二营700余名官兵登车西进。火车行至雷庄，遇到曹锟指挥的第三镇和通永镇守使王怀庆所部的阻击，起义军奋战一昼夜，因众寡悬殊，弹尽援绝，起义官兵死伤惨重。这时，王怀庆派人到起义军中假意请王金铭去议和，王金铭、施从云遂带少数官兵前往会谈，途中为王怀庆的伏兵扣留，王怀庆立即下令杀害王、施二人。王、施遇害后，起义军在清军围攻下全部溃败。曹锟镇压滦州起义，为袁世凯窃夺辛亥革命果实又立下一功。

曹锟所做的第三件事就是唆使第三师官兵闹兵变，以吓退迎袁专使。

孙中山虽然同意将中华民国临时大总统职务让给袁世凯，但他提出一个附带条件，就是袁世凯必须去南京宣誓就职。

袁世凯是老奸巨猾的枭雄，他认为北方是他的老巢，他一旦南下就等于"虎落平阳，蛟龙失水"，所以一再以北方军队如林、秩序不易维持等为由拖延南下。但这些理由很勉强，没有很强的说服力，最后袁世凯又耍起政治流氓的腔调，向孙中山扬言自己要"退归田里，作共和之民"。孙中山一直坚持让袁南下，且派教育总长蔡元培等作为迎袁专使来北京专程迎袁南下。袁世凯终于决定拿出他的政治流氓手段，唆使北洋军队兵变，以作为自己不能南下的强有力理由。

兵变是袁克定具体策划的，袁克定本想让姜桂题的毅军来执行，但姜桂题不愿干，最后选中了曹锟。在袁克定的启发下，曹锟说："我想这件事好办。

只要去几个人把专使的住处一围，一放枪，大伙儿嘴里再嚷嚷：'宫保要走了，我们没人管了。'只要咱们一吓唬，他们就得跑。"袁克定听了，立即点头认可："只要你们一闹，把他们吓跑了，那就好办了。到那时候，外交团也能出来说话，不放总统南下。这样建都北京就不成问题了，王芝祥也不敢来接直隶都督了。"

第三镇第六协统领陈文运是留学生出身，办事一板一眼，曹锟不能将这种龌龊的政治阴谋告诉他，又怕闹兵变时陈文运出来阻止，如果他出来制止，下面的官兵谁也不敢动手，这出戏也就唱不成了。于是曹锟便以开会为名，把陈文运及其他几位召到司令部，但曹锟却不露面，等于把陈文运软禁了半天一夜。兵变是从1912年2月29日黄昏开始的，驻朝阳门外的第三镇炮队由队官吴景南带领，首先开炮闹事。炮响之后，城外第十标变兵由管带马鸿烈率领拥进朝阳门，直奔东西恒利金店，抢完了东西，一股奔北新桥，一股奔向东单牌楼，这些兵变的官兵口里嚷着："宫保要走了！""我们没人管了！""抢哇！"……抢完后，前一股出东直门归队，后一股就由东便门出城回营。

与此同时，驻扎城内的第三镇第十标的变兵从东安门王府井大街一带，拥到了煤渣胡同五位专使的招待所，边走边喊："袁宫保走了，我们没人管了！"吓得迎袁专使蔡元培及其随员宋教仁、汪精卫等5人慌忙躲进了东交民巷的六国饭店。随后，变兵一直走到前门、大栅栏、永定门、虎坊桥等分头抢劫，抢完之后，分别以放枪为号，又集合回营去了。

在变兵行抢的时候，秩序大乱，胆小的老百姓当然分别藏躲起来，唯恐大祸临头；但胆大的如地痞、流氓之类，有在庚子事变中跟在洋兵后面行抢的经验，当然不肯放过这次浑水摸鱼的机会，于是就有许多地方上的流氓们紧跟在变兵后面，到商店、住户各处抢劫。这些地方已没有军警维持秩序，商民住户只好"财去保平安"，看着他们公然行抢，谁也不敢阻拦，听凭他们抢够之后，呼啸而去。

　　第二天，北京城的居民，大多人心惶惶，不知道还会发生什么祸事。但也有些人还很乐观，认为北京城有大总统坐镇，又有外国公使馆，变兵行抢不会一而再地搞下去的。也有些人胆小怕事，早就做好准备，把贵重的物品收藏起来。到了下午四、五点钟，驻扎北京西城的毅军又鼓噪起来，从他们的驻地石虎胡同和端王府同时拥出，向西单、西四和前门等处行抢。行抢情形如同昨日，也是喊着"宫保走了，我们没人管了……"，边嚷边抢，抢罢以后，还把商民的房屋放火焚烧，立刻火光熊熊，红了半边天。据说：西城烧的房子多，东城抢的钱多。这倒并不是因为所谓"东富西贵"，而是因为第二天大商户大住宅都已预先做好准备，把金银细软收藏起来了。变兵们抢不着什么贵重的东西，只好放火泄愤了！

　　3月1日，在北京城里连遭两天惨劫以后，东交民巷的外国驻军纷纷荷枪实弹到街头维持治安，而第三镇的变兵则奉袁世凯命令，开出北京，移驻到琉璃河、良乡、涿州一带去了。第三镇的执法官唐启尧和毅军军统姜桂题带领队伍扛着大令到街上巡查，遇见行人手里拿着包裹行色仓皇，立刻吩咐卫兵抓过来，就地正法，并把人头挂在通衢示众。有用三根竹竿或木杆支个架子悬挂人头的，也有直接挂在电线杆上的。在东四、灯市口、西单、前门桥南都挂有血淋淋的人头，表示袁大总统坚决维护治安，杀一儆百的决心，被杀的人不下三四十名。大多数是流氓、混混，还有一些人并未抢过任何东西，本是拿着自己的衣物走路，看见这些手拿大刀的军队发怵，变颜变色，抓来一问又都怯官，张口结舌，一个字说不出来，立刻就冤枉送了一条性命。而那些参加过抢劫的变兵，早已归队，这时兴高采烈，腰缠累累，有的胳膊上戴着好几副金镯子、腰带上系着翠花珠链都平安无事地随着队伍开出城外去了。

　　又过一天，袁大总统出一张布告，虚情假意地说：没有及时弭乱，致使商民蒙受损失，非常痛心。今后自当严加防范，商民此次所受损失，一俟查明，即行从优抚恤。同时还对外交团和各方面解释，这次兵变是因为命令他们剪辫子和取消战时津贴所引起的。而对于专使们的受惊更是再三表示歉意，并说北方秩序，我是责无旁贷，一定继续负责维持，免得酿成更严重的后果。

北京兵变发生后，袁世凯为了掩盖他的卑鄙阴谋，在部下面前佯怒说："这还了得，快拿我的家伙来，我去打他们！"[①]

但欲盖弥彰的马脚在不经意中露了出来。兵变发生后的次日，曹锟兴致勃勃求见袁世凯表"功"，一进门即说："报告大总统，兵变之事已经办到！"曹锟未料到唐绍仪在座，但话已经脱口而出。袁世凯见天机已经泄露，不禁破口大骂曹锟："胡说，滚出去！"

曹锟为了掩盖他的发动兵变的丑恶行为，常对人津津乐道："那一天可把我吓坏了。宫保把我叫去，大声喝道：'跪下！'我立刻跪下了。接着他就把两个大眼珠子狠狠地瞪住我说道：'你摸摸你的脖子，脑袋还在脖子上长着没有？'接着把我大骂了一顿，才叫我'滚蛋'，这么冷的天，吓得我浑身是汗。我跟了宫保这么多年，从来没见他发过这么大的脾气！"[②]

事后了解，兵变完全是按计划进行的。朝阳门外的炮队由队官吴景南率领；第十标在东城抢劫时由管带马鸿烈率领；前门外一带由王用中指挥。抢完之后，以鸣枪为号，即刻归队。毅军方面，据了解，前门外一带由教练官刘云路率领，西城由帮带张春雨管带陈景福率领。此外，还有若干中下级军官。

袁世凯通过兵变，达到了他的政治目的。

辛亥武昌起义以后，曹锟的第三镇成为袁世凯镇压革命、窃夺革命胜利果实的得力工具。袁世凯为嘉奖第三镇官兵给每人发一个元宝。第三镇官兵分驻南苑、丰台、永定门、朝阳门、黄寺等处，保卫北京，为袁世凯保驾的御林军，曹锟则是这支御林军的统帅。

---

① 叶恭绰：《民元北京兵变时我之闻见》，《辛亥革命回忆录》第八集，第 429 页。

② 杨雨辰：《壬子北京兵变真相》，《辛亥革命回忆录》第八集，第 441 页。

坐镇长江中游，为洪宪帝皇帝前驱

1913年7月"二次革命"爆发，曹锟奉袁世凯之命率第三师南下，进攻已经宣布独立讨袁的湖南；曹锟的第三师几乎没有遇到抵抗即占领了岳州（今岳阳）。曹锟的第三师压境，首鼠两端的谭延闿即于1913年8月13日宣布湖南取消独立。

当时，熊希龄推荐郭人漳为湖南都督，郭曾两次派人向曹锟疏通，曹都不以为然，背后说："郭某人过去是张彪部下的一个队官，随了革命党了。该他也想当都督？甭说别人，我先不保他。"

不久，袁世凯任命汤芗铭为湖南都督，曹却极力推崇这位年龄不到自己一半的年轻人："汤铸新来，还差不多。人家是举人出身，外国留学，海军次长，又在江西立了大功。哥哥还是议长，这个人一定了不起！"两人随后拜了把子成为金兰兄弟。曹锟和汤芗铭都是袁世凯的心腹爪牙，真是物以类聚，人以群分。

1914年4月24日，袁世凯任命曹锟为长江上游警备司令官，仍驻湖南岳州。同年7月18日，袁世凯又令曹锟加将军衔。民国初年，这样大的头衔还不多见，曹锟为主子对自己的赏识和重用而沾沾自喜："大总统叫我坐镇长江这是什么用意啊？不是湖广总督就是两广总督。你们好好干吧，谁不好好干，我把谁扔到洞庭湖里喂王八。在北方，不想干的上吊。在这里不用上吊，跳水就行。"他还说："哪一省取消独立不是打出来的？张少轩打南京，李秀山打江西，都费了不少劲。湖南呢。只要咱们队伍往这一开，谭祖庵马上取消独立。这是为什么？怕我！老话儿叫做先声夺人，你们跟着我都有福气！"

曹锟既是袁世凯的心腹大将，又有长江上游总司令的名义，湖南、湖北、四川三省的军政官吏都对曹锟很巴结，各式各样的礼物及现金源源不断送到岳州，曹锟贪财如命，来者不拒，一一加以笑纳，大发了一笔横财。

曹锟是一个愚忠的军阀，以袁世凯为衣食父母，袁世凯无论干什么，他都拥护。袁世凯要称帝，他也积极拥护。1915年9月，曹锟领衔，与张绍曾、刘若曾、蒋雁行、刘春霖、张士钰、陆锦、李纯、陈光远、孟思远、王廷桢、王怀庆、李士伟、曹锐、高凌霞、杨以德、许兰州等252人联名以所谓直隶省"合民"的名义呈上请愿书，请愿书攻击民主共和，鼓吹君主立宪的种种利益，请愿书如下：

　　具请愿书直隶省公民张绍曾、曹锟等，为共和不足救国应请建议速定君宪以奠邦基事。窃以共和国家为进化之极轨，君主制度以天命为本源，故开明政治皆以顺从民意为归，野蛮国家咸以托庇神权自固。吾国自革命以后，举数千年君主国体根本推翻，耳目一新，观听顿改，不可谓非振古之伟业也。然共和肇造已有四年，迭次乱事，幸皆戡定，以大势卜之，今后仁政次第可以施行，太平之期当亦非远。然而全国人心至今未安，人人有祸至无日之忧，时时存与汝偕亡之想。推求其故，则以国体之未惬人心，如腥膻之不适于口，在喉之鲠吐茹皆非，仕宦者流，则以元首一旦退职，继位之人未必得其信任，自无从效其忠忱，此官界之不安也；商贾之辈，则以元首一旦退职，继任者之聪明神武未必足以维治安而镇祸乱，此商界之不安也；上自将校下及卒伍，有相从元首数十年者，有素慑元首之声威而乐为之用者，若元首一旦退职，则继任者或自有其攀龙附凤之人才，或以会握重柄，身处嫌疑，恐不能安居于其位，或其声威不逮前任总统而难致其服气，从此军界之不安也。余如清室王公蒙藏藩属，咸以今大总统无种族之见、亲疏之分，一视同仁，尽礼优遇，苟易新主，则方针偶变，损害立生，财产身家将无所托，此各族之不安也。夫不安，由于不信，虽约法所载大总统可以连任、可以荐贤，而届时野心者仍可各拥一人相与争竞，险象之伏不堪设想，约法至此行将失效，国民逆知今后国家必有每届十年必生变乱之一日，人同此心，心同此理，而尤危跋踏，下之足以阻社会发育之机，上之足以遏政治推行之效，政象如是，共见共闻，无可讳饰，以此谋治，何治可言？为今之唯有速将国体改成君主，君主既定，宪法旋立，则为官者，可以发抒其忠爱，而无禄位不保之思；为商者，可以各安其职业，而无金融变动之患；军人可以永戴一大元帅而无解移兵柄之虞，清室之优待可以永远保持，蒙藏之感情可以继续维系，元首出位，储君承统，国家用人行政可期一贯，而社会绝不蒙丝毫之影响。如是。则举国之人信，即举国之心安，而郅治之隆，可以渐致。民等忧世变之日亟，怵来日之大难，懔匹夫有责之言，切痛养相关之谊，依据《立法院组织法》第三十三条之规定提出请愿书，敬恳贵院迅予建议，大局幸甚！

11月23日，曹锟单独发表劝进通电，敦促袁世凯早登帝位，电云："窃以维天生民，无主乃乱，我中国数千年君主相承，以安以治。改号一统，权出至尊，宗教相沿，历史习惯，纲常所在，万古不易。改革之始，未及深思，创为共和，难其上理，子兹四载，险象环生。奈今大总统旋乾转坤，戡乱致治，国基始奠。天佑民意，顿启其衰，愿弃共和，思唯君主。喁喁望治，额呼观成。顷据各处来电及各报所载，二十二省国会选举投票，解决国体，全国国民代表一致赞成君主，恭戴今大总统为中华帝国皇帝。主权奉之皇帝，承天建极，传于万世。仰见民意所归，如水就下，不可复遏。立国以民为本，中国情形征诸民意，皆谓共和不适用于中国，即共和已无存在之地位；皆谓君主乃可以立国，则君主已至适当之时机。若再稍缓时日，则民意难安，反握'？'国平。上贻宵旰之忧，下启窥窃之渐。前途危险，更难补救。伏愿群公主持至计，合词劝进，请总统早正帝位，万无再缓，改号建元，与天下更始，以定人心，而固国体，则中国幸甚。锟虽不敏，敢从其后。"

曹锟赞助帝制有"功"，袁世凯"赐封"他为"一等伯"，与张锡銮、朱家宝、张鸣岐、田文烈、靳云鹏、杨增新、陆建章、孟恩远、屈映光、齐耀琳、杨善德、雷震春等人同列。

云南护国起义的誓言惊扰了袁世凯帝制自为的迷梦。12月31日，袁世凯发布讨伐令："特派虎威将军曹锟为行军总司令。马继增为第一路司令，督率第六师及第五旅等由湖南经贵州向云南进发；张敬尧为第二路军司令，督率第七师及第六旅等由四川向云南进发。该总司令由四川前进，务激励将士，联合进行。"

1916 年 1 月 5 日，曹锟从湖南岳州乘船西上，将司令部设在重庆川东师范学校内。陆续入川的北洋军有曹锟的第三师、张敬尧的第七师、李长泰的第八师第十五旅以及四川将军陈宧手下的伍祥桢、冯玉祥、李炳之三个混成旅，总兵力约 42000 人。另外还有川军周骏和刘存厚两个师（刘存厚不久即宣布独立，加入护国军行列）。而蔡锷指挥的中华民国第一军只有刘云峰、赵又新、顾品珍三个梯团，此外还有耿金锡的炮兵一大队，贾紫绶警卫一大队和宪兵一中队、骑兵一连，官兵人数约 9000 人。在四川对阵的护国军和北洋军相比，在兵力及装备上相差很悬殊。袁世凯很迷信武力，认为凭他优势的北洋军不难将云南起义镇压下去。然而袁世凯自窃取辛亥革命的果实以来，种种倒行逆施，已经激起天怒人怨，人心向背不同，战争的结局也不一样。护国军深得人民的拥护和支持，为正义而战，士气高涨，在战场上终能以少胜多，以弱胜强，将占优势。在川南一线，曹锟指挥的北洋军与蔡锷指挥的护国军展开鏖战。

2 月 9 日，北洋军攻克纳溪重镇，这一仗，不啻给袁世凯的称帝图谋打了一支强心剂，袁于当天得意扬扬地发布申令说："蔡锷蓄谋作乱，借端称兵，竟敢攻略国土，扰害闾阎，希图割据，破坏统一，实属异常谬妄。现叙州先经克复，纳溪大股悍寇亦经溃败，当不难指日荡平。张敬尧等督兵苦战，卒得克捷，忠勇奋发，殊堪嘉赏。各将士栉风沐雨，奋不顾身，连战多日，勇气百倍，尤属难能。张敬尧晋授勋三位，旅长熊祥生、吴佩孚、吴新田均升授陆军中将。其余出力官弁，着张敬尧就近查明，请给奖励，伤亡官兵，并查明优予抚恤。其被扰地方，着陈宧督饬该管地方官迅速妥筹绥辑，以安良善而靖地方，此令。"

袁世凯还给曹锟发来密电说："蔡唐陆刘梁迫予退位，予念各将士随予多年，富贵与共，向来相待不薄，望各激发天良，共图生存。万一不幸，予之地位不能维持，尔等身家俱将不保，现时乱军要求甚苛，政府均未承让，各将士慎勿轻信谣传，堕入术中，务必准备军务，猛奋进攻，切切，特嘱！"

然而，袁世凯高兴得太早了，他的申令墨迹未干，泸州前线又传来了护国军反攻的隆隆炮火，蔡锷在兵败大洲驿后，重新调整部署。护国军官兵经过十天的休整和训练，精神面貌焕然一新。从 2 月 17 日起，对泸州发起第三次攻击。

在湘西战场，北洋军连打败仗。北洋军第一路司令兼第六师师长马继增感到难以向袁世凯交差，于 1916 年 2 月 29 日在湖南辰溪服毒自杀身亡，对袁世凯又是一个重大打击。袁世凯为掩饰败绩，稳定北洋军心，发布伪饰的策令说："前任师长陆军中将马继增……屡历戎行，笃实勤备，天性忠勇，卓著战功，前派充第一路司令官，因运输困难，进兵濡滞，以致麻阳、芷江等邑，先后被寇。马中将自谓上无以对国家，下无以对人民，欷歔流涕，寝食俱废，追星夜兼程，赶赴辰溪，忧愤成疾，军中暴卒。出师未捷，噩耗惊闻，回念旧勋，曷胜痛惜。着追赠上将，照上将例从优议恤，遣该原籍长官前往致祭，并赏治丧银一万圆。灵柩回籍时，沿途地方官妥为照料，用示笃念忠贞之至意。"

1916 年 1 月 27 日，贵州宣布独立讨袁。

1916 年 3 月 15 日，广西宣布讨袁。

1916 年 3 月 21 日，江苏将军冯国璋、江西将军李纯、长江巡阅使张勋、山东将军靳云鹏、浙江将军朱瑞联名密电袁世凯，要求取消帝制，以平滇黔之气。

四川将军陈宦也在秘密与蔡锷谈判中。困守泸州的曹锟，面对其主子众叛亲离的局面，也感到自己独木难支，展望前景不禁忧心忡忡，一筹莫展。曹锟几次与吴佩孚商量，吴劝其"当机立断，祸患之媒，苟不应时势，顺潮流，立时奋兴，恐不利于明公矣。"吴还献策说："小不忍则乱大谋，明公苟以为项城之交谊不可不顾，何妨表面虚与委蛇，暗中联络各首领，将来项城失败，明公可免赞成帝制之嫌疑；即使义师无成，则项城之交谊，固犹在矣。此为一举两策，以宜速图之。"①

曹锟认为吴佩孚说得有理，立即予以采纳。从3月开始，曹锟表面敷衍袁世凯，饰词报告不断，暗地里却与护国军通款曲。

到5月间，四川将军陈宧也宣告与袁世凯个人断绝关系。陈宧与曹锟是把兄弟。陈宧的倒戈，令曹锟十分气恼。这时陆军第十五师（原川军第一师）师长兼重庆镇守使周骏向曹锟告密说，陈宧有电报给他，叫他袭击曹锟，这把曹锟气得跳了起来，立即致电袁世凯保举周骏为四川将军取代陈宧。5月24日，袁世凯特任周骏为崇武将军督理四川军务，曹锟督办四川防务。周骏接到任命后，立即向重庆进军，行至中途，突然发表通电，主张川人治川，不但反对陈宧，也反对北洋军和护国军，通电中引用了卞庄子刺虎的典故。曹锟是虎威将军，他认为周骏的电报完全是对他而发。曹锟看完电报，气得咬牙切齿地说："没有一个好东西，都是王八蛋。把云南打下了，逮住周骏剥了他的皮。"

6月6日，袁世凯毙命。消息传到四川前线，北洋军顿时泄了气。吴佩孚向曹锟报告说："大总统去了，队伍打不下去了！"

这时，被赶出成都的陈宧从水路来到重庆拜会盟兄曹锟。曹锟本不想见他，但陈宧不请自来，曹锟只好一见。见面后，曹锟倒没有责问这位盟弟为何背叛"宫保"，只冷冷地说："我这个人交朋友交到底，哥俩好，好到底。我总把你送到北京就是了。可是到了北京，你这事怎么交代，我就不管了。"

曹锟孤悬南方，心里发虚。他对所部官兵说："南蛮子咱们对付不了哇！国家有变动了，咱们快回去吧！这也好，省得你们净想家了！"于是曹锟决定将队伍北撤，他说："咱们是老北洋的队伍，回到家乡去，可不能跟在南边

---

① 中央国史编辑社：《吴佩孚正传》，1920年出版第11页，引自张洪祥等著：《布衣总统曹锟》，第44页。

这样。大总统死了，谁得势，咱们不知道。咱们抱成一个团儿，好好干，谁也不能把咱们怎么样。"曹锟是布贩出身的军阀，没有多少文化，但他死死记住了"有军就有权"的道理，并时刻把他作为行动的准则。

袁死后，成为新直系首领

曹锟将部队撤到直隶后，立即到直隶各县招兵，将缺额补足。曹锟回到北京。把持北京政局的国务院总理段祺瑞想继承袁世凯的衣钵，以武力统一中国。对于从南方作战归来的曹锟，大大鼓励了一番："大总统英明一生，完全为不识时务者所误。我们的队伍，将士用命，不给北洋丢人的，还就是你一个！"①

1916年9月16日，曹锟被任命为直隶督军。直隶督军相当于前清的直隶总督，那是曾国藩、李鸿章、袁世凯坐过的位子。现在布贩出身的曹锟也坐到了这个位置上，他再一次认识到这么一个道理："只要手里有队伍，就好说话。"曹锟占据直隶地盘后，在冯国璋死后，成为新直系的首领。1920年直皖战争打败皖系后，曹锟与张作霖成为北京政府的太上皇。1922年直奉大战争，直系又打败了奉系军阀张作霖，曹锟居然以5000块大洋一票的价格，收买国会议员投票选举他为中华民国大总统。1922年10月10日，布贩出身的鲁莽武夫曹锟在北京中南海怀仁堂宣誓就任总统。

曹锟的总统是用金钱买来的，人们称受赃款投票的国会议员为"猪仔议员"，称曹锟为"贿选总统"。秽名满天下。这个秽名满天下的所谓总统做了仅两年，就被他的部下、爱国将军冯玉祥趁第二次直奉大战之机，发动北京政变将曹锟拉下马来，并被囚禁了一年多，直到1926年4月才被释放。

获释后，曹锟前往河南投靠吴佩孚，住开封。1927年春，吴佩孚为国民革命军击败，19号，仓皇西逃四川，曹锟逃回天津英租界做寓公。他的旧部熊秉琦、王毓芝、王坦等常来看他，天津的混混也常来叙旧。曹锟的公

① 章青：《曹锟的一生》，《文史资料存稿选编——晚清北洋》下册，第739页。

馆里，抽烟的、打牌的一派乌烟瘴气。曹锟做了寓公，念念不忘的还是他的副手吴佩孚。他常说："一个人不能以胜败论事。我悔不听子玉的话，我要不当总统，绝没这个事。张胡子他反对我什么？"

曹锟一直相信自己命好，是个福将，他一直难以忘掉过去的荣华富贵，天天求神问卜，希望还有时来运转的一天。一直到 1937 年卢沟桥事变，日寇大举入侵，天津、北平迅速沦陷。日寇派人游说曹锟，想拉他做汉奸傀儡，并诡称要帮他恢复大总统的地位，但曹锟在这一点上倒是看得很清楚："我倒霉就倒霉在小日本身上了。他们指使张胡子跟我捣蛋。现在把张胡子炸死了，又来找我了。我有一天起来，不打日本不出这口气！"

曹锟的部下张敬尧、王克敏、齐燮元、高凌霨等一个个投敌成了大汉奸，曹锟不为所动，保全了晚节。1938 年 5 月 17 日，曹锟病逝于天津英租界住宅。当时正在与日寇苦战中的国民政府于 6 月 14 日下令对不附逆的曹锟予以褒扬，并追赠陆军一级上将。

第七节 "头号刽子手"汤芗铭

汤芗铭是同盟会的变节投机分子，由其长兄汤化龙介绍投靠袁世凯后，充当袁的忠实鹰犬，被称为"袁世凯手下的头号刽子手"。

同盟会的投机变节分子

汤芗铭，字铸新，湖北蕲水（今浠水县）人，生于清光绪十一年（1885）。光绪二十九年（1903）中举人。不久赴欧洲留学，先至法国，后至英国海军学校学习。

光绪三十一年春夏之交，孙中山来到欧洲发展革命党人，汤芗铭在巴黎加入中国同盟会。但为时不久，王发科、王相楚等意志不坚定的动摇分子因害怕革命断送了升官发财的前途，从德国柏林跑到法国巴黎，和汤芗铭、向国华勾结，设计叛卖孙中山。他们四个人来到孙中山在巴黎下榻的旅馆，伪装殷勤，他们坚请孙中山去咖啡馆喝咖啡，到咖啡馆他们两个人缠住孙中山，另外两个人找个借口溜出来回到孙中山下榻的房间，将孙中山皮包中所藏的留学生加盟的盟书窃去，送交清政府驻法国公使馆。驻法公使孙宝骑是一个处事圆滑的官僚，他拿到汤芗铭等人送来的盟书，担心事情闹大不好收场，没有大张旗鼓借此做文章，他运用心计，既不得罪孙中山，也不开罪中国留欧学生，更不开罪于法国政府。孙中山从咖啡馆回到旅馆后，发现自己的皮包被割，始疑有贼，立即检查物品，发现只少了盟书和法政府致安南总督函。孙中山在弄清事情真相后说："叛党只此四人，全体未叛。"立即对欧洲留学生中的革命组织进行整顿，清除不坚定的动摇变节分子，汤芗铭等4人被开除出中国同盟会。[①]

宣统元年（1909），汤芗铭从英国海军学校毕业后回国，被分发到清朝海军中任职。宣统三年（1911），调任巡洋、长江两舰队统制萨镇冰的代理参谋。辛亥武昌起义爆发后，汤芗铭随萨镇冰乘"楚有"舰前往武汉江面准备镇压起义。

武昌起义后，汤芗铭的胞兄汤化龙（湖北省咨议局议长）混进了革命队伍，成为革命党人倚重的正绅。汤化龙策反其弟，他派人给汤芗铭送来一封信，信中写道："武昌举义，各地响应，革命必成，望策动海军早日反正，以立殊勋。"汤芗铭收到胞兄的信后和杜锡珪等不断劝说萨镇冰率领海军起义，但萨镇冰年事已高，不愿再做倒戈造反的事，遂离开了舰队前往上海隐居。萨镇冰向来不走极端，既不肯为清廷效力，又不肯公然参加革命，故只有称病离开舰队，赴上海就"医"。实际上，他知道清廷大势已去，人心倾向革命，不得不急流勇退。

萨镇冰离开后，海军官兵推汤芗铭为海军临时司令在江西九江宣布起义，随后开赴武汉江面，协助革命党对清军作战。黎元洪将全部军舰分编为两个舰队，黄钟瑛为第一舰队司令，汤芗铭为第二舰队司令。

---

① 朱和中：《欧洲同盟会纪实》，《辛亥革命回忆录》第6集。

在中华民国南京临时政府酝酿成立时，各军舰开至南京。一批海军官兵极力称道汤芗铭在九江运动海军反正的功绩，由李静、叶匡等发起邀请同学数十人联名向代理大元帅黄兴上书，请求任命汤芗铭为海军总长兼海军总司令。李静等并介绍汤芗铭与黄兴之子黄一欧相识，请王时泽向黄兴转陈他们的希望。黄兴听了王时泽的陈述后说："汤氏兄弟（指汤芗铭和汤化龙）都是靠不住的。"王时泽争辩说："克强先生在武汉督战时与汤化龙共事，当然知其为人甚深；汤芗铭在海军外省人中（旧中国海军以福建人居多，外省人居少数，辛亥以前更少）甚孚众望，因此海军同学联名上书，各人都愿担保。"黄兴这才表示可以考虑。此时，黎元洪也来电保举汤芗铭。1912年1月初，南京临时政府海军部成立，总长兼海军总司令黄钟瑛、汤芗铭任海军部次长兼北伐舰队司令。

汤芗铭是中华民国南京临时政府内阁次长中唯一的一位非同盟会员，而且以一位曾经偷窃孙中山皮包有叛卖劣迹的变节投机分子充任海军部次长，引起非议，很多人认为黄兴用人不当。

经汤化龙引介投靠袁世凯

袁世凯窃取临时大总统后，越级提拔原清政府海军部军学司科长刘冠雄为海军部总长，汤芗铭仍为次长。同年11月晋升为海军中将。

辛亥革命后，汤化龙等发起成立民主党，汤被推举为该党干事长。1913年1月，汤化龙当选为众议院议员，随后又在民主党、共和党、统一党的支持下，当选为众议院议长。汤化龙紧紧投靠袁世凯，为巩固袁的专制独裁统治格外卖力。在汤化龙的推荐下，汤芗铭也投靠了袁世凯，成为革命党人的凶恶对手。

在袁世凯的暗中支持下，汤化龙与从国外归来不久的梁启超等人协商，将民主党、共和党、统一党合并为进步党，该党拥护袁世凯，专门与国民党为敌。1913年7月，"二次革命"爆发，汤化龙公开叫嚣："这是叛反国家，应从速扑灭。"①

汤芗铭则率领海军，前往长江流域对讨袁起义军作战，首战江西湖口，次战安徽安庆，再攻江苏荻港，为袁世凯着实卖了一次命。1913 年 7 月 27 日，汤芗铭打电报给袁世凯吹嘘自己的"战绩"：

大总统钧鉴：芗铭等于二十五日下午六时会合海陆军攻克湖口、占据炮台一节，曾经专电叩闻。此役先是芗铭与段军统定就水陆夹攻计划，即于二十四日晚十二时我海军除留飞霆镇守九江外，特将各舰分为两战队，江利、楚同在前，江享、湖鹗在后，夹护陆军趁夜偷过敌军东西两炮台，于湖口下游约十余里掩护上陆。其时，匪军已据山后，布置甚密，竟用机关炮并步队俯攻。经我军舰连炮痛击，匪始窜溃。我陆军于是奋勇争先，涉水前进。芗铭亦即激励将士分驾各舰驶往湖口炮台约四十米达之地，向东西两炮台开炮轰击，借分敌势。其时，在舰各员皆以时将近曙，竭其目力，校准发炮。初时我炮当天暗，未甚命中，嗣渐审准，炮炮中其要害。激战至午后四时，我军舰进逼愈近，各将士皆冒暑忍饿，竭死奋斗，期于必克而后已。于是，炮火横飞，敌军死伤颇众，炮台亦渐倾圮。敌军见势不支，遂高悬白旗乞降。我军爰派鱼雷艇前往侦察其投诚其伪，遂亟以小轮运送陆军前往该炮台妥为接收。并派兵分段驻守，预防他变。芗铭忧虑炮台附近或匿有匪军，趁我大军未集，前来袭取。又特派得力员弁，前往炮台，将各炮闩逐一拆卸，运回军舰，分别收存，防患未然。现在炮台善后布置已有端绪，除江利已派其驶入湖内，护送陆军登岸，夺取白虎塘屯粮外，楚同、湖鹗均饬驻守湖口，严密防堵。芗铭于诸事办妥后，即于昨晚乘江利还浔，仍扼守江面，兼顾上下游防务。此次海陆两军于酷暑烈日之中，分道前进，经一昼夜始将炮台克复。海军冒险进攻，固已倍极艰辛，陆军于登陆之时不顾沉溺，竟涉水冒弹仰攻，

①　曾业英:《汤化龙》，李新、孙思白主编《民国人物传》第 2 卷。

尤为勇敢。此固由各将士踊跃用命，实赖我大总统优加奖恤，鼓励军心，指示机宜，洞见万里，是以群相奋勉，厥功迅成。荗铭仰荷鸿麻，幸无陨越。除善后事宜另由段军统办理外，谨将海军一方面攻克湖口情形电闻。汤荗铭叩。沁。印。

在攻占江西湖口后，汤荗铭又率海军舰队东下，配合北洋陆军先攻荻港，再攻安徽芜湖。汤荗铭于 1913 年 8 月 28 日通电云："自皖匪下窜，盘踞芜湖，为宁城犄角。荟萃全力死扼荻港，阻我海军东下之路。荗铭念荻港不拨，芜湖万难遽克，乃与皖军胡师长万泰，顾旅长琢塘，商定水陆合攻，计划分道并进。荗铭亲率楚谦、楚同、楚泰、建威、湖鹗等舰于二十六日驰抵荻港，一面掩护陆军上陆，一面冲进火线以内，循环轰击，水陆夹攻。匪据险射击，弹落各舰左右如雨。楚泰桅索被击中断。荗铭勉拥各舰冒险猛进。各将士亦复奋勇异常，态度极为沈穆。历六时之久，匪伤甚众，渐至不支，群相溃窜。此战获八生炮一尊，七生六炮一尊，四生、五生炮各二尊，机关炮二尊，枪械弹药甚伙，荻港遂完全克复。随派楚泰、楚同、建威三舰沿江搜剿，荗铭更亲率札谦、江利、湖鹗会合先派三舰进逼芜湖。当据商会自治会代表来舰面称：'匪军自经我军在荻港痛击，精锐全丧。芜匪自知势穷力屈，相率潜逃。芜埠现在已取消独立，恳请免加炮击。'荗铭一面分别抚慰，一面派员张贴布告，安抚人心："芜城父老久困匪策，骤闻国军莅临，（利）童贩卒，均露列江干，脱帽欢呼，香花载道。溯自柏、龚诸逆，称乱拥兵，蹂躏皖隅，最久最悍。幸赖我大总统威灵，诸将士奋往用命，要隘迅克，寇援断绝。此后宁垣余莽不难拂指日扫除。荗铭已派楚同、江利、建威三舰前往浦口掩护冯军渡江。此间防务稍有布置，亦即亲率舰队直抵南都，会合各军扑灭余匪。谨此电闻。汤荗铭叩。勘。"

汤荗铭参与镇压讨袁军有"功"，袁世凯为了拉拢汤化龙和进步党来打击国民党，遂决定提拔汤荗铭。1913 年 8 月 13 日，谭延闿宣布湖南取消独立，袁世凯任命汤芗铭为所谓"湖南查办使"，率领"楚有"军舰等开到岳州（今岳阳）随后进入长沙。10月18日，袁世凯令原湖南都督谭延闿"入京待罪"，发表汤芗铭为湖南都督兼民政长。汤芗铭当时年仅28岁，是当时各省都督中最年轻的。"二次革命"后，国民党四分五裂，国会重心移到进步党，汤化龙做了众议院议长，他处处迎合袁世凯，红极一时。

"袁世凯手下的头号刽子手"

汤芗铭初到湖南时，本不是刽子手的凶恶面目，对人极力推崇黄兴，他说："湖南为黄公的故乡，现在虽已取消独立，而问题尚多，甚愿尽我个人之力，和平解决，以报黄公。"他还一再表示，对湖南的问题将尽调停责任，凡属与独立有关人员，一定尽力保全，借此修行积德。①

袁世凯最初打电报叫汤芗铭拿办"乱党"，汤还意存保全，只提了筹饷局长伍任钧等两三个人。但自反动政客胡瑞霖到来后，情况就发生了根本变化。

胡瑞霖（1864—1943），湖北江陵人，毕业于日本明治大学政经科，曾任湖北咨议局议员，与汤化龙同为湖北立宪派的头面人物。胡瑞霖为人阴狠毒辣，诡诈多谋，他原与汤化龙在北京组织民主党，向袁世凯靠拢，与国民党为死敌。汤芗铭出任湖南都督后，汤化龙推荐胡瑞霖来湘助汤芗铭。胡到湘后，与汤密谈多次，汤大为所动，顿改作风，他说："我们海军军人，脑筋简单，始终只知拿一副面孔向人，不如他们政客能拿出几副面孔，善于临机应变。"胡瑞霖也公开叫嚣："兄弟由北京来，探知袁大总统以湖南为'乱党'的渊薮，对于湖南的党人，非严办不可！"从此，汤芗铭露出了刽子手的凶恶面目，开始了"汤屠夫要政：抄、押、杀。"

1913年11月4日，袁世凯下令解散国民党，取消国民党议员资格，凡国民党所设机关，限令三日内一律勒令解决。汤芗铭迅速响应，于11月9日，

---

① 黄一欧等：《回忆湖南的反袁驱汤斗争》，《文史资料存稿选编·晚清北洋》上册，第541—542页。

诱捕了尚未离开湖南的几个国民党负责人，他们是财政司司长杨德邻、会计检查院院长易宗羲、筹饷局副局长兼厘金局局长伍任钧、富训商业学校校长兼警察局局长文经纬、湖南银行总理章克恭与协理陈光晋、内务司局长萧仲祁、教育司司长唐联璧及省议会议员李长才等 16 人。11 月 14 日，未经审讯，即将杨德邻、易宗羲、文经纬、伍任钧枪杀，这是汤芗铭的第一刀。

湖南和广东为辛亥革命的重要策源地，无论是辛亥革命还是反袁的"二次革命"，参与的人特别多，孙中山、黄兴、宋教仁等革命领袖都是广东人和湖南人，因此，袁世凯最仇恨的就是湖南人和广东人，湖南都督汤芗铭和广东都督龙济光在北洋派里是外来户，而这两个人正是袁世凯最欣赏的两名刽子手。

汤芗铭入湘前，湖南省内参与"二次革命"的国民党重要人物大都逃往上海租界或流亡海外，汤就任都督后，先后三次通缉"叛首"53 人，他们是：谭人凤、文斐、程潜、程子楷、唐蟒、陈强、黄铖、周震鳞、龙璋、林支宇、林修梅、黄岱、陈犹龙、贺寅午、刘文锦、刘重、余道南、周果一、黄培燮、王朴、林德轩、郭庆藩、刘运鸿、罗彦芳、刘煌然、李振锷、柳聘农、周人龙、陈家鼐、傅君剑、宁凤丹、荆嗣佑、周懋柏、葛庞、黄庆澜、周鳌山、李龙剑、陆咏仪、王春初、刘承烈、郑人康、袁泽民、冯烛寰、成亚能、刘承娥、李执中、陈宏斋、罗良干、张孝准、袁守仁、杨道馨、唐支厦、周正群，共 53 人。[①] 汤芗铭将湖南省内的国民重要干部全部予以通缉。

为了防范和镇压国民党人，在全省建立了庞大的特务网络。在省会长沙设立调查处，委派流氓恶棍江培根、李绍先、刘石果、刘鸿德等主持。各镇守使署，各县知事署，也都设有调查员，调查员人数庞大，仅长沙一地就有9000 人。三湘大地，成为鬼蜮横行的恐怖之地。

汤芗铭手下有两个杀人不眨眼的活阎王，一是都督府（后为将军公署）

---

①　刘泱泱主编：《湖南通史·近代卷》湖南出版社 1994 年版，第 738—739 页。

军法课长华世羲，华为天津人，其人凶残歹毒无比，吃人不吐骨头，人称"华阎王"。他设计的酷刑有几十种之多，如"铁烙""钳指""煨烙""双龙拱手""踩杠子"等，集古今中外酷刑之大成。另一个"活阎王"就是省会调查处处长江培庚，湖北人，兵痞出身，他领导庞大的特务组织，专门盯梢儿和捉拿革命党人。第二十五混成旅的起义官兵，以及历年奔走革命有功的人士，没有逃出省外的，无一不落入江培庚手中而惨遭杀害。

国民党领导人黄兴之弟黄孟养，国民党员，原在南京临时政府陆军部工作，"二次革命"失败后，秘密回湘，从事反袁驱汤斗争，他于1914年被捕，指为"乱党"，华世羲用炭火烧红铁丝床，逼迫黄孟养脱光衣服躺在床上，活活被烙死。这种"铁烙"是华世羲惯用的毒刑之一。

所谓"钳指"，即削尖小竹片，刺进被捕者的指甲；所谓"煨烙"，即在地上烧红薪炭，令受审者脱光衣服躺下去；所谓"铁烙"，即烧红铁床，逼人躺在床上慢慢烧；"双龙拱手"，即用大洋钉钉住受审者的手掌，吊在柱子上。所用的刑具有军棍、皮鞭、铁棍、夹棍、杆秤、红毡等，制作独出心裁，如皮鞭，是"以一铅铊衔三铁丝，每丝缠以革牛皮小条，令受刑人赤膊跪于方石上，膝弯压以铁棍，乃执皮鞭击其腰背，环绕胸膛，鲜血长流，肉屑横飞"。所谓红毡，是"先以红煤铺地，次以碎瓷、瓦片铺加煤石，令受刑人赤身俯伏其上，未以长方麻石压其腰背使不得动，以致火炙瓷刺，全身破伤，口喷鲜血"。

数以万计的特务密探为了居功邀赏，更是大量制造冤案，诬良为"匪"。安化县有个做行路生意的客商叫傅作砺，身上带有几百块银圆，被密探搜劫而去。密探置一"讨袁"檄文于其衣袋中，傅方哭泣追赶，另一密探上前盘问，从他的衣袋中搜出"讨袁"檄文，硬指傅作砺为"乱党"，捕获而去。在严刑拷问时，傅作砺说："我不是浪荡子（安化土音，'乱党'与'浪荡'二字相似），我是做生意的。"密探当然不会轻易放过他，将他打个半死，华世羲最后说："宰了完蛋"，将其拉出枪毙了事。

彭明震在汤芗铭的监狱中从狱友口中了解到，从各县或村市镇押解来的狱友，所犯罪由，大都是特务陷害强加的。流氓地痞加入特务组织后，只求给以名义，不取薪资。他们利用特务身份到处敲诈勒索，骚扰百姓，并且丧尽天良，到处制造"乱党"证据，陷害无辜群众，借此邀功请赏，求得升官发财的机会。狱友谢炳煌告诉彭明震："去年（1915 年）7 月，这里杀了一个督军、一个省长和一个听差的。"彭明震听了很惊诧，忙问哪一省的，为什么杀在长沙？谢炳煌告诉彭明震："你真以为是督军、省长吗？他们三个人是由上海坐船来长沙的，刚收拾行李准备上岸，就有便衣特务来检查，在行李中搜出了督军、省长的任命状，马上被汤芗铭的特务逮捕，最后枉送了性命，因为这些所谓的任命状都是汤芗铭的特务趁检查时偷偷塞进他们的行李中的。"

汤芗铭开口闭口"本治乱用重之旨，为正本清源之图"，以此作为他滥杀无辜的辩护词。据调查统计，在汤芗铭统治湖南的 2 年零 9 个月中（1913 年 10 月至 1916 年 7 月），惨死在他的屠刀下的有 16700 余人。[①] 其中真正的革命党人不过百分之一二，绝大多数都是无辜惨死的冤魂。汤芗铭双手沾满人民的鲜血，被湖南人民咒为"汤屠夫""袁世凯手下的头号刽子手"！

在汤芗铭的酷刑下出现了许多铮铮铁骨硬汉。平江革命党人熊阜清被捕，备受各种酷刑折磨，舌头被削，牙齿被敲掉，他仍视死如归，卒无一字供出实情。另一平江革命党人苏学谷被捕后，华世羲迫令招供，并恐吓他："如不招出，当用苦刑。"苏学谷视死如归，愤怒回答："你有什么酷刑，都拿出来吧！"华世羲大怒，竟将所有酷刑都拿出来对付苏学谷，苏学谷咬紧牙关忍受各种酷刑，始终没有哼过一声，终于被折磨气绝而亡。[②]

---

①　全国政协文史资料委员会编：《文史资料存稿选编·晚清北洋》上册，第 556 页。
②　全国政协文史资料委员会编：《文史资料存稿选编·晚清北洋》上册，第 546 页。

汤芗铭在湖南一面实行残酷的屠杀政策，另一方面实行搜刮掠夺政策。全省大小机关官员，有一半以上是汤芗铭带来的湖北人。汤芗铭任命反动邪恶的胡瑞霖为财政厅厅长，把持财政，通过滥发纸币、银票，作抵押借外债等种种非法手段聚敛财富。

洪宪帝制的鹰犬

1915 年 8 月 23 日，筹安会成立后，通电各省将军、巡按使、都统、巡阅使、护军使、各省城商会等，请派代表赴京加入讨论，汤芗铭立即响应，筹安会湖南分会于 8 月下旬在长沙成立，汤芗铭指使反动劣绅叶德辉为会长、符定一为副会长，会员包括原立宪派黄璿、左学谦、杨树谷、黄藻奇、曹惠、缪孔昭、劳鼎勋，以及变节投袁的廖名缙等人，这些人充当了袁、汤在湖南推行帝制的主要吹鼓手。

随后，湖南教育会、商会等团体也纷纷响应。长沙教育会致筹安会电报说："筹安会鉴：公等筹划安危，殊深钦佩，政教关系至为密切，特举会长符定一、干事易克枭、袁家元赴会讨论，希赐接洽。湘省教育会干事施文尧、谭泽寰、张本周、卢白、杨宗岱、苏绳组、郭同阳等真。"[1]

湖南商务总会的电报说："辛亥改革，采用共和，数载以来，人心惶惶，长此不改，后患无穷，南美各邦可为殷鉴。默观中国大局，非君主无以永奠国本，非立宪无以普洽舆情。特公举周国钧、宋家沛与会代表相商请愿。"[2]

湖南公民请愿会的电报说："国体不适，改弦为当。诸公先见，钦佩莫名。震等已联合各界公民创设支部，并拟即设公民请愿会以促进行。贵处近况若何，恳即电覆。余函详。任震、梅馨、汤增璧、吴獬、杨汝康、龚谏百、余焕东、石广权、晏孝傅、符定一、陶忠恂、向渊荣、谢潇、余长辅、刘统同叩。"[3]

---

[1]　筹安会编：《君宪问题文电汇编》，第 18 页。

[2]　筹安会编：《君宪问题文电汇编》，第 19 页。

[3]　筹安会编：《君宪问题文电汇编》，第 25 页。

10月20日，汤芗铭召开所谓"国民代表"选举会，选出反动守旧的官僚政客劣绅75人作为所谓的国民代表，于10月28日举行"国体投票"，汤芗铭和巡按使沈金鉴担任选举监督，投票结果，全体均投赞成票。汤芗铭当即宣布："今湖南全体赞成君主立宪，足证民意攸归！"并当场率众三呼"中华帝国万岁！"

稍事休息后，随即举行"拥戴大会"，宣读事先拟好的"劝进表"，由各代表签名"共同拥戴今中华民国大总统袁公为中华帝国大皇帝。"然后由主席三呼"中华帝国万岁！"。一幕投票、推戴的丑剧始告收场。

随后，汤芗铭、沈金鉴带头上书袁世凯，发表许多又长又臭的劝进电报，为独夫民贼袁世凯大唱赞歌。

随后，湖南官绅和各地公民团体也纷纷上表劝进，赍京者达109起之多，① 闹得乌烟瘴气。湖南教育会会长叶德辉，高等师范学校校长符定一、模范工场场长袁家元三人联名向袁世凯上表称臣劝进，被人们讥其为"三长臣"，即会长臣、校长臣、场长臣。袁家元更为出格，竟将家藏族谱邮寄北京向袁世凯请求联宗，自称"族侄家元"。三湘大地，群魔乱舞，丑态百出！

汤芗铭卖力拥戴，袁世凯在称帝后封他为"一等侯"。当时被袁世凯赐封为侯的共有9人，汤列名第一，故曹锟的贺电称汤芗铭"威震三湘，名冠八侯"。汤是资格甚浅的北洋外来户，却能"名冠八侯"，完全是因为他在湖南的杀戮政策和恭顺拥戴，深得"袁皇帝"的欢心。

汤芗铭不仅极力巴结老"皇帝"袁世凯，对"储君"袁克定也是奴颜讨好，一副十足的恶心奴才相。1915年12月8日，他以极端谦卑的语言写信给袁克定，以讨欢心。

袁克定收到汤芗铭的效忠信后，请湖南籍的内史监内史郑沅代为起草复信，信中袁克定不仅与汤芗铭称兄道弟，而且附寄了一张照片，更使汤芗铭

① 全国政协文史资料委员会编：《文史资料存稿选编——晚清北洋》上册，第562页。

受宠若惊，立即又于 1916 年 1 月 17 日给袁克定回了一封更加肉麻的信：

　　大爷殿下钧鉴：敬承赐翰，奖勉有加。环诵温词，能无愧奋。又蒙不惮
亵尊，特颁玉照，德意谦光，种皆身受。至此次君宪告成，本诸普天公意，
芗铭碌碌，初无劳绩可言，乃承高厚，锡以侯封，侧闻行赏，固出自宸衷，
而推功实由于鼎力，感恩知己，弥篆肺肝，图报有时，未敢言谢。滇中小丑，
背天逆人，薄海同愤。荡平顽寇，指顾可期，诚不足为患。但尊位宜早即真，
庶人心乃益形坚定。至若纤谟决策，迅奏朕功，上承庙算，下瞻民灾，恐又
须重劳我殿下之赞画也。湘省为中原及西南之枢纽，军旅过往所必经，势殊
重要。近日黔中举动，亦极可虑，据边报：如铜仁、镇远等处，皆在经营堡
垒，不知何意？且是黄（兴）、谭（人凤）诸魁故乡所在，党匪尤多，伏莽
遍地。芗铭受恩深重，唯有小心厥职，尽瘁以图，不避艰险，力保安宁。惟
是材力蔬薄，深惧不胜，尚乞殿下有以指示而庇成之，毋任私幸。谨此敬请
崇安，伏乞垂鉴。芗铭谨上。一月十七日

被湖南人民驱逐出境

　　自"二次革命"失败后，湖南人民反袁驱汤的斗争一直没有停止过。反
袁的主要组织有民义社、少年再造党、同盟会、国民联合保和会、欧事研究
会、中华革命党等，基本的群众则是士兵、游勇和会党群众等。他们发动了
一系列反袁驱汤斗争，影响较大的有郴州兵变和湘潭太和栈案、《救亡报》事
件，炸毁《亚细亚报》馆事件以及杨王鹏等进攻将军府事件。

　　1916 年 1 月 10 日，著名革命党人杨王鹏秘密返回长沙，策划联络混
成旅和模范团官兵为内应，于 2 月 28 日进攻汤芗铭的将军府，由于事机不
密，意图暴露，被迫仓促发动，杨王鹏、龚铁铮和殷之铭率领百余人分两路
进攻将军署，由于敌我众寡悬殊，战斗很快失败，杨王鹏、龚铁铮身负重伤
被捕。杨王鹏被捕后，在敌人的刑堂上，始终大义凛然，威武不屈，"历数

袁氏叛国罪状，触（汤）芗铭怒，断其舌"；杨"口喃喃骂不休。芗铭益怒，割其阳道，复剖其心而肢解之"。杨王鹏牺牲时年仅 28 岁。与杨王鹏同时被捕的几十名起义党人均被酷刑致残，后被汤芗铭的刽子手用箩筐抬到刑场全部枪决，汤芗铭又下令将首级割下，分别悬挂在将军府、南门口、史家巷、文运街、西长街等处"示众"。

云南反袁护国军起义后，国民党高级将领程潜从香港抵达云南昆明，唐继尧任命程潜为湖南招抚使，拨给卫队一营，让他回湖南召集旧部，从侧翼牵制进攻川滇的北洋军。程潜接受任命后，于 1916 年 3 月回到湘西靖县，设立招抚使署，得到热烈响应，至 4 月 10 日为止，湘西已有 21 县宣布独立或表示愿与护国军合作。4 月 26 日，在靖县召开护国军湖南人民讨袁大会，有 48 县的代表到会，推举程潜为护国军湖南总司令。

1916 年 6 月 30 日，发表《护国军湖南总司令程潜布告芗铭罪状》，列举汤芗铭的十大罪恶：一曰吞没巨款，紊乱财政；二曰惨杀无辜，力长元恶；三曰蓄植游探，流毒社会；四曰纵恃北军，蹂躏人民；五曰摧残教育，毒戮士林；六曰酷用毒刑，绝灭人道；七曰滥用私人，秽乱吏治；八曰盗卖矿产，次第卷逃；九曰出入警跸，阻绝交通；十曰援结败类，败坏风俗。[1]

湖南护国军的旗帜打出来后，反袁驱汤斗争进入高潮。各地党人加紧活动，在各县宣布独立，脱离汤芗铭的残暴统治，程潜率领的湖南护国军和广西护国军陆荣廷部开始向长沙进军，汤芗铭的统治处于崩溃的边缘。这时，汤芗铭的哥哥汤化龙已经跻身于讨袁护国军的行列，他曾致力于策动江苏将军冯国璋的独立没有结果，他又指使其弟汤芗铭宣布独立。汤芗铭本是一个投机取巧见风使舵的军阀，只要能保住他的"湖南王"的宝座，能够割据一方，也就无什么政见可言，在陆荣廷担保及谭延闿、龙璋等人的规劝下，汤芗铭决定背弃他"虔诚拥戴"的袁皇帝，他于 1916 年 5 月 29 日致电袁世

---

[1] 《护国文献》下册，第 851—855 页。

凯，要求袁"敝屣尊荣"、"顾钧座一日不退，即大局一日不安，现状已不能维持，更无善后之可言，湘省军心民气久已激昂，至南京会议迄无结果，和平希望遥遥无期，军民愤慨无可再抑。兹于二十九日已徇绅商军民之请宣布独立，与滇、黔、桂、粤、浙、川、陕诸省一致之行动，以促成钧座引退之决心，以速取大局之解决。芗铭体钧座爱国之计，感知遇之私，捧诚上贡，深望毅然独断，即日引退以奠国家，以永令誉，无任干昌，言尽于斯。"

汤芗铭宣布湖南独立，对袁世凯又是一个重大打击。当时人们作打油诗"扶运六君子，送命二陈汤"。"六君子"是指发起筹安会的杨度等六人，"二陈汤"即陕西将军陈树藩、四川将军陈宧和湖南将军汤芗铭，其中陈宧和汤芗铭是袁世凯最倚重的爪牙，他们的背主而去，对袁起了催命符的作用。

汤芗铭宣布独立含有自保的目的，独立后仍称湖南都督兼民政长，但湖南人民不会容忍一个万恶的屠夫继续把持政权。程潜在得到广西护国军的补充后，立即部署驱逐汤芗铭。汤芗铭见大势已去，于1916年7月5日凌晨召见湘事共济会会长刘人熙和省参议会议长陶思曾，宣布交出军政权力，随即仓促出城，逃离湖南。汤芗铭在湖南2年零9个月的残暴统治至此宣告结束。

袁死后，汤芗铭继续在军政界活动

1917年1月，北洋政府任命汤芗铭为将军府信威将军。他依附直系军阀曹锟、吴佩孚。

1927年为南京国民政府通缉。1930年阎锡山在北平召开反蒋的扩大会议，任命汤芗铭为"湖北军安抚使"。

1933年，汤芗铭参加国社党，任常务理事。抗日战争时期一度担任北平伪维持会会长，为华北政务委员会咨议会议委员，落水做了汉奸。

1946年8月，国社党和民宪党合作为中国民主社会党，汤任该党中央组织委员会常务委员兼组织部长，后任该党中央常务委员。

1949年以后，从事佛学研究，在礼佛中忏悔他一生的罪恶，1975年病死在北京。

附录:《护国军湖南总司令程潜布告汤芗铭罪状》摘要:

汤自莅湘以来,即承袁逆痛恶湘民意旨,遂乃弁髦法律,淫刑以逞。自杨、易被难而后,乃今三年间,大小株连者案近二百起,惨遭屠戮者已达一万余。或以与民党稍有戚故,辄受牵连,或以言语稍涉愤懑,动遭奇祸。巷议株及妇孺,腹诽罪致徒刑。甚至营业商民,每身横东郭;负笈学子,多不见生还。种种惨切,难以言宣。湘人何辜,遇此凶阋?袁逆戕湘,汤实为伥!故湖南通行言语有"汤屠户之要政有三,曰:抄、押、杀。"迨筹安会发生之时,各省尚未表示意见,汤首先上表劝进,电中有"芗铭所部,为王前驱"之语。各省劝进文以汤为多而无耻。据报纸所载,先后共四百八十余件之多。是其逢长袁恶,不下杨(度)、孙(毓筠)。滇、黔起义,犹复怙恶不悛,先后令陶思澄、严家炽于正供外,搜刮现金三百余万两,辇送都门,借伸贡献。是对袁则邀宠固权之计,对湘则行釜底抽薪之策。湘民忍无可忍,于是有二月二十一之事,接踵有五月十三之役。计两役被戮者四百有奇,犹复奋其爪牙,抗拒义师,喋血省城,伏尸枕藉。迨袁逆势穷,桂军整旅,乃假护国军之名,私遂固权位之计。故宣布"独立"以来,政治未有丝毫改革,更授引筹安会渠魁,盘踞要津:吴嘉瑞屡次领衔劝进,而立任为民政厅长;廖名缙(原系同盟会会员,为袁所收买)系发起筹安会要人,乃首委为武陵道尹。行为如此,居心可知!其大罪二。

三曰蓄植游探,流毒社会。汤既日以残贼为事,遂乃广蓄侦探,如江元銎、李桂森、任震(同盟会叛逆)等无赖之徒,以刺民隐。据本省《大公报》六月底所登"侦探队差遣王仕和符号作废"广告,其号数为"宇字二千零三十八"。据此,即仅以"宇"字前"天""地""玄""黄",又当推之以如许豺狼猛兽,纵于间野,其公款之虚糜,人民之骚扰,何堪设想!故睚眦有怨,动遇缇骑;道路无辜,时现陷阱;伯有冤魂,弥满湘泽!无辜既惨受诛求,而鬼蜮四布,妖孽横行,道德遗忘,廉耻丧尽,几成为"侦探国"社会,遂沉沦于无可挽救。

六日酷用毒刑，绝灭人道。汤使其军法课长华世羲惯用毒刑，故入人罪。据陆军监狱释放二百人禀称，汤所用刑具，为古今所无。如削锐利寸竹，刺入指甲，曰"钳指刑"；铺炭火于地，令人裸体辗转其上，曰"煨烙刑"；用铁丝床犀利其矩，炽炭于下，卧人于上，曰"铁烙刑"；划人头肤成十字形，旁立四人，四向分扯，曰"剥肤刑"；以长铁针入阴茎，曰"针刺刑"；以大洋钉钉人手指，悬于木柱，曰"双手拱龙刑"。其他皮鞭、铅鞭、铁杠、军棍、夹棍、梭子，凡被拿者必尽受之。三尺之下，何求不得，即令须臾忍死，亦已俱成残废。兴言及此，盛暑犹寒，天良绝灭，什伯兴悚，为人道公法所不容。其大罪六。

第八节 海军上将刘冠雄

在袁世凯"洪宪"封爵榜中，刘冠雄是唯一的"二等公"。他是袁世凯在海军中的代理人。

感救命之恩而投入袁世凯幕府

刘冠雄，字子英，福建侯官县（今福州市）人，生于清咸丰十一年四月二十九日（1861 年 6 月 7 日），其父刘穆庵是乡村手工匠人，以箍桶为业。光绪元年（1875 年），刘冠雄考入福州马尾船政学堂，毕业后曾任"扬威"快船帮带、"定远"舰大副等职。

光绪十二年（1886）春，刘冠雄由清政府先派赴英国留学，先上抱土穆军舰见习，后入炮厂学习枪炮技术。同年底，刘冠雄奉命帮同英国人琅威理驾驶清政府在英国船厂定制的"致远""靖远""经远""来远"四舰回国，回国后升"靖远"舰佐，后升该舰帮带。光绪二十年（1894），中日甲午战争爆发，刘冠雄随"靖远"舰参加了战斗。"靖远"舰在威海卫海域为日舰击沉，刘冠雄等获救脱险。

光绪二十四年（1898），刘冠雄升任"海天"舰管带（相当于舰长）。海天舰排水量 4300 砘，时速为 17 海里，是清海军舰艇中最大的一艘主力舰。

　　光绪二十六年（1900），八国联军入侵天津、北京时，调集大批军舰在天津大沽口外，清朝海军的 9 艘舰艇包括"海天"舰停泊在山东庙岛海域，刘冠雄按照山东巡抚袁世凯之意思，率领军舰驶入长江以避敌锋。刘冠雄因迎合了袁世凯消极避战政策，受到袁的重视。

　　光绪三十年（1904），刘冠雄指挥的"海天"舰在上海吴淞口外触礁沉没。关于这次海军重大事故发生的原因，学术界有几种不同的说法。

　　汤芗铭在《辛亥海军起义的前前后后》一文中说："刘冠雄在清末原任海天舰舰长。海天与海圻同为四千三百吨，都是当时最大的军舰，其次刘为其妻在上海寓所做寿，命令海天从山东开回上海，并一定要在寿期的前一晚上赶到。海天不得不加快行驶，于夜间驶到吴淞口外时触在一茶山岛上沉没，官兵乘坐舢板逃命。刘冠雄本应处重刑，经袁世凯从中关说，竟得无事。"①

　　朱天森在《记辛亥海军起义与闽籍海军人物》一文说："海天与海圻巡洋舰（管带为粤人汤廷光）为姐妹舰，同为清海军中最大的兵船，……因遇雾触礁，海天沉没，照例应处死刑。时袁世凯为直隶总督、北洋大臣，力为援救，刘得不死，因此对袁世凯极为感恩。"②

　　陈贞寿、刘传标撰写的《刘冠雄》一文则说："1904 年 2 月日俄战争爆发，刘冠雄奉令驾驶'海天'舰由秦皇岛赶赴江阴接运军械，途遇大雾，又遇大风，见灯塔浮标一无所见，刘冠雄不听大副杜锡珪之建言，手转号针，连催速进，结果在吴淞口洋面顶星岛触礁沉没。按照清律，刘冠雄当正法不赦，刘畏罪亦几欲轻生，后经北洋大臣袁世凯奏保，仅以革职了事……"③

　　"海天"舰为何沉没在吴淞口外，各说不同，汤芗铭说是办私事，陈贞寿、刘传标说是办公事（到江阴接运军械），但不管是办公事，还是办私事（为老婆祝寿壮威），反正刘冠雄都是违规操作，造成军舰触礁沉没。按律，

---

① 《辛亥革命回忆录》第六集，文史资料出版社 1981 年 8 月出版。

② 《辛亥革命回忆录》第六集，文史资料出版社 1981 年 8 月出版。

③ 熊尚厚、严如平主编：《民国人物传》第十一卷，中华书局 2002 年 7 月第 1 版，第 194 页。

刘冠雄当斩，但被直隶总督兼北洋大臣袁世凯硬保了下来，这是中国历来权大于法，有令不行的通病。袁世凯对刘冠雄有再生之恩，刘冠雄对袁世凯自然感激涕零，从此成为袁的心腹之士。

光绪三十二年（1906），袁世凯任命刘冠雄为山东德州兵工厂总办。宣统元年（1909）调充会办北洋海防营务处。宣统三年（1911），调海军部署理军学司科长。

辛亥南京临时政府成立后，组织北伐海军舰队，由海军部次长兼北伐海军舰队总司令汤芗铭率"海容""海琛""海筹""南琛""通济"等舰从上海进驻山东烟台。这时，南京临时政府任命的关外大都督蓝天蔚也到了烟台，与汤芗铭取得联系。蓝天蔚说，他已派了许多革命同志到了东三省做光复关外的工作，要求汤芗铭派军舰到奉天营口等处巡弋，以壮声威。随后，汤芗铭乘坐的旗舰"海容"号停泊在天津大沽口外，指挥军舰到秦皇岛、营口等港口去示威。袁世凯为了招抚南京临时政府的海军，遂派刘冠雄乘坐火轮登上"海容"舰，邀请汤芗铭等去北京。汤电告南京临时政府后，遂和"海容"舰舰长杜锡珪随刘冠雄前往北京，由段祺瑞招待并与袁世凯见了一面。这样就轻易把汤芗铭拉了过去。

南北议和成功后，刘冠雄遂担任了袁世凯政府的海军部总长，汤芗铭为次长。刘冠雄成为袁世凯在海军中的代理人，1912 年 12 月晋升为海军上将。

1912 年 4 月 4 日，刘冠雄发表就任海军总长通电："北京各部首领，各省都督，各军司令，各报馆，各党会钧鉴：冠雄才学谫陋，猥以大总统委任海军总长，奉命之下，至深惶惕！自念现在百端待兴，擘画正赖贤才，蹒钝如雄，岂胜重寄？叠恳唐总理代词，乃承以国务员急于组织，不容缘一人而滞成期，力绳大义相责，不得已勇奋蚁负，暂于本日接任视事。一面恳大总统另拣贤豪接替，免重冠雄陨越之戾。仍求各赐教言，藉匡不逮。刘冠雄叩。豪。印。"

从 1912 年 3 月到 1916 年 6 月和 1917 年 7 月至 1919 年 12 月，

刘冠雄前后担任海军部总长 5 年多，是北洋时期任期时间最长的一位海军总长。

刘冠雄上任后，接收各地海军机构，并主持制定了民国海军部官制、海军司令处、舰队司令、海军学校等一系列条例章程，建立了一整套的制度，在近代海军史上具有一定的地位。

1913 年，刘冠雄指挥海军舰队配合北洋陆军镇压了孙中山、黄兴领导的"二次革命"。在"二次革命"前，革命党人对北洋海军进行广泛的策反，刘冠雄为此采取了一系列的防范措施。我们从 1913 年 5 月 16 日，刘冠雄致陆军总长段祺瑞的信中可以了解这一情况。信中写道：

芝泉先生大鉴：昨奉台函，敬悉种切。破坏党多方煽惑海军，敝处已有所闻。黎君宗岳远虑深谋，极所钦佩。唯本部前已密派数员前赴各舰，晓以大义，军心均尚团结。唯陈君应濂调查一节，似未便由本部再派，转生军人猜疑。应如何办理之处，仍请卓裁。专复。敬颂勋绥！弟冠雄拜启。五月十六日

段祺瑞在封面上批："刘恐派人联络，转疑心。其理亦是。酌复。"

随后，刘冠雄令海军部次长汤芗铭率"建威""飞霆""楚同""江利""江享""湖鹏""湖鹗""湖鹰"等舰艇前往长江中游镇压江西讨袁军；命令海军总司令李鼎新驻上海调度第一、第二舰队；刘冠雄本人则指挥海军舰艇和北洋陆军第七旅合编的海军陆战队攻打吴淞炮台，同吴淞要塞总监白逾桓、江苏讨袁军黄兴总司令以及兼理吴淞要塞司令、节制水陆各军居正指挥的讨袁军展开激烈的争夺战。当时上海红十字会的柯师医生在双方之间进行调停，柯师曾登上刘冠雄所在的旗舰"海圻"舰，与刘冠雄协商。后经双方同意，讨袁军自动放弃炮台，以免同归于尽。为此，北洋派内对刘冠雄颇有议论。刘冠雄于 1913 年 8 月 19 日致函国务院同人，有所申述，该函全文如下：

国务院诸先生均鉴：揖别南下，倏忽兼旬，就正乏资，眷怀有道，云山修阻，翘企为劳。冠雄才智谫陋，猥不自揣，满腔热血，锐意南行，督率各舰并陆战于七月二十八日抵淞。时沪上各处匪徒肆扰正烈，而制造局尤在吃紧之秋，函电交驰，均策先行。援局不容迟缓，并须肃清城厢内外及浦东南市各区，搜捕余匪，恢复秩序，必使附近无所牵掣，方可全力以规淞台。此冠雄到淞预画之谋，呈告大总统，见于卅日之电者也。乃即促陆战队上岸，而豺狼荆棘，危险满途。所议南汇、川沙浪急滩长，无从起陆，审查地势，尚以九洞岸边得以小舟济及其半。于是陆战队凫水而过，各舰勇以舢板载送，络绎盘渡，饥不暇食。然犹竟三昼夜，始济全师，抵岸直前。沪续得此外助，水陆夹击，屡获胜仗，而清厘上海保全制造局乃告成功。陆战队沪事甫毕，复折来淞。八月初九出发，外人助虐，出而干涉，路不得通。复须买棹绕道，纡曲十一日，始抵江湾。又有匪队截御，海陆力战，将匪痛击，伤毙三百余人，然后得进而齐集。计军舰七月廿八日抵口，至是已逾十天。自盘渡陆战队三天以后，递日遣舰轮流攻台。第以疲敌之力，分敌之势，以掩护我陆队之岸行。一面探查隐伏水雷、碰电，防其诡计。至是，陆战队会齐合力，又饬港内各舰驶至张华滨（浜）掣其肺腑。统计展布十余日，四路完全成熟，然后致力于攻台。凡此皆冠雄所预计，早于卅日电达之中者也。十二之役，海圻当先，各舰继之，叠轰巨炮，中敌要害。而我军乘潮初落，驶舵亦灵，彼炮皆不获中，卒致丑徒奔溃，收复全台。然此皆大总统德威，各将士用命，冠雄何力之有，岂容复作赘词。惟大总统元日来电，有"攻台多日未下，此间外人讥诮海军怯懦。"又盐日来电，有"此次攻收淞台，著名匪首未获一人，殊不可解"等谕。捧读之余，愧悚无地。冠雄于大总统未敢有所陈辩，然此中曲折甚多，倘不为诸公一剖明之，则无以解大总统之疑惑，又何以表冠雄平日所以效忠民国之本心也。冠雄束发从戎，今已白首，得死疆场，为幸已多，何难以舰拼台，与之同烬。顾念我国海权，赖此数舰，孤注一掷，身不足惜，如时局何！淞台之炮，力量殊伟。彼台可以受我数十炮，而我舰不可以当其一二炮。故操切以求效，何如从容以奏功。且布置仅及旬余，而援局、清匪等事，亦殊得力。彼时舰上将士昼战夜防，寝食俱废。至十二日，奋勇猛进，一举成功。而北地外人，竟以多日未下，诮其怯懦。全军将佐士兵，闻之为之气短。咸谓：当时各国军舰，观战林立，公论昭然，何以北地西人传闻反是，得勿有媒蘖其间者乎？著名匪首未获一人，自问无能，良用歉仄。然而，群逆诡谲，声言赴淞，实已早遁。且此辈狡展，出没离奇。此番各处血战，收复炮台、城镇，所谓首要者，弋获几何？况淞地途径分歧，华洋杂处，又有外奸暗中接济，截获綦难。此冠雄力所难为，不能不引为负疚者也。谨按，冠雄濒行与诸君子叙别，提及出京之后，必有持其短长，施以离间者。今观此势，鄙言良非无因。目今匪党到处伺隙，欲得冠雄而甘心者，颇不乏人，出入起居，罔非危境。然而身为军人，已置死生于度外，断不以此而馁进行。第以大总统之明，平时见信之深，此行付托之重，而于冠雄之所为，犹有殊不可解之电谕，则安知非素欲甘心于我者，从中潜煽，思欲遂其狡谋耶？冠雄义在服从，于大总统之前无敢置喙。诸公爱我有素，本期随事函陈，第以淞台未下，断绝交通，音问久稽，曷胜怅歉。兹得一陈近况，以当面谈，想以平时气义之交，当亦鉴其苦衷，而为之笃念欤！临时神往，无任主臣。敬请均安！维希亮察。

刘冠雄拜上。八月十九日

1913 年 8 月 14 日，刘冠雄又奉袁世凯之命前往家乡福建处理善后事宜，江西湖口起义后，驻福建的第十四师代师长许崇智和由部分国民党人组成的讨袁同盟会积极筹划起义，他们向福建都督孙道仁施加压力，要求宣布独立讨袁。孙是前清官僚出身，一向胆小怕事，脚踏两条船，态度游移暧昧。孙道仁在许崇智等人的压力下被迫于 1913 年 7 月 20 日宣布"与袁氏断绝关系"，但同时又声称"俟大局粗定，仍归统一"，首鼠两端。孙道仁在宣布独立后拒绝许崇智等出师讨袁的要求，福建的反袁并没有任何影响。但袁世凯对此也不能容忍，1913 年 7 月 25 日，袁世凯下令将许崇智撤职查办。

查办令称："代理福建陆军第十四师师长陆军中将许崇智，附和乱党，背叛共和，复敢致代理国务总理、陆军总长段祺瑞电文，据该总理呈阅，原电语多狂悖，实属大干军纪，罪无可逭。许崇智应即褫革军官军职，并严行查拿，按法惩办，以为甘心从逆者戒。此令。"

袁世凯派刘冠雄入闽处理善后，将许崇智的第十四师遣散，同时把福建的马尾船政局及各炮台收归海军部管辖。12月5日，袁世凯将孙道仁调往北京，任命刘冠雄以海军部总长身份暂兼领福建都督，刘冠雄忠实执行袁的旨意，将福建省内的国民党及其他进步组织全部解散，并追缴国民党员的证书，证章等。在"善后"结束时，袁世凯于1913年12月30日下令裁去福建都督一职，改设福建镇守使，次年7月改设护军使为福建的最高军事长官。

刘冠雄效忠袁世凯，镇压"二次革命"立下"殊功"，袁世凯授予他一等文虎章、一等嘉禾章。

消极对待洪宪帝制

海军人士说："刘（冠雄）对人对物，常用敷衍手段，为一投机之官僚。"[1]洪宪帝制开锣后，对所有的北洋派官僚都是一个严峻的考验，是支持？还是反对？或者保持沉默？都需要做出决定。

帝制公开后，北洋派军阀官僚纷纷上劝进袁，但刘冠雄一直没有动作，有人问刘"何独不然"？刘回答："强而图之有三不利：一、强邻挟以求请，将穷于应付；二、党人怨毒已深，召之为乱，将不可治；三、军人推戴，所求必奢，且藩镇势成触望，激变之局随时而有，兹事殆难苟同也。"之后，袁世凯派人示意刘冠雄，刘仍回答说："余于元首自极爱敬，然不敢踞之炉火上。"刘私下询问国务总理陆征祥外交界意向，陆答："视为内政而已。"刘冠雄遂不再语。[2]

---

① 朱天森：《记辛亥海军起义与闽籍海军人物》，《辛亥回忆录》第6集，第125页。

② 熊尚厚、严如平主编：《民国人物传》第十一卷，第196页。

　　刘冠雄虽然对洪宪帝制持保留态度，但作为海军总长他无法回避，10月上旬，陆军总长王士珍、海军总长刘冠雄、直隶巡按使朱家宝、京师警察总监吴炳湘分别率领本系统的官员分批联名具呈袁世凯，请求变更国体，实行君主立宪。

　　也许这是例行公事，刘冠雄无法回避，除非他公开站出来表示反对帝制。1915年9月，在陈璧光领衔以所谓福建省"公民"名义上的请愿书上列有50个人的名字，但刘冠雄没有署名，也未见到刘冠雄个人署名的劝进或推戴电。尽管刘冠雄持消极态度，但袁世凯还是"赐封"刘冠雄为"二等公"，这是唯一的一个"二等公"。"北洋三杰"中的王士珍（陆军总长）和段祺瑞一个公开反对帝制，一个不肯积极劝进，袁世凯的封爵榜上没有他俩的名字。看来，袁世凯对待王士珍和刘冠雄还是有些区别。至于为何会这样，还有待挖掘史料、对于刘冠雄受封后的表现，有学者写道："对此封授，刘深感从之则祸在日后，不从则祸在目前，日夕忧虑，夜不成寐，须发顿白。"1916年1月14日，刘冠雄离京南下，以加强对海军之控制。4月入闽，5月返京时，袁世凯已病深，刘亦请病假，始终不与袁一面。直至袁世凯出殡，刘犹在假期中，迄未入府，旋即卸任居津。

袁世凯死后，继续担任海军总长

　　1916年6月30日，继任的黎元洪总统下令免去刘冠雄的海军总长职务，派程璧光接任。1917年12月，代总统冯国璋特任刘冠雄为海军总长，到1919年12月为止。

　　1922年11月，黎元洪特派刘冠雄为福建镇抚使，率舰队入闽。但由于遭到福建省内各派势力的反对，未到任。

　　1923年1月，曹锟总统任命刘冠雄为闽粤海疆防御使，同年11月辞职。此后，退居天津租界，以花草自娱。1927年6月24日病逝。

第三章　警察特务头子

"自来权奸窃国，类无不阴贼险狠，暴戾恣睢。凡所谓热心之志士，命世之英奇，必将搜捕诛夷，为一网打尽之计，彼乃得纵横一世，而无敢抗颜行者。噫，惨矣！"[①]

袁世凯一生十分残忍，在晚清镇压农民起义时以手段残酷毒辣出名。窃取政权后，对于推翻封建专制建立共和国出生入死的革命党人，袁世凯特别嫉恨，一心要铲除干净，以实现袁氏万世一系。为此，袁世凯强化了北京和全国的警察特务机构，在北京先后成立了京师警察厅、京畿军政执法处、步军统领衙门、京师一带稽查处、拱卫军司令部执法处等众多名目的警察特务机构，以上机构除京师警察厅由内务部管辖外，其余都由袁世凯个人直接控制。袁世凯有意把北京的特务警察机构分成八个系统，让它们互相监视和牵制，便于他从中控制。这些警察机构都豢养了秘密侦探，并赋予监视人和缉捕人的特权，不受任何法律的约束。其中尤以京畿军政执法处和京师一带稽查处最为专横残暴。在各省，特别是革命党人比较集中的省份如广东、湖南、湖北、陕西、江苏等省也相继成立了各种特务机关。在袁世凯幕府中，因此培养了一大批阴险凶恶的特务警察头子和杀人如麻的屠夫，他们是赵秉钧、陆建章、雷震春、汤芗铭、龙济光等。在袁世凯统治时期，"蒙乱党盗匪之名，死于非刑者，更不可胜数"。由于袁世凯之嗜杀，人称为"煞星下世"。[②]

---

① 王建中著：《洪宪惨史·香河赶赳子序》。
② 来新夏主编：《北洋军阀》（二），第25页。

第一节 "警察天才"赵秉钧

赵秉钧，是袁世凯的头号警察特务头子，他鞍前马后、死心塌地为袁氏卖命13年，从剿灭义和团到镇压革命党，从逼清帝退位到破坏责任内阁制，到谋杀宋教仁，无不唯袁世凯马前是瞻，杀人无数，"功绩"赫赫。袁世凯称赞他"才长心细"，人称为"警察天才"。后因责怪袁世凯滥杀刺死宋（教仁）的"功臣"，发了一通"兔死狐悲"的牢骚而为主子毒毙。他在死前预言："天下杀机启矣！吾诚不知杀人几许，然吾被杀之时，亦在不远！"这正是一切助纣为虐的鹰犬们的下场。

扑朔迷离的身世

关于赵秉钧的身世，人多语焉不详，至今也是未解之谜。黄秋岳《花随人圣庵摭忆》记载："赵秉钧来历不明，事却甚确。赵自言不详父母姓氏，幼盖被人贩鬻者。"曾任北洋政府代总理、交通总长的朱启钤说："赵智庵出身，人多不明，难于论断。"叶恭绰曾对章士钊谈起赵秉钧的身世问题，所说似乎确切一些，他说："赵少为流浪儿，不知其姓，故姑取百家姓之第一姓为姓。问其生日，则曰正月初一。"这就是说，就连赵秉钧本人也搞不清自己的姓氏、生辰、籍贯。

现在一般认定赵秉钧是河南汝州（今临汝县）人，生于1859年2月3日（清咸丰九年正月初一）。赵秉钧生性狡黠、凶悍、富有胆识、敢作敢为。幼时虽到处流浪，居无定所，食不果腹，但他野心很大，不甘屈居人下。1878年，他考秀才不中，遂断了科举仕宦之途的想法，投笔从戎，参加了左宗棠的楚军，隶属张曜部，当了一名佐杂小官。后随左宗棠远征新疆，追剿白彦虎。在猩猩峡戈壁滩行军时遇大风雪，连人带马掉进深沟，被大雪埋了三昼夜，几乎被冻死。幸而下身压在马肚子底下，依靠马的体温，才保住了性命。后被后续部队发现，随行的蒙古军医将温热的马鹿血灌到他嘴里，他才渐渐苏醒。后来听说此行全队人马，冻死冻伤过半，他是幸存者之一。

虽然保住了性命，但却丧失了一个正常男子的勃勃生机，一生不能近女色。为此，他痛苦不堪，诅咒命运的不公平，他恨那场可恶的暴风雪，他恨自己，更恨周围的一切，他的内心深处只有仇恨和潜滋暗长的邪恶，忘却了人间的正常情感。从此，他狂吸鸦片，以求慰藉他那颗变态的心。

到新疆之后，赵秉钧随左宗棠东征西讨，因工于马术，经常被派为前锋，冲锋陷阵，立下不少战功，受到上司的赏识。由于他年幼时读过书，有一定的文化功底，字也写得好，遂被任命为中俄边界办事员，从事勘划边界工作。由于在边防上出力甚多，被保以巡检遇缺即补。

1889 年，赵秉钧改捐典史，分发直隶省，次年到职。1892 年补为新乐县典史，1895 年调署东明县典史，1897 年调署东明县中汛管河巡检，并署开州下汛中判。1899 年调署天津北仓大使，不久捐升知县，充直隶保甲局总办，兼统率巡防营，以"长于缉捕"闻名官场。1900 年，赵秉钧率领巡防营清剿京津地区的义和团，"屡立战功"，深得直隶总督李鸿章的赏识，遂委派他为淮军前敌营务处兼统带巡捕三营，并奏保他免补知县，以直隶州知州仍留直隶补用。赵秉钧成了李鸿章系统的人，前途变得豁然开朗起来。

另觅新主　结交袁氏

1901 年 11 月 7 日，袁世凯被清政府授为署理直隶总督兼北洋大臣。赵秉钧投奔了袁世凯。

早在小站练兵的时候，袁世凯就知道赵秉钧深谙缉捕、侦探之道，于是在 1902 年初派他担任保定巡警局总办，创办巡警，并奏保他为知府加盐运使衔。另外，袁世凯又命赵秉钧同日本警视厅警官、清政府的警务顾问三浦喜传一起，"参照东西成法"，拟定警务章程，创办了一所警务学堂，并征募 500 人组成一支干练的巡警队，驻扎在保定城厢内外，维持地方治安。不久，各省都奉令仿效直隶警务章程试办巡警，赵秉钧着实替袁世凯露了一次脸。

1902 年 8 月，八国联军交还天津，清政府派袁世凯接收。根据《辛丑条约》，联军交还天津后，中国政府不得在距天津租界 20 里以内驻扎军队，实际上等于说中国军队不能进入天津城区。这样，不但市区内治安无法维持，就连政府机构的权力行使也无法保障。袁世凯当然不敢违抗帝国主义旨意，却又想把天津置于自己的控制之下，于是想了一个偷梁换柱的两全办法。他命令赵秉钧挑选 3000 名新军，换上崭新的警服，集中到保定，进行了为期 6 个月的警察训练，改编为巡警，然后以 1500 人进驻天津城区，成立天津南段巡警局，赵秉钧担任总办；以 1500 人分布于西沽、塘沽、山海关、北塘等处，称北段巡警局。赵秉钧在天津划区域，清户口，督率官弁兵丁昼夜巡守，对人民实行严密的统治。

后在日本人伊藤次郎和厚田俊三的指导下，赵秉钧又创办天津侦探队和天津巡警学堂。1908 年，他将保定巡警学堂并入天津巡警学堂，更名为北洋巡警学堂。此后又在各州县设立了巡警传习所，增添了河巡、马巡、暗巡和消防队。巡警制度被推广到天津各府县和铁路沿线，建立了覆盖整个直隶地区的完整的巡警网络。因赵秉钧办巡警有功，1903 年 3 月，袁世凯奏保他免补知府，以道员留原省补用。

1905 年 9 月，北京火车站发生了革命党人吴樾炸出洋考察政治五大臣事件，清政府大为震惊，深感京城重地警力不足，警戒不力。于是，经袁世凯推荐，赵秉钧带天津侦探队队长杨以德进京破案，开始插手北京警政。袁世凯又建议设立巡警部，以维持地方治安，清查户口，预防革命党人潜伏。

10 月，巡警部成立，徐世昌为尚书，赵秉钧经袁世凯保举，担任右侍郎。由于他深得袁徐二人的信任，又熟谙警务，特务才干出众，很快就掌握了巡警部的实权。他对袁世凯的知遇提拔感激涕零，更加死心塌地为袁卖命。对北京的警政事务，赵秉钧不分大小，事必躬亲，还经常着便衣外出侦探、考察，搜罗政治、军事情报，行踪不定，像一个幽灵一样在北京的大街小巷时隐时现。

1906 年 1 月，赵秉钧奏请从天津、保定抽调巡警千余人进京，将北京工巡局改组为内外城巡警厅，极大地削弱了掌握北京警政大权的肃亲王善耆的势力，使其"仅能自保"。他把大批的侦探、巡警派往各个角落，不仅监视百姓的一言一行，就连达官贵人的活动和宫廷的动向也逃不过他的监视。他把搜集来的情报分类整理，呈送袁世凯，使袁世凯对清政府的政治行情及社会动态了如指掌，在内部的政治斗争中经常处于有利地位。巡警部改名民政部后，赵秉钧仍任右侍郎。

这时的赵秉钧成为北京城里令人畏惧的人物，有人形容说："赵秉钧貌不出众，语不惊人，而北京达官贵人日常家中之动作语言，都逃不出他的监察，那拉氏、光绪帝都不能例外，甚至帝后两方得宠的太监，亦在注视之列。"[①] 因此之故，赵秉钧被称为"警察天才"。[②] 赵秉钧一跃成为袁世凯北洋军阀集团的特务头子，成为袁世凯最得力的帮凶之一，是袁世凯镇压人民、击败政敌的一张王牌。

紧跟袁氏　谁主沉浮

1908 年底，光绪帝和慈禧太后相继去世。1909 年 1 月 2 日，清廷颁布上谕，以袁世凯"患足疾，步履维艰，难胜职任"为由，将他罢黜，赶回河南彰德洹上村。3 月，民政部右侍郎赵秉钧也被迫致休，善耆趁机夺取了北京的警权，但赵秉钧在京津警界的影响远没有消失。

赵秉钧被撤职后闲居天津，时常往返于天津与河南彰德之间。1911 年 10 月 11 日，洹上村张灯结彩，鼓乐喧天，袁世凯的"养寿园"内亲朋满座，觥筹交错。原来，这一天是袁世凯 52 岁寿辰，赵秉钧、张锡銮、倪嗣冲等心腹幕僚正为他举行盛大的祝寿庆典。突然传来武昌起义的消息，众人

---

① 刘垣著：《张謇传记》，第 120 页。

② 刘垣著：《张謇传记》，第 114 页。

闻讯，相顾失色。袁世凯下令撤去酒宴，停止唱戏，话题自然转向了革命党人和武昌起义。有的说，瑞澂、张彪必能镇得住几营闹事的新兵，即使镇压不住，三两日间，大兵压境，闹事者即一哄而散，成不了大气候。有的说，革命党人来势凶猛，或许能成星火燎原之势。大家众说纷纭，莫衷一是。

赵秉钧听到武昌起义的消息，先是一惊，后是心里一亮，他陡然意识到：时机到了。他站起来，向众人拱拱手，不慌不忙地说："列位大人，以秉钧看来，目下朝中无人，收拾残局，非宫保莫属啊！"

众人点头称是。而袁世凯却摆了摆手，假惺惺地说："列位大人只管饮酒赋诗，莫论国事。"

正在袁世凯待价而沽的时候，华北地区发生了两起惊人事件：一是山西独立，二是滦州兵谏事件。袁世凯又惊又喜，惊的是清廷腹地出现危机，如果清廷过早垮台，就会失去与革命党讨价还价的筹码；喜的是可以借此要挟清廷交出更多的权力，究竟如何处理才算妥当，他找来了赵秉钧等人详加商议。赵秉钧进京后，在庆亲王奕劻支持下，取代了满人桂春，署理民政部大臣。又借助姜桂题所部毅军的势力，把新调进北京的旗兵"一律资遣回城外"，撤出旗籍巡警，强令商户开业，戏院开演，减免捐税，迅速恢复了秩序。10月30日，山穷水尽的清政府被迫任命袁世凯为内阁总理大臣。11月13日，袁世凯赴京就职。16日，责任内阁组成，赵秉钧位列其中，袁世凯赏给他的官衔是民政部大臣。

助袁氏窃国　效犬马之劳

1912年元旦，孙中山在南京宣誓就任中华民国临时大总统。由于帝国主义干涉破坏革命，袁世凯大耍两面派手法，再加上革命党人的软弱妥协，南京临时政府陷入了困境。孙中山不得不表示：只要清帝退位，袁世凯赞成共和，则自己立即宣布辞职，推举袁世凯为中华民国临时大总统。袁世凯在得到临时政府的这一保证之后，加紧了逼宫活动。

不过，袁世凯的手段相当狡猾。他并没有赤膊上阵，而是利用自己在东华门被炸，称病不入朝，把逼宫的任务交给了手下的三员得力干将赵秉钧、胡惟德、梁士诒，自己则躲在幕后指挥。这样，一则赵秉钧等人可以放手大干，加速清帝退位；二则可以掩人耳目，免落曹操、王莽之骂名。1912 年 1 月 17 日、18 日，隆裕太后两次召开御前会议，讨论是否推行共和问题，没有结果。19 日，赵、胡、梁三人参加了第三次御前会议，向清廷展开猛烈的攻势。赵秉钧第一个跳出来，就皇帝逊位问题向隆裕皇太后和各位王公亲贵们摊了牌。他提出，清政府和南京临时政府同时取消，另由袁世凯在天津组织临时政府，并优待皇室。对这个提议，在座的王公亲贵除奕劻、溥伦少数人以沉默表示赞同外，溥伟、载沣等多数人激烈反对。梁士诒耐着性子说："现在财力匮乏，国库空虚，山穷水尽。即使倾国家之所有，也筹不够一个月的军饷，再也打不下去了。"署理外务部大臣胡惟德接着威胁道："如果朝廷不及时作出决断，拖延时日，列强必将趁机干涉，后果不堪设想啊！"王公大臣们仍然反对。赵秉钧早已按捺不住，当着隆裕皇太后的面，不顾君臣礼节，拍案而起，凶相毕露。"这是内阁苦心孤诣于万难之中想出来的办法，而你们却今天开会，明开也开会。议来议去议不出一个所以然来。如果这个办法不予采纳，除了内阁全体总辞职外，别无他途。"说罢，拂袖而去，梁士诒、胡惟德也跟了出去。

隆裕皇太后和一帮王公大臣们面如土色。会议不欢而散。

袁世凯看到清政府不会对自己的提案马上作出答复，就继续称病不上朝，将烂摊子推给朝廷去收拾。另一方面，指使赵秉钧等人继续向朝廷施压。赵秉钧真是为主子效尽了犬马之劳。袁世凯的所有奏牍，都由他代为传述。他秉承袁世凯的意图，频频出入宫廷，鼓动如簧之舌，"苦口婆心"地劝朝廷早作决断，动辄加以威胁恫吓。他又施展其出色的特务才干，同袁世凯的党徒们密谋策划，掀起"请愿共和"风潮。双管齐下，不把清廷扳倒，誓不罢休。

1月26日，袁世凯借革命党人之手将皇室主战派核心人物、宗社党领袖良弼炸成重伤。赵秉钧随后上门将良弼弄死。王公亲贵们吓得魂飞魄散，再也不敢反对共和了。1月31日，隆裕皇太后又召开御前会议，商讨退位问题，梁、赵、胡均参加。隆裕掩面大哭，泪如雨下，说："梁士诒啊！赵秉钧啊！胡惟德啊！我母子二人性命，都在你三人手中，你们回去好好对袁世凯说，务要保全我们母子二人性命。"赵秉钧陪着大哭，誓言保驾，流了不少鳄鱼泪，心里却喜不自禁。但隆裕皇太后并未决定何时退位，袁世凯心里不免着急。他心生一计，命段祺瑞等前线将领发出通电，扬言如果朝廷不同意采用共和政体，将"率全体将士入京，与王公剖陈利害"。一时间，刀光剑影，杀气腾腾，令王公亲贵们不寒而栗。袁世凯接到通电后，立即召开王公大臣会议，他们看后一个个毛骨悚然，面无血色。唯独恭亲王溥伟不服，发了几句牢骚。事后，赵秉钧、胡惟德奉袁命去劝解，溥伟又同他们顶撞了一阵。赵秉钧阴阴地一笑，"恭王，如果你还执迷不悟，可就别怪我赵秉钧不客气了。"溥伟被吓得逃之夭夭。

2月12日，清帝下诏宣布退位，268年的清王朝土崩瓦解。孙中山践言辞去临时大总统，让位袁世凯，同时提出三项条件，其中前两项是：临时政府的地点仍设于南京；新总统必须亲自到南京就职。

老谋深算的袁世凯当然不会乖乖就范，但他并没有公开拒绝，而是满口答应，表现出空前的积极和热心。赵秉钧当然明白他葫芦里卖的是什么药，更明白自己要为主子做点什么。2月25日，迎袁使团抵达北京时，赵秉钧便派了500多名警卫以"保护"专使为名，将他们监视起来，并与胡惟德亲自出马，招待欢迎专使们，借机探测虚实，暗中派爪牙们散布谣言，说"首都即将南迁，北洋军就要遣散了"，"宫保要走了，我们没人管了"，借此煽动兵变，为袁世凯拒绝南下提供借口。2月29日，曹锟的陆军第三镇的一些士兵有预谋地在东城发动兵变，大肆焚烧抢劫。赵秉钧按照袁克定的指令，命令全城巡警一律撤岗，不准干预。袁世凯借口兵变，北方局势不稳，拒绝南下，要求在北京就职。孙中山等再次向袁妥协。3 月 10 日，袁世凯身着大礼服，趾高气扬地在外交部迎宾大楼就任中华民国临时大总统。

狐假虎威　践踏共和

1912 年 3 月 13 日，唐绍仪组成了中华民国第一届责任内阁，赵秉钧被任命为内务部总长。赵秉钧知道，唐绍仪受西方民主思想的熏陶，热衷于搞责任内阁制，并同同盟会打得火热，这与袁世凯的本意是背道而驰的，唐绍仪迟早要倒台，袁世凯与同盟会的合作只是权宜之计。因此，赵秉钧对唐绍仪处处掣肘、拆台，百般刁难，心欲先去之而后快。他公开对北洋军人说："唐绍仪如果能站得住，我们就甭想站住。"在国务会议上，他敢公开与唐顶撞，主张事事皆应奉令承教于大总统，国务员可以单独行动。他还插手财政，凡遇财政问题，常常撇开唐绍仪，与财长熊希龄、梁士诒秘密协商。

赵秉钧对于内务部更是视为禁脔，不许任何人插手。唐绍仪曾在国务会议上提出，内务部在人选上应体现南北合作精神，主张内务部里同盟会员应占有一席之地。赵秉钧激烈反对，声色俱厉地说："内务部乃政府要害部门，必须全用北洋旧人，绝不能让外人插手！"唐绍仪只好耐心解释："民国始立，共和肇兴，政府北迁来京，我等当以南北和睦共事为重。内务部启用同盟会员，以示新旧合作之诚意，还望总长三思。"赵秉钧骄横地喊道："卑职不才，只知效忠于大总统，不知共和政治为何物。若唐总理执意要在内务部安插同盟会员，卑职只好率内务部全体司员辞职！"气焰嚣张，把唐绍仪当时气得说不出话来。

从此以后，赵秉钧拒不出席由唐召开的国务会议，问其理由，则强词夺理地说："会议关系本部之事甚少，而现在维持秩序之事诸关重要，故以不赴为便。"事实上，他遇事都在会议之外，独自向袁世凯请示汇报，完全抛开唐内阁；他不但不执行内阁决议，甚至横生枝节，百般挑剔，肆意删改，搞得乌烟瘴气。唐绍仪对此无可奈何。除内务部外，其他如外交、陆军、海军、财政均由袁世凯死党把持，唐绍仪无权过问。唐内阁成了一副有名无实的空架子，再也无法维持下去了。唐绍仪知难而退，在6月17日留下一道辞呈，独自出走天津。

袁世凯先是假惺惺挽留，未几，免去唐绍仪总理职务，提议以无党无派的职业外交家陆征祥代之。结果被参议院否决。一向奉行"顺我者昌，逆我者亡"的袁世凯咽不下这口气，他决定要给参议院一点颜色看看。他拿出了镇山之宝——北洋军警，大耍流氓恐吓战术。赵秉钧唆使北京军警联合会召开特别会议，通电痛骂参议院不顾国家危急，声称再不通过新的补充阁员名单，即请求以武力解散参议院。形形色色的匿名信、恐吓信、传单在北京城里漫天飞舞，矛头直指参议院，有人悬赏一万元收购议长吴景濂和谷钟秀的人头，有人警告参议院如再不牺牲党见，将以"炸弹从事"……一时间，北京城内风声鹤唳、人心惶惶。

参议院在北洋军警的威胁恫吓面前忍气吞声地退缩了。在这场军人干政的闹剧中，赵秉钧上蹿下跳，到处煽风点火，立下头功。袁世凯非常满意，决定重用这位心腹爱将。果然，在陆征祥称病辞职后，赵秉钧在8月20日被袁世凯任命为代总理。

赵秉钧深知，袁世凯任命他为代总理，执掌内阁，只是牛刀小试，最终将会把自己扶上正式总理的宝座。这一点赵秉钧有十足的把握。

但是袁世凯也有难处，他不便立即提名自己的亲信正式出任内阁总理，否则还会出现陆征祥内阁所面临的那种尴尬和难堪，参议院的厉害他是领教过的，尽管他没有把参议院放在眼里，但眼下自己刚站稳脚跟，革命党人还有相当的力量，同这个合法的机构闹僵了，对自己不利。所以，他暗示赵秉钧：曲径通幽，施展你的手腕，独辟蹊径，水到渠成之时我会出面的。

赵秉钧不愧是跟随了袁世凯多年的亲信幕僚，他立刻揣摩出了主子的良苦用心：大总统是要我接近同盟会，赢得其信任，获取参议院中同盟会议员的支持，那时总统提名我当正式总理，就可畅行无阻。于是，一向视同盟会为死敌的赵秉钧突然一百八十度大转变，表示要加入同盟会，并自作多情地请人捉刀，填写了一份入会申请书，同时还对应邀进京的孙中山和黄兴大献殷勤，以讨取他们的欢心。黄兴果然受了蒙蔽，邀请赵秉钧加入国民党（同盟会于1912年8月底改组为国民党）。赵在秘密请示了袁世凯后欣然同意。赵秉钧还想方设法接近国民党实权领袖人物宋教仁，经常屈尊，风尘仆仆地跑到西郊的农事试验场去拜访宋教仁，大谈时势及自己的政见，极力套近乎。他厚着脸皮，口是心非地说："近来许多党派都亲自登门邀我参加，我都未置可否，我只填写了你们的入党登记表。"时间一长，宋教仁也对他渐生好感。这样，赵秉钧挂上了国民党的招牌，成了一个非驴非马、不伦不类的国民党员。

袁世凯看到火候已到，于9月22日准陆征祥辞职，同时向参议院提议由赵秉钧任内阁总理。黄兴等人企图通过赵秉钧实现"政党内阁"的主张，便在参议院国民党议员中极力疏通使得参议院表决时以71人69票同意通过，内务总长仍由赵秉钧兼任。

内阁总理到手了，赵秉钧开始翻脸不认账。当有人问他加入政党的事时，他以一副无赖的口气说："我本不晓得什么叫政党，不过有许多人劝我进党，统一党也送什么党证来，共和党也送什么党证来，同盟会也送得来，我也有拆开看看的，也有搁开不理的，我何曾晓得什么党来？"有人说曾亲眼看到过他送到统一党和同盟会的党证书，他抵赖说："此恐怕不是我写的吧！"

10月3日，赵秉钧到参议院阐述政见，声称"以维持现状为主义"。然而，不久他就把国务会议移至总统府召开，一切听命于袁世凯，内阁变成了袁世凯的驯服工具，责任内阁制度横遭践踏。

为保金椅燃炉火　助纣为虐刺钝初

根据《临时约法》规定，临时参议院成立后，在10个月内应进行国会选举。国会成立后，再进行正式总统的选举，并重新制定宪法来代替《临时约法》。

为在国会选举中获得多数席位，各政党都摩拳擦掌，跃跃欲试。为对抗日益膨胀的袁世凯的御用党——共和党的势力，1912 年 7、8 月，中国同盟会与统一共和党、国民共进会、共和实进会、国民公党合组为国民党，孙中山被推为理事长，但一切党务均由代理事长宋教仁主持。唐绍仪辞职后，他断然拒绝了袁世凯的多次挽留，挂冠而去，住进了京郊农业试验场，专心致力于"毁党造党"的宏大工程。

宋教仁一向崇尚西方资产阶级民主政治制度，热衷于议会政治和责任内阁制。袁世凯就任临时大总统后，如何使这匹野性难驯的烈马循着民主政治的轨道一步一个脚印走下去，宋教仁的策略是，同盟会可以暂时不同袁世凯在总统职位和军事实力上一争高低，但必须利用国会、内阁方面的优势架空袁世凯，使之成为有名无实的空头总统。正是在这一点上，他同嗜权如命的袁世凯及赵秉钧之间爆发了不可调和的冲突。袁世凯绝不会甘于在革命党人内阁之下充当花瓶和盖章机器。在同盟会的领袖人物中，他最忌恨的就是主张责任内阁制的宋教仁，而最赏识最钦佩的竟然也是这位年轻有为、才华卓越的政治活动家。在这种"又恨又爱"心理的驱使下，袁世凯曾多次向宋教仁暗示提拔擢升之意。1912 年七八月间，他就陆征祥后内阁总理的人选问题曾向孙中山征求意见，希望同盟会能有人出面组阁。孙中山推荐黄兴，黄兴坚辞，孙中山再推宋教仁，袁世凯表示同意，并派赵秉钧去游说宋教仁，希望他能改变初衷，最好能把他拉到自己麾下。

赵秉钧奉命来到京郊农事试验场。见面后，赵秉钧显得极为亲密，拍着宋教仁的肩膀，嘘寒问暖，尔后开门见山："钝初兄，总统派我来向你致意，希望你能蠲除党见，不要再搞什么'政党政治'和责任内阁。如果你能答应，总统说了，内阁总理这把交椅非你莫属。"赵秉钧神秘兮兮地说。对此，宋教仁斩钉截铁地回答："烦智庵兄转达袁大总统，这不是个人问题。政党政治是民主国家的一个原则，责任内阁是《临时约法》所规定的，内阁向总统负责，总统更好办事，这有什么不好呢？"赵秉钧劝道："钝初兄，这是总统对你的莫大信任和器重。识时务者为俊杰，钝初兄是聪明人，还要三思而行啊！"宋教仁不以为然地一笑："本人一贯主张纯政党内阁，如果这次教仁不能组成政党内阁，甘愿退让。"至此，两人已无话可说了。

赵秉钧回去添油加醋地对袁世凯做了汇报，袁世凯大怒："宋教仁太不识抬举！"

宋教仁拒绝了袁世凯要他以放弃责任内阁制来换取内阁总理的要求，依旧我行我素。他穿梭于各派政治力量之间，运用自己灵活的政治手腕和高超的组织能力，将同盟会与其他四个小党合并为第一大党——国民党，并任代理理事长。随后，他雄心勃勃地准备南下，到南方各省开展竞选活动。

宋教仁临行前，袁世凯派人送去一套价值 3000 元的西服和一张 50 万元的交通银行支票，以示收买。宋教仁留书一封，说："绨袍之赠，感铭肺腑。长者之赐，仁何能辞？但惠赐 50 万元，实不敢受。仁退居林下，耕读自娱，有钱亦无用处。原票奉璧，伏祈鉴原。"对这样一个咬不动吞不下的铁杆政敌，袁世凯、赵秉钧无可奈何，心里愈发嫉恨。

国会选举的结果，出乎所有人的预料。1913 年初，大选揭晓了。国民党在参众两院中共获 392 席，而亲袁的民主、共和、统一三党仅获 230 席，不及总席位的 1/3。国民党占有压倒之优势。国民党内一片欢呼，被胜利陶醉了的宋教仁更是踌躇满志，忘乎所以。他的头脑中只想一件事：依靠第一大党的支持，组成纯政党内阁，当国务总理，使民国政治走上正轨。包括国民党在内的几乎各党派都认为国务总理一职非宋莫属，只是时间早晚了。然而，没有人清醒意识到，死神正悄悄地向宋教仁伸出了魔爪，更没有料到站在幕后指挥的竟是堂堂的民国临时大总统袁世凯和内阁总理赵秉钧。

事实上，袁世凯、赵秉钧的特务机构一刻也没有停止对宋教仁南下活动的监视。特务们将宋教仁在各处的演讲一一记录下来，呈报袁、赵。袁、赵恼怒异常，大骂宋教仁"非难政府"，故意捣乱，同时深感事态严重，他们最不愿意看到的结果还是出现了。袁世凯在国会选举活动结束后曾忧心忡忡地对杨度说："皙子，我现在不怕国民党以暴力夺取政权，就怕他们以合法手段取得政权，把我摆在无权无勇的位子上。"

赵秉钧的忧虑更现实。他对权力的极度渴求与顶礼膜拜并不亚于袁世凯。当初他以一个卑微的书吏投到袁世凯帐下，十几年来，"苦心孤诣"，谨小慎微，靠着出色的拍马溜须、阿谀奉承的本领和为袁世凯拼死卖力，一步步登堂入室，爬到内阁总理，一人之下，万人之上。谁知屁股还没坐稳，半路上杀出一个宋教仁来，要横夺这把金字椅，他岂能不妒火中烧，必先除之而后快？

赵秉钧说干就干。第二天，他找来内务部秘书洪述祖商议。洪述祖听完，大包大揽地说："这有何难？我在上海有个莫逆之交，也是我的同学叫应桂馨（字夔丞）。此人精明能干，经验丰富，对革命党人怀有仇恨，让他去杀宋教仁，保证马到成功。为保险起见，我可以亲自去上海找他面谈。"

于是洪述祖到上海找到了流氓头子、江苏驻沪巡察长应桂馨，进行了具体策划。应桂馨又找到流氓军痞武士英，由武士英实施刺杀行动。

1913年3月20日晚，上海东站，一列由上海开往北京的特快列车鸣笛待发。22时40分，宋教仁在黄兴、于右任、廖仲恺等人陪同下，缓缓走向检票口。宋教仁是应袁世凯之邀赴北京出席即将召开的国会，接近检票口时，宋教仁和大家一一握手告别，转过身正要上车，忽听"砰"地一声，从月台东边水泥柱边飞来一颗子弹，击中他的右腰。宋教仁惊呼一声："我中枪了。"向前踉跄两步，倒在栏杆边的铁椅上。大家正惊愕间，又是两声枪响，只见一个身穿黑呢军服、身形矫健的矮个子向站外飞奔。大家这才明白过来，齐声喊"抓刺客"。

宋教仁被送进附近的沪宁铁路医院进行抢救。由于弹头有毒，伤势沉重，延至 22 日凌晨 4 时，不治身亡，年仅 31 岁。民国政坛上一颗夺目的新星陨落了，这位杰出的资产阶级政治活动家，为中华民国流尽了最后一滴血。宋教仁遇刺后仅 4 小时，即 3 月 21 日凌晨两点，洪述祖就接到了应桂馨的电报。同日，又接到"匪魁已灭，我军无一伤亡"的电报。他急如星火地赶到赵秉钧府上，报告喜讯。赵秉钧击节大笑："述祖，你立了大功了。宋教仁一死，我心里头大患算是除了！大总统可以把心放到肚子里了！"

矢口抵赖无济于事　真相大白罪难逃

赵秉钧高兴得太早了。他和袁世凯都认为：凶手业已逃逸，此案永无大白之日。所以当谭人凤就"宋案"去探询袁、赵口气时，两人都矢口否认，赵秉钧更是坦然："外间对此事议论纷纷，我不想同他们争辩，日后必将水落石出，请先生静待，不要被谣言所迷惑。"

赵秉钧和袁世凯都没有料到，案发后仅过了 4 天，案犯应桂馨、武士英先后落网，并从应家搜出了应桂馨与赵秉钧、洪述祖往来密电本及函电多件、五响手枪一支。与"宋案"有关的函电有：

1913 年 1 月 14 日赵秉钧致应桂馨函，"密码送请验收，以后有电直寄国务院可也。"

2 月 2 日，洪述祖致应桂馨函，"紧要文章已略露一句，说必有激烈举动。吾弟（指应）须于题前迳密电老赵，索一数目，似亦步亦趋不宜太迟也。"

同日应致赵秉钧电："孙、黄、黎、宋运动激烈，……民党忽主宋任总理，……已向日本购孙、黄、宋劣史。……警厅供抄宋犯骗案刑事提票，用照片辑印士兵万册，批以横滨发行。"

4 日洪致应函："冬电（2 月 2 日电）到赵处，即交兄（洪自称）手，面呈总统，阅后色颇喜，说弟颇有本事。既有把握，即望进行云云。兄又略提款事，渠说将宋骗案情及照出之提票式寄来，以为征信。"

8日洪致应函："日内宋辈有无觅处，中央对此颇注意也。"

3月11日洪致应函："来函已面呈总统、总理阅过。以后勿通电国务院，因智老（即赵秉钧）已将密电本交来，恐程君（经世）不机密，纯令归兄一手经理。"

13日应致洪函："《民立》实记钝初在宁之演说词，读之即知其近来之趋势及趋向所在矣。……事关大计，欲为釜底抽薪法。若不去宋，非特生出无穷是非，恐大局必为扰乱。"

同日洪致应电："毁宋酬勋位，相度机宜，妥筹办理。"

14日应致洪电："梁山匪魁顷又四出扰乱，危险实甚，已发紧急命令，设法剿捕，乞转呈，候示。"

18日洪致应电："寒电（14日）应即照办……"

19日洪电应："事速照行。"

21日凌晨两点，应致洪电："念40分钟所发急令已达到，请先呈报。"

同日应致洪电："匪魁已灭，我军一无伤亡，堪慰，望转呈。"

铁证如山。原来"宋案"的主谋竟是曾口口声声要"迅辑真凶，彻底根究"的大总统袁世凯和国务总理赵秉钧，同谋犯是内务部秘书洪述祖，具体指挥者是应桂馨，凶手为武士英。

国民党人异常悲愤，开始指名道姓地抨击袁世凯，黄兴更是以辛辣之笔，表达了对袁世凯倒行逆施的愤怒："前年杀吴禄贞，去年杀张振武，今年又杀宋教仁；你说是应桂馨，他说是洪述祖，我说就是袁世凯。"

"宋案"涉嫌政府的消息传到北京时，赵秉钧正在主持国务会议，国会选举事务局长顾鳌突然闯进会议室向他报告："前门车站得上海来电，宋教仁昨晚在上海车站被人枪击，伤重恐难救治。"赵秉钧听罢，脸色顿白如纸。他晃悠悠站起来，六神无主地围着会议桌转了一圈又一圈，口中喃喃自语："人若说我打死宋教仁，岂不是我卖友。哪能算人？"众阁员相顾愕然。这真是不打自招。

第一天，赵秉钧见国务院秘书长张国淦。他神色张皇，对张国淦连连作揖，说："我有一件事请君帮忙。"张问何事，赵说："此时只求免职，才可免死。"张问："何至如此？此事是否与宋案有关？那么宋案究竟是怎么回事？"赵秉钧说："这事现在不能谈，但我不免职非死不可。"张国淦茫然不解。第二天，赵秉钧又写信给张国淦，反复申述这件事。

袁、赵意识到罪行已经暴露，急忙召集心腹幕僚商讨对策。为扰乱视听、迷惑国人，在袁的授意下，赵秉钧指令国务院通告各省，称："据应夔丞 23 日函称，沪上发现一种监督政府政党之裁判机关，并附有简明宣告文，杂列宋教仁、梁启超、孙中山、袁世凯、黎元洪、赵秉钧、黄兴、汪荣宝、李烈钧、朱瑞等之罪状，谓俱宜加以惩创，特先判决宋教仁之死刑，即日执行⋯⋯"

赵秉钧以为把袁、自己与宋的名字一起列入黑名单，就会使人想当然地相信上海真有那么一个暗杀机关，并且暗杀宋正是该机关所为，此其一；袁、自己与宋同为被暗杀对象，人们就不会联想到暗杀对象之间还会有什么暗杀行为，此其二。总而言之，袁、赵以为抛出这份通电，就可以把自己洗刷得一清二白，至少也可以转移国人的视线。赵秉钧可谓绞尽脑汁、机关算尽。然而聪明反被聪明误，他的失算之处在于：把各色人物不分好坏全视为"神奸巨蠹"予以处决，甚至把汪荣宝、朱瑞这些风马牛不相及的三流人物杂陈其中，稍有点政治头脑和分辨能力的人一看便知这是低能儿凭空捏造的拙劣的弥天大谎，其结果只能是愈盖弥彰，搬起石头砸自己的脚。

4 月 16 日，上海会审公廨将应桂馨、武士英两犯移交上海地方检察厅接收看管。江苏都督程德全、民政长应德闳提出组织特别法庭进行公开审判。袁、赵慌了手脚，害怕凶犯武士英供出实情，就来了一个杀人灭口，死无对证。4 月 24 日，武士英在狱中突然暴毙。

4 月 26 日，程德全、应德闳在国民党的强烈要求下，将有关"宋案"的证据以通电的形式向全国公布。至此，"宋案"真相昭然于天下。

全国一片哗然，国民党人更是群情激愤，一致声讨袁世凯，并强烈敦促上海地方检察厅传讯赵秉钧，逮捕洪述祖。

事情发展到如此地步，袁、赵仍不低头认罪。袁世凯公然庇护赵秉钧，亲自出马为赵辩护开脱，他致电黄兴说："……至赵君与应直接之函，唯1月14致密码电一本，声明有电直寄国务院，绝无可疑。如欲凭应、洪往来函电遽指为主谋暗杀之要犯，实非法理之平。"并且向黄兴反攻说："近一年来，凡谋二、三次革命者，无不假托伟人，若遽凭为嫁祸之媒，则人人自危，何待今日！"袁又授意赵秉钧的心腹、京师警察总监王治馨相机替他和赵秉钧解释一下，哪知王竟然失口说出"杀宋决非总理，总理不能负责，此责自有人负"这样此地无银三百两的话。袁闻后异常恼火，指责王治馨"措词太不检点，王治馨可恶！赵总理何以任其乱说？"

赵秉钧更是竭尽抵赖之能事。4月28日，他通电全国，自称与"宋案"无关，说："去宋之动机起于应之自动，而非别有主动之人。"把责任一推了之。29日，当上海地方检察厅第一次票传他到沪出庭对质，他以组织特别法庭未经司法总长许可为由，拒绝到案。5月3日，遵赵秉钧旨意逃到青岛的洪述祖发出通电，声称电报中的"毁宋"只是欲毁其名，不能诊断是谋杀，而且他与应桂馨联系过程中假借中央名义，为的是促其速行，这样就把袁、赵的主谋杀案之罪推得一干二净。赵秉钧得知后精神为之一振，心想：洪述祖到底是我多年培植起来的亲信，关键时刻拉了我一把。这封电报来得太及时了，我看国民党还有何话可说。他装出一副无辜受累的样子，说：洪致应电从未阅过，完全是洪假托中央名义，"招摇"或"隐射"，自己是无辜的，还装出一副消极遁世的嘴脸，可怜兮兮地说："鄙人德薄，横遭訾议，亦命运使然。唯抚念平生，四十即抱消极主义，五十以后即抱厌世主义，津沽伏处，久无问世之心"，由于总统一再敦促，才出来帮忙。5月6日、22日，上海地检厅又两次发出传票，请北京地检厅传赵归案。赵秉钧在复函中除重复上述理由外，还凶相毕露地说："宋之被刺，正犯为武士英，嫌疑犯为应桂馨，与洪述祖究有如何干系，尚未判定"，要我"出庭受质"，完全是"野心枭獍，攘夺政权，借端发难，血口喷人"。还声明："现在秉钧旧疾复发，曾在北京法国医院调治，当有诊断书中证，已于 4 月 30 日呈明总统请假 15 日在案，自未便赴沪。"据说，袁世凯让人转告赵秉钧："智庵放心住院就是了。"

到了 5 月初，袁、赵二人都认为，面对国民党一浪高过一浪的谴责抨击，一味采取消极防御的抵赖手段已无济于事，不如以攻为守，出其不意地给国民党致命一击，才能出奇制胜。在袁授意下，赵发动特务机关制造了"血光团案"，以其人之道还治其人之身。

5 月 11 日，一位叫周予儆的天津女学生突然到北京地检厅自首，自称奉"血光团"之命前来北京进行政治暗杀活动。"血光团"的团长就是黄兴，参议院议员谢持是财政部长，并说大批杀手已潜入京城，专门暗杀政府要人。一时间，谣言四起，风声鹤唳，北京真的已经"刀光剑影"，要人喋血。人们谈之色变，人人自危，惶惶不可终日。

北京政府对"血光团"暗杀案做了大肆渲染，并采取了实际行动。5 月 12 日，京畿军政执法处逮捕谢持，并搜查其住宅。赵秉钧更是煞有介事，令特务们四处张扬，夸大其词，并偕政府要员避入北海，密布军警保卫，又在总理府内实行宵禁。5 月 31 日，北京地检厅根据周予儆的诬陷不实之词，票传黄兴到案对质，后又移交上海地检厅。这样以攻对攻，以票传对票传，双方短兵相接，国人如坠五里雾中，暂时放松了对"宋案"的注意，这正是袁、赵所希望的。

哪知黄兴根本不怕所谓票传，一传就到。因缺乏证据，没有原告，无法开审，黄兴坦然离去，袁、赵阴谋没有得逞。

双方斗争已日趋白热化。"宋案"发生后，袁世凯早就料定孙中山、黄兴会借此大做文章，以至兴师问罪。既然这样，干脆来个一揽子解决，以武力消灭国民党，扫除心头大患。

为了筹措战争经费，袁世凯决定向五国银行团借款 2500 万英镑，以全国盐税、关税等作担保。4 月 26 日深夜，赵秉钧奉命偕周学熙、陆征祥乘着夜色，避开守候在汇丰银行正门企图阻挠借款签字的国民党人，鬼鬼祟祟地从后门溜进了汇丰银行，与等候在那里的五国银行团代表签订了"善后大借款"合同。

袁、赵公然冒天下之大不韪，未经国会同意就擅自签订丧权辱国的借款合同。消息传出，舆论大哗，犹如火上浇油。包括国民党在内的一些党派、团体纷纷发电声讨袁世凯政府谋杀宋教仁和违法借款的罪行。国会参众两院以借款未经国会讨论通过，违背《临时约法》，宣布该借款合同无效，并对赵秉钧等提出弹劾。

这样一来，反对借款与追究"宋案"主犯的声浪交织在一起，如暴风雨般泼向袁政府。赵秉钧处境极为狼狈，尽管他用尽种种鬼蜮伎俩，但终究掩盖不了事实真相。他自知罪责难逃，于是向袁世凯提出辞呈，以"感患牙痛兼头眩"为名引嫌自请免官。

袁世凯只同意他请假 15 日，请假期间，总理一职由陆军总长段祺瑞代理。后来，他又一再续假，直到 7 月 16 日袁世凯准他辞职。

最终遭主子毒毙

1913 年 7 月 17 日，即赵秉钧被免职的第二天，他又被袁世凯任命为步军统领兼管京师巡警。此时"二次革命"已经爆发。21 日他又担任北京警备地域司令官，残酷迫害京津地区反袁的国民党人，使整个北京城陷入白色恐怖之中。

10 月 10 日，袁世凯就任正式大总统，发布受勋令。12 月 16 日，赵秉钧接替冯国璋任直隶都督。

一天，赵秉钧正在都督衙内批改公文，秘书来报应桂馨求见。赵心想：应桂馨他不是越狱逃脱了吗？怎么找到我这儿来了？他不听洪述祖劝告，私自留下证据，弄得我和总统十分难堪，着实可恶。但转念又一想，毕竟他替自己除掉了政敌，否则自己的总理位子早被宋教仁夺走了。案发后他又没有出卖我，受了不少苦。总之，他还是有功之臣，不能不见。想到这里，他吩咐秘书："快请应先生。"当他得知应桂馨要去北京晋见袁世凯，索取"毁宋酬勋"时，颇以为是，并打电话与袁取得联系，然后亲自把他送到火车站，一再叮嘱应桂馨：一定多加小心，务必谨慎从事。

然而没过几天，赵秉钧的秘书就神色紧张地向他报告，说应桂馨于（1914年）1月19日被人刺死在开往天津的火车上。

"什么？"赵秉钧吃惊地瞪圆了双眼，"光天化日之下，竟在火车上杀人！？凶手是何人？"

秘书没有答话，却呈上一个卷宗："这是警察厅刚送来的报告，请都督过目。"

赵秉钧一把夺过来，定睛一看，简直令他目瞪口呆，一下子瘫在了太师椅上，冷汗涔涔，呆若木鸡。"竟然会有这种事？想不到啊！杀死应桂馨的竟然是军政执法处侦探长郝占一！而下命令的竟然是大总统袁世凯！！"

赵秉钧用手帕擦了擦额头的冷汗，定了定神。"总统这样做也未免太过分了。不但不实践诺言，反而将刺杀宋功臣杀死。如果传扬出去，以后谁还敢替我们卖力呀！"他不禁痛心疾首，扼腕悲叹。

兔死狐悲，物伤其类。赵秉钧深感袁世凯卸磨杀驴、兔死狗烹的手段太毒辣，太令人寒心，说不定什么时候应桂馨的命运会降到自己头上。盛怒之下，他未加思索地对秘书下了命令：速电京津各地，通缉杀死应桂馨的凶犯郝占一。接着，一个电话打到了总统那里。他一改过去献媚顺从的姿态，厉声质问袁世凯：

"应桂馨被军政执法处的人杀死在火车上，你知道吗？"

"知道又怎么样？"

"应桂馨是刺杀宋'功臣'，是为咱们出过力的，不料竟落得如此下场，以后谁还肯为总统做事啊！"

袁世凯不动声色，敷衍了几句就把电话挂断了。

赵秉钧心头一惊，脸色顿变，手一抖，电话"啪"地摔到了桌子上。

袁世凯的为人，赵秉钧再清楚不过。"顺我者昌，逆我者亡"，"宁叫我负天下人，不叫天下人负我"，心狠手毒，翻脸不认人。杀人不见血，吃人不吐骨头。对赵秉钧，袁世凯在案发后曾一再告诫他"少讲话"，否则"言多语失"。赵秉钧开始时还恪守主训，但面对全国民众狂风暴风般的指责，感到替人受过的滋味的确不好受，更不甘心做袁世凯的替罪羊，开始流露出不满。调任直隶都督后，更是寻机强自为辩，放言无忌，甚至不惜揭袁的老底。而这一次，他竟敢蔑视袁的指令，径自发电缉凶，并严厉指责袁滥杀刺宋"功臣"。袁世凯岂能任赵秉钧如此放肆？

"坏事了，袁世凯肯定不会放过我，我怎么这么糊涂莽撞啊！"他为刚才的冲动懊悔不已。赵秉钧越想越害怕，像只没头的苍蝇，整天失魂落魄地在屋里团团转，寝食不安，噩梦不断，有时梦见宋教仁浑身鲜血，伸着双手向他讨要什么；有时梦见应桂馨身上插着一把电刀，血汩汩流着，大声喊冤；而袁世凯则举着一把利剑，狞笑着向他脖子刺来……

可是，半个多月过去了，一切风平浪静，似乎什么也没有发生。赵秉钧这才把一颗心放到了肚子里，思前想后，不禁哑然失笑，笑自己"天下本无事，庸人自扰之"。

2月19日这天，秘书忽然兴冲冲地跑进赵秉钧的办公室，将一份公文交给他，并连连道喜。

赵秉钧茫然："喜从何来呀？"等打开公文一看，才明白袁世凯让他兼任直隶民政长。他真有些摸不着头脑了，"怎么，总统非但不怪罪我，还让我兼任民政长。看来，我确实是杞人忧天了。知我者莫如总统啊！"赵秉钧心里高兴，独自喝得酩酊大醉。

赵秉钧与秘书长黄季刚意气相投，每每聊至深夜不息。一天晚上，他长叹一声，向黄季刚吐露了郁积已久的心事："天下杀机启矣！吾诚不知杀人几许，然吾被杀之时，亦在不远！"说罢，又连连叹气。

2月26日晚饭过后，赵秉钧像往常一样来到书房，拿起一本已经打开的《曾文正公文集》，漫不经心地翻阅，他注意力并不在书上，近一年来所发生的惊心动魄的一幕幕，在他脑海里飞速闪过……

厨师端上来一盘色泽鲜艳的葡萄，这是他非常喜食的水果。他边吃边看边想……突然间，他感到腹部一阵撕裂般的剧痛，紧接着头晕目眩，他跌跌撞撞进了厕所，腹泻、呕吐不止，不知过了多久，仆人才发现赵秉钧倒在厕所中，七窍流血，不省人事，连忙将他抬进卧室，请来医生急救。赵秉钧神态稍微清醒了些，他意识到自己中了袁世凯杀人灭口的奸计了，不禁恨得咬牙切齿。自己像狗一样死心塌地跟了他13年，可谓忠贞不贰。不就是为应桂馨鸣不平发了点牢骚吗？竟值得他下如此毒手。唉！悔之晚矣。为了不牵连家人和下属，赵秉钧叮嘱他们不要声张；还良心发现地要求死后将自己埋葬在光绪帝陵旁陪伴先帝，宁做清帝"忠鬼"，不做袁氏"忠臣"。2月27日中午，赵秉钧中毒不治身亡。这一天是他兼任直隶民政长后的第8天。

袁世凯得知赵秉钧死后，"形色哀痛，言语仓皇"。他一方面公布赵秉钧的长篇医案，说他"早已撄疾"，以示赵之死乃疾病所致。另一方面，于28日派其次子袁克文和朱家宝前往吊唁，后又派陆军上将荫昌代表政府致祭，并发治丧银一万元，下令从优抚恤。另外，还送去一副亲笔挽幛，上题"怆怀良佐"四个大字；一副挽联写得十分感人，上联为"弼时盛烈追皋益"，下联为"匡夏殊勋埒管箫"。①

在3月22日的祭文中又悲悲切切地写道："夺我良佐，闻噩惊召，伤逝念功，至今郁陶。"袁世凯批令在京津两地各为赵建专祠一座。1915年底袁世凯称帝后，又追封他为"一等忠襄公"。

---

① 徐一士：《近代笔记过眼录》，山西古籍出版社1996年版，第147页。

在林林总总的挽联中，以丁某的挽联最为贴切："盖世功名工策划，一生论定是权谋。"恰如其分地概括了赵秉钧一生的作为。

第二节 "屠户"陆建章

民国初年，人们一提起京畿军政执法处，莫不惊骇万状。该机构由袁世凯直接控制，在当时北京众多的警察特务机构中最为凶横，它有一条不成文的规定：错拿了不能错放。从捕人到审讯、判罪、行刑均秘密进行，视人命如草芥，故有"屠人场"之称。先后担任该处总办（处长）的是陆建章和雷震春。他们唯袁世凯之命是从，一方面丧心病狂地迫害革命党人和其他敢于反袁的人士，另一方面对自己营垒内部的"叛逆者"也毫不留情，手段毒辣，绑架、暗杀、下毒、严刑逼供、秘密处决，无所不用其极，杀人如麻，所以陆、雷二人被冠以"屠户"的骂名，一点儿也不为过。

陆建章（1862—1918），字朗斋，安徽蒙城县人。生于殷实的小康之家，自幼聪慧伶俐，勤奋好学，父母对他寄予很大希望。但由于受到过分溺爱，误入歧途，渐渐养成了吃喝嫖赌的恶习，将家里的财产及百余亩良田挥霍殆尽。后因干了偷窃的勾当，被官府羁押。因无法忍受狱中生活，遂越狱逃出，投入军营当了一名火夫。由于陆建章读过几年私塾，粗通文墨，在旧军中算是个人才，于是渐被长官重视，让他做了文案差事。陆建章办事干练果断、兢兢业业，又会揣摸上司的心思，再加上有文化，长官认为他是个可造之才，便推荐他进天津武备学堂深造。

陆建章本来喜好军事，进入武备学堂后更感如鱼得水。他发奋攻读，科科优良，1895年以优异成绩毕业，被当时正在天津小站练兵的袁世凯选中，加入了新建陆军，先后任哨官、督操营务处提调、步兵第一营帮带等职。由于有一套善于察言观色、左右逢源、溜须拍马的本领，再加上他有办事干练、善于领军的才能，肯为袁卖死力，因此深得袁世凯的器重和赏识，得以步步升迁。1901 年，袁世凯奉清廷之命编练北洋常备军，陆建章是其手下的得力干将之一，出力颇多。1903 年，他被袁世凯提拔为练兵处军学司副使。1905 年，北洋陆军六镇全部编成，陆建章升任第四镇第七协统领。同年，奉袁世凯之命到山东曹州镇压义和团。陆建章残杀的本性开始暴露，捕获义和团大小首领几十名，悉数斩首示众。对一般民众，动辄诬以"拳匪"，横加杀戮，甚至有的全家被杀绝。陆建章以人民的淋漓鲜血替自己铺平升官发财的道路，不久，他因"剿匪"有功被清廷授予曹州镇总兵，旋又调任广东高州镇总兵，1911 年底又调回北京，任袁世凯的特务机构北洋驻京营务处总理。

1912 年 1 月 16 日早晨，内阁总理大臣袁世凯进宫逼迫清帝退位。上午 11 时，袁世凯出宫路过东华门时，遭到革命党人的炸弹袭击，革命党人从东兴楼饭庄扔下三颗炸弹，两声巨响，袁世凯被摔出车外，后在卫兵的保护下脱险，刺客被当场抓获。陆建章闻讯大惊，立即开庭审讯刺客。经过审讯，七人因证据不足被法国记者保释，张先培、黄之萌、杨禹昌三人被处以死刑。这是陆建章第一次公开镇压革命党人。

1912 年 5 月，北洋驻京营务处改组为京畿军政执法处，仍为袁世凯直接控制的特务机关，陆建章仍任总长，成为袁世凯手下一只得力的鹰犬。陆建章同其主子袁世凯一样，对革命从内心充满了敌意和仇视，对敢于反袁的革命党人进行捕杀从来不遗余力，死在他屠刀下的革命党人难计其数。

1912 年 8 月发生了轰动全国的张振武被杀事件。张振武是武昌起义的重要指挥者之一，起义成功后一度出任湖北军政府军务部部长，后被黎元洪排挤出军务部，因而大为不满，遂依靠自己掌握的精干武装将校团，一再与黎元洪分庭抗礼。袁世凯十分关注黎、张矛盾，他接受参谋次长陈宧的一石二鸟之计，以达到既打击湖北革命党人，又能把黎元洪拉入北洋系统的目的。早在 5 月间，袁世凯曾将张振武、孙武、蒋翊武（号称"辛亥三武"）召入北京，张振武因未受重用而大为不满，负气返鄂，黎、张矛盾再度加剧，黎元洪起杀张之心。袁世凯借此机会，开始实施既定计划。他假惺惺地派湖北籍的参议员刘成禺、郑万瞻回鄂调和黎、张矛盾，并殷切电请张振武再次进京，共商国是，黎元洪也慷慨赠予路费 4000 元，敦促张北上。8 月上旬，张振武偕湖北将校团团长方维等一行 30 多人随刘成禺、郑万瞻进京。8 月13 日，由陈宦与黎元洪的师爷饶汉祥为黎起草的敦请袁世凯杀张的电报也经黎署名后拍发到北京。此时，缺乏心计的张振武还蒙在鼓里，懵然无知。他兴冲冲地四处奔波，穿梭于南北各派之间，调和矛盾，消弭纷争。8 月 15日晚，他与湖北同时来京的将校一起在六国饭店宴请北方将校，姜桂题、段芝贵等出席敷衍。段芝贵持有袁世凯杀张军令，中间借故退席，布置军警伏击张振武。晚上 10 时许，酒酣人散，张振武与时功玖等乘车返回下榻的金台旅馆，途经正阳门时，遭到预先埋伏的军警突然袭击。不容他分辩，就将他绳捆索绑，押往西单牌楼玉皇阁京畿军政执法处。陆建章亲自主持了审问。当张振武愤怒地质问为什么政府滥捕民国有功人员时，陆建章冷冷一笑，取出一纸电文，递到张振武面前："我让你死个明白，看清楚了，这是黎副总统请大总统杀你的密电。"

张振武定睛细看，果然后面有黎元洪的署名，但他不敢相信这是真的。他同黎元洪的矛盾不是解决了吗？即使矛盾再深，黎元洪也断不至于杀掉他。他急急地分辩道："此电文恐怕是有人假借黎副总统之名伪造的！"陆建章说："电文由副总统亲自署名，千真万确。我已奉大总统军令立即将你就地正法。"张振武抗议道："不能凭一纸电文就擅杀无辜。总统是受人蒙蔽了，请执法处查明真相后再作处置。"陆建章两手一摊，表示无可奈何，"军人只知服从命令。你准备处分家事吧。"

张振武知道事情已无可挽回，思前想后，恍然大悟，原来这是袁世凯、黎元洪设下的圈套，袁世凯的调和矛盾、共商国是，黎元洪的馈赠和"对于张君可扪心自问，并无一些相待不好之心"的无耻表白，统统是阴谋诡计。他痛心疾首地提起笔，良久竟不能成一字，最后仅留书黎元洪，恨恨地说:"但恨不死战场,而死于雠仇之手。"张振武请求自尽,陆建章未加理睬,但他觉得张振武毕竟不是一般人物,将这样有名的首义功臣立即处决,未免太仓促草率。陆建章倒不是动了恻隐之心,谁都知道他是杀人不眨眼的"屠户"。他所担心的是这样做简直是北洋派代人受过,虽有黎元洪电报在手,可必然会遭到同盟会强烈攻击,是否值得?他打算稍缓行刑,不料陈宦在3小时内竟然3次从总统府来电催促立即行刑,使他立刻打消原来念头。于是陆建章下令行刑,张振武被绑在木桩之上,身中六枪毙命。临刑前,张对行刑士兵愤怒地说:"不料共和国如此黑暗!"

同一天,方维也在执法处分局遇害。

当刘成禺、张伯烈、郑万瞻等民社派人物得到消息,匆匆赶到军政执法处要求释放张振武时,陆建章淡然相告已经行刑,并出示了袁世凯捕杀张振武的军令。接着,陆建章奉袁世凯命令,对张振武案故意不事张扬。仅在8月16日以军政执法处名义在金台旅馆和执法处所在地各张贴一张布告,公布了黎元洪的密电及袁世凯根据密电而发布的军令,算是向各界做了交代。

在陆建章担任京畿军政执法处总长期间,被逮捕或杀害的著名革命党人和民主人士还有:连成基、谢持、丁宝桢、章太炎、尹昌衡、徐镜心等。兹将简要经过列举如下,从中可以看出刽子手陆建章的斑斑劣迹。

连成基是山东民军重要组织人物。周自齐督鲁后,其军队被改编,后奉袁世凯命入京,刚抵天津,即被陆建章派人杀害于码头。

1913年5月中旬,在宋教仁被刺案法律解决无望的情况下,参议员谢持、宋教仁秘书周予觉、黄复生从上海带了炸药和黄兴给的3000元赴京,准备暗杀袁世凯。周予觉到北京后立即叛变,由其弟周予儆出面向北京地方检察厅自首,自称奉"血光团"团长黄兴之命到北京实行暗杀。袁世凯政府对此大事渲染。根据周予儆的告发,陆建章指挥军政执法处于5月17日逮捕了谢持,并搜查了其住宅。虽然因证据不足和参议院的抗议,谢持第二天即被释放，但军政执法处对"血光团"仍穷追不舍，准备再次拘捕谢持，但谢早已远走高飞。

1913年8月，北京《爱国报》编辑丁宝桢因在所作"时评"中说"军人为国家卖命，非为个人卖命者。为个人可谋生计之处甚多，何必从军"而被军政执法处逮捕，继以"迹近通匪，煽惑军心"的罪名被处死刑。

尹昌衡起义后曾任大汉四川军政府都督和四川军政府都督。1912年7月被袁世凯正式任命为四川都督，兼川边镇抚史，后调任川边经略使兼川边都督。1913年11月赴京，期望能晋见袁世凯对边务有所陈说，但未被理睬。1914年1月被免本兼各职，留京候用。不久，袁世凯以赵尔巽控尹擅杀赵尔丰和胡景伊密控尹暗通国民党为借口，命军政执法处于2月2日将尹昌衡被捕入狱。后以"侵占公款，罪情昭著"处有期徒刑9年。

陆建章不仅稳坐军政执法处替袁世凯杀人，而且有时还戴上伪善的面具，跳到前台，助纣为虐。

1912年7月，发生了陆征祥组阁风潮。陆征祥是继唐绍仪后由袁世凯钦点并经参议院多数通过的内阁总理，但这位在外交界享有盛誉的总理在第一次到参议院演说时闭口不谈施政方针，却大谈自己如何"不吃花酒"及"开菜单作生日"，对国家大事懵然无知，引起议员们的普遍反感，再加上同盟会议员反对本党议员加入"超然内阁"，故参议院表示对陆征祥不信任，并将国务员悉数否决。袁世凯闻讯后极为震怒，一方面宴请参议员进行疏通，另一方面唆使北洋军警对参议员肆意辱骂、恫吓，北京军警联合会甚至提出如不通过二次阁员补充名单，就请总统下令解散参议院。北洋军警干政，遭到了同盟会和统一共和党的抵制，南京军界也强烈抗议，但参议院面对拥袁势力狂风暴雨般的指责，深感进退维谷，不得已作出重大妥协，决定于7月26日投票。袁世凯看到参议院确已妥协，也想给他们留点脸面，借以冲淡对军警干政的指责。7月25日下午2时，军警界四巨头毅军统领姜桂题、直隶提督马金叙、军政执法处总长陆建章、拱卫军司令段芝贵在安庆会馆宴请参议员，在京新闻记者和政界人士等７０多人出席。陆建章代表军警两界发表即席演说，言辞"恳切"地表示军人绝不干涉政治，至于最近军人的举动，也请大家不要误会，那只是他们"抱一种国家观念，以外患之迫，财政危机，劝告诸君，舍内而对外，移缓以就急"。至于外间的种种传说，我们四位敢向各位保证，绝对是捕风捉影，无稽之谈。我们愿意请各位细查，如果有足够的证据证明军人干政，我们四位统兵之人愿先受国法制裁。如此信誓旦旦，已经软化的议员们还有什么话可说呢？于是大家都异口同声地表示要爱国，要顾全大局，摒弃政见。接着，陆建章等举杯向参议员们敬酒，希望大家精诚团结，共度艰危。一片觥筹交错，似乎矛盾已经解决。果然，第二天投票，除工商总长蒋作宾外，其他五阁员均顺利通过。得到如此结果，陆建章等人"功不可没"。

　　二次革命爆发前，袁世凯极力从政治上瓦解国民党，除了吸收国民党员加入进步党外，还积极收买国民党员另组新党，由陆建章等代为经营。众议员邹鲁是其拉拢的重要人物，据他回忆，他当选众议员到北京后，就有原北伐军参谋刘某和淮军司令陈某登门游说，郑重其事告诉他："总统很想借重先生，拟拨 40 万元，请先生组织新党。这事总统命军政执法处陆处长建章办理，陆处长叫我来致意先生的。"邹鲁当即严词拒绝。陆建章不死心，亲自出马请邹鲁吃饭。饭后出门时陆建章郑重地说："我有事请刘、陈两位转达先生，这是总统的意思，千万请先生答应。"邹鲁仍拒绝组织新党。① 可是，国民党人并不人人像邹鲁那样有骨气，在陆建章等人的运动下，国民党内的变节分子和不坚定分子陆续组织了相友会、民宪党、政友会、超然社等小团体。貌似强大的国民党，早已被袁世凯掏空了，只剩一座空架子。陆建章仍觉得不过瘾，对政党政治一窍不通的他竟然赤膊上阵，伙同赵秉钧于 1913 年 5 月底组织了一个所谓的"平民党"，玩起了政党把戏，为袁世凯出任正式总

---

① 　参见邹鲁：《回顾录》，岳麓书社 2000 年版，第 46—47 页。

统摇旗呐喊。

袁世凯当选为中华民国第一任正式总统后，国民党和国会成为他实行专制统治的绊脚石。1913 年 11 月 4 日，袁世凯借查获李烈钧与国民党议员徐秀钧等往来密电，下令解散国民党。在以陆建章为首的军政执法处支持下，北京军警 300 多人以迅雷不及掩耳之势，包围了国民党本部，次日又包围了国会，追缴国民党议员证书，共收缴 430 余件，使国会不足法定人数无法开会而名存实亡。

以陆建章为头子的军政执法处，不仅对异己势力实行血腥镇压，对其内部的"叛逆者"也毫不留情。1913 年底，刺杀宋教仁的凶手之一应桂馨从上海越狱后来到北京，向袁世凯要求兑现"毁宋酬勋"。袁世凯拒绝接见，仅给 500 元钱了事。应桂馨牢骚满腹，遂打着袁世凯旗号招摇撞骗，还扬言要公布未曾被搜去的更为秘密的刺宋文电。袁世凯指令陆建章除掉应桂馨。1914 年 1 月 19 日，应桂馨乘京津火车准备到天津投靠直隶都督赵秉钧，途中被军政执法处侦探长郝占一用电刀刺死。

陆建章一向主张以武力征服革命党和人民，积极拥护袁世凯穷兵黩武政策，是死硬的主战分子。1913 年 4 月 30 日，袁世凯在中南海海宴堂召集北洋主要将领举行紧急会议，准备向国民党最后摊牌。陆建章早就认为袁世凯对国民党人"过分"迁就，他第一个跳出来说："近来风闻南方正集结军队，南北破裂，迫在眉睫，总统务须在军事上做好准备。"二次革命爆发后，他坐镇北京，指挥军警们疯狂迫害国民党议员和人民，与袁世凯的武力进攻遥相呼应。

1912 年豫西一带爆发了白朗起义，提出"打官济贫"的口号，屡败官军。到 1914 年春，白朗军发展到近万人，号称"公民讨贼军"，兵锋直指陕西，西安危在旦夕。袁世凯急令陆建章为"西路剿匪督办"，率北洋第七师进驻西安，并节制"剿匪"各部，企图在陕甘一带聚歼白朗军。白朗率部下在强敌合围中纵横驰骋，势如破竹，但由于长期流动作战，给养不足，再加上不能正确处理民族关系遭到回民强烈抵抗，因而部队减员严重。白朗考虑到部队大都是河南人，思乡心切，遂决定返回河南。陆建章侦知白朗军返豫必须经过子午谷，便函急调北洋陆军张锡元部、张敬尧部和镇嵩军刘镇华部、毅军赵倜部在子午谷埋下伏兵，并以小股部队诱使白朗军进入重围。白朗果然中计，损失数千人，此役标志着白朗起义彻底失败。

陆建章在"追剿"白朗起义军时，极力在陕甘地区扩张北洋势力。他向袁世凯上密呈，说陕西都督张凤翙声名狼藉，"民心既已不顺，兵心又皆不服，中央再不派人员接替，猝有缓急，关中非复中央所有"。袁世凯早有图陕之心，便以"纵寇殃民"的罪名，将张凤翙免职调京，由陆建章接任陕西都督，以威武将军督理陕西军务。

陆建章于1914年6月督陕后，大量启用北洋派官僚和故乡子弟，排除异己，他将白朗所经过的商县、乾县、武功等20余县的县知事撤职，代以心腹人员。其他要害部门，也统统换上安徽蒙城人，以至于当时的陕西民谣说："口里会说蒙城话，腰中就把洋刀挂。"他还以整军为名，大量裁撤受过辛亥革命洗礼的陕西军官兵，而把带入陕西的北洋第七师编为十五、十六两个混成旅。他大搞特务统治，任用大量同乡人做侦探，多方罗织，大兴冤狱，疯狂摧残陕西国民党人，把当年军政执法处的一套鬼蜮伎俩全部搬到陕西。

令人发指的是，身为一省军政长官，竟公然贩卖鸦片。陆建章以查大烟为名，查得一两烟土罚洋一元，而后又把查获的烟土装箱运往北京、天津贩卖，从中牟取暴利。他还堂而皇之地接受了一位旅长两万两烟土的贿赂。当时的舆论评论道：陆建章"除奉迎袁世凯及贩卖烟土外，殆无余事"。

陆建章自诩为袁世凯的"屏藩"，在袁世凯复辟帝制的过程中，他唯袁马首是瞻，亦步亦趋，是袁世凯最信任、最得意的走卒之一。

1914年下半年，劳乃宣、刘廷琛、铁良等清朝遗老掀起复辟逆流，袁世凯唯恐酿成大患，决定查办复辟魁首。在袁的授意下，司法部一面饬总检察厅检举造谣人，依法严办；一面于11月20日通知各省文武长官检举所属，按律惩办。于是，包括陆在内的各省将军、巡按使20人纷纷发出通电，要求严禁复辟。但是，仅仅过了半年，1915年夏，袁世凯发动复辟帝制运动。8月底，段芝贵密电各省将军、巡按使，要求他们发电支持帝制。陆建章等人唯恐失去攀附机会，纷纷回电表示赞成变更国体。段芝贵给袁世凯写的密呈中，共有19人列名，这就是盛传一时的"十九将军联名劝进电"。然而，帝制道路并非一帆风顺，直隶朱家宝、江苏冯国璋、广西陆荣廷对帝制均无表示，徐州张勋态度暧昧。为了迫使冯、陆、张等人拥护帝制，段芝贵又串通梁士诒、朱启钤等共10人再次密电各省将军、巡按使，要求"熟筹解决电复"。陆建章等再次密电政事堂或统率办事处，明确表示拥护帝制。但冯国璋等仍持观望态度。于是，陆建章于1915年9月13日致电政事堂国务卿徐世昌献策说：此种"波折"若处理不当，"对内对外均足惹起误会"，"涓涓不绝，将成江河"，大局不堪设想，建议缓办帝制先解决北洋派内部矛盾并取得列强的支持。

1915年10月，袁世凯决定加速实行帝制。10月8日，袁世凯颁布《国民大会选举法》，并令"保全地方"。陆建章遵令在陕西恣意镇压反对帝制者，西安一时密探四布，动辄扣以"乱党"帽子，逮捕治罪，搞得风声鹤唳，人心惶惶。

10月28日，各省开始举行所谓国体投票。陆建章根据袁世凯指令将投票地点设在西安的"威武将军府"，并亲自充当监票人。此外，为"保护"代表安全，会场内外密布军警，实为威胁。投票前，陆建章登台发表演说，历数共和种种"谬端"，称颂君主立宪乃适合中国唯一的国体。接着举行投票，结果全票一致赞成实行君宪。国体投票结束后，紧接着又投票拥戴袁世凯做皇帝，又是全票通过。与此同时，陆建章迭发劝进电给袁世凯，报告投票情形，说陕西各界民众闻欲实行君宪，"万众欢腾，歌声雷动"，要求袁世凯勿拂民意，早登大位，以慰天下。接着，陆建章代表陕西各界上推戴书，同各省一样，推戴书上写着："恭戴今大总统袁世凯为中华帝国皇帝，并以国家最上完全主权奉之于皇帝，承天建极，传之万世。"

1915年12月13日，袁世凯在居仁堂接受百官朝贺。21日和23日，袁世凯两次颁布"策令"，大封文武，陆建章被封为一等伯。

然而，"洪宪王朝"好景不长。1915年12月25日，蔡锷、唐继尧等在云南宣布独立，树起了护国运动的大旗。陆建章恨得咬牙切齿。1916年1月5日，他和帮理陕西军务刘承恩、巡按史吕调元联名致电政事堂说："唐继尧等怙恶不悛，断非口舌所可感化，伏恳速即登基，以定名分，而慰人心，并明降谕旨，声罪致讨。臣等谨当整饬劲旅，以为前驱。"

3月18日，他一次就将在西安秘密响应云南起义的王绍文、南南轩等18人全部杀害，不失为"屠户"本色。

但是，屠杀吓不倒陕西人民。在陕西革命党人和其他进步人士的领导下，反袁逐陆斗争风起云涌。到5月，"自三原以北，东至黄河，西至陇境，北尽绥米，此数十县中，几无一为陆建章势力所能及"。陆建章不甘心就此丧失对陕西的统治，遂孤注一掷，于5月初派其子陆承武率一旅兵力前往渭北镇压曹世英等部讨袁民军。7日，陆承武在富平与陕西镇守使陈树藩部胡景翼营相遇，因北洋军与陕军矛盾极深，两军竟发生恶战。陆承武战败被擒，所有炮械尽被掳走。5月9日，陈树藩在蒲城自任陕西护国军总司令，宣布陕西独立，将陆承武扣为人质。接着，陈树藩一面会合陕西民军渡过渭河，摆出三路围攻西安的架势，一面电请陆建章脱离袁世凯，保全地方。陆建章闻讯，惊惧万分。为了儿子性命，也由于慑于讨袁民军的威力，陆建章不得不弃袁自保，派代表到三原与陈树藩达成如下协议：陈树藩以都督兼民政长名义负责陕西全省治安，陆建章离陕返京。

陆建章在离开陕西前，为了泄私愤，于5月15日制造了血洗陕西省模范监狱的惨案。当时关押在模范监狱内的三四百名犯人，闻知渭北民军、陕军分三路进逼西安，陆建章在陕西的统治行将崩溃，遂趁机暴动越狱。陆建章派军队血腥镇压，把抓回的犯人一律处死，其中有的并非犯人，而是行人、乞丐和小贩，再次暴露了陆建章残忍的本性。

5月16日，陈树藩率部进驻西安，陆建章被迫交出印信。18日，陈就任陕西都督兼民政长。25日，陆建章将统治陕西两年所搜刮的民脂民膏装满200辆车，在陈树藩所派军队的护送下，狼狈离开西安，袁世凯对陕西的统治至此结束。陆建章回到北京时，袁世凯已经忧惧而死，他哀痛万分，却也无可奈何。鉴于京内正通缉帝制罪魁，风声日紧，难以立足，只得到徐州投靠张勋，后又投靠代总统冯国璋，积极运动倒段（祺瑞），为段所忌恨。1918年6月14日，段祺瑞派徐树铮将陆建章诱杀于天津中州会馆。

第三节　杀人不眨眼的雷震春

雷震春，字朝彦，安徽宿州人。1880年投庆军。1882年7月随吴长庆赴朝鲜镇压"壬午兵变"，与袁世凯相识。1888年从天津北洋武备学堂毕业，被袁世凯调往朝鲜担任教习。1895年12月，随袁世凯到天津小站编练新建陆军，任工程营队官。1899年12月，袁世凯署理山东巡抚，雷震春率军进驻山东镇压义和团。当时，袁世凯命雷震春、张勋、倪嗣冲等率部赶赴各州县，连哄带吓，将义和团一律逐出山东，抗拒不从者，立即以武力清洗，杀人无数。雷震春当时任炮兵管带，驻扎齐东，该县有一个700余户人家的大村庄，村民大都是拳民，该村围墙坚固，并有快枪，官军来镇压，拳民们四处藏匿，不见踪影，等官军一走，则四出活动。雷震春感到棘手，赴济南请示，袁世凯答复："办大事者不可有顾忌之心，设再姑容安有肃清之一日，尔即带队前往，如再抗拒，立即开炮轰洗，造孽归予一人。"雷震春遂命炮兵将该村夷为平地。8月底，雷震春率部到滨州围攻皂李庄，该村义和团 1000 多人见官兵来攻，立即摇旗呐喊，齐出迎敌。雷震春先令炮队开炮轰击，后命步兵进攻，马队从两翼包抄，马步炮协同作战，一举攻入庄内，将该村付之一炬。事后，雷震春向袁世凯邀功说："所焚烧枪毙者，虽不计其数，至尸骸遍野，堆积犹存。"

1902 年，袁世凯在保定开办"行营将弁学堂"，雷震春为总办。1904 年升任北洋第三镇第五协统领，后任通永镇总兵、署理江北提督等职。1912 年 2 月，任河南护军使，赴河南一带稽查整饬各军队。1913 年 8 月，任长江巡阅副使。

1913 年 6 月初，雷震春率兵到达豫西南，镇压白朗起义。当时白朗义军正围攻鲁山，雷命右翼帮统王茂元率军两营救援。当王军至鲁山时，白朗军却出其不意地迅即攻取禹县，返回鲁山。雷震春遂采取"处处设防，节节进剿"的战术，亲率部下由许昌进驻白朗家乡宝丰，调集王毓秀和防军十余营，分头把守各县镇和山口要地，企图将白朗军就地歼灭。白朗军采取流动游击战术，跳出包围圈，跋山涉水，突然出现在离鲁山数百里外的卢氏县境内，并乘虚攻占了鄂豫陕三省交界处的重镇紫荆关和淅川县城，彻底粉碎了雷震春"一鼓荡平"的计划。

1913 年 7 月 12 日，国民党发动"二次革命"，雷震春奉袁世凯命令将所部护军 8 营扩编为北洋陆军第七师，雷任第一任师长。8 月 11 日，雷震春率第七师乘船由海道赴沪，24 日抵镇江，参加围攻南京的战斗。8 月 29 日，北洋军完成了对南京的全面包围。31 日晨，雷震春率第七师及杨善德第四师一部攻击雨花台，遭雨花台守军顽强抵抗。战至 9 月 2 日晨，雷震春部才击溃何海鸣卫队及反袁军第一师第三团、第八师第二十九团残部，控制了雨花台。至此，南京陷落，二次革命最后失败。

1914 年春，陆建章奉袁世凯令率领北洋陆军第七师赴陕西镇压白朗起义，京畿军政执法处总长一职由雷震春继任。雷同陆建章一样，生性凶残，在镇压革命党人和人民群众方面与陆毫无二致，也是一个杀人不眨眼的"屠户"。

《近现代名人小传》对雷震春在军政执法处总长任内之凶残有如下之描写："甲寅，陆建章出督陕西，（雷震春）代为军政执法处处长。时各省缉获民党，案关重要者，佥令解送京师，交执法处严鞠，则讯以种种非刑，往往未及枪毙，已折肱断股死矣，俗呼之为阎罗殿。世凯闻之，掀髯笑曰：'非若此，彼辈不知惧，尔曹其磨砺以待孙文、黄兴之至可耳！'自是益扩张范围，执法处侦探遍各埠。"①

被雷震春杀害的著名革命党人有程家柽、张培爵、仇亮等。

程家柽是同盟会员，著名革命党人，长期在北京从事秘密革命活动。"二次革命"失败后，程家柽不顾危险，留在国内坚持反袁斗争。他曾慷慨表示"不能屠彼（袁世凯），则为彼屠耳"。并撰写了《袁世凯黄粱梦》一文，揭露袁世凯的帝制阴谋。1914 年初，程家柽与熊世贞等人组织"铁血团"企图暗杀袁世凯，不料计划泄露，他在天津被军政执法处逮捕。9 月 23 日，雷震春奉袁世凯令以"谋逆"罪名，将程家柽杀害于北京。

张培爵是同盟会员，辛亥革命时曾任蜀军政府都督和中华民国四川军政府副都督。1912 年 6 月任四川民政长，11 月被袁世凯调往北京，任总统府顾问官，从此失去行动自由。二次革命后，为躲避袁政府侦探的迫害，入居天津租界，借经营机织袜作坊以"自晦"，但袁世凯仍不放过他。1915 年 1 月 7 日，军政执法队在天津将张培爵逮捕，解往北京，交军政执法处审讯。3 月 4 日，雷震春奉袁世凯令以组织"血光团"罪名将张培爵杀害。

仇亮于 1905 年参加同盟会，武昌起义后率山西新军响应，击毙巡抚陆钟琦。1912 年初任南京临时政府陆军部军衔司司长，后到北京主办《民主报》，反对袁世凯政府。"二次革命"时到南京襄助黄兴讨袁，失败后由大连

① 沃丘仲子：《近现代名人小传》下册，北京图书馆出版社 2003 年版，第 224 页。

潜入北京，继续革命活动，1915 年被军政执法处逮捕杀害。

1915 年 8、9 月间，袁世凯开始谋划帝制，北洋派内部掀起了秘密的请愿活动。雷震春是帝制派军人中的中坚分子。8 月 24 日，雷震春参加了由段芝贵等发起召开的军警大会，讨论所谓"筹安事宜"，并在"赞成君主簿"上签名。军警大会后，雷震春又密呈袁世凯，请求实行君主制。当张勋、冯国璋对帝制态度暧昧时，雷震春又伙同段芝贵等人再次密电各省将军、巡按使，要求他们再次表明态度，以迫使张、冯就范。雷震春还疯狂管控反对帝制的舆论，他令军政执法处在北京城厢内外遍布密探，对敢于出语反对帝制者，立即扣上"乱党"帽子，严加惩办，甚至处以极刑。

12 月 13 日袁世凯称帝后，大封文武，雷震春被封为"一等伯"。

袁世凯病死后，雷震春不为黎元洪、段祺瑞重视。1917 年，雷震春参与张勋复辟逆谋，并被赐封为伪陆军部尚书。复辟失败后，雷震春在丰台为讨逆军抓获。7 月 15 日，冯国璋总统下令严惩复辟犯雷震春、张镇芳、冯德麟，雷震春被判处有期徒刑。后经曹锟作保特赦，寓居天津。

第四节　"喜功妄杀"的江朝宗

江朝宗，字宇澄，安徽旌德人，生于 1861 年（清咸丰十一年）。早年投入淮军刘铭传部，1895 年改投袁世凯，在新建陆军参谋总务处任职，几年后升候补道。1911 年春升陕西汉中镇总兵。

江朝宗到任仅半年，辛亥武昌起义爆发，四川、陕西相继响应。在西安起义后，江朝宗纠合驻汉中的新军第一标一营、巡防队及反动民团武装，以"保境安民"为幌子，企图负隅顽抗。但在革命潮流的震荡下，汉中所属的西乡、南郑、略阳等县的革命党人相继发动起义，江朝宗指挥反动武装对革命党人进行了疯狂屠杀，仅西乡县就屠杀了一千余人。但革命的潮流阻挡不住，江朝宗眼看大势已去，不得不狼狈逃离汉中，前往北京投靠主子袁世凯。在离陕途中，到处都有陕西义军盘问，江朝宗干脆打着陕西起义军东路大都督张钫的旗号，才得以顺利逃出陕西。[①]

江朝宗到北京后，担任步军统领衙门统领。步军统领衙门本是清代的机构，全称是提督九门步军巡捕五营统领的简称，通称九门提督。掌管京师正阳、崇文、宣武、安定、德胜、东直、西直、朝阳、阜成九个城门内外的守卫巡警等职，清代例由亲信大臣兼任，统率有八旗步军营和绿营的京师巡捕五营。1904年后改为警察。民国成立后沿设，直到1924年才裁撤。

步军统领衙门关系北京的安危，江朝宗能够出任该职，表明袁世凯对他的信重。袁世凯次子袁克文对江朝宗有一段描写："喜功妄杀，人唯知有陆建章，不知甚于陆建章者，有江朝宗焉。江之悖谬，十倍于陆。壬子，予居天津。有潘连璧女士，昔天津公立女学卒业生也，其师吕璧城女士与（吾）家有世谊，时相过从，因识连璧。予重来津，因连璧而获识郑毓秀、张以保诸女士，不知郑、张皆为党人输送弹械者也。又有江亢虎，予故友也，时主社会党，介其书记陈翼龙来访。二事为江朝宗探知，乃以折上先公，详述予之通党罪状，并捏为种种事实，甚谓先生母亦与女党人勾结，将有不利焉。先公即寄示予，批于尾曰：'此种妄言，皆无识侦探邀功谬想，亦非江朝宗之意，尔不可怪之。尔生母从予三十余年，生尔，生尔弟，又生尔诸妹，乃有此谣传，太可笑已。不过尔年轻，交游最宜谨慎，不知根底者不可友也。此信勿使尔生母知，阅后焚去，不可留此痕迹也。'予读之，既感且笑，先公遇予，从不轻信人谗，而若江之离间骨肉，极尽荒怪，亦衣冠所仅有，天下之奇谈。至洪宪时，几酿冤狱，亦江之狂恶有以致之也。"[②]

---

① 1912年6月，张钫到北京晋见袁世凯，请示陕西军队整编方案，江朝宗告诉张钫："去年辛亥陕西光复时，我是汉中镇总兵，离汉中途中到处有地方团队盘问，我说是你的把兄弟，沿途打着你的旗子，不但安全而且颇受招待。今天我俩见面了，我要实现咱们真正把兄弟的关系，千万请老弟俯允。"说完，江朝宗即拉张钫与王揖唐摆香案，结为金兰兄弟，按年龄，江朝宗为老大，王揖唐老二，张钫老三。参见张钫：《我在反袁护国期间的经历》，《文史资料选辑》第48辑，第71页。

② 袁克文：《辛丙秘苑》，上海书店出版社2000年版，第8页。

袁克文还说："江朝宗统领步军，广布爪牙，冤杀枉戮，不可数计。天津王生，十余龄耳，其父兄咸营商贩。生卒业小学校，以投稿某报获罪于杨以德，遂避祸入日本租界某摄影馆。馆主郭某，予旧识也。奉先公命摄中岳诸景，乃荐郭往。郭曾至洹上，为先公摄蓑笠垂钓图，故先公亦识之。郭请以二徒偕行，一即王生。迨归，先公嘉其劳，授薪使留府备差，王亦留佐之，即令居流水音。一日，有侦探数人衔江命，至流水音欲捕王去，谓系乱党。王泣求于予，因诉前事，予怜其幼而无辜，叱侦探去。先公忽召予，曰：'江朝宗据杨以德报称，有乱党王姓在流水音，何人耶，亦胡不令捕耶？'予曰：'王姓即摄影之徒，曾随往嵩岳者，年只十余龄。其家经商，平居诚谨，不或妄行，似非作乱者。苟付侦探，不获生矣。男招之来而杀其命，心何忍耶？'先公曰：'如是，可纵之去，不必留也。'予诺而退，遂语郭，使王行，郭曰：'侦探四伏，出流水音，即不免矣，奈何！'予曰：'予适有天津之行，随附予车，可无阻矣。'翌日，携之登车，江及侦探咸入车见予，请以王付之。予曰：'总统命纵之行，尔辈何能阻！'因叱之使下，江怏怏去。俄顷复来，谓已得总统令，必捕王去。予大怒，举行杖向江及侦探曰：'孰再言，即叩其颅！'因数其种种诬良罪恶，江面颊尽赤，遂鼠窜去。或谓予曰：'彼辈害人多矣，公拯一人，复何济耶？'予曰：'不见，则无可如何；既见，则不能以一人而忽之不顾也。'"①

作为袁世凯的有力爪牙，江朝宗还积极参与民初的政治斗争。在 1912 年 7 月 19 日参议院否决袁世凯提名的六国务员后，袁即指使军警出来干预。7 月 21 日在北京召开所谓军警特别大会，决定通电各省都督及报馆，致电大总统，再提出国务员，早日成立政府；由军警二界联名上书陆征祥总理极力挽回；致函参议院，请求第二次提出国务员时予以同意。通电称："此次六国务员否决，议院哄争，政府瓦解，大局危险，迫在眉睫。谁非国民，痛

---

① 袁克文：《辛丙秘苑》，上海书店出版社 2000 年版，第 21—22 页。

深覆卵。矧我全国军警同胞，以铁血换得之民国，任令彼数十人之争执意见，坐致颠危，实非全国人心始料所及。兹我军警两界，泣血规告，惟冀各议员融洽意见，成立政府。知我罪我，质之天良。为此另电缕陈，伏乞同以国家为前提，设法维持，驰电规劝，以扶危局，而巩国基。急不择言，唯希洞鉴。"①

1913 年赵秉钧指使暴徒刺杀宋教仁的阴谋暴露，赵的副手——内务部次长、京师巡警总监王治馨在北京宋教仁追悼会上，为赵秉钧解脱说："去年应夔丞与总理（赵秉钧）商量，谓民党中宋教仁最不利于政府，请暗除之。总理谓此事体大，我不敢主张，须问过总统。总理随即对总统言，总统谓人之主张各不同，安可因主张不同，便谋害人，此事绝对不可，故总理亦绝对拒之，可见杀宋一事，总统绝不知，总理亦绝不知。"②

王治馨这番讲话本来是想为袁世凯、赵秉钧洗刷并开脱罪责，但他的说法正好泄露了袁、赵谋刺宋教仁的动机。袁世凯阅报后大怒说："措词太不检点，王治馨可恶！赵总理何以任其乱说？"袁是枭雄，最忌讳的是他的鬼蜮伎俩为他人识破，故在毒杀赵秉钧后，又决定惩处王治馨。袁首先以声名恶劣为由免去王治馨的顺天府尹，改任正蓝旗汉军副都统闲职。接着指使肃政史夏寿康等人联名弹劾王治馨在顺天府尹任内定价卖缺，得赃款七万元以上。1914 年 6 月 27 日，袁世凯下令逮捕王治馨。王是北洋系老人，他被捕后，北洋派上上下下"无不悚然"。张勋、阮忠枢等或面见袁世凯乞恩，或上呈文请求袁"念旧部之谊，货其一死"。袁对"乞恩之呈概不批答，乞恩之人概不接见"。江朝宗和军政执法处长陆建章"诣白宫长跪乞赦免，袁总统不允，以密令授江、陆，坚嘱弗泄"。③

10 月 21 日，袁世凯下令对王治馨处死刑，令文称："前据代理都肃政

① 朱宗震、杨光辉编：《民初政争与二次革命》上册，上海人民出版社 1983 年版，第 74 页。
② 台北版《中华民国史事纪事》，1914 年 10 月 21 日。
③ 陈赣一著：《新语林》，上海书店出版社 2000 年版，第 62 页。

史夏寿康等纠弹王治馨在顺天府尹任内鬻官纳贿、借案婪赃一案，经平政院审讯确凿，当交司法部转饬依法办理。兹据该部呈报大理院审明，判决王治馨于委任岳魁署理昌平县知事，枉得赃逾万贯之所为，应照官吏犯赃治罪法第二条处以死刑等语。王治馨著即立予枪毙，以昭炯戒。潘毓桂诈欺取财，应处徒刑十二年，褫夺公权全部终身。岳魁行求贿赂，应处徒刑五年零六个月，褫夺公权全部八年，均各如所拟执行。此令。"①

　　10月23日，袁世凯指令总检察长罗文干会同步军统领江朝宗监视行刑。行刑前，江朝宗与陆建章在军政执法处设宴为王治馨送行，令左右去掉王的缧绁，王治馨以为要释放他，露出了笑语。不料，宴罢，江朝宗将死刑令出示王，王当即痛哭失声。王阅罢掷还江，神色恬然，登囚车赴刑场。江朝宗问："君有交代乎？"王低首不语。

　　洪宪帝制中，江朝宗也扮演了一个积极的角色，他是"大典筹备处"成员之一。袁世凯登基伊始，首封黎元洪为"武义亲王"。袁首先派国务卿陆征祥前往黎的官邸宣布赐爵令，黎拒绝受封。江朝宗自告奋勇持"赐爵令"前往东厂胡同。在黎的官邸当堂三跪九叩首，并长跪不起，双手捧诏大呼："请王爷受封！"黎元洪在里屋不出，江朝宗亦跪地长呼不起。对抗多时，黎元洪大怒，从里屋冲出来，手指江朝宗大骂："江朝宗，你哪里这样不要脸？快快滚出去！"江朝宗仍捧诏挺身直跪，大呼"请王爷受封"不止。元洪怒，呼左右赶快将江朝宗赶出去。于是，黎之亲信左右出来将江朝宗半劝半拉拥出东厂胡同寓所。

　　不久，袁英谋炸袁世凯案爆发，江朝宗奉命带兵进入新华门逮捕30余人，捆绑后用5辆牛车送往军政执法处。雷震春见江朝宗所送来的犯人并非等闲之辈，立即面指江朝宗大骂道："此班重要人物，送来我处，叫我如何处置？你何不解往步军统领衙门？却送来害我！我揍你这小子！"说

---

① 台北版《中华民国史事纪要》，1914年10月21日。

完，抬手抽了江朝宗两记耳光，江朝宗不敢还手，双手捂脸说："没有打上。得罪大哥，请大哥息怒。"雷震春继续不依不饶地骂道："你这小子，真不要脸！"

事后，有人问江朝宗："当时为何如此懦弱？"江朝宗答道："他两掌有力，我孤掌难鸣，只好忍气吞声。"

袁英案因为牵涉太广，袁世凯投鼠忌器，没有严加追究，最后将程家柽、饶家元这两个无关的人枪毙了事。袁英释放出来后，江朝宗对袁英等人说："我为你们受雷朝彦两嘴巴，脸都打肿，你们何以谢我？"[1]

袁世凯在大封"洪宪功臣"时，江朝宗被封为"一等男爵"。

袁死后，江朝宗仍留任步军统领。1917年5月23日，黎元洪又任命江朝宗、陈光远为京津一带临时总司令（总司令为王士珍）。黎元洪在张勋的压力下决定立即解散国会，但代理国务总理伍廷芳却拒绝副署，黎怕激变张勋，于6月12日下令免去伍廷芳的代总理，让江朝宗暂代。江朝宗这个糊涂军阀毅然在国会解散令上副署。江朝宗做了几天的代总理，在历史上留下非法解散国会的一页丑史。7月1日，张勋复辟，江朝宗亦参与其中，成为复辟派要角。张勋复辟失败后，江朝宗被免去步军统领，改授将军府迪威将军，后又任正黄旗满洲都统、临时参政院参政等闲职。

1937年，北平沦陷后，江朝宗投靠日寇，历任北平治安维持会会长、伪议政委员会委员兼北平市市长、伪华北政务委员会委员。1943年死去。

---

① 刘成禺著：《洪宪纪事诗本事簿注》，第 292 页。

第四章　军务助手

第一节　内廷总管袁乃宽

袁乃宽，字绍明，河南正阳县[1]（一说项城县）人，生于清朝同治七年（1868）。袁乃宽与袁世凯同姓不同宗，但袁乃宽精于心计，为了攀缘发达，硬认世凯为本宗，"执子侄礼"。[2]袁世凯任直隶都督时，袁乃宽即在粮饷局总办张镇芳手下任提调，故袁乃宽又拜在张镇芳门下，自称门生，得候补知府。后署天津河防同知、署天津府知府等职。

民国成立后，袁乃宽任袁世凯总统的侍从武官，后任拱卫军需总长、督办拱卫军粮饷总局，专门负责拱卫军军需业务。其人"办事锋利，有大马金刀之风"，[3]深得袁世凯之赏识。唐在礼说："我和袁乃宽仍是袁世凯最贴身的掌管内外总务的人。袁乃宽替袁世凯当了多年的老军需，在山东时即在袁手下，后来跟到天津，袁对他很宠信。他和袁同乡，是豫南人，后来认了本家。他由早年在给袁家里总管银钱，继而跟着袁在他衙门里总管银钱，后来到总统府里还是总管银钱。当时他岁数已不小，但他和袁克定拉得很紧。在搞帝制时，袁乃宽确已早成为'内廷'的总管事。"[4]

袁乃宽作为袁世凯的家臣，表面上对袁很忠诚，但在钱上也并不总是清白的。袁家后代曾对人说："袁（世凯）曾在香港置有房产一处，由袁家总管

---

① 刘成禺、张伯驹著：《洪宪纪事诗三种》，上海古籍出版社 1983 年版，第 336 页。

② 徐友春主编：《民国人物大辞典》，河北人民出版社 1991 年版，第 647 页。

③ 刘成禺、张伯驹著：《洪宪纪事诗三种》，上海古籍出版社 1983 年版，第 336 页。

④ 吴长翼编：《魂继紫禁城——袁世凯秘事见闻》，中国文史出版社 2001 年版，第 149 页。

袁乃宽经办。袁世凯死后，袁乃宽不承认有这件事。袁家亦找不到房契根据，对此致未深究。"①《新华秘记》一书也说："乃宽亦河南人，然与项城实同姓不同宗。……及袁氏受任总统，乃宽夤缘得入府中办事，在在能诒事袁，务得其欢心。项城以其恭顺有小才，心颇喜之，暇时因询其先世籍贯里居职业甚详。乃宽工于辞令，应对殊称旨，且隐言及确与项城系远支宗派之意。袁氏固首肯，乃曰：吾袁氏族繁人众，或即为同一始祖之远支，正未可料。况同系一'袁'字，何分彼此！吾即认尔为同姓可也。乃宽喜不自胜，因详叙其班次及世代之先后，当为族侄。由是乃宽公然呼袁氏为叔，而皇侄之荣名，遂毋庸多让矣。"②

袁乃宽还是袁世凯的御用政党——统一党的中坚人物。统一党的前身是中华民国联合会，章炳麟任会长。1912年3月，中华民国联合会由上海迁到北京，改组为统一党，本部设在北京前门外虎坊桥。统一党实行理事制，推袁世凯、黎元洪为名誉理事长，岑春煊、徐世昌、冯国璋、赵秉钧、孙毓筠、张镇芳等28人为名誉理事，袁乃宽也是名誉理事之一。王赓、王印川、汤化龙、张弧、朱清华为理事。在名义上，袁乃宽仅是统一党的名誉理事，但他与王赓（揖唐）、王印川、孙毓筠等几个人实际上是该党的核心和中坚人物。袁乃宽作为袁的近臣，掌握着很大一部分财权，统一党的经费大部分由袁乃宽来筹措。至今仍保存在中国社会科学院近代史所图书馆的河南都督张镇芳的存札也证明袁乃宽是统一党核心人物。下面摘录几封密函：

1912年3月袁乃宽致张镇芳函说："（统一党）京师本部刻已极力扩张势力。揖唐（王赓）、月波（王印川）一边进行，创一法政大学，新设言论机关，名曰《黄钟报》，又设招待所二。天津、上海皆派要人前往扩张。"袁乃宽在信中要求张镇芳，统一党河南支部"亦宜放手前进，实力进

---

① 《文史资料存稿选编——晚清北洋》上册，第439页。

② 许指严著：《新华秘记》，山西古籍出版社、山西教育出版社1999年版，第103页。

行，万不可稍存退步"。袁乃宽还说："党之发达与否，全恃经费，既本部有力，支部可大为扩张。如石青（胡汝麟）、承轩（袁振黄）有急切需款之处，请师座拨付，由受业（袁自称）拨还，或万或数千，祈照拨。"在这封"乞阅后付丙，切不可令幕中人见之"的密函中，袁乃宽和盘托出了统一党的竞选计划，最后说"无论用何项手段"，"总以不使国民党取胜为是"。[①] 从这封信我们可以看出，统一党的经费是袁世凯通过袁乃宽支付的。该党的唯一目的就是拥护袁世凯，与反袁的政党尤其是国民党是势不两立的死敌。

在致张镇芳的另一封信中，袁乃宽写道："选举一事，统一党著手太晚，故力量稍觉薄弱，幸河南办理幸好，得占优胜。京师本部刻已极力扩张势力，揖唐、月波一力进行，……唯《国权报》办理不好，月波稍一退让，而河南的一般国民党皆挤入，受业看势不好，挺身出而为该报社长与之竞，将来如救不过来，亦必迫之为超然性质，请师座转告石青、承轩放手前进，实力进行。此间经费可恃，万不可稍存退步，将来足可立于第三党，亦可操维持排解之权。既失机于前，万不可不急起直追。在河南将国民党已选之议员可以拉者，无论用何项手段，总以多拉为是，如有用款之处，本部可竭力接济。（党之发达与否全恃经费，既本部、有力支部可大为扩张，如石青、承轩有急切需款之处，请师座拨付，由受业拨还，或一万或数千，祈照拨。）仍乞师座竭力维持，救亡之策，即在此举。叶某可恨已报，已呈明矣。"该函末后又写道："新进新学人多在国民党。此函乞阅后付丙，切不可令幕中人见之……"[②] 可见，袁乃宽干的全是见不得人的政治阴谋勾当。

之后，袁乃宽又伙同同盟会的变节投机分子孙毓筠发起成立所谓"国事

---

① 《张镇芳存札》，中国社会科学院近代史研究所图书馆藏原件。
② 《张镇芳存札》，中国社会科学院近代史研究所图书馆藏原件。

维持会"，专门从事分化瓦解国民党的勾当。1913 年 3 月 19 日，袁乃宽致张镇芳函全盘道出了其底细："窃谓国事维持会之发起，原为挽回势局，本属超然性质，无所偏陂［颇］，尤赖联合各党各界协同组织速观厥成。前经该会孙少侯（孙毓筠）先生指派潘、刘两君前往汴省维织国［分］会，唯两君俱系国民党员，窃恐佥谓偏属一党，致碍进行，兹特续派民主党戴峻鹏及共和党鄢炳煌两君到豫襄助办理，以期调和党见，共济时艰。"① 袁乃宽等人的这种政治阴谋活动，直到"二次革命"爆发，国民党被袁世凯下令取缔才停止。

袁乃宽善体人意，表面和蔼可亲，并以同宗名义出入于总统府，袁氏妻妾子女辈见之，亦不再回避，成为袁最贴身的管家。

洪氏帝制一起，袁乃宽为之奔走煞费心力，为"十三太保"之一。袁乃宽不仅列名操办帝制的"十人小组"，而且朱启钤等负责整修北京城门及"新华宫"，袁乃宽借新皇登基之机大兴土木，趁机捞了一把。知情者说："乃宽之中饱之资可想矣。"②

袁世凯称帝后，袁乃宽成为宫内大臣的角色，其职位略相当于清朝的总管内务府大臣。③

袁乃宽虽然十分卖力，但袁世凯在称帝后并没有立即重赏这位皇侄兼宫内大臣。连唐在礼也觉得很奇怪，他说："袁乃宽在搞帝制时非常起劲，大家猜测，他在帝制大事成功之后必邀殊恩重赏。谁知袁做了皇帝，对他并没有什么两样。"④

袁乃宽是洪宪帝制的"功臣"，而其子袁英（字不同）却是反对洪宪帝制的急先锋。袁英是革命党人，他见袁世凯帝制自为，其父袁乃宽又助纣为

---

① 《张镇芳存札》，中国社会科学院近代史研究所图书馆藏原件。

② 许指严著：《新华秘记》，第 104 页。

③ 刘成禺、张伯驹著：《洪宪纪事诗三种》，第 203 页。

④ 吴长翼主编：《魂断紫禁城——袁世凯秘事见闻》，中国文史出版社 2001 年版，第 150 页。

虐，十分气愤，便与人策划炸中南海，将袁世凯及其党徒炸毙。为了将炸弹运进中南海，袁英设计利用其父的关系以接近袁世凯。《新华秘记》一书说："乃宽有子曰英，字不同者，大不以帝制为然。且以报仇雪耻为念，欲得袁氏而甘心。闻乃父与袁氏联宗，以为机会可乘，爰请于乃宽，谓：'我辈既入天潢玉牒，既如儿者，亦当入觐天颜。'乃宽以为诚善，因伺便携之入府，及呈要公毕，乃命不同叩见，且令呼为族祖。袁氏见不同气宇非凡，颇加激赏，赐赉甚多，并使乃宽挈之见己妻妾。不同执礼甚恭，称谓亦合体，妻妾辈咸大悦。不同之意，谓即可乘间肆其暗杀之酷剧也。岂知袁氏戒备甚严，卒无可下手。不得已，乃以法潜运炸弹多枚入宫，暗埋于新华宫中，意使一旦爆裂，使袁氏一门同为灰烬。不意偶为卫士发现一枚，遂按路大索，凡泥土疏裂处悉加考求，竟起出七十余枚。宫中大哗噪，人心惶惶，几兴大狱。嗣经府中卫士自相告讦，始知系受不同之绐，伪为瑞应之物，捆载而入者，而不同已先期遁去矣。"

袁获知真相后怒不可遏，拟立治袁乃宽教子不严之罪。后经袁世凯之宠妾缓颊，袁世凯才稍为息怒，袁乃宽随即入总统府谢罪，袁世凯终不能释然。后经多方查访，知袁乃宽与其子袁英历来不合，袁乃宽且曾宣布将袁英逐出家门，袁世凯这才平息愤怒，对袁乃宽之信用逐渐恢复。

袁世凯死后，袁乃宽仍在北洋圈子混。直系军阀首领曹锟贿选总统成功后，袁乃宽于 1923 年 9 月至 1924 年 1 月做了 4 个月的署理农商部总长。此后一直在天津租界做寓公。1937 年下半年，天津、北平相继沦陷，日寇准备起用袁乃宽为伪河南省省长，日寇约他出面办理河南赈灾，再任伪省长。袁乃宽老上司张镇芳之子张伯驹闻讯后，立即找袁乃宽谈话，劝其勿为日寇利用。袁乃宽听从劝阻，立即称病不出，终于保全了晚节。1945 年日寇投降后，河南旅京同乡会开会，对袁乃宽"皆以乡长尊之"。[①]

---

① 刘成禺、张伯驹著：《洪宪纪事诗三种》，第 336 页。

第二节 "收买处"处长唐在礼

唐在礼，字执夫，上海人，生于清朝光绪六年（1880），1898年由两江总督刘坤一派到日本留学，先入日本东京的成城学校学习陆军，光绪二十六年六月入日本陆军士官学校中华队第一期，光绪二十七年十一月毕业。该期的中国留日学生共40位，学习期间病死一位，有39人毕业，他们是中国留日军事学生的前辈。这一期后来成名的有蒋雁行、张绍曾、吴禄贞、陆锦、陈其采、萧星垣、吴绍璘、王廷桢等。士官一期毕业后大多数都回国任职，只有唐在礼继续留在日本，首先到东京的日本陆军炮兵联队见习，很快升到见习少尉排长。唐在礼对炮兵很有兴趣，于是又报考了日本炮工学校。炮工分两级，先读初级，第二年读高级。高级两年毕业，唐在礼感到高级班的学术程度太深，吃不消就自动辍学，学校只发他肄业证书。

唐在礼从炮工学校辍学后，于光绪二十九年冬回到北京向全国练兵处报到。当时，练兵处刚成立，庆亲王奕劻兼练兵事务大臣，袁世凯为会办大臣，铁良为襄办大臣，徐世昌为总提调。唐在礼在日本士官学校读书时，铁良和徐世昌曾到日本东京考察过军事，到士官学校参观时，唐在礼被留日同学推举为代表向铁、徐汇报情况，曾得到他们二人的夸奖。所以当唐在礼向铁良、徐世昌报到的时候，感到很亲切，铁、徐对唐在礼也是另眼相看。袁世凯在清廷设立练兵处后，也将自己在直隶省内设立的军政司改为督练处，徐世昌即推荐唐在礼到直隶督练处任职。

唐在礼来到天津，袁世凯接见后即任命唐为北洋督练公所教练处帮办，当时的总办是王士珍，是位无可无不可的好好先生，对公事不大过问，差不多都由唐在礼一手办理。唐在礼办事很认真，且有士官一期的学历，很快受到袁的赏识。后来袁又调唐在礼任参谋处帮办。1906年，唐在礼又被调到驻山东的北洋陆军第五镇任炮兵团团长。但不久，清廷将袁世凯的北洋陆军第一、第三、第五、第六镇收归兵部直接指挥，袁的军权被剥夺大半，唐在礼等由袁世凯一手提拔起来的人都对清廷的处置很不满，但敢怒而不敢言。他们内心里认为汉族人做官，再有权也是靠不住的，因而对自己的前途产生担忧。

不久，清廷在保定设立近畿督练公所，由袁世凯推荐的凤山任督练大臣，凤山保荐唐在礼为教练处总办。

1910 年，清廷军咨大臣载涛召见唐在礼，任命他为库伦总备处总办，要他去消弭外蒙王公正在密谋的独立活动。唐在礼虽然很不愿意，但又不敢拒绝，只好勉强赴任。唐到库伦后，除了到营房工地去监工、骑马在外面绕绕圈子，有时找蒙古王公聊聊天以外，别无他事可做。不到一年，辛亥武昌起义的消息传到库伦，外蒙地区人心浮动，唐在礼不知如何对付，度日如年。不久，又传来了袁世凯东山再起的消息，让唐在礼从中看到了一丝希望，他认为："好了，政治、军事重心又转移到北京，我也有回京的希望了。"唐在礼立即打电报给内阁，说明自己在库伦开办兵备处实在起不了作用，请求准予解散库伦兵备处，携家人及随员等一起回京效劳。第二天即收到复电："着即来京。"唐在礼夫妇喜出望外，连忙整理行装，踏上归途。唐在礼一走，外蒙活佛哲布尊丹巴就宣布外蒙"独立"。可见，唐在礼是一个对国家没有责任心和历史使命感的懦夫，在历史转折的重大关头，他所计较的不是国家的利益，全是一己私利，他根本没有想到要去为保全国家领土主权做些什么。

唐在礼回到北京，即到锡拉胡同袁世凯的寓所去见他，唐汇报了在库伦的经过情形后，袁即表示希望唐留在他身边帮助他处理些事务。稍后，袁即给唐在礼一个咨议的名义，让他到设在外交大楼的内阁官舍行走。这样，唐在礼又成了袁身边的亲信幕僚。

袁世凯窃取中华民国临时大总统后，为了对付孙中山让他去南京就职的要求，便策动京津一带的北洋军队闹"兵变"，然后袁世凯及其帮腔跳出来强调袁世凯一刻也不能离开北京。袁是一贯善于作伪的奸贼，在闹"兵变"之后，又决定派人去南京解释清楚。在袁的授意下，袁的秘书长梁士诒找到唐在礼，对他说："现在上边派你和范源濂为北方代表，尽快到南京去对南京临时政府和临时参议院声明一下，说宫保由于北方局势的关系，无法离开北京到南京就职。为民国计，请他们从权考虑。这是一件大事，请你们二位到南边把宫保的意思妥为转达，使他们承认通过。"梁说完后，又对唐在礼小声耳语说："南方的临时政府和参议院方面通过蔡元培、汪兆铭已经预先接洽好，并且不少的参议员也已经打点好了，我想这次到南京应当是没有什么困难的。"梁随即交给唐在礼 500 块大洋作为南下的旅费，并无什么手续。唐在礼听了梁士诒的介绍，也就满口答应了。

在临走之前，唐在礼和范源濂一同到袁的官邸去辞行，袁在接见时打着官腔说："你二位辛苦一趟，到南京对他们把北方的情形说一说，我看你们只要说一说就行了。"事后知道，范源濂做代表是袁世凯提出来的，而让唐在礼做代表，则是因为唐为士官一期学生，在南方革命军中士官同学不少，正好可以利用这种同学关系沟通；而且唐在礼与南北双方同意的首任国务总理唐绍仪在私下里称本家，关系不错，这是唐被选为代表的原因。唐认为这只不过是一出现成戏，跳跳"加官"罢了。

3 月 5 日，唐、范从天津乘船来到上海，受到沪军都督陈其美的迎接。次日早晨启程赴南京，孙中山在总统府亲自接见，随即陪唐、范一齐赴南京临时参议院，孙并亲自向参议员们介绍唐、范，并说明他们的来意。

孙中山作介绍后，唐在礼即将事先与袁商定的发言稿向在场的议员宣读了一遍，大意说："自袁世凯被选为临时大总统以来，南京临时政府一再敦促南下就职，并于 2 月 18 日特派专使北上迎接，自当早日南下，以副公等厚意。奈北方局势颇不稳定，各省官长及军队等函电频来，咸欲世凯暂勿离京，以维大局，甚至有妄以哗变劝阻世凯南下者，此风殊不可长。为急弭此风，不拂众意，遂不克离京南下就职，谅诸公等必以国是为重，不拘仪节，从权考虑，俞允世凯在北京宣誓就职"等语。

唐在礼读完这短短的十几句话后，不料台下的参议院议员们一致鼓掌表示同意，这倒让唐、范多少感到有些意外。袁的奸贼手段居然这么轻而易举地骗过了这些议员先生，参议院当即通过决议同意袁世凯在北京宣誓就职，并通过办法六条。唐、范南京之行圆满完成任务。唐、范回到北京，被认为是代表袁世凯南下完成使命、立下大功的干员，受到北洋派的一致尊敬。

袁世凯在北京宣誓就任临时大总统后，在总统府成立军事处，处长李书城、副处长傅良佐，唐在礼、蔡成勋等任军事处参议。李书城原是黄兴的参谋长，与北洋派不是一路人，袁任命他为处长，只是敷衍南方革命党的一种手段，李书城对此心中有数，对处理公事很少有所主张，处务实际由副处长傅良佐主持。傅也不客气，各项公文连一个字也不给李书城看，李气愤不过，后来就不辞而别到南方去了。在军事处，傅良佐以下，便首推唐在礼，一般公事都由唐办理。不过在民国一、二年，袁在军事上还需要依靠陆军总长段祺瑞，几乎所有重大军事措施都要与段祺瑞商量。总统府军事处还只起着代替袁世凯与参谋本部、陆军部、海军部联系的作用，实权仍在陆军部、海军部和参谋本部。但到民国三年以后，袁世凯与段祺瑞之间渐生芥蒂，各有戒心，军事重心就逐渐移到军事处来。1914年5月9日，袁世凯成立陆海军大元帅统率办事处，由袁亲自掌握。唐在礼任统率办事处总务厅厅长兼军需处处长。

总务厅厅长月薪800元，另每月津贴公费500元，加起来有1300元。有时购买日本军火，唐在礼也能得到一些回扣，这些回扣是日本洋行送的，是公开的，人人有份。开始唐不敢收，袁就对他说："这是你的名分，可以用来办点儿自己的事，不必上缴。"这样一来，唐在礼的各项收入加起来就远远超过国务总理的收入，袁就用这种市恩的手段来笼络这些人死心塌地为自己效犬马之劳。唐在礼很快就在西四羊市大街买了一幢房子，原是一个王公的府第，有三亩多地的宅基，房子不少，唐又花一万多元把房子改造成洋式住宅，中间修了个舞厅，这样可以在家里接待各国武官并在家里开舞会。唐在礼认为，像他那样的官还只能算是个肥小的"清官"，那时袁世凯一条铁路一条铁路地押出借外债，梁士诒和周学熙分拿回扣，大发其财，数目之大不敢想象。袁世凯手下的这伙人简直就是一伙盗卖国家的强盗。

唐在礼兼任的军需处，根本不是什么办理军需的机关，因为真正的军需，陆军部、海军部各自有自己的军需机构。而唐在礼兼任的军需处，实际上是一个专管特务经费的机关。袁乃乱世奸贼，对付政敌和笼络自己人，其中重要的一手就是金钱收买，故袁的这个军需处，实际上是一个地地道道的"收买处"。处里的公务由唐在礼直接向袁世凯汇报请示，袁在军事上所有需要拨付的特别费用，皆由军需处办理，也就是由唐在礼经手办理，不仅撇开了陆、海军两部，也撇开了财政部，连统率办事处和政事堂也都撇开了。

军需处最重要的工作就是调拨支付特别费。这种费用应用的面最广，使用的方式方法也最多，开支数目也很巨大。军需处拨付的特别费用主要包括：（1）政治性的收买费用，领受这笔费用的对象很多。有的对象原来就和袁接近，他们并不打算投靠国民党，但国民党却在拼命拉拢他们，因而对这些人就不免要给费用。有的对象以往并不靠袁，但自己却有相当实力，这类人是袁特别注意的目标。还有后起的和新兴的师长、旅长以上的军政人物，如模范团的青年军官等，也都要给些钱。（2）"采访""通信""宣传"行动费用。（3）行军费用。那时对南方的军事行动是频繁的，在买动了某一军事头脑部下的中级军官以后，就暗示他采取"自由行动"，实际上就是要求他根据袁的旨意开拔到某处驻防，脱离原来的首脑，甚至反过来监视原来首脑的活动。在这期间，就必须拨一笔特别费作为开拔的经费。奉命开拔以后，就要经常贴付特别费，使这支部队效忠于袁，直到正式属于袁的时候，就直接由袁关饷了。（4）建立扩充军团、军校费用等方面。（5）购买军火费用。（6）发动帝制费用。关于这些费用支配的具体情况，在下节中再予详谈。

唐在礼也承认："从上面所讲的情况看来，这个军需处分明有些不伦不类，它既支付军事费用，又拨付政治活动费用，有时反而偏重在政治方面。实际上，当时我虽担这个处的负责工作，却弄不清楚这个处的组织和性质，只知道唯袁之命是从，袁叫做什么，我就做什么而已。"

军需处的支付的方式方法很多。一般的手续是先由袁召唤受款者本人或代表人单独会见密谈，有时谈一些时候就出来了，有时谈的很久。谈话之后，来谒的人员或被传见的人员便持袁亲笔写的八行笺书，到统率办事处去见唐在礼。条上开明支款用途的很少，绝大多数只极简单地写上"发给×××若干元"十几个字。有时下面写上当天的日子，有的连日期也没写上。唐在礼见了袁世凯的手条，即陪同来人到军费处，即刻付给现钞或支票。如果数目不大，唐在礼有时就着统率办事处总务厅收发处主任陪同来人前去领取。

这种支付很频繁，有大数，有小数，一般总是一次付清的居多。每笔一两万元的寻常很多，这类数目一般是给各军队的师长、旅长等高级军官的较多。四五万的也不少，并不算什么大数目，这是给一般的都督（将军）、民政长（巡按使）一流人物的。8万、10万的，是数目较大的一类，这是给更重要的各省军政大员的。更有特大的，至少10万，多到二三十万乃至四五十万的，这是支给清室重要人物、北方重要人物、南方有特别关系的人或属密探行动等费。也有不是一次付了就算数，而是经常付给的。有关军事方面经常付给的，其受领人约有二三十名。

当军需处开始工作时，袁世凯特别交代唐在礼，本处所需各款，必须事先拨足储备，不得临时因拿不出钱来而误事。所以处里总是保持50万元左右的款项以备调拨，平时几万、几十万的手条能够应付裕如。如果存款不到 50 万元时，唐在礼就会去向袁世凯报告，说存款不足 50 万元了，希望财政方面能够早些拨些款。袁总是回答说："一会儿我就见他们（意指管理财务的大员）。"常常早晨去报告，下午就会把款拨进来。袁在这方面用钱总是来得很爽快，一笔款拨个百十万、一二百万不稀奇。这种款项的来源有两条：一是外国的借款，那时，袁世凯指使梁士诒将铁路抵押给外国人以换取巨额的贷款；二是财政部拨款。袁世凯拿国家和人民的血汗钱不是去办正事，为人民谋利益，而是用于这种肮脏的政治收买和交易之上，袁贼就是贼。这些特别费都作了什么用呢？有一次陆建章拿了袁世凯批的一张条子向唐在礼支 8 万元，陆领款时作个鬼脸对唐说："这笔款子是给汪精卫的。"汪精卫这个软骨头受了袁世凯的赃款，逼孙中山让位于袁世凯，然后夫妻俩溜到法国去吃洋面包去了。何香凝老人对此也有揭露，可以参考。

袁世凯是枭雄，处处怀疑人、监视人，结果搞得人人自危，连他自己的亲信也不例外。唐在礼替袁世凯支付这种见不得不人的肮脏钱，自己也很紧张，担心袁世凯哪一天借故杀他的头。有人说，唐在礼和张一麐是民国初年在袁身边一文一武最得意的人，当时还有人说袁"相信南边人"。但到 1915 年袁世凯搞帝制时，唐、张两人几乎同时失宠，张是因为不赞成帝制，而被免去机要局长职务调任教育部总长，唐在礼则是调任参谋部次长并代理总长职务，都是明升暗降。

唐在礼之所以被调职，是因为得罪了一心想当储君的袁克定。在筹安会成立以后，有一天袁世凯将唐在礼叫去谈话，当时办公室里只有袁、唐二人，袁叫唐坐在他对面，突然问："你是知道的，现在各方面，尤其是文武官员们都敦促我早日即皇帝位，你看如何？"对此，唐没有思想准备，一时无言以答。想了一会便老实说："据我良心说，总统现在的地位、权力都不下于皇帝。您的权力可以说不是普通一国总统所有，国内上下一体唯总统之命是从，总统要怎样便怎样。"顿一顿，唐又说："不过，这里有个分别，就是古代皇帝有传子孙的，有传贤的，明主是不传子而传贤的。"唐的意思是说，袁要做皇帝也可以，但最好声明将来不传子而传贤。唐之所以说这番话，是因为他认为袁克定不行，传下去一定会把事情搞糟。唐认为这是他自己的肺腑之言。袁世凯听了，一点也不觉得惊奇，沉思了一会儿，便说："他们起哄，克定被他们缠住了。"稍停，袁又说："你所见到的，我也明白。你好好做你的事吧！"

唐在礼的答话显然得罪了一心想做储君的袁克定，袁克定之所以热衷于复辟帝制，就是梦想有一天登基做皇帝，而唐却劝袁世凯传贤不传子，这岂能不让袁克定生气。1915 年 2 月，唐在礼被调出统率办事处，升任参谋次长，明升即暗降。在决定调职时，袁世凯仍然找唐谈了一次话，袁开口即说："他们要怎么办，就怎么办吧。"这话明显是表白调唐的职不是他袁世凯的意思。然后，袁又说明：调你做参谋部次长代理总长，也就等于做总长，责任很重。统率办事处你虽然不再办公，但你是总长，也就是大办事员了。袁还说，军需处的事很重要，仍旧归你管，而且事情要办得更好。唐在礼知道袁世凯对他的信任打了折扣，深知袁疑心病很甚，弄得不好连命都保不住，故弄得很紧张。

唐在礼调到参谋部不久即患了猩红热，约有两三个月，既不能到部里去，也不能到总统府去。袁怀疑唐在礼是否有意称病，不仅派随身伺候过他一二十年的女仆常往唐家送食品，问这问那，还派他的第二个女儿常到唐家走动。这位二小姐与唐妻沈友琴原本即相处得很好，借此问长问短，总是想探个究竟，唐是装病还是真病了。袁的卫队司令唐天喜也常来看唐，有次还带了一包滋补药丸来。唐天喜告诉唐在礼，这是袁世凯自用的补药，是请"大老爷"（袁的胞兄）亲自监配的。唐天喜还很亲热地说："总统请您服用，立马就见效。"说着就要老妈子备开水让唐在礼服用。有时，袁还叫人送鸡汤和"总统吃的可口的小菜"让唐在礼吃。从袁世凯这方面来说是大恩大德，但从唐在礼来说，他深知袁世凯枭雄成性，对谁都不放心，而且手段残忍，特务头子赵秉钧就是被袁送吃喝时中毒而死，唐担心袁对自己也来这一手，弄得心惊胆战，担心性命丢了还不知是怎么死的呢？幸运的是，唐在礼在病了两三个月后即好了，立即上总统府去见袁，唐自忖自己又闯过了一道鬼门关。

唐在礼被调离统率办事处后，由张士钰接替了他的总务厅厅长职务，张士钰取代了唐的地位。不过，唐是代理参谋总长，所以在为洪宪帝制总导演的十人小组名单中不仅有张士钰，也仍然有唐在礼，表明袁依然将唐当亲信看待，唐在礼也仍然是张罗的一分子。

1916 年 6 月袁死后，唐在礼辞去参谋本部次长职务。1919 年 1 月，唐在礼任巴黎和会中国代表团军事代表。之后又任过交通部护路军总司令，山东督军公署顾问。1960 年 7 月任上海文史馆馆员。1964 年去世。

第三节　卫队司令唐天喜

唐天喜，字云亭，河南沈丘人，生于清朝同治九年（1870）。唐天喜长相俊美，面相白净，小时曾在豫剧戏班唱小旦，袁世凯在家做少爷时就喜欢上了他，收留他作贴身仆从，袁去朝鲜时也把唐带到汉城，作侍从差役。后让唐天喜专门侍候袁的第二房姨太太（朝鲜人，袁克文之母），后来这位姨太太的丫头便成了唐天喜的妻子。[1]

唐天喜讨人喜欢，受到袁的喜爱，后来即被袁世凯保送到北洋武备学堂读书。袁世凯到小站练兵后，首先任命唐天喜为武卫右军右翼三营哨官（相当于连长），后升统带（相当于营长）。北洋第三镇成军时，唐天喜升任该镇第十标统（相当于团长）。

辛亥革命爆发后，袁世凯出山，即以唐天喜的第三镇第十标作为他的卫队，唐天喜就成为他的卫队司令。不久，袁世凯进京出任清廷的内阁总理大

---

[1] 《文史资料存稿选编——晚清北洋》上册，第 438 页。

臣，即以唐天喜的卫队随从护驾。

1913年，河南爆发大规模的白朗起义，袁世凯在调兵遣将围堵白朗起义军的同时，担心白朗起义军捣毁他的老家，急忙将唐天喜所部调往沈丘、项城一带保卫他的老巢。但白朗起义军并没有以袁世凯的老巢作为重点攻击目标，故袁世凯于1914年3月23日致电坐镇河南开封指挥"围剿"起义军的陆军总长段祺瑞，称"唐天喜一时在沈（丘）、项（城）无大用处，宜令酌留两三营防堵，余均调往郑州或径驻汴梁"。[①] 当天，段祺瑞复电表示："唐天喜军队，现应调驻省垣，容与田（文烈）民政长妥商布置，即遵令旋京供职。"[②] 奉令后，唐天喜除留一部防守沈丘、项城外，自己率领步兵三营、机枪一连、马队二连于1914年3月31进驻河南省会开封。

在白朗起义被镇压下去后，唐天喜率部回到北京，袁世凯晋升他为陆军第七混成旅旅长兼京汉铁路北段护路司令，唐的任务是既要保北京的袁世凯，又要保袁的老家河南项城，两头兼顾。

1915年底护国战争爆发，袁世凯仍幻想依靠北洋武力镇压护国军。1915年12月31日袁世凯发布训令，特派虎威将军曹锟为行军总司令，马继增为第一路司令官，督率第六师及第五旅由湖南经贵州进攻去南护国军。唐天喜主动向袁世凯请求上前线和护国军作战，唐天喜往见袁世凯，痛哭流涕说："蒙大总统三十年养育之恩，我要上前线去打蔡锷。"袁嘱以看家要紧，唐坚决要去。袁答应后，唐却害怕起来。因为唐自做袁的仆从起一路升到混成旅旅长、护路司令，却从没有打过仗，袁让唐天喜率第七混成旅和奉天冯国璋的第二十师第二混成旅加入马继增的第一路军作战，唐十分害怕与护国军作战，但又不便反悔不去，一时十分踌躇。唐率部开到湖南后，湖南讨袁军将领赵恒惕等人知道唐天喜最贪财，便决定用钱收买他（一说30万两银

---

① 杜春和编：《白朗起义》，第149页。
② 杜春和编：《白朗起义》，第149页。

子，一说 16 万两银子），唐天喜得到银子后就变了心，从湖南撤兵北返，致使马继曾因缺少援兵吃了败仗，愤而自杀。当唐天喜的先头部队官兵去见湖北将军王占元时，王占元把唐天喜痛骂一顿，说袁世凯对他那样好，他跟随袁二三十年，从护兵升为司令，不该背叛袁。先头部队将王占元的话报告唐天喜，唐不敢去湖北，遂停留在湘鄂间不进不退。

唐天喜叛变的消息传到北京，对于袁世凯来说有如晴天霹雳，震惊非常，一面电令江西将军李纯派员赴湖南收容马继曾的第六师，一面通缉唐天喜，抓到唐即就地正法。据袁的亲信说，袁临死以前精神失常，口中喃喃念叨："唐天喜反了！唐天喜反了！"[①] 所以，袁的左右都认为，唐之背袁对袁刺激最大，成了袁致命的因素之一。

袁死后，唐天喜的妻子到北京去吊丧。袁克文的母亲见到后即大骂，骂唐天喜忘恩负义，气死了袁世凯。并对唐天喜妻子大声吼叫道："就是你们把老头子气死了，害得我们一家好惨，现在还假装没事人，前来吊孝，赶快滚出去！"[②]

唐天喜的家庭教师也说："我认为袁世凯的死，当然是千夫所指，无病也要死；但从他致死原因看，使他受刺激最大的要算是唐天喜对他的背叛了。因为这是他万万想不到的。"[③]

袁死后，唐天喜于 1918 年 1 月任山东兖州镇守使。其后下落不明。

① 吴长翼编：《魂断紫禁城——袁世凯秘事见闻》，第 283 页。
② 《文史资料存稿选编——晚清北洋》上册，第 438 页。
③ 《文史资料存稿选编——晚清北洋》上册，第 438 页。

袁世凯
和他的幕僚们

|下 册|

金竹山 _____ 著

团结出版社
UNITY PRESS

下

篇

幕府文臣

第一章　军师与智囊

第一节　首席军师徐世昌

在袁世凯的众多幕僚中，徐世昌的地位最高，作用最大，可以称为袁世凯幕府领班、首席军师。有学者指出："徐世昌是晚清末年及民国初期最漂亮的官僚。假如在我国历史中，要找一个与世昌同类的人物，只有五代时的冯道，似乎有点相像。"[1] 因为徐世昌是一个足智多谋且八面玲珑的官僚，袁世凯之子背地里常称他为"活曹操"。

一见倾心，结为金兰兄弟

徐世昌，1855 年 10 月 22 日（清咸丰五年九月三十日）生于河南卫辉府城内曹营街，字卜五，号菊存，一号鞠人，晚号弢斋、水竹邨人、石门山人、东海居士等。徐世昌的远祖在明朝末年由浙江省鄞县迁居河北（当时称直隶）大兴县，清朝乾隆年间又移居天津。徐世昌高祖徐城曾任河南南阳县知县，后葬于河南汲县，以后徐家就寄居该县。因此之故，徐世昌便有了浙江、直隶、河南三个籍贯，为他日后广结乡谊提供了得天独厚的条件。比如，与袁世凯等河南人便称河南同乡，与孙宝琦、钱能训等浙江人便称浙江同乡，与冯国璋、王士珍、曹锟等直隶人便称直隶同乡。总之是左右逢源。由此一点也可想见徐世昌为人周到圆滑的一面。

徐世昌虽然出身于世家，但在他 17 岁时父亲就一病不起，徐家从此中落。徐世昌兄弟在刘太夫人的严厉督课下，发奋读书，其后随叔祖父到河南

---

[1]　刘垣:《张謇传记》，第 219 页。

沁阳、太康、淮宁等县幕府担任文牍工作，每年可得数十两银子养家糊口。1879 年，在淮宁县署办理文牍的徐世昌听说袁甲三（袁世凯的叔祖父）祠中的园林不错，遂往游览，适巧袁世凯亦在园中，两人不期而遇。徐世昌见袁世凯"状貌伟然，殷勤接语，纵谈当今之务，惊以为奇，因委心纳交"。徐世昌长袁世凯四岁，徐为盟兄、袁为契弟。

1882 年壬午科乡试，徐世昌偕弟世光双双赴京应试。兄弟二人对于能否中举，毫无把握，心中因此忐忑不安。他们听说京城前门外琉璃厂吕祖庙最为灵验，遂在他人的引导下，前往求签，以卜吉凶成败。在吕祖庙，兄弟两人抽得一签，上写"光前裕后，昌大其门庭"。乡试结果，徐世昌兄弟双双中举，徐世光中第 75 名举人，徐世昌中第 154 名举人，徐世昌认为签中"光前"二字是指其弟世光，"昌大"是指世昌本人，考试结果与签中所言完全相合。徐世昌便相信自己前程无限，必定能昌大其门庭，从此终生笃信道教。他在居室里特别供奉吕洞宾神像，每天都要在像前叩头一百个，终生不改。据说，徐世昌赴京应试前，袁世凯得知他路费不足，曾慷慨相助，使徐氏兄弟得以成行。徐氏兄弟中榜归来，又值徐府刘太夫人五十大寿，双喜临门，徐府大开筵席以示庆贺。当天，袁世凯携带写有"双桂承欢"四个大字的巨匾前来祝贺，金兰兄弟相见，欢喜异常。

1886 年，32 岁的徐世昌再次赴京应礼部会试，得中第 176 名进士。殿试二甲，朝考一等，光绪皇帝亲授其为翰林院庶吉士。身在翰林院的徐世昌，虽然地位崇高，但翰林院乃一清水衙门。翰林院掌院大学士李鸿藻是徐世昌的老师。李鸿藻认为徐世昌为人"虚矫过人"，很不喜欢他。徐世昌在翰林院很不得志，连一任乡试考官的机会都轮不到他头上。按照清朝惯例，翰林只要外放一任省级考官，就能做到腰包丰满，徐世昌得不到美差，就只能靠微薄的俸银过日子。翰林院编修是一个正七品京官，俸银很少，徐世昌三节时对老师的孝敬，每次只能送二两银子，生活之清苦可想而知。徐世昌曾经几次活动外放，都为其堂叔劝阻作罢。堂叔告诉徐世昌，京官虽小，但接近上层权贵，只要有耐心等待，升迁的机会总比外官多，因此要他务必安心等待。

1897 年 7 月，袁世凯向光绪皇帝奏请徐世昌以翰林兼管新建陆军稽查全军参谋军务营务处总办（相当于秘书长），袁还特地为徐世昌奏准保留翰林院编修、国史馆协修、武英殿协修职务。徐世昌到任后，总揽全军文案，参与机密，成为袁世凯最得力的智囊和军师，袁世凯新军上下均称为"徐相爷"。袁有事外出时，徐便代为管理军队。有了徐世昌的襄助，袁世凯如虎添翼，对于以袁世凯为核心的北洋系政治军事集团的形成，起着极为重要的作用。所以也有人说徐世昌是北洋军队的灵魂。

徐世昌到任不久，便为袁世凯消弭了一场弥天大祸。原来，1896 年 5 月间发生了御史胡景桂弹劾袁世凯事件。胡景桂对袁氏弹劾极为严厉，共列举了四条罪状：第一，徒尚虚文。凡兵丁衣帽，营官服色，营房规制，悉仿泰西。胡氏谓："果住洋房，兵即精乎？抑洋房营造之费，倍于华房可以从中渔利耳？"如此铺张，粉饰外观，非徒尚虚文而何？第二，营私蚀饷。该军营弁哨弁，每营不下四五十员，得此差者，不论才略之高下，但论情面之大小，馈遗之多寡；且对每个士兵月饷，层层剥扣。以致武备学堂中人，咸抱不平。第三，性情谬妄。袁氏自以为钦差大臣，北洋大臣王文韶札以公文，拒而不纳。往来均以敌体仪，建造营房，强占民田，津民上控有案。第四，扰害地方。该军营门有卖菜之人，与兵丁口角，该道横行跋扈，听信一面之词，竟将卖菜人杀毙。胡景桂在奏折中要求朝廷特派大员前往查办，或令督臣王文韶严密查参，并且要求撤销袁世凯职务。袁世凯在受到弹劾后，惶恐不安，于 1896 年 7 月 10 日写信给徐世昌求救："菊人大哥大人赐鉴：春间两奉手书，拜聆感甚。仲夏赴都，方期把晤畅叙。适值归省，尚欲稍待，又为人一棒呵出。未得一晤，怅不可言。出京后即忙大差，差后又抱久病。始则头眩心跳，继则感撄时疫。两旬来心神恍惚，志气昏惰，所有夙志，竟至一冷如冰，军事实无心详述。吾哥势难自便，已闻巽之详告。唯不得时承教益，怅憾交深，姑待时会。……如弟凯顿首。"

不久，清廷派军机大臣荣禄会同兵部司员陈夔龙前往天津查办此案。陈夔龙与徐世昌为同榜进士，后又双双拜翁同龢为师，两人私交甚笃。荣禄一行到小站后，徐世昌便极力在陈夔龙面前为袁世凯疏通开脱，经陈夔龙从中说项，使荣禄产生恻隐之心。荣禄等经过商议后，决定为袁世凯开脱："该军仅七千人，勇丁身量一律四尺以上，整肃精壮，专练德国操。马队五营，各按方辨色，较之淮练各军，壁垒一新。文忠默识之。谓余曰：君观新军与旧军比较如何？余谓素不知兵，何能妄参末议。但观表面，旧军诚不免暮气。新军参用西法，生面独开。……迨参款查竣，即以擅杀营门外卖菜佣一条，已予严谴。其余各条，亦有轻重出入。余拟复奏稿，请下部议。文忠谓一经部议，至轻亦应撤差。此军甫经成立，难易生手，不如乞恩姑从宽议，仍严饬认真操练，以励将来。复奏上，奉旨俞允。"[1] 荣禄等请求对袁世凯"乞恩姑从宽议"，以观后效，使袁世凯躲过了一场撤职危机。袁世凯对徐世昌感恩戴德，也确立了徐在北洋集团内一人之下、万人之上的地位。

劝说袁世凯出卖维新志士和光绪皇帝

1894—1895 年的中日甲午战争，以中国的失败而告终。甲午战争之后，帝国主义列强在中国掀起了强占租借地、划分势力范围的狂潮，中华民族面临着空前的危机。在民族危机的强烈刺激下，以康有为、梁启超为代表的一批爱国志士掀起了一个变法图存的运动，史称"戊戌维新"。

变法运动开始时，徐世昌、袁世凯为表明自己并非顽固不化的官僚，也参与了这场变法运动，成为维新运动的同路人。请看《徐世昌年谱》的有关记载："（1895）8 月，（徐世昌）与袁慰廷（世凯）、康长素（有为）诸君在嵩云里草营议开书局。""（1895）9 月，回京，与张巽之、于晦若（式

---

[1]　来新夏主编：《北洋军阀》（一），第 1023 页。

枚）、文芸阁（廷式）、梁卓如（启超）、汪伯唐（大燮）、沈子培（曾植）、英人李提摩太、美人李佳白、毕德格议设'强学会'。"

1916年康有为在劝袁世凯退位书中回忆这段往事时还说："追昔强学之会，饮酒高谈，坐以齿序，公（指袁世凯）呼吾（康有为自称）为大哥，吾与公兄弟交也。今同会寥落，死亡殆尽，海外同志，唯吾与公及沈子培（曾植）、徐菊人（世昌）尚存，感旧歔欷……"

据翁同龢日记记载，当变法趋于高潮时，袁世凯还故意在帝党首领翁同龢面前慷慨激昂地大讲什么瓜分在即，时局可危，"必须大变法，以图多保全数省"。由此看来，袁世凯、徐世昌这对把兄弟确实参与了变法维新活动，而且是一对比较活跃的角色。

1898年6月11日，光绪皇帝正式下令变法图强。然而，很快便遭到以慈禧太后为首的顽固派的反扑。四天后，反对变法的慈禧太后强令光绪皇帝将帝党首领、光绪帝的师傅翁同龢开缺并驱逐回原籍，交地方官严加管束。此外，慈禧太后令荣禄为直隶总督兼北洋大臣，完全控制了京畿大局。对此，以康有为、梁启超为代表的维新派焦虑万分，苦思应付之策。维新派是一批赤手空拳的书生，他们急需寻找一个握有军权的人来保护光绪帝和他们自身。康有为首先想到了袁世凯。康有为认为："将帅之中，袁世凯夙驻高丽，知外国事，讲变法，昔与同办强学会，知其人与董（福祥）、聂（士成）一武夫迥异，拥兵权，可救上者，只此一人。"但康有为又考虑袁世凯与荣禄关系密切，一时摸不准袁的态度，便于6月间首先派徐仁禄到天津小站去探虚实。徐仁禄到天津后没有见到袁世凯，由徐世昌出面接待。

王照在《方家园杂咏二十首并纪事》中写道："往小站征袁同意者，为子静之侄义甫，到小站未得见袁之面，仅由其营务处某太史传话（指徐世昌），所征得者模棱语耳。夫以死生成败关头，而敢应以模棱语，是操纵之术，已蓄于心矣。"康有为听了徐仁禄的报告，仍对袁世凯寄予希望。9月11日康有为代徐致靖草拟的奏折上达光绪帝。该折称赞袁世凯"年力正强，智勇兼备"，"惜所练之兵仅止七千，为数太少，为力过单，虽曾奉旨添练数营，徒以饷无所措，不敢冒昧招募"。该折又谓："该臬司尝言：假令西兵倍我，与之战，可胜；再倍我，亦可胜；若使数十倍于我，唯有捐躯效命而已。言之慷慨泪下。"该折要求光绪帝召袁世凯进京，予以重用。

9月16日，光绪帝在颐和园召见了袁世凯，召见中，光绪帝问："苟付汝以统领军队之任，能矢忠于朕否？"袁世凯连忙赌咒发誓："臣当竭力以答皇上之恩，一息尚存，心思效忱。"袁退出后，光绪帝以为袁世凯忠诚可靠，便命内阁开去袁的直隶按察使缺，以兵部侍郎候补，专办练兵事务，所有应办事宜，着随时具奏。光绪帝此举，意在使袁世凯摆脱荣禄控制。

在光绪帝召见袁世凯的同时，后党也做好了应变准备。荣禄调聂士成的武毅军驻扎天津，调董福祥的甘军移驻北京西南的长辛店。面对日益紧张的形势，康有为与梁启超、谭嗣同、康广仁、杨锐等开会，商议营救光绪之策，徐世昌也应邀参加了。他们讨论来讨论去，始终想不出一个万全之策，唯有捧诏大哭，想以此感动徐世昌，徐世昌亦哭，大家哭成一团。最后，康有为决定派谭嗣同前往袁世凯住处，劝说袁世凯兴师勤王，出兵包围颐和园，杀掉慈禧太后。谭嗣同本来不相信袁世凯其人，而且林旭也曾写诗给谭嗣同，认为袁世凯不可靠。林旭在诗中写道："愿为公歌千里草，本初健者莫轻言。"诗中所谓"千里草"，隐指董福祥，本初即袁本初、袁绍，这里隐指袁世凯。但是康有为却很相信袁世凯，维新派病急乱投医，谭嗣同无奈之下，于9月18日深夜，只身跑到袁世凯在京城的临时寓所——法华寺，进行了一场单刀直入的谈话。梁启超著《谭嗣同传》记载，谈话是这样开始的：

谭问袁："君谓皇上何如人也？"

袁答："旷代圣主也。"

谭又问："天津阅兵之阴谋，君知之乎？"

袁答："然，固有所闻。"

说至此，谭嗣同即出示光绪帝密诏对袁说："今日可以救我圣主者，唯在足下，足下欲救则救之。"又以手自抚其颈说："苟不欲救，请至颐和园首仆而杀仆，可以得富贵也。"

袁正色厉声曰："君以袁某为何如人哉？圣主乃吾辈所共事之主，仆与足下，同受非常之遇，救护之责，非独足下，若有所救，仆固愿闻也。"

谭曰："荣禄密谋，全在天津阅兵之举，足下及董、聂三军，皆受荣所节制，将挟兵以行大事。虽然，董、聂不足道也；天下健者，惟有足下。若变起，足下以一军敌彼二军，保护圣主，复大权，清君侧，肃宫廷，指挥若定，不世之业也。"

袁曰："若皇上于阅兵时疾驰入仆营，传号令以诛奸贼，则仆必能从诸君子之后，竭死力以补救。"

谭问："荣禄遇足下素厚，足下何以待之？"

袁笑而不言。

……

谭说："荣禄固（曹）操（王）莽之才，绝世之雄，待之恐不易易。"

袁怒目视曰："若皇上在仆营，则诛荣禄如杀一狗耳。"

谭嗣同听了袁世凯这么一番慷慨激昂的言辞，以为袁世凯真的被打动了，便与袁密商行动计划。袁世凯最后说："今营中枪弹火药皆在荣贼之手，而营哨各官亦多属旧人。事急矣，既定策，则仆须急归营，更选将官，而设法备贮弹药，则可也。"袁世凯表示要赶快回天津部署，谭嗣同遂起身告辞。

袁的上述表白，人们很难肯定是真是假。谭嗣同与袁世凯密谈时，徐世昌也在场。当谭嗣同说到袁世凯与荣禄关系密切，袁世凯何以处置荣禄时，徐世昌在一旁说："荣贼并非推心待慰帅（指袁世凯）者，昔某公欲增慰帅兵，荣曰：'汉人未可假大兵权'，盖向来不过笼络耳。即如前年胡景桂参劾慰帅一事，胡乃荣之私人。荣遣其劾帅，而己查办，昭雪之以市恩，既而胡即放宁夏知府，旋升宁夏道，此乃荣贼心计险极之处，慰帅岂不知之？"上述记载说明，徐世昌明为帮维新派说话，实际上全是一派假话，用以搪塞、欺骗维新志士。徐世昌在戊戌政变爆发前夕，实际上已打入维新派内部，掌握了康有为的全部计划。谭嗣同走后，徐世昌对袁世凯剖析利害："帝虽一国之主，然当国日浅，势力脆薄，后则两朝总持魁柄，廷臣疆帅，均其心腹，成败之数，可以预卜。与其助帝而致祸，宁附后而取功名。"

徐世昌的这番话，分析形势剖析利害，终于促使袁世凯决定出卖光绪帝及维新派。至于是袁世凯，还是徐世昌，或者其他什么人到天津向直隶总督荣禄告的密，至今还不大清楚。

21日早晨，慈禧太后发动政变，将光绪帝囚禁于中南海瀛台，宣布自己重新训政，同时全面搜捕维新派人士。维新志士谭嗣同、林旭、康广仁、杨锐、刘光第、杨深秀喋血北京菜市口，史称"戊戌六君子"。维新变法运动至此彻底失败。

后来，有人写了一首歌谣谴责袁世凯叛卖维新志士的行为："六君子，头颅送。袁项城，顶子红。卖同党，邀奇功。康与梁，在梦中。不知他，是枭雄。"曾经在驻朝鲜时期做过袁世凯老师的状元郎张謇更是一针见血地指出："是儿（指袁世凯）反侧能作贼，将祸天下，奈何！"张謇真有预见性。袁世凯以后的作为完全验证了此话。

不过，人们纷纷谴责袁世凯，却放过了在袁世凯背后出谋划策的徐世昌。其实，徐世昌正是依靠这次告密而飞黄发迹的。恽毓鼎日记写道："徐鞠人（世昌）前辈，以署兵部侍郎在军机大臣上行走，徐系丙戌翰林，壬寅年由编修第十三人超擢司业，次年设商部擢左丞，由六品升三品。去年加副都统衔，入练兵处，以阁学候补，寻摄少司马。三年之中，由编修入政府，遭际之隆，升擢之骤，三百年来，一人而已。徐与袁慰廷制府密交，尝参其戎幕，纶扉之拜，袁实授之。相权旁落于权臣，羽翼密根于政地，余于此有深忧焉。"①

对于徐世昌升迁之速，时人感到困惑不解。如果袁世凯、徐世昌没有在戊戌政变中立下"殊勋"，就不会有日后的飞黄腾达。从这个意义上说，是维新志士的鲜血染红了袁、徐二人的顶子。

平步青云

1900年5月，八国联军攻入北京，慈禧太后挟持光绪皇帝狼狈逃出北京，前往西安避难。徐世昌亦随行护驾。慈禧太后对在危难中随行护驾的官吏都认为是忠臣，另眼相看。1901年5月27日，袁世凯又专奏保荐徐世昌。奏折称："查有翰林院编修徐世昌，公正笃诚，才识明练。前在臣军办理营务，遇事能持大体，不避劳怨，调和将士，抚驭得宜，全军翕然悦服，尤于时局要政潜心考究，志切澄清，故以儒臣而晓畅军情，洞达世务，迹其神明内敛，局干隐然，洵称远到之器。"②袁世凯的奏折，将徐世昌着实吹嘘了一番，无疑加深了慈禧太后对徐世昌的印象。慈禧太后很快召见了徐世昌，慈禧太后见徐世昌"体貌英挺，音吐清扬，大喜。咨以直鲁军防，条对明晰"。召见后，慈禧太后对他的宠臣荣禄说："徐世昌或足继李鸿章后乎？"③慈禧太后对他期许如此之高。召见后，太后即命徐世昌以道员交军机处记存。

1901年11月28日，清廷以袁世凯参与策划"东南互保"有功，晋升袁世凯为直隶总督兼北洋大臣，位列各省督抚之上。1902年1月，又任命袁世凯兼任练兵大臣。袁世凯利用这个难得的机会，开始编练北洋常备军。但一方面要扩充军队，另一方面又要避免满族亲贵的疑忌。袁世凯为此想出了一个花招，他建议清廷设立练兵处，并推荐庆亲王奕劻总理其事。清廷为

① 恽毓鼎：《澄斋日记》，乙巳年（1905）五月二十八日。
② 廖一中、罗真容：《袁世凯奏议》上册，第283页。
③ 警民：《徐世昌》，第14页。

了集中军权，立即接受了这一建议。1903 年 2 月，清廷在兵部之外，另设立练兵处，以奕劻为总理练兵事务大臣，袁世凯为会办大臣，铁良为襄办大臣。表面上看，由满族贵族掌握了练兵处的大权，但练兵处的总提调是徐世昌，军令司正使是段祺瑞，军政司正使是刘永庆，军学司正使是王士珍，冯国璋、陆建章等为各司副使。他们都是袁世凯安插的亲信。实际上，练兵处实权仍操在袁世凯手里。

特别是奕劻，此人身兼军机处领班大臣、督办政务大臣、督办练兵大臣和督办路矿大臣等多项要职，可他为人不仅昏庸而且异常贪婪，对行贿者来者不拒。只要行贿者用红纸封装上银票，当面交给他，说一声："请王爷备赏。"奕劻便会笑嘻嘻地接过银票，口中还说："您还要费心。"一场交易就算告成。因此，奕劻有"庆记公司"的诨号。袁世凯、徐世昌利用奕劻嗜财的特点，投其所好，大肆向奕劻行贿。袁并派门下谋士杨士琦专办此事。杨士琦第一次即给奕劻送去白银十万两，奕劻毫不迟疑地笑纳了。以后，袁世凯便源源不断地给奕劻送去大笔银子。这样一来，奕劻就自然地充当了袁世凯的保护伞。袁世凯无论是扩充军事实力还是夺取路矿和财政权力，都得到奕劻的支持和默许，在一切重大问题上，奕劻总是"无可无不可，一听命于北洋（即袁世凯）而已"。

到 1905 年春，袁世凯编练成六镇新军。除第一镇外，其余五镇的统制（相当于后来的师长）皆为袁世凯的嫡系亲信，王英楷、段祺瑞、王士珍、段芝贵、曹锟、马龙标、张怀芝、王占元、吴长纯、吴凤岭、陈光远、赵国贤、李纯先后担任过统制。统领（相当于旅长）、统带（相当于团长）也均是袁世凯小站练兵时代的旧班底。这样，以袁世凯为首的北洋军自成体系，俨然独立王国，其他势力根本插不进去，这就是后来袁世凯逼迫清朝皇帝退位、窃夺辛亥革命果实所依赖的资本。

在袁世凯、奕劻的推荐和提携下，徐世昌的地位也迅速蹿升。1904 年 4 月，署兵部左侍郎，1905 年 5 月奉旨在军机大臣上学习行走，两日后又奉旨派充政务处大臣，会办练兵大臣。9月，任巡警部尚书，11月，又奉旨署满兵部尚书，以汉员署满缺，这还是清代开国以来第一次。12月，补授军机大臣，兼署兵部汉尚书。1906年9月，巡警部改为民政部，仍任尚书。1907年3月，清廷任命徐世昌为钦差大臣、东三省总督兼管东三省将军事务。袁世凯趁机又保荐私人亲信唐绍仪、朱家宝、段芝贵分别为奉天、吉林、黑龙江巡抚。这样一来，东三省又成了袁世凯北洋派的势力范围。

在短短的五六年间，徐世昌从一个穷酸翰林扶摇直上，一路升到军机大臣、尚书、总督、钦差大臣，升迁之快，在清代历史上也堪称异数。有研究者指出："自编修七品至尚书仅四年，为有清一代汉大臣所未有。"①

奕劻、袁世凯、徐世昌三人相互结纳，狼狈为奸，把持朝政，激起清廷内部其他派系的强烈反感，从而酿成了"丁未政潮"。

湖北省按察司梁鼎芬参劾袁世凯与庆亲王专权误国，并附带参了徐世昌一本，称"徐世昌以翰林起家、无资望、无功绩，一跃而为东三省总督，权势在各督抚之上，此皆袁世凯荐之，庆王行之"。面对接踵而来的不利局面，奕劻、袁世凯不甘心就此失败，立即布置反击。袁世凯的亲信世续、徐世昌更是异常卖力地替奕、袁等人开脱。袁世凯在写给两江总督端方的密札中写道："大谋（隐指岑春煊）此来，有某枢（隐指瞿鸿禨）暗许引进，预为布置台谏。大谋发端，群伏响应。大老（隐指奕劻）被困，情形甚险。幸大老平时厚道，颇得多助，得出此内外夹攻之厄。伯轩（世续）、菊人（徐世昌）甚出力，上怒乃解。"结果，奕劻、袁世凯不仅没有倒台，而且反戈一击，将瞿鸿禨、岑春煊、林绍年等一一开缺。

袁世凯在这场政治斗争中虽然取得了胜利，但言官们对他的弹劾并未停止。有人弹劾袁世凯：其人权谋迈众，城府甚深，能媚人，又能用人，完全

---

① 警民：《徐世昌》，第15页。

是汉末曹操、晋末刘裕之流的人物。一个接一个的弹劾警告，使得慈禧太后疑窦丛生，对袁世凯的信用完全动摇。9月4日，清廷下令免去袁世凯的直隶总督兼北洋大臣职务，调任外务部尚书兼军机大臣，剥夺了袁世凯对北洋军的直接指挥权。清廷同时还将湖广总督张之洞调任军机大臣，以牵制袁世凯。军机大臣比总督地位高，但基本上是承旨办事，没有总督那样的实权。慈禧如此安排，意在阳为尊崇，阴实裁抑。袁世凯离开他经营多年的直隶总督兼北洋大臣的重要职位，对北洋派来说是一个沉重的打击。但由于北洋派的徐世昌出任东三省总督，北洋派势力又扩展到东三省，可谓失之东隅，收之桑榆。

借辛亥革命之机，促成袁世凯东山再起

1908年11月14日、15日，清王朝的两位最高统治者光绪帝和慈禧太后相隔一天先后去世。据说，光绪帝死前曾留下一道"必杀袁世凯"的遗诏。这遗诏是否可靠，现已无从考证。不过，自从袁世凯出卖光绪帝，导致光绪帝幽居瀛台后，光绪帝对袁的仇恨是不言而喻的。据说，1900年庚子事变，光绪被慈禧挟持逃往西安，光绪经常"画成一龟，于背上填写项城（即袁世凯）姓名，贴之壁间，以小竹弓向之射击，既复取下剪碎之，令片片作蝴蝶飞……几以此为常课"。光绪帝幽居瀛台期间，"恶袁甚"，"日书其姓名，粉碎之"。光绪帝死后，由年仅3岁的溥仪继位，年号为宣统，溥仪生父载沣任摄政王。载沣是光绪帝的弟弟，他决心除掉袁世凯，为兄报仇雪恨，以杜后患。载沣拟了一道将袁世凯革职拿交法部治罪的上谕，但遭到奕劻、张之洞等王公大臣的强烈反对。为人优柔寡断的载沣，经奕劻等人一反对，便没有了主张，不得不将谕旨修改。1909年1月2日，清廷发布的谕旨称："军机大臣、外务部尚书袁世凯，夙承先朝屡加擢用，朕御极后复予懋赏，正以其才可用，俾效驰驱，不意袁世凯现患足疾，步履维艰，难胜职任，袁世凯着即开缺回籍养疴，以示体恤之至意。"

袁世凯被罢职的消息，对徐世昌来说，可说是晴天霹雳，顿有唇亡齿寒之感。徐世昌不得不以退为进，立即上奏请求开缺。徐世昌在上奏中说："世昌年少孤苦，身体本来就亏，常生疾病。今已五十有五，精力日衰，气血日耗，百病丛生，五中焦灼。边地苦寒，风雪多厉，因而旧恙经常发作。再因东三省头绪纷繁，劳顿过度，心力更加不支，各种病情变相发作，精力骤减，彻夜不寐，神事健忘。医家认为这是气血交亏，非静心调养，赶紧医治，万难奏效。俯请天恩开缺回籍，迅速简派大员代理。"

清王朝权贵虽然忌恨以袁世凯为核心的北洋派势力，但鉴于北洋势力已经遍布政府各部门，盘根错节，不可能彻底清除，因害怕北洋派作困兽之斗，也不敢过于穷追不舍。因此，清王朝对徐世昌的开缺请求未予批准，仅将其从最重要的东三省总督调为稍为次要的职务——内阁邮传部尚书。徐世昌仍跻身于中枢之列，但其地位显然不如东三省总督之时。

徐世昌对于以载沣为首的满族权贵排斥汉大臣，一味集权于皇室的做法是非常不满的，他后来说："清朝之亡，并不是亡于革命党，而是亡于一班'小爷们'身上。起初，我在东北，项城在北洋，张之洞在湖北，这三个重镇都安排了极有作为的人。等到太后一死，小爷们当了权，胡闹起来，项城被罢黜了，我被调回京，当邮传部尚书了，而新的继任人选，都是庸碌之辈，朝政由此大乱，革命党怎么不趁机起来呢？"

袁世凯被罢官后，他未回项城老家，初居汲县，不久即迁居辉县。辉县城西北五里有河南名胜百泉。百泉是卫水之源，泉水清澈见底，周围楼台亭阁与嵯峨苍翠的苏门山交相辉映，风景佳丽，自汉晋以来，即为名流隐士们的游览栖足之所。袁世凯迁居此地后，即与徐世昌发起捐资重修百泉、苏门山名胜。徐世昌在《重修百泉祠庙碑》文中写道："时方多事，风云俶扰，不知所穷，要非沉雄俊伟之才，不足以贞多难。意者风教所树，英才骏足接踵而兴，世变赖以康济。"明眼人一看便知，徐世昌所指的"英才""沉雄俊伟之才"，正是指的袁世凯。这无异于一篇治理国家

"舍袁莫属"的政治宣言，徐世昌就是以这样一种方式为其盟弟造声势，造舆论。

　　1911 年 5 月，清王朝标榜实行预备立宪，宣布成立责任内阁。奕劻任内阁总理大臣，那桐、徐世昌任协理大臣。据说，在酝酿内阁人选时，徐世昌曾主动对那桐说："此席予居不称，唯慰亭才足胜任，而以朋党嫌疑，不便论列，奈何？"那桐听后，马上表示："是何难？我言之可耳！"①于是，那桐立即上奏，主张启用袁世凯。那桐在上奏中说："袁世凯智勇深沉，深谋远虑，其才具胜臣十倍，其舆望众口交相称扬，前因足疾罢归田里，现已两年有余，当已医治痊愈。恳请起用，赞襄政务。"随后，徐世昌又专门上奏，请求辞去内阁协理大臣，要清廷另简贤能。徐世昌在奏折中称："臣病衰孱弱，难胜职任，请准辞内阁大臣差使，另简贤能，以当重作，予任顾问即可。"清廷对于那桐荐举袁世凯予以申斥，而对于徐世昌的辞职要求则予以慰留，但对于"另简贤能"，即起用袁世凯一节，未予理睬。徐世昌等人多方奔走，呼吁清廷起用袁世凯，虽然暂时未能达到目的，但无形之中，给清廷施加了巨大压力。为时不久，袁世凯东山再起的机会终于来了！

　　1911 年 10 月 10 日，辛亥革命首先在武昌爆发，到 12 日，武汉三镇全部光复。武昌起义，给清朝统治者当头一棒。消息传来，北京城里一片恐慌混乱，王公大臣们惶惶不可终日。内阁总理大臣奕劻觉得这是一个促袁出山的绝好机会，正式提议起用袁世凯，徐世昌、那桐立即附和，一起向摄政王载沣施加压力。载沣对此极为反感，并对愿以身家性命做担保的那桐予以严厉申斥。于是，那桐马上提出辞职，奕劻也不再上朝议事。前线军情紧急，载沣无可奈何之下，只好妥协，对奕劻、那桐、徐世昌等人的请求重新计议。奕劻说："此种非常局面，本人年老，绝对不能承当。袁有气

---

① 警民：《徐世昌》，第 22 页，沈云龙主编《近代中国史料丛刊》第 4 辑。

魄，北洋军队都是他一手编练，若令其赴鄂剿办，必操胜券，否则畏葸迁延，不堪设想。且东交民巷亦盛传非袁不能收拾，故本人如此主张。"载沣仍不放心，又进一步诘问："你能担保没有别的问题吗？"奕劻回答："这是不用说的。"一向毫无主见的载沣见奕劻等人极力坚持请袁出山，自己又想不出合适的人选，也只好屈从。载沣忍着泪对奕劻等人说："你们既这样主张，姑且照你们的办"。"但是你们不能卸责。"起用袁世凯的事就这样定了下来。

利用袁世凯去镇压革命党人，对于清王朝来说，无异于是前门驱虎，后门进狼。据说，有人曾问那桐："你们这样做，不是加速清朝灭亡吗？"不料那桐回答说："大势今已如此，不用袁指日可亡。如用袁，覆亡尚可稍缓，或可不亡。"由此看来，清王朝已经到了饮鸩止渴、气数将尽的地步，无人能挽救它的命运了。

10 月 14 日，清廷发布上谕，任命袁世凯为湖广总督，督办剿抚事宜。所有该省军队及各路援军，均归袁世凯节制调遣；荫昌、萨镇冰所统领的水陆各军，亦得会同调遣。上谕并要求袁世凯顾全大局，不要推辞。

老奸巨猾的袁世凯见摄政王屈服，内心十分高兴。但他不是那种招之即来、挥之即去的供人任意驱使的人，对清廷授予他湖广总督，并不热心，他要等等看，以进一步吊吊载沣的胃口，从清廷手中夺取更大的权力。于是袁世凯立即给清廷回了一个奏折，在奏折中，袁世凯不仅对摄政王冷嘲热讽，而且以其人之道，还治其人。载沣两年前以足疾为由罢免袁世凯。如今，袁世凯立即以足疾未愈为由拒不受命，真是以牙还牙，以眼还眼。不过，在出了一口恶气之后，也没有把话说绝。在奏折中袁世凯最后表示："一俟稍可支持，即可力疾就道，借答高厚鸿慈于万一。"这就为他讨价还价留了一条后路。

这可急坏了清王朝的权贵们。10 月 20 日，徐世昌受奕劻之命，亲赴彰德"劝驾"。徐世昌与袁世凯见面后，即密定了"相机要挟"的对策，他们还具体商定了六条要求，由徐世昌携回京师，向清廷提出，这六条要求是：（一）明年召开国会；（二）组织责任内阁；（三）宽容参与此次事件诸人；（四）解除党禁；（五）须委以指挥水陆各军及关于军队编制的全权；（六）须予以十分充足的军费。徐世昌回到北京后，即将向载沣作了转达。载沣这时已经六神无主，竟然全部接受了袁世凯提出的条件。10 月 27 日，清廷任命袁世凯为钦差大臣，所有赴援之海陆军、长江水师和此次派出各军，均归其节制调遣。

10 月 30 日，袁世凯离开彰德南下视师。11 月 1 日抵达湖北孝感，指挥镇压革命起义。同一天，奕劻奏请辞职，清廷准其所请，开去奕劻的内阁总理大臣，那桐、徐世昌的协理大臣和其他大臣的职务，任命奕劻为弼德院院长，徐、那为弼德院顾问大臣。清廷授袁世凯为内阁总理大臣，命其进京组织完全内阁，同时仍然兼管前线军事。

袁世凯接到圣旨，忍不住发出了一阵阵狡狯的笑，但他仍没有忘记故作姿态，上奏辞谢，载沣心知其伪，没有允准，并再三催促其早日进京组阁。这时，袁又借口十九信条规定，内阁总理大臣须由国会公举，声称不敢接受诏命。11 月 8 日，资政院开会，正式选举袁为内阁总理大臣。至此，袁世凯不再装腔作势。他把前方军事交给亲信干将段祺瑞、冯国璋指挥，自己带着大批卫队，威风凛凛开进北京城。袁世凯进京的第二天，即 14 日，隆裕皇太后和摄政王载沣召见了他，叫他不要辜负重托。袁世凯听后连忙表示，要"杀身成仁""誓为清廷保全社稷"。

16 日，袁世凯组阁完成。袁世凯任内阁总理大臣，梁敦彦、赵秉钧、严修、唐景崇、王士珍、萨镇冰、沈家本、张謇、杨士琦、达寿任各部大臣。徐世昌没有加入内阁，但他以弼德院顾问大臣兼任军机大臣，后又被任命为专司训练禁卫军大臣。清廷为使徐世昌效忠，又授予他太子太保头衔。徐世昌表面上站在清室一边，暗中却充当了袁世凯在清王室的内应，仍然参与袁的机密。袁内阁不设协理大臣，但保留了前任内阁阁丞华世奎的位置，且提升阁丞为正二品官阶。华世奎与徐世昌为同乡老友，一向以徐世昌之马首是瞻，内阁的重要公文，袁世凯必在其上面批"太保（指徐世昌，笔者注）阅"三字，让华世奎就商于徐世昌，徐世昌仍是事实上的协理大臣。

袁世凯出山后，采取反革命的两手策略。一方面，挟清王朝以打击革命党人，另一方面又挟革命党人以打击清王朝。徐世昌因为自己深受皇室宠信，不便公然参与袁世凯的逼宫戏。因此，在袁世凯逼迫清帝退位的过程中，主要由袁的亲信走卒赵秉钧、段祺瑞、冯国璋等人在前台唱黑脸，徐世昌则在关键时刻在幕后为盟弟助一臂之力。1912 年 2 月 12 日，隆裕皇太后以宣统皇帝的名义发布退位诏书。此诏出自刘厚生手笔，经张謇修改润色定稿。在发表前，袁世凯又请徐世昌做了修改，徐世昌在诏书上蓄意加上了"即由袁世凯以全权组织临时共和政府"一语，公然否定中华民国南京临时政府已经成立的事实。诏书称："今全国人民心理多倾向共和，南中各省既倡议于前，北方诸将亦主张于后，人心所向，天命可知，予以何忍因一姓之尊荣，拂兆民之好恶。是固外观大势，内审舆情，特率皇帝将统治权公诸全国，定为共和立宪国体，近慰海内厌乱望治之心，远协古圣天下为公之义。袁世凯前经资政院选举为总理大臣，当兹新旧代谢之际，宜有南北统一之方，即由袁世凯以全权组织临时共和政府，与民国协商统一办法。"徐世昌在诏书上加上"即由袁世凯以全权组织临时共和政府"一句，是有用意的。如果南京临时政府选举袁世凯为总统，固然是如愿以偿；万一南京临时政府不选袁世凯，袁世凯就可援用清帝退位诏书，自行组织政府。仅此一端，就可看出徐世昌其人之老谋深算。

总之，在袁世凯东山再起，逼迫清帝退位以及篡夺辛亥革命胜利果实的一系列政治斗争中，徐世昌都起了巨大的作用。后来，有人总结说："（徐世昌）唯壹志以助袁氏之成功。力荐袁氏为湖广总督者，世昌也；乞袁氏组织内阁者，世昌也；言兵事当专属之内阁，他人不得掣肘者，世昌也；清室退位，请以袁氏为全权代表者，亦世昌也。"① 袁世凯登上大总统宝座后，饮水思源，一再对亲信说："若云赞助共和，则菊人（徐世昌）方足以云有功，我亦不敢自居"。② 徐世昌一方面受宠于清廷，授以股肱之托；另一方面，又充当袁世凯的心腹，充当其逼宫夺权的智囊，起了他人不能起的作用。徐世昌、袁世凯合伙，将清廷孤儿（小皇帝溥仪）寡母（隆裕皇太后）玩弄于股掌之上。

前朝"遗老"充新朝"相国"

1912 年 3 月 10 日，袁世凯身着大礼服，顾盼自雄，在北京城宣誓就任中华民国临时大总统，而徐世昌却于此时悄然离开北京，移居青岛。移居青岛的还有恭亲王溥伟及前清大臣张人骏、周馥、劳乃宣、吕海寰等，他们均以遗老自命。据说，徐世昌离开北京前，清室曾乞留他留京照看废帝溥仪，但徐执意要退隐青岛。

徐世昌从翰林院庶吉士、编修起家，短短二十年间，便位居一品军机大臣、太傅太保，位极人臣。清廷待他不薄，可谓皇恩浩荡。但徐世昌认识到清王朝气数已尽，无力挽救，不得不与清室划清界限。另外，徐世昌退隐青岛，还有更深一层的考虑，有人一针见血地指出："世昌虽助袁氏，而以受清厚恩，终不能遽与之绝。又袁氏有所要求于清室，为己所不能直接谈判者，更不能不任世昌为代表。于是令隆裕授为让帝太保，其头衔虽尊而实闲曹。何者？让帝就学，已有其父载沣照料，又有陆润庠、陈宝琛授读，初不必另求保傅也。故清袁之际，授受礼成，袁氏已屈就为总统，世昌遂言国变忧愤，力辞太保，避地去青岛。其去也，世续跪留至哭失声，隆裕亦泣劝其勿遽行，而世昌卒毅然舍之去。盖无此行不能脱清室职掌，不脱清室职掌，不便为袁氏相国。青岛者，世昌三窟之一，亦即明修暗度之地也。"③

---

① 警民：《徐世昌》，第 25 页。

② 来新夏主编：《北洋军阀》（二），第 969 页。

③ 警民：《徐世昌》，第 25 页。

原来徐世昌玩的乃是以退为进的把戏，他的"退隐"乃是为再进官场做准备。其奥妙就在于，如果一开始徐世昌就公开弃清投袁，不仅自己良心上过不去，社会舆论也难于见容。因此，只好先做一段时间的逊清遗臣，然后再寻找机会，入仕民国，便是顺理成章。因为他知道，只要他契弟袁世凯掌握政权，就不愁他这位军师、盟兄没有官做。果然，在徐世昌退隐青岛后，袁世凯时时派亲信到青岛向徐请教，一有机会，袁便请求徐世昌出山。1913 年 7 月，国务院总理赵秉钧因秉承袁世凯之命，收买凶手刺杀国民党代理理事长宋教仁于上海车站。由于事机不密，宋案很快被侦破，暗杀阴谋大白于天下，赵秉钧受到舆论的广泛抨击。袁世凯不得不让其辞职，以避风头，想请徐世昌出山以取代赵秉钧。但徐以为时机未到，仍不肯出。到1914 年春夏之交，徐世昌离开北京正好是两个年头。袁世凯在这两年中，彻底击败了以孙中山、黄兴为代表的革命党人，铲除了政敌，认为自己做皇帝的机会也成熟了，便再次派吴笈孙到青岛去迎接他的"大哥"徐世昌进京就任国务卿。徐世昌之弟徐世光知道后，坚决不同意他去北京。临行前一天晚上，徐世光同徐世昌两人共进晚餐，徐世光问："大哥，你到北京干什么？"徐世昌不答。徐世光说："你以前对我说的一时权宜、不忘清室的那些话，言犹在耳，才两年多，你忘了吗？你现在竟要做民国的官，太后和皇帝封你太傅衔太保，隆恩殊遇，有清一代能有几人。议和之际，你曲从袁谋，已为世人所不谅。今党人已败，你若再为袁效力，盖棺论定，将何以见先太后先皇于地下？"从封建伦理的角度看，徐世光的责备可谓义正词严，无懈可击。徐世昌听了，无言以对，兄弟两人相对兀坐，直至天明。徐世昌大哭，徐世光遂离去。但徐世昌终究经不起国务卿这个高位的诱惑。看一看眼前寂寂无闻的遗老生活，想想那一人之下、万人之上官位的显赫，徐世昌咬咬牙，还是整装就道，踏上了开往天津的列车。车到天津，他的好友华世奎又揭了他的疮疤。徐世昌到达天津时，直隶省民政长刘若曾设筵为徐洗尘，约严修、华世奎等人作陪。席间，华世奎问徐世昌："大哥你去北京干什么？"徐未及回答，华又接着说："两年以前，你在北京怎么和我说的，我并没有忘，你怎么忘了呢？现在你要做姓袁的官，这是为什么呢？"徐世昌被问得哑口无言，还是刘若曾出面为徐世昌解了围，刘说："假如出山，也不过是为民国服务，不算做官。"华世奎说："这不过是一句冠冕堂皇的话，说不过去。"徐世昌勉强终席，不欢而散。事后，有人对徐世昌说："刚才华世奎的话还没有说完哪！他是要说，鞠老你到北京当袁公的宰相，怎么忘了我呢？我也是要去的呀！因为刘若曾一打岔，他言未尽意，殊属遗憾。"徐世昌听罢，相与大笑不止。

　　1914年5月1日，袁世凯公布《中华民国约法》，赋予自己以超过封建专制皇帝般的绝对权力。同一天，宣布废止国务院官制，改设政事堂直隶于大总统，任命徐世昌为国务卿。徐世昌接到任命后，也假惺惺来了一回谦让，在给袁世凯的辞呈中虚伪地说什么国务卿"责任至为重大"，本人"衰朽迟钝"，"世情久已淡忘，政务诸多隔阂"，因此，"不敢轻于一试"，要求袁世凯收回成命，并风格很高地表示，他可以"以散员留居京寓，遇有所见，随时献纳"，以便尽国民一分子之义务。次日，袁世凯批示，让徐世昌万勿推辞。经此一番谦让，徐世昌便于5月2日走马上任，并自书"后乐堂"匾额，悬挂于政事堂，取"先天下之忧而忧，后天下之乐而乐"的意思，标榜自己不是来做官，而是为国民尽义务。徐世昌因为做了一年多的国务卿，故北洋系人员均尊称其为"相国"。

洪宪帝制中的"局外人"

　　袁世凯恢复帝制，蓄谋已久。据说，在辛亥革命之际，袁世凯的亲信爪牙即曾有让袁取清帝以自代的企图，但袁世凯没有接受。其理由，据徐世昌后来对人说，是这样的："辛亥革命，项城起用，武汉督师，入朝为内阁总理，此时权势，无与抗衡者，其左右亲昵即有以利用机会，取清而代之私议。而项城不出此者：一、袁氏世受国恩，在本人不肯从孤儿寡妇手中取得，为天下后世所诟病；二、旧臣尚多，亦具有相对势力；三、北洋旧部握有实权者（如姜桂题、冯国璋等）尚未灌输此等脑筋；四、北洋军力未能达到长江以南，即令自为，不过北方半壁，内部或仍有问题，而南方尚须用兵；五、南方民气发展程度尚看不透。所以，最初他在表面维持清室，其次始讨论君主、民主，又其次乃偏重民主，最后清帝退位而自为大总统。"[①]

袁世凯窃取中华民国大总统职务，其所作所为，无一不是为恢复帝制作准备的。他毁法造法，无限扩大自己的权力；他发动战争，以武力消灭了革命党人的武装；他以阴谋暗杀手段，铲除了敢于向他挑战的政敌。因此，只要时机成熟，袁世凯就会帝制自为，背叛共和的。到 1914 年末，北京城里复辟帝制的言论已是甚嚣尘上，袁世凯在口头上虽矢口不提"帝制"二字，但经常念叨"共和办不下去"。其意不言而喻，既然共和办不下去，那么只好恢复帝制了。正当袁世凯准备恢复帝制时，日本突然向袁世凯提出了"二十一条"要求，从而打乱了袁的帝制计划。

1915 年 1 月 18 日，日本驻华公使日置益代表日本政府向袁世凯面交了灭亡中国的"二十一条"要求，日本在此时提出"二十一条"，是企图利用袁世凯称帝之机，狠狠敲一笔竹杠，日本以承认袁世凯称帝为条件来换取袁世凯对"二十一条"的承认。袁世凯接到"二十一条"后，立即与徐世昌进行密商，并逐条决定了对策。第二号第二款：有日本臣民在南满洲可购买地亩，批："购买有碍完全领土。"第二号第二、第三项关于东部内蒙古事项，批："办不到"。第二号第三款："漫无限制，各国援引，尤不可行。"第三号第二款："是不许中国另开矿也。"第四号，批："独立之国不能承认。"第五号："必须声明不议。""各条内容多有干涉内政、侵犯主权之处，实难同意"；"其第五号始终不议"，等等。

徐世昌其人有一定的民族气节，在清末任东三省总督时，就为维护东北

[①]　张国淦：《北洋述闻》，第 73—74 页。

主权，与日、俄两大列强进行了斗争。对日本的"二十一条"，徐世昌是坚决反对的，他还与袁世凯商议，撤换外交总长孙宝琦，改由陆征祥担任，实际上是采取拖延战术，等待国际的干预和国人的反对。然而，日本不理睬这些，向袁世凯发出最后通牒，限于5月9日下午6时前答复，逾期日本将采取它认为必要的手段，实际上是威胁要对中国发动战争。在这种情况下，为换取日本对其帝制的承认，袁世凯终于承认了"二十一条"。5月25日，中、日双方正式签约，除第五号日后另行协商、第四号袁世凯以命令形式宣布外，其余各条都予以批准，满足了日本的要求。此番勾当，不仅激起了全国人民的无比愤慨，徐世昌也极为不满，称病不去政事堂办公达十余天之久。后在袁世凯的力劝下，才复出视事。

承认了"二十一条"后，袁世凯自以为取得了日本政府的支持，于是加快了帝制自为的步伐，帝制活动也由秘密转为公开。袁世凯要称帝，当然很在意徐世昌的态度，但徐世昌迟迟不表态。徐世昌不是没有考虑过这件事。他知道，袁世凯称帝，他手下的两员大将段祺瑞、冯国璋就不同意。段、冯两人是袁世凯手下的哼哈二将，左臂右膀。在共和制度之下，他们都有继袁任总统的希望。若改行帝制，皇帝世袭，不仅他们做总统的美梦要破灭，而且要向袁世凯及其未来的"太子"跪拜称臣，这是他们不能接受的。所以帝制活动一开始，段祺瑞就公开唱反调，袁世凯便强行剥夺了段的兵权。冯国璋虽然远在南京，为袁守着东南半壁江山，暂时同袁没有直接矛盾，反对帝制不如段祺瑞那么露骨。但当他获悉袁世凯帝制自为的真意时，也不禁恼火万分，气愤地对人说："我跟老头子这么多年，牺牲自己的主张，扶保他做了元首，对我们不说一句真心话，闹到结果，仍是'帝制自为'，传子不传贤，像这样的曹丕（指袁克定），将来如何侍候得了。徒然叫我两面不够人，怎不令人寒心！"徐世昌知道，内部北洋派离心离德，外有日本列强虎视眈眈，帝制前途吉凶未卜，因此他决定与帝制派保持距离。

一天，袁世凯托奕劻之子载振访问徐世昌，载振开门见山对徐说："项城天与人归，似宜速正大位！"徐世昌笑着反问道："然则君父子何不劝进？"载振回答："恐贻我宗人笑，故以告子，乞为领袖敦劝。"徐世昌说："然则我不畏贻旧日同官笑乎？望君勿再言。"①话不投机半句多，两人不欢而散。

接着，袁世凯又派长子袁克定上门劝徐世昌改变态度。徐世昌坦然说："我不阻止，亦不赞成，听诸君好自为之！"②再次明确表示了其不合作的态度。一天，徐世昌前往袁世凯处探病，适袁乃宽亦在座。谈话中，袁世凯叹息说："人生不能无疾病，生死殊不自料。以予自问，虽才不足望古，并世似无居予右者。然任事几四年，志未尽展。设我去位，代任者虽已预举其名藏之，然而其才力或尚逊于予，中国后来安危，正难预卜耳！"袁世凯说至此，袁乃宽猛地站起来慷慨陈词："总统有任期，何足尽公才，毋宁改国体。"③说至此，袁世凯直视徐世昌，意在让其表态。但徐世昌低头不语，装做没有听见。对此，袁世凯十分不满，而徐世昌更为不满。后来，徐世昌对袁世凯说："事虽勿论是非，而不可不计利害，默察时势，诚未敢期其必成，设竟废于半途，将以何术转圜？"袁闻此，愕然问："国中握有权力者，岂亦有反对我者乎？"徐世昌说："陆荣廷等不必论，即相从最久之冯国璋、段祺瑞，已自有意见，故知其不易。"④

袁世凯利令智昏，不顾徐世昌的一再警告，坚持复辟帝制。徐世昌为避免与袁世凯公开决裂，只好采取辞职以避风头。他对袁世凯说："举大事不可不稍留回旋余地，若使亲厚悉入局中，万一事机不顺，无人以局外人资格发言为转圜矣。某（徐自称）此时而求去，非为自身计也。"话已至此，袁世凯

---

① 警民：《徐世昌》，第 28 页。
② 警民：《徐世昌》，第 28 页。
③ 警民：《徐世昌》，第 29 页。
④ 警民：《徐世昌》，第 29 页。

也不便过于为难这位盟兄，准许徐世昌辞职。10月下旬，徐世昌辞职南下，退居河南辉县水竹村，静观事态的发展变化。

1915年12月13日，袁世凯在中南海居仁堂接受百官朝贺，正式称帝，国号"洪宪"。袁世凯称帝后，没有忘记退居老家的徐世昌。18日，政事堂将徐世昌、赵尔巽、李经羲、张謇列为"故人"。20日袁又特申令以此四人为"嵩山四友"。申令说："自古创业之主，类皆眷怀故旧，略分言情，布衣昆季之欢，太史客星之奏，流传简册，异代同符。徐世昌、赵尔巽、李经羲、张謇皆以德行勋猷，久负重望，在当代为人伦之表，在藐躬为道义之交。虽高蹈天年，不复劳以朝请，而国有大政，当就咨询：既望敷陈，尤资责难，匡予不逮，既所以保我黎民，元老壮猷，关系至大。兹特颁嵩山照影各一，名曰'嵩山四友'，用坚白首之盟，同宝墨华之寿，以尊国者，其喻予怀！应如何优礼之处，并着政事堂具议以闻。"

后来，政事堂对"嵩山四友"研究出了六条优礼办法：（1）燕见：关白大计，陈述情款，均许随时自请入对，延见于便殿，行一鞠躬礼，皇上答礼，赐坐赐茶，称名不臣，迎送于门内；如皇上就见于其家，迎送皆肃立于大门之外。（2）赐舆：延见时得乘坐四人肩舆，直至内宫门外下舆。（3）笺启：特赐启事小章一方，玉质螭纽，文曰："某某启事"，不论何事，均得随时修笺钤章入告。（4）免朝：国有庆典，免其列班朝贺，仍许随时入贺于便殿。（5）特飨：外廷公宴，均免参列，上随时亲设特飨，共席列坐，以燕乐之。（6）优给：按照原俸优予年禄（如曾任某职，即支某职年薪），按月致送，以资供给。

但徐世昌认为，所谓"嵩山四友"，即永不叙用之意，对此，并不领情。徐还在日记中感慨道："人各有志，志在仙佛之人多，则国弱；志为圣贤之人多，则国治；志为帝王之人多，则国乱。"

事实果如徐世昌所料。袁世凯一称帝，举国群起反对，蔡锷、唐继尧、李烈钧等在云南组织护国军，首先起兵讨袁，接着各省相继宣布独立。就连袁世凯最宠信的走卒也相继电请袁世凯取消帝制。这使得袁世凯极端忧愤、焦急，至 1916 年 2 月中旬终于病倒。其后，病情加重，终至卧床不起。在这种情况下，徐世昌致信袁世凯，让其赶紧改弦易辙。"今犹可转圜，排除期诸异日。"

1916 年 3 月 18 日，徐世昌赶来北京，从事所谓的转圜活动，但帝制失败已成定局，袁世凯深感绝望，哀叹说："完了，一切都完了！我昨天晚上看见天上有一颗巨星掉下来，这是我生平所见的第二次。第一次文忠公（李鸿章）死了，这次也许轮到我！"接着又很沮丧地对亲信说起，其历代祖先都是在 59 岁以前死亡的，而他本人已经 58 岁，因此怕过不了 59 岁这一关。3 月 21 日，袁世凯召集徐世昌、段祺瑞等人开会。会上，袁世凯提出立即撤销帝制。徐、段均表示同意。这时一个帝制派小丑拍案而起，叫嚷："君主政体中国行之数千年，何物小丑，敢以取消相要挟！臣誓死扫荡群丑而后已！"袁世凯对此不敢领情，连忙以好言劝止。同日，袁世凯免去陆征祥的国务卿，由徐世昌继任，全权办理有关善后事宜。延至 6 月份，袁世凯病情急剧恶化。他最初患的是膀胱结石症，后来转为尿毒症。因袁世凯平生不相信西医，而中医对此又无能为力。直至病情恶化时，才在袁克定的坚持下，请法国医生做了导尿手术，但为时已晚。袁世凯知道自己不久于人世，急命请来徐世昌、段祺瑞交代后事。6 月 6 日凌晨，徐世昌等人匆匆赶到中南海居仁堂袁的病榻之前，袁世凯说话已经很吃力了。当徐世昌问袁世凯继任人问题时，袁仅说了"约法"二字后即不能再言。上午 10 点，便一命呜呼，结束了其翻云覆雨、投机取巧的枭雄生涯。

袁世凯遗体入殓时，头戴太平冠，身穿祭天大礼服，足登朱履，俨然一个"大行皇帝"模样。袁世凯生前黄袍没穿几天，死后倒可长久穿戴了。6 月 28 日，袁世凯灵柩从北京运往洹上村安葬。徐世昌随行护送，并负责有关安葬事宜。1918 年河南省民政长田文烈在有关袁世凯安葬的报告中说：

"是日会葬，诸公均虑砖质窳薄，难历久远，首由今大总统（徐世昌）建议，仍于圹之四周，用混凝土坚筑如图式，并为袁公夫人豫留袝葬吉穴，别为隧道于左方，至六年一月工竣。……丧礼及营葬经费，前经国务会议议决，由政府指拨银币50万元，至此已动用泰半。其茔圹内外全部建筑工程，以及祭祀种植诸端，斟酌时宜，权衡体制，再四审核，不敷尚巨。适今大总统（徐世昌）隐居辉县，文烈乃往复商承，以袁公遗产不丰，未忍轻动；而库帑奇绌，难再请求。爰与段君祺瑞、王君士珍、段君芝贵、张君镇芳、雷君震春、袁君乃宽、阮君忠枢，公同筹议，发起征资，萃袍泽三十年之谊，竟山陵一篑之功，群策群力，先后集捐资款银币二十五万元有奇。于是招商投标，订立合同，核实修建，……综计墓地全部大工，自六年二月开工，至七年六月行大祥礼时而落成。"

对于袁世凯坟墓，袁克定本拟题"袁陵"二字，但徐世昌怕引起非议，未同意，改题"袁公林"。袁世凯窃国而亡，不仅没有受到应有的惩处，而且死后留下了一座帝王陵般的陵墓，这无疑是徐世昌这类故旧曲意维护的结果。

"和事老"与"渔翁"

袁世凯死后，北洋派分裂成以段祺瑞为首的皖系和以冯国璋为首的直系。两派争权夺利，使政局动荡不安。每当两派争执不下的时候，徐世昌每每以北洋元老资格出来调停，故人们又称徐为"和事佬"。

1918年10月，中华民国第一任总统任期届满，准备选举第二任总统。最有实力当选的段祺瑞、冯国璋相持不下，不得不推徐世昌出来作为缓冲。可谓鹬蚌相争，渔人得利。因此之故，有位议员即在选票上直呼徐世昌为"渔翁"。

1922年6月1日，第一届国会参议院议长王家襄、众议院议长吴景濂、秉承曹、吴旨意，发表通电，称徐世昌为非法国会选举出来的"伪大总统"，并揭发徐世昌当政后的种种罪恶。事已至此，徐世昌知道再也无法混下去了，便于 6 月 2 日恋恋不舍地离开总统府，随即离开北京，迁居天津英租界。徐世昌 40 多年的政治生涯，至此画上了一个句号。

徐世昌辞去大总统职务，不再涉足政界，专心从事文化活动。天津、北京相继沦陷后，日本侵略者曾经企图利用他充当华北伪政权首脑，但徐世昌毅然拒绝了，终于保全了晚节。

第二节　有权谋的政客杨士骧

袁世凯幕府中，杨士骧、杨士琦兄弟是两个富于政治权谋和阴谋手段的政客，他们兄弟与袁世凯崛起和一生成败有极大的关系。知情者说："泗州杨氏兄弟，与袁世凯共秘密最多。其大兄士骧，袁世凯极倚重。"[1]

杨士骧（1860—1909），字莲甫，又作莲府，安徽泗州人，进士出身。他为人"敏活机警，善揣摩人意"。[2]他在光绪末年入李鸿章幕府。1900 年底随李鸿章进入北京与八国联军议和。当时李鸿章老态龙钟，行将就木，行动十分不便，其对外的接洽联络多仰仗杨士骧、杨士琦兄弟。由于杨士骧奔走得力，李鸿章夸奖他："文字机变能应，卒莫如杨君者。"[3]议和结束后，李鸿章即保荐杨士骧任直隶通永道。

袁世凯升任直隶总督兼北洋大臣后，杨士骧自然成了袁世凯的幕僚。杨士骧是一个富于权术的政客，他摸准袁世凯的心理，向袁献策说："曾文正首创湘军，其后能发扬光大者有两人，一为左湘阴（宗棠），一为李合肥（鸿章）。湘阴言大而不务实，故新回平定后，迁徙调革，即不能掌握兵柄，致纵横十八省之湘军，几成告朔饩羊，仅剩有一名词矣。合肥较能掌握淮军，频年多故，遂尚能维持因应一时。今公继起，如能竭其全力，扩训新军，以掌握新军到底，则朝局重心，隐隐'望岱'矣。他时应与曾、李二公争一日

①　刘成禺：《世载堂杂忆》，第 203 页。

②　沃丘仲子：《近现代名人小传》上册，第 204 页。

③　转引自李宗一：《袁世凯传》，第 95 页。

之短长，南皮（张之洞）云乎哉！"①

　　阴谋家、野心家、政客的口里吐不出象牙来！笔者看了这段话，有颇多的感想。左宗棠是以天下为己任的英雄豪杰，是 19 世纪中国第一人，他一生中只知道有国家和朝廷，从不计较个人得失，故能取得安内攘外的盖世奇功。相反，李鸿章则是一个只知搞小圈子、算计个人得失的政治侏儒，他把淮军当成自己的私产，当成固宠保位的工具，最后害国害民害己，身败名裂。这样的两个人，到了杨士骧的口里，左宗棠倒成了反面典型，而李鸿章却成了值得效法的师祖偶像，是非颠倒如此，能不令人喟叹？！这段话表明，在北洋派袁世凯、杨士骧之流的脑海中只有百分之百的一己私利，而绝无一丝一毫的国家利益观念。他们用这样可怕的指导思想去练军，岂能不祸国殃民？北洋军从 1895 年编练到 1928 年覆灭，在 30 余年里除了打内战，争权夺利，祸国殃民外，对外没有放过一枪，是一支地地道道的反动军队，比淮军还不如，淮军虽然腐败不堪，但毕竟在抗击外来侵略者时还放过几枪。

　　由于杨士骧富于阴谋权术，同样深得袁世凯之器重，袁先后保举他为直隶布政使、山东巡抚。杨士骧七兄弟，在袁世凯的提携下个个成为政坛显要。张謇在 1905 年 5 月 14 日的日记中颇有感慨地写道："杨（氏）兄弟七人，一死于粤海，一官山西平阳知府，一署东抚，一总办招商轮船，一崇明知县，一为清江铜元局总办，一内热而风，皆因公路（隐指袁世凯）显。平阳守为甲午同年，稍能自异。可怜光彩生门户，杨氏故事也，今其炙手可热似之。"

　　1907 年 9 月 4 日，袁世凯调任外务部尚书、军机大臣后，即向奕劻保荐杨士骧继任直隶总督，成为袁世凯之替身，"无异袁世凯自领北洋也"。②

---

① 转引自李宗一：《袁世凯传》，第 95 页。

② 刘成禺：《世载堂杂忆》，第 203 页。

1909年春，袁世凯闻被朝廷开缺之谕旨，十分害怕，立即在当晚戴红风帽，乘坐包车潜逃天津，像丧家犬一样前往投奔杨士骧，到天津后住进英租界利顺德饭店。杨士骧为避嫌不敢去见袁世凯，命其儿子代谒袁世凯，并赠银六万两。

袁世凯被开缺，杨士骧一时失去了朝中靠山。那些御史们在攻击袁世凯时，也把攻击的矛头对准了杨士骧，要求把杨士骧一并开缺。杨士骧长袖善舞，临危不乱，他抓住清朝权贵贪财的特点，以金钱进贡摄政王之弟、海军部大臣载洵，得以保住官位。"孝钦死，世凯被逐，首附载洵，故得保其位。岁时馈遗权贵阉寺，视世凯犹丰。"[①] 可见其在玩弄权术方面丝毫不让于袁世凯。宣统元年春，在朝廷举行的"三载考绩"中，杨士骧得到了"宣勤畿辅，筹划精详"[②]的评语，成为朝廷信任的新贵。

杨士骧"性贪婪，极惧内"，一生不敢纳妾。生前曾自撰挽联云："平生可入游侠传，到死不闻罗绮香。"[③]

在贪污方面，杨士骧则有他的一套独特手段。蔡乃煌任津海关道，这是一个油水很大的肥缺，杨士骧召见蔡乃煌时，动辄破口大骂，让旁人看不过去。有一天，张镇芳私下对杨士骧说："他好歹也是个道员，怎么可以如此对待他？"杨士骧回答："老同年不知也，小骂则地毯、皮货、衣料来矣，大骂则金银器皿来矣，是以不可不骂。"

还有一次，杨对张说："请老同年给你两个侄子弄个挂名差使，每人二百两银子，作其读书费用。"张答："需要起个名字，一个叫'杨应享'，一个叫'杨应得'可矣！"

杨士骧喜唱二黄，在幕府中有专事伺候的琴师，还有专门陪其公余清唱者，陈鹤孙名为文案，实际是专门陪杨士骧清唱之人。杨士骧为北洋派皖系

---

①　沃丘仲子：《近现代名人小传》上册，第204页。

②　《大清宣统政纪》卷九，第3页。

③　易宗夔：《新世说》，山西古籍出版社1997年版，第386页。

文人之首，其侄毓珣，为袁世凯之女婿，即袁克文的妹夫。

杨士骧不倒台，对北洋系来说当然是一个福音。但可惜的是，杨士骧命不长，于 1909 年 6 月卒于直隶总督任上。他的早死，有特别的原因。有人说："杨士骧当官不修品检，善为雅谑，为观剧狎女优，其殁，小遗皆血。盖丧于欲。"①6 月 28 日，朝廷颁布恤典，赠太子少保衔，谥"文敬"。对此，有人戏拟联讥讽道："曲文戏文，所以为文；冰敬炭敬，是之谓敬。"

有人认为，杨士骧如不早死，那么洪宪时代的国务卿一职非他莫属，赵秉钧、徐世昌犹当在其后。

第三节　杀人用奇策的杨士琦

杨士琦，是袁世凯的重要军师兼特务头目。民初名记者黄远庸称杨士琦与梁士诒为袁世凯总统府里的两大手腕家。杨士琦为"有哲学思想之官僚"，其人"喜逸恶劳而多消息，其手段常不及其理想之十分之二三"；而梁士诒则为"著著进步之权谋家"。②刘成禺说：杨士琦"杀人用奇策。机密事，袁世凯与共之，号袁氏智囊。世人误称赵智奄秉钧为智囊，因赵字智奄，有智无囊，智而贮囊，则杨杏城耳"！③

"运动亲贵，掌握政权"

杨士琦，字杏城，安徽泗州人，生于 1862 年，因在兄弟行中排第五，故人称杨五爷。13 岁时失去双亲，追随诸兄长读书，刻苦自励。16 岁为诸生，1882 年中举人，后屡试不中，遂替人充当幕僚。后捐道员，1885 年分发直隶试用。1900 年初，义和团运动兴起，杨士琦上书山东巡抚袁世凯，请其"痛剿"义和团，引起袁世凯的注意。1901 年，与其兄杨士骧随直隶总督兼北洋大臣李鸿章入京与八国联军议和，充当李鸿章与庆亲王奕劻之间

---

①　沃丘仲子：《近现代名人小传》上册，第 204 页。

②　远生：《杨士琦：电影中之交通总长》，《黄远生遗著》卷四，第 21 页。

③　刘成禺：《世载堂杂忆》，第 203 页。

的联络人。因善于逢迎，得到李鸿章和奕劻的赏识。1901年11月李鸿章死后，杨士琦投靠袁世凯，任洋务总文案，深得袁的信任，"事罔洪纤，尽以谘商"，成为袁的"智囊"。他曾向袁世凯献"运动亲贵，掌握政权"[1]的方策，并亲自出马把奕劻、袁世凯拉在一起，使奕、袁结成晚清最大的权奸集团，把持朝政达十余年之久。

1903年4月间，首席军机大臣荣禄病入膏肓，袁世凯打听到继任者为庆亲王奕劻。袁世凯为寻求新靠山，决定立即结纳奕劻。杨士琦自告奋勇，愿为牵线搭桥。不久，杨士琦将一张10万两银票送到奕劻手中，奕劻一向贪财重利，一见杨手中的银票顿时眉飞色舞，表面上却假惺惺地推让，说："慰亭太费事了，我怎么能收他的。"杨士琦的回答却很巧妙："袁宫保知道王爷不久必入军机，在军机处办事的人，每天都得进宫伺候老佛爷，而老佛爷左右，许多太监们，一定向王爷道喜讨赏，这一笔费用，也就可观。所以这些微数目，不过作为王爷到任时零用而已。以后还得特别报效。"[2]庆王听了，也就不再客气。不多几时，荣禄死了，庆王入军机处为首席军机大臣。

杨士琦首次行贿成功，袁世凯无比兴奋，从此指定杨士琦专门负责向庆亲王行贿。月有月规，节有节规，年有年规。遇有庆王及福晋的生日，唱戏请客，以及一切费用，甚至庆王的儿子成婚，格格出嫁，庆王的孙子满月周岁，所需开支，都由袁世凯预先布置，不费王府一钱。而且完全仿照外省的首府、首县伺候督抚的办法，而又过之。弄到后来，庆王遇有重要事件，及简放外省督抚、藩臬，必先就商于世凯，表面上说请他保举人才，实际上，就是银子在那里说话而已。[3]

杨士琦为什么能够充当袁世凯与庆王之间联络人呢？刘垣分析说："原来甲午以前，李鸿章的胞兄李瀚章做两广总督有好多年。他是有名的贪官，

---

① 远生:《杨士琦：电影中之交通总长》,《黄远生遗著》卷四，第21页。

② 刘垣:《张謇传记》，台北文海出版社影印本，第128页。

③ 刘垣:《张謇传记》，台北文海出版社影印本，第128页。

广东人送他一个绰号，叫作'李大荷包'。杨士骧、杨士琦兄弟两人，都在
瀚章幕府，甚得瀚章信任。自甲午战败，鸿章失势，瀚章亦就开缺了。等到
庚子年，鸿章在北京闲得难受，而又回不得北洋，好不容易运动到一个两广
总督。鸿章以前的幕友，多半失散，招集不易，知道杨氏兄弟熟悉广东情形，
就携他两人到广东。后来奉命议和，仍回北洋任，杨氏兄弟同到北京参与机
密。士骧出身翰林，小楷颇工，所有重要奏章，都由他誊写。而士琦则奔走
于庆王与鸿章之间。原来在议和时，外国人以庆王头脑不清，什么大小之事，
都向李鸿章面谈，鸿章遇到必须与庆王面商的时候，因自己精力不支，懒得
与庆王麻烦，都派士琦通知庆王。所以士琦与庆王，差不多天天见面，混得
极熟。后被袁世凯得知，就把他兄弟俩，仍留在北洋幕府。士骧不过是一个
普通官僚而已。士琦则机械变诈，可算是一个大阴谋家。他自把庆、袁两人
拉在一起之后，得到袁世凯的非常信任，他以后在'洪宪皇帝'出现之前，
还要演出许多精彩节目……"①

除奕劻外，袁世凯还广结其他王公大臣，先后与端方、周馥、张人骏、
吴大澂、孙宝琦等一批督抚结为儿女亲家。甚至还厚着脸皮与慈禧的一个贴
身小太监马宾廷结为把兄弟，利用他刺探情报，打通关节。通过"运动权
贵"，袁世凯将自己的亲信一个个安插到朝廷和外省各个重要部门，掌握了
清政府的实权。在这个过程中，杨士琦功不可没。

具有讽刺意味的是，杨士琦日日奔走于清廷权贵之门，送钱送款，表面
上极尽谄媚恭维之能事。但在背地里，杨士琦却对这些只知贪贿的权贵们十
分轻蔑，黄远生说："其背后批评亲贵，则亦多妙语，谓满洲亲贵离不了一
'童'字，因私号某贝勒为童昏，某亲王为童顽，某某为童某，俪词造诣，适
如其人。"②

---

① 刘垣:《张謇传记》，台北文海出版社影印本，第 128—129 页。
② 远生:《杨士琦: 电影中之交通总长》，《黄远生遗著》卷四，第 21 页。

1901 年，清政府开始推行"新政"，涉及政治体制改革、发展实业、编练新军、发展教育文化等各方面。袁世凯积极筹划，但苦于经费不足，正一筹莫展之时，杨士琦献策，建议将洋务派官僚、李鸿章手下红人盛宣怀所办的产业接收过来。袁世凯依计而行，解决了练兵和办实业的经费。

由于杨士琦出力颇多，袁世凯遂保荐他以候补道，并以候补四品京堂用。1903 年 1 月，杨士琦被派往上海任帮办电政大臣，兼轮船招商局总办，接管盛宣怀创办的产业。11 月，任商部右参议。1904 年，任商部上海高等实业学堂（原名南洋公学，交通大学前身）监督。1906 年改任商部左参议，后屡在商部（1906 年 9 月改农工商部）任职。7 月，任会办电政大臣。同月，官制编制馆成立，杨任提调。9 月，受袁世凯指使，与孙宝琦等提出取消军机处，设立责任内阁，但遭到铁良等人的坚决反对。

在"丁未政潮"中大显身手

1907 年，袁世凯、奕劻与军机大臣瞿鸿禨、岑春煊之间爆发了"丁未政潮"。

由于杨翠喜案被揭发，袁世凯、奕劻一方处于十分被动地位，不得不以退为进，载振主动请求辞职。其辞职书即为杨士琦捉刀。略云："臣系出天潢，夙叨门荫，诵诗不达，乃专对而使四方；恩宠有加，遂破格而跻九列。倏因时事艰难之会，本无资劳才望可言，卒因更事之无多，遂至人言之交集。虽水落石出，圣明无不烛之私；而地厚天高，踳踬有难安之隐。所虑因循恋栈，贻一身后顾之忧；岂唯庸懦无能，负两圣知人之哲。不可为子，不可为人。再次思维，唯有仰恳天恩，开去一切差缺，愿从此闭门思过，得长享光天化日之优容。倘他时晚盖前愆，或尚有坠露轻尘之报。"[①] 辞职书婉曲微妙，文辞斐然。

正当袁世凯、奕劻一方节节败退之际，看似主动的瞿鸿禨却犯了一个致

---

① 沈宗畸:《东华琐录》，章伯锋、顾亚主编《近代稗海》第 13 辑，第 598 页。

命的错误。原来慈禧在单独召见瞿鸿襛时私下透露要罢黜奕劻之意思，这本是绝密消息，但瞿鸿襛一激动竟将此事泄露了出去。杨士琦敏锐地抓住了瞿鸿襛的这一致命疏忽，向袁世凯献策。袁命他速写一纸弹章。杨士琦不敢怠慢，很快就用他那只生花妙笔写成了一篇洋洋数千言的奏章，内中罗列了瞿鸿襛交通报馆、授意言官、阴结外援、分布党羽各条罪状，然后杨士琦又用1万两白银① 买通翰林院侍读学士恽毓鼎对瞿鸿襛提出弹劾。慈禧览奏大怒，瞿鸿襛当即被逐出军机，开缺回籍。这真是一招不慎，全盘皆输。"丁未政争"是晚清清流与浊流之间的最后一次总决战。斗争的结果，清流全军覆没。以奕劻、袁世凯为首的浊流势力之所以能够大获全胜，杨士琦功不可没。刘垣指出："在此次斗争中，特别卖力，而应该推为首功的，我可指出两人，第一是杨士琦，第二是端方。杨士琦真是阴谋大家，他玩弄庆王父子，竟如傀儡后台的牵线者一般无二。但是傀儡的牵线者仅仅是牵线而已，并不是编戏的人。士琦则身兼两个职务，而绰乎有余。同时，他又是世凯的智囊，他能仰体世凯的意旨，并能实行世凯的计划。这一次的大轴戏能够成功，大部分由于士琦的努力，我应该替他'表彰'功绩。"②

"丁未政潮"充分显示了其政客的权谋手腕，更为奕劻、袁世凯所倚重，俨如左右手。瞿鸿襛罢职后，军机处缺得力主持人，奕劻保荐杨士琦。慈禧召见安徽籍的年迈大学士孙家鼐问："然则杨士琦何如？"孙家鼐对杨没有好感，便如实奏道："士琦小有才，性实巧诈，与臣同乡，臣知之最稔，盖古所谓'饥则依人，饱则远飏'者也。"③ 孙家鼐一席话粉碎了杨士琦的入阁梦。

传说光绪皇帝之死与他有关

1907 年 8 月 21 日，清政府派杨士琦赴南洋各国考察商务，"抚慰"华

---

① 　一说是白银 2 万两。参见刘垣《张謇传记》，第 151 页。

② 　刘垣:《张謇传记》，第 150 页。

③ 　胡思敬:《国闻备乘》，中华书局 2007 年版。

侨，实则作政治宣传，妄图阻断华侨与革命党人的联系。杨士琦到达马来西亚的怡保时，当地保皇会召开大会欢迎。当杨士琦兴致勃勃地在台上演讲时，革命党人郑螺生等突然递上质问书，大意是：我国自来多灾多难，我们侨胞在家乡无衣无食，不得已而远渡重洋。过去在国内还得不到政府的照顾，现在政府反而千里迢迢到南洋来抚慰我们，实在有点舍近就远，令人费解。杨士琦一时无言以对，急得满脸通红，举座哗然。其秘书打圆场说：诸位这般举动，岂不怕得罪杨大人？听众不以为然，哄堂大笑。接着又有数人起立质问，杨士琦招架不住，匆匆结束"欢迎"大会，清廷愚弄华侨的阴谋没有得逞。

1908 年，杨士琦再赴南洋，任劝业会审查总长，与泰国订约通使，并于西贡、河内、爪哇添设使馆。

传说光绪皇帝之死亦与杨士琦有关。刘成禺说："西太后疾大渐，袁世凯忧之，谓光绪复政，彼必有大祸，是当绸缪未雨。杏城乃以奇策干袁，故西太后垂危，而光绪同告宾天矣。杏城以兼金向西人购得无色无味入口即死之药水，劝袁说李莲英共谋之。杏城曰：'一旦太后不讳，皇上御政，大叔与中堂皆大不利，险不可言，不如在太后临薨前，了此公案，再作后图。'莲英曰：'此子命运甚长，宜作万全计。'（意指光绪食玻璃粉粥事也。曾小侯广銮在两湖会馆席间语众曰：'皇上安置瀛台，钦派大功臣后裔四人为辅弼大臣，予与左侯孝同等皆入侍。一日，太后赐粥，皇上食而泣。予四人侍立，亦含泪，知有变。然皇上肠胃，只小痛耳，盖毒未重也。予四人乃惕惧防护。'）世凯、士琦以药水授莲英，西太后病革，而光绪死矣。"[1] 当然，涉及宫廷秘密之事不可能得到确切的证据，只能是一种传说而已。

1909 年 1 月 2 日，摄政王以袁世凯患足疾为名，将其罢官，命其回籍

---

① 刘成禺：《世载堂杂忆》，第 203—204 页。

养疴。袁世凯潜往天津，欲晤直隶总督杨士骧，杨怕殃及自身，拒绝会见袁世凯，并安排火车将袁送回北京。袁世凯对此痛恨不已，兼及杨士琦。

满洲亲贵在开缺袁世凯后，也准备对杨士琦下手。陆军部尚书铁良对领禁卫军大臣载涛贝勒说："袁党之势已摧，若去杨士琦，则根株尽绝。"载涛贝勒不知杨士琦为何如人，便问铁良："谁为杨士琦者，余胡不知？"铁良说："王于观德殿之下，丧服哭灵诸臣之中，有大红鼻子者，即是人也。"当时光绪皇帝之灵柩正奉移观德殿，故铁良如是说。另一位满洲后起之秀良弼也十分厌恶杨士琦，提起杨士琦总是说："大红鼻子，非佳物也。"[1]

尽管满洲贵族厌恶袁世凯的这位狗头军师，但杨士琦牢牢依附奕劻，保住了乌纱帽。1911 年 10 月，武昌起义爆发。清政府被迫起用袁世凯为内阁总理大臣，11 月 26 日内阁组成。组阁过程中，袁世凯并未看好杨士琦，后经徐世昌从中斡旋，杨士琦才得以入阁，任邮传部大臣。12 月 7 日，袁世凯委派唐绍仪为全权议和代表，与南方民军谈判。杨士琦作为议和参赞，随唐绍仪前往汉口参加南北议和。1912 年 1 月，杨士琦辞去邮传部大臣。

阴险毒辣的特务头目

杨士琦不仅是袁世凯的谋士，而且是一个阴险毒辣的特务头目，"杀人有奇策"[2]，他配有一种毒性极大的毒药水，经常以此毒死政敌。

杨士琦表面岸然像个学者，实则此人险辣比赵秉钧有过之无不及。张勋本是袁一手提拔的一个中军，庚子年慈禧、光绪出走，回京时张被派护卫，得到慈禧的"圣宠"，从此出头。回京后，慈禧住在颐和园，张充侍卫，就巴结上了慈禧宠信的太监李莲英，交往很密切。这时张对袁已逐渐疏远，袁

---

① 刘体智：《异辞录》，中华书局 1988 年版，第 221 页。

② 刘成禺：《世载堂杂忆》，第 203 页。

很不放心，就曾利用杨、张莫逆的关系，一面通过杨和张密切的往来了解张的活动和心情，一面转而从张那里了解慈禧的动静。杨尽其所知都密报给袁。杨为袁进行这类活动，为时很久。袁在直隶总督、北洋大臣任上，杨即频繁地来往京津之间，袁依靠他向朝廷方面带口话，在京进行活动。杨那时每次进京必到庆王处，庆王把知道的事都告知杨，有些事情还托杨向袁请教如何进退。到南北议和以后，赵秉钧、杨士琦都是袁的死党，赵在北而杨在南。杨参加议和以后，即未回京，随即在上海停留下来，在1912年、1913年两年中办了不少重要的事，为袁立了大功。那时对付国民党都是杨士琦为之设计，他与袁、赵暗通消息，作出安排。他曾利用国民党与旗人作对，使旗人与国民党成为不解之仇，同时也挑拨国民党各派系使其相互攻讦，还唆使地方官僚、地方势力反对国民党。据袁乃宽说，杨士琦做的事比赵秉钧多。郑汝成是杨的一个大帮手，死后被袁世凯封了侯爵。①

传说，赵秉钧也是被杨士琦毒毙的。赵秉钧的秘书长黄侃告诉刘成禺：他"每晚必与智庵靠鸦片盘谈公事，谈倦，智庵钦人参水一杯方眠。一日喟然曰：'项城帝制，是自杀也，我亦有杀身之祸。'我愕然不知所云。过十余日，予与靠鸦片盘，倦归。不十分钟，急促予往，智庵已染急症，目瞪口闭，不能言语。问其家人，曰：'饮人参水后，即发病，而打烟使僮，已不知去向。'事后，始知以十万金贿烟童，滴毒药水于人参水中，即死。咸知杨杏城所为，无敢言者"。②

杨士琦的鬼蜮伎俩在北洋派内部也引起极大的恐慌，他们害怕做赵秉钧第二。与杨士琦矛盾极深的交通系首领梁士诒曾说："我梁某性命，不怕袁项城，倒怕杨杏城，惧其下毒药辣手也。"于是有人在梁士诒的官邸贴上门联："红杏枝头春意闹，乌衣巷口夕阳斜"。③

---

① 唐在礼：《辛亥以后的袁世凯》，《文史资料选辑》第53辑。
② 刘成禺：《世载堂杂忆》，第204—205页。
③ 刘成禺：《世载堂杂忆》，第204页。

大风吹落乌纱帽

1913 年 11 月 26 日，袁记政治会议组成，杨士琦为委员。

1914 年 1 月 23 日，杨士琦任"高等文官甄别委员会"委员。

1914 年 2 月，熊希龄内阁垮台。袁世凯问代总理孙宝琦："交通部叫谁去做才好？"

孙宝琦脱口而出："杨士琦狠，可以去得。"

袁对此很满意，便说："我与杏城是老朋友，不便相强，请君往问其意见。若彼尚愿就，可即发表。"

孙宝琦领命而退，次日前往见杨士琦相商，杨士琦听后，莞然一笑说："我老实说罢，我现在是颐养的时候，自己尚有饭吃，犯不着与人夺食。交通部的事，天然是燕孙（梁士诒）的事，我如何可干？但若一定要我去做，我亦没有什么不肯。不过我绝不与人争抢就是了。"

杨士琦表示态度后，孙宝琦立即去见袁世凯复命，袁随即决定发表杨士琦为交通部总长。但交通部历来是以梁士诒为首的交通系的禁脔，而杨士琦是袁世凯幕府中的所谓皖系领袖，皖系与梁士诒为首的粤系历来面和心不和，现在杨士琦突然插足交通部，不能不引起梁士诒的强烈反应。梁士诒授意财政总长周自齐打电话给国务院秘书长陈汉第，转达梁士诒的话，说是总统让暂缓发表杨士琦的交通总长任命。由于梁士诒的坚决反对，杨士琦最终没有做上交通部总长。记者形容杨士琦是纱帽飞到头上，忽又被大风吹去。①

1914 年 5 月 1 日，袁世凯下令撤销国务院，并在总统府内设立了政事堂，杨士琦为政事堂左丞。在袁世凯确立总统制的过程中，曾派杨士琦等拜访进步党人，说明尽管实行总统制，仍渴望与他们一起为国效力，并劝张謇留任农商总长。

---

① 远生：《杨士琦：电影中之交通总长》，《黄远生遗著》卷四，第 18—20 页。

1915年5月8日，"二十一条"交涉时，杨士琦参加了袁世凯召开的紧急国务会议。

漏网的洪宪帝制主犯

说到洪宪帝制祸首，人们往往不提杨士琦，其实杨士琦才是主要的帝制祸首之一。刘成禺说："袁任总统，杏城怏怏无所试，遂走袁克定之门。适克定自柏林归，遂引杏城为谋主。杏城意袁怀前隙，非出奇计，无以结袁之宠，遂以帝制之说进；袁克定昏骏，遂兴太子之谜，深相结纳，言听计从，外传洪宪核心，实在二杨，其实皙子浮夸，但事宣传拉拢，运筹帷幄，固全在杏城也……杏城逐熊希龄、梁士诒，拥徐世昌为国务卿，而自居政事堂左丞，盖明知徐甘为傀儡，已可操纵一切耳。杏城有文学，平日颇与诸名士往来，又巧于掩蔽，不居显位，罕发文电，故洪宪罪魁，竟无其名。"[①] 可见，由于杨士琦善于隐藏自己，竟然成了漏网的洪宪帝制主犯。

1915年1月1日，袁世凯授杨士琦为中卿。8月，杨士琦等政府要员上密呈给袁世凯，请实行君主制。8月23日，"筹安会"正式成立。杨士琦虽然没有参加筹安会，但却是整个洪宪帝制运作过程中的核心人物之一。时人又有"文有杨士琦，武有陈宧"之说。

9月6日，袁世凯派杨士琦到参政院宣布对变更国体的意见，表示改变国体不能"急遽轻举"，且要看"国民之公意"。这份"意见书"表明袁世凯既要做皇帝而又"期待民意"的半推半就的微妙心态。

然而，帝制之车在"筹安会"和形形色色请愿团的驱动下已经飞速前行。1915年12月11日，"民意"水落石出，国民代表全体公决结果不但以1993票的全票赞成君主立宪，而且直推袁世凯为"皇帝"。1916年元旦，袁世凯登基，做了"洪宪皇帝"。

3月22日，袁世凯被迫撤销帝制，废止"洪宪"年号。杨士琦被免去

---

① 刘成禺：《世载堂杂忆》，第206页。

政事堂左丞（相当于副宰相）职务，改任参政院参政。

袁世凯死后，继任总统黎元洪命令缉拿帝制祸首。杨士琦却未被列入，这大概与他平时不喜张扬，巧于掩饰，隐藏幕后有直接关系。后隐居上海法租界。

也许是报应，杨士琦最终死于他害人的毒药。袁死后，杨士琦在上海租界亚尔培路与巨籁达路角购买了一套住宅，人称杨五爷公馆。杨士琦在这里纳小菠菜、小白菜为妾，过起隐居生活。一日，杨士琦翻晒箱笼和衣物古玩，毒药水瓶就放在箱内。杨士琦郑重嘱告家人："此种药水最毒，一点入口即死。"移放高柜上，令家人不得近。杨士琦然后出外拜客。归家时推门而入，发现其子正与小菠菜、小白菜同榻。杨士琦见到这种见不得人的事，气极而晕，僵坐沙发上，口中扬言都要处死。小白菜干脆一不做，二不休，取来毒药水滴入茶中，令家人送杨士琦喝了，片刻即死去，时为1918年9月27日，终年57岁。这就是当年轰动上海滩的毒死杨氏家主大案。

杨士琦自食其果。刘成禺为此赋诗纪其事："五道飞车档案纷，兰台密授札弹文。智囊左右尚书令，红杏枝头闹上勋。"

第四节　仗策从龙的陈宧

陈宧是辛亥革命后投入袁世凯幕府的谋士，据说，章太炎第一次见到陈宧，即惧然说："中国第一人物，中国第一人物！他日亡民国者，必此人也。"[①] 洪宪帝制，袁世凯倚陈宧为主谋，秘密事必先与陈宧谋划，所谓文有杨士琦，武有陈宧也。

[①] 1936年章太炎病逝苏州，陈宧亲作挽联，寄往苏州，挽联如下："囊括大典，整齐百家，否岁值龙蛇，千载修明君比郑；人号三君，国推一老，抗颜承议论，世间北海亦知刘。"陈宧常对人说："太炎云殁，世间无真知我陈某为何如人者，太炎真知我，我亦真知太炎。彼陆朗斋谓得章太炎作一篇文字，胜过用十万兵马，犹轻视太炎耳；我则谓太炎一语，足定天下之安危也。"

早期经历

陈宧，号二庵，湖北安陆县人，生于 1870 年（清同治九年）。幼年丧父，家境一落千丈，由寡母一手抚养成人。陈宧人很聪明，且读书很用功，古文、诗词颇有根底。但也许是自幼营养不良，生成一副寒苦相。有人形容他那副天生寒苦的相貌，分明是京剧状元谱中的陈大官。陈大官是京剧状元谱中的小生，落魄穷途，极为狼狈，例由穷生扮演。但就是这个一脸苦相的人，后来却成了民初政坛上显赫的人物。

陈宧早年中拔贡，1897 年考入湖广总督张之洞创办的湖北武备学堂，毕业后分发到驻京城的武卫前军任职，后升管带。1900 年八国联军入侵北京，陈宧在一片混乱中与武卫右军右翼翼长姜桂题取得联系，参与"拱卫京师"。在此期间，陈宧引起了锡良的注意。锡良是清廷亲贵中的颇负声誉的人物，为人精明干练，操守清廉，善于提拔和延揽人才。1903 年，锡良出任四川总督，奏请调陈宧任帮统入川训练新军。至 1906 年，陈宧协助锡良在四川编练成常备军 6 个营，工程兵 1 个营，锡良即任命陈宧担任四川新军第三十三混成协统领兼四川武备学堂会办。1907 年，锡良调任云贵总督，陈宧随同调任云南新军协统兼云南讲武堂堂长。1909 年，锡良调任东三省总督，陈宧随锡良到奉天，任奉天督练公所总参议。次年任东北新军第二十镇统制官，驻防奉天。他与第六镇统制吴禄贞、第二混成协统领蓝天蔚领兵关外，一时有"湖北三杰"之称。

1911 年，陈宧曾奉派赴德国考察军事。当他考察回国时，锡良已经因病辞去东三省总督由赵尔巽接任，陈宧无法回奉天，锡良便专折保奏陈宧才堪大用，让他赴京陛见。陈宧到京后，首先要打通军谘府大臣载涛这一关。陈宧与军谘府第一厅厅长卢静远是同学，便先求见卢，托他在载涛面前美言几句，卢静远当时因故急需大笔钱，见面即向陈宧借 5000 两白银，不料为陈宧一口拒绝，卢静远借款不遂，思有以报复。陈宧在晋见载涛时，因为是锡良专折保举的人才，载涛特别热情，问话很多，陈宧不善于辞令，往往答

1577

非所问，又是南腔北调，词不达意，加之其人相貌寒酸，更令载涛大失所望，陈宧辞出后，载涛就对卢静远说："锡清弼怎么荐这么样一个人？委靡不振，还能带兵吗？"卢静远本来就想报复，立即不动声色地中伤说："大概有嗜好吧！"就这样把陈宧的事搁起来了。事有凑巧，陈宧的第二十镇士官与日本关东军发生了斗殴事件，打伤了几个日本兵，日本驻华使馆向清政府提出交涉。卢静远便趁机向载涛进言，说陈宧约束不严，影响邦交，非把陈宧撤换不能使日本方面满意，于是载涛就把陈宧免职，委张绍曾为第二十镇统制。陈宧一气之下回到湖北。

所谓"武有陈宧"

辛亥武昌起义爆发后，武汉成为革命军与清军鏖战的主战场。陈宧与湖北咨议局议长汤化龙有交谊，汤化龙将陈宧介绍给湖北军政府都督黎元洪。不久，陈宧来到南京，同学李书城等将他介绍给黄兴。袁世凯窃取大总统职务后，黎元洪以副总统兼参谋总长，经得武汉和南京临时政府方面同意，以陈宧为参谋次长，代黎元洪执行总长职权，陈宧遂成为袁世凯的入幕之宾。

某一天晚上，陈宧以要事谒袁，袁留陈吃晚饭密谈，这一夕话，不啻为诸葛亮的隆中对。闻陈宧对袁所陈，大致以当时政治重心有三处：一为北京，袁统治之；二为武昌，副总统黎元洪坐镇之；三为南京，留守黄兴指挥之。三方皆有声势，亦各有后援。陈宧便向袁世凯献议如何笼络黎元洪，如何推倒黄兴，如何沟通各地军人，如何铲除异己，有策略，有步骤，言之綦详。袁闻之大悦，自言相见恨晚。[①]

陈宧颇有才干，而且办事勤谨。当时，参谋本部大小公事，陈宧都批个"录呈"，遇有烦琐冗长的文件他也批个"摘录呈"。事无巨细，都在袁世凯面前备个案。当然，陈宧的作用并不局限办理参谋本部的公文，而且他还充

---

① 刘成禺：《世载堂杂忆》，第 193 页。

当了袁的大谋士，为袁出谋划策。袁世凯曾派人去解散驻烟台的蓝天蔚部队，耗费 10 万元无结果，袁乃改派陈宧前往。陈宧与蓝天蔚是同乡，又是同事，两人关系不错，商定不许假手各级长官，直接将遣散费发到士兵手中。仅花了 3 万元便将蓝天蔚的部队遣散完毕。此事给袁世凯留下深刻印象，袁以赞赏的口气对左右说："北洋军中竟无此人才！"

陈宧代理参谋总长职务后，一方面刻意取得黎元洪的信任，他结好黎元洪左右的夏寿康、饶汉祥等人，作为取信黎元洪的奥援，并设法推荐其亲戚易某为黎元洪的机要秘书，借参谋部公事，来往于湖北与北京之间，沟通双方关系。同时，他又利用孙武等向袁世凯陈述陈宧与黎元洪的关系，于是军事、饷项各节，两方均赖陈宧为中介人。

陈宧为袁世凯所献的第一策，就是设法取消黄兴的留守府。

袁世凯出任临时大总统，临时政府北移后，南京设立留守府，袁世凯于 1912 年 3 月 31 日任命黄兴为南京留守。按照同年 4 月 13 日公布的《南京留守条例》，南京留守直隶大总统，有维持整理南方各军及南京地面之责。条例同时还规定，俟南方军队整理就绪，即行裁撤。这就是，留守府只是一个暂时的军事机关，袁世凯的目的无非是想借黄兴之手来遣散南方的革命军队罢了。

陈宧常说："黄克强易与耳！"[1] 黄兴是忠厚正直操守严谨的革命领袖，这样的人可以欺之以方，往往成为阴谋家、野心家算计的对象。陈宧为取得黄兴的信任，利用范熙绩、陈裕时等向黄兴表示愿意充当南京留守府驻北京的联络人，经过这一番周密的人事布置后，"武昌、南京起义派与革命党，几非陈宧不得与袁世凯商洽，袁世凯亦非陈宧无由置驿以通两方，陈宧乃得随时见袁"。[2]

---

[1] 刘成禺:《世载堂杂忆》，第 192 页。

[2] 刘成禺:《世载堂杂忆》，第 192 页。

陈宧为了达到早日取消南京留守府的目的，使用了阴谋手段，刘成禺《世载堂杂忆》说："陈宧之谋取消南京留守府也，说袁世凯曰：'南京政府，虽移北京，而留守府拥有革命军队，各省同盟会都督为之羽翼，必先去其主脑，否则滋蔓难图，宧已有万全之策。'袁曰：'一切汝便宜行之。'其时黄克强之至友李小垣、黄宝昌、陈裕时等，皆在留守府，握重权；陈裕时为陈宧之亲信，又为克强之心腹，此陈宧用以来往京宁之密使也。冯国璋之婿陈叔亮（之骥），又为留守第一师长，留守府所需军械粮饷，朝请于北京，夕即电拨，皆宧一人包揽之。克强倚宧为奥援，府中要人亦视宧为信友。宧乃阴使金钱，特派机密，造成南京大兵变，并于报纸宣传，谓黄留守无控制南中军队能力。一日，与陈裕时、黄宝昌谈，谓政府极信克强，兵变能镇压，极峰（指袁世凯）甚倚重，更进一步，能佯辞留守，极峰慰留，则威望更大，吾知极峰必诚意慰留也。陈裕时、黄宝昌挟宧言，往南京，克强与府中要人信宧过深，贸然电北京，自请取消留守府。袁即照请取消，大嘉奖黄留守，谓真能牺牲权位谋民国统一者。留守参谋长李书城大愤，通电陈宧，痛数其卖友情形，沪上旧报，今尚可寻。黄宝昌惭为人所绐，削发为僧，闭关以死。陈叔亮则于冯国璋督苏时，仍为师长。留守府龙虎人物，全体星散。未几，民二有再独立之举。"[1]

按照刘成禺的说法，1912年4月11日，第七师所部赣军在南京发生的兵变是陈宧幕后策划的，目的在于给黄兴施加压力。黄兴以残酷手段处置了这次兵变，200多名参与兵变的官兵被处死。这一事件发生后，黄兴加速了裁撤军队的步伐。在兵变后的一个月内，除将赣军缴械押回原籍外，又将桂军六大队及粤军一部遣散回籍，浙军也全部调回原籍，江苏省内的军队也大加裁撤。尽管如此，北洋派还放出种种言论，诬称南京留守一职妨碍统一，指责黄兴有割据东南的野心，陈宧公开扬言："留守机关裁撤，民国即

---

[1]　刘成禺：《世载堂杂忆》，第193—194页。

号称统一。"① 黄兴一直抱着功成身退的错误思想，没有整军经武、备战应变的思想准备，为表明自己没有拥兵自重的意图，黄兴以加速裁撤军队和请求辞去南京留守来封堵那些别有用心人之口，这就在不知不觉中中了别人的圈套。

5月18日，黄兴即致电袁世凯，请求取消留守府。黄兴解释说："留守本是赘疣。北京政府既已成立，南方又有留守，不知者以为有碍统一，反对者且谓我拥兵自固，不肯解散，以私其位置，以致北京各报攻击不已。今宜示人以坦白，方足以调和南北之意见。且留守虽取消而各军队仍可解散者解散，归部者归部，分隶都督者分隶都督，必不致别生事端。故此事以取消为是。"② 6月1日，袁世凯发布命令，准黄兴辞南京留守，南京留守机关由江苏都督程德全接收。

袁世凯的机要局局长张一麐曾对刘成禺说："项城初无意取消黄克强南京留守。陈二庵初与项城结合，欲立功自见，且谓革命党均听从彼意。乃勾结克强老友张昉（二庵乡亲也）及冯华甫婿陈之骥（时充南京师长）来往津沪。克强及其左右，朝事均倚赖二庵。二庵遂以克强愿取消南京留守之言告项城。对克强方面，则劝其暂辞留守，项城必不忍，办事更顺手。不意克强电辞，项城即嘉奖允许。留守府人员乃公电二庵骂其卖友。张昉由二庵荐充农商次长。此取消留守府本末也。"

陈宧向袁世凯献的第二策，是设计将副总统黎元洪调到北京，使其离开湖北地盘，成为袁的政治俘虏。

关于这一事情的前后经过，刘成禺在《世载堂杂忆》说："陈宧之谋取消武昌副总统府也，先使起义领袖全离武昌。原来辛亥举事，由共进会、文学社两派结合而成，共进会首领为孙武、张振武，文学社首领为蒋翊武，所谓'起

---

① 1912年6月1日《民权报》。

② 毛注青编著：《黄兴年谱长编》，第309—310页。

义三武，握兵权，黎元洪不过画诺而已。陈宧既布置心腹于副总统府，阴说黎曰：'三武不去，则副总统无权。若辈起自卒伍下吏，大总统召其来京，宠以高官厚禄，殊有益于副总统也。'所言正合黎意。袁乃电召起义重要者百数十人来京，商问要政，优宠赉锡；黎发旅费，庞大惊人，皆袁与宧密办也。孙武即任义威将军，因与宧相善。张振武稍傲，且识宧奸，求领兵赴边屯田，宧乃与饶某草密稿，派人携往武昌，请黎署名，电北京，谓张振武在京图谋不轨，祈大总统拿获正法。黎为群小主持，照原稿办，乃造成谋杀张、方案。蒋翊武闻振武死，离武昌，返湘，不来京；袁又用黎电请名义，杀蒋翊武于广西。袁常曰：'张、蒋二人，予本副总统命杀之也。'张、蒋既被害，原湖北八镇统制领军者，皆起义要人，如邓玉麟等，尽调赴北京。黎乃易镇统，用柔顺与宧有关系之人，文有饶、夏握机要，武有各镇统相结合。黎之留居武昌，竟等于为陈宧设一办事所而已。南京二次革命告终，同盟会各省兵力解散，党人尽走海外。修改约法，设参政院。陈宧谒袁曰：'对付武昌之时机至矣，扫武昌如扫落叶耳。'乃献议曰：'世界副总统无领兵者，美国副总统为上议院议长，今宜请黎入京，行参政院议长职权，各省底平，亦无须副总统坐镇，派一统兵大员足矣。'此说为各方所赞许。宧派人密函告黎，势已至此，黎无如何。段祺瑞随函南下，黎即夜走刘家庙来京，无一人知者。有亲随上车，宧所派人持令下准入，闻者皆曰：'陈二盦押解黎宋卿来京。'"[①]

　　陈宧向袁世凯所献的第三计为对付西南四省。陈宧清末曾在四川、云南任职，与西南各省军政人物有千丝万缕的联系。1913年"二次革命"后，北洋系势力伸入江南各省，只有四川、云南、贵州、广西四省仍处在地方军阀势力控制之下，袁世凯鞭长莫及。陈宧摸准袁世凯的心思，向袁世凯献上处置四省之法："桂方陆荣廷，名位虽高，实具前清大员气味，出身绿林，无远志也；总统笼络以最高礼遇，召之必来，能派一与陆极相善大员，为桂民

① 刘成禺：《世载堂杂忆》，第194—195页。

政长，桂可无忧。黔方刘显世，为宪政派人，黔士多梁启超党人，梁已在京，原主张君主立宪，大总统隆重启超，黔事自无问题。川方胡景伊，已有妙法使彼与川中革命党人相水火，来往诸事，宦已布置万全，川事可皆问计于宦。所余者，滇方耳。滇方蔡锷，梁启超弟子，其人具革命性质。蔡，湖南人，滇中军队，则滇人领之，宦已派人与唐继尧、顾小斋各拥军权者接洽。所派范熙绩等皆唐、顾日本士官同学，而最亲密者。滇军有违言，蔡锷必不安其位，大总统特礼遇之，蔡必入京，感戴大总统。蔡锷去而唐、顾以滇人握滇权，滇人亦感激大总统。于此，则中国各省定矣。袁曰：各省事由汝策划行之。"①

1913 年 7 月，"二次革命"爆发，陈宦利用他与西南各省军政当局之间的同学袍泽关系，替袁世凯极力拉拢，劝他们倒向袁世凯一边，云南、贵州、广西没有响应讨袁，四川只有熊克武发动，但很快失败了。由于陈宦联络西南军政当局拥护有功，陈宦更加为袁世凯所倚重，认为他在西南各省颇有潜在力量。按照陈宦的献计，深受众望的云南都督蔡锷于 1913 年 12 月调到北京，袁世凯安排他担任经界局督办、参政院参政等有名无实的闲职。②四川都督尹昌衡于 1913 年 6 月调任川边经略使，由胡景伊接任四川都督。1914年 5 月，袁世凯成立陆海军大元帅统率办事处，陈宦以参谋部代理总长的身份任大办事员之一，负责西南组，凡是云、贵、川、黔等省的有关军事问题，都由陈宦负责研究并提出意见，供袁选择。他为袁谋划甚多，颇得袁赏识。

坐镇四川，把守西南半壁河山

1915 年，袁世凯谋划帝制，一切由北洋派内外文武主持，陈宦未出面，且不见其名字。陈宦对袁世凯说："内事由杨杏城与长公子主持，予则专任各

---

① 刘成禺：《世载堂杂忆》，第 197—198 页。

② 有不少著作说蔡锷曾任陆海军统率办事处大办事员，这并非事实。

省外事、军事耳。"① 陈宦又恐西南或有不稳，向袁自请出镇四川，震慑黔滇。

放眼全国，当时只有西南半壁是北洋派势力没有伸入之地，四川成武将军胡景伊既受四川革命党人的威胁，又受其他军队之逼迫，能听他指挥的只有刘存厚、胡寅安两个师，这都是陈宦事前之妙用。胡不安于位，急欲离川，故袁世凯电商以陈宦代胡景伊，胡即回电表示欢迎。1915 年 2 月，袁世凯任命陈宦为成武将军，会办四川军务，并调 3 个旅随陈宦入川。在向袁世凯辞行时，陈宦曾伏地九叩首，且膝行而前，嗅袁之足曰：大总统如不明岁登极，正位中国，陈宦此去，死都不回。请袁训示，乃敢起。袁答："一切照你策划，决正帝位。"陈宦乃起立听训。袁郑重嘱托说："二庵，西南半壁山河，从今天起我算托付给你了！"袁又吩咐长子袁克定与陈宦拜为把兄，并批给陈宦 200 万元，以壮行色。

陈宦向袁世凯告别时，有曹汝霖在场，曹曾对人说：此种嗅脚仪式，是欧洲中世纪晋见罗马教皇所常用的礼仪。陈宦当着第三者的面行此大礼，不是一般官僚做得出来。章太炎先生听说后，连忙发表他的见解说："陈宦将不能与袁共始终乎？无论如何，诌佞之人，事出常情，大事既去，必生反噬。陈宦恐远离都门，为世凯北洋旧人所倾轧，藉此深固袁之宠信，实有戒心矣，能始终忠于袁世凯乎？"②

陈宦从京汉铁路南下，经武汉沿长江西上。途经武汉时，陈宦诗兴大发，写下两首七绝：

> 三月清明客正归，昔年风景尚依稀。
>
> 不堪回首登临处，黄鹤楼头旧酒旗。
>
> 汉阳城树早归鸦，沽客收帆日已斜。

① 刘成禺:《世载堂杂忆》，第 198 页。
② 刘成禺:《世载堂杂忆》，第 198—199 页。

渔笛一声愁欲绝，隔江犹唱落梅花。

诗写好后拿给一位部下看，这位部下看后心想：四川为天府之国，他这次奉命开赴四川，旧地重游，正是春风得意的时节，为什么诗句写得如此衰飒？言为心声，真是不祥之兆，却又不便说出，只好信口恭维几句。

陈宧进驻成都后不久，袁世凯于 1915 年 8 月 25 日特任陈宧为成武将军督理四川军务，成为四川的最高统治者。

陈宧上任后，首先清除异己势力，将四川省财政厅长、代理巡按使刘莹泽拘押起来，继又下令逮捕国民党人董修武、唐宗尧，共和党人黄云鸿、印焕门，进步党人彭兰村以及林冰骨、邓孝可等。同时对四川将军公署官员以及川军将领进行了部分撤换，以控制四川军政大权。

陈宧随后宣布他的治川方针是：整顿吏治、恢复交通、清乡剿匪、收回滥发的军用票。从 8 月开始，陈宧采取划区清乡的办法，对全省进行了一次大清乡，名为"剿匪"，实际上主要是清剿"二次革命"失败后潜伏在四川各地的革命党人。冯玉祥率领的北洋第十六混成旅负责嘉陵道所属各县的剿匪工作。这一地区，尤以仪陇、营山、广安等县的匪风最盛。冯玉祥认为这是他随陈宧入川后的第一个任务，必须好好完成。他从十六混成旅中抽出步兵 1 个营，附炮、骑、机各 1 个连，亲自指挥，取道阆中前进。开始时，东击西追，颇感疲于奔命。后来，冯利用自首的匪首何鼎臣作内线，剿抚兼施，才大著成效。

在四川积极筹备帝制

北京筹安会成立后，陈宧立即响应，派范熙绩、郑万瞻为代表赴京参与筹安会的所谓讨论活动。

随后，筹安会四川分会成立，陈宧任兼四川国民会议选举监督，于 11 月 16 日举行所谓决定国体的投票，146 名所谓代表一致赞成帝制。31 日，陈宧致电袁世凯劝进，并发出拥袁称帝的通告。

　　蓝天蔚、陈宦、汤芗铭、田文烈、哈汉章、唐克明、蔡汉卿、梅宝玑、王景芳、郑万瞻、周超、汤用彤、王安澜、窦秉钧、吴兆麟、陶德琨等81人以所谓"湖北省公民"的名义，于9月上书请愿，请愿书称："夫民等既熟睹共和之害，确见民主制度不适国情，自应披沥陈言，聊附匹夫有责之义。顾或者谓自《大总统选举法》颁布后，总统任期十年，并得连任，以今大总统英略盖世，总揽政权，积以岁年，必能日臻上理，无论中国幅员广阔，情势特殊，民选总统只能镇定于一时，断难维持于永久。而且爱日虽长，终难永照，没有万一，则豪强并兼，四分五裂之祸可以立见于时。内乱相杂，外人乘之，夫豪强割据，必重岩疆；列强称兵，先争要害。鄂省缩毂中原、为军事上所必争。喘息未安，何堪再罹惨祸？民等为身家子孙计，为大家前途计，唯有请求变更民主国体，确定君主立宪政体既永久统于一尊，斯祸乱可以不作，福利斯民，在此一举。谨援立法院组织法第三十三条之规定，提出请愿书，伏乞钧院速付大会公决。"

　　陈宦又于巧日向参政院发出请援电："参政院钧鉴：溯自辛亥革命举国沸腾，其时大势所趋，为消除种族障碍起见，仓促之间制定共和国体，微特贤者心知其危，即海内士夫昌言，人民公论，固期期以为不可也。盖中国历史与欧美迥不相同。自唐虞以迄明清，数千年来君主之震慑，人民譬彼太阳居中，星球环绕，苟吸力有时改变，则轨道即有灭裂之虞。孟德斯鸠有言：建国立制，唯以最合民情，最宜民德者为归。以我国而强改共和，揆诸民德、民情，直无异假屦于邻，归而自削其足，其为痛苦，尽人皆知。四年以来，法律之遭反民意，匪盗之扰害闾阎，党派之竞争私利，暴民之鱼肉善良，哀我同胞，颠连无告，非特未享共和之幸福，是几陷于无政府之危险，将来惨剧更不知何如，利害昭彰，思之股栗。虽自约法修正以后，救济已多，然与其就罅漏为补苴，何如作根本之解决？际兹存亡危急之秋，决非改建强健统一之政府，不足以固邦本而定人心，若仍慕共和之虚名而不计国情之轩格，深虑人心浮散，邦本动摇，巴、墨前车堪为殷鉴，甚且亡国灭种，均非虚言，及今不图，后悔靡及。比以函电商榷，金谓巩固国基，非君主立宪不足以救亡图存，全国军民意见一致。《书》曰：民之所欲，天必以之。《传》曰：嫠不恤其纬而忧宗周之陨为将及已。窬军符忝握，待罪疆圻，察民意之同，惧及身之祸，难安缄默，敢贡刍荛，敬乞贵院迅速议决，将全国请愿书呈请政府核定，早日公布施行，若候至国民会议则成立须时，长夜漫漫，深恐乱党乘机强邻伺隙。《语》云：当断不断，反受其乱。决疑定计，端赖鸿裁。天下安危，在此一举，不胜迫切待命之至。陈窬叩。巧。"[1]

陈窬赞助帝制有"功"，袁世凯称帝后赐封他为"一等侯"。

左右逢源，背袁自保

袁世凯曾寄希望陈窬为他坐镇西南半壁江山，但反袁护国还是从西南打响。

护国战争爆发后，中华民国护国军第一军司令官蔡锷率领第一军九千官兵从云南攻打四川，其战略目标就是夺取四川。护国军首先迎战陈窬任命的川南镇守使伍祥桢任旅长的第四混成旅，将其击溃，攻下四川叙州。取得护国战争的第一个重大胜利。

叙州失守后，陈窬十分恐慌，他急忙悬赏 50 万元，命令冯玉祥率第十六混成旅的两个营由泸州出发攻叙东，伍祥桢率第四混成旅残部由自流井回攻叙北，朱登五统汉军（巡防营）由犍为、屏山攻叙西，另由泸州派两个营经高、珙两县绕攻叙南，企图乘护国军立足未稳之机，四路围攻，夺回叙州。但仍被护国军打败，夺取叙州的计划破产。

1916 年 2 月 2 日，川军第二师师长刘存厚在四川纳溪宣布起义，自称中华民国护国川军总司令，发表讨袁檄文，加入护国军行列。陈窬手下的几个旅都遭到护国军的沉重打击，已经无兵可调。

---

[1]　筹安会编：《君宪问题文电汇编》，第 101—102 页。

　　1916 年 2 月上旬，曹锟指挥的北洋军第二路司令官张敬尧所部已经到达川南前线，与护国军在川南纳溪、叙州、泸州等地展开激烈争夺战，激战 1 个月，张敬尧损兵折将，被迫收缩战线，退守双河场、棉花坡、南寿山一线，等待援军。

　　护国军与张敬尧部北洋军在川南激战期间，陈宧采取两面派政策，一面派将军署顾问刘一清、副官长邓汉祥、旅长雷飙等秘密与蔡锷通气，相约互不侵犯，据说陈宧还秘密给蔡锷汇去 60 万元以助护国军之军饷；同时又派将军署参谋长张联棻与曹锟、张敬尧等联络，搞骑墙主义，企图左右逢源。

　　1916 年 3 月 22 日，袁世凯被迫取消帝制，但仍企图保留大总统宝座，袁多次通过陈宧致电蔡锷，希望化干戈为玉帛，而蔡锷却反过来一再致电陈宧，希望他与护国军取一致立场，迫袁世凯退位。在蔡锷的推动下，冯玉祥、伍祥桢两位旅长也一致要求陈宧俯顺舆情，宣布四川独立。四川各界人民也相继要求陈宧宣布独立，先是吴庆熙、谭创之等人上书请陈宧从速宣布独立，接着又有四川省议会郭湘、李文耕等 76 名议员联名致信陈宧要求宣布独立。请求函写道："议员等为七千万同胞请命，为全蜀父老昆弟救危，势非请钧府明白宣布独立，与袁氏脱离关系，不足以镇人心而消疑畏，维现状而弭后灾。"[①] 陈宧的参谋长张联棻也担心继续拥袁将祸及自身，以至日夜唏嘘，甚至以泪洗面。

　　但当时的四川境内，川东南有曹锟、张敬尧指挥的北洋军重兵，四川省内号称"十八路诸侯"的各路民军也十分活跃，而陈宧手中却无多少兵力可调，当时传言川人将以辛亥时对待赵尔丰的办法对付陈宧，更让陈宧胆战心惊。陈宧鉴于自身难保，反过来向蔡锷请求借兵。蔡锷所统率的护国军总共只有 13 个不足额的营，兵力并不充足，但为了促成陈宧的独立，仍毅然应允拨 10 个营给陈宧，为其撑腰壮胆。陈宧有了蔡锷做后盾，终于 1916 年

---

① 云南社会科学院、贵州社会科学院编：《护国文献》下册，第 776 页。

5月3日发出了请袁世凯退位的电报：

　　时局颠危，南疆鼎沸，飘摇风雨，每念心摧。宦受钧座之知，有封疆之寄，至今日而犹依违缄默，不以外间实情入告，则误国欺妄二者均无可辞，谨冒死为左右一言之，幸垂纳焉。自取消帝制之令下，私心窃冀以为可罢滇、黔、桂之兵，而餍天下之望矣，乃其效力仅得停战议和。使议和果成，战事不至再生，则国家之福也；乃荏苒蹉跎，迄无解决之望，且于此停战期内，粤、浙相继独立，今者黑省又见告矣。其争执主要之点，欲得钧座退位。使此退位之说仅出于首事诸人一部分之口，则转圜犹易为力，乃首事诸人如是云云，主持清议诸人复如是云云，甚至举国人之心理亦如是云云；于此可察大势之已去，人心则已失，虽有大力者，亦不能逆天以挽之矣。虽然，钧座之心固以救国救民为素抱也，帝制尚毅然取消，岂尚恋恋于总统一席，此种隐衷实宦深信者，第悠悠之口，多言可畏，宦又焉能向天下人而一一剖白耶？

　　钧座受任以来，艰难缔造，劳身焦思，四载于兹矣。乃国人犹不见谅，种种责难，则毋宁退居颐养之为快也。此非钧座恝然于国民，国民先恝然于钧座耳。使钧座退而兵罢，兵罢而国安，则国人尊报让德，应如何优待条件，宦与各省疆吏亦必力争以报。若再迁延时日，则分崩离析之祸今已见端，后患之来，则宦之所不忍言者矣。良药苦口利于病，忠言逆耳利于行，狂夫之言，圣人择焉。无任涕恳待命之至。[①]

　　袁世凯收到陈宦要求他退位的电报，无疑又受到致命一击。但袁世凯不肯轻易服输，他于5月6日复电陈宦："江电悉，实获我心。但此间情形容布置善后，望速向政府切商办法，切盼。"复电言不由衷，显然是想采取拖

---

①　李希泌等编：《护国运动资料选编》下册，第610—611页。

延策略。当时，军务处一等参谋季自求曾向陈宧痛切进言，要陈宧考虑与袁世凯的私交，不宜凶终隙末，对袁的忠告只能做到劝其退位为止，不应有更进一步绝交之表示。但在各方进步人士的催促下，陈宧于 5 月 22 日发表通电，公开宣布四川与袁世凯个人断绝关系，电报全文如下：

特急。北京国务院、统率办事处、各部局、各省将军、巡按使，并转各镇守使、徐州巡阅使、上海护军使、承德、归化、张家口都统、西宁办事长官、永宁行营蔡总司令，并转滇、黔、桂、粤、浙都督钧鉴：宧以庸愚，治军巴蜀，痛念今日国事，非内部速弭兵争，则外人必坐收渔人之利，亡国痛史，思之寒心。川省当滇、黔兵战之冲，人民所受痛苦极巨，疮痍满目，村落为墟，忧时之彦，爱国之英，皆希望项城早日退位，庶大局可得和平解决。宧既念时局之艰难，义悚于人民之呼吁，因于江日径电项城，恳其退位，为第一次之忠告。原冀其鉴此忧悃，回易视听，当机立断，解此纠纷。乃复电传来，则以妥筹善后之言，为因循延宕之地。宧窃不自量，复于文日为第二次之忠告，谓退位为一事，善后为一事，二者不可并为一谈，请即日宣告退位，示天下以大信。嗣得复电，则谓已交冯华甫在南京会议时提议。是项城所谓退位云者，绝非出于诚意，或为左右宵小所挟持。宧为川民请命，项城虚与委蛇，是项城先自绝于川，宧不能不代表川人与项城告绝。自今日始，四川省与袁氏个人断绝关系，袁氏在任一日，其以政府名义处分川事者，川省皆视为无效。至于地方秩序，宧有守土之责，谨当为国家尽力维持。俟新任大总统选出，即奉土地以听命，并即解兵柄以归田。此则区区素志，于私于分，以求无负者也。皇天后土，实闻此言，谨露布以闻。中华民国五年五月二十二日。四川都督陈宧叩。①

---

① 李希泌等编：《护国运动资料选编》下册，第 611—612 页。

陈宧自入川以来，重要文电均为其一等参谋季自求草拟，但季自求认为这样的电报对袁世凯刺激太深，拒绝草拟。该通电出自修翰青的手笔，其中警句为"四川省与袁氏个人断绝关系"，意思是说四川的独立仅对袁世凯个人而言，并非和北洋派脱离关系，这在独立各省中是独一无二的。蔡锷一针见血指出陈宧这是在四处讨好，纯是"取巧"。

四川宣布独立，独立省份增加到六个，扩大了反袁护国军声势，加速了袁世凯的败亡。收到四川独立电报后，袁世凯急召梁士诒入府，对梁说："二庵厚爱我若此，夫复何言！君为我电复，决志退位如何？"梁不答，袁乃亲自动笔草拟复电："昨见松坡致黎、徐、段电，请劝我退位，公义私情，倍感交集，但尚未悉我心。我厌问世，几不愿一朝居，再商诸重要诸公，担任善后，佥以兹事体大，且难轻放，内忧外患，相逼而来，即有亡国之祸。我年近六十，艰难万状，尚有贪念，愚不至此。我志已决，退位不成问题。所当研究，唯在善后，政府诸公，讨论多日，仍无结果。如不愿善后，撒手即去，危亡立见，实不能忍心至此，且亦无术是以自拔。时下重点，在速筹善后之策，但有二三分抵担，不致危亡分裂，退位一议，即可解决。务望切商政府，速定办法，期早定局，希即速筹，共同妥商如何。祈严守秘密，电未尽言。"

据季自求《入蜀日记》记载，袁世凯的复电中还有："陈宧与余之不能分而为二，亦犹余与国家之不能分而为二也"[1]之句，语意深刻，怨憾极深。但袁世凯仍想挣扎报复。5月24日，袁世凯下令将陈宧免职，调其进京"筹商善后"。同时特任重庆镇守使周骏为崇武将军，督理四川军务，同时任命曹锟督办四川防务，张敬尧帮办四川防务。

据袁的亲信索崇仁说："陈二庵末次与元首断绝关系之电，（袁）阅后半日，未出一言。由是则发显病两次。"陈宧反袁，给予北洋派以很大刺激，他们说："我们总统一生用人不错，唯用两个湖北佬失着，可见还是要用自家人

---

① 李希泌等编：《护国运动资料选编》下册，第616页。

靠得住。"①

1916年6月6日，袁世凯病死。次日午后，陈宧得到袁的死讯，额手称庆说："此中国之福也！"②

袁世凯死后，退出政坛

1916年6月24日，北京政府宣布蔡锷督理四川军务兼署民政长，命陈宧、周骏来京另候任用。7月6日，北京政府大总统黎元洪任命陈宧为湖南督军兼署省长，但遭到湖南人民的强烈反对，陈宧没有到任，躲在汉口租界。1917年1月19日，黎元洪总统任命陈宧为将军府明威将军。

据说，在酝酿帝制祸首名单时，国务院总理段祺瑞屡次坚持必列入陈宧，否则，他人皆可不必惩办。但黎元洪总统坚决不同意。最后，府院双方妥协，府方不提段芝贵，院方不提陈宧，最后公布的帝制祸首名单仅8人。有人说："陈（宧）、段（芝贵）漏网，真不足服天下之人心，国无真赏罚，安得不酝复辟之祸？"

第一届国会恢复后，参众两院开联席会议，内阁总理段祺瑞出席，有多名湖北籍参众两院议员起立质问段总理："帝制取消，民国恢复，袁世凯已死，时过数月，帝制罪魁，尚未提出惩办。段总理为保障民国，反对帝制主脑，何以延不惩处？请伸张国纪，宣布奸邪。"段答道："惩办帝制罪魁，宜先办贵同乡成武将军陈宧，不提陈宧，而提他人，何以服天下人之心？"

鄂议员又问："何以不提陈宧？"

段答："请贵议员问黎大总统，大总统不提出，内阁总理何能副署？"

论者认为，陈宧一人实与洪宪共始终。刘成禺《洪宪纪事诗》有云："仗

---

① 来新夏主编：《北洋军阀》（一），第971页。
② 李希泌等编：《护国运动资料选编》下册，第617页。

策从龙共始终，西川节度出台东；九河已决休回顾，知我依然赖此公。事去臣能请自裁，留中揩奏变酸哀；胜他反复西州帅，出镇曾歌死不回。"[1]

此后，陈宧闲居北京、天津，以读书赋诗自遣。著有《念园文钞》《念园诗钞》10 余册。1937 年北平沦陷后，陈宧拒绝日伪的拉拢，不为日伪效劳，保持了晚节。1943 年 10 月 24 日病死北平。

---

① 刘成禺:《世载堂杂忆》，第 202 页。

第二章 两大"财神"

周学熙与梁士诒是袁世凯幕府中的两大"财神",分别是袁世凯幕府中皖系和粤系的首领。当然,周、梁在袁世凯幕府中的地位、作用,还是有所区别的。徐世昌曾说:"就财政方面言,项城在北洋以周学熙、孙多森为主干。周学熙系建德周馥之子,孙多森是寿州孙家鼐本家,皆有深厚渊源,其在北洋办理启新洋灰、开滦煤矿公司,成效卓著,根据实业而言财政,自较踏实,故项城信任之。以其为皖人,故曰皖系(当时并无派系,因后来有粤系,乃有此称)。梁士诒亦项城属意之人,清末在邮传部即崭露头角,后又掌握交通银行,于交通具有历史。……梁则依靠交通银行,为项城公私两方面筹挪款项,项城亦驱使之,然个中真秘密,非彼所能尽知也。彼以府秘书(长)地位而扩张其财政势力,于是有'梁财神'之称。其部下叶恭绰、赵庆华等亦皆一时人才,乃形成为交通系,以其为粤人,故曰粤系。其实项城所亲信者,仍是周学熙一派。……终项城之世,财政巨大计划皆出于周而非梁。帝制事起,周不赞成,梁则借用时机,异常努力,为项城着想,正如孟子所云王无亲臣矣。而北洋旧人,因此亦受影响不少,盖不仅财政方面之损失也。"[1]

第一节 "中华第一流理财家"周学熙

周学熙在晚清是北洋实业巨擘。民国初年,他在袁世凯手下两任财政总

---

[1] 张国淦:《北洋述闻》,上海书店出版社 1998 年,第 76—77 页。

长，成为袁世凯手下所谓的"中华第一流理财家"①。

淮系显宦子弟

周学熙，字缉之。60 岁以后，又号止庵、卧云居士，取陆放翁诗"身卧云山万事轻"之意。祖籍安徽建德县（又名至德县，今名东至县）人，1866 年 1 月 12 日（清同治四年十一月二十六日）生于南京。其父周馥 1861 年投入晚清重臣李鸿章幕府为文案幕僚，为镇压太平天国、捻军效力，深得李鸿章的赏识。在李鸿章的保荐提拔下，周馥累获升迁，历任候补道、永定河道、津海关道、总理北洋水陆营务处、直隶臬司、四川布政使、山东巡抚、署两江总督、两广总督等职，为晚清名臣之一。周学熙 7 岁入私塾读书，先后就读于塾师张鉴廷、李幼龙两位先生。15 岁时回建德原籍，从长兄学海读书。16 岁中秀才。19 岁时移居天津。其父时任天津道，周学熙一方面从刘启彤读书，同时与父亲的幕宾邵班卿、潘笏南、洪述之等日夕讲论舆地、音韵、算术、辞章、制艺、公牍等，熏陶渐染，得以粗窥各学门径。1886 年，周馥向朝廷捐助一笔巨饷，部议给奖，因而荫及诸子，长子学海候补内阁中书；次子学铭候补员外郎，分刑部江西司；四子学熙以候补郎中，分工部都水司主稿上行走。1893 年，周学熙参加顺天会试，中举人。此后数年，多次参加科举会试，均名落孙山，不得不放弃科举功名正路，另求功名干进之途径。1897 年，周学熙通过亲家、开平矿务局总办张翼，谋到开平矿务局董事、驻上海分局监察之职，他往来于温州、厦门、汕头、福州、澳门、广东，查看开平矿务局煤炭在南方各省的销售情况。1898 年，周学熙又在直隶藩库捐得候补道，由北洋大臣裕禄札委为开平矿务局会办，这是周学熙从事近代工矿事业的开始。

1900 年，义和团反帝运动爆发，八国联军入侵天津、北京，慈禧太后挟持光绪皇帝逃往西安，决定彻底投降外国，派奕劻、李鸿章与八国联军谈

---

① 　周叔珍：《周止庵（学熙）先生别传》，文海出版社印行，第 213 页。

判，周馥奉旨以直隶藩司入京襄办和议，周学熙随侍其父从四川回到北京，居京师贤良寺。

投袁世凯幕府，主持北洋新政

1901 年，周学熙在顺直善后赈捐第一次案内报捐，分发山东试用。时袁世凯任山东巡抚，周学熙到任后，袁世凯即委派他为山东大学堂总办。从此，周学熙成为袁世凯的幕僚。

1902 年，袁世凯调任直隶总督，周馥升任山东巡抚，按照清代官场惯例需回避，于是，周学熙不得不离开山东，分发到直隶候补。同年 7 月，袁世凯委周学熙为银圆局总办。时值庚子事变之后，北方各省糜烂，私钱、劣钱泛滥，物价沸腾，民生凋敝，惨不忍睹。袁世凯决定首先设立银圆局，铸造铜圆与银圆以济市面，并为直隶开辟财源。周学熙到任后，选定天津大悲院，利用天津东局学修械厂的旧机器和上海旧存锈蚀残缺之件，招集工匠日夜加班，仅用 3 个月的时间，就将铸造厂的厂房建成，机器设备安装调试完毕，并铸出了第一批铜圆。铜圆投放市场后迅速稳定了物价，人心稳定下来。之后，周学熙利用造币厂所赚来的利润，陆续创办了工艺局、工艺学堂、考工厂等事业，铜圆局历来是主办人员谋利的渊薮，但周学熙秉持乃父为官从政的作风，廉介自持，身为表率，严定局规，时时督饬员司，事事核实，涓滴归公，且极力节省，不使丝毫靡费，故而能使铜圆局有利润可图，并以之举办新事业。

周学熙的办事才能和工作效率，在袁世凯心中留下了深刻印象。袁世凯在上奏中，为周学熙写下了"心精力果，为守兼优"的八字考语，奏请留直隶序补。

1903 年春，周学熙奉袁世凯委派赴日本考察工商币制。周学熙一行在日本两个月，周历各处，参观了日本著名的公司、企业、银行、学校、码头等，如八幡制铁所、川崎造船所、正金银行、造币局、住友伸铜场、博览会、大仓商业学校、日本银行、印刷局、女子高等师范学校、东京府立师范学校、商船学校、成城学校、东山本矿、大仓制革所等，并且遍访日本朝野名流。在拜访日本原大藏大臣松芳正义伯爵时，松芳正义当面向周学熙传授了理财之方，并声言："中国能理财政，为世界第一强国"。此次日本之行，对周学熙触动很大，认识到了日本之所以富强的道理。他在《东游日记·跋》中写道："日本维新最注意者，练兵、兴学、制造三事。其练兵事专恃国家之力，固无论已。而学校、工场由于民间之自谋者居多，十数年间，顿增十倍不止。其进步之速，为古今中外所罕见。现全国男女几无人不学；其日用所需洋货无一非本国所仿造，近且返运欧美，以争利权。今日中国兴学校、废科举、倡工艺、予专利，即屡奉明诏，不为不切。然而学堂则捐款难，工场则集股难，岂真日本之民驯而中国之民顽耶？间尝默思其故，明治以前，其民情之顽固有甚于中国，而何以一旦幡然，能使庸夫俗子心志如此之灵敏，盖所以开通风气者，必有要领。其铁路、轮船、电报，得律风（即电话—笔者注）之数者，之足以大启民智。欤夫！民安土重迁，囿于乡里之所习，大率足所未至，身所未经，则以为异；目所不见，耳所不闻，则以为怪，此人之情也。如此，则朝廷虽有良法美意，何由而施？即勉强设施，其不激而生变者幸也，安望其能响应若饥渴之于饮食不可须臾缓也。今日本蕞尔岛国，幅员不过 135 万方里，其内港外海商轮大小 1300 余艘，铁路纵横一万二千数百里，电报、得律风则无村无市无之，其民生而习乎交通洞达之场，智慧日增而不自觉。一学堂之善法，一工场之新制，不片刻而遍传，且不终朝而可亲见。其鼓舞奋迅为何如故，其全国精神团聚若手足之于腹心，朝廷于是发一号、施一令如鼓之有桴，斧之有柯，宜乎其新政之易行，而收效如此之速也。"

周学熙从日本考察回到天津，即向袁世凯上了一个条陈，请求在天津设立直隶工艺总局，作为振兴实业的枢纽。周学熙在条陈中说："果能得其要领，三五年间必然有勃然兴者。"[1] 周学熙的条陈，完全符合袁世凯举办"新

---

[1]　周叙媜:《周止庵先生别传》，第 4 页。

政”以博取政治声誉的意图。因而很快得到袁世凯的批准，袁随即委周学熙为直隶工艺总局总办，周家鼎为会办，刘风镳为总稽查，胡宗楙为提调，任用中日职员多名设局办事。直隶工艺总局为全省工学界之总枢，“以诱掖奖劝全省绅民勃兴工业思想为应尽之义务”，“以全省工业普兴，人人有自立之技能为目的”。并以各种方式引导和支持民间的振兴实业活动，如设立高等工业学堂，以教育培植工艺人才；设实习工场、考工厂（后改名劝工陈列所）和北洋劝业铁工厂，以传授生产技术，提倡示范多项实业；设商业劝工会和劝工展览会，以“开启民智”等。周学熙一改过去官督商办、官商合办的洋务模式，采用官商合作、官助商办的新模式。在企业创办过程中，或由官商共同出资创办；或由官方发起，招集商股创办；或先由官资官办，后招商承办。尽量减少官对商的控制和干涉，加强官对商的扶持作用，突出商的自主经营作用。周学熙从 1903 年到 1910 年，先后以铜元局余利、盐斤加价、长芦盐库拨银等方式，筹款 80 余万两，推出了一批“官助商办”的公司厂家。如 1904 年宁世福开办天津织染缝纫公司，绅董拟招股 5 万元，从银钱所领洋 15000 元拨助股本。宋则久办天津造胰公司，拟招股 5000 元，银圆局拨助资本 1000 元。1907 年赵尔萃创办天津机器玻璃厂，周学熙以茶捐项下拨助 5000 两。以上由官方资助而办起来的商办企业，在经营管理上，丝毫不受官方的控制和干涉，完全由商人自主经营。

在周学熙的大力倡导下，天津乃至直隶的新政取得了长足的进步。1907年，直隶全省 142 个府、厅、州、县共开办工艺局、所、厂共 85 处，资本总额为库平银 425200 余两。到 1911 年，天津有工厂 134 家，资本总额达 1300 多万元。河北高阳土布盛极一时，1909 年以后，岁入百余万元。

直隶工艺总局成为近代工业的推广中心。直隶和北洋成为“新政权舆之地”，“各行省咸派员视察，借为取法之资”。袁世凯曾在一份批示中这样评价周学熙：“该司整饬盐纲、提倡工艺及办理一切新政，心精力果，规模宏远，成效昭著，舆论翕然……"① "直隶新政"的成绩极大地提高了袁世凯的政治身价。1910年，南洋劝业会，直隶省的参展品受到各方面的好评，江苏立宪派大老张謇在日记中将袁世凯夸奖了一番，他并由此认定袁世凯的才调在各省督抚之上。周学熙主持新政有功，袁世凯投桃报李，也极力为周学熙请功请赏，保荐功名。周学熙屡获升迁，由候补道、署理天津道、通永道、长芦盐运使、署理直隶按察使。此外，由袁世凯保奏请奖，清廷又先后赏给周学熙上三代正一品封典，周学熙本人加恩赏头品顶戴。在直隶省内，周学熙还先后兼任淮军银钱所会办、北洋支应局总办和天津官银号督办等职，可见袁世凯对周学熙倚重有加。

袁世凯最倚重的理财家

唐绍仪内阁是袁世凯与南京临时政府妥协的产物，首任财政总长熊希龄是原立宪派人物，并非袁世凯的亲信。在唐绍仪内阁垮台后，袁世凯首先提名周自齐为财政总长，但遭到临时参议院的否决。在周自齐遭否决后，袁世凯即将财政总长人选锁定为周学熙。

当时周学熙住在天津，担任启新洋灰公司总理、开滦总局正主任董事、京师自来水公司总理等职，俨然北方实业巨擘。袁世凯屡次派人或函电纷驰，征召周学熙出山理财，但周始终拒绝，并复函袁世凯，列举四大理由，声称自己不敢与问政事。袁仍不罢休，遂改变手法，派人到天津敦促周去北京面商国事，强迫他就道。当周学熙一到北京，袁即明令发表周为财政总长兼税务处督办，让周再也无法推辞。

对于周学熙的出掌财政，激烈的革命宣传家戴天仇在《民权报》上发表《斥周学熙》一文，文章写道："熊（希龄）去而周学熙继之，周之恶更甚于熊也。其他劣迹，姑缓斥之。吾国民试思，为中华民国之国民，而蓄长辫者，吾人必以昏聩糊涂评之。周既立足于政界，今更进而为财政总长矣，犹

---

① 天津市档案编：《袁世凯天津档案史料选编》，天津古籍出版社1990年版，第297页。

脑后垂豚尾，非丧心病狂反对民国者，焉有此现象乎？呜呼！"戴天仇的反对自然不会有什么结果。1912年8月，周学熙正式就任。上任伊始，周学熙拟定了《财政意见书》，9月间作为财政总方针在临时参议院会议上宣读。

1912年11月，周学熙主持拟定了《财政方针说明书》。该说明书首先分析了财政极端困难的两大原因：一是紊乱，二是枯竭。其次提出了整理财政之目的为：使国家财政与地方财政立明晰之界限；使财权统一；使租税统系分明；使文明先进国家最良之税制推行于吾国；使有信用之公债补救财政穷绌；使旧烂之纸币绝迹，代之以一律之钞票，使纸币归于统一；收回旧币；使全国金融活动，恢复产业。关于财政政策，说明书提出了整理财政的四项办法：划分税项；统一税权；厘定税目；更新税制。关于经济，说明书提出了筹划公债、统一币制、筹划银行、保护产业四项。周学熙常身穿一袭宽袖长袍，体形清癯而态度温文尔雅，说话做事，都有条理而极其扼要，是一干练精明的官僚。周学熙亟思对当时混乱的财政有所整理和建树，但由于政局动乱，他所提出的大政方针"多成纸上空谈"。

周学熙上任后，改变熊希龄任内南北部员并用的方针，起用前清旧吏，排斥原南京临时政府财政部的部员。以张弧为财政部次长，部内下设五司，五司司长分别为赋税司司长曹葆珣（后易李景铭）、会计司司长为曲卓新、泉币司长为吴乃琛、公债司长为陈威、库藏司长为钱应清。根据当时财政枯竭、混乱的状况，周学熙第一步即为统一财政。1912年9月间，财政部成立了调查委员会，以王璟芳为会长，随后向各省派出财政视察员，考察各省财政状况，与各省都督协商以下两个重要问题：第一步，要求各省都督支持财政部向六国银行团借款；第二步，要求各省都督赞成成立国税厅筹备处，以备将来明确划分国家税与地方税。

六国银行团借款问题牵涉复杂，以下再谈。设立国税厅筹备处的问题，山西省都督阎锡山于1912年12月11日首先通电表示同意，各省都督也陆续表示同意。1913 年 1 月 10 日，袁世凯利用临时参议院休会的时机，未经参议院审议通过，即直接以大总统名义批准了财政部拟定的成立国税厅筹备处章程，规定由国税厅筹备处掌监督及执行关于国税事务，并陆续任命了各省国税厅筹备处坐办。同时，财政部调查委员会改为国税厅总筹备处，以王璟芳为总办，李景铭为会办。设立国税厅是加强中央集权的一项重要措施，其目的是要将原由地方征收的国家税改由财政部直接征收，把财政大权收归财政部。在税目的划分上，将田赋、盐课、关税、常关、统捐、厘金、矿税、契税、牙税、当税、牙捐、当捐、烟税、酒税、茶税、糖税、渔业税17 种大宗税收列为国家税；将田赋附加税、商税等 20 种小额税收列为地方税。对于划分国家税与地方税，多省都督没有公开表示反对，但在实际上大多数采取消极抵制办法。各省主张大致有三：第一种是承认全体接收，如浙江、甘肃等省份；第二种是承认分项接收，如山东、奉天、江苏等省；第三种是承认定期接收，江西、安徽、云南等省。因为受到消极抵制，周学熙不得不下令"暂缓接收"，先行筹备所有应办之事，并命令国税厅筹备处与各省财政司会商办理，以示"委曲求全之意"。由于各省都督怀疑赋税一经解交国税厅，即为中央之专款，不得自由取支，或委延不交，或既交之后于督促概不出力，任其短绌。国税厅起不到应有的作用，不得不于 1914 年 6 月1 日宣布取消国家税、地方税名目，国税厅筹备处亦宣布撤销，周学熙推行此项改革措施遭受挫折。

在第一任财政总长任上，令周学熙最感棘手的是所谓善后大借款。

民国成立以后，中央政府财政枯竭，当首任财政部长熊希龄到任时，国库里只剩下不足 10 万两白银的库银。杯水车薪，无济于事。于是袁世凯政府上上下下都把希望寄托于借外款。帝国主义列强正是抓住了袁世凯的这一弱点，趁机成立银行团，垄断对外借款，并对中国的借款附加各种严苛的条件，以达到控制中国国库的目的，防止中国在建立共和制度后国力发达，打破列强在华势力范围和各种侵略权益。沙皇俄国的外交大臣萨查诺夫说："法、英两国政府拟使中国不能随意举借外债及毫无监督地使用所借之款，拟将整个对华提供款项一事，置于与中国事务关系最密切的俄、法、英、德、美、日六国监督之下，银行家只应执行这六国政府之决定。"列强的意图已经很清楚明白了。

1912年6月24日，财政总长熊希龄、外交总长陆征祥与新成立的六国银行团举行善后大借款的第一次正式会议，当时中国方面借款总额内定为6亿两白银，银行团向中国政府递交了善后大借款的四项条件：一、须予银行团以经理五年债票之专利权；二、须以盐务改照海关办法；三、须延聘银行团中一人为财政部顾问；四、须聘外人为稽核处长。熊希龄鉴于当时国民党人强烈反对这种丧权辱国的大借款，不敢接受列强提出的条件。7月8日，六国公使向陆征祥和熊希龄声明：六国政府不赞成任何与所提条件不同的货款。熊希龄当即声明："垫款无着，只得令各省自行设法，或由中央另筹他法，以救目前之急。"大借款谈判暂时中断。

袁世凯急于搞到借款以缓解财政危机，于是在熊希龄辞去财政总长后，袁又聘他为总统府财政委员会会长，让熊希龄通过六国银行团以外的外国财团接洽借款。经过秘密谈判，熊希龄与英国伦敦姜克生万国财政社达成了借款1000万英镑的协议，随后姜克生万国财政社征得中国方面同意，又将其借权转让给英国伦敦的鲁意特银行，中国方面委托驻英公使刘玉麟与鲁意特银行负责人克里斯浦于8月30日签订了借款合同，合同规定借款1000万英镑，年息5厘，中方以盐课作为担保。克里斯浦借款的成立，打破了六国银行团的垄断局面，引起银行团的震动，他们立即出来破坏，英国驻华公使奉命向袁世凯政府声明，英国政府不赞成这笔借款，并对它的缔结表示抗议。在列强的压力下，袁世凯举棋不定，不敢提用已经拨付到的克里斯浦借款第一批汇款。

克里斯浦借款为熊希龄一手操办，新上任的财政总长周学熙对此一无所知。周学熙上任后仍以对外借款作为解决财政危机的不二法门。他说："外觇大势，内审国情，窃以此事不仅关系经济，未可因噎废食。"①

但周学熙鉴于外国借款条件过于苛刻，决定将借款总额由原来的6000万英镑（合中国白银6亿两），减为2500万英镑，并由国务会议拟定了借款大纲五条，于9月16日—17日两次出席参议院说明，征得同意。正当周学熙准备与六国银行团恢复谈判时，克里斯浦借款消息传开，六国银行团大为震怒，谈判受阻。与此同时，列强群起向袁世凯开单逼债，施加种种压力。袁世凯遂于10月初请法国公使出面调停，银行团才转变主意，同意恢复谈判。根据六国银行团的要求，袁世凯于11月30日发布命令，称为统一财政计划，今后关于借款事宜，应由财政总长周学熙一手经理。同时将总统府财政委员会会长熊希龄调任热河省都统。

双方开议之后，银行团方面提出种种要挟逼迫条件，周学熙"迭与磋商，波澜万端，屡议屡辍"，历时数月，双方于1912年12月下旬达成初步协议。12月27日，周学熙与国务院总理赵秉钧赴参议院报告。参议院决定，先将合同特别条件逐条表决，再将普通条件整体通过。双方原定于1913年2月28日签字，不料欧洲发生巴尔干战争，欧洲金融市场紧张，银行团方面节外生枝，要求于原定5厘利息之外，再增加半厘。周学熙说："窃计此项借款，数巨期长，半厘之增，受亏匪浅，坚持不允。且以此等饮鸩止渴之举，可已则已。"

当时，周学熙不仅急需大宗款项以应付列强的逼债，而且旧历年关将至，也需要一大笔钱支付政费、军费等各种开销，所以仍然不得不饮鸩止渴，继续想办法与银行团接洽。周学熙在致六国银行团代表熙礼尔的信中抱怨说："在这次借款谈判中，首先是常常拖延，其次是合同条件不断改变，我被迫处于一种难以想象的困难地位。"②

---

① 虞和平、夏良才编：《周学熙集》，第518页。

② 李新、李宗一主编：《中华民国史》第2编第1卷上册，第255页。

但就在这时，形势发生了戏剧性的变化。1913 年 3 月 18 日，新上任不久的美国总统威尔逊发表声明，撤销对美国财团参加善后借款的支持，美国财团随即宣布退出六国银行团。剩下的五国银行团担心美国退出后单独对华借款，决定尽快与中国就善后大借款达成协议。

与此同时，中国国内政局也发生了剧烈的变化。在刚刚结束的国会参众两院选举中，国民党议员占了很大优势，国民党领导人宋教仁出面组阁已成定局。权欲熏心的袁世凯不能容忍任何人挑战他的权力，袁世凯在对宋教仁的种种拉拢收买失效后，陡起杀意，他指使特务头子、现任国务院总理赵秉钧负责对付宋教仁，赵秉钧将此事交给特务头目洪述祖和黑社会头目应桂馨，他们物色到山西籍的流氓打手武士英作为枪手，于 1913 年 3 月 20 日在上海火车站将宋教仁刺杀。袁世凯惨无人道的鬼蜮伎俩很快暴露，宋案真相大白于天下，袁世凯一不做，二不休，准备以武力镇压胆敢反抗他的国民党人，他更加迫切地希望弄到大宗借款，为他的反革命暴行打入一支强心剂。于是，袁世凯指使周学熙迁就列强及银行团的种种无理要求，中外反动努力达成肮脏交易的时机终于到来。1913 年 4 月 22 日，袁世凯命令国务院总理赵秉钧、外交总长陆征祥、财政总长周学熙代表中国方面签字。

即将借款消息传出，国民党人誓死反对。4 月 26 日，国民党协理黄兴发表通电，反对袁世凯非法借款，通电云："闻政府向五国银行团议借英金二千五百万镑，将有成议。且政府志在必行，条约迁就，损失利权甚巨。俟国会开始议事，再行提交追认，云云。此外尚有小借款，政府随时自由商借，兹则并追认二字亦不语及。此中消息，殊属骇人听闻。夫借款必由参议院议决，载在约法。今国会承受参议院职权，关系全国命脉之举，不容彼先事置议，立国根本之谓何？今政府以追认为词，不知约法并无追认之条。"①

---

① 毛注青编著:《黄兴年谱长编》，中华书局 1991 年，第 378 页。

国民党总理孙中山、广东都督胡汉民分别到上海、香港汇丰银行，要求阻止银行团签字，孙中山对上海汇丰银行代表声明说："袁总统必不能再被选为总统，请于袁总统任内万不可借款"。"大借款未经国会通过，政府之借款实为违法举动，请贵银行注意。"①

25 日，国民党籍的参议院正、副议长张继、王正廷面见袁世凯，打算陈述反对违法借款的意见，袁托故不见，张、王只好留下名片而返。4 月 26 日，国民党人获悉当晚将在北京汇丰银行团签字，王正廷向多国银行交涉，劝阻签字，遭到冷遇，没有结果。一部分国民党议员则前往北京汇丰银行大门口守候，作最后的努力。奉命前往汇丰银行签字的袁世凯政府代表赵秉钧、陆征祥、周学熙见此阵势，设法避开守候在大门口的国民党议员，鬼鬼祟祟地从侧门进入，在 27 日凌晨 2 时 30 分签字完毕后，又偷偷地从汇丰银行的后门溜了出去。"善后大借款"是帝国主义列强对中国人民的又一次恶性的敲诈和盘剥。合同规定借款还款期限为 47 年，年息 5 厘，累计须付息 42893599 英镑，本息合计达 67892597 英镑。善后借款折扣大，袁世凯政府实收八四折，到手的仅 2100 万英镑，实际利率为年息 5.95%。根据合同规定，善后大借款首先用于抵还到期的外债和赔偿外国人在辛亥革命中的所谓损失，合计达 1078 万英镑，占实收款项的 51.3%。袁世凯最后得到的那部分，大部分用来发动反革命战争。

"善后大借款"成为民国开国以后的第一大"痛事"。张继、王正廷以参议院正副议长的名义通电全国，谴责袁世凯违法政府借款丧权辱国的行径。袁世凯政府则极力狡辩。周学熙身为借款当事人，也一再为自己的行为辩护。4 月 26 日，周以个人名义首先发布《布告借款成立之通电》。4 月 28 日，又以财政部名义发表致武昌黎元洪副总统、各省都督民政长及黄兴的通电，为自己辩护之余，且对黄兴反唇相讥，电文说："政府方谓此举服从民意，而

---

①   陈锡祺主编:《孙中山年谱长编》上册，第 808 页。

不料以此见责，殆所谓欲加之罪何患无辞矣。黄先生为手创民国元勋，一言为天下重，学熙奉职无状，敢不引咎自责，唯有肉袒面缚，敬候斧钺而已，临电不胜惶悚之至。"①

　　5月2日，周学熙又发表《财政总长答友人论借款用途书》。5月3日发表《财政总长致各省通电》，坚持认为："借款为目前死中救活，万不得已之举。"②周学熙的辩护并没有什么说服力。于是他一面为自己辩护，一面向袁世凯请求辞职，准备一走了之。5月3日，周学熙首次呈文袁世凯，称病辞职，呈文称："窃思今日国势之危险已无可讳言，就使内外合力，上下一心，捐除己见，共图国是，犹恐时会紧迫，挽救已迟。乃观近日现象，省权如此之重，党争如此之烈，逆料借款告成亦不过快一时之挥霍耳。而破产之祸即在转瞬，迨至事后论败，人思诿过，谁鉴苦衷？学熙既无医国之方，敢为孤注之掷，病体支离，心神恍惚，恋栈愈久，负疚愈重，唯有披沥肝胆，迫切自陈，伏乞大总统俯鉴庸愚，立予罢斥，另简贤能以维大计而计时艰，不胜悚惶待命之至！理合呈请鉴核恩准施行。"③袁世凯显然舍不得周学熙离开，在他的呈文上批示："据呈已悉，财政关系重要，该总长任事以来，整理甫有端绪，值此时艰方亟，正赖同心勠力，共维大计。唯据称病体支离，应准假五日，俾资调理，所请免官之处，应毋庸议。"

　　5月10日，周学熙再次向袁世凯呈文，请求免去本兼多职。呈文中把自己的病状写得更加沉重："奈假期已满，病势增剧，怔忡头眩，更甚于前，日饮薄粥，少进辄逆，夜不成寐，辗转达旦，精神恍惚，卧起不宁。据医者云，心血太亏，肝脾失养，必须屏除思虑，静心调摄，仅恃药石难期速效。窃思开岁以来屡请免官，未邀钧允，亦知时局艰危，力苟能支，何敢自求暇逸？无如内审病情，委顿日甚；外顾职务，旷误良多；再四筹思，唯有沥陈

---

① 虞和平、夏良才编：《周学熙集》，第524页。
② 虞和平、夏良才编：《周学熙集》，第531页。
③ 虞和平、夏良才编：《周学熙集》，第533页。

病状，仰恳大总统俯鉴下情，曲赐矜恤，准予免去财政总长本官并税务处督办之职，俾得安心调治，不胜迫切待命之至，理合呈请鉴准施行。"①

　　袁世凯实在不想让这位"理财家"离自己而去，批示再给假十日，让他安心调理。周学熙不达目的不罢休，于5月16日第三次呈请辞职，把自己的病又描述得更加严重："自维凤荷深知，果能勉力撑持，岂肯遽萌退志？无如病榻支离，眠餐俱废，怔忡眩晕，万不能支。据医者云，气血两亏，肝强脾弱，京城水土实于病体不宜，若非换吸新鲜空气，屏除杂类［念］，缠绵日久，医治更难。伏念部务殷繁，断难卧治，薄书填委，旷误堪虞，心既无顷刻之宁，病益非旦夕可愈，微躯原不足惜，如国事何？伏枕筹思，神魂焦悚，唯有仰恳钧慈，俯赐矜恤，仍准免去本官，俾得出京就医，安心调理。有生之日悉戴鸿慈，折沥渎陈，无任迫切待命之至，理合呈请大总统鉴准施行。"

　　袁世凯铁石心肠，再次批示给假1个月，不许辞职。周学熙屡辞不准，便顾不得许多，于5月14日离开北京，赴青岛侍养老父。袁世凯只好命令财政部次长梁士诒代理部务。

　　周学熙退居青岛不久，袁世凯即挑起了战端，出兵镇压南方各省的革命党人。周学熙用损失巨额利权换来的债款，最终成了袁世凯发动反革命内战的本钱。对此结果，周学熙良心发现，在《自叙年谱》中写道："善后借款所以清理积欠而为共和民国重新建设之举，所订用途本极严，尤以办理裁军为急务。乃余卸任之后，赣宁事起，战端重开，军糈浩大，裁兵之费，竟以用兵，可为浩叹，诚国家气运使然也。"②

因反对帝制而挂冠

　　周学熙退居青岛后，袁世凯于1913年10月任命周学熙筹办安徽赈抚

---

① 虞和平、夏良才编:《周学熙集》，第538页。
② 虞和平、夏良才编:《周学熙集》，第702页。

事宜。12月，又颁给他一等嘉禾章。1914年5月，袁世凯又任命周学熙为参政院参政，周辞未就。1914年9月，袁世凯又任命周学熙为代理农商总长，周仍以病辞。

1914年阴历十一月二十三日为周馥的生日，3日后为周学熙的五十大寿。袁世凯先期派专人将寿礼送到天津（此前不久，周学熙一家已从青岛移居来此），为周学熙父子祝寿之余，兼寓征召周学熙出山之意，命周再任财政总长。

周学熙宦情淡薄，权力欲不强，在第一任财政总长任上，为善后借款及整理财政备受指责，不愿再牵入是非场中。故在袁世凯派遣的祝寿专使到达天津的当天，周学熙即连夜避开，出关东游，先到唐山查看启新洋灰公司和开滦煤矿，后至山海关、葫芦岛，冒着风雨严寒周游多处，半个月后始归家，不料袁世凯得讯后又派人前来敦劝出山，仍未获同意，袁世凯退而求其次，任命周为财政部高等顾问。1915年1月27日，袁世凯又授周学熙为“中卿”。

1915年3月初，周学熙奉父亲之命前往北京面见袁世凯，答谢去冬祝寿之谊，结果为袁世凯强留。3月9日，周学熙宣布到职。周学熙再掌财政，他想利用袁世凯镇压“二次革命”和“白朗起义军”之后暂时的统一局面，试图在整理财政和发展实业上有所作为。

3月18日，周学熙发表《告同僚书》：“学熙敬告同僚，在昔六计弊吏，三风儆官，勖我凌明，亦云至矣。况今者时艰之亟为亘古所无，本部责任之殷，视他司尤重；即使尽瘁事国，毕智以谋，犹虞弗及，岂有余暇以事燕游？乃闻京师近来习尚饮博成风，虽有明令禁革，仍复阳奉阴违，甚至一局之负累巨万金，一席之资半中人产；循是不止，转相效尤，慢令旷官，玩时愒日；作达者以为逢场之戏，不肖者藉为声气之通；长侈靡之风，启贪婪之习；至或事干警律，名挂弹章，方始悔之，亦已晚矣。学熙赋性愚拙，唯知以勤慎自将。本部诸君子亦皆洁身自好之流，未必纵情及此；但恐习俗移人，贤者不免。用特掬诚相告，务望诸君子有则改之，无则加勉，长官有表率纠察之责，个人以道德名誉为心，留有用之精神，移而以之治事，节无端之耗费，俭始可以养廉。即使如东坡所言，宣力之余亦欲取乐，学记所诏，藏修之后，应有息游，亦可循汉公休沐之仪，作温公真率之会，何必侈为豪举，徒损令名。愿同悬清节之鱼，奠之危局，幸勿为害群之马，自取祛除。此则学熙所深望于诸君者也，特此通告。"①

周学熙秉持前次公布的财政方针，逐步实施。

第一、清丈田亩，以增加田赋收入。清丈田亩虽然受到阻力没有能够贯彻下去，但田赋增加了。田赋收入 1914 年预算收入为 7900 多万元，1916 年预算收入增加到 9700 多万元。

第二、大力整顿场产，以增加盐税收入。盐税历来为税收大宗之一。周学熙到任后不久，将"自便私图"②的盐务署长张弧告发下台，派龚心湛接任。在龚心湛的配合下，周学熙采取一系列措施，全面整顿场产，盐税收入大为增加。据统计，盐税收入 1913 年为 11471242 元，1914 年为 60409675 元，1915 年为 69277536 元，1916 年为 72440559 元。除还外债外，每年拨交政府的盐税收入 1914 年为 31304818 元，1915 年为 27523066 元，1916 年为 52226185 元。③

第三，实行烟酒公卖，开辟大宗税源。财政部仿照外国的税收办法，筹办烟酒专卖，于 1915 年 5 月设立烟酒专卖局（后改称全国烟酒事务署，从财政部独立出去），公布《全国烟酒公卖简章》。烟酒公卖采取官督商销办法，按烟酒价值外加公卖费，其费率轻重由各地酌情确定，各不相同。当局预计每年可收 2000 余万元。烟酒税、烟酒牌照税仍照旧征收，但由公卖局统一管理。

---

① 虞和平、夏良才编：《周学熙集》，第 554 页。
② 虞和平、夏良才编：《周学熙集》，第 573 页。
③ 《改革中国盐务报告书》，转引自《中华民国史》第二编第一卷，第 448 页。

第四、发行公债。1915 年 4 月 1 日，袁世凯公布《四年内国公债条例》，定额 2400 万元，用于"整理旧债，补助国库"。同年 9 月如数募足。

第五、实行地方解款考成。1915 年 5 月 28 日，袁世凯批准《中央解款考成条例》，严格实行奖惩，各省解款比以前积极。1915 年各省共认解款 2178 万元，专款 18989664 元。

第六、筹设民国实业银行及县农工银行，以活跃金融。1915 年 8 月 29 日，周学熙呈请开办民国实业银行。该银行为股份有限公司，资本总额为 2000 万元，分成 20 万股，每股 100 元，公股商股各半。同时，各县设立农工银行，发展乡村经济。

周学熙在《自叙年谱》中说："余就职后，依民二所订财政方针，费十月阅心力整理之，收支适合，且中央威信已著，各省解款，皆能如数而至，关盐两税也集权中央，故库有余存，且约计每年可余二千万，专办民间兴利之事，为国家生财源。"[①] 事实确如周学熙所言，1915 年，袁世凯政府收支首次做到了基本平衡，岁入实收银圆 130678127 元，支出银圆 139036454 元。[②] 应当指出，这都是多方盘剥搜括所取得的"成绩"。

周学熙理财的"成绩"却成了袁世凯称帝的资本之一。为时不久，袁世凯帝制自为的野心逐渐暴露。在这个问题上，周学熙倒是头脑比较清醒，他坚不附和，并秘密上书袁世凯劝阻，其中有"开国承家，小人勿用"之句。但袁利令智昏，听不进去，并且申斥周学熙"不识大体"。于是周学熙又上书请求辞职，袁又不允。周学熙无可奈何，只好请病假不出。周学熙在《自叙年谱》中说："七月，筹安会起，坚不附和，密上书力劝阻，又请辞职，不蒙允许。时余因公积劳致疾，遂请病假，总统特遣医官来寓诊视，因乞居北

---

① 虞和平、夏良才编：《周学熙集》，第 704 页。

② 李新、李宗一主编：《中华民国史》第 2 编第 1 卷上册，第 445 页。

海养疴，得住濠濮间，以仆自随，家人戚友，概不与通，所以表明心迹，盖当局以余异议，宵人乘间造为蜚语，余心虽无他，不得不远嫌疑以避祸也。"①

1916 年春，周学熙移居北京西郊的香山静宜园"养疴"，实际上仍处于袁世凯特务的监视下。周学熙有感而发，赋诗云：

误染缁尘又一年，江湖回首倍依然。

女娲炼石天何补，精卫衔山海岂填。

落落孤云闻唳鹤，茫茫远水堕飞鸢。

纯鲈那及桃花鳜，剩欲乘春放钓船。

同年 5 月间，袁世凯帝制失败已成定局，周学熙才得以辞去财政总长，返回天津，重获自由。回顾两任财政总长的经历，周学熙深有感慨地说："凡此应办之事，苟能次第实行，则中国富强并非无望。惜洪宪议起，大局忽变，一切悉归泡影。从此国事益不可为，国家之不幸，即人民之不幸也。"②

摆脱政务，专理实业

周学熙历任经济财政重要职务，他公私兼顾，先后创办了一系列属于自己名下的私人企业。周学熙创办实业，可分为两个阶段，第一阶段为 1906—1908 年，他先后创办了启新洋灰公司、滦州矿务公司、滦州矿地公司和京师自来水公司。第二阶段为 1915—1924 年，先后创办了华新纺织公司、唐山电力公司、兴华棉业公司、中国实业银行和耀华玻璃公司。从 1906 年到 1924 年，周学熙发起成立的企业共有 15 家，形成华北方面首屈一指的周氏企业集团，周学熙担任了启新洋灰公司总理、开滦煤矿总理、华新纺织公司董事长、中国实业银行总理等诸多职力。周氏与江苏南通的张

---

① 虞和平、夏良才编：《周学熙集》，第 705 页。

② 虞和平、夏良才编：《周学熙集》，第 704—705 页。

謇并称为"南张北周"。因周、张二氏在各自的兄弟行中都列第四，又称为南北二"四先生"。

周氏企业集团的成功，固然有周学熙长袖善舞，懂经营，善管理，但也离不开种种特权。周氏企业集团的各大股东和董事都是朝野的大官僚、大军阀，如段祺瑞、熊希龄、钱能训、龚心湛、曹汝霖、屈映光、陈光远、田中玉、王志敏、杨味云、孙多森等，他们不仅在创办企业时可用官款扶助，而且他们私人的投资也是从政做官时搜括来的巨额不义之财。企业创办后，又能得到种种便利条件，如专办权、减免税收、政府推销产品、运输上的便利等。仅以专办权来说，启新洋灰公司创办后，获得在直隶省内专办水泥厂，以及在东北各省及长江流域各省优先设立分厂的特权。华新纺织公司在创办之初，也申请到了在直、鲁、豫三省专办三十年的特权。这种所谓的"专办权"，实际上就是垄断经营权。1924年，周学熙年届六十，他决定及时引退。他说："夫四时之序，成功者退，余生平办理实业，全为贫民谋生计，为社会开风气，毫无个人权利思想，故每事办有成效，即行勇退，绝不系恋。"

在20世纪20年代，周氏企业曾经盛极一时。旧中国政局动荡，随着朝代更迭和外敌全面入侵，周氏实业最终也没有逃脱被摧残和被吞并的命运。周学熙为自己"实业救国"的理想破灭而感叹"毕生十事九成空"。引退后的周学熙曾捐资在安徽老家兴办学校、植树造林和赈济灾荒。在北京成立师古堂刻书局，刻古圣贤书籍50余种。晚年的周学熙在北平、天津、青岛等地定居，以读经、赋诗和念佛自娱。1947年9月26日，周学熙病故于北平寓所，终年83岁。生前，他曾自拟挽联和示儿绝句，从中可以看出周学熙为人处世的一些原则。

自撰挽联云：

平生万事低催，尘海已消前业净；

今日一心归去，太空不碍白云飞。

示儿绝句云：

先公笃守程朱学，孝友传家忠厚存。

门诈兴衰原有自，愿儿诗礼教诸孙。

祖宗积德远功名，我被功名误一生。

但愿子孙还积德，闭门耕读继家声。

第二节　交通系财神梁士诒

梁士诒是中国近代史上交通系的首领，梁士诒及其所掌握的交通系是袁世凯统治的重要支柱。民初著名新闻记者黄远庸曾以生动的笔调描述梁士诒与袁世凯的关系："盖其操笔以为幕府者，多在南北统一之时，重要文牍多出其手。其后……梁之所职，盖在参谋秘画，调停政客，融和政府，有时又兼理外交机密。而其重要之锁钥尤在为袁世凯调度财政，其机关不外交通部、交通银行、保商银行及小借款。红楼梦中所述李宫裁笑平儿云：你奶奶还要什么钥匙，你就是你奶奶的一把总钥匙。袁梁之间颇复似之。"[①]

翰林从军，著《北洋兵书》

梁士诒，字翼夫，号燕孙，清同治八年（1869）三月二十四日出生于广东省三水县冈头乡海天坊，其父梁知鉴（号保三）是进士出身，曾任山西襄陵县知县，后因仕途不畅，称疾辞官，讲学于九江礼山草堂近 30 年，又后任教于香港，梁士诒自幼随父亲在九江、香港、广州等地读书。自 18 岁起，梁士诒又兼向翰林院编修陈天如、孝廉何淡腴（又雄）、吕拔湖、陈梅坪等读书。在广东佛山书院读书时，与梁启超为同学。1889 年，光绪皇帝

---

① 转引自贾熟村：《北洋军阀时期的交通系》，河南人民出版社 1993 年版，第 95 页。

大婚并亲政，举行恩科考试，梁士诒与梁启超同时考中举人。中举人后，在广州等地设馆授徒。1894 年入京参加会试，中二甲第 15 名，授翰林院庶吉士，同科中榜的广东贡生还有李翘芬、程友琦、陈昭常、关冕钧、梁志文等，这些人与梁士诒关系不错，如关冕钧后来成为梁士诒为首的交通系要角之一。

梁士诒在翰林院历任庶吉士、编修、国史馆协修、编书处协修等职。1898 年，康有为、梁启超领导的"戊戌维新运动"发动起来后，梁士诒曾找到科举同年梁启超说："我辈自甲午公车上书，知中国今日非变法不可，然法如何变，非先有缜密之布置不可；若轻于举动，一击不中，必生他变，转成痼疾。"① 对此，梁启超无言以对，梁士诒也不再多言。事实正如梁士诒担忧的那样，戊戌政变很快发生，康有为、梁启超等亡命海外，谭嗣同等六君子喋血菜市口，维新变法以惨痛失败而告终。

1903 年，梁士诒参加经济特科考试。主考官徐郙尚书、戴鸿慈侍郎在梁士诒的考卷上有如下的考语："识智明远，朴实不浮，于中西地理、水师兵学，频年讲习，寒暑不渝。"同年闰五月十五日，光绪皇帝亲临保和殿御试，实到应试者 186 余人。第一场首题为《大戴礼保保身体傅傅之德义，师导之教训，与近世各国学校德育、体育、智育同义论》，次题为《汉武帝造白金为币，分为三品，当钱多少，各有定直，其后白金渐贱，钱制亦屡更，意未通行，宜用何术整齐之策》，阅卷官裕德、张英麟、徐会澧、张之洞、张仁黼、戴鸿慈、熙瑛、李昭炜阅梁士诒考卷，认为对策洞彻古今，对于币制之整理尤多所阐明，且每项均多引历朝祖训，以免顽固者借口，用心甚苦，全体一致同意将梁士诒列为一等第一名。

特科榜发后，顽固守旧的官僚竞相流言蜚语，危言耸听地说什么中榜者大多是革命党人，这一下子立即引起慈禧太后的注意。慈禧在召见某军

---

① 岑学吕等编：《三水梁燕孙（士诒）先生年谱》（一），第 30—31 页。

机大臣时特意问:"外间言特科品流庞杂,心术不端,有所闻否?"该军机大臣本来最厌恶特科,于是立即抓住这个机会进谗言说:"一等第一名梁士诒,是广东人,梁启超之弟;其名末字又与康祖诒相同,梁头康尾,其人可知。"慈禧生平最恨曾经企图谋害她性命的康有为、梁启超,听了这位军机大臣一番别有用心的话,很不高兴。第二场复试,易阅卷大臣四人,草草了事,仅录一等袁嘉毂等9人,二等冯善徵等18人,淘汰百余人,所录用的20余人也没有安排什么重要的岗位。这场节外生枝的风波发生后,梁士诒不敢参加复试,有人劝他尽快离开京城以免发生不测之威。梁士诒对此却很坦然地回答:"事之真伪,不久自白。我籍贯三水而非新会,我名士诒而非祖诒,何去为?第以不才侥幸而冠多士,吾决不复试,不欲以吾一人之故而累及多士也;更不愿吾一人被疑而累及朝廷知人之明也。故决不离京,亦决不复试。"经历科举风波后,梁士诒之声名反而传了出去,同年十月,直隶总督袁世凯慕名,请唐绍仪出面邀请梁士诒加入他的幕府。唐绍仪与梁士诒同为广东同乡,唐绍仪将袁世凯仰慕并聘请入幕之意一说,梁士诒欣然同意。梁士诒来到天津,袁世凯即委派他为北洋编书局总办。梁士诒有时住在天津的直隶总督府,有时则住在唐绍仪的天津海关道署。在总督府时,与袁世凯的文案幕僚于式枚同居一起,两人甚为相得。梁士诒的工作就是为袁世凯编兵书。《北洋兵书》(又名《袁世凯兵书》)多出自梁士诒之手。[①]

  1904年9月,梁士诒作为清政府议藏约全权大臣唐绍仪的参赞前往印度,与英国办理交涉,历时一年多,直到1905年11月才随唐绍仪回到北京。

交通系首领

  1905年12月,唐绍仪出任清外务部右侍郎兼督办京汉、沪宁铁路大

---

① 岑学吕等编:《三水梁燕孙(士诒)先生年谱》(一),第43页。

臣，唐绍仪随即委派梁士诒为铁路总文案，梁士诒从此进入交通部门。

1906年，清政府新设立邮传部，总管铁路、电报、电话、邮政等部门，张百熙为邮传部尚书，唐绍仪为左侍郎、胡燏棻为右侍郎。袁的亲信陈璧接任邮传部尚书后，于次年春，裁铁路总公司，在邮传部内成立借款多路提调处，梁士诒被任命为提调，管理芦汉、沪宁、正太、汴洛、道清五路事务。

同年十一月十八日，邮传部尚书又奏请在邮传部成立铁路总局，专管铁路借款及各路行政事务。新任命的邮传部尚书陈璧在上奏中说："盖铁道行政，头绪纷繁，非臣部路政一司所能统筹兼顾，前奏准另立提调外，虽已分任其事，唯欲划清权界，似非设局经理，不足以持久远而免疏虞。查官办京汉、京奉、正太、汴洛、道清、沪宁、广九多路，皆由外人借款兴筑，事尤蝥轇。该公司每以请派督办为词。今路事均归部办，则部臣应担任督办责任，呼应乃得灵通。唯交涉机要，或有不便直接之处，臣等再四筹商，拟仿照日本作业局之规，略参民政部巡警总厅、学部督学司之制，设局办理，名曰邮传部铁路总局，即设臣部署中，选派局长，总办借款多路事宜。局长职守作为差使：（一）借款公司交涉各事，秉承部臣指挥接洽；（二）与各国驻使交涉各事，应由外务部办理者，呈案核定转咨；（三）关于行政各事，呈稿判行，一切承上启下，与丞参现行办法从同。如此明定责掌，以立法司法之事属之路政司，而行政之事归之该局。该局局长以本部属官承委督办之事，各路外交要务、理财机关既免疏略，而在司各员，尤藉以就近观摩，经历练而才皆可用，于路政实有裨益。如蒙俞允，拟派现充各路提调，臣部丞参上行走，丁忧候补五品京堂梁士诒改充局长，并随时札派局员及酌留前提调处熟悉路政各员，分办该局诸事，以前奏设之提调处即行裁撤，俾归简易。"清廷准奏，梁士诒出任邮传部铁路局局长。梁士诒上任后，又援用广东同乡叶恭绰、关赓麟担任提调，逐步形成了以梁为首的交通系势力，交通系的重要成员还有龙建章、郑洪年、赵庆华、关冕钧等，这些人多数都是广东人，其中叶恭绰、龙建章被称为交通系龙、虎二将。

1907 年底，梁士诒鉴于清政府铁路借款均存在外国银行，外国银行汇划过程中收取相当可观的费用，梁向邮传部新任尚书陈璧建议设立交通银行，官商合办。陈璧深以为然，立即奏请清廷批准。在清廷御批同意后，梁士诒又手拟了交通银行章程三十八条。交通银行成立，清廷派李经楚为总理，周克昌为协理，梁士诒为帮理，但实权很快落到梁士诒手中。梁士诒的势力又以铁路部门伸到银行部门，羽翼更加丰满起来。

梁士诒在交通部搞独立王国，所有账目只有他一个人知道，从不用向朝廷交代铁路总局的账目及营业情况。梁士诒因此得以上下其手，他每月从铁路总局的收入中提取 80 万元交给袁世凯，这等于给袁世凯提供了巨额的行贿款项，对于袁世凯集团来说是至关重要的。①

在清末，海关、邮政均由外国人直接控制，收入大都直接用于支付外债，只有邮传部由中国人自己掌握，邮传部成为晚清最富有的一个部。据资料记载，当年清政府主管财政的度支部每年的收入不及邮传部的 1/5，而度支部的收入必须支付全国的行政、教育、军事等各项费用，度支部常常入不敷出，处于亏空状态。邮传部则比任何衙门都要富，特别是邮传部大小官吏通过举借外债筑路，从中收取巨额回扣；又从向列国订购铁路车辆、器材中收取巨额佣金，上下其手，大发横财。人们常说，邮传部无官不贪，无官不富。正因为如此，邮传部也就成为人人眼红的一个衙门，成为是非之地。有人发现，清末邮传部的历任尚书、侍郎均没有好的结局，不是被弹劾就是被免官。

1908 年 11 月 14 日，光绪皇帝病逝，溥仪入承大统，年号宣统。溥仪之父载沣为监国摄政王，所有军国大事均由监国摄政王裁定。摄政王与袁世凯是死敌，为削弱袁的党羽，御史谢远涵受命奏参邮传部尚书陈璧，连带参

---

① 俞诚之编：《叶遐庵先生年谱》第 24 页。载《遐庵汇稿》（三），台北文海出版社影印本。

梁士诒、叶恭绰、关赓麟、龙建章等多人。朝廷指派大学士孙家鼐、那桐查办。袁世凯通过庆亲王奕劻疏通，仅陈璧被革职。梁士诒、叶恭绰、关赓麟、龙建章等均以无罪免议。袁世凯虽已被开缺回原籍，但他的心腹徐世昌继陈璧为邮传部尚书，邮传部依然是袁家党的大本营之一。1910 年，徐世昌先后升协办大学士、军机大臣，所遗邮传部尚书由唐绍仪署理。

　　1911 年，庆亲王奕劻出任内阁总理大臣，大学士那桐、徐世昌为协理大臣。盛宣怀此时出来活动邮传部尚书职务。盛宣怀这个人，有人形容他是一个"尖酸逢迎、唯利是图的巧宦，卖国、拿外债回扣是他的特长，既受到李鸿章的扶植，也受到那拉太后的宠幸，官至邮传部尚书，家私几千万，富贵寿考，享了一世的福"。[①]盛宣怀抓住奕劻贪财的特点，向奕劻贿以 6 万两白银，终于赶走唐绍仪，取得邮传部尚书职务。盛宣怀一上台，第一件事就是肃清袁党势力。盛宣怀首先奏参铁路局局长梁士诒："臣部左参议、铁路局局长梁士诒，初随前署尚书唐绍仪办理铁路，先派五路提调，逮臣等奏设铁路总局，梁士诒即经奏派充局长。平时任事勇往，款项悉归其动拨，路员听命于一人，遂不免有把持之名，致烦圣虑，应请撤销铁路局局长差使及交通银行帮理兼差，其经手路局银行款项历年既久，头绪繁多，现奉谕旨，饬将所有每年收支出入款项，通盘彻查有无弊端。臣等遵查，该总局虽有季报，而路政司、会计科均不能稽核，故非仓促检查簿记所能究其根底。该局管理委员呈阅账册，亦不完全。现拟暂设清查款项处，严其关防，宽其时日，遴派精于会计者数人，调齐路局银行各项账目及历来收支出入凭据，逐一核对。其不明白者，随时责成该员声复，方能界限划清，水落石出。有无弊端，自当据实奏明，自不敢丝毫袒护，亦不能预存成见。"

　　在盛宣怀奏参之前，已有给事中及各道御史七人奏参梁士诒把持路政，任用私人，虚靡公款等。在盛宣怀奏参之后，这七人参揭益厉。一阵猛参之

---

① 《文史资料选辑》第 96 辑，第 179 页。

后，梁士诒被革去铁路局局长、交通银行帮理本兼各职，与梁士诒一起被赶出邮传部的还有叶恭绰等 130 余人。对于这场震动一时的大案，时人称之为"七煞除五路"。

重掌邮传部，为袁世凯窃取大总统效力

盛宣怀上台后赶走梁士诒，推行铁路国有政策，激起全国性的保路风潮，成为辛亥武昌起义的导火索，盛宣怀成为众矢之的，清廷为平息风潮，不得不将罪魁祸首盛宣怀革职。接着，清廷授袁世凯为内阁总理大臣，组织内阁，袁世凯起用他的心腹唐绍仪、梁士诒为邮传部正、副大臣，叶恭绰为铁路总局局长，关赓麟为京奉铁路总办、京汉铁路会办，关冕钧为京张铁路总办，赵庆华为津浦路南段局长，孙多钰为吉长路总办，梁士訏（梁士诒的弟弟）为广九铁路总办。

在唐绍仪充议和总代表南下后，梁士诒接任邮传部尚书。梁士诒出山后，第一件大事就是以交通系所掌握的巨大财力为后盾，全力支持袁世凯窃取辛亥革命的果实。陆宗舆说："项城再起，总理内阁，乃召燕孙（梁士诒）、仲仁（张一麐）、伯屏（金邦平）、润田（曹汝霖）、仲和（章宗祥）、衮甫（汪荣宝）、鹤初（施愚）及舆（陆宗舆）等赴京襄议枢政。"① 在南北议和期间，梁士诒充当唐绍仪与袁世凯之间的联络员。曹汝霖指出："项城方面参与密勿者只梁士诒一人。梁亦善于用权谋，与袁水乳交融，相得益彰。"② 袁世凯的如意算盘是利用革命党人以对付清廷，以北洋武力对付革命党人，两面开弓，窃取辛亥革命的全部果实。袁世凯吩咐梁士诒按照他的思路预先布置一切。袁世凯派人告诉梁士诒："南方军事，尚易结束；北京政治，头绪梦如，正赖燕孙居中策划一切，请与唐绍仪预为布置！"③ 与革命党人折冲，由唐绍仪全权担任；逼退清廷，则由梁士诒等担任。按照袁的意图，梁士诒首先

① 转引自贾熟村：《北洋军阀时期的交通系》，第 58 页。

② 转引自贾熟村：《北洋军阀时期的交通系》，第 60 页。

③ 岑学吕等编：《三水梁燕孙（士诒）先生年谱》（一），第 100 页。

策动清廷驻外使节出面逼宫。1912 年 1 月 3 日，驻俄公使陆征祥联合清廷驻各国公使电请清帝逊位，该电为梁士诒的手笔。

1912 年 1 月 19 日，清隆裕皇太后召集近支王公开御前会议，外务大臣胡惟德、民政大臣赵秉钧、邮传大臣梁士诒列席。会上，梁士诒、胡惟德、赵秉钧秉承袁世凯的意旨，恐吓隆裕太后说："人心已去，君主制度恐难保全，恳赞同共和，以维大局！"当天，驻俄公使陆征祥再次致电外务部代奏请清帝逊位，明降谕旨，概允共和。嗣后，驻意大利、日本、美国、德国、奥地利公使亦相继奏请清帝逊位。

然而，清朝王公权贵们仍然没有退位的意思。梁士诒与袁世凯见文官逼宫不灵，便决定由武将出面。在梁士诒的策划下，清朝前线统兵将领 47 人，由段祺瑞领衔电奏清廷，要求明降谕旨，宣示中外，立定共和政体。所有类似的通电，都出自梁士诒的策划。[①] 接着，袁世凯又以在丁字街口遇刺为借口，称病不再上朝，所有面奏及请旨事件，都由梁士诒、赵秉钧转述。梁士诒等秉承袁的意旨，不时入宫恐吓隆裕皇太后和幼主溥仪，隆裕皇太后吓得没有了主见，只得于 2 月 3 日授袁世凯以全权，命他与南京临时政府磋商清帝退位条件。

2 月 12 日，清廷接受优待条件，下诏退位，3 月 10 日，袁世凯在北京石大人胡同原清廷外务部公署（今北京外交部街）宣誓就任临时大总统。

为了帮助袁世凯窃取辛亥革命的果实，梁士诒费尽心机。岑学吕说："自武昌起义，先生鉴于清政不纲，亲贵昏聩，民心已变，趋向共和；但各省骤然独立，易起阋墙，环顾外交，又多窥伺，京城内外有数十万军队，可东可西，稍涉偏激，必至偾事。当袁氏未入都以前，满人亲贵中如良弼、载泽、善耆等皆极力主战，侍郎桂春且有尽诛京城汉人之议。畿辅警察，旗人为多，偶语沙中，猜疑益甚，人心惶惶，不可终日。驻滦州二十镇张绍曾及驻石家

---

① 岑学吕等编：《三水梁燕孙（士诒）先生年谱》（一），第 106 页。

庄第六镇吴禄贞剑拔弩张，要颁宪法，此诚危急存亡之秋也。先生与唐少川（绍仪）、段芝泉（祺瑞）、张金坡（锡銮）、赵智庵（秉钧）合力斡旋，分途布置，袁氏乃以入都。及撤遣旗籍巡警，而京师之秩序乃安。吴禄贞死，张绍曾调，而近畿军队乃就范。组织责任内阁，不复收阅封事，而政议乃不致混淆。至于南北停战息争，磋商和议条件，内则安慰皇室，外则说服亲贵，万绪千端，非笔墨可罄。而先生赞翊共和，其心尤苦。其事至多，所能与统筹兼顾者，唯唐少川一人。唐又以代表南下，先生不能不力任艰巨，以促成共和之局。袁氏遇惊后，即不复入朝，所有面奏及请旨事，俱由先生与署外务大臣胡惟德、民政大臣赵秉钧三人传述。而袁、唐间意旨有不能融洽及宣达者，均赖先生为之弥缝解释。又袁氏昔时幕府散在四方，仓促未集，致政务、军务亦须先生兼为之处理，先生不得已，乃引叶君恭绰、施君愚、蔡君廷干等共参机要，而仍由先生总其成。先生朝罢趋公，文电盈尺，手批口答，五官并用，曾半月不一眠，及退位诏下，一睡两日。先生尝言：'当国势危时，清廷所以饵我者甚至，御赐物件前后几十余种，又赏紫禁城骑马及赏紫缰等。良弼被炸之日，京师风云至急，入朝行礼后，隆裕皇太后掩面泣云：梁士诒啊！胡惟德啊！我母子二人性命，都在你三人手中，你们回去好好对袁世凯说，务要保全我们母子二人性命！赵秉钧先大哭，誓言保驾，我亦不禁泫然。'又会商优待条件时，保三公曾贻书于先生云：'清之失德，皆亲贵及金壬所酿成，妇孺实无过咎，优待条件务从宽大，庶得众心。'故先生秉承庭训，委曲求全，心力为之况瘁焉。先生斡旋大局，其中经过，累牍难详，行唐尚秉和所著《辛壬春秋》，其中南京政府、清室禅政、北京政府三篇，颇多可资参考者，虽立言不无偏袒，然事实亦多赖纪存也。"[①]

任总统府秘书长，人称"二总统"

　　1912年3月10日，袁世凯致电南京临时参议院宣誓就职。誓词为叶

---

① 　岑学吕等编：《三水梁燕孙（士诒）先生年谱》（一），第110—111页。

恭绰草拟，而由梁士诒修正定稿。袁世凯就职后，委梁士诒为总统府秘书长。《三水梁燕孙（士诒）先生年谱》称："袁总统特任唐绍仪为国务总理，先生与唐少川先生苦心毅力，经无数曲折，促成共和统一之局。唐先生盖欲以庚子前后所以助袁者继续辅袁，以致力于国，为大局图久安之策，故最大宗旨即为图孙（中山）袁（世凯）之合作。唐意乘斡旋全局之后，双方对彼均有情感与历史，当能达此目的，故身受重任而不辞，且约先生任府中要职，藉免一切隔阂。先生亦毅然任之，固不料袁始终不能化除畛域，高掌远蹠，转以'北洋'二字自限。其下因利用此点，推波助澜，北洋正统之说，侵寻十有七年，祸患相乘，国与民交受其敝，而先生及唐先生与袁之私交亦终不能保，惜哉！"①

唐绍仪主张与同盟会合作，并试图负起内阁总理的责任，很快与专制独裁的袁世凯产生了严重冲突。袁怀疑唐绍仪挟同盟会自重，有独树一帜的意图，而袁之左右复日日媒蘖之，袁世凯更加不能容忍。梁士诒与唐绍仪是广东同乡，关系极深，本想出来调解，不久发现自己也被牵连了进去，不得不放弃斡旋的念头。梁士诒年谱称："先生调护其间，费尽心力，此辈因并构陷先生，谓与唐里应外合，将与孙中山先生有所企图。以三人皆粤籍，此言易于见信也。先生因是间有避嫌而不便尽言之时，袁、唐之裂痕因之寖大。"

袁、唐矛盾因王芝祥督直事件而爆发，唐绍仪于 6 月 15 日出走天津。袁世凯随即派梁士诒前往天津慰留，梁除转述袁世凯的意旨外，两人复谈及私交，唐绍仪对梁士诒说："我与项城交谊，君所深知。但观察今日国家大势，统一中国，非项城莫办；而欲治理中国，非项诚诚心与国民党合作不可。然三月以来，审机度势，恐将来终于事与愿违，故不如及早为计也。国家大事，我又何能以私交徇公义哉！"梁、唐深谈竟夕，梁知唐意已决，遂返京

①　岑学吕等编:《三水梁燕孙（士诒）先生年谱》（一），第 121 页。

向袁复命。

　　1912 年 8 月，袁世凯为了进一步迷惑国民党人，特邀孙中山到北京见面，孙中山于 8 月 24 日到达北京，袁指派梁士诒全程负责招待。孙中山在北京逗留 1 个月，与袁世凯单独会谈 13 次，每次谈话均有梁士诒出席作陪。孙中山为表示合作诚意，当面向袁声明自己不作第一任正式总统候选人，请袁世凯在 10 年内练精兵百万。他自己则愿以在野身份，专力从事社会实业活动，在 20 年内修筑 10 万公里铁路。对此，袁世凯回答说："办路事，君自有把握；若练精兵百万，恐非易事耳！"

　　某一天，孙中山与袁世凯会谈到深夜才结束，梁士诒照例护送孙中山回到行馆。孙中山大感不解地对梁士诒说："我与项城谈话，所见略同。我之政见，彼亦多能领会。唯有一事，我至今尚疑，君人我释之！"梁士诒问："什么事？"孙中山说："中国以农立国，倘不能于农民自身求彻底解决，则革新匪易。欲求解决农民自身问题，非耕者有其田不可。我说及此项政见时，意以为项城必反对。孰知彼不特不反对，且肯定以为理所当然，此我所不解也！"梁士诒听了孙中山的陈述后，立即解释说："公环游各国，目睹大地主之剥削，又生长南方，亲见佃田者之痛苦，故主张耕者有其田，项城生长北方，足迹未尝越大江以南，而北方多属自耕农，佃农少之又少，故项城以为耕者有其田系当然之事理也。"①

　　听了梁的一番解释，孙乃恍然大悟，接着，孙中山又对梁士诒说："曩夕府中谈及改革全国经济，闻君伟论，极佩荩筹。我以为硬币与纸币均为价格代表，易重以轻，有何不可？苟以政治力量推动之，似尚非难事。而君谓必先取信于民，方法如何？愿闻明教。"梁士诒发表他的高见说："币制为物价代表，饥不可食，夫人知之。唯中国数千年来币制之由重而轻，则粗而细，皆以硬币为本位；若一旦尽易以纸，终恐形隔势禁，未易奉行，故必先筹其

---

① 岑学吕等编：《三水梁燕孙（士诒）先生年谱》（一），第 123 页。

所以取信于民之方法。夫以中国之大，人民之众，发行四十万万纸币似不为多。今者卑无高论，先从政府组织一健全之中央银行，试行统一币制方策，如发行纸币五千万，先将现金一千五百万熔化，制成银山，置于中华门外之丹墀，以示人民曰：此国家准备库也。所发行之纸币日多，所积之银山愈大。信用既著，习惯自然，假以时日，以一纸风行全国，又何难哉？愚见所谓必先取信于民者以此？"①孙中山听了，也点头认为有道理。

袁世凯与孙中山在1个月以内先后谈话13次，每次谈话一般自下午4时至晚10时或12时，有三四次甚至持续到次日凌晨2时。由于袁世凯在晤谈中竭力装出诚恳的伪相，孙中山一时难以认清袁的奸雄本相，也就对袁推心置腹，畅所欲言，二人谈话在表面上十分投机融洽，袁世凯一生善于伪装，在孙中山面前自然也不会放过表演的机会，他在谈话中谆谆以国家和人民为念，并向孙中山倾诉党派竞争之苦，并假惺惺地表示，他自己在国会召集，选出正式大总统后，他自己要退为平民，与大家一起从事社会福利事业。袁世凯就以这样一套彻头彻尾的虚假表演，换取了孙中山"十年以内，大总统非公莫属"的保证。在袁世凯的招待宴席上，孙中山又公开对大家说："让袁世凯作总统十年，练兵百万；我经营铁路建设，把铁路线延长至二万里，民国即可富强"云云。孙中山说："今日中国，唯有交项城治理"。②袁、孙会晤，梁士诒知之最详。1932年，梁士诒准备将自己一生的经历编成政书，曾对其秘书说"孙袁会晤，可勒成一部专书，容吾暇时述之。"但为时不久，梁士诒即去世，"孙袁谈话竟成天上曲矣！"

梁士诒为了促成袁世凯与孙中山、黄兴及黎元洪的合作，还别出心裁，以总统府秘书厅的名义起草了一个包含八项内容的所谓内政大纲，并向全国通电公布：（1）立国取统一制度。（2）主持是非善恶之真公道，以正民俗。

---

① 岑学吕等编：《三水梁燕孙（士诒）先生年谱》（一），第123—124页。
② 《辛亥革命回忆录》（一），第122页。

（3）暂时收束武备，先储备海陆军人才。（4）开放门户，输入外资，兴办铁路矿山，建置钢铁工厂，以厚民生。（5）提倡资助民国实业，先着手于农林工商。（6）军事、财交、财政、司法，交通皆取"中央"集权主义，其余斟酌各省情形，兼采地方分权主义。（7）迅速整理财政。（8）竭力调和党见，维持秩序为承认之根本。[①]

据说，梁士诒竭力促成袁、黎、孙、黄四巨头的合作，是唐绍仪在辞去国务院总理前对梁士诒的特别交代，梁为维持大局，费尽苦心。历史学家认为，梁士诒等人的行为，其效果却是帮助袁世凯，麻痹了革命党的领袖，帮助袁打击了革命力量，为袁的专制独裁加强了砝码。

根据孙中山的意愿，袁世凯于 1912 年 9 月 9 日特授孙中山"筹划全国铁路全权"。为此，梁士诒又奉命多次来到孙中山的行馆，与孙中山等商量有关铁路建设事宜，梁士诒还以全国铁路协会会长的身份主持召开会议，欢迎孙中山，交通总长朱启钤等出席会议。会议选举孙中山为全国铁路协会名誉会长。孙中山于 9 月 17 日离开北京前往山西太原，梁士诒又指派他的助手叶恭绰全程陪同照料，叶氏获得孙中山的赞赏，并被引为同志。

按照《中华民国临时约法》的规定，第一届正式大总统由国会参众两院议员选举。袁世凯在国会议员中并无多少势力，为了让国会议员们到时投票选举他为正式大总统，袁世凯又搬出他的法宝，用金钱收买议员。在这方面，财大气粗的梁士诒自然是当仁不让，他与曹汝霖、王揖唐、汤化龙等分头收买议员，梁士诒在韩家潭大外廊营设立收买处，成为专门从事收买笼络议员的场所。梁士诒还以广东同乡关系，与江孔殷等拉拢广东籍议员组成拥护袁世凯的潜社。在梁士诒等人的收买拉拢下，拥袁的政客、议员先后组成共和党、民主党、统一党，与国民党对垒。但国会第一次大选的结果，还是出乎袁世凯及其党徒的意外，国民党当选议员人选大大超过共和党、民主党、

---

① 岑学吕等编：《三水梁燕孙（士诒）先生年谱》（一），第 125—126 页。

统一党三党的人数。国民党一党独大，国民党代理理事长宋教仁雄心勃勃，想以此组织责任内阁。袁世凯绝对不能容忍任何人对他的独裁专制提出挑战，在收买拉拢失效后，袁即授意特务头子赵秉钧组织实施对宋教仁的谋杀。1913年3月20日，宋教仁被赵秉钧指使的暴徒武士英刺杀于上海火车东站。

袁世凯在刺杀宋教仁后，准备进一步以武力镇压南方各省的国民党势力。袁世凯的第一步就是分化革命党人。在广东，袁世凯几次要以陈炯明取代胡汉民，企图挑起胡、陈矛盾，造成内讧，以便从中谋利。当时在北京的广东代表邹鲁与陈炯明是同学同事，相处甚久，袁便认定邹鲁是陈炯明的人。邹鲁到京后，袁世凯除普通接见外，还特别偕梁士诒召见了邹鲁一次。袁首先问邹鲁，以陈炯明代胡汉民如何？不料，邹鲁回答说："这事恐怕不妥。政府如有意任用陈炯明，现在解决库伦独立问题正亟，不妨派他去专办这件事。"邹鲁的回答显然不合袁的心意，但也不好当场发作，只好点头答道："等我慢慢商量。"接着，袁又指着梁士诒对邹鲁说："以后请你多与燕孙接头，他的话就是我的话。"之后，梁士诒几次三番找邹鲁，要邹同意以陈炯明取代胡汉民，但邹鲁始终坚持以前的态度，袁、梁的企图暂时无法得逞。[①]

邹鲁回到广州，告诉陈炯明说："我和你谋事，不但没有成功，反而替你向袁世凯辞去了广东都督和民政长。"邹鲁将经过的情形说了一遍后，又对陈炯明说："你和胡先生都是吾党中坚，宜合不宜分，团结不仅是党的福，也是国的福；所以广东都督和民政长，你是千万不能做的。"陈炯明听了这些，也只好表示："你代我辞了都督和民政长，那是很对的。"

1913年1月，梁士诒又以父亲祝寿的名义返回广东，拉拢陈炯明反对胡汉民。同年3月，梁士诒奉袁世凯之命，以修筑广东铁路名义存款200

---

① 邹鲁：《回顾录》，岳麓书社2000年版，第42页。

万元于中国香港汇丰银行，供陈炯明随时提用，竭力唆使陈炯明叛胡，分裂广东的国民党力量。

为武力镇压国民党，袁世凯指使陆征祥、周学熙等与五国银行团签订2500万英镑的"善后大借款"，遭到国民党及国民党籍议员的全力反对。在借款签字的当天，梁士诒奉袁世凯之命来见国民党籍参议院正、副议长张继、王正廷，诡称借款刻不容缓，蒙骗国民党议员们。当借款签字以后，梁士诒即公开主张撤销江西、安徽、湖南、广东4省的国民党籍都督，并狂叫："如有内乱者以匪论！"[1] 完全撕下了调停者的面具，露出了袁世凯打手的真面目。

"二次革命"打响后，梁士诒以总统府秘书长署理财政部次长并代理部务的身份积极筹措军费，源源不断地供应前敌军饷。在军事运输方面，梁士诒更是指使交通系势力全力配合军事行动。

袁世凯曾亲口对梁士诒说："财政窘迫如此，交通部总要帮忙才好！"梁士诒财大气粗，不假思索即脱口而出，"只需大总统吩咐，吩咐多少，就是多少！"袁说："每月须有四五十万才好。"梁也不含糊，爽快答应："就是五十万可也。"[2]

在镇压国民党人后，袁世凯暂时没有动国民党籍的国会议员，因为袁需要这些议员将他捧上正式大总统的宝座。为达此目的，梁士诒、叶恭绰又出面组织所谓的公民党，收买拉拢国民党议员，且看当时报纸的报道：

1913年8月28日，《时报》报道说："易宗夔等主张合并各小党为公民党，有梁士诒在内，近进行甚急。"1913年9月1日，该报又报道说："梁士诒、叶恭绰合潜社、集益社等为公民党，张鹤第、梅光远、李庆芳为奔走甚力。将来即以铁路协会为根据。"[3]

① 贾熟村：《北洋军阀时期的交通系》，第67页。
② 黄远生：《远生遗著》卷四，第26页。
③ 贾熟村：《北洋军阀时期的交通系》，第69页。

公民党的成员大半是国民党议员中的所谓和平稳健分子，实际上是国民党的变节投机分子。梁士诒还亲自给阎锡山等各省军政长官写信，要求他们在各省发展公民党支部。见风使舵、首鼠两端的阎锡山见国民党大势已去，也就乐得改换门庭，他任命其秘书长贾景德为公民党山西省支部长，在一个月内就发展党员300余人。

梁士诒曾在全国铁路协会上发言说："孙中山拟筑二十万里铁路，国人每訾为夸大，其实以地域论，我国土地较大于美，而美国有铁路百十余万里，则我国二十万里铁路，决不为多，即以时间论之，美于1880年到1890年，十年间筑路四十余万里，定期亦似不为促，要在运用之能否得法，主权之是否能保全尔！"

在镇压国民党后，袁世凯大权独揽，逐步盘算着实行复辟帝制。1914年3月12日，梁士诒以总统代表身份到孔庙行释菜礼，并讲演"圣道"云："士诒从事政界垂二十年，学殖久荒，何足以阐扬圣道。但今日恭逢大祀，代表大总统行释菜礼，圜桥观听，典至巨也。士诒不敏，谨举圣经一二语，以宣扬圣教于万一。《论语》'导之以德，齐之以礼'。德者道德，礼者礼制，为政者能以道德化民，尚矣；然处法治之世，国家多事，恒赖法律以济道德之穷。故齐之以礼者，不外议礼制度，因古今沿袭，斟酌而损益之，以为化民成俗之具，事当自政府任之。若导之德，非特从政者应以身作则，凡国中人士，或司教育之权，或持言论之柄，以及乡里耆儒，山林逸士，皆当同负导引之责，使诸大夫国人皆有所矜式，则共和之精神，胥赖于是。圣学昌明，在于躬行实践，是所望于君子！"[1]

受猜忌，调离总统府

梁士诒任总统府秘书长后，综揽机要，位高权重，人称"二总统"。

名记者黄远庸说："梁士诒氏以近水楼台之故，事实上几为无冠之总理，

---

[1]　岑学吕等编：《三水梁燕孙（士诒）先生年谱》（一），第177—178页。

殆所共认。其最大原因故一面由于梁有经济上、财政上之根据，一面实由内阁与总统府之间以秘书长为之枢纽。"①一方面，梁士诒权高震主，引起袁世凯的猜忌；另一方面，以杨士琦为首的皖派忌妒日甚，并且时时抓住机会向袁世凯进谗言，这样，梁士诒在总统府秘书长的宝座上是坐不下去了。

岑学吕分析说："先生自清末入北洋幕府，佐袁项城治军书，定大计，见信于日俄战争之始，重任于日俄战争之终。辛亥之秋，项城再起，京师以内之事，先生主之，休战息兵，调停和议，如何派代表南下之步骤，如何促清廷退位之机宜，统一南北，联洽各省，改革政制，措集财用，千端万绪，皆先生一身任之。迨统一政府成立，先生任公府秘书长，掌握中枢，赞襄密勿，凡入谒项城，禀商事件者，辄曰：'问梁秘书长去！'先生亦不问事之大小，准情审视以处之。权所在者众必争；名之高者谤斯集。外间不察，以为先生综握机要，左右袁氏，支配群僚，至送先生以'二总统'之号，其实皆用为排挤之具耳。盖袁氏雄猜多欲，为其左右所深悉，自袁、唐乖隔以后，对先生久怀疑忌，故其左右日造为谣诼以动袁，至谓先生三头六臂。癸丑以后，某公子（袁克定）已具野心，知先生不与同流，则日思所以胁迫之计。杨杏城（士琦）与杨皙子（度）等因为某公子划策，藉某公子以进言项城，谓先生心怀叵测，勾结军人，欲为总统，甚至将交通银行所发行之钞票，窜易一字，编为重号，以进于项城，凡所以媒蘖先生者，无所不能其极。当癸丑秋冬，各省军政长官及师旅长入觐后多走谒先生，礼尚往来，酬酢不免。项城一日语先生曰：'君之地位，将来甚重大，现在入觐之师旅长，不可轻予颜色也。'先生尚未以为意。至本年二月间，项城复与先生论政制，谓国会专制固不适宜，内阁集权亦多窒碍，意欲扩张府制以便指挥，罗致人才以图治理。先生谓内阁制一时似未便变易，若欲扩张府制，网罗人才，可将秘书厅扩大组织，以容纳之。项城曰：'我欲取美国制，设国务卿一人，隶于总统府，撤

①　黄远生：《黄远生遗著》卷四，台北文海出版社影印本，第29页。

销院制，君谓如何？'先生曰：'美国有国务官长（secretary of state）日本误译之为国务卿，字义已属错误。若夫我国，在共和政制之下，谁复卿卿者？'项城目不转瞬，瞪视先生者久之。先生乃悟袁氏之微旨，自是遂出公府矣。"①

《字林西报》曾发表评论一则："中国今日所恃以存在者，固为袁总统；而将来所恃以存在者，实为梁秘书长。梁士诒者，在中国财政上最有势力之第一人也。其人赋性坚定，才具极圆满，不喜大言高论，但求著著踏实，步步为营，及至水到渠成，一举而收其功，此等性格，极似袁总统之生平。总统府中，重大财政事项，袁总统恒倚如左右手；譬如行军者，袁大总统为前路先锋，梁士诒乃为其后路粮台。彼又得最好接济之交通部，富源无穷。周学熙去后，彼已运其妙腕。至于财政部，近且大见成功，且更而着眼于全国实业。现在实业开放政策，实倡始于梁士诒，熊希龄等不过随声附和，而收其功者则仍为梁士诒。故吾人论中国财政上之实权，除梁士诒外，殆寻不出第二人焉。且梁士诒财政上之势力，非唯于国内占到实权，且于国际上更具有最高之信用。近来各种借款，虽名义上为某某签押，而内幕皆有梁士诒其人在；且往往他人磋商不成，而梁士诒一经手即完全成功。盖梁士诒今日，其本身上已具有能代表袁大总统之资格，而对外又能应合实业投资之趋势，故任其所往，无不如意。在中国政界，或有议梁士诒事权过重，甚或有谓袁总统大权旁落者，语虽不无近似，然曾不思中国财政上若无梁士诒其人，不但行政方面不得支撑，恐袁总统赫赫一世之兵威，亦未免小被其影响。外人之信用梁士诒者，此亦为一最大原因。总之，今日世界各国政治上之势力，财权几占全部，兵力不过其残影。此论若无谬误，则中国继兵力而掌政柄者，必在财权。即继袁总统而统治中国者，必梁士诒。此梁士诒所以为中国政治上最有望之才也。"

---

① 岑学吕等编：《三水梁燕孙（士诒）先生年谱》（一），第 186—188 页。

这篇评论，虽托名外国评论，实际则为袁世凯左右忌妒梁士诒者所为。文章极尽挑拨之能事，语言十分露骨。可以看出，袁世凯的亲信幕僚之间为了争宠献媚，相互之间倾轧排挤已经十分厉害。梁士诒的父亲在香港看到《字林西报》的这则评论后，深为儿子的命运担忧，连忙写信给儿子，要他赶紧有所收敛。信中写道："顷阅译《字林西报》论一则，似极颂扬，而实为世忌。在豁达大度之主，或不猜疑；在深谋远虑之人，不无动念。况有比望齐肩，攀龙附凤，希望后任，种种人物，皆怀忌心。昔曹孟德之于杨修，以其才名过己而害之，可惧也。此则日报，虑有人蓄意为之者，必由京而沪，由沪而港，政府必有所闻。故凡事宜退一步以留己之余地。前人有功高而震主，哲士善功成而身退，匪唯远嫌，亦保身之义也。报内一则曰：'或有议事权过重'，一则曰'或谓大权旁落'，此皆煽动之言，足以惑阅报者之听闻也。"①

1914 年 5 月 1 日，袁世凯废止国务院官制，在总统府设立政事堂，以徐世昌为国务卿，杨士琦、钱能训为左右丞。这种官制改变，是袁世凯帝制自为的第一步。梁士诒被调离总统府，出任税务处督办，是袁世凯对他疏远的一个标志。与此同时，袁世凯任命太子系的梁敦彦为交通部总长，梁敦彦的亲信麦信坚为交通部次长之一，对梁士诒在交通系的势力进行打压。这两次人事变动使梁士诒实力受到很大削弱。对此，记者形容："所谓梁系者，殆渐有夕阳无限好，只是近黄昏之光景……然则所谓梁系者，将为土崩，抑为瓦解，殆未可知。"②

但梁士诒并不因为暂时失势而灰心丧气，仍一如既往地为袁世凯效力。1914 年 7 月，梁士诒领衔向参政院提出修改总统选举法，将袁世凯的总统任期延长为十年，并可连选连任，实际上从法律上规定袁为终身总统。

另一方面，梁士诒利用他垄断的交通事业、交通银行以及税务处督办的

① 岑学吕等编：《三水梁燕孙（士诒）先生年谱》（一），第 188—189 页。
② 《黄远生遗著》卷四，台北文海出版社影印本，第 32 页。

职权，对外借款，对内发行内债。

同年 8 月，袁世凯任命财政部次长张寿龄、交通部次长叶恭绰、税务处总税务司安格联、副税司保罗、中国银行总裁萨福楙、交通银行总理梁士诒、中法银行经理赛利尔、保商银行经理涂恩、商号范元澍、李湛阳等为内国公债局董事，以梁士诒为总理，萨福楙、安格联、李湛阳、赛利尔为协理。梁士诒先后主持发行民三内国公债 25434480 元，民四内国公债 25597480 元，两项合计达 51031960 元。加上梁士诒主持的数笔对外借款，为袁世凯提供了巨额的经济支持。

袁世凯的军需处处长唐在礼回忆说："那时钱来得很爽快，一笔款子拨个百十万、一二百万不稀奇，也并未感到财政紧张。那时所办的铁路抵押借款多得很。梁士诒是总经手，他经手借款所拿来的回佣，数目很大，很快就成了大富翁；加上他长袖善舞，擅长运用，所以人们就给他一个'梁财神'的徽号，当时同僚的确很佩服他，因为大家肯定财政最难办。第一，银钱没有来处，而他却会到处源源不绝地弄得来。第二是有了钱，难以生息，而他却拿得主意，用钱办内河航运、开矿等所谓开发事业，虽则他所筹办的事业后来并没有什么成果，但在当时所有同僚背地里都称他'不倒翁'，一时轰动得很厉害。第三，'财神'在税务方面也很想得出办法。我常听到同僚们说起：'总统幸得有这个财神'。当时叶恭绰是次长，梁很信任他，在梁公务忙走不开的时候，都由叶代表他上总统府秘书厅去。"[1]

转向充当帝制的台柱

袁世凯为了征求梁士诒对帝制的支持，先后召见梁士诒达 14 次之多，每次袁世凯都很含蓄地提示梁士诒，要他同意实行帝制。但梁士诒总是佯为不解，顾左右而言他。袁逼得紧了，梁士诒只好径直陈述意见说："目下大总统之权，已高于各国君主，所殊者子孙之继承耳。然此事恐适足以害子孙。

---

[1]　唐在礼：《辛亥以后的袁世凯》，《文史资料选辑》第 53 辑。

历代帝王，其未祚能如清代逊位之安全者，有几耶？"袁听了当时为之动容。之后，梁士诒又当面劝袁世凯应积德累仁，多做有益于国民之事，帝制事宜缓以时日，但袁氏父子终不省悟。

梁士诒见自己主张不为袁氏父子采纳，曾几度避居北京西郊之香山。但没有梁士诒及其交通系雄厚财力的支持，复辟帝制就不可能，因此袁氏父子绝对不会放过他，继续采用多种方法胁迫。梁士诒曾痛苦地说："我生不辰，不幸早生三十年，科第则曾登翰苑，仕清则位至大臣，更遭逢改革，躬亲赞翊共和；复以受大总统恩遇，迭任要职。论恩私则我复何言？若夫涉及国体，某不学，不敢置词。"①

梁士诒之父知道儿子日处危疑之险地，十分焦急，特派四子梁士訏北上省视。梁士诒与士訏兄弟俩同住两个月，始终没有想出一个逃脱袁氏樊笼之妙计，最后不得不洒泪告别。梁士诒曾经一度想到以自残肢体的苦肉计来逃脱袁氏的樊笼，但为家人劝阻，未能实施。

梁士诒作为袁世凯的"财神"，但对袁公开称帝却一直持消极抵制的态度，不肯公开表态积极支持。对此，袁世凯、袁克定父子及其亲信谋士都十分恼火。显然，没有"财神"的密切配合，帝制是搞不成功的。

为了让梁士诒就范，袁氏父子及其谋士决定采取敲山震虎的战略，给梁士诒施加压力。1915 年 6 月，袁氏父子又指使前任津浦北段总办、现任肃政史孟玉双（锡珏）及津浦总稽核金恭寿拟定参案草稿，交都肃政史庄蕴宽照参。庄开始不同意这么做，来人直言这是主座（袁世凯）的意思。随后，袁又令政事堂密切配合，派肃政史王瑚、蔡宝善等赴津浦路密查，最后罗列成十大罪状，由都肃政史庄蕴宽领参。6 月 18 日，国务卿徐世昌遂面奉大总统袁世凯口谕，发布命令如下："据肃政史庄蕴宽等呈称：'铁路为营业性质，如津浦一路，全系借款，倘我不刷新整顿，有债权者，必有异言'等语，

---

① 岑学吕等编：《三水梁燕孙（士诒）先生年谱》（一），第 271 页。

当经特交王瑚、蔡宝善将种种情弊，切实访明，呈请核办。兹据该肃政史等调查事毕，呈具报告书前来，罗列十款，俱系重大弊端，除饬交通部将该路局长赵庆华立予撤差，传解就质外，应交平政院依法审理，并将案内重要人证，分别传提，毋得瞻徇！"①

6月20日，袁世凯又发布大总统"申令"："据平政院长周树模呈称：'津浦铁路局长赵庆华舞弊营私一案，交通部次长叶恭绰最有关系，请谕令暂行停职候传！'等语，叶恭绰著暂行停职！"

接着，京汉、京馁、沪宁、正太各铁路局局长均受到弹劾，京汉铁路局局长关赓麟、京馁铁路局局长关冕钧均被勒令离职受审。一场针对交通系的政治阴谋，以急风暴雨的方式打来，交通系岌岌可危，人心惶惶。这就是有名的"五路大惨案"。

打击交通系，就是打击梁士诒，这是谁都清楚的事。当时北京某报对此报道说："此次三次长参案，涉及陆军、财政、交通三部，牵连所及，范围极广，尤以交通界为甚。今之五路参案，与清末之五路参案同；所异者，前案则为梁士诒身当其冲，今案则名义不属梁之本身，而五路及其他交通机关，皆在其旧部掌握中，故所办者皆其门徒戚党。梁虽未正式牵入，却似通天教主在万仙阵，目睹众门人受罪。昔则射人，今则射马，闻与最近发生某项事件有关云。"

这篇报道的末尾，还附有署名"阿严"的一首打油诗：

远东交涉罢风云，让步犹云讲善邻；
公战怯于私斗勇，大家留点好精神！
岂因门户起争端？你想财权我政权；
纵使人民能纳税，国家那得许多官！

---

① 岑学吕等编：《三水梁燕孙（士诒）先生年谱》（一），第268页。

粤匪淮枭摆战场，两家旗鼓正相当；

便宜最是醒华报，销路新添几百张。

五路财神会赚钱，雷公先捉赵玄坛；

虽然黑虎威风大，也被灵官着一鞭。

交通总长竞争忙，拟议无端到老汪；

黑幕牵丝提傀儡，杏城活动燕孙藏。

上场容易下场难，多少旁人拍手看；

最是闲情梁燕老，三年两度逛西山。

　　"五路大惨案"发生后，财政总长周学熙趁机落井下石，为报复叶恭绰当年力争免除铁路货捐之嫌，上书袁世凯，谓叶恭绰当年请求免铁路货捐，系受商人运动，请并案究办。项庄舞剑，意在沛公！果然，在"大惨案"闹得人心惶惶的时候，梁士诒唯恐事情扩大，难以收拾，托政敌杨士琦向袁世凯疏通。袁世凯亲自召见梁士诒，亲口对他说："参案本有君在内，我令去之！"可谓要言不烦，直陈利害！

　　而袁世凯之子袁克定则没有他父亲那么含蓄，他找到梁士诒，单刀直入，问实行帝制，肯不肯帮忙？并对梁加以恐吓。梁士诒立即召集交通系党徒开会商讨对策。事情已经很清楚，赞成帝制，参案可以取消；不赞成，则后果严重。梁士诒在报告有关情况后说，赞成是不要脸，不赞成则是不要头，要大家对此发表意见。讨论的结果，大家一致表示要头。此话传出后，一时成为笑谈。[1]次日，梁士诒回复袁公子，表示愿意为帝制效力，并陈述进行之策，袁大喜。梁士诒下定决心，为了保全交通系势力，只有顺从袁世凯父子的意志，豁出去一干，并且不干则已，干起来就不必遮遮掩掩，一定要大权独揽，有声有色。[2]

① 张国淦:《北洋述闻》，第78页。

② 刘厚生:《张謇传记》，第235页。

梁士诒这位大财神爷加入后，交通系立即成为帝制运动的中坚力量。他筹集巨款，收买各方，于 1915 年 9 月 19 日在安福胡同成立了全国请愿联合会，让沈云霈担任会长，那彦图、张镇芳担任副会长，自己则在幕后指挥。请愿联合会成立当日发表宣言说："民国肇建，于今四年，风雨飘摇，不可终日。父老子弟苦共和而望君宪，非一日矣！自顷以来，二十二行省及特别行政区暨各团体，各推举尊宿，结合同人，为共同之呼吁，其书累数万言，其人以万千计，其所祈向，则君宪二字是已。政府以兹事体大，亦尝特派大员，发表意见于立法院。凡合于巩固国基、振兴国势之请，代议机关所以受理审查以及于报告者，亦既有合于吾民之公意，而无悖于政府之宣言。凡在含生负气之伦，宜有舍旧图新之望矣！唯是功亏一篑，则为山不成；锲而不舍，则金石可开。同人不敏，以为我父老子弟之请愿者，无所团结，则有如散沙在盘，无所权商，则未必造车合辙。又况同此职志，同此目标，再接再厉之功，胥以能否联合进行为断。用是特开广坐，毕集同人，发起全国请愿联合会，议定简章凡若干条，此后同心急进，计日程功，作新邦家，慰我民意。斯则四万万人之福利光荣，匪特区区本会之厚幸也。"[①] 很清楚，全国请愿联合会的使命，就是伪造民意，把袁世凯扶上皇帝的宝座。

为了在帝制中建立奇功，梁士诒表现得特别活跃积极，每天一早就开始办公，中午在外吃包饭，晚上很晚才回家。在梁士诒等人的张罗下，不几天，全国各地五花八门的请愿团陆续出笼，北京街头就出现了形形色色的请愿团，什么京师商会请愿团、商务总会请愿团、教育会请愿团、北京社政进行会、妇女请愿团、乞丐代表请愿团、人力车夫代表请愿团、孔庄请愿团，甚至连妓女也加入了请愿队伍的行列。

据说，妓女请愿团的领衔人为花元春，请愿书略谓："妓女等虽操皮肉生涯，也算商标性质，若援捐躯报国之条，自惭形秽，准诸以身发财之

---

① 李希泌等编：《护国运动资料选编》上册，第 11—12 页。

义，敢外生成。合亟披沥下忱劝进。"袁览书大喜，对梁士诒说："若辈颇知大体，洵属可嘉。"梁献媚说："花元春名字亦颇吉祥，陛下正位后，选入后宫，可备贵人之选。"袁笑着点了点头。事为外间所闻，有某个滑稽人物于是就说："袁强奸民意尚嫌不足，又强奸妓女。"闻者皆大笑不止。① 这些请愿团和筹安会组织的请愿团一起，同时向袁世凯御用的参政院投递请愿书。

梁士诒发起组织的全国请愿联合会，向参院直接请求变更国体，并以国民大会的名义，假借民意，把袁世凯推戴为中华帝国的皇帝，这一招在手续上较杨度等人的筹安会更为直接，可以收立竿见影的效果，因此梁更加博得袁世凯的欢心。

袁见梁士诒已彻底转向，成为支持帝制的台柱，袁也就顺水推舟，接连于8月12日、10月19日、12月5日颁布大总统"申令"，撤销对"五路大惨案"涉案诸人的处分，叶恭绰官复原职，关冕钧免议，赵庆华、关赓麟仅交付文官高等惩戒委员会惩戒，来势凶猛的"大惨案"立即烟消云散，一代枭雄玩弄政治权术可谓已到炉火纯青的地步。

应当指出的是，袁世凯在洪宪帝制中之所以倚重梁士诒，绝不是因为看重他的宣传，而是有赖于他的经济实力。洪宪帝制耗费金钱达6亿元之巨，其中"大典筹备处"耗资2000万元以上。如此巨额的支出，袁世凯主要依靠梁士诒为他罗掘。梁士诒的手段不外乎以下四条渠道：一是挪用交通部的收入，其数额不详。二是发行公债，1914年、1915年两次发行公债超过5000万元。三是挪用交通银行的基本金和存款，据统计，至1915年止，交通银行先后向财政部垫款3115万元，占该行存款百分之八十以上。四是以禁毒为名，在上海、广东等地推行鸦片专卖，收取不义之财。② 据梁

---

① 侯宜杰：《袁世凯全传》，当代中国出版社1994年版，第434页。

② 方平：《梁士诒与"洪宪帝制"》，《近代中国》第10辑，上海社会科学院出版社2000年版。

士诒年谱记载，1914 年旧存于香港及上海关栈之烟土有 14248 箱，1914 年销去 6650 箱，1915 年 1 月至 4 月销去 1658 箱，尚存约 6000 箱。梁士诒指派蔡乃煌与洋烟商磋商定，除照原约纳税外，每箱报效银 4500 元，合计 2700 余万元，以此作为帝制运动的经费，帝制派"皆大欢喜"。[①] 事实上，梁士诒成为洪宪帝制经费的主要提供者，各种费用"无不仰给于梁财神"。

10 月 7 日，梁士诒提出的国民大会草案为参政院通过。同月 19 日，参政院又通过了梁士诒所提出的关于国体投票程式之议案。由于梁士诒十分卖力，当时报界猜测，梁士诒有可能成为洪宪新朝的第一任内阁总理大臣。《时报》的报道说："梁士诒对于改革国体事最为出力，故将来新君主第一任内阁总理大臣即属梁氏，外间已众口一词，恐非无因也。"

1915 年 11 月 19 日，大典筹备处成立，梁士诒担任筹备处处员之一，名列筹备处处长朱启钤之后。在梁士诒等人的努力下，终于将袁世凯捧上了皇帝的宝座。

在云南护国战争发动后，梁士诒又力主出兵进行武力镇压。他在参政院提议："云南文武官员胆敢反抗中央政府，应请大总统派军征战。"梁的提议立即由参政院通过。梁士诒还积极为广东龙济光、龙觐光兄弟进攻反袁世凯的护国军筹措军饷。梁士诒还以重金收买龙觐光之部下颜启汉等人制造"海珠惨案"，刺杀梁启超的得力助手、原中国银行总裁汤觉顿等人，企图阻止两广联合反袁，成为死心塌地的帝制派。

袁世凯称帝，北洋派内部分崩离析，虽有梁士诒等死心塌地支持，也无济于事。在全国讨袁声浪高涨和内部分崩离析的局面下，袁世凯也感到形势不妙，不得不宣布取消帝制。1916 年 3 月 17 日，梁士诒奉召来到中南海总统府，商量取消帝制问题。袁世凯首先将各方要求袁世凯取消帝制的文电

---

① 岑学吕等编：《三水梁燕孙（士诒）先生年谱》，第 282 页。

交给梁士诒，其中比较重要的有：康有为劝袁世凯撤销帝制引退的长函；江苏将军冯国璋、山东将军靳云鹏、江西将军李纯、浙江将军朱瑞、长江巡阅使张勋等五位将军联名电请取消帝制以安人心的电报；驻日本公使陆宗舆转告日本朝野态度的电报；徐世昌劝袁世凯及时"转圜"的长函；以及各地军情电报等。梁士诒看完这些函电后，即与袁世凯在一张长方桌两头面对面端坐下来，袁以手指蘸茶沫在桌上涂画，如某方情形如何，某人变动如何，应付得失如何，涂满后复以纸擦之；涂了又擦，擦完又涂，反反复复，到最后袁世凯说："事已至此，吾意决矣！今分数段进行。撤销帝制后，中央政事由徐菊人（世昌）、段芝泉（祺瑞）任之；安定中原军事，由冯华甫（国璋）任之；君为我致电二庵（陈宦），嘱其一面严防，一面与蔡松坡言和，君与卓如（梁启超）有旧，以私人情谊请他疏通滇、桂，并复长素（康有为）函，请其婉劝卓如，倘有法能令国家安定，吾无论牺牲至何地步，均无不可者。"

袁、梁商定后，于是邀徐世昌入京共商善后之计。遵照袁的吩咐，梁士诒与张国淦、庄蕴宽等致电梁启超，请求梁启超等南方护国军领导人，在袁宣布取消帝制以后，仍然拥戴袁为大总统，但遭到梁启超等人的一致拒绝。梁启超自广西南宁复电云："奉电同兹歔慨！弟之愿平安，爱和平，当为兄所夙信，徒以政治泯棼，益成绝望，故挥泪以从诸君子之后。以兄解人，试将四年来所酝酿，所造端，以推倒将来变祸，容有一线之光明耶？帝制之发生与撤销，朝三暮四，何关大计！须知国人所痛心疾首，正以专操政术以侮弄万众，失信于天下既久，一纸空文徒增恶感耳。以云外侮，在弟等何尝不日怀临渊之惧，积久相持，非国之福，尽人能知；然祸原不塞，何由安国人之心，而平其气？弟既欲苟且自卸，岂能回西南诸将之听？诸将即欲苟且自卸，又岂能回全国人之听？项城犹怙权位，欲糜烂吾民以为之快，万一事久不决，而劳人为我驱除，则耻辱真不可湔，而罪责必有所归。知弟与项城私谊不薄，诚不忍其卒以祸国者自祸，乞代致拳拳！粤既响应，变局益急，兄亦宜善自为谋……"

　　梁士诒收到梁启超等发来的电报，知道袁世凯再赖在大总统的位子上已经不可能了。于是拿着这个电报前往见徐世昌、段祺瑞，然后三人又一同往见袁世凯。袁拿着梁启超等人的复电，随阅随批。在"正以其专操权术，以侮弄万众"句旁，袁批上"内阁、国会"，意谓非己之责，乃内阁、国会之过。在"项城犹怙权位，欲糜烂吾民以为之快"句旁，袁批"先攻川湘"。在"劳他人为我驱除，则耻辱真不可湔"句旁，袁批"敌国忌恨，讵非伟人"云云，袁批完后，又交给梁士诒，始终不发一言。足见袁世凯这位一代枭雄在众叛亲离的局面下已经十分颓丧。

成为帝制祸首遭通缉

　　袁世凯死后，梁士诒会同徐世昌等为袁世凯大办丧事，梁且随灵柩到河南彰德，在彰德住了七八天，与各省军政大臣相周旋。梁回到北京后，还幻想凭他在财政、金融、交通方面的势力，谋求新政府的财政总长。黎元洪总统也派人转告梁士诒："国内财政非燕老莫能调动，请安心帮忙！"但不久，黎元洪即任命陈锦涛为财政总长，任命孙宝琦为税务处督办。

　　洪宪帝制，梁士诒开始迟疑观望，在受到压力后，摇身一变成为帝制中坚。对于梁士诒在帝制中的作用，刘垣将他与杨士琦等人作了一个比较，认为杨士琦等人是"逢君之恶"，而梁士诒等人是"长君之恶"。他分析说："孟子说：'长君之恶其罪小，逢君之恶其罪大。''洪宪皇帝'的幕僚，如杨士琦、阮忠枢所领导的一批安徽人，杨度、薛大可所领导的一批湖南人，皆争先恐后，人人自以为'开国元勋'，所谓逢君之恶是也。交通系梁士诒、周自齐、朱启钤最初本不赞成帝制，因为不肯牺牲自己目前的权力与地位，只有俯首听命，所谓长君之恶是也。"[1] 这种分析固然有一定道理，但梁士诒在转向后所起的实际作用，显然是杨士琦、阮忠枢、杨度、薛大可等人所不可

---

[1]　刘垣：《张謇传记》，第 220—221 页。

比拟的。他的罪恶明显要大于以上诸人。天津《大公报》时评指出："袁总统时代运动帝制，破坏和议，阻挠退位，停兑现款，怂恿战事，谋夺内阁，种种行为虽出于帝制派之狡谋，然手段之辣，心术之险，以某督办为巨擘。"①文中所谓"某督办"，当指税务处督办梁士诒，这是明眼人一眼就看得出来的。

随后，参政院参政姚锡光等呈文请求查办梁士诒。呈文写道："查梁士诒垄断交通财政已阅十年……舞弊营私，亏款巨万……及盛宣怀任邮传部尚书，清查铁路局及交通行账目，所有亏空业将暴露，会革命事起，宣怀解任，士诒急附袁前总统……遂以赞成共和为其舞弊之第一种手段。民国以来，士诒充公府秘书长……使其私党叶恭绰为交通次长，自为银行总理，恭绰为协理……会铁路案发，平政院长周树模传叶恭绰对簿，事将败矣，士诒遂倡为帝制，致令徐世昌、周树模相继解任……此士诒又以发生帝制为其舞弊之第二手段。"②姚锡光是清朝的忠臣，曾任过兵部侍郎，他之呈文查办梁士诒，背后有冯国璋的主使，因冯国璋与梁士诒恶感甚深。

1916年7月13日，大总统黎元洪发布惩办帝制祸首命令，通令缉拿杨度等8人。据熟悉内幕的人说，国务院总理段祺瑞原先提出的名单只有6人，并无梁士诒、夏寿田的名字，送到总统府发表时，黎总统亲笔加入梁、夏二人。

梁士诒作为洪宪帝制祸首受到惩处，本是罪有应得，但他的门生故旧却为他抱屈伸冤。岑学吕说："先生此次之被通缉，盖有因焉。自帝制肇端，先生即避之若浼，而主事者必欲牵先生入漩涡。交通大惨案之不已，进而派军探监视；监视不已，进而强逼承认，代签名字于筹办国民代表大会之制造民意诸电，又于社会传闻，京外各报，故意刻画渲染，必令先生侪于帝制魁首

① 转引自贾熟村:《北洋军阀时期的交通系》，第110页。
② 转引自贾熟村:《北洋军阀时期的交通系》，第111页。

之列，是何故欤？以先生智能烛物，力能任重，可以接治、调动国内外金融，可以探索各国外交军事隐秘，可以名望耸动内外人士，故尽其全力，必欲牵先生入漩涡者也。外间不察，以为制造民意诸电，先生赫然列名，联合请愿劝进，先生附名在前，意必为主动之一，而不知先生在京之日，与蔡松坡（锷）在京之日，处境正相类也，此其一。先生办理交通事业，故觊觎者亦众多，先生创办交通银行，革政以后尤发挥光大，支行遍国内。中国银行亦在先生指挥之下，其余国内新立各银行，主持者亦多先生所提携奖助之僚寀，即外人对于中国财政事，亦以先生所可者而可之，所否者而否之，筹措一二千万现金，嗟咄立办，致有财神之号。且先生爱才若渴，所网罗者多一时才杰之士。凡此数者，皆久为政敌所欲攘夺收罗，而以帝制崩溃以后为尤甚，此其二。比及先生自彰德回，而觊觎篡夺者已布置就绪矣。于是有参政院参政姚锡光等呈请查办之举。事将发，左右劝先生将前后隐秘宣辩，以祛世惑。先生正色曰：'死者已矣！生者不能为之分谤耶？后世当有知我者！'乃于月之十日幪被出天津，当道使人示慰。先生笑颔之。至是，而归罪之令下。"

梁士诒的老部下郑洪年在梁士诒死后，写了如下一副挽联："辛亥苣筹而不自表，洪宪负谤而不自明，毁誉胥忘，公可谓大。"

但为梁士诒的任何辩护都是没有道理的诡辩，不足为据。

重出江湖，继续呼风唤雨

北洋军阀统治时期的所谓政治通缉令，大都是骗人的把戏。在黎元洪的惩办帝制祸首发布前，梁士诒等人早已闻风而逃。堂堂总统令，成了一纸空文，帝制祸首一个也未抓到。梁士诒从天津转上海，潜往香港暂做寓公，以饮酒看花消遣时日。梁并为务本堂题写楹联云："君子之至于斯也，贤者亦有此乐乎？"一副悠然自得的模样。梁在香港住了一年后，应日本财阀涩泽和大仓的邀请于1917年10月赴日访问，受到日本财阀们的盛大欢迎和热情接待。从日本回到香港后，梁士诒即与皖系军阀段祺瑞勾结，谋求东山再起。1918年2月4日，冯国璋以大总统令取消梁士诒等人的通缉令，免予追究。

重出江湖后，他奔走于北洋各派和南北军阀之间，借调和他们的矛盾从中捞取政治资本，先当了安福国会的参议院议长，后当国务院总理。但担任国务院总理为时仅一个月，梁士诒就因遭到直系军阀吴佩孚的强烈反对而辞职。第一次直奉战争结束后，梁士诒与叶恭绰再次受到通缉，不得不再次逃往香港。

1925年2月，梁士诒应段祺瑞的邀请，担任财政善后委员会委员长，并再次担任交通银行总理。1927年初，张作霖在北京宣布就任"安国军"总司令后，聘梁士诒为"政治讨论会"会长，并任命他为税务处督办。梁士诒曾通过英国公使蓝浦生，希望促成张作霖与蒋介石合作，但没有成功。1928年，当蒋介石宣布第二次北伐的时候，梁见北洋军阀大势已去，再次逃往香港。

1933年4月9日，梁士诒病逝于上海宝隆医院。在临死前一天晚上，梁士诒曾对在身边的家人作如下诀别语："余一生所负毁誉，不可胜计，向不置辩，自信世界上必有深知我者。余一切行为，虽不敢谓无错误，然为国为民之观念，无时不在胸中，所有事迹，虽不愿表报表襮，然真相自在，论世者或能于事实上寻求之也。余辛亥年与唐少川先生赞翊共和，及累年对外计划设施，挚友中颇有知者，皆颇关史料，愿有人纪述。至所创经济金融事业，虽为世人称道，实不足言，甚望各界同人能特别挽救国民生计，否则前途将不堪设想！"

第三章 文职大员

第一节 第一任内阁总理唐绍仪

唐绍仪是袁世凯早期班底的重要人员，中华民国成立后成为第一任内阁总理，因坚持责任内阁制的理念而与袁世凯分道扬镳，唐绍仪也是第一个从袁世凯幕府分裂出去的重要人员。

晚清第一批官派留美学生

唐绍仪，字少川，广东香山县（今中山市）人，生于1860年。其父唐巨川是上海的茶叶出口商，其族叔唐廷枢曾任上海轮船招商局和开平矿务局总办，是李鸿章手下的洋务派大官僚之一。唐绍仪出生于富商家庭，自幼在上海学习了外语和洋务知识。同治十三年（1874），唐绍仪作为清政府选派的第三批留美幼童赴美国留学，在美国中学毕业后升入哥伦比亚大学文科。

光绪七年，唐绍仪与其他留美幼童被清政府召回国，改派至洋务学堂读书。光绪十一年（1885）从洋务学堂毕业，分配到天津税务衙门任职。光绪十八年（1892），唐绍仪奉派赴朝鲜办理税务。在朝鲜期间，与担任总理朝鲜交涉通商大臣袁世凯结识，受到袁的赏识，袁即奏调唐为"驻扎朝鲜总理交涉通商事宜"书记官，成为袁的部下。光绪二十年夏，袁世凯奉调回国，委唐绍仪代理其驻朝鲜的职务。

光绪二十一年（1895），唐绍仪随袁世凯赴天津小站练兵，和徐世昌一起主持新建陆军营务处。袁世凯升任山东巡抚后，唐绍仪又以候补道身份随袁赴山东，办理外交和商务。同年，李鸿章署理两广总督时，唐绍仪曾一度应邀入李鸿章的幕府，南下广州。次年重新回到袁世凯幕府，当时正值华北义和团运动兴起之时，山东为义和团的主要发源地之一，唐绍仪协助袁世凯镇压义和团反帝爱国运动，并承担了艰巨繁重的外交交涉事务。

袁世凯署理直隶总督兼北洋大臣，袁即保荐唐绍仪为天津海关道。1903 年秋，英国以边界和通商问题为借口，发动了侵略中国西藏的战争，并于次年七月攻陷拉萨。同年 9 月 7 日，英军上校荣赫鹏强迫西藏三大寺（哲蚌寺、色拉寺、噶尔寺）寺长罗生戛尔曾等人在拉萨签订非法的《拉萨条约》，企图将西藏从中国的版图中分裂出去。《拉萨条约》的签订严重损害了中国领土主权，遭到全国各族人民的反对，清政府也拒绝承认这个未经"中央政府"参与的所谓条约。1904 年，唐绍仪奉旨以四品京堂候补，派充为议约全权大臣，赴印度与英国殖民当局办理有关西藏问题的交涉。其间，于1905 年 2 月奉派为出使大臣，但未赴任，后以病免。1906 年 4 月 27 日，唐绍仪以外务部右侍郎身份与英国驻华公使萨道义在北京签订了《中英续订藏印条约》，英国允许"不占并藏境及不干涉西藏一切政治"，英国确认了中国对西藏地方的领土主权，但仍将《拉萨条约》作为本条约的附约，以作为英国在中国西藏侵略权益的依据。据此，英国取得了其殖民地印度架设电线通往西藏已开有关商埠的特权。

1907 年 4 月 20 日，徐世昌奉旨调充东三省总督兼管三省将军事务。袁世凯与奕劻、徐世昌合谋，将北洋系势力伸入东三省。袁世凯推荐唐绍仪为奉天巡抚。唐绍仪是留美学生出身，在政治立场上是亲美派官僚。他到奉天后，企图引进美国的资本和势力，修建东北新民至法库的铁路，并且设立东三省银行。但日本在日俄战争后企图独霸我国东三省，自然不能容忍唐绍仪的作为，在日本的强力干预下，唐绍仪的计划未能实现。1908 年 7 月，清廷以美国决定减收庚子赔款，赏奉天巡抚唐绍仪尚书衔，派充专使大臣，前往美国致谢。同时派唐绍仪兼充考察财政大臣，赴日本及欧洲各大国协商调整经理财政办法，并相机提议与各国商订免厘加税之约，以期早日实行。当唐绍仪还在美国时，袁世凯已经被朝廷开缺回籍，唐绍仪的奉天巡抚本职也为程德全取代。直到 1901 年 8 月 17 日，清廷命唐绍仪以候补侍郎署邮传部尚书。

唐绍仪在晚清几次奉命处理重大外交事务，成为袁世凯幕府中最有声望的外交人才。

以全权代表参加南北议和

辛亥武昌起义后，清廷起用袁世凯为内阁总理大臣。1911 年 12 月 7 日，清政府任命袁世凯为议和全权大臣，袁即日派唐绍仪为全权代表南下。革命党人错误地把袁世凯视为可以争取的第三种势力。12 月 9 日，革命党的重要领袖黄兴复电袁世凯的干儿子汪精卫，郑重承诺："项城雄才英略，素负全国众望，能顾全大局，与民军为一致之行动，迅速推倒'满清'政府，令全国大势早定，外人早日承认，此全国人人所仰望。中华民国大统领一位，断推举项城无疑。……东南人民希望项城之心，无非欲早日恢复完全土地，免生外人意外之干涉。"

黄兴的承诺使袁世凯大为动心，立即开始其攫取共和国大总统的阴谋活动。

12 月 17 日，唐绍仪一行抵达上海。18 日，南北和谈在上海英租界南京路议事厅举行首次会议。首先讨论的议题就是革命军和清军停战的问题，双方没有疑义，首先达成停战协定。谈判争论的主要话题是实行君主立宪制，还是民主共和制。在 12 月 20 日的第二次和谈会上，唐绍仪与伍廷芳之间就此话题有以下一段对话：

唐绍仪：现时民军主张共和立宪，应如何办法？

伍廷芳：民军主张共和立宪，君如有意，愿为同一之行动。

唐言：愿听。

伍言：我初亦以为中国应君主立宪，共和立宪尚未及时。唯今中国情形，与前大异，今日中国人之程度，可以为共和民主矣。人心如此，不独留学生为然，即如老师宿儒，素以顽固称者，亦众口一词，问其原因，则言可以立宪，即可以共和，所差者祗选举大总统耳。今各省咨议局、北京资政院，皆已由民选，则选举大总统何难之有？我甚以此说为然。今时局变迁，清廷君主专制二百余年，今日何以必须保存君位。且清帝本非中国之人，据君位已二百余年，使中国败坏至于如此。譬如银行总办，任事十余年，败坏信用，尚须辞职，况于国家乎？中国之可收拾，人所同知，立宪云云，皆涂饰耳目之事，如何整顿。为今之计，中国必须民主，由百姓公举大总统，重新缔造，我意以此说为确不可易。今日尔我所争者，一国之事，非一民族一省一县之事。且改为民主，于满洲人甚有利益，不过须令君主逊位，其他满人皆可优待，皇位犹然。现时规制，满人株守京师，无贸易之自由。改革之后，满人与汉人必无歧视，将来满人亦可被举为大总统，是满是何损而必保存君位。故此次改革，必须完全成为民主，不可如庚子拳匪之后，为有名无实之改革也。今日代表各位，皆系汉人，应赞成此议。不独望各位赞成此议，且望袁氏亦赞成也。不然，流血愈多，于人道何忍？今日各国领事，已奉其国家之命，欲和平了结，然则中国之力，有人心者，当求从速解决之法也。

唐言：共和立宪，我等由北京来者无反对之意向。

伍言：甚善。

革命党人要求袁世凯用他的北洋武力去逼宫，逼清帝退位下台。但袁是一生作伪的大枭雄，让他立马去逼宫，袁觉得难以做出来，于是袁告唐绍仪，提出所谓招集国民会议决定君主民主问题。袁世凯想通过这种方式让清帝体面地下台，自己取得民国大总统的宝座。在南方议和代表原则上不反对召开国民会议，但在召集地点上，双方争执不下，革命军政府一方主张在上海召开，而袁世凯一方则坚持在北京召开。

正当双方代表争执不下的时候，革命领袖孙中山于 12 月 25 日从海外回到上海，已经宣布独立的十七省省代表会于 12 月 29 日选举孙中山为大总统。1912 年元旦，孙中山在南京宣誓就职，宣布中华民国诞生。孙中山当选为临时大总统，使一直觊觎总统宝座的袁世凯十分恼怒，他立即电令唐绍仪辞去全权代表，停止谈判。而且公开质问革命军一方："选举总统是何用意？设国会议决君主立宪，该政府及总统是否亦即取消？"

袁世凯一方面与伍廷芳以电报往返交涉，同时又授意唐绍仪留在上海与伍廷芳秘密磋商关于清帝溥仪退位的优待办法，孙中山的辞职以及袁世凯继任的各种问题。

孙中山回国之初，本想坚持革命到底的立场，但无奈革命党人政见歧出，妥协派占了上风，孙中山视之为亲信的汪精卫也充当内奸角色，极力逼孙中山让位于袁世凯。

据知情人透露，汪精卫与孙中山之间有过一场争论：袁以中山让出总统之位为条件，被伍廷芳坚决拒绝，和谈势将决裂。唐遂特辟途径，以重金饵汪精卫，浼其设法转圜。汪见利心动，因受其贿，力任其事。夤夜晋谒中山于寝室，告以袁氏志在必得元首一席，方肯逼使清帝退位，否则挥军直下，夺回武汉，收复南京，我方新败之余，且强弱悬殊，势终不敌。毋宁忍痛退让，犹可假手以推翻清朝政权。孙谓退让求和，即示人以弱，秉着吾党牺牲精神，有进而无退，即使弄到最后关头，亦宁为玉碎，不作瓦全，何必向敌人屈服。汪以计不得逞，愤然作色，厉色扬言："然则先生岂欲作洪秀全第二，据南京称帝以自娱，违背驱除鞑虏之誓言乎。"孙公听毕，勃然变色，问汪："然则你以为非退让不可乎？"汪应曰："然。此次他据优势，固适可而止，自愿回军逼走清廷，乃是北方对我屈服，并非我向他求和，将来后世自有公论。先生若非为自计，何不效法尧舜，犹胜于征诛而有天下之汤武，又可免陷太平天国之覆辙。我以为此乃面面俱全之策，不可预存成见，以误大局，先生以为然否？"

在内外夹攻下，孙中山无法改变妥协议和的事实，被迫表示："如清帝实行退位，宣布共和，则临时政府绝不食言，文即可正式宣布解职；以功以能，曾推袁氏。"

袁世凯在得到孙中山的保证后，立即暗中指使段祺瑞等北洋将领以武力逼宫。清廷被迫接受优待条件，于 1912 年 2 月 12 日颁布皇帝退位诏书。2 月 15 日南京临时参议院选举袁世凯为临时大总统。

1912 年 3 月 10 日，袁世凯在北京宣誓就职。

责任内阁制行不通

袁世凯就职后，提名唐绍仪为国务院总理，而孙中山等人则主张由同盟会会员担任这个重要职务。沪军都督陈其美曾经说："项城乃乱世奸雄，殊不易与。一旦身入白宫，将集矢于吾党，为一网打尽计。绍仪与欢若廉蔺，二十年如一日，宗旨必归于一途，奈何！奈何！"[①] 显然，革命党人方面对唐绍仪的为人及政治态度有很深的疑虑。最后经立宪派官僚赵凤昌等人调停，达成一个被称为"双方兼顾"的协议，即唐绍仪出任内阁总理，同时加入同盟会。在袁世凯看来，唐是他多年的亲信，由唐担任内阁总理，既能保证北洋派的利益，又能缓和革命党人的对立情绪，一举两得。

但是人的思想立场也是会变化的。唐绍仪是留美学生出身，接受过美式高等教育，在南下上海谈判期间，与孙中山、黄兴等革命领袖接触，为孙、黄的坦荡胸襟所感动。加之，唐绍仪与革命领袖孙中山及革命党的许多高级干部（如胡汉民、汪精卫等）又有广东同乡之谊，因此，唐绍仪极力想促成袁世凯与孙中山的合作，以维护民主共和制度。这也是革命党人同意他在加入同盟会后出任内阁总理的原因。

3 月 13 日，经南京的中华民国临时参议院同意，袁世凯正式任命唐绍

---

① 中国史学会主编：《辛亥革命》（八），第 118 页。

仪为国务院总理。3月25日，唐绍仪到南京与孙中山等商讨国务院各部人选。袁世凯提出的名单，除蔡元培、王宠惠属革命党人外，其余都是亡清官吏。这个名单一拿出来，南方革命党人纷纷表示反对。南京临时参议院将名单驳回要袁重提。袁世凯第二次提名的人选，作了一些让步，但对外交、陆军、内务、海军等实力部门则仍提名其亲信担任总长。陆军总长段祺瑞、内务总长赵秉钧、海军总长刘冠雄等。但陆军总长一职，南方革命党人强烈希望由黄兴继续担任，反对任用段祺瑞。顾忠琛在致袁世凯的电报中说："陆军总长非中外著闻、富有才学威望者，决难维系南北军心而谋全国幸福。黄总长兴缔造民国，苦心经营，尤为全球所钦服……现在国基未固，全国军队正在易动难静之时，再次思维，足以从容镇抚、措置裕如者，黄君而外，实难其选。"①

　　在关键问题上，袁世凯是寸步不让的，他立即指使北洋将领以"军界统一会"名义致电南京参议院，公然威胁如不以段祺瑞为陆军总长，他们就要求袁世凯另行组织政府。于是，赵凤昌等立宪派名流再次出来调停，提议以段祺瑞为陆军总长，以黄兴为参谋总长。3月30日，袁世凯任命黄兴为参谋总长，但黄辞而不就。最后，为了诱使革命党人放弃陆军总长这个关键职务，袁世凯于3月31日改任黄兴为南京留守，统率南方各省军队，同时袁还"答应"以王芝祥为直隶都督，作为交换条件。结果，革命党人再次让步，同意由段祺瑞任陆军总长。此外，革命党人希望掌握财政部的企图也因为袁世凯坚决不同意而没有成功，最后双方折中，由原立宪派官僚熊希龄担任财政总长。3月29日，唐绍仪出席南京临时参议院会议，发表政见，并将已经商妥的十个部的总长名单交参议院征求同意。参议院投票表决结果，除交通总长梁如浩未获半数以上同意票予以淘汰外，其余九位总长均获多数同意。

---

① 李新、李宗一主编：《中华民国史》第2编第1卷上册，第10页。

3月29日下午5时，参议院召开临时会议，出席参议员39人，孙中山、唐绍仪等列席，议长林森主席，先由国务院总理唐绍仪发表政见，并介绍十个部的总长的简历。6时，孙中山、唐绍仪及各国务员退席。7时参议院开始讨论计票，投票结果如下：

	同意票	不同意票
外交总长陆征祥	全票同意	无
内务总长赵秉均	30人	9人
财政总长熊希龄	30人	9人
陆军总长段祺瑞	29人	10人
海军总长刘冠雄	35人	4人
司法总长王宠惠	38人	1人
教育总长蔡元培	38人	1人
农林总长宋教仁	34人	5人
工商总长陈其美	21人	18人
交通总长梁如浩	17人	22人

袁世凯以总统令任命了唐绍仪内阁的各部总长：外交总长陆征祥，内务总长赵秉钧，财政总长熊希龄，陆军总长段祺瑞，海军总长刘冠雄，教育总长蔡元培，司法总长王宠惠，农林总长宋教仁，工商总长陈其美（未到任），由次长王正廷代理，交通总长唐绍仪兼。

同一天，南京临时政府在总统府设公宴款待唐绍仪。席间，蔡元培致辞，盛赞唐绍仪为首任阁揆，必能发挥其政治天才，为新建共和国增光于世界，最后请加入中国同盟会，实行同盟会政纲政策。黄兴也起立敦劝，全体鼓掌赞成。居正即离席取来同盟会入会志愿书，唐绍仪稍加思考后即在志愿书上签字认可。黄兴、蔡元培签名作为介绍人，孙中山签字作为主盟人，唐绍仪随即起立宣誓。当时，为了保证唐绍仪内阁和参议院正常行使权力，孙中山提议派王芝祥率南方革命军一万人护送国务员、参议员北上，然后留驻北京，此举又招致了袁世凯及其北洋派的强烈反对，而被迫打消。

4月20日，唐绍仪偕蔡元培、宋教仁及同行人员抵达北京。次日，唐绍仪主持在总统府召开第一次国务院会议，宣布国务院成立。会议还决定，各部要实行"新旧参用"，即原清朝内阁各部与中华民国南京临时政府各部的人员同时兼顾，唐绍仪为表示南北合作的诚意，还提议"多用南方人"①。

但是，以袁世凯为首的北洋集团是一个极端封闭自私的封建军阀官僚集团，绝对不可能诚心与革命党人合作。袁世凯一再声明："他们来，我们是欢迎之不暇的，但是要在我这个圈儿里。"

内务总长赵秉钧是袁世凯的心腹鹰犬，对于唐绍仪出任首任国务院总理很不服气，他早就扬言："唐如果能站得住，我们就站不住。"因此，赵秉钧一开始就采取不合作不服从的拆台立场，他公开声明，他对于新知识毫无所得，坚持内务部必须全用北洋旧人，并以辞职相要挟，最后迫使唐绍仪同意决不干涉内务部的用人权。此外，由北洋派段祺瑞、胡惟德、刘冠雄及立宪派熊希龄担任总长的陆军、外交、海军、财政等部，虽然安排了一部分南方人，但也处于被排挤的地位。唐绍仪兼任总长的交通部里南方人最多，有80余人，原清朝邮传部录事130人，仅留40人。但交通部的关键位置尽为总统府秘书长、交通系首领梁士诒暗中布置，南方人仍处于有职无权的窘境。几个被排挤的南方人曾联名致函交通部总长施肇基说："阁下于民国无横草之功，仅恃泰山势力（施为唐绍仪之女婿）而忝居高位，我辈求一末僚微

①　李新、李宗一主编：《中华民国史》第2编第1卷上册，第13页。

秩而不能得，天下不平之事，孰有逾于此者？"①

　　刚开始时，袁世凯认为唐绍仪是自己人，是可以利用他来对付同盟会的。4月29日，袁世凯到参议院发表宣言时，经过唐绍仪改窜后才发表。袁氏原稿中"声明本总统与唐总理二十年深交，生死一意，望诸君竭力辅助云云"，唐也加以删改，发表时改为："此次特任国务总理唐君与各部总长，皆一时济变之才，世凯正资倚任，相与共支大局，愿国民深信之，赞助之。"②外界以此推测，"似足为两人极融洽之证据。"③

　　在袁世凯看来，唐绍仪是他一手提拔起来的亲信，应该一切听从他的旨意，而现在唐却加入同盟会，勾结北洋圈外势力搞责任内阁制，限制他的个人专制独裁权力，这是袁世凯这个嗜权如命的大军阀所绝对不能容忍的。为了搞垮唐绍仪的责任内阁，袁指使心腹爪牙赵秉钧、段祺瑞等拆台。

　　赵秉钧根本不出席国务院的会议，关于内务部的公事，赵秉钧总是直接找袁世凯商量作出决定。赵秉钧对国务院的决议不是横生枝节就是不予理睬，唐绍仪也无可奈何。陆征祥任总长的外交部也管不了什么外交大事，外交事务由蔡廷干按照袁的旨意办事，蔡廷干的行动与国务院不生任何关系。陆海军两部也是如此，真正重要的公事都是由袁世凯与段祺瑞、刘冠雄等商量决定之后通过总统府军事处和陆海军部分别付诸实施。这样，唐内阁就成了一块"遮场的幂幕"，起不了什么作用。

　　导致唐绍仪与袁世凯公开决裂的导火索是王芝祥督直事件。

　　本来，王芝祥出任直隶都督，是唐绍仪当初南下组阁时与同盟会达成的政治协议，并得到了袁世凯的同意。当时，袁还致电王芝祥，要王单独北上，并假惺惺地说："王之为人，吾极赏识"，"使之督直甚好，唯恐其带兵北来，

---

①　李新、李宗一主编：《中华民国史》第2编第1卷上册，第14页。

②　朱宗震、杨光辉编：《民初政争与二次革命》上编，第13页。

③　朱宗震、杨光辉编：《民初政争与二次革命》上编，第30—31页。

则颇多危险"。袁世凯的这种表示，正是奸雄的一种权宜之计，但当王芝祥于5月26日到京，要袁世凯履行让其督直的诺言时，袁却食言，耍起了政治流氓手段。

在袁看来，直隶是他发家之地，也是北洋集团的老巢，是绝对不许任何外人染指干犯的，谁要干犯，他袁世凯必然要下狠手。袁世凯认为，唐绍仪勾结外人伸手要拿直隶，等于要毁北洋的老巢，是可忍，孰不可忍。当时，直隶咨议局及直隶各团体通电拥护王芝祥督直，唐绍仪说王芝祥是"民意所归"。袁世凯针锋相对，搬出"北洋军意"来反对，他指使冯国璋、王占元等十余人于5月27日联名上书袁世凯，声称直隶各路军队对于王芝祥督直"绝不承认"，"且极愤懑"。北洋将领发表所谓北洋军界公启，声讨拥护王芝祥督直的直隶绅士谷钟秀等，诬蔑他们受贿多少万元。他们到处散发匿名恐吓信，说"谁要附和此事，要拿头颅来见"。一时谣言四起，有人说能得谷钟秀头颅者，赏洋一万元，等等。北洋派就用这种下三滥的流氓手段来从事政治斗争。袁世凯随即以军队反对为借口，改派王芝祥为所谓的南方军队宣慰使，让他去南京解散革命军队。袁世凯是政治流氓，为安抚王芝祥，趁机发给王芝祥一笔远远超过实际所需的费用，示意王可以包办一切，余下的钱一律不必上缴。这样，王芝祥既得了名义，又得了巨款，更难得的是得到袁的关怀。因此，王芝祥从袁世凯那里出来的时候就表示很满意，以致袁的心腹幕僚唐在礼眼红似地对王芝祥说："你比做直隶都督实惠得多了。"王芝祥见风使舵，对唐绍仪内阁来了个"釜底抽薪"，弄得十分尴尬。

这样一来，革命党人和直隶咨议局责袁失信，责唐不负责任。唐绍仪认为政府不能因为军队反对而失信，面见袁世凯力争。袁则以"驻军反对，处理困难"之类的话来搪塞，唐绍仪便说："责任内阁凡是要对国家负责，自己任总理也要对国家负责。"袁无言以对，便气急败坏地威胁说："我们是没有几天好做的，这个位子早晚要让给你们的。"由于唐绍仪拒绝在改任王芝祥的命令上副署,袁竟无视《中华民国临时约法》关于大总统发布命令须由内阁副署的规定,把未经唐绍仪副署的委任状交给王芝祥,对内阁的权力表示十足的轻蔑。

唐绍仪再也无法忍受,而且袁一旦对某人发生了疑忌,是会断然下毒手的。唐担心自己有生命危险,便于 6 月 15 日仓皇逃往天津租界避祸。

在梁士诒、段祺瑞等的劝说下,唐绍仪于 6 月 17 日补写了一个因"病"请假的呈文。唐出走后,袁世凯先后派梁士诒、段祺瑞等人到天津对唐进行了一番假意的挽留。6 月 17 日,唐绍仪以"病"请假。6 月 27 日,袁世凯发布总统令:"国务总理唐绍仪因病呈请解职,唐绍仪准免国务总理本职。此令。"①

唐绍仪的国务总理只做了 3 个多月就结束了。袁世凯一贯心狠手辣,对于不服从他的人是绝不手软的。袁的亲信们都认为唐绍仪能够那样下台,还不失为侥幸的。②

与袁世凯决裂后

唐绍仪辞去国务院总理后,寓居上海,不问政事。

1913 年"二次革命"前夕,唐绍仪与蔡元培、汪精卫等出面调停,但遭袁的断然拒绝。1913 年 7 月 19 日,唐绍仪与蔡元培、汪兆铭三人联名致电袁世凯,要他辞职下台以免战争发生,电文称:"赣事既起,东南诸省以次响应,皆声言只对公一人。培等以为无论胜负,然倡和非止数辈,发动非止一隅,则国民之表见,已为中外所喻。公对此固难免愤慨,然哀矜生民、顾念国危之意,想当更切,必不忍以一人之故,令天下流血。且为公仆者受国民反对,例当引避,而以是非付诸后日。流天下之血,以争公仆,历史所

---

① 朱宗震、杨光辉编:《民初政争与二次革命》上编,第 60 页。

② 唐在礼:《辛亥以后的袁世凯》,《文史资料选辑》第 53 辑。

无，知公必不出此。望公宣布辞职，以塞扰攘。斯时天下激昂之情，将立易为感谅。为国家计，为公计，不敢不言，鉴恕为幸。"袁世凯当然不会接受唐绍仪等人的劝告而主动下台。

当袁世凯因帝制而众叛亲离的时候，唐绍仪也不甘缄默，于1916年3月26日给他的"老朋友"发来劝其退位的忠告电，电文如下："北京袁慰亭先生鉴：白宫暌隔，瞬已连年。忆从癸丑电请执事解职，既蒙严谴，即蛰居沪上，对于政事从未妄发一言，妄建一议，坐是亦久缺笺候，甚罪甚罪！执事数年来，所有不衷于约法之行政，世人注视方严，固有公论微言，执事亦自知之。自帝制发生，以至滇、黔事起，举国骚然，不可终日。仪虽雅不欲言，而国家重大，亦万难漠视。近阅报悉撤销承认帝制之令，而仍居总统之职。在执事之意，以为自是可敷衍了事，第在天下人视之，咸以为廉耻道丧，为自来中外历史所无。试就真理窥测，今举国果有一笃信执事复能真践前誓，而实心拥护共和者乎？今兹之变致吾同胞日寻干戈，自相残杀，仪亦深信执事目前所握兵力财力之充足，亦暂胜于起义之滇、黔、桂数省，但力服不能心服，古有明训。此次举义，断非武力所可解决，为执事劲敌者，盖在举国之人心，人心一去，万牛莫挽。兹陈唯一良策，则只有请执事以毅力自退，诚以约法上自有规定相当继承之人，亦正无俟张皇也。抑更有请执事深知注意于前事之可危者，庚子之攻使馆，壬子之掠商场是也。仪秉性狂戆，素荷恕原，愚昧所及，故敢呈最后之忠告，采纳幸甚。绍仪叩。宥。"

1916年6月6日，袁世凯病死。唐、袁之间的恩怨至此一笔勾销。

1937年上海沦陷后，唐绍仪留在上海法租界，与汉奸温宗尧私交甚密。唐绍仪是早期留美学生出身，学会了美国绅士的生活方式，生活一贯奢侈，常常坐吃山空。他留在法租界，与各方讨价还价。他拒绝蒋介石让他离开上海租界的要求，当时，对唐的奢靡生活方式有所了解的人说，唐绍仪生活开支巨大，要想让唐离开上海，如非国民政府指定一家银行让唐绍仪随意填写支票取用，否则唐是不会离开上海的。当时，蒋介石担心唐绍仪公开投敌，于1938年9月30日指使军统特务头子戴笠派人在上海将唐绍仪用斧头劈死。事后，为了掩人耳目，已经迁都重庆的国民政府发布了"国府委员唐绍仪褒扬令"。唐的不得善终，完全是因为他奢靡的美式生活所造成的。

第二节　凭借姻亲起家的张镇芳

张镇芳与袁世凯有转折亲的关系，张是袁世凯二哥袁世敦之妻弟。[①] 这种关系在旧社会也是十分管用的。张以转折亲攀上袁世凯的关系，因袁而显赫发达，但张是一个一生投机、反复无常的政客，对于袁世凯是有利时就投靠，不利时就背弃。

为袁世凯办理军需及盐务起家

张镇芳，字馨庵，河南项城人，与袁世凯同乡，生于清同治二年（1863），1892年中进士，历任翰林院庶吉士、编修、户都主事等职。袁世凯署理直隶总督兼北洋大臣后，推荐张镇芳担任北洋银圆局会办。从此，张镇芳这个穷京官走上了依附袁世凯的暴富之路。

此后，张镇芳在袁世凯幕府担任了直隶永平七属盐务局总办、陆军粮饷局总办、清理财政局总办、禁烟局总办、直隶银行督办、财政总汇处帮办、长芦盐务使兼直隶臬司等职，这些都是肥得流油的衙门，每年进出的款项数以百万计，甚至上千万计。张镇芳为袁理财，办理军需，深得袁的倚重，袁称赞他"善理财"。在这个过程中，张镇芳公私兼顾，个人也发了大财，成为大富翁，与在翰林院时的穷书生相比，已是别若天渊。

袁世凯在被朝廷开缺的当天，狼狈逃到天津想投靠直隶总督杨士骧，杨

---

① 　袁克文：《辛丙秘苑》，上海书店出版社2000年版，第19页。袁世凯之子袁克暄致张镇芳函称张为"五舅大人"。过去许多著作说张、袁是表兄弟，这是讹传，应予修正。

为避嫌不敢出面见袁世凯，只令他的儿子出面并送6万大洋。稍后，张镇芳来到饭店见袁，劝袁次晨即返回北京，速去彰德。时张镇芳兼任粮饷局总办，拿出30万两白银送给袁世凯，作为日后生计。

张镇芳长期担任长芦盐运使的肥缺，主管盐政的度支部尚书载泽见到张镇芳时即谓张为"袁党"。张镇芳回答："不唯为袁党，且有戚谊。"后张镇芳纪事诗，有"抗言直认层层党"一句。后袁世凯第五子袁克权对张伯驹说：其父开缺时，五舅极为可感，但洪宪时却不甚卖力。张镇芳之子张伯驹为此赋诗："霹雳一声祸有因，包车风帽到天津。姻亲不避层层党，赠予存余卅万银。"

在袁世凯被开缺前，张镇芳即预感前景不妙，悄悄改换门庭，用重金贿赂王公亲贵，投到了载泽门下。袁克文说："宣统继位，张度先公（指袁世凯）将退休，乃亟拜载泽门，重金为贽，且以己之侵没盐款委诸先公。载泽喜，疏举入盐政处。先公罢政，与有力焉。内虽危害，见先公犹日力相助也。"[1]张镇芳由于及时改换了门庭，故在袁世凯被清廷罢黜后，张的仕途财路均没有受到多大影响。

1911年4月15日，张镇芳由长芦盐务使调为湖南提法使。但督办盐政大臣载泽立即奏请"留张镇芳署直隶长芦盐务运使，并恳恩免其议处。"清廷谕准，于同年7月3日谕内阁："已补湖南提法使张镇芳，著调署直隶长芦盐运使，余依议。"[2]

从理财家到封疆大吏

张镇芳在袁世凯遇险时虽有改换门庭之嫌，但袁在辛亥年借辛亥革命而东山再起时，却没有计较张镇芳的背弃行为，继续将张镇芳作为心腹加以重任。

---

① 袁克文：《辛丙秘苑》，第19页。

② 来新夏主编：《北洋军阀》（一），第404页。

1912年2月3日，袁世凯以内阁总理大臣的身份奏准：直隶总督陈夔龙因病乞休，以张镇芳署直隶总督兼北洋大臣。张在袁的提携下，一步登天，成为坐镇北洋老巢的封疆大吏。1912年3月23日，张镇芳调河南都督兼民政长，为袁世凯看守"老家"。

张镇芳上任伊始，对河南各地的农民武装、革命党人乃至进步的青年学生实行残酷的镇压政策。一些从张镇芳枪口下逃出来的人说："张镇芳在开封枪杀学生，每次在百人以上，用排枪射杀。"[1]连袁克文也说他"杀戮无辜，不可数计"[2]。这种残酷的杀戮政策，终于激起了声势浩大的"白朗起义"。

河南地处中原腹地，土地贫瘠，人口众多，历来民生艰难，张镇芳上台后，实行掠夺和杀戮政策，再加上连年干旱，更使河南几千万人民雪上加霜，贫弱者流于丐，强悍者流为盗匪，有些地方"几乎无人不匪"。河南宝丰农民白朗（1873—1914），召集被遣散回乡的官兵，购置军械，很快拉起了一支队伍，他们转战于河南禹县至桐柏山的豫西广大农村，消灭当地分散的地主武装，收缴武器，发展壮大自己，半年之内，队伍发展到二三千人。

白朗起义发生后，张镇芳与河南护军使雷震春调兵遣将，围剿白朗军。1913年5月，白朗军一度进入鄂北随县山区，然后摆脱河南、湖北两省官军的"围剿"，挥师北上，在五月底至六月初，一度攻克豫西的唐河、禹县两座县城，起义队伍发展到五六千人，声势大振。到同年9月下旬，白朗起义军又攻克了鄂北重镇枣阳城。

河南护军使雷震春因镇压起义不力，袁世凯下令将其调任南洋巡阅副使并督办江北、皖北"剿匪"事宜。张镇芳随即呈请调赵倜为河南护军使。赵

---

① 杜春和编：《白朗起义》，中国社会科学出版社1980年版，第411页。

② 袁克文著：《辛丙秘苑》，第20页。

偶到任后，张镇芳即呈文袁世凯呈请辞职。呈文称："镇芳素不知兵，致使到处伏莽，酿成流寇，军队疲于奔命，闾阎病不聊生，即局外无言，早深愧郝。况教堂屡求保护，车站迭请维持，报纸之讥评，议员之指摘，闻者足戒，咎实难辞。以是寝食不安，力图补救。无如兵来则鼠窜，兵退则鸱张，见兵则变作善良，见匪则随为丑类，通匪、窝匪，诛不胜诛……总之，镇芳非济变之才，断难胜任，渥荷知遇，又不忍事外逍遥。务乞另简贤能，克期扫荡。俾得回京趋侍，借供驰驱。丰沛从龙，安能与萧、曹并论。彷徨中夜，上无以对大总统，下无以对诸同乡，唯期接手得人，感且不朽。拟三五日备补军到洛后，自赴各处巡阅，查看各军情状，据实禀陈。虽炸弹手枪，入死出生，亦无所畏。镇嵩军尚难裁汰，马云卿暂稽显诛，以后葛藤，更为棘手。好在天位已定，友邦益亲，小丑跳梁，如鱼游釜。同盟新会，又何能为政体共和。似不得不存国会，额数减少，想亦不难。外省仍不能协济中央，最为可虑。借债度日，终是饮鸩，删削诸绅之权，停不急之务，即欲筹款，无良方也。区区之愚，伏冀垂鉴。"

白朗起义初起时，京师稽查长王天纵向袁世凯请求，由他南下"收抚"白朗起义军。参谋部、陆军部将王天纵的请求电告张镇芳，问他此事是否可行？张镇芳答复说："豫匪至今未能肃清，实误于'收抚'二字。白朗现已穷蹙，是以又运动投诚。河南军界虽愧无人，亦断无王天纵代为剿抚之理。且王之旧部不过仅两营，竟不能守荆紫关，安有余威制匪？其弟天佑，早经准假，延不交兵，倘再稽迟，定当治以军法。鄙人在豫一日，即一日决计痛剿。收一白朗而千百白朗闻风而起，如为乱党用，更难诛之。祈大部剀切转圜。以后对于奸人，万不可再行假借，非乱者必斩，终无了期也。质直上陈，伏求采纳。"

张镇芳杀人成性，口气强硬，根本不愿考虑"收抚"。

1913年底，张镇芳和护军使赵倜在袁世凯的督责下，调集北洋军对宝丰、鲁山一带的白朗起义军进行大规模"围剿"。白朗起义军突围东进，越过京汉铁路，挺进到豫、鄂、皖边区，他们在1914年1月间连克豫东南的光山、潢川、商城和皖西的六安、霍山等地，所到之处，如入无人之境。

袁世凯惊恐万状，急忙调陆军总长段祺瑞前往河南开封督师，统一指挥豫、鄂、皖三省的北洋军两万多人企图"聚歼"白朗起义军。

袁世凯对张镇芳镇压起义军不力大为恼火。1914年2月12日，袁世凯致电已经到达河南开封的段祺瑞，电文说："张督近为中外攻击甚力，留之适足害之，不如避位，以塞舆情，于公私为两得也。"

张镇芳知道袁世凯有意撤他的职，即于2月13日离开开封北上，托言面见袁世凯面禀要事，实则以表示坚决辞职。段祺瑞开始并不同意张镇芳辞职，致电袁世凯及国务院，"拟恳大总统迅饬该督回汴，并令会办剿抚事宜，以期和衷商榷，共济艰难。无任切盼"。但没有得到同意。

洪宪帝制筹办人之一

1914年8月21日，袁世凯下令批复前河南都督张镇芳的革职处分。

同年10月7日，袁世凯任命张镇芳为参政院参政。

同年10月26日，袁世凯又令张镇芳主持筹办盐业银行。

1915年1月17日，袁世凯又授张镇芳为"中卿"。

洪宪帝制发动时，张镇芳是帝制筹备十人小组成员之一，所有的电报都有张镇芳署名，在十人小组中，张镇芳的名字排在朱启钤、周自齐、梁士诒之后，列第四。

张镇芳还向袁世凯献策，要求到河南去编练御林军，以保卫"洪宪王朝"。他说："古者期门宿卫，皆以亲近子弟充之。汉高、明祖淹有天下，沛中、滁上子弟，征伐所及，留驻不归，所以拱卫王室，预防反侧也。满洲入关，各省设驻防，实师明祖征云南之遗策。即以曾文正、左文襄、李文忠论，湘、淮子弟，遍布行省，远留新疆。湘皖势力，得弥漫江河沙漠之地，握政权者数十年。其下既根深蒂固，其上则承继弗衰。今宜先将豫省子弟，每县挑选五百人，练为省兵，以有身家者中选，符合古人三选良家之制。河南八十余县，合计可得四五万人。每年选招一次，期以五年，轮流分发。前者派驻各省，后者逐年招练，五年之间，可得子弟兵二十余万，亦古今中央集权强干弱枝之意。如圣怀视其策可行，宜以缜密从事。"袁世凯采纳这个建议，令唐天喜招练河南兵一混成旅，护卫陈州陵墓，为子弟兵张本。

为此，刘成禺赋诗讽之："主稿懿亲策八荒，健儿五百选家乡。两河子弟应惆怅，未起良家作驻防。"

1915 年 9 月 10 日，张镇芳又以老友资格致函江苏将军冯国璋、江苏巡按使齐耀琳，婉辞劝说冯国璋上书劝进，电文说："唯国务卿领衔等最后一着，此刻须内外一致鼓吹进行，做成绅民请愿，军政要求，即元首亦不能强违众论，大拂舆情。然后友邦无词可措，万不可使人疑为中央授意，我辈当极为拥戴。而为元首留地位占身份，是为至要。华老功高望重，能来京主持尤盼，余函详。镇芳。"[1]

1915 年底，云南护国军起义后，贵州、广西、四川等省相继独立，张镇芳认为洪宪帝制已经失败，由拥袁转为反袁，他密遣心腹张钫入河南谋独立，驱逐现任河南将军赵倜，拥张镇芳为都督，联合护国军以抗袁世凯。张钫甫入河南，即为赵倜所擒，审讯之下知为张镇芳所主谋，立电袁世凯请示，并请求将张钫就地正法。袁世凯得到这个报告，有如五雷轰顶，他没有想到张镇芳也会背叛他，立即召张镇芳加以诘问。张镇芳"惶惧变色，力白无他，乞移京审讯"。袁世凯同意，张钫押解到京，张镇芳为之奔走救援，并密嘱张钫翻供以便保他过关。张钫翻供后，袁世凯也不便定罪，此案遂不了了之。

对于张镇芳的反复，袁克文大骂说："张以至戚，且赖先公而致官禄，初

---

[1] 《张镇芳致冯国璋函》（1915 年 9 月 10 日），原件藏中国社会科学院近代史研究所图书馆古籍部。

寒士，今富翁矣，竟反复若是，斯尚不若禽兽之有心也！"[1]

袁世凯帝制失败后，张镇芳赋诗吊云："不文不武不君臣，不汉不胡又不新。不到九泉心不死，不能不算过来人。"

张勋复辟又充要角

袁世凯称帝败亡后，张镇芳并没有悔改。他与阮忠枢等成为清朝复辟集团与各方联络的重要人物。

1917 年 4 月间，张镇芳、雷震春与张勋的心腹商衍瀛在天津商讨了发动复辟后如何控制北京的计划。

1917 年 7 月 1 日，张勋等拥戴逊帝溥仪复辟，溥仪立即赐封张镇芳为内阁议政大臣兼度支部尚书，张镇芳成为复辟的主角之一。

1917 年 7 月 19 日，张镇芳与雷震春在丰台车站被讨逆军逮捕，另一复辟分子冯德麟在天津新车站被捕。

15 日，冯国璋代总统以张、雷、冯"背叛共和"，"逆迹昭著"，下令褫夺他们的官职、勋位、勋章，交法庭依法惩办。张镇芳被法庭判处无期徒刑。

1920 年获释出狱。之后，张镇芳又担任了天津盐行银行经理及董事长。1933 年病死于天津。

第三节　洪宪帝制的总导演朱启钤

朱启钤本是袁世凯的政敌瞿鸿禨的幕僚，别有用心的袁世凯硬是用计谋将朱启钤拉到了自己幕府中。在洪宪帝制中，朱启钤扮演了总导演、总操办人的角色。

从瞿鸿禨的幕府投奔袁世凯

朱启钤，字桂辛，晚年别署蠖公，贵州紫江（今开阳）人，生于清朝

---

[1]　袁克文：《辛丙秘苑》，第 20 页。

同治十一年（1872）。朱启钤出生于官宦之家，他早年跟随几位名师学过
举业，对四书五经之类的书籍读得滚瓜烂熟，以致到九十几岁高龄还能背
诵仪礼，可见其记忆力惊人。但朱启钤对科举功名之路没有兴趣，一生没
有参加过任何科举考试，也无功名可叙。由于其父亲去世早，由寡母抚养
长大。其外祖父青余先生在中州做官，朱启钤早年有一段时间是在中州度
过的。

　　朱启钤的姨父瞿鸿禨是晚清一代名臣，在瞿鸿禨外放四川学政时，时年
20 岁的朱启钤便随姨父入川，开始了幕僚生活。瞿鸿禨"喜公骏近，事无
大小必以咨焉"。[①] 朱启钤在瞿幕中的主要任务之一就是代瞿阅卷。朱启钤的
书法原先练的是柳公权体，入瞿幕后，为了阅卷的需要，亦随瞿改练米芾体，
并模仿瞿的笔迹，以便代为阅卷时不露痕迹。当时，唐才常也在瞿家充家庭
教师，朱启钤得以和唐相识定交。唐才常后来成为维新派的骨干之一，光绪
二十六年，唐才常组织自立军"勤王讨贼"，很快失败被捕，就义于武昌。
朱启钤对唐之遇难感到十分悲痛，他晚年看到一本写唐才常的著作时，还很
感慨地说："这是我的朋友，被杀死了。我很难过！"

　　朱启钤在瞿鸿禨幕府十余年，成为瞿倚重的亲信幕僚之一。光绪二十六
年，八国联军入侵，慈禧太后、光绪皇帝逃往西安，瞿鸿禨随行护驾有功，
因而得到慈禧太后的宠信。据说瞿鸿禨长得与已经死去的同治皇帝特别相像，
同治皇帝又是慈禧太后的亲生独子，因为这一层关系，慈禧太后更对瞿鸿禨
宠眷有加，先后任命瞿鸿禨为工部尚书、军机大臣兼充政务处大臣。总理各
国事务衙门改为外务部后，瞿鸿禨任该部尚书。清廷预备立宪，瞿鸿禨参与
策划，并特旨派为议改官制大臣之一，成为汉大臣中最有实权的军机大臣。
瞿鸿禨是一个性格刚直、操守廉洁的大忠臣，而袁世凯则是结党营私、无恶
不作的奸雄，两人势必水火不相容。瞿袁斗法，作为瞿鸿禨亲信的朱启钤势

---

① 瞿宣颖：《〈蜕园文存〉序》，余诚之编《蜕园文存》（一）。

必也会牵扯进去。

光绪二十九年，上海的汪康年曾致函时任京师大学堂译学馆监督的朱启钤，通过朱向瞿鸿禨提出建议，信中写道："昨见报载，袁（世凯）拟国家银行亦以天津官银行为本，此事实可怪论。此系户部之事，何得让之疆臣。且如此，则袁于兵权之外又握大利权，且得邮权，意欲为何？弟谓，为国家计，为师座（原注：指瞿相国）计，此事当再三审鞫。如欲任其大成，当一切听之；若以为不可，则直预为阻遏。否则事权尽在一人，一旦祸发，悔将奚及？请两兄将此函转呈师座，以备菲之采。"

汪康年是维新保皇派在上海的重要角色，也是瞿鸿禨的门生，瞿党中坚之一，与朱启钤在政治上系同党。从这封信中可以看出，瞿党与袁党的争斗是相当激烈的。袁世凯与瞿鸿禨从本质上讲是势不两立的。为了搞垮这位"正色立朝"的权臣，袁世凯费尽心机，朱启钤也因此成了袁党拉拢的对象。

光绪三十年冬，朱启钤辞去译学馆监督，到天津筹办游民习艺所。当时袁世凯正是直隶总督兼北洋大臣，天津正是袁的地盘，此举正是朱启钤脱离瞿鸿禨投奔袁世凯的开始。朱启钤投靠袁世凯，据说是出于徐世昌的推荐，而徐又是袁的心腹密友。徐推荐朱启钤到袁的地盘工作，显然是别有用心之举，是对瞿鸿禨挖墙脚的一种行为。瞿鸿禨对于朱启钤离开自己，并投靠自己政治上的死对头袁世凯，可以肯定很不是滋味，据说瞿因此对朱很不满，但也无可奈何。[①]

光绪三十一年九月，清廷设巡警部，徐世昌任巡警部尚书，朱启钤随徐世昌入京，先后任民政部内城巡警总厅厅丞、外城巡警总厅厅丞（相当于现在之公安分局局长）、津浦铁路北段总办等职务。

[①] 瞿、朱两家是亲戚，虽然有这么一段不愉快的往事，但两家的关系并没有断，20 世纪 30 年代朱启钤编《蠖园文存》，瞿鸿禨之子瞿宣颖为之写了长篇序言。

光绪三十三年（1907），晚清政坛掀起了一次大风潮，史称"丁未政潮"。这次对垒的一方是军机大臣兼外务部尚书瞿鸿禨和邮传部尚书岑春煊；另一方则是庆亲王、首席军机大臣奕劻和直隶总督兼北洋大臣袁世凯。这是清朝"清流党"和"浊流党"的最后一次总的较量。"浊流党"的奕劻、袁世凯技高一筹，以周密的政治阴谋手段击倒了瞿鸿禨和岑春煊，瞿鸿禨以莫须有的罪名被开缺回籍，岑春煊被革职。

瞿鸿禨被开缺后，朱启钤也随之请求开缺。

从"徐世昌的影子"到袁世凯的台柱

朱启钤随瞿鸿禨退出政界，闲居了一个短时期。

1907年冬，朱启钤即应两江总督端方的邀请前往南京。不久，东三省总督徐世昌奏调朱启钤为东三省蒙务局督办。朱启钤在任上写有《筹蒙要策》，并以蒙务局的名义《上东三省督抚经营蒙务条陈》《请筹的款并预筹铁路议》等，但这些都成为纸上谈兵，未能如愿。

朱启钤与钱能训成为徐世昌的左右手，很受器重，徐经常夸奖"桂（辛）少爷勤恳"，因此有人形容朱启钤是"徐世昌的影子"，甚至有人讹传朱启钤是徐世昌的义子。辛亥革命后，徐世昌暂时引退做了清朝的遗老，朱启钤遂由徐世昌幕府转为袁世凯幕府班子中的重要一员。

1912年7月至1913年9月，朱启钤担任交通部总长，成为旧交通系的三个首领之一。

1912年8月24日，孙中山应袁世凯的邀请到达北京，与袁会见并进行多次会谈。同年9月9日，袁世凯特授孙中山"筹划全国铁路全权"。袁的"任命令"说："富强之策全借铁路交通，亟宜从速兴筑。兹特授孙文以筹划全国铁路全权，将拟筑之路先与各国商人商议借款招股事宜，按照将来参议院议决条例订合同，报明政府批准，一面组织铁总公司，以利进行。"①

---

① 《政府公报》民国元年第134号。

次日，袁世凯派总统府秘书长梁士诒将"任命令"交给孙中山，梁并与孙商定:（1）借款，纯粹输入商家资本，不涉政治借款。（2）权限，未动工之路概归孙中山经营，已修未成之路线管理权限尚须与交通部详细商定。（3）公司，将择地修建。（4）经费，暂由交通部每月拨款3万元以资开办，日后再行续筹。（5）用人，公司内一切用人之权，归孙中山主持，政府概不干预。[①]

袁世凯任命孙中山筹划全国铁路全权，只不过是应付孙中山的一种权宜之计，其真实目的不过以此名义，每月给孙中山几万元之金钱敷衍敷衍罢了。如果真正让孙中山主持全国铁路全权，那么交通部的权力就会大大减弱，这不仅让袁世凯接受不了，朱启钤这位交通总长同样也接受不了。后来，孙中山所拟的铁路总公司草案，虽然与交通部次长叶恭绰几经商榷修改，但朱启钤始终认为该草案"涉及的范围甚广，权限甚大"，而不以为然。1913年3月31日，袁世凯公布《中国铁路总公司条例》。但此时，袁世凯已经暗杀了宋教仁，南北关系骤然紧张，不久"二次革命"爆发，所谓"中国铁路总公司"也就被抛到了九霄云外。

"二次革命"打响后，国务总理兼陆军总长段祺瑞忙于调兵遣将，袁世凯即命朱启钤佐国务总理处理政务。从8月20日到9月25日，朱启钤代理内阁总理职务。朱启钤与段祺瑞、梁士诒等全力镇压"二次革命"，朱启钤、梁士诒等为首的交通系在金钱和交通运输方面紧密配合袁世凯镇压国民党人。

洪宪帝制的总导演

1913年9月至1916年4月，朱启钤担任内务部总长近三年之久。

在内务部总长任上，朱启钤也做了一点有关国计民生的事情，如创办"中央公园"，开放京师名胜，筹办八旗生计，筹设传染病医院，疏浚京师前

---

① 陈锡祺主编:《孙中山年谱长编》上册，中华书局1991年版，第726页。

三门护城河，改订各省重复县名等。

但朱启钤的主要精力不在此，而在于为袁世凯复辟帝制操持一切。

袁世凯在镇压"二次革命"后就开始有目的地蓄谋恢复帝制。1914年7月28日，袁世凯公布所谓《文官官秩令》，将文官分为"卿""大夫""士"，各有上、中、下三级，即三等九级，朱启钤被授为"中卿"。这是袁世凯恢复帝制的先声。

随后，袁世凯又下令祀孔祭天，恢复古代官制，延揽前清遗老出任参政院参政。朱启钤身为内务部总长，密切配合袁世凯的一切倒行逆施。例如编订礼制会、拟订崇圣条例、拟订礼目、整修京师孔庙、派员调查山东曲阜及济南孔庙乐器情形、添置京师孔庙乐器，拟订祀天典礼，等等。

当时，有一部分遗老遗少从袁世凯等人的倒行逆施中会错了意，以为袁世凯有意让清朝废帝复辟。国史馆协修宋育仁公开发表"还政于清"的演说，鼓吹复辟。1914年11月10日，肃政史夏寿康呈文袁世凯，请求"严行查禁复辟谬说"。呈文说："大总统受全国人民付托之重，值此安危呼吸，断不宜避嫌姑息，致酿乱机。应请饬下内务部，将此等论说严行查禁，并移知清室内务府遇事留意，杜荠绝嫌，用副民国优礼清室之至意。"①

对于清室复辟言论，袁世凯开始装聋作哑，不闻不问，实际上是包藏祸心，有意让邪说泛滥，制造共和不如帝制的反动舆论氛围。但袁世凯当然不是要复辟大清，而是自己要做皇帝，因此对这种复辟大清的言论也有意制裁一下。袁世凯于是提起笔来，在夏寿康的呈文上批示"交内务部查照办理"。朱启钤接到袁的批示后，即煞有介事地于11月20日通咨各省查禁复辟言论："查紊乱国宪，《刑律》订有专条，法令森严，势难姑息。嗣后遇有诞妄之徒散布此等荂言者，即当严加禁制，其或显有不法行为者，应即随时查拿，按照《刑律》内乱罪分别惩办。"这个通令唬住了一些不明内幕的胆小鬼，那

---

① 《政府公报》，1914年11月16日。

个兴致勃勃准备来京当参政的前清遗老劳乃宣，听到消息后中途急忙返回青岛，躲进了德国租界。

11 月 17 日，步军统领江朝宗将宋育仁逮捕，袁批令内务部将宋押解回四川富顺原籍。

我们来看一看，袁世凯是如何处理宋育仁的：11 月 17 日，首先由步军统领江朝宗派马车把他接来"讯问"，宋当即写了"供词"和意见书各一份交上。袁申令"既往不咎"后，内务部作出宋育仁"附和邪说，紊乱国宪"的结论，但为之开脱说："该员年老荒悖，精神错乱，食古不化，托为文字之发挥，别有用心，尚无着手之实据。"提议将宋递解回四川原籍，交由地方官妥为安置，并随时察看处理办法。袁批"准如所拟办理"。宋被"递回"前，袁派人送去仪程 3000 元，电令四川地方当局月送 300 元作为休养费。走时，江朝宗派专人保护，亲戚故旧纷纷前往车站送行。所过沿途各地，均受热情招待。

袁世凯在如此这般"处分"了鼓吹复辟大清的宋育仁后，他自己称帝的心思往往不经意流露出来。一天，袁世凯出席政事堂会议，当讨论到要不要禁止复辟言论时，袁即发表"高见"说："宣统满族，业已让位，果要皇帝，自属汉族。清系自明取得，便当找姓朱的，最好是明洪武后人；如寻不着，朱总长也可以做。"袁说得很露骨，他认为帝制可以恢复，但宣统不能再做了，要汉族人做，袁口中所谓朱元璋后人和内务总长朱启钤自然没有资格做皇帝；袁心里十分清楚，汉人做皇帝，只有他袁世凯一人够格。

1915 年 8 月，筹安会出笼，朱启钤与司法总长章宗祥不了解筹安会的底细，在一次国务会议上当面向袁世凯请示：筹安会现在倡言中国应改君主立宪政体，实际上是淆惑人心，而且与现行法律相抵触，应如何处理？袁装腔作势，要这两位总长去警告筹安会主持人，只应在学理上讨论，如果超出了范围，就是触犯了现行法律，应加以制止，朱、章两人将袁的意思转告杨度，不料杨度却回答：他是奉命行事。朱、章这才恍然大悟。[1]

朱启钤在理解袁世凯的真正意图后，积极参与劝进，因为他的内务总长身份，自然而然成为筹备帝制的总主持人。

1915 年 8 月下旬，段芝贵、朱启钤、周自齐、梁士诒、张镇芳、袁乃宽、唐在礼、张士钰、吴炳湘、雷震春 10 人组成的秘密筹备帝制的班子宣告成立。

8 月 30 日，段芝贵等 10 人密电各省将军、巡按使，告诉他们如何伪造民意，电文如下：

> 各省将军，巡按使鉴：亲译。堂密，国体改用君主之议，各省已全体一致。现拟定第一次办法，用各省公民名义向参政院代行立法院上请愿改革书，表示人民趋向君主之意，再由立法院议定进行之法，大致每省各具一请愿书，均由此间代办，随将稿底电闻。诸公同意，即将尊名并贵省同意绅商列入。俟立法院开院时，各省陆续呈递。总之，改革国体问题，将来必用民意机关解决之。我等政界军界方面重要人，当静候时机成熟，从之应援而已，一切办法俟后随时奉闻。段芝贵、梁士诒、朱启钤、周自齐、张镇芳、唐在礼、雷震春、江朝宗、吴炳湘、袁乃宽公叩。世印。[2]

由于段芝贵此时已调任镇安上将军督理奉天军务兼管吉林、黑龙江军务，成为"东北王"。段芝贵退出筹备帝制班子，加入内史监阮忠枢，仍为十人。此后，这个班子即以朱启钤为首，所发的电报全部都由朱启钤领衔或单独发出。

1915 年 9 月 19 日，朱启钤、梁士诒、周自齐、段芝贵、张镇芳、袁

---

① 曹汝霖：《一生之回忆》，第 134 页。
② 云南政报辑：《袁世凯伪造民意纪实》，第 1 页。

乃宽、雷震春、唐在礼、吴炳湘、阮忠枢、倪嗣冲、张士钰、傅良佐、陆锦、夏寿田等联名呈请袁世凯早定大计。

为了伪造人民要求帝制的民意，最后想出来的办法是搞什么"国民代表大会"，由两套班子进行筹备：一是顾鳌等负责的办理国民会议事务局，二是朱启钤牵头的十人班子。前者主要做公开的宣传，同时也发一般性的指示和文告；后者则专门负责向各省将军、巡按使发密电，传达袁世凯的旨意，按内定步骤发号施令，是洪宪帝制实际上的主持者。

1915年10月7日，朱启钤等向各省发出"决定国体后拟推戴办法"电如下：

> 各省将军、巡按使鉴：华密。文电计达。四号参政院开会，议决国民代表大会法案，将第十二条加入监督，认为必要时得委任县知事行之二语，不日即通告各省请照艳电所云预先筹备为要。兹由同人公拟投票后应办事件如下：（一）投票决定国体后须用国民代表大会名义报告票数于元首及参政院。（二）国民代表大会推戴电中须有"恭戴今大总统袁世凯为中华帝国皇帝"字样。（三）委任参政院为国民代表大会总代表电须用各省国民大会名义。此三项均当预拟电闻，投票毕交各代表阅过签名，即日电达。至商军政各界推戴电签名者，越多越妙。投票后三日内必须电告中央。将来宣诏登极时，国民代表大会及商军政各界庆祝书，亦请预拟备用。特先电闻。余再函达。启钤、自齐、士诒、忠枢、镇芳、在礼、乃宽、士钰、震春、炳湘叩。阳。①

所谓的国民大会代表完全由各省将军、巡按使等军政长官钦定，原则上每县一名。投票时票面上一律印上"君主立宪"四个字，用记名投票

---

① 云南政报辑：《袁世凯伪造民意纪实》，第5页。

法，在将军、巡按使的监督下投票。朱启钤等十人小组还密电各省将军、巡按使："但求表面与规则吻合，而内部运用，只要操纵得宜，便可放手办去也。"①

这种金钱和暴力双管齐下的所谓国民代表大会真正做到了万无一失。各省报告的投票结果是：全国参加投票的国民代表 1993 名，赞成帝制 1993 票，无一反对票，也无一张废票，百分之百地赞成帝制。

投票结果出来后，朱启钤为首的十人小组立即于 10 月 23 日密电各省请于推戴书中照叙以下 45 字，电报全文如下：

> 各省将军、巡按使鉴：华密。国体投票解决后，应用之国民推戴书文内有必须照叙字样，曰："国民代表等谨以国民公意恭戴今大总统袁世凯为中华帝国皇帝，并以国家最上完全主权奉之于皇帝，承天建极，传之万世。"此 45 字，万勿丝毫更改为要。再此种推戴书在国体未解决之前，希万分秘密，并盼先覆。至奏折一切格式，均照旧例。惟跪奏改为谨奏。其他仪式俟拟定再行通告。启钤、自齐、士诒、镇芳、忠枢、在礼、乃宽、士钰、震春、炳湘澜印。②

10 月 26 日，朱启钤等又密令各省，在国体投票开票后，应即推戴袁世凯为皇帝，并指示推戴办法，电文如下："各省将军、巡按使鉴：华密。敬电悉。国体投票开票后当即行推戴，无须再用投票手续，即由公等演说君宪国体既定，不可一日无君。诸位代表应推戴袁世凯为中华帝国大皇帝，如赞成，应起立表决后即将拟定之国民推戴书交请各代表署名，事毕，再由公等演说推戴及催促大皇帝即位之事，可用国民代表名义委托代行立法院为总

---

① 黄毅：《袁氏盗国记》上海国民书社 1916 年版。
② 云南政报辑：《袁世凯伪造民意纪实》，第 9—10 页。

代表，办理一切事务，期必得请而后已。即将预拟之国民代表致代行立法院电稿交请各代表赞成。事毕，再将决定国体票数及推戴书原文并委托总代表情形分为三电，一面用国民代表名义正式电知代行立法院，一面由公等电达大总统，随后再将票纸及推戴书赍呈政府。至推戴书文内，必须叙入字样，已将漾电奉达，此四十五字万勿更改，其余文字即由贵省自行起稿。又推戴书及委托总代表二件，系法律外之事，切勿电询事务局，以免难于答复。启钤、自齐、镇芳、士诒、忠枢、乃宽、士钰、在礼、震春、炳湘叩。宥。"①

以朱启钤为首的十人小组，为了伪造全国拥戴袁世凯称帝的民意，不知向各省发了多少密电。这完全是公开造假、强奸民意的无耻做法，其手段拙劣，性质十分恶劣。朱启钤作为洪宪帝制的总导演，其所起的作用是很坏的。

然而，历史不是伪造出来的，伪造的民意终究要被揭穿。云南护国起义宣告了所谓"全国一致推戴"是一场彻头彻尾的骗局，强奸民意者终究要受到真正民意的惩处。

全国一致拥戴的袁世凯称帝的民意伪造出来后，朱启钤这个内务总长又接着担任了大典筹备处处长，为袁世凯登基准备一切。

大典筹备处于1915年12月19日正式公开，筹备处处长朱启钤，成员有梁士诒、周自齐、张镇芳、杨度、孙毓筠、唐在礼、叶恭绰、曹汝霖、江朝宗、吴炳湘、施愚、顾鳌等。

大典筹备处的第一项工作就是将前清紫禁城内的宫殿改名并予以改造翻新。前清紫禁城内的三大殿——太和殿、中和殿、保和殿，均有一个"和"字，袁世凯最讨厌共和制度，见不得"和"字，故朱启钤等秉承袁世凯的意旨，将太和殿改名为承运殿、中和殿改名为体元殿、保和殿改名为建极殿。

---

① 云南政报辑:《袁世凯伪造民意纪实》，第10页。

袁世凯认为三大殿的颜色——黄色也和洪宪新朝不相配，下令进行重新油漆。洪宪新朝尚赤，以红色为代表色，屋顶的黄瓦一律换成红瓦，殿内圆柱一律改漆成红色。殿中八大柱加髹赤金，饰以盘龙云彩。整个宫殿的改造费用为200多万银圆。

其次，是改造北京的城垣。朱启钤以内务总部长、大典筹备处处长的身份兼营建大监。浙江绍兴的郭某善阴阳地理天文之类，平时最为朱启钤所信任。郭某向朱启钤进言说："北京正位，关系正阳门者最剧。正阳前门一开，非国家多遭祸变，即国祚因以潜移。故前门封销，由两偏门出入，明清两朝人士周知。虽班禅、达赖来京，只能高搭黄桥，越女墙而入。帝后上宾，梓宫乃得出正阳前门，国丧也。予至夜半，屡登正阳前门敌楼，澄目望气，南方红气赍起，高厌北京，宜先营造正阳门，厌收南面如火如荼之气。营造之法：（一）宜改造外郭两偏门，移入内城，于内正门两帝，洞开两巨门，出入车马，闭其内墙正门，此谓内眼。潜气内涵，回护宏深，使内墙正门与敌楼前正门，一律封锁，贯通一线，不接取南方旺气。（二）宜增高正阳外城前门敌楼，南面拱立，端受南方朝贺。旧制敌楼，洞设七十二炮眼，合七十二地煞之义，炮眼东西南北四出，有镇压四方之义，地煞之旨虽备，天罡之理无闻。今宜于敌楼南向正面最高处，洞开两圆眼，直射南中，此天眼也，灭火必矣。明年圣主正位，登斯楼而望，南方各省，臣服以朝，故又名龙眼。（三）民国成立色尚红，国旗红黄白黑，红居首。所谓以火德王也。南方丙丁火，望之红气勃勃，由共和改帝国，色必尚黄。黄者中央戊巳土也，夫灾异皆萃于正阳前门，由史册事变数之，历历不爽。如乾隆四十五年庚子，火焚正阳门城楼，乃有嘉庆、道光朝白莲教之变，用兵二十年，地亘川、鄂、陕数省。咸丰朝又有太平天国之事、捻、回之变，连兵二十年，蹂躏十余省，复有火圆明园、幸热河事件。光绪二十六年火焚正阳门，因义和团之乱，京师喋血，两宫西幸。不十年而革命军兴，隆裕退位，举今上为大总统，清祚以斩。大乱均起于南方，天象早兆于正阳门。故予仰观天数，俯察地气，默验人事，敢献改造正阳门之议也。况明年元旦，圣主登极，岁次丙辰，是为火龙，又与南方丙丁火实生冲克。改造正阳门之举，更不容缓。周建洛邑，日相其阴阳，观其流泉。俄大彼得定都圣彼得堡，日开窗以望欧洲。中外帝王，京邑握胜。予之主张，闭正阳内外两正门，增大敌楼，双开龙眼，实为今上万年之基，且皆有本原之学。"

朱启钤将郭某的意见禀告袁世凯，袁世凯答："可。"

于是，选择吉日兴工，首先整修正阳门。首掘城土，获一巨蝎，首尾八尺，大如五石之栲栳，口射毒焰，小工死者数人。谚云"毒蝎上应天心"，蝎死，天下太平，莫予毒也矣，南方其无事乎？

经过紧张施工，于1915年底改造完成，朱启钤负责验收。郭某又进言说："民国尚红属火，帝国尚黄属土，正阳门建于黄土之上，适合中央戊己之正，楼眉宜多涂黄色，楼上宜置黄钟一座，以应黄钟大吕之音。今上元旦登极礼成，宜幸正阳前门高楼，鸣钟以示天下。天子大居正，南人不复反矣。"

然而正阳门改造工程刚竣工，云南就传来起兵反袁的消息。封建迷信只能安慰那些权欲熏心的小人，正阳门楼上梁文"轶玄云于泰半，建黄运于中天"之句，成为短命帝制的极大讽刺。

第三，是为袁世凯置办玉玺、龙袍等物，为皇娘、妃子、皇太子、皇子、皇女们以及文武大臣置办礼物等。袁世凯登极和祭祀用的吉服，即衮冕、玄衣、黄裳、大带、中衣、朱袜、赤舄，都是按照章制定做的。衮冕的冕延前后垂旒各十二，每旒贯明珠十二，每珠圆径二分，未缀五彩玉；冕的边围饰金云龙二，上施八梁，下施金绣云山纹，两帝垂白玉填；冠章以金为质，饰起花云龙二，中嵌大珍珠一环，珍珠十二，通体圆径一寸八分。衣用金绣日、月、星辰、龙、山、华虫、火、宗彝、藻九章，裳用金绣粉米、黼、黻三章，衣裳皆绿金织云龙锦。中衣上织金云绵。大带为金织云龙锦。朱袜饰以金乡云龙。赤舄缘以金锦，绣金云纹。仅登极和祭天用的两袭龙袍，即价值80

万元，其中最大的大东珠取自清室内库，尚未计算在内。玉玺先从清室借来，但因是满汉合璧，不合要求，袁未用，另雕一枚，价值 12 万元。金质御宝五颗，价值 60 万元。此外，还有案衣、围顶、门帘、拜褥等物，皆黄云缎制成。这些御用品总计在 300 万元以上。

袁世凯还统一规定了娘娘吉服、妃嫔吉服、皇子吉服、皇女吉服、诸王吉服、职官吉服。

典礼费一项约 200 万元。大典筹备处人员的津贴和其他开支也不下几十万元。据调查，大典筹备专款，总计用去 2000 万元！

袁世凯还让内务部、大典筹备处准备好了开国登极郊天大典，遣官祗告阙里"至圣先师"孔子之礼，遣官祗告清太庙之礼，遣官祗告"关壮穆侯"、"岳忠武王"之礼以及其他典礼；演习好了丹陛大乐、中华韶乐、寻迎乐；置办了天坛、孔庙、关岳庙、历代帝王庙的应用器物；安排好了法驾卤簿，进退宫殿的路线，应派执事人员，文武百官的班位，以及进玺、颁诏和各地方朝贺的仪式。

袁世凯还规定："登基前一日起，京外各公署、学校暨商民各户，均悬旗结彩三日。"预备大大庆祝一番。

护国起义的枪炮声，打碎了袁世凯之流的帝王美梦。为了消灭罪证，袁世凯下令销毁一切有关帝制的文件。朱启钤所保存的有关洪宪帝制文件也全部销毁。朱启钤死时，人们只在他的遗物中发现半封浙江将军朱瑞的拥戴劝进函，其余的都被毁灭了。

袁死后，朱脱离政坛从事经济文化活动

1916 年 7 月 14 日，黎元洪颁布惩办帝制祸首令，朱启钤榜上有名，是八大祸首之一。

但北洋政府的所谓通缉令只不过是欺骗人民的鬼把戏，帝制祸首一个也没有抓着。朱启钤潜往天津租界暂时躲避风头。1918 年 2 月 4 日，代总统冯国璋即根据曹锟等人的呈请，下令将洪宪帝制犯中的梁士诒、朱启钤、周自齐 3 人取消通缉令，准免予缉究。

1918 年 8 月，朱启钤还被安福国会选为参议院副议长，但未到任。

1918 年 10 月，徐世昌被安福国会选为总统。朱启钤本是徐世昌的左右手，徐上台后，朱启钤仕途本已打开，但也许是因为帝制祸首的名声太臭，他没有再做大官。只在 1919 年被徐世昌任命为北方总代表南下上海参加南北和谈。和谈当然不会有什么结果，朱启钤很快辞职。

1921 年，徐世昌又派朱启钤作为专使，赴法国巴黎接受巴黎大学赠授给徐世昌的文学和法学博士学位，并顺便游历欧美各国。

此后，朱启钤彻底脱离政界，全力经营中兴煤矿公司、北戴河避暑地和中国营造学社等经济文化事业。

1919 年，朱启钤作为北方总代表前往上海参加南北议和，途经南京时，应江苏省长齐耀琳的邀请参观江南图书馆，发现了影宋抄本《营造法式》，这是一部北宋时期官方定制的建筑设计、施工的专业书籍，它是中国古籍中最完备的一部建筑技术著作，原为宋徽宗时期朝廷分管工匠建筑的官员李诫主持编成，元符三年（1100）成书，崇方二年（1103）用小字镂板，刊行天下。该书在辗转传抄重刻过程中，不仅文字有脱简和错字，而且图样也严重走样。朱启钤发现这部珍贵古籍后，委托好友、著名藏书家陶湘搜集各家抄本对该书进行了详校。历时七年，按照宋残叶板框形式，重新绘图镂板，于 1925 年将《营造法式》重新刊行于一世，朱启钤为此写了《石印〈营造法式〉序》《重刊〈营造法式〉序》，予以评价和推介。

1929 年，朱启钤在北平创办第一个研究中国古代建筑的学术机构——中国营造学社。朱启钤写了《营造学社缘起》，说明成立该机构的目的、工作范围、工作计划等，如沟通儒匠，濬发智巧；征集资料，编辑有关图书等。①

---

① 余诚之编：《蠖园文存》卷下，第 20—23 页。

中国营造学社设文献部和法式部，文献搜集整理我国建筑学的遗著和传说，同时根据《营造法式》的描述，搜集大量古代建筑的实际，对中国建筑进行广泛的调查研究。学社集中了梁思成、刘敦桢、莫宗江、罗哲文等一批建筑学家。[1]

1937 年 7 月下旬，北平沦陷，朱启钤身在北平沦陷区，本人拒绝日伪的多方拉拢，始终拒绝为日伪效力，保住了晚节。

1949 年后，朱启钤担任中央文史馆馆员、全国政协委员。

1962 年 2 月 26 日，朱启钤病逝于北京。

第四节　交通系首领周自齐

周自齐是袁世凯幕府中的财经类幕僚之一，不过他的职务又不仅仅局限于财经类。有人说周是一个"官迷"，也是热衷于帝制的一个重要人物，后来成为帝制祸首之一。

晚清外交官出身

周自齐，生于清同治十年（1871），山东单县人。其父在广东做官，故周自齐幼年在广东度过，并且结识了后来的交通系首领梁士诒，这是他们后来政治上接近的起点。

1896 年，周自齐从京师同文馆毕业，随出使美国大臣伍廷芳出国，历任驻美使馆书记官、参赞，驻纽约、旧金山领事等职务。光绪三十四年（1908），驻美公使伍廷芳奉召回国，周自齐以参赞任驻美代办，代理馆务。

1907 年，美国国会正式通过了退还部分庚子赔款用作中国派遣留美学生费用的议案。该案通过后，周自齐代表清政府与美国政府交涉，首先达成退还庚子赔款 1200 余万美元。稍后，清政府、外务部与学部决定设立游美

---

① 王英姿：《传承建筑学大成的中国营造学社》，《钟山风雨》（南京）2003 年第 5 期。

学务处，由周自齐担任该学务处总办，总理退还庚子赔款与派遣留美学生事务。游美学务处下设肄业馆，选取中国学生入馆学习，教以英语及必要的课程后，再行选派赴美留学。1911年，游美学务处撤销，肄业馆改名清华学堂，作为留美学生的预备学堂。1912年民国成立后，改名清华学校，1925年改名清华大学。

宣统元年（1909），周自齐奉调回国，先任外务部参议，旋升任外务部左丞。宣统三年任袁世凯内阁的度支部大臣。这是周、袁共事的开始。

出任山东都督，把守北洋侧翼

1912年3月28日，袁世凯任命周自齐为山东都督。

山东在辛亥革命以后存在着两个并立的政权，一是袁世凯内阁任命的由山东巡抚改称都督的张广建，驻济南；二是中华民国南京临时政府所派的山东都督胡瑛，驻烟台。直隶是北洋派的老巢，而山东则是直隶的侧翼，其战略地位十分重要，袁世凯为巩固其老巢直隶，当然也不会放过山东。袁世凯一上台后，于3月19日逼迫胡瑛辞去山东都督，取消烟台的都督府。同时将张广建免职，调周自齐任统一后的山东都督兼民政长。袁世凯将山东军政大权交给外交官出身的周自齐，表明了周很得袁的信任和倚重。

周自齐在山东一年又5个月的任期内，为袁世凯巩固山东地盘做了很多工作。一是在济南设立稽勋局，以"论功行赏，从优叙议"的笼络手段，分化瓦解山东的革命党人；二是强行遣散驻扎山东烟台一带的民军，镇压那些遣散后生计无着起而反抗的所谓"兵变"，山东从此成为北洋军的一统天下。

1912年8月下旬，孙中山应袁世凯之邀入京商议大计，9月25日离开北京回上海。9月26日，周自齐派专人将孙中山迎到济南。周自齐对孙中山的到来，也像他的主子袁世凯一样，给予了"热情"的欢迎，又是陪同检阅北洋军，又是开茶话会、欢迎大会。周自齐还与靳云鹏陪孙中山游览了济南的名胜大明湖、千佛山等。周自齐等人的这种作态和热情，无不起着麻痹革命党人的作用。

1913 年 3 月，袁世凯指使歹徒暗杀宋教仁后，时局顿时紧张。袁世凯磨刀霍霍，准备镇压南方各省的革命党人。1913 年 7 月 15 日，周自齐与驻山东的北洋第五师师长靳云鹏联名密电袁世凯，主张迅速出兵突击驻徐州的革命军第三师。次日，袁复电，命令他们加意防范，严密整备军队，不可轻进。但就在这一天，徐州前线战斗打响，靳云鹏的第五师、何丰林的第四师及张勋的定武军以绝对优势的兵力进攻革命军——江苏第三师，战斗中，江苏第三师马队司令张宗昌在袁世凯的策反下于战场倒戈，扰乱讨袁军阵线，讨袁军被迫放弃徐州重镇，向蚌埠溃退。

"二次革命"被镇压下去，袁世凯为酬庸靳云鹏的"战功"，特于同年 8 月 18 日任命靳为山东都督，同时将周自齐内调。

主管财政交通

1913 年 8 月，周自齐内调为交通部总长，跻身交通界，与梁士诒、朱启钤成为旧交通系的三个首领。

1914 年 2 月，周自齐调任财政部总长，周蝉联至 1915 年 3 月。周在财政总长任上办了两件重要的事，一是发行公债。周自齐认为外债难借，又鉴于以往几次发行内债失败的教训，周认为发行内债要想成功，必须事先有周密的计划，他呈准在民国三年（1914）发行公债银元 2400 万元，设立内国公债局，请梁士诒任内国公债局总理，主持公债发行工作。这次发行公债很成功，最后共发行 2540 余万元，比原定的计划多出 140 余万元，这是民初内债发行史上成绩最好的一次。

二是征收验契费。1914 年 1 月，周自齐经过周密的策划和研究，发布验契条例，在全国征收所谓验契费。条例规定：（一）呈验旧契无论典卖，一律要注册给予新契纸，酌收纸价一元和注册费一角。（二）呈验期限以六个月为限，逾限加倍征收纸价费。仅此验契费一项，共征收到 3180 多万元。（三）清丈地亩。1914 年底，袁世凯下令清丈全国地亩，以增加田赋收入。

预计从 1915 年起，每年田赋收入可增加 3000 万元。

以上几项措施，说明周自齐敛财有方，为维持袁世凯的统治起了输血打气的作用。

与周学熙争宠，卖力参与筹备帝制

袁世凯为了筹备帝制。于 1915 年 3 月重新任命他最信任的，在财经界也最有势力的周学熙担任财政部总长，周自齐改任稍为次要的农商部总长。

周自齐与周学熙这两位理财家有"瑜亮"并称之势。然而，在袁的心中，周学熙的分量相对要重些。周自齐不甘寂寞，为了争宠，就另辟蹊径，以卖力参与筹办帝制来赢得袁的信任。

周自齐与朱启钤、梁士诒、张镇芳、阮忠枢、唐在礼、袁乃宽、张士钰、雷震春、吴炳湘等组成策划帝制的十人核心小组，直接秉承袁的旨意，负责指挥全国各省区选举国民代表大会代表，进行国体表决和推戴袁为中华帝国皇帝的政治大骗局。所有的电报都由周自齐等十人署名发出。在这一切完成后，周自齐又参加以朱启钤为首的大典筹备处。

在袁世凯称帝过程中，日本政府始乱终弃，首先极力怂恿袁称帝，当袁称帝时，日本却联合美国、俄国向袁世凯提出缓办帝制的"劝告"，随后，法国和意大利也在日本策动下相继向袁世凯提出同样的"劝告"。袁世凯骑虎难下，决定不惜代价寻求日本的支持。1916 年 1 月 4 日，袁世凯决定派周自齐为赴日赠勋特使，以大总统所佩之同等大勋章一座颁赠日皇。

为此，袁又下令晋升周自齐为"上卿"，以抬高他赴日进行秘密交易的地位。

显然，这是一桩特殊的使命。表面上是赠勋章，实际上是进行秘密的外交使命。周受命后面见袁世凯请示："设日人有所要求，将何以应之？"

袁的回答很干脆："事已至此，权利安可吝？恣子许之可耳！"①

---

① 杨大辛主编：《北洋政府总统与总理》，南开大学出版社 1989 年第 1 版，第 367 页。

骑虎难下的袁世凯，决心不惜以出卖更多的国家权利来换取日本承认他做皇帝。

1916 年 1 月 6 日，周自齐到梁士诒的官邸密商访日问题。

梁士诒首先问："项城决定派君赴日时，有何交代？"

周答："语甚简单，窥其意在急于称帝耳。"

梁叹口气说："项城以一念之私，帝制自为，承诺帝位，改元洪宪，已自居于火炉之上，更将吾辈一一牵入猛火地狱中。环顾内外，乱象已成，而项城犹不悟，尚图假君东行，偿彼大欲，何异说梦！我前日入府贺年后，与项城密室独对，反复陈说外交之险恶，内乱之滋长，力劝项城勿图帝制，改变外交策略，先联络协约各邦对德宣战，则五国劝告已无形消灭，日本阴谋可止息，即国内反对者，以对外关系，或不至扩大内战，转圜之术，莫善于此。吾以为项城必容纳也。而孰知项城竟然无动，于抽屉中检出两份文件交我阅看，其一则日本大隈首相致项城之亲笔函，语多恭维，而不涉及帝政；其一即英使朱尔典前月与项城密谈之记录。项城嘱咐我密探朱使真意，其视五国劝告固表面文章也。这份密谈记录尚存我处，请君过目！"

梁士诒随即将记录递交周自齐，周接过记录，见上面有袁世凯亲批的"严密"二字。周看完纪录，递还梁士诒，也很感慨地说："没有想到项城迷恋帝制到这种地步！但自齐赴日之事，君有何指教？"

梁士诒说："说来话长。项城自出身任事，即以日本为对手。日本对华之国策，项城宁不知之？知之而故犯之，此我之所不解者也。忆去年五月九日签订丧权辱国条件时，项城悲愤盈胸，君亦在座，谁料到血泪未干，笑声即起，设筹安会高谈君主，此真出乎常情之外。近来，我迭接梁卓如由天津传来口讯，以及接上海、香港、东京各地报告，知有贺长雄之赴日，坂西中将之来华，均传述日本军部之赞同，及促成帝制，与夫大隈首相之主张，均已甜言蜜语，炫惑项城。而日本朝野上下，一面资助国民党四出策动，十二月上海肇和兵舰谋变，陈其美攻制造局，蔡锷由日本回滇，以及种种反袁运动，皆有日本力量为之援助。项城今日已处于上不在天，下不在地之境。吾恐日本更别有阴险恶毒手段以除袁，以乱华，以偿其大欲。此真可痛哭流涕者也！君今日既肩负特别使命，姑为预备，不必急急，但拖延时日以观事变之发展，如何？”

周自齐听了梁士诒的一番高见，说："善。"两人遂握手告别。

周自齐赴日之事，由外交部与驻日公使陆宗舆接洽，日本方面开始表示欢迎，并许以亲王之礼来接待周。于是双方拟定特命行程，由京奉、南满铁路取道朝鲜，于1月24日抵达日本东京。

当一切安排妥当，周自齐整装准备出发，日本驻华公使日置益且于1月14日在使馆设宴为周自齐送行。

但到15日，日本政府的态度即为之一变，首先由日本驻华使馆以电话通知中国外交部："接政府急电，请周大使暂缓赴日。"

随后，外交部又接到驻日公使陆宗舆发来的电报："报载日政府已辞退中国特使，其要旨谓中政府扬言俟周使回国，实行帝政，颇启列国猜疑。中国南方亦有卖国使节之目，日政府甚深迷惑。又谓将废弃之共和国勋章，未便再赠日皇，词旨均甚不堪。"

日本始乱终弃，对袁世凯的洪宪帝制等于给了致命一击，对周自齐这位特使也是打了一记"耳光"。

袁世凯在被迫取消帝制后，迁怒于周自齐怂恿他称帝。汪荣宝告诉驻俄公使颜惠庆："整个乱子是周自齐搞出来的，他希望用这种方法搞掉周学熙。现在局势已没有希望了，袁必须辞职，人们对他的信任和忠诚已大为动摇。所有正派人物都反对帝制运动，但都不敢讲，讲了当局也不听。"

汪荣宝还说："袁（世凯）曾羞辱了周自齐一顿，问周就此事的惩处而言，他本人（指袁自己）是否是首犯，当时周自齐吓得冷汗一身。"①

---

① 上海市档案馆译：《颜惠订日记》第一卷，中国档案出版社1996年版，第372—373页。

袁世凯虽然取消了帝制，但仍赖在总统位子上不下来。

1916年4月22日，袁起用段祺瑞为国务卿，组织所谓战时内阁，仍想负隅顽抗。段内阁财政总长孙宝琦上任不到1个月，即于5月20日请假，袁即派周自齐署理。

周自齐上任后，为袁世凯千方百计罗掘对付护国军的军费。周自齐与梁士诒经过策划后，于6月1日下令中国银行与交通银行所发行的纸币停止兑现，企图挪用这两家银行的准备金以图最后一搏。同时，以湖南全省矿产作抵押向美国波士顿银行抵押2500万元，并首先取得了100万元垫款。后在四国银行团的干涉下，中止了这笔罪恶交易。

1916年6月6日，袁世凯病死。1916年7月14日，黎元洪总统下令缉拿帝制祸首，周自齐榜上有名。周闻讯后亡命日本，直到1918年2月冯国璋代总统下令对他和梁士诒、朱启钤三人"免予缉究"后，周才由日本返国。

不思悔改，继续活跃在政坛

周自齐回国后，于1918年8月当选为新国会（俗称安福国会）议员，以此身份活跃于政坛。1920年8月11日至1921年5月14日，周自齐第三次出任财政部总长。1922年4月9日，徐世昌总统任命周自齐署理国务院总理。周的任命一发表，还没有正式辞职的梁士诒立即抗议说："内阁未被批准辞职以前，只能由原班阁员代理总理，周自齐并非阁员，任命总理是非法的。"徐世昌总统觉得在理，乃于4月9日倒填4月8日的日期任命周自齐署理教育总长（教育总长黄炎培未到任），并发出更正电，在"周自齐署理内阁总理"的命令上补一个"兼"字，以掩盖自己的疏忽。[1]1922年6月2日，徐世昌在直系军阀曹锟、吴佩孚的逼迫下去职，由周自齐以内阁总理摄行总统职权。在曹锟、吴佩孚的压力下，徐世昌于1922年5月5日下

---

① 杨大辛主编：《北洋政府的总统与总理》，南开大学出版社1989年版，第370页。

令："此次近畿发生战事……皆由于叶恭绰等构煽酝酿而成，误国殃民，实属罪无可逭。叶恭绰、梁士诒、张弧均着即行褫职并褫夺勋位勋章，提交法庭依法讯办。"

周自齐对于在这个通缉令上副署，觉得对不住梁士诒这位老友。周自齐在国务院亲自打长途电话给梁士诒，告诉他通缉令即将下达，本人因为兼署总理，理应副署，这件事实在对不起几十年的老朋友，请原谅。并且劝他赶快离开天津避避风头。周自齐对这件事一直耿耿于怀，直到临死前，他还对人说："我这一生，只有副署通缉梁燕老这一回事最疚神明，我死后请替我多多向他解释。"①

1922 年 6 月 11 日，周自齐解除国务总理职务，黎元洪总统委以"考察实业专使"名义，让他与董康去欧美各国游历一番。返国后滞留中国香港访晤老友梁士诒，因寻花问柳以致染上脏病。回到北京后讳疾忌医，于 1923 年 10 月 20 日病死在北京。

---

① 贾士毅：《民国初年的几任财政总长》，台北传记文学出版社 1967 年版，第 46 页。

第四章　外交助手

有一次，袁世凯与英国驻华公使朱尔典谈话，朱尔典问袁世凯，其幕府中有哪些外交人才？袁回答："邹紫东（嘉来）、李木斋（盛铎）、李柳溪（家驹）、孙慕韩（宝琦）、汪伯唐（大燮）、钱念劬（洵），或起家词馆，或出身孝廉，或嗣子承爵荫，虽都尝持节海外，然非折冲樽俎之才。唐少川（绍仪）、伍秩庸（廷芳）、李伯行（经方）、梁崧生（如浩）、陆子欣（征祥）、胡馨吾（惟德）、曹润田（汝霖）、高学益辈，学通专门，语擅东西，且娴习列邦政象民情，居内固游刃有余，使外亦迎刃而解。"① 比较起来，在袁世凯幕府中陆征祥、曹汝霖、蔡廷幹三人所起的作用最大。

第一节　甘为伴食宰相的陆征祥

陆征祥，字子欣（一作子兴），上海人，生于清朝同治十年（1871）。其父陆诚安是外国传教士所雇佣的"传教员"，以帮助基督教牧师在中国传教为生。由于家庭的影响，陆征祥自幼加入基督教。13岁时，进入上海江南制造总局附设的广方言馆学习；21岁考入清朝总理各国事务衙门所办的同文馆学习法文。据说，陆征祥生有一异鼻，嗅觉出奇的灵敏。上学时天晴无雨，只有他一个人携带雨伞，同学见之匿笑。散学时，中途大雨，未带雨具的同学均被淋成落汤鸡，只有陆一人因有备无患。同学都感到纳闷，陆征祥为何能预知有雨。陆征祥告诉他们："予鼻能测雨晴，故先预备。"有时同学问他："今日大雨，何时能停？"陆征祥出户外望远山烟树，细嗅

---

① 陈赣一：《新语林》，第78页。

四周雨气后即肯定地回答:"明午雨霁日出。"果如其言。同学称之为"晴雨表"①。

1892 年,陆征祥被派遣担任清朝驻俄德奥荷四国公使许景澄的翻译。在任期间,受到许景澄的赏识与栽培,陆即拜许为师,以弟子自居。许景澄后来在庚子事变中为慈禧太后杀害,在许景澄遇难 30 年后,陆征祥撰写了《追念许文肃公》一文以哀悼他甚为服膺的先师,文如下:

呜呼吾师!自庚子七月初四日吾师捐躯就义,至今已足足三十年矣。同溯在俄时,勉祥学习外交礼仪,联络外交团员,讲求公法,研究条约,冀成一正途之外交官。祥虽不才,抱持此志,始终不渝。吾师在天之灵,想鉴之也。己亥春,祥与培德结婚。吾师笑谓祥曰:"汝醉心欧化,致娶西室主中馈,异日不幸而无子女,盍寄身修院,完成一到家之欧化乎?"尔时年少未有远识,未曾措意。丙寅春,室人去世,祥以孑然一身,托上主庇佑,居然得入本笃会,讲学论道,以副吾师之期望,益感吾师培植之深厚,而为祥布置之周且远也。呜呼!生我者父母,助我者吾妻,教育以栽成我者吾师也。今先后俱登天国,而祥独存,岂不悲哉?虽然,祥衰朽多病之体,自入院后,除朝夕诵经外,于拉西文、道德学、哲学、神学以及新旧圣书等,无不竭吾智能,以略探其精微。历时非为不多,用力非为不勤,数年以来,不唯无病,且日益强健,引上主之赐。九泉之下,吾师闻之,当亦为之慰快。祥唯有永遵主命,日颂主名,以张吾年耳。本笃会修士门人陆征祥谨述。夏历己巳七月初四日。②

1897 年,陆征祥继任驻俄奥荷公使杨儒的翻译。1899 年,陆征祥在

---

① 刘成禺著:《洪宪纪事诗本事簿注》,第 211—212 页。

② 徐凌霄、徐一士:《凌霄一士随笔》(四),山西古籍出版社 1999 年版,第 1540 页。

俄国首都圣彼得堡与一比利时将军的女儿培德结婚。因妻子的关系，陆征祥改信天主教。庚子事变后，陆征祥协助杨儒办理对俄交涉，其与俄国外交大臣应对之明快老练，连日本人也为之折服，日人所著文《中俄外交秘史》有详细记载。①

1903 年，陆征祥升任驻俄公使胡惟德的参赞；1906 年，升任驻荷兰公使。在驻荷兰公使任内，陆征祥妥善地解决了荷兰政府强制当地华侨加入荷兰国籍的问题。经过近两年的折冲，签订中荷领事条约，条约规定，凡依荷兰法律入荷兰国籍之华侨，返回中国后仍为中国公民。中荷关于领事的权利义务，也比照荷兰与日本签订的协定，是一个比较公平合理的协定，为"吾国订约以来所未有者"②。

1907 年，陆征祥代表中国政府参加第二届海牙和平会议。在会上，某国代表提议以领事裁判权之撤销作为国际公断事项之一。陆征祥担心这个提议一旦被通过，对我国将来收回领事裁判权产生不利影响，立即站出来发言，竭力反对，终将该提议取消。在这届会议上，英、德等世界列强还提议按国力强弱将世界各国分为一、二、三等，以此决定各国向国际捕获审判所派遣审判员的数目，陆征祥探悉该提案的内容后，联络南美各小国起来反对，使英、德的提案未能获得通过。③ 在这届会议上，陆征祥还争取到了在国际场合按罗马字母的次序来排列世界各国次序的办法。④ 这已成为国际通行的办法。

陆征祥长期驻扎在欧洲各国，又娶了欧洲女子为妻，能说一口流利的外语，得以周旋于欧洲上层社会。于是，陆征祥就成为当时朝野心目中的"大外交家"。袁世凯担任清朝外务部尚书时，陆征祥是袁奏保的四人之一，袁

① 姜泣群编：《民国野史》，山西古籍出版社、山西教育出版社 1999 年版，第 48 页。

② 姜泣群编：《民国野史》，第 49 页。

③ 姜泣群编：《民国野史》，第 48—49 页。

④ 李剑农著：《中国近百年政治史》，复旦大学出版社 2002 年，第 333 页。

对陆的评语是:"通达时务,虑事精详,上年在海牙举行第二次保和会派为专使,凡于国体有关事项,据理力争,曾不少之也,尤能洞察列强情势,剀切敷陈,确有见地。"①

1911年,陆征祥任驻俄国公使。辛亥武昌起义爆发后,为逼迫清帝退位,袁世凯要了一系列阴谋手段,其中之一便是策动清朝驻外使节上奏逼宫。在袁世凯的心腹谋臣梁士诒的策划下,出使俄国大臣陆征祥、出使荷国大臣刘镜人,于宣统三年十一月初六(1911年12月25日)联名致电外务部请代奏朝廷,逼宫电全文如下:

> 国乱弥漫,愤慨无极。唯相持则渔将图利,患更不测。自古圣帝贤王类皆善应非常之变。太王去邠,历史歌颂其不以养人者害人之义,至诚恻怛,卒以感应天人,并造岐阳数百年帝祚。后世帝学不昌,不忍小忿,卒无善策,徒启杀机。汉唐宋明,殷鉴可痛。方今运遭阳九,海内分崩,既时势之所趋,宜大计之速定。我朝龙兴东土,入主中原,本以明季寇乱,伐罪吊民,初非乘间图利。今既政变纷乘,人怀民主。似不如追纵太王,明诏父老,则先圣后圣,德一道揆,既不以一人位号,涂炭海内生灵,仁人之报,利亦必溥。若强与时争,不幸蹈汉唐宋明覆辙,臣实私心窃痛。况或以内乱而召外侮,竟使两族同沦,恐不但圣明左右仍俯仰乾坤而无以自处,尤非所以光史册而对祖宗。谨披沥电陈,伏乞代奏。②

这通电报引经据典,对清帝极尽威胁利诱之能事,自非自幼出国、外语强于母语的陆征祥所能拟就,实际上是袁世凯的文案高手拟好后寄给陆征祥、刘镜人的。袁世凯收到陆、刘的电报后,仍然是大唱双簧的一套奸雄嘴脸。

① 李剑农著:《中国近百年政治史》,复旦大学出版社2002年,第333页。
② 中国史学会主编:《辛亥革命》(八),第154页。

12月26日，袁内阁上奏，假惺惺地说：“查出使俄国大臣陆征祥等电奏，语意趋重共和，以出使大员立论亦复如此，臣窃痛之。拟请留中，毋庸降旨。谨奏。”①

逼宫有功，出任外交部总长

1912年3月30日，袁世凯提名陆征祥为唐绍仪内阁的外交部总长。袁手下外交人才甚多，而以陆征祥出任外交部总长显然是为了酬报陆氏逼宫之“功”。陆征祥接到任命时，人还在国外，立即提出了就职的三项条件：（一）任命一位擅长英文的人为外交部次长，并推荐颜惠庆担任此职；（二）外交部不向他部荐人，也不接纳他部推荐的人；（三）外交部应归自己指挥，别人不得干涉。对此三条，袁世凯全部同意，并任命陆的外籍夫人培德为礼官处的女礼官长。

陆征祥虽然担任了外交部总长，但他毕竟不是袁世凯的心腹，外交部只能办些表面的公文，袁还有一套秘密的办理外交人马。②

1912年6月，首任内阁总理唐绍仪因为不甘当袁世凯的傀儡，愤而挂冠。陆征祥为人“驯顺如羊”③，是一个理想的傀儡人才，袁世凯便在唐绍仪辞职后提名陆征祥充内阁总理。陆征祥久居外国，外语说得流畅，应酬交际圆满周到，符合西方列强的标准，西方列强极喜欢中国有这样的外交家，故一致恭维他，但陆对于国内的政治情形实在隔膜得很。6月29日，经参议院通过，袁世凯正式任命陆征祥为国务总理。7月18日，陆征祥又到参议院要求通过袁世凯所提的内阁阁员补充名单。陆征祥在参政院说明任命国务员理由时，首先说了一大段不相干的闲话，他说：“征祥今日第一次到贵院与诸君相见，亦第一次与诸君子直接办事，征祥非常欣幸。征祥二十年来一向在外，此次回来又是一番新气象。当在外洋之时虽则有二十年，然企望本国

---

① 中国史学会主编：《辛亥革命》（八），第154页。

② 参见吴长翼编：《魂断紫禁城——袁世凯秘事见闻》，第121页。

③ 李剑农著：《中国近百年政治史》，第333页。

之心一日不忘。公使三年一任之制尚未规定，所以，二十年中回国难逢机会。然每遇中国人之在外洋者，或是贵客，或是商家，或是学生，或是劳力之苦民，无不与之周旋。因为，征祥极喜欢本国人。在衙署时，不过一小差使而已，并无了不得。厨役一层，亦要烦自己之开单。此次回来，本国朋友非常之少，尚望诸君子以征祥在外洋时周旋本国人来对待征祥，则征祥非常厚幸。二十年间，第一次回国仅三个月，在京不过两星期。第二次回国还是在前年，在本国有十一月左右。回国之时，与各界之人往来颇少，而各界人目征祥为一奇怪之人物。而征祥不愿吃花酒，不愿恭维官场，还有亲戚亦不接洽，谓征祥不引用己人，不肯借钱，所在交际场中极为冷淡。此次以不愿吃花酒，不愿恭维官场，不引用己人，不肯借钱之人，居然叫他来办极大之事体，征祥清夜自思，今日实生平最欣乐之一日。在外国时，不知在生日，因老母故世颇早，此回实可谓征祥再生之日。"①

陆征祥在说了以上一大段被认为很不得体的话后，才说到提名国务员的理由。陆征祥发言完毕，参议院议员大失所望。同盟会原本就不同意利于袁世凯操纵的各党派混合内阁，自然反对；统一党、共和党原抱入阁希望，现竟无一人，同样愤愤不平。而共和党部分议员也认为陆征祥演说"言词猥琐"，不配做总理。于是，在陆演说后，同盟会、统一党、共和党当即于投票表决前"先提出不信任总理问题"。袁世凯闻讯，急忙致函参议院，提议暂缓投票。次日，参议院讨论时，决定不理睬袁世凯的提议，投票结果，袁所提的六部总长全部被否决。

袁世凯恼羞成怒，立即作出强烈反应，并指使军警出面威胁国会，酿成全国性政治风潮。在袁世凯及北洋军警的威胁下，参议院被迫向袁世凯屈服。7月26日，参议院第二次投票表决袁世凯第二次所提的阁员补充名单，获得通过。在北洋武力保驾下，陆征祥的"超然内阁"总算组成。但为时不久，

---

① 朱宗震、杨光辉编：《民初政争与二次革命》上编，第63—64页。

袁世凯即与黎元洪串通，于8月15日惨杀了辛亥革命有功将领张振武及他的随员方维，制造了一起严重的政治阴谋大案，引起群情激愤。8月28日，由参议员张伯烈、刘成禺、时功玖、郑万瞻提议，参议员陈家鼎、覃振、刘彦、彭允彝、欧阳振声、卢士模、周珏、殷汝骊连署向参议院提出弹劾国务总理陆征祥、陆军总长段祺瑞案。弹劾案指出："今因张振武、方维一案，陷临时大总统于违法之域，皆由国务员首领陆征祥及副署之国务员段祺瑞辅佐乖谬所致，不得不负其责。谨据《临时约法》第十九条第十二款，提出弹劾案，请众公决，咨行临时大总统按照《临时约法》第四十七条，将国务员陆征祥、段祺瑞两员即予免职，以彰国法，而固国本。"①

陆征祥自8月20日起称病住进了医院，不再过问政事。袁干脆以特务头子赵秉钧代理国务总理。之后，陆一再请假，并辞去外交总长兼职，改由梁如浩接任。9月25日，袁世凯批准陆征祥辞去国务总理，但仍令他继续担任外交部总长。

1913年4月26日，陆征祥与国务总理赵秉钧、财政总长周学熙与英、法、德、日、俄五国银行团签订了借款额度为2500万英镑的《善后借款合同》。这份合同不仅让中国损失了巨大经济利益，而且为袁世凯发动反革命内战起了输血打气的作用。

主持对俄对日交涉，丧权辱国

辛亥革命爆发后，俄国沙皇策动外蒙古王公乘机闹独立，于1911年12月16日宣布成立"大蒙古国"，库伦活佛哲布尊丹巴自封为"皇帝"。1912年11月3日，沙皇又与"大蒙古国"擅自签订了《俄蒙协约》及其附约《通商章程》。《俄蒙协约》共四条，其内容是：俄国政府愿极力赞助"蒙古政府"，并为其编练蒙古常备军，助其禁止中国军队及移民入境；俄人在蒙古享有一系列特权，其他外国人不得享有超于俄人所享有之权利，不经

---

① 朱宗震、杨光辉编：《民初政争与二次革命》上编，第143页。

俄国政府允许，蒙古政府不得与中国或其他外国订约。其附约《通商章程》共十七条，规定俄国人在蒙古境内的种种特权，沙俄政府完全无视外蒙古历来是中国领土一部分的事实，与外蒙古分裂势力擅自签订此种非法的条约，等于将外蒙古置于其"保护"之下，成为沙俄的殖民地，严重侵犯了中国的领土主权。但袁世凯这个奸贼把全副精力用来对付国内的异己势力，对沙俄的侵略却采取了漫不经心的无谓态度。《俄蒙协约》签订后，袁世凯令梁如浩辞职，改由陆征祥这位"俄国通"继任外交总长，负责对俄交涉。

中俄交涉开始，袁世凯即为陆征祥规定了"持和平主义以事折冲，不欲致有决裂"[①]的所谓交涉方针。历代反对统治者都是对内残忍，而对外软弱，甚至不惜残民以逞，卖国以求荣，袁世凯亦不例外。

按照袁世凯的方针，从 1912 年 11 月 30 日起，陆征祥与沙俄驻华公使库朋斯基会谈外蒙问题。在第一次会谈时，沙俄库朋斯基即提出十分蛮横的四条：中国不更动外蒙行政制度、不在外蒙殖民、承认蒙古得有军备警察之组织，由俄国调处规定中蒙交涉及领土范围事宜，承认俄蒙商约各款，沙俄把自己当成了外蒙的主子。陆征祥代表中国政府提出的对案则同意中国不改变外蒙古旧制，不于旧制外驻兵、设官、殖民，但要求沙俄承认中国在外蒙的完全领土主权及治权，不干涉中国在外蒙的政策措施等。以后的会谈，双方即围绕各自的立场展开反复争辩。但沙俄抓住袁世凯的弱点，一味采取高压，甚至赤裸裸地以武力相威胁。谈判历时半年多，谈判二十余次，中俄双方于 1913 年 5 月 20 日达成协约草案六款，主要内容为：俄国承认外蒙古为中国领土完全之一部分，尊重中国旧有权利，中国不更动外蒙历来之地方自治制度，许其有组织军备警实之权，拒绝非蒙古籍人殖民之权，俄国不派兵至外蒙，不办殖民。中国以和平办法施用其权于外蒙古，中国同意《俄蒙协约》所给予俄国的商务利益。这个协议，中方除得到沙俄空洞的承诺外，

---

① 李新、李宗一主编：《中华民国史》第二编第一卷上册，第 215 页。

实际已承认沙俄在外蒙的一切特权及外蒙"独立"的实际。有识之士认为这种条约无异于断送外蒙。7月11日，参议院否决了这个丧失领土主权的卖国条约。1913年9月4日，陆辞去外交总长，改任总统府外交顾问。

1915年1月，日本大隈重信内阁向袁世凯提出严重侵犯中国领土主权的"二十一条"。18日，日本驻华公使日置益打破外交惯例，面见袁世凯当面递交"二十一条"。袁世凯收到后，不敢拒绝日本的侵略要求，而是玩小诡计，他让外交总长孙宝琦称病辞职，派陆征祥接任外交总长，一方面以新任总长到任须对案件加以研究为由拖延时日，另一方面再次换上百依百顺的陆征祥，也便于袁世凯直接掌握对日交涉。

1915年2月2日，中日交涉开始，中方谈判代表为外交总长陆征祥、外交次长曹汝霖、外交部秘书施履本，日本方面的代表是驻华公使日置益、一等书记官小幡酉吉及书记官高尾亨，从2月2日至4月17日，共举行正式会议25次，历时两个多月。这次谈判，陆征祥一切均听命于袁世凯。

1915年5月7日下午，穷凶极恶的倭使日置益向陆征祥发出最后通牒，限48小时内"照四月二十六日提出之修正案所记载者，不加以何等之更改，速行应诺。帝国政府兹再重行劝告，对于此劝告，期望中国政府至五月九日午后六时为止，为满足之答复。如到期不受到满足之答复，帝国政府将执认为必要之手段，合并声明"。[①]倭寇历来惯用这种虚声恫吓的敲诈术。

这时，英帝国也与日寇伙同一气，英国公使朱尔典找到陆征祥，力劝接受日寇的要求，朱尔典危言耸听地说："中日交涉，竟至决裂……各国即同情，亦无能为力。为目前计，只有忍辱负重之一法，接受日本要求，以避危机。"陆征祥本是胆小猥琐无担当之辈，立即答复朱尔典说："我必以外交总长之资格，负责接受日本最后通牒之要求，若必不能，以去就争之。"

根据袁世凯的决定，外交部于5月9日宣布接受日寇之最后通牒。5月

---

① 黄纪莲编：《中日"二十一条"交涉史料全编》，安徽大学出版社2001年版，第141—142页。

10日，陆征祥以外交总长身份电复日寇外相加藤表示所谓"亲善"："本日准日置公使面交贵大臣恳挚之电，至为铭感。此次交涉，赖贵大臣尽力，得以圆满解决，俾两国邦交保存亲善，洵为两国前途之幸。本总长盼望此后彼此睦谊益加巩固，兹特专电，表明本总长切实希望感谢之意。"① 陆征祥希望以接受敌人的城下之盟来巩固所谓"睦谊"，宜乎其荒唐哉！

5月26日，陆征祥又到参政院答复关于中日交涉之质问，陆百般为自己也为袁世凯的卖国罪行辩护："按事实论，南满权利早已所存无几，值此积弱之时，而求复已失之权利，其势有所不能。迫一经决裂，必无幸胜，战后之损失，恐较之现在所要求重加倍蓰，而大局糜烂，生灵涂炭，更有不堪设想者。在京友邦驻使，亦多来部婉劝，既与中国主权内政无损，不可过为坚执。政府反复讨论，不得不内顾国势，外察舆情，熟审利害，以为趋避。诸公洞悉国情，周知大势，区区苦心，当能共谅。"②

拥护帝制，做伴食宰相

徐世昌因对袁世凯称帝没有十分把握，决定引退至幕后，于1915年10月27日辞去国务卿，袁即任命陆征祥以外交总长代理国务卿，同年12月21日正式出任国务卿仍兼外交总长。这样，陆征祥成为洪宪朝的"宰相"。事后，陆对人解释说："本人实反对帝制，因袁待我太厚，不得不牺牲之。"③

不过，这位洪宪新朝的宰相从无自己的主张，只是从容伴食而已，京城人称之为"洋宰相"。④ 当然，这位"洋宰相"也有一技之长，就是善于巴结"储君"和诸位"皇子"。据说，洪宪"储君"袁克定对陆征祥说白梅、绿萼

① 王芸生编著：《六十年来中国与日本》第六卷，生活·读书·新知三联书店1980年版，第243—244页。

② 王芸生编著：《六十年来中国与日本》第六卷，生活·读书·新知三联书店1980年版，第282页。

③ 张国淦著：《北洋述闻》，上海书店出版社1998年版，第136页。

④ 刘成禺著：《洪宪纪事诗本事簿注》，第211页。

梅、黄梅、红梅均容易见到，只有墨梅从未见过。陆征祥听在耳中，记在心中，立即上北京花市寻找墨梅，但一无所获。后心生一计，由老花匠用染色法制成墨梅两盆呈献袁克定。又恐开罪诸位皇子，陆征祥又命花匠依法炮制墨梅数十盆，每位皇子均赠两盆。京城人嘲讽说："陆子歆确是和盐梅羹手，惜其中无点墨耳！"[1]

袁世凯帝制失败后，被迫起用徐世昌、段祺瑞等重臣出来善后，于1916 年 3 月让陆征祥辞去国务卿，由徐世昌接替。

洪宪帝制失败后，陆征祥这位伴食"宰相"未受到任何惩处，仍然在北洋政坛混日子。以后又做过几任外交总长，1919 年又以外交总长身份担任出席巴黎和会的中国代表团首席代表。1922 年出任驻瑞士公使，1928年离任，即入比利时布鲁日本笃会圣安德修道院，以宗教活动度过后半生。1949 年 1 月 15 日，陆征祥病逝于比利时布鲁日城。

第二节　以"卖国贼"闻名的曹汝霖

曹汝霖与章宗祥、陆宗舆是五四爱国运动中千夫所指的三个亲日派卖国贼。他们三人身任要职，长期以来屈膝媚外，丧权辱国，特别是直接与日本签订亡国灭种的"二十一条"以及济顺、高徐铁路换文，从而招致巴黎和会上中国外交全盘失败。五四爱国学生运动一起，这三个卖国贼就首当其冲，成为人人喊打的过街老鼠，而曹汝霖尤为"罪魁"[2]。

曹汝霖，字润田，上海人，生于 1877 年 1 月 23 日（清朝光绪二年十二月初十日）。曹汝霖的祖父曹钟坤、父亲曹成达两代都曾在洋务派创办的军工企业——上海江南制造局任职，曹汝霖 18 岁中秀才，后考入湖北汉阳铁路学堂。1900 年，曹汝霖赴日本留学，先后就读于东京早稻田专门学

[1]　刘成禺著:《洪宪纪事诗本事簿注》，第 211 页。
[2]　来新夏主编:《北洋军阀》（一），第 1021 页。

校、东京法学院。曹汝霖在日本学会了一口流利的日语。①1902 年，清政府派载振出使日本，曹汝霖以留日学生代表身份极力逢迎巴结，得到载振的欢心。1904 年，曹汝霖毕业归国，时任商部尚书的载振即安排曹汝霖为商务司行走兼商律馆编纂。

1905 年，管理学部大臣张百熙奏请考试留学归来的学子以备重用。曹汝霖、陆宗舆、金邦平、唐宝锷等 14 人考试合格，在参加殿试后一等授为进士，二等授予举人。因为这些人都是留学归来的，人称为"洋翰林"。随后，光绪皇帝在颐和园仁寿殿召见了这批"洋翰林"。陛见后，曹汝霖以进士身份授六品奏任官主事，重加商部候补。

曹汝霖在其岳父、上海总商会会长曾少卿的资助下，以金钱孝敬庆亲王奕劻、外务部尚书那桐，并"为袁世凯所激赏"②，从此仕途畅通无阻。

从 1905 年 11 月 17 日起，中日两国全权大臣奕劻、小村寿太郎等在北京开议东三省条约及事宜。袁世凯作为中方代表之一参加了这次谈判，曹汝霖与唐绍仪等作为袁世凯的助手参与其事，这是曹汝霖在袁世凯手下任事的开始。经过近两个月的谈判，中日双方最后订立了《会议东三省事宜正约》和《附约》，使日本侵占我国东三省的权益合法化。

1906 年 9 月 6 日，清政府成立编制官，清廷派载泽为首的 14 位王公大臣主持编纂官制，即制定政治体制改革方案。本来，载泽是此次官制改革的第一负责人，但实际上却为袁世凯所控制，在该馆实际办事的孙宝琦、杨士琦、张一麐、金邦平、章宗祥、曹汝霖等，都是袁世凯安插进去的心腹，他们事实上操纵着一切。

1907 年，东三省总督徐世昌向朝廷奏保曹汝霖"学识兼优，才堪大用"。在慈禧太后、光绪皇帝召见的前一天，袁世凯特地关照曹汝霖应当如

---

① 英国《泰晤士报》驻北京记者莫理循说曹汝霖"说日语同日本人一样"。见《清末民初政情内幕》上册，第 708 页。

② 来新夏主编：《北洋军阀》（一），第 1020 页。

何进殿、怎样下跪等，将应注意事宜交代得一清二楚，以免失礼。袁还叮嘱曹汝霖到琉璃厂买一双护膝盖，以免久跪腿麻。这一切关照，使曹汝霖感激涕零。次日陛见时，曹汝霖按照袁世凯事先的交代谨慎行事，总算没有失仪。曹汝霖在军机垫上跪下磕头后，光绪皇帝首先问话："你在外务部当差几年？"

曹汝霖回答："臣由商部调外务部当差，才不到一年。"

接着，慈禧太后发问："你是日本留学的，学的哪一门？"

曹答："学的是法律政治科。"

又问："日本立宪是哪一年立的？"

答："日本于明治十四年颁布立宪法，到明治二十三年才开国会。"

慈禧太后又问："日本的宪法是什么宗旨？"

曹汝霖答："因德国宪法君权比较重，故日本宪法的宗旨是取法德国的。"

慈禧太后又问："听说他们国会里，党派时常有吵闹的事？"

曹答："是的，……臣在日本时，适逢对俄开战问题，争得很厉害。后来开御前会议，日皇决定宣战，两党即一致主战，团结起来了！"

听到这里，慈禧太后将手轻轻地在御案上一拍，叹了一口气，然后说："唉！咱们中国即坏在不能团结！"针对慈禧太后的担心，曹汝霖马上说："以臣之愚见，若是立了宪法，开了国会，即能团结。"

慈禧听了曹汝霖的一番话，立即以诧异的口气问道："怎么着，有了宪法、国会，即可团结吗？"

曹答："臣以为团结要有一个中心，立了宪，上下都应按照宪法行事……"

说到这里，慈禧若有所思，不再问话，坐在一侧的光绪皇帝见太后不再发话，就说："下去吧！"

次日，朝廷发下上谕，曹汝霖著以外务部参议候补，从此跻身于京官之列，这是袁世凯、徐世昌刻意栽培的结果。

为时不久，光绪皇帝、慈禧太后相继去世，袁世凯被摄政王开缺回籍，但曹汝霖早已与首席军机大臣、庆亲王奕劻以及大学士那桐等深相结纳，曹汝霖仕途不仅没有受到袁世凯牵累，反而在一年内数迁，由参议候补升为外务部右侍郎、左侍郎。作为清政府的外交官，曹汝霖始终与日本人勾结，干着卖国求荣的勾当。①

辛亥革命后，曹汝霖重新回到袁世凯幕下，他与梁士诒、章宗祥、汪荣宝、陆宗舆等少数几个人共同"襄议枢政"②，为袁世凯窃取辛亥革命果实密谋策划奔走。在袁世凯成为内阁总理大臣后，袁即提名曹汝霖署理外务部副大臣。③民国成立后，在唐绍仪组阁时，风传曹汝霖将入阁为国务员。心直口快的章太炎先生立即致电袁世凯抗议说："中书初建，必赖骨鲠胜任之人，非以位置阘茸，安慰反侧也。乃闻设官分部，数至十二，已开虚糜廪禄之端。商榷阁员，每况愈下。京外官僚中，非无清刚晓练之士，何取著名鬻国之曹□□（指曹汝霖）；发难首功者，非无稳健智略之人，何取弄兵潢池之陈其美？物议哗然，人心将去。"④也许是章太炎的这通电报起了作用，曹汝霖终于没有入阁，而是改行当了一段时期的律师。1913年春，袁世凯指派他为第一届参议院议员。同年8月，袁任命他为外交部次长。曹汝霖自称，他这个外交部次长"仪同特任，与总长同等待遇"⑤。

1914年8月23日，日本趁第一次世界大战爆发之机，向德国宣战。日本的目的是趁机夺取德国在远东的租借地——山东胶州湾，日军随即在山

---

① 1911年4月13日，莫理循在致布拉姆的信中说："本地报纸现在反对英国人，反对俄国人，反对日本人，特别起劲地反对外务部，尤其反对两个大臣，军机大臣、外务部会办大臣那桐，人们说他和日本人一条心，还有曹汝霖，这个日本训练出来的右侍郎。他们被指责卖国。漫画描绘他们接受日本人的黄金。昨天，北京最出色的报纸之一报道说：日本某高级官员拜访曹汝霖，但曹汝霖不在家。日本人给了他在门口玩耍的儿子一张银行支票，后来查明，那是一张一万两银子的支票！这群驴吃的就是这种饲料。"见《清末民初政情内幕》上册，第716页。

② 陆宗舆：《五十自述记》。

③ 陆宗舆：《五十自述记》。

④ 汤志钧编：《章太炎年谱长编》上册，中华书局1979年版，第396页。

⑤ 曹汝霖：《一生之回忆》，第107页。

东龙口等地登陆,软弱无耻的袁世凯政府不敢抵抗日军的入侵,连忙宣布参照 1904 年日俄战争时清政府宣布中立的先例,"声明在龙口、莱州及接连胶州湾附近各地方,确定为各交战国军队必须行用至少之地点,本政府不负完全中立之责任。"[①] 袁世凯政府任凭帝国主义列强在中国的土地上厮杀,其无耻与清政府如出一辙。

日本侵略者看准了袁世凯的软弱无耻,便得寸进尺,于 9 月 25 日又扩大占领山东潍县东站,准备继续西进。10 月 2 日,曹汝霖以外交部次长身份与日本驻华公使日置益交涉,曹提出严重丧权辱国的所谓协商案:此次日本拟以武力占据,或用军队经营自潍县至济南之胶济铁路,中国政府因为保守中立,不能同意。日本政府对胶济铁路十分注意,中国政府洞悉此意,故愿声明于日德战事未完期内,如有将该路请卖或转授予日本国外之第三国,本国政府看重日本政府之意,概不允许。至于将来战事完毕时,日本与德对于该胶济铁路订立何等协定,中国政府预为声明,不持异议。但骄横的日本侵略者对此并不领情。日置益当即答称:"此时实无商量余地,只求中(国)政府同意日政府之请求"云云。随后,日寇不顾袁政府的抗议与哀鸣,继续西进,强行占领了胶济铁路全线和青岛。从此,山东半岛基本上处于日寇的控制之下。

日寇得陇望蜀,经过周密的策划,于 1915 年 1 月 18 日向袁世凯提交了将中国大部分置于日本控制之下的"二十一条"。交涉一起,袁世凯起用陆征祥代替孙宝琦为外交部总长,与曹汝霖一起同日本驻华公使日置益谈判。陆征祥虽系外交部总长,但他长期驻欧洲,与日本没有什么渊源;而曹汝霖则是留日出身,是臭名昭著的亲日派。故这次交涉,名义上是陆为主,实际上是曹为中心。除在谈判桌上双方折冲外,曹汝霖奉袁世凯之命,多次以私人身份走访日置益,探听日寇一方的真实意图和底线,密议成交条件,起草

---

① 王芸生编著:《六十年来中国与日本》第六卷,三联书店 1980 年版,第 49 页。

相关文件。曹汝霖主动迎合日寇的侵略意图，为此受到舆论的指责，曹却诡辩道："外间报纸均以我为亲日派，又为我主张秘密，此等捕风捉影之谈最是可笑。实则留日学生与日人感情稍厚自是有之，何得即贸然指为亲日派？譬如前孙慕韩总长不过做过驻德公使，日本报纸即目为亲德派，此等识见，大都为报馆主笔胸中应有之物。唯彼辈为爱国起见，余亦断无含恨之理。至外交不应守秘密一语，又为局外人之风凉话。我等任外交之冲，譬如在两姑之间异常为难。此次日本要求条件，其表面实为解决悬案，我外交当局苟能持以镇静，态度坚忍主义，自无不可得公平之解决。故关于此项交涉，并无宣布之必要，乃外间必以余主张秘密加以痛骂，实则余自办理外交以来，此等痛骂已司空见惯，况我为国家而受骂，我心中亦殊无愧"①云云。

在正式谈判期间，日本驻华公使日置益于3月17日因坠马头部及右足受伤，一时不省人事。袁世凯闻讯后立即派礼官前往探视慰问，曹汝霖亦亲往问候这位穷凶极恶的侵华老手。事后，曹汝霖等不顾起码的外交礼节，干脆将谈判场设到日置益的床边，极尽卑躬屈膝之能事，被人讥为"床前外交"②。

中日关于"二十一条"的交涉，终以袁世凯于5月9日宣布接受日本5月7日的最后通牒而告结束，袁世凯政府宣布除第五号内容"容日后协商"外，其余条件均加以承认。

5月25日，中日"二十一条"及换文在北京举行，由中国外交部总长陆征祥及日本驻华公使日置益代表双方签字。计条约两件，即：《关于山东条约》《关于南满洲及东部内蒙古之条约》，另有换文十三条。6月2日由袁世凯批准，8日在日本东京换文。

曹汝霖卖国有功，于1916年4月晋升为交通部总长，同年5月又兼署外交部总长，至袁世凯毙命为止。

---

① 佚名撰：《中日交涉纪事本末》，第49页，沈云龙主编：《近代中国史料丛刊三编》第23辑第226册，中国台北文海出版社印行。

② 李新、陈铁健主编：《伟大的开端》，中国社会科学出版社1983年版，第138页。

袁世凯死后，曹汝霖又投靠了新主子——皖系军阀头子段祺瑞，先后担任交通银行总理、交通部总长、兼署外交总长，取代梁士诒，成为"新交通系"首领。在任期间，曹汝霖经手所谓"西原借未"一亿多日元，借日寇之钱购买军火，为段祺瑞的"武力统一"政策输血打气。为了借款，不惜把中国的银行、矿山、交通事业通通当做日本的抵押品。1918年秋，曹汝霖又经手将山东济顺、高徐二条铁路的控制权让给日本，同时将胶济铁路"归中日合办"等，继续干着出卖国家的勾当。

1919年五四运动一起，曹汝霖与章宗祥、陆宗舆成为爱国学生最痛恨的三个卖国贼，学生们放火焚烧了曹宅，痛殴了章宗祥。曹汝霖在全国人民的强烈反对下被迫提出辞呈，徐世昌却竭力为曹汝霖辩护，声称："该总长从政有年，体国公诚，为本大总统所深识。流言诋毁，致酿事端，驯至毁屋殴人，扰害秩序。该总长因受累，实疚于怀。业经明令将当场逮捕滋事各生及疏于防护人员分别惩办。时限孔亟，倚畀方殷，务以国家为重，照常供职，共济时限。所请应毋庸议。"①

徐世昌包庇卖国贼、镇压爱国学生的倒行逆施，激起全国人民的公愤，促使五四运动向纵深发展。迫于压力，徐世昌才不得不于1919年6月10下令免去曹汝霖的交通部总长以及章宗祥的驻日公使、陆宗舆的币制局总裁职务。

曹汝霖辞职后，担任河北井陉煤矿公司董事长。抗日战争期间，担任华北伪临时政府的最高顾问和伪华北政务委员会咨询委员。1949年逃往中国台湾，后逃日本、美国，1966年8月4日死于美国底特律。

第三节　幕后外交掌门人蔡廷幹

蔡廷幹，字耀堂，广东香山（今中山）人，清朝咸丰十一年（1861）

---

① 中国社会科学院，中国第二历史档案馆史料编辑部编：《五四爱国运动档案资料》，中国社会科学出版社1980年版，第301页。

生。1873 年，作为中国幼童赴美国留学，毕业后曾到麻省一家机器厂工作。1881 年回国，分发到天津大沽的水雷学堂工作，后历任水雷艇管带、游击北洋海军都司。1884 年在甲午海战中受伤被俘虏至日本，后被释放。后被直隶总督兼北洋大臣王文韶奏参，受到革职拿办即行正法的处分。蔡廷幹赴美国游历后回到香港。袁世凯闻讯后，于 1905 年 7 月 20 日奏请销去蔡廷幹的严拿正法罪名，留在北洋任职。袁世凯在奏折中说："已革游击北洋海军都司蔡廷干，昔曾游学美洲，熟谙工程图算。回国后，入海军学堂学习驾驶。甲午之役在威海力战，左腿中子弹投水被掳，不肯发誓，经日官将该革员解禁大阪监狱，及两国交俘时，即将该革员释放，前督臣未经查明被掳情形，以该员潜逃奏参，革职严拿，拿获即行正法。迨该革员被释交还，重赴美国考查政治、学校及农工商等事，未及投案声明。近闻该革员回抵香港，深知其才尚可用，经臣调令来津，当即考询所学，于西国政法艺术颇有心得，而才识亦优，实为不可多得之才。而当时实系被掳，并非潜逃。查甲午之役所有被掳人员，均未置之重典，蔡廷幹事同一律，自应量予开除，合无仰恳天恩，俯念时局日艰，洋务人才难得，准将该革员蔡廷幹严拿正法罪名销去，留于北洋差遣委用，以观后效，出自鸿慈逾格。"光绪皇帝朱批"著照所请"①。于是，蔡廷幹获得新生，从此紧紧追随袁世凯。

1911 年，蔡廷幹升任海军部军制司司长。辛亥革命爆发以后，蔡廷幹为袁世凯所做的第一件事就是作为袁的代表参与南北议和。

1911 年 11 月 9 日，南方革命军战时总司令黄兴致函袁世凯，劝他"出面建拿破仑、华盛顿之事功，直捣黄龙，灭此朝食。"同一天，清廷任命袁世凯为内阁总理大臣。袁世凯收到黄兴的信函后，认为有机可乘，便于 11 月 11 日派蔡廷幹和刘承恩作为他的正式代表南下武昌，与湖北军政府接洽。

① 廖一中、罗真容整理:《袁世凯奏议》，天津图书馆、天津社会科学院历史研究所编，天津古籍出版社 1987 年版，第 1163 页。

蔡、刘二人携带袁世凯的亲笔信，由英国驻汉口领事介绍，渡江到武昌。黎元洪都督随即召开军政府会议，共同商议。刘承恩首先说明来意云："都督首先倡议，东南十余省，相继而起，实可钦佩。项城之意，不过三世受恩，不忍清政府推倒，故特派代表等前来协议。都督所以革命之原因，无非为清廷虚言立宪，实行专制。现清廷已下诏罪己，宣誓太庙，将一切恶税恶捐全行改除，实行立宪，与民更始，目的可谓已达。倘再延长战争，生灵益将涂炭。都督本为救民起见，若救之而反以害之也，于心安乎？况某某两国，均派水师提督带兵入境，不知是何居心？上下交争，恐彼等乘势袭取，致酿瓜分之祸。伏望都督统筹善策，顾全大局，传知各省，暂息兵端。一面公举代表入京，组织新内阁，共图进行之策。朝廷仍拥帝位之虚名，人民已达参政之目的，所谓一举而两善存也。满人虽居心狡诈，然经此一番改革，大权均操之汉人。清帝号虽存，已如众僧人供奉一佛祖。佛祖有灵，则皈依崇拜之；不然，焚香顶礼，权在僧人，佛祖亦无能为也。"

黎都督回答："项城真愚矣！瓜分之言，可以吓天下人，能吓湖北人乎！现在各国领事，均奉各该国政府命令，严守中立。各国皆文明之邦，以遵守公法为第一要义。微论必不干涉，即令各国有不守之举动，吾国十八省热血同胞，尽牺牲生命以救国家者，以我四百兆人民，与外人办正当之交涉，外人虽强，当亦望而却步。外人对待中国之手段，百端强硬。其所以不实行瓜分者，畏满政府乎？抑畏我民气乎？满政府存留，能担任各国不瓜分乎？项城命二公之来，其意不唯本都督所深知，即天下人民，亦无不洞见肺腑。彼盖藉此解散我省军心，令各省自相冲突。迨四方平定，彼握大权，然后驱逐满人，自践帝位。其用意虽深，其奈人已知之何！予为项城计，即令返旆北征，克复汴冀，则汴冀都督，非项城而谁？以项城之威望，将来大功告成，选举总统，当推首选。项城不此之为，乃行反间之下策，成否尚不可知。吾不知项城何以愚拙至此！如谓三世受恩，不忍坐视，此言尤无人格，以公仇论，满人贼也，我主也。我被贼抢掠，妻孥财产悉为贼有。今贼反招我为管事，我当视贼为仇乎？为恩乎？以私仇论，溥仪即位后，逐项城于国门之外，虽幸未被刑戮，然已万分危险。置仇不报，而反视为恩，项城虽不知，何若是之梦梦耶！满人待遇汉功臣，用之则倚为泰山，大功一成，即视如土芥。年羹尧之战功，如许其大，其结果何如，项城岂忘之耶？总之，项城表同情，则反旆北向，否则约期大战而已。我此番言语，真是忠告项城，项城不悟，真满奴也。二公皆为汉人，平心思之，吾言果不谬否？"

刘不能答。蔡廷幹继起云："都督之言，实同金石，我等均为惊醒。返命时定将都督之言，劝告项城，不日当有回复。"黎都督说："各部长均言项城如甘为满奴，实太无人格矣，公等当剀切劝之。"

一些革命党人对袁世凯提出的条件反应激烈，认为决不能与朱温一般的袁世凯妥协。朱树烈、陈磊、甘绩熙等人甚至抽出佩刀，大声喝道："谁主和，谁吃刀！"吓得蔡、刘失色。次日，蔡、刘携带黎元洪致袁世凯的复信返回汉口。

由于袁世凯此时已进京就任内阁总理大臣，蔡廷幹立即赶到北京，向袁世凯汇报，并将黎元洪的复信转交。黎元洪在信中历数了清政府专制汉族的种种行径，指出清政府起用袁世凯不过是太平天国时期清政府任用曾国藩、左宗棠、李鸿章等人"以汉人杀汉人"的故伎重演。黎在信中指出，袁世凯一身"系汉族及中国之存亡"。袁如真知有汉族，就应当利用掌握兵权之机取代清廷，或挥师北上，直捣幽燕。如果袁甘心助纣为虐，终不免"兔死狗烹"之祸。①

蔡廷幹、刘承恩的武昌之行，虽然没有直接的效果。但通过这次试探，袁世凯摸清了黎元洪等人的意图，证实了黎元洪等确实想以民国大总统的职位来换取袁世凯对清廷反戈一击。

民国初年，蔡廷幹先后担任盐务署盐务厅总稽查兼税务所会办、税务处会办等职务，但他还有一项重要职务就是担任袁世凯的英文秘书兼翻译，是

---

① 《近代史资料》1954年第1期，第72—74页。转引自李书源著《柔暗总统黎元洪》，第70页。

袁世凯与其聘请的政治顾问莫理循之间的联络人。

　　蔡廷幹与莫理循认识于 1911 年。辛亥革命爆发后，他们之间来往密切，蔡成为莫理循获取清廷及政府政治情报的主要来源。同时，袁世凯又通过蔡廷幹，使莫理循成为向海外传布有利于他的消息的工具。莫理循之被袁世凯聘为政治顾问，蔡廷幹发挥了极大的影响。莫理循的聘书就是蔡廷幹转交的。蔡廷幹 1912 年 8 月 2 日致莫理循的信写道：

　　我亲爱的莫理循博士：随函附上文件。它既不是一纸协议，也不是一份合同，更算不得是件契约。它是中华民国政府和人民主动地、由衷地向你发出，并由你自己签字，表示接受和认可的一份聘书。它是中国从未向任何外籍人士发出过的最荣誉的聘任书，而且是用了尽可能最恭敬有礼（如里面使用的字眼）的语言来表达的。总统衷心向你问好。你诚挚的蔡廷幹。①

　　袁在外交上的靠山主要是英国，故袁对莫理循倚畀极深，当莫理循在北京时，蔡廷幹几乎天天要与莫理循见面，他们两人的书信来往有时每天达数次之多。这样，蔡廷幹也可以看做是袁世凯对英外交的一个桥梁或者一条最重要的渠道。刘成禺说："蔡廷幹与英国莫理逊最善，莫理循为驻中国有权威之外交家殆数十年，项城最与莫理循善，凡与英使密谋，皆由莫、蔡二人往来，交袁之老友朱尔典，蔡廷幹实为两方最重要之人。古德诺之君主论，有贺长雄之帝室典范，皆莫理循、蔡廷幹在英使馆划策，由廷幹谋商周自齐，以重赂行之。"②

　　有一本书上说："在袁世凯政府中，蔡廷幹处于一个'打杂女仆'地位。"③这样的说法并不见得准确，也许袁世凯的心腹幕僚唐在礼的说法更为真实。唐

---

① ［澳］骆惠敏编，刘桂梁等译：《清末民初政情内幕》下册，第 3 页。

② 刘成禺：《世载堂杂忆》，第 175 页。

③ ［澳］骆惠敏编，刘桂梁等译：《清末民初政情内幕》下册，第 3 页。

在礼说："蔡廷幹是直接接受总统指使的外交大员。他跑进跑出，等于我们办事处的外交部总长。当时外交部只料理些表面的公文，凡属袁世凯所重视的外交事务，都由蔡秉承袁的意志去交涉。接洽妥当，有了结果，再由袁衡量，把需要公开的事交由外交部办理；有些不宜公开的，就叫蔡直接办掉，到了适当的时候，有真正必要公开时，才通知一下外交部。比如哪条铁路让哪国去办，借多少钱，当交涉的时候，对外从来不谈，严守秘密。交涉成功以后，有的在即要付诸实施的时候，才交由外交部公布。有的只半公开地稍为提一提，还有越时很久仍未公布的。如西北的煤油矿，就我所知，是签了条约让给外国人开采而不许中国人开采的，由于外国人迟不动工，就宁可停在那里不开采。这事也是很久未公开。当时不公开的原因，一面是瞒国人，一面还要瞒外国，因为当时各国之间争权夺利，处理不周密，常会使事情办不成。到了既成事实阶段才公布出来，就不致在接洽时横生枝节。所以，当时有不少的事，外交总长还没知道，蔡却早已清楚。对袁世凯的卖国外交，蔡廷幹确也起了很大作用。蔡常到统率办事处来和我研究，尤其是关于日本方面的事常来与我商量。请我估计日本究竟会怎样，会不会武力对待，会不会大批出兵，他们的军事战略估计会怎样等等。当时不过是他猜度猜度，我也就猜度猜度而已。"①

为了酬报蔡廷幹的忠诚，袁世凯晋升蔡廷幹为海军中将，并且先后任命他挂名盐务署盐务厅总稽查兼税务所会办、税务处会办，这都是油水极大的部门，袁世凯让他挂名这些职务，目的是让蔡有油水可捞。因为总统英文秘书兼翻译是没有多少油水的。

袁死后，蔡廷幹历任税务学校校长、中国红十字会副会长、关税特别会议筹备处会办、税务处督办、外交部总长等职务。晚年在清华大学、燕京大学任教。1935 年 9 月 24 日去世。

---

① 唐在礼:《辛亥以后的袁世凯》《文史资料选辑》第 53 辑。

第五章　法律助手

　　在袁世凯幕府中，有一批学法律的幕僚，这批人大都既有中国传统的科举功名，又有留学或游历国外的经历，他们包括施愚、顾鳌、章宗祥、金邦平、汪荣宝、黎渊、方枢、邓熔、程树德、饶孟任、曾彝进、李景龢等人。袁世凯无论是在晚清以直隶总督、军机大臣的身份参与立宪运动，还是在窃取中华民国大总统职务后制定法律制度文件，撕毁《中华民国临时约法》，炮制《中华民国约法》以及复辟帝制的过程中，袁世凯都主要依靠这批"法律派"的幕僚。其中，就其影响及活跃程度来说，施愚、顾鳌当为"法律派"的两名干将。

第一节　"法律派"一号干将施愚

　　施愚字鹤雏，号小山，四川涪陵人，生于清朝光绪元年（1875），光绪二十四年（1898）戊戌科进士，后游学日本、德国等，历任翰林院编修、户部江西司主事、考察宪政大臣顾问、宪政编查馆科员、度支部清理财政处总办、弼德院参议、法制院副使等职务。

　　1912年民国成立后，经孙宝琦推荐，施愚担任总统府秘书。1912年7月30日至1914年5月26日，施愚先后担任国务院、政事堂法制局局长，在近两年的时间里，施愚主持制订了北洋政府的官制官规及一系列法律文件。在袁世凯撕毁《中华民国临时约法》的过程中，施愚等法律派起了重要作用。

　　1913年6月底，中华民国第一届国会按照《国会组织法》第二十条的规定，由参、众两院各自选出三十名议员组成宪法起草委员会，负责宪法起草工作。宪法起草委员会成立不久，袁世凯即将法制局拟定的一个宪法草案大纲提交宪法起草委员会。这个大纲共二十四条，除在形式上采用内阁制外，其主旨在扩大总统权力。大纲要求赋予总统下列权力：大总统对于两院之议决有复议权及拒绝权；大总统有任命国务员及驻外公使权，无得议会同意之必要；大总统有发布紧急命令权；大总统有议会停会权；大总统得参议院同意，有众议院解散权；行政最高权委任之于大总统，内阁总理及各部总长辅助等。袁世凯企图强迫宪法起草委员会按照他的意志制订宪法。

对于袁世凯的专制独裁要求，宪法起草委员会未予理睬。1913年10月16日，宪法起草脱稿，并在报上公布以征求社会各方面的意见。袁世凯见宪法起草委员会没有完全采纳他的要求，便决心破坏国会的制宪工作。

首先，袁世凯故意无视《天坛宪法草案》的存在，由法制局提出所谓《增修约法案》，要求将《临时约法》中限制大总统权力的种种规定予以修正，但遭到国会的拒绝。接着，袁氏又于10月18日咨文国会，与宪法会议争夺宪法公布权，指责宪法会议公布《大总统选举法》侵犯了大总统的法律公布权。袁不待国会的答复，即于10月23日派遣施愚、顾鳌、黎渊、方枢、饶孟任、程树德、孔昭焱、余肇昌八人强行要求出席宪法会议，他们声称"奉总统令，来会陈述意见"，并宣布袁氏咨文，要求此后开会都要事先通知国务院，"以便该委员等随时出席陈述"。但宪法起草委员会严词拒绝施愚等八人出席宪法会议，并严正指出按照会议章程，"除两院议员外，其他机关人员不但不能出席，即旁听亦不可。"国会的不妥协态度，促使袁世凯狗急跳墙，悍然决定以暴力手段摧毁国会。

袁世凯在非会解散国会并撕毁《临时约法》后，成立御用的"约法会议"。约法会议议员共57人，实际上都是由袁世凯及其爪牙指定的角色，人们称"约法会议是法制局的放大"。袁世凯指定卖身投靠的原安徽都督孙毓筠为约法会议议长，法制局局长施愚被指定为副议长，王式通、顾鳌先后任秘书长。

1914年3月18日，约法会议在北京象坊桥前参议院会场举行开幕典礼。国务院代总理孙宝琦代表袁世凯出席会议并宣读大总统约法会议成立颂词。"颂词"继续攻击《中华民国临时约法》"其内容规定束缚政府，使对于内政、外交及紧急事变几无发展伸缩之余地。本大总统证以种种往事之经验身受其苦痛，且间接而使四万万同胞无不身受其苦痛者，盖两载于兹矣。……方今吾国宪法既因事实上之障碍而猝难发生，若长守此不良之约法以施行，恐根本错误，百变横生，民国前途危险不可名状，故本大总统对于此次增修约法固信诸君发抒伟论，必有良好之结果，尤愿诸君宝贵时日能为积极之进行也。谨致颂曰：中华民国万岁！中华民国国民万岁！"①

　　袁世凯这个政治骗子，口里喊着"中华民国万岁"的口号，内心里却一直做着皇帝梦，口是心非，这是政治流氓欺世盗名的一贯伎俩。继孙宝琦、孙毓筠先后致辞后，施愚也以副议长身份发表就职演说：

　　今日约法会议开会选举正副议长之结果，以鄙人承乏副议长一席，以在会诸君之年龄、学识、社会之声誉、政治之经历比较言之，先进甚多，而选及鄙人无任惭愧。鄙人近年来于立法事业以职务关系稍有经验，即此次增修约法，鄙人素日亦颇有所主张，当为诸君所共闻，以今日互选，卜之主旨当能一致，甚愿以经验所得供诸君之参考。鄙人尝考各国法律，凡经一次修改，必以施行之当时能否适合为标准，无论异国之法律不能强行于本国，即本国之法律因时间先后之不同亦有不能施行尽利者，约法之良否已有公论。今观已过之历史，政府与国民既皆因是障碍而受痛苦，则其对于约法观感相同，将来讨论结果，其增修条件虽尚待研究，然必能互相印证，一致主张，此则鄙人所可预料者也。约法既删去"临时"二字，将来究能为正式宪法之蓝本与否，现在尚不敢断定。唯既应当时之所必需而从事增修，则其增修之结果必能适合于施行之当时，此亦鄙人所可预料者也。果能适合于施行之当时，则此施行期间必能得一良好之结果，而我国将来之进行，即凭此数年间之建设以为基础。此数年间

---

① 顾鳌编：《约法会议记录》（二），第338—339页。

因根本法之良善，使国家基础得以坚固，则将来之进行亦易收效力。故现在增修约法完备一分，即将来正式宪法亦多得一分之良善结果。观于德意志联邦宪法几全用北德意志宪法之原文，盖已经实行而又适合，后此即难大变亦不宜屡更，我国将来正式宪法是否即用此次增修之约法，现在虽不可知，然宪法之良否，即视此次增修约法如何而以为根据可断言也。深愿诸君对于约法之增修当视同将来之宪法一体郑重注意，以备为将来正式宪法之蓝本则幸甚矣。①

约法会议在孙毓筠、施愚主持下，用了一年的时间，先后炮制出了《中华民国约法》《参政院组织法》《审议院编制法》《立法院组织法》《立法院议员选举法》《大总统选举法》《国民会议组织法》等法律文件。在完成这一切形式上的手续后，于 1915 年 3 月 18 日举行闭会式。

其实，约法会议是袁世凯的御用机构，所有的法律文件都是按照袁世凯一人的意图进行的。《中华民国约法》赋予了袁世凯以绝对的专制独裁权力，这些权力远远超过封建帝王，成为世界上最独裁专制的一部宪法文件，故人们称这部约法为"袁记约法"。

施愚在为袁世凯完成这一切独裁专制的法律文件后，却因为不赞成袁世凯称帝，于 1915 年 5 月辞去法制局局长职务，改任参政院参政。施愚的思路是拥护袁世凯实行专制独裁，但不赞成袁世凯称帝。故在洪宪帝制过程中，施愚并没有积极参与请愿与劝进活动，在著者所查到的史料中，施愚的名字仅在"四川省公民"张炳华等 215 人的劝进书上作为五名介绍人之一出现过一次。无论是以云南将军唐继尧、巡按使任可澄名义发表的要求袁世凯取消帝制、诛除祸首的通电上，还是黎元洪总统发表的惩办洪宪帝制祸首名单上，均没有列施愚的名字，可见，施愚在洪宪帝制中陷得不深。②

---

① 顾鳌编：《约法会议记录》（二），第 342—343 页。

② 徐友春主编《民国人物大辞典》（河北人民出版社 1991 年版第 612 页）称："1916 年 7 月，（施愚）被护法军政府列为帝制首犯之一，被下令通缉。"此说显然是错误的。

第二节　为帝制张目的顾鳌

顾鳌,字巨六,四川广安人,生于清朝光绪五年(1879)。1903年中举人,后赴日本留学,毕业于日本法院政大学法政科。归国后历任内阁中书,京师巡警厅六品警官、五品警官,司法处佥事,京师地方审判厅民科第二庭庭长,大理院行走,民政部参议厅帮办,统计处提调,宪政编查馆正科员,内阁法制院办事员,同时还兼任过京师译学馆教习、法政研究所讲员,资政院政府特派员等职务。

顾鳌何时入袁世凯幕府,现在还不清楚。民国成立后,顾鳌任内务部参事、政治会议秘书长、约法会议秘书长,是袁世凯手下的"法律派"要角之一。

袁世凯在非法解散国会后,成立所谓约法会议。约法会议的选举法案完全采用顾鳌的提案。名记者黄远生述其经过说:"先是政治会议既决定约法会议之组织,乃由顾鳌等协议。谓若专用派遣之法,未免过于极端;若用普及(广义的)选举,则于此次改造立法机关之意不合,且大众既以承认造法机关与立法机关之区别为前提,则在理法上不能以组织国会之法而组织造法机关,执两用中,不如用此特别选举办法为善。此顾鳌提案之所由来。政治会议中大多数均无党派之见,只需有一种意见足成具体者,自易通过。而顾鳌之意见,其地位及性质尤为会中所注意者,故审查员中大势已颇决定用顾案,顾乃提此案谒见总统,总统既见顾案,亦颇满足。"[1]

顾鳌本人亲自向记者解释他提案的用意:"以正谊论,国会须由宪法产生,但今欲急消弭社会上一种将来恐无国会之误解,故造法机关一面制定约法,一面即制定国会组织法,由此即产生新国会。至将来制定正式宪法机关用何等组织,亦包括于改正约法范围以内。"[2]

1914年5月至1916年5月,顾鳌担任法制局局长,袁世凯授予顾鳌为

① 《黄远生遗著》卷四,第8页。
② 《黄远生遗著》卷四,第9页。

上大夫加少卿衔。顾鳌与他的前任施愚不同，施愚反对帝制，而顾鳌则是帝制的强有力支持者。他利用法制局局长的身份，为袁世凯复辟帝制在法律上开道。

帝制派是以所谓"国民代表大会"的名义把袁世凯捧上皇帝宝座的。"国民代表大会"的筹备是在两套班子指导下进行的，一套班子是朱启钤、梁士诒、周自齐、阮忠枢、张镇芳、唐在礼、袁乃宽、张士钰、雷震春、吴炳湘等人组成的十人班子，这个班子主要负责向各省将军、巡按使等军政长官发密电，传达袁世凯的命令，按内定步骤指示如何操纵选举等，这是洪宪帝制中最核心的班子。另一套班子就是以顾鳌为局长的办理国民会议事务局。国民会议事务局主要做表面上的宣传，同时也向各省军政长官发指示和文告，特别是涉及法律问题时，办理国民会议事务局更是当仁不让。

云南政报编辑出版的《袁世凯伪造民意纪实》一书，收录 17 封电报，其中就有 6 封是办理国民会议事务局发出的，它们是《国民会议事务局密示组织法运用要着电》（9 月 10 日）、《国民会议事务局请将选举设法指挥妥为支配电》（10 月 10 日）、《办理国民会议事务局通告关于选举密件应责专员管理确守秘密电》（10 月 11 日）、《办理国民会议事务局顾鳌通告内外相维之雅电》（10 月 15 日）、《办理国民会议事务局通告各监督放手办事勉循内外相维之雅电》（10 月 29 日）、《办理国民会议事务局通告各省此次国体问题文件除关系法律规定外一律查明烧毁电》（12 月 21 日）等。

下面抄录 1915 年 10 月 15 日顾鳌个人署名的电报：

　　万急。各省将军、巡按使鉴：堂密。自国民代表大会组织法公布以后，敝局依法筹备，近数日来通致诸公明密电报已不下十有余起，关于解释条文者用明，关于运用方法者用密，均就愚虑所及陆续渎陈，计邀大鉴。窃思此次国体问题关系于国家前途者至巨，诸公鼎力提倡，遂能全国景从，如水赴壑。默察现在趋势，已有沛然莫御之机。推其猝能致此之由，实赖诸公提挈之力。唯国民代表大会组织法之规定执行责任付托于监督者甚专，而敝局筹备之司不过所以求统一。盖立法者明知诸公忠诚爱国，必能贯彻终始，巩固国基。际兹筹备进行期中，不啻在最后五分钟内。鳌以轻材，勉附骥尾，所有迭电一切敷陈，纯出于内外相维之义，综其希望，约有四端：（一）国体改革系国家万年大计，诸公封圻任重，登高一呼，必能于法定范围运用敏活，果于形式上办到丝毫无憾，自足奠久安长治之基。（二）国民代表大会之组织既系依政治法律常轨以解决国体问题，凡关于法律上之形式除确有十分障碍者外，投票程序务必表示郑重，庶对内可以为弹压反侧之资，对外可以杜干涉责言之渐。（三）法律形式事应从同，故敝局迭将法律条文详为解释，以期全国办理一致，俾符合投票制度之精神，特开征诛揖让以外之创局。（四）吾国地广民稠，情形不能一律，故于事实内容听由诸公自行运用，以免拘牵文义之嫌，而收推行尽利之效。凡此种种下怀，均系筹备期内之希望诸公荩筹远虑，必能谅此愚忱，日来数次迭电奉商事宜，计已妥为筹备，确有把握，尚望好音时赐，俾得藉手进行。临电神驰，无任盼祷。顾鳌叩。删印。[①]

两套班子同时向各省军政长官发指令，相互争宠的意图十分明显。朱启钤为首的十人小组明显地位高出许多，且他们都是袁的心腹股肱，朱启钤等根本不把顾鳌的办理国民会议事务局看在眼里，朱启钤曾明确电告各省军政长官，一切以他们十人小组的指令为准，要求他们不要理睬顾鳌等发出的指示。但顾鳌为了得到新皇的宠信，也顾不得许多，依然照样发指示，反正听不听在各省地方当局。

顾鳌在十分卖力地将袁世凯捧上“皇帝”的宝座后，又于“洪宪元年二月二十三日”以筹备国民代表大会事务局局长的名义，就帝制运动的经过向各省将军发表长达数千言的咨文，咨文首先从“伦理”“治本”“历史”“地理”四个方面论证中国不宜于共和的原因；其次，就“往事”“近事”“将来”论证中国必须实行君主制的理由；最后，以冗长的篇幅为新“皇帝”大唱颂

① 云南政报辑：《袁世凯伪造民意纪实》，第8—9页。

歌，说："故自君主立宪国体确定以来，今上皇帝以救国救民之夙愿，为国利民福之良图，于国家根本问题，则从速制定宪法，定期召集民选之立法机关；于国家行政事务，则派员调查弊税，为刷新财政之图；下令考试甄用人才，为延揽贤能之具。其附丽于数千年来君主国体之一切弊政，如沿用阉人、采选宫女，以及拜跪奔走繁文缛节，等等，又已明令声明概从屏弃，永悬厉禁，并声明总期君主枇政悉予扫除，等因。开国规模，权舆于此。"①"天宇煌煌，群众感泣。……矧自改元洪宪以来，首颁注重师范教育及警察法规之令，凡所以为增进国民智识，维持国家公安计者，用意至为深远。而整理财政，实行预算制度，并以明令声明，办事者多节一分靡费，即为国家厚一分财源，并即为吾民养一分物力，等因，节用爱人之训，尤足表示宪政精神。至于国家政务应兴应革事件，现复通盘计划，虚怀采纳，以期利于民者无不兴，病于民者无不去。唐虞三代之盛轨，五洲万国之隆规，如果天佑中华，行之十年，必有治安功成之日。"②顾鳌将袁世凯这个乱世枭雄捧到了九天之上。但枭雄终究是枭雄，顾鳌纵巧舌如簧，也无补于洪宪帝制覆灭的命运。

洪宪帝制覆灭后，赞助帝制十分卖力的顾鳌成了帝制要犯之一。1916年7月14日，黎元洪总统发布的惩办洪宪帝制祸首名单上，赫然有顾鳌之名。有好事者将顾鳌、薛大可两个复辟分子的名字配成了绝对，上联："顾鳌薛大可"；下联："潘驴邓小闲"。③

1918年3月，顾鳌被解除通缉。

1925年，顾鳌作为四川军阀杨森的代表出席了中华民国临时执政段祺瑞主持的善后会议，并向会议提交了《国民代表会议条例制宪程序修正案》。

之后，顾鳌长期定居上海。20世纪20年代与杨度投入杜月笙门下，成为杜府食客。后一律在上海执律师业，并做古玩捐客。1956年病故。

---

①　章伯锋、李宗一主编：《北洋军阀》第二卷，武汉出版社1990年版，第937页。

②　章伯锋、李宗一主编：《北洋军阀》第二卷，武汉出版社1990年版，第938页。

③　刘成禺、张伯驹：《洪宪纪事诗三种》，第308页。

第六章　机要文案

袁世凯幕府中操机要文案的幕僚甚多，如阮忠枢、沈祖宪、陈燕昌、萧凤文、田文烈、言敦源、吴簏孙、于式枚、傅增湘、金邦平、张一麐、夏寿田、陈昭常、蔡汇沧、金邦平、闵尔昌、郭则沄等。名记者陶隐菊称阮忠枢、张一麐、夏寿田三人为"幕僚中的三要角"。

第一节　首席老文案阮忠枢

阮忠枢是跟随袁世凯时间最长、资格最老的机要文案幕僚，堪称为首席老文案。有人描述阮氏与袁世凯的关系说："阮内史长与袁氏为老友，而能承顺袁之意旨，而谨慎缜密，有口不言温树之概。每有事，辄先延内史长入，密语良久，然后更及十三太保。虽以梁财神之倚重，杨杏城之尊信，不及内史长之昵如家人也。"①

拟稿最称袁世凯之意

阮忠枢，字斗瞻，安徽合肥人，生于清朝同治六年（1867），举人出身。阮忠枢何时与袁世凯结识目前不得而知。据袁世凯致其兄袁世敦书云："正在侘傺无聊之时，忽遇契友阮忠枢斗瞻（忠枢）愿作曹邱生，劝弟投其居停李总管（莲英）门下，得其承介晋谒荣中堂。"② 从该函中可知，阮忠枢与袁世凯相识很早，在袁世凯未发迹前两人即已成为"契友"，而且袁世凯之投靠太监总管李莲英和军机大臣荣禄，都是由阮忠枢介绍的。荣禄是慈禧太后的

---

① 荣孟源，章伯锋编：《近代稗海》3 辑，四川人民出版社 1988 年版，第 409 页。
② 杜春和等编：《北洋军阀史料选编》上册，中国社会科学出版社 1981 年版，第 11 页。

宠臣，他为人识见不高，好恭维，爱金钱。袁世凯抓住荣禄的这个弱点大下功夫，终于赢得荣禄的信任。由于荣禄的极力推荐，袁世凯得以于 1895 年赴天津小站主持编练新军，这是袁发迹的起点。

从袁世凯天津小站练兵起，阮忠枢就一直是袁的机要文案幕僚。袁的机要文案幕僚甚多，前后不下数十人，但以阮忠枢"笔利而快"[1]，所拟的稿"最当袁意"[2]。袁世凯上朝廷的奏折，大都出自阮忠枢的手笔，甚至朝廷的不少谕旨，也由阮忠枢起草，可见其文笔之出色。

阮忠枢有打麻将牌、吸鸦片烟的种种不良嗜好。有人说：阮忠枢"有芙蓉癖，喜作麻雀牌，夜以继日，皆于牌桌及烟榻上饮食，倦则自以腰带捆于椅背上。项城有要公，需彼属稿，时时不见，命材官四寻，则已入勾栏中矣。"[3] 张伯驹为此赋诗云："倚马才华目一空，蒲卢掷罢卧芙蓉。材官四访无寻处，却在花街柳巷中。"

正因为这样，袁世凯后来物色没有不良嗜好的张一麐取代阮忠枢，成为主要文案。袁世凯保荐阮忠枢做过顺天府丞、邮传部侍郎、副大臣等职务。

辛亥武昌起义后，阮忠枢奉命两次到河南彰德敦促袁世凯出山。清廷于宣统三年八月二十三日（1911 年 10 月 14 日）颁布上谕，任命袁世凯为湖广总督，督办剿抚事宜，所有驻湖北军队及名路援军均归其节制调遣；荫昌、萨镇冰所统率的陆军、海军亦得会同调遣。内阁总理大臣奕劻以为袁世凯对此条件一定会满意，叫阮忠枢赶快赴彰德去劝驾。

阮忠枢到彰德后与袁世凯是如何谈的，已不得而知。但当时已在彰德的杨度和王锡彤均劝袁世凯不要立即应命出山。杨度认为清王朝已经没有什么希望，即使平定了革命党，也不会有什么好结局。而王锡彤则顾虑袁世凯出山后会有性命之忧。袁克定也赞同他们的意见，力主暂时不要出山。阮忠

---

① 刘成禺、张伯驹著：《洪宪纪事诗三种》，第 294 页。

② 吴长翼编：《魂断紫禁城——袁世凯秘事见闻》，第 134 页。

③ 刘成禺、张伯驹著：《洪宪纪事诗三种》，第 294 页。

枢不敌众人之言，结果空跑一趟。于是，袁世凯给清廷上一个"辞谢"的
奏折：

　　……奉上谕：袁世凯现简授湖广总督，所有该省军队暨各路援军均归该
督节制调遣等因。钦此。闻命之下，惭悚实深。伏念臣世爱国恩，愧无报称。
我皇上嗣膺实录，复蒙渥沛殊恩，宠荣兼备，徒以养疴乡里，未能自效驰驱，
捧读诏书，弥增感激。值此时艰孔亟，理应恪遵谕旨，迅赴事机。惟臣旧患
足疾，迄今尚未大愈。去冬又牵及左臂，时作剧痛。此是数年宿疾，急切难
望痊愈。然气体虽见衰颓，精神尚未昏瞀。近自交秋骤寒，又发痰喘作烧旧
症，益以头眩心悸，思虑恍惚。虽非旦夕所能就痊，而究是表证，施治较旧
恙为易。现既军事紧迫，何敢遽请赏假。但困顿情形，实难支撑。已延医速
加调治，一面筹备布置。一俟稍可支持，即当力疾就道，藉答高厚鸿慈于
万一。所有微臣叩谢天恩并沥陈病状缘由，理合恭折具陈，伏乞皇上圣谕训
示。此折是借用彰德府印拜发，合并陈明，谨奏。[①]

　　袁世凯的这个奏折是否为阮忠枢在彰德所拟，不能确定。
　　袁世凯借机要挟清廷赋予他更大的权力。清廷被迫一一满足袁的条件，
阮忠枢又带着隆裕皇太后的懿旨第二次来彰德劝袁世凯出山，袁世凯这才于
10 月 31 日离开彰德南下，指挥清军镇压革命军。
　　为袁世凯奔走四方，人称"神行太保"
　　辛亥革命的果实为袁世凯窃夺，袁世凯成了中华民国的大总统。民国成
立后，阮忠枢的本事却用不上了，成为过时的人物。唐在礼说："袁世凯在天
津任直隶总督、北洋大臣时，所有奏折和重要公事几乎完全出于阮的手笔。
阮在当时是个比较老实稳妥的人，他有意退位，避免自己揽权作威。他这样

---

① 中国史学会主编：《辛亥革命》（八），第 307 页。

做，赢得了左右上下的人缘，再加上所有要政他全参与，多少年来一直如此，因之在僚属中威望很高。到民国成立以后，公文程式为之一变，新辞、时议皆非阮之所长，他就在不知不觉中很快地坐冷板凳，几乎什么事袁都不请他参加。"[1]

唐在礼说民国成立以后，袁世凯什么事都不请阮忠枢参加，并非事实。阮忠枢虽然不再司机要文案，但袁世凯又派给他一项新的任务，那就是派他联络张勋等人。

辫子军统帅张勋思想顽固，反对共和、反对民国，他不是袁世凯的嫡系，辛亥革命后他驻兵徐州、泰安一线，对袁世凯并不忠心耿耿，袁世凯对他放心不下。阮忠枢与张勋是拜把的兄弟，袁世凯即利用此层关系，屡遣阮忠枢等与张勋有关系的人前往泰安联络感情，并"观少轩对彼之向背"[2]。

刘成禺著《洪宪纪事诗本事簿注》一书说："（张）勋，赣人，迷信神怪，岁延天师往泰安，建醮施法。阮斗瞻诸人往说勋者，皆尊为唐淮南节使高骈以誉之。高骈好道，勋实替人，从好之方，无微不至。斗瞻与勋最相得，项城令阮月必一至泰安，三年不改。于晦若与袁书，所谓'可怜跑死阮忠枢'是也。勋纵情声色，大有淮上旧帅刘泽清诸人之风。斗瞻征逐其间，欲移其向。一日广宴张乐，淮海名娼，环列如肉屏风。张、阮抢猜狂叫，为长夜达旦之饮。阮葆头濯酒，据地作狮子舞。群妓卧搔短发，飞蓬刺天。张顾而乐之曰：'斗瞻头毛，真可谓狮子盘绣球矣，仆病未能也。'斗瞻乘机持利刀一柄曰：'大师亦欲为此乎？'佯执其辫。少轩震怒，剪未下而批其两颊，斗瞻弃剪，滚地大吐。左右曰：'阮内史监大醉矣。'扶入长卧。翌日谒少轩谢罪，实则斗瞻欲藉此一醉，观少轩复辟之志坚定与否，为他日游说地也。"[3]

1913 年 7 月，张勋攻下南京后，袁世凯任命张勋为江苏都督。但江苏

①　吴长翼编：《魂断紫禁城——袁世凯秘事见闻》，第 148 页。

②　刘成禺著：《洪宪纪事诗本事簿注》，山西古籍出版社 1997 年版，第 277 页。

③　刘成禺著：《洪宪纪事诗本事簿注》，第 278 页。

为东南重地，袁对之很不放心，不久即以日本反对为借口将其调开，另调嫡系大将冯国璋为江苏都督。军阀最讲利害，在张勋看来，袁世凯将其调离江苏，无疑是不信任他，是他的奇耻大辱。袁世凯为了让张勋顺利交接，想了不少办法，除了亲自写信解释外，又派阮忠枢前往南京见张勋，当面解释并劝说。阮忠枢回到北京后，于1913年12月1日致函张勋，全文如下：

绍轩老长哥爵帅节下：弟回京后，迭与极峰（指袁世凯——笔者注）深谈至于六七次之多。极峰谓彼此交谊至深，无论何人排挤，一概付之不理。所难者，唯日人之据为口实耳。若非迫于外势，岂肯轻于易置大将，况系相从最久，立功最多之人乎？但使日人不再催询，则量移之说，直可作罢，又岂止于从缓云云。嗣小松、久香相继北来，盛称南京非我公不能收复，亦非我公不能坐镇，所以推崇而攀留之者，语至肫切，意至诚恳，与刘文泉及弟之所主张若合符契。而东海太保，复从中为之道地，极峰亦知弟等确系主持公道，颇以所见为然。无如外部日前复呈阅日使所受该政府之训令，日使昨复向我政府催诘，极峰复召弟面对，深膑太息，欷歔不胜，明知日人之刁难，系由于我乱党之怂恿，其宗旨仍不外乎"离间"二字，而当此有强权无公理时代，又不得不委曲求全。既虑以此来外人之责言，又虑因此损我公之感情，大有双方作难，无可如何之情状，而微窥其意，颇似怪弟不能将此等困难之情形代白诸左右者，爰亲致公长函一通，亦可谓详哉！言之披肝鬲而见情愫矣。今弟请为公一言决之曰：公之去留，亦视极峰之疑信如何耳！如果功高见嫉，极峰有疑忌之意，则我公自宜明哲保身，翩然远引，所谓君子见几，不俟终日者也。今极峰尚无疑忌之意，而且有信任眷恋固结不舍之情，则公又何妨曲谅其为难，而姑为之抑志以迁就哉！天下事有情所万不能堪，而势出必不得已者，此类是也。然似此之委曲迁就，亦非为一身计也，仍所以为极峰，为中国而已。不识我公以为何如？尚其深思而察纳之！幸甚！盼甚！室人暨舍弟妹辈在府叨扰，纫感良深，以属在至交，不复以言词伸谢。专此，祗叩政绥。如小弟忠枢谨上。十二月一号。①

　　阮忠枢回到北京与袁世凯商量后，又决定派张小松持袁、阮的亲笔函前往南京面见张勋，传达袁、阮的意见，并敦劝张勋接受新的任命。不久，张勋复函阮忠枢："斗瞻仁弟执事：小松来，交到手书，并述悉种切。吾弟爱我，胜我自爱，回环捧读，感与佩俱。伏念兄半生戎马，虎口之余，六十之年忽焉已至。前此追回隐忍，乃以总统深恩未酬，辄思得当以报，今何可以暂止乎？令朝下，则夕解甲去矣。仲尼云：'匹夫之志不可夺'。兄之志决矣，又可夺耶？兄去夏在兖（州）时，以乱党谗构之故，致有移曹（州）之命，后来多方牵挽，乃得不去。今秋韩庄乱作，若非驻兖扼要，尚未知鹿死谁手。兹事机甫过，而重蹈覆辙，尚何言哉！兄受大总统知遇，虽糜顶捐踵，无所足惜。然既见逼于外人，而无转圜之余地，兄又岂能贪恋高位而贻君父以无穷之忧也。已矣！兄已检点一切，一俟奉命，即行解甲归田，望以此情陈之于总统之前，并陈明俟兄卸任后，再当趋侍左右，以觐颜色而遂瞻依。劳草作答。敬候起居，唯为国自重。"②

　　张勋对袁世凯调动他的职务极端不满，始终以"解甲归田"相要挟。袁世凯也不得不耐下性子，又动员徐世昌、阮忠枢等与张勋函电往返，磋商调职条件。1914年1月29日，阮忠枢再次复函张勋，将袁世凯开出的条件告诉他："……闻军事处唐执夫次长言，尊处来电，自拟经费每年约需26万元之谱，与总统原议月两万元之数相差无多，似可照准。当复奉谕：'此26万元如何开支，必须规定名称，方免贻人口实。'因复议定巡阅使薪，公仍照初议每月两万元，另支巡阅费每年两万元，共合每年26万元。此系从优办法，可由军事处知照部中照办云云。至小轮四艘需款开支一节，亦经代陈。

①　来新夏主编：《北洋军阀》（二），第432—433页。
②　来新夏主编：《北洋军阀》（二），第435页。

奉谕：'此项似应列入饷需之内，俟其造报到时，再饬核议。唯现在财政奇绌，凡各处请领饷款，多未照发，独对于尊处，实属源源解济，为数已多。且本府公费，总统月俸（定为月俸 3 万元，奏批暂按此数减三成支）虽由国务员议定，业经大加核减，而月俸至今尚未支过分文，汝可将中央困苦情形作函告知，务望共体时艰，一切用度，力求撙节'等因，谨遵以奉闻。令侄毖亭前经极峰派充本府政治谘议，任命状已送仁轩兄处，请其转交，并经弟陈明毖亭现回籍省亲，大约不久即行回京。奉谕：'俟到京时，可嘱其来，我甚乐见也。'二令侄拟入比国陆军大学一事，应归陆军部军学司核办，弟自上年即屡经催询，迄未得复，顷又托唐执夫兄代为催问，俟得复再布达。……如小弟忠枢敬上，室人赵氏率儿女辈侍叩，一月二十九日甲寅春节第三日，诸位如嫂春祉，令郎、媛聪吉。附呈熊掌四对、鹿筋四把，乞赐收。"[1]袁世凯满足了所有的条件后，张勋才遵令移交江苏都督于冯国璋。

阮忠枢时常奔走于北京与张勋军营之间，不计辛劳。人称阮忠枢为袁世凯的"神行太保"。

文人包天笑还在上海小报——《时报》上发表过《阮忠枢之脚》的文章。[2]

刘成禺赋诗云："将军跋扈慕高骈，金帛游谈佐绮筵。忙煞当年阮司马，移书淮上走年年。"

洪宪帝制再掌文案

1914 年 5 月 1 日，袁世凯宣布废除国务院，于大总统府设立政事堂，政事堂首领称国务卿。原国务院秘书厅改称内史监，阮忠枢任内史监内史长（相当于秘书长）。这是袁世凯帝制自为的第一步。

内史监除内史长阮忠枢，还有内史 22 人：沈祖宪（吕生）、闵尔昌（葆

① 来新夏主编：《北洋军阀》（二），第 437—438 页。
② 包天笑：《钏影楼回忆录续编》，山西古籍出版社、山西教育出版社 1999 年版，第 736 页。

之）、吴闿生（辟疆）、王式通（书衡）、夏寿田（午诒）、郑沅（叔进）、陈燕昌（友白）、董士佐（冰鹊）、张星炳（叙墀）、沈兆祉（小沂）、王寿彭（次篯）、刘春霖（润琴）、杨度（晳子）、刘燕翼（襄孙）、张国淦（乾若）、谢煊（仲琴）、吴康伯、王振尧（古愚）、高景祺（养祉）、马吉樟（积生）、杨景震（介卿）、孟以铭（鼎臣）。①

据说，袁世凯在准备称帝时，担心章太炎以文字搅乱了他的帝王美梦，阴谋杀害章太炎。阮忠枢极力谏阻，他对袁世凯说："武则天读骆宾王之檄文，犹许为人才；燕王受方孝孺的口诛，尚欲其不死；太炎的文章学术，不可多得，无罪而加戮，公的智谋，岂不逊于武则天、燕王吗？"②听了阮忠枢的一番话，袁氏为之动容，才放弃了杀害章太炎的恶念。看来，这是阮忠枢所做的唯一一件好事。

唐在礼对于阮忠枢在洪宪帝制时期的地位和作用有如下的说法："那时袁筹备做皇帝的苗头已为我们所共知，我们很能看出袁这一着是有所准备的。因为他一旦做了皇帝，就要重新用'奉天承运'、'皇帝诏曰'这一套笔墨，当然这就非阮莫属了，这是一方面。另一方面，在帝制筹备就绪以后，袁把民国成立以来所提拔出来担任总统府秘书厅机要秘书、主持各项电令文告执笔的张一麐，调到了教育部去做总长。这两件事对照起来，把袁对手下人物驱使、利用的手法暴露无遗。袁一直教我们用人要分别掌握四批人才：一是现用的；二是备用的；三是储用的；四是培用的。而他自己使用我们亦是如此掌握，适应他的需要，轮流摆弄。袁在筹划帝制时，既不请阮忠枢参与，却又把他的名字放在'主办'十人的'前茅'，我看是有原因的，这就是利用他多少年来在军政要人中的声望和人缘。此外还有个重要因素，便是袁有意表示他自己待人厚道，不忘旧属。当时在袁的亲信人物之中，一般认为阮忠枢已经失了时，不中

① 章伯锋、李宗一主编：《北洋军阀》第二卷，武汉出版社 1990 年版，第 1120—1121 页。

② 郑逸梅：《我所知道的章太炎先生》，《杭州文史丛编·文化艺术卷》，杭州出版社 2001 年出版，第 5 页。

用了，而在十人主发密电之后，和阮有交情的人，就常赞叹'总统不忘旧契'。这些现象我们在小圈子里固然已经看到、听到，推而及之于全国各地的要人们，也未尝不认为袁这一安置是有道理的。反之，如当时密电署名中没有那样的安排，就必会使各地与袁有关的大员发生疑虑。"①

唐在礼的说法也不准确，洪宪帝制开始后，阮忠枢的主要任务除了继续联络张勋，又多了一个联络拉拢冯国璋的任务，显得比以前更加忙碌。因为袁要称帝，最不放心的就是张勋和冯国璋这两个资格老而且握有重兵的大将，需要阮忠枢时时宣达袁的意旨，沟通他们与袁世凯之间的感情。但张勋、冯国璋态度暧昧，袁世凯派阮忠枢反复陈说，最后，阮忠枢对张、冯二人表示："不必明白赞成，亦不必正当反对。"②

在洪宪帝制中，江苏将军冯国璋的态度最为微妙，阮忠枢曾经两次前往南京面见冯国璋。

第一次，袁世凯下令将冯国璋身边的重要幕僚胡嗣瑗调为金陵道尹。胡嗣瑗是主张逊清复辟的，与冯国璋有相同的思想基础，胡在冯身边唆使冯反对袁世凯称帝，袁恨之入骨，但又不能对胡采取任何措施。只好将胡从冯国璋身边调开，但冯国璋却拒绝执行，袁只好派阮忠枢南下"驱胡"，阮对冯国璋说："胡嗣瑗既然已经调了金陵道尹，那么，你为什么不可以下个手令，开去他的本缺（指咨议厅长）呢？"冯国璋对此笑而不答。胡嗣瑗在阮忠枢来了以后，既不去就金陵道尹，也不再在江苏将军公署露面。这时，冯国璋的副官长何绍贤对胡嗣瑗说："总统调你做道尹，你不就，可是又不辞。现在阮内史长又来了，你要是再不走的话，如果有人加害于你，我们可保护不了你。"在何绍贤的威胁下，胡嗣瑗便逃往上海去了。阮忠枢见"驱胡"目的达到，也就回北京复命去了。阮忠枢的这次"驱胡"闹剧反而坚定了冯国璋

① 吴长翼编：《魂断紫禁城——袁世凯秘事见闻》，第148—149页。
② 刘成禹著：《洪宪纪事诗本事簿注》，第279页。

反"洪宪"的决心。

在云南护国军起义的前后，冯国璋与梁启超及中华革命党的领导人暗通款曲，这种情形让袁世凯担忧。袁世凯宣布取消帝制的次日，约内史张国淦到总统府，见面后袁即自我谴责，说："当时悔不听你们的话，弄到这样糟，这与我左右无干，都是我昏聩糊涂。"停顿一会，袁又说："都是我昏聩糊涂。但是过去的事，说也来不及了，应该想以后办法。现在局面混乱，副总统有何救济之策？"

张国淦答："副总统未有表示。"

袁又问："外边议论若何？"

张答："都是退位不退位的问题。"

袁两眼盯着张国淦，足有三四分钟之久，然后又问："你的意思，我退位好，不退位好？"

张国淦即从外交、军事、舆论三方面分析，以推论时局之严重。不料，袁听了仍是一副十分有把握的样子，说："外交虽有反对者，不是没有办法。舆论脆弱，不足为虑。时局中心是军事，你以为蔡松坡打得倒我吗？"可见，此时的袁世凯仍迷信他的北洋武力。

张国淦驳斥说："外交、舆论不可轻看。举辛亥近事为证。若以军事论，则时局重心在东南而非西南。"

张国淦这一下捅到了袁的痛处，袁急问："你说华符（冯国璋）吗？"

张国淦："华符几十年在总统部下，总统自然知道。"

袁又问："你以为华符左右祖吗？"

张国淦回答："若果左祖则左胜，右祖则右胜，但是不左不右，便难办耳！"

袁叹了一口气，无言以对。

张国淦最后对袁世凯说："我有八个字贡献总统：'急流勇退，实至名归。'"

袁仍无语，张即退出。

张退出，袁急召国务卿徐世昌进见商讨对策。徐世昌事后告诉张国淦："总统对于你'不左不右'一句话颇为感愤，一再讨论。先向冯疏通，借觇实情究竟如何。现已决定派斗瞻前去。"

阮忠枢二次下江南，仍然住在冯国璋将军公署的西花园，冯国璋常常陪着阮忠枢一榻横陈，一灯相对，抽鸦片打发时光，至于阮忠枢与冯国璋说了些什么，外人则不得而知。

不过，阮忠枢在南京住了几天，回到北京时，冯国璋依然坚持要袁世凯"敝屣尊荣"，也就是要袁世凯不要恋栈，快快下台。

不久，阮忠枢又给冯国璋打来电报，大意说假如袁下野以后，西南方面还有进一步的要求，那该怎样应付，希望冯在这一点上预为筹划。阮电报中所说的西南方面"进一步的要求"，便是当时甚嚣尘上的一种呼声，也是袁世凯最害怕的，那就是把洪宪帝制的罪魁祸首交付国民裁判并没收其全部财产。对于阮忠枢的这个电报，冯国璋复电倒也干脆，他表示袁如果肯下野，就绝不容许任何人再对袁追究责任。假使有人要这么做，他就一定要"唯力是视，与之周旋"，并且他一定要用自己的身家性命来担保袁的生命财产的安全。① 在这个问题上，冯国璋总算给了袁世凯一个很大的面子。

但袁世凯口是心非，只是说下野，实际上赖着不动，还想挣扎观望。于是，1916年5月上旬，冯国璋发起召开所谓南京会议。袁世凯很清楚："此次南京会议，明为北方势力，实不啻由予手中攘夺大柄……"于是，袁世凯一面指派蒋雁行就近监视南京会议，一面派阮忠枢前往徐州，策动张勋出来破坏南京会议。阮忠枢写信给张勋传授机宜：

（一）拟请尊处商同丹帅（指倪嗣冲——笔者注）迅约各省同志代表会

---

① 　参见恽宝惠:《我所知道的冯国璋》,《文史资料存稿选编——晚清北洋》上册，第877—878页。

集徐州，结成团体，预备各种抵制宁垣之法。

（二）各省长官与尊处暨丹帅向表同情者，而其所派代表巧弄唇舌，当场捣乱。拟请尊处与丹帅迅电该省长官，诘其是否与之同意；如非同意，即电请其撤回原代表，另派新代表。

（三）尊处与丹帅可以长江巡阅使、副使名义，另行召集沿江各省军官代表成一团体，发表宗旨。

（四）无论用何方法，凡由尊处与丹帅召集各省代表结成团体后，即可联盟签约，推其中一二人为盟长、副盟长，专以挽留元首勿遽退位为唯一之根本主旨。

（五）联盟签约后，即可正式报明中央政府，并通电宣告各省，谓联盟者已主张一致，不得再有磋商之余地。有异议者，当公同以强硬之手段对待。（如梁启超在广东开会，经龙子澄部下胡令宣一骂而逃，彼辈固非不惧强硬者也。）

（六）元首即允退位，联盟各省当正式发表意见，以大义相责。苟继任未得适当之人，与善后种种办法未经确定以前，不敢遽听轻言高蹈。

信中最后说："再密启者：各省驻宁代表，尊处可速会同丹帅电致各该省长官，请其密饬各该代表迅即离宁（宁垣会议现状如此，自应将宁撇开）赴徐。（由各省密饬，较为不着痕迹）其不同意各省，则不必勉强，务得真正坚固之团体。其长官同意而所派代表假借捣乱者，则请按前函第二项办理……"①

在阮忠枢的挑动下，张勋与倪嗣冲发起徐州会议以抵制冯国璋主持的南京会议，阮忠枢并为徐州会议拟定了办法，他要求张勋："如各代表一致赞同，即请嘱各该代表将节略中大要各端及讨论赞同情形分电各长官，俟得复认可后，即拟请尊处会商丹帅，挈同认可之各省文武长官，联衔电致院部及在京

---

① 史华：《张勋藏札》，《近代史资料》第 35 号，中华书局 1965 年版，第 3—4 页。

政军警各机关，与夫业经号称之独立各省（即以此节略改为通电底稿）。盖专持不退位之说，固属根本上之唯一宗旨，然所以不能退位之理由，与退位后之危险，以及将来自由退位之办法，必须逐层声明，得大多数之同意，方足以昭示天下，而期可折服彼方面之口，且以见此次在徐会议解决之价值。（所以通电已独立各省者，并非定要其赞同，但以表示此方面之结合团体系一致如此解决而已）……南京会议既拟设法打消，所有公举东海一层，虽已得各省赞同，请暂缓宣布，且南方各省如何复冯及梁任公是否足以代表彼方面，并允否赴宁？尚不可知，须看下回分解耳。"[1]

阮忠枢为保其主子袁世凯用尽了心机和心血。然而，袁世凯于 6 月 6 日一命呜呼，阮忠枢的一切努力都白费力气。但阮忠枢并没有从洪宪帝制的失败中吸取教训，一年后他又参加了张勋复辟活动，并被任命为"邮传部左侍郎"。同年 12 月，阮忠枢病逝于上海，年仅 50 岁。

阮死后，孙师郑有《感逝诗》云："萧曹房杜才无忝，相令封侯命不齐。华尾山丘嗟一瞬，飘摇丹旐过淮西。"

第二节　机要局局长张一麐

张一麐，字仲仁，江苏吴县人，生于清朝同治六年（1867），12 岁中秀才，16 岁参加乡试，中副榜第二员。考官见张一麐年龄如此小，答卷却很老到，怀疑有枪手作弊，立即调集全部答卷检查有无枪手代替的痕迹，检查后发现确实都是张一麐本人的手笔。监考的两江总督左宗棠不禁脱口赞叹道："此小子将来当有出息。"乡试主考许庚身请假归杭州省亲，兵部尚书彭玉麟在西湖上宴请许庚身，并询向这届乡试所得门生以何者最中意，许回答："此行得一童子为奇耳！"[2]

---

[1]　史华：《张勋藏札》，《近代史资料》第 35 号，中华书局 1965 年版，第 4—5 页。

[2]　张一麐：《古红梅阁笔记》，上海书店出版社 1998 年版，第 2 页。

1882 年，张一麐中举人，与江苏南通张謇及李鸿章之子李经方为同年。1903 年，参加经济特科考试，首场考试张一麐名列第六，列第一名的梁士诒因被人指为与康有为、梁启超有关系而被迫退出考试。第二场有财政题，张一麐引斯密亚当《原富》记，引证周详，受到主考官张之洞的特赏，拟置第一名。及启弥封，知张只是一个孝廉，后列者功名资格都在他之上，恐不足以压卷，待检至第六人为云南袁嘉谷，是翰林出身，遂决定袁嘉谷列第一名，张一麐列第二名。

张一麐中经济特科第二名后，本拟分发湖北分职，但直隶总督兼北洋大臣袁世凯慕张之才，有意将其罗列到自己幕府中来。袁世凯经与湖广总督张之洞力争，张一麐乃改发直隶，入直隶总督府任文案幕僚。

黄炎培所撰《张仲仁先生传》称：张一麐"入幕办文案，为文工且敏，他人数百言不能尽，以数十言了之。昏夜，世凯索幕客不得，独先生危坐属草，十余稿立就，自是参机密，得署同知。"①

张一澧所撰《张一麐生平》也说："仲仁在督幕，自朝至暮，整理分牍，不少辍。其为文也，既工且敏，往往他人数百言不能尽者，以数十言了之。偶遇昏夜，袁指名索幕客不得，而仲仁犹危坐己室。乃召与之谈，属令起草，则对坐疾书，十余稿立就，人夸为枚皋。自是常参机密，得兼署同河防知……"②

当时，袁世凯幕府中的文案幕僚还有阮忠枢、沈祖宪、于式枚、傅增湘、杨士琦等多人，张一麐资历最浅，但因为文笔老到且奉职最为谨慎，十分得袁世凯之欢心，在袁幕中大有后来居上之势。

张一麐以袁之文案幕僚兼署同知，承担了审案的任务。有一次，衙役送来一名小偷，小偷自称为饥寒所迫，不得已而做此见不得人的勾当。审案的张一

---

① 张一麐：《古红梅阁笔记》附录，上海书店出版社 1998 年版，第 62—63 页。
② 张一麐：《古红梅阁笔记》附录，上海书店出版社 1998 年版，第 90 页。

麐听后立即动了恻隐之心，不仅没有判这名小偷的罪，反而拿出数块银元送给这名小偷，让他去做小本买卖维持一家人的生计。但没有多少时间，这名小偷又因偷窃罪被抓了起来，送到了张一麐的跟前。张一麐很生气，问他何不去做生意，故意重犯偷盗案，小偷答称自己做生意时已经血本无归，借贷无门，不得已而为之。张一麐信以为真，认为情有可原，薄责后仍予以银圆数块，作为他生意的本金。但过了几日，小偷又因犯窃案拘至，俯首无言以对，张一麐命衙役将这个小偷送狱。不料这名小偷忽然号啕大哭喊起母亲来。张一麐复问为何大哭，小偷回答："小人死不足惜，家有老母，年逾七十。小人一日不在家，母必挨饿，是以哭耳。"事情为住在后堂的张一麐之母吴老太夫人所闻，呼儿子进，命加倍给金将这名小偷释放。这名小偷后来果然改邪归正，自食其力。张一麐母子"三放小偷"，在天津流传开来，成为一则佳话。

1907年9月4日，袁世凯调任外务部尚书、军机大臣，张一麐亦随袁世凯进京。这时，袁的许多文案幕僚均已出幕，袁身边只剩下张一麐等少数几个。袁"更倚重仲仁，批拟多出其手"。① 但好景不长，袁世凯在其后台慈禧太后去世后不久，即被摄政王开缺回籍，袁世凯狼狈地携带家眷返回河南彰德北门外洹上村。树倒猢狲散！袁世凯一垮台，他的幕僚班子人马也就不得不各自寻找出路。

张一麐返回江苏吴县乡里后，准备为乡里做些实事，与乡人蒋懋昭、孔昭晋、冯守元等谋划建立图书馆、公园等，但未及实行，浙江巡抚增韫即来函拟聘张一麐为他的总文案，张一麐与增韫系北洋旧交，彼此知根知底，增韫屡电促驾，并奏请朝廷以知府候补。张一麐到杭州后，增韫即委他为浙江巡抚公署总文案兼自治筹备处会办，"倚之若左右手"。② 两年后，张一麐又转入江苏巡抚程德全幕府中。

① 张一澧：《张一麐生平》，张一麐著《古红梅阁笔记》，第89页。
② 张一澧：《张一麐生平》，张一麐著《古红梅阁笔记》，第91页。

　　不久，辛亥武昌起义爆发，全国震动，江苏巡抚程德全是晚清的一名开明官僚，他眼看清朝大势已去，也就顺水推舟，接受张一麐、沈恩孚、潘祖谦等江苏绅士的劝告，于宣统三年九月十五日（1911 年 11 月 5 日）宣布江苏独立，程德全由清朝的江苏巡抚摇身一变为中华民国的江苏都督，有人说："苏州光复时，没有丝毫变动，仅用竹挑去了抚衙大堂屋上的几片檐瓦，以示革命必须破坏云。"① 张一麐以程德全幕僚的身份参与了苏州光复，并推荐蒋懋昭为巡警总监，推荐其堂弟张一爵为承宣厅等，官僚和绅士牢牢控制了光复后苏州的局势。

　　袁世凯借辛亥革命之机东山再起后，张一麐立即打电报给旧幕主，要袁世凯利用这个机会取清朝而代之。袁世凯权衡利弊后没有采纳。

　　窃取辛亥革命胜利果实后，袁的旧幕僚咸作攀龙附凤之想，纷纷聚集到袁的周围，独张一麐没有主动前往投靠，袁世凯以为贤，遂连电促张一麐北上重返幕府。

　　张一麐北上后，时总统府秘书长为梁士诒，袁任命张一麐为总统府秘书厅秘书，归梁士诒领导，但袁将机要大都派张一麐去办理。不久，又在秘书厅下成立机要局，委张为机要局局长。至此，张一麐已成为袁世凯的首席文案幕僚。

　　筹安会出笼后，老名士汪凤瀛怀揣批驳筹安会的《致筹安会与杨度论国体书》来找张一麐，命张转呈袁世凯。张接过文章后，笑着对汪说："公不畏患耶？"汪回答："余作此文，而预备至军政执法处矣！"② 张一麐认为老辈正言可谓，余欣然代呈。

　　之后，张一麐亦请病假一天，在寓所草拟密呈，极力劝阻袁世凯称帝，文中有"称帝王者万世之业，而秦不再传；颂功德者四十万人，而汉能复活"

①　钱伟卿：《说程德全二三事》，《辛亥革命江苏地区史料》，第 125 页。

②　刘成禺、张伯驹：《洪宪纪事诗三种》，第 87 页。

等语。张一麐的劝谏书呈上袁后，袁的回答却是"已有不得不牺牲子孙"云云，显然，袁世凯利令智昏，已经听不进任何逆耳忠言了。

张一麐垂涕而道："君主之制既革，民主之兴未久，不宜改弦易辙。倘果犯天下之不韪，群必起而击之矣，吾未见其可也。"世凯闻之默然。帝制派群起向袁进谗言："不诛少正卯，何以平众愤？"袁世凯笑答："一麐罪不至此，讵忍害焉？"[①] 政事堂会议讨论筹备大典，张一麐又起立发言力斥帝制之非。结果遭到帝制派的敌视，有武将举枪怒视张一麐，国务卿徐世昌害怕张一麐吃亏，连忙起立牵张之衣角说："仲仁随我来。"才平息了冲突。张一麐力谏帝制不果，便辞去了机要局局长，但袁仍认为张一麐忠诚可嘉，于 1915 年 10 月 5 日任命张一麐为教育部总长，以示羁縻。一天，袁世凯将张一麐召到居仁堂，对他说："汤济武（汤化龙字）因制国歌与诸人意见相左，大闹脾气，辞职而去。今欲汝任教育部总长。"张一麐知道拥护帝制的人都不愿他再掌机密，张正好自得清闲，摆脱是非官场，立即满口答应。

徐世昌国务卿在挂冠引退之前，曾对上门来访的张一麐说："国事至此，危险殊甚。人皆以君为傻子，尚参最后再进一言乎？"张一麐答："诺"。次日，张一麐晋见袁世凯，将徐世昌之语转告后，再次痛陈利害。袁止之道："军人将不利于君，幸勿多言。"张一麐愤然顶撞说："如不能管束军人，假令受其拥戴，专横跋扈，为祸更烈。称帝者之结果可知矣，乌乎可？"[②] 语惊四座，同人皆服张有胆量，敢于这样顶撞袁世凯者尚不多见。

袁世凯称帝之日，先是接受文武大员朝贺，随后幕府班子人员在便殿向袁世凯行朝贺礼，各人都行九拜跪礼，唯有张一麐一人行九鞠躬礼，大有众人皆醉我独醒之嫌，诸人皆怒张一麐，有鲁莽者立即动手将张一麐强行压下，强行让他改行九拜跪礼，张一麐不能抗拒，唯有哀鸣垂泪而行。经此一幕闹

① 陈赣一：《睇向斋谈往》，上海书店出版社 1998 年版，第 149 页。
② 张名振：《仲仁先生之回忆》，张一麐著：《古红梅阁笔记》附录。

剧，可谓大煞风景。

云南护国军起义后，全国纷起响应讨袁。袁陷入众叛亲离的难堪局面，不得不于1916年3月21日召集徐世昌、段祺瑞、朱启钤、梁士诒等开紧急会议，决定立即撤销帝制。3月22日，袁世凯将张一麐招来，对他说："予昏愦，不能听汝之言，以至于此。今日之令，非汝作不可。"袁稍后又补充说："吾意宜经径令取消，并将推戴书焚毁。"张一麐当场为袁开脱说："此事为小人蒙蔽。"袁说："此是余自己不好，不能咎人。"①

张一麐受命后很快拟好了撤销帝制令，经阮忠枢及袁世凯修改定稿后②，于3月22日，由袁世凯以"总统"申令的形式发布，申令全文转录如下，以见张一麐这位著名文案的文风：

政事堂奉申令，民国肇建，变故纷乘，薄德如予，躬膺艰巨，忧国之士，怵于祸至之无日，多主恢复帝制，以绝争端而策久安。癸丑以来，言不绝耳。予屡加呵斥，至为严峻。自上年时异势殊，几不可遏，佥谓中国国体，非实行君主立宪，决不足以图存，傥有墨、葡之争，必为越、缅之续，遂有多数人主张恢复帝制，言之成理，将吏士庶，同此悃忱，文电纷陈，迫切呼吁。予以原有之地位，应有维持国体之责，一再宣言，人不之谅。嗣经代行立法院议定，由国民代表大会解决国体，各省区国民代表，一致赞成君主立宪，并合词推戴。中国主权，本于国民全体，既经国民代表大会全体表决，予更无讨论之余地，然终以骤跻大位，背弃誓词，道德信义，无以自解，掬诚辞让，以表素怀。乃该院坚谓元首誓词根于地位，当随民意为从违，责备弥严，已至无可诿避。始

---

① 刘成禺、张伯驹著：《洪宪纪事诗三种》，上海古籍出版社1983年版，第89页。

② 阮忠枢曾对人说："撤销帝制令，系张一麐起草，原稿关于府主（指袁）自身，通篇皆称'予'，并无'大总统'字样，经余等（忠枢自谓）修改无数次后，府主又将罪责帝制派人语句削去，并于令文末尾，自加'本大总统本有统治全国之责'云云。"见张国淦著《北洋述闻》，第69—70页。

以筹备为词，藉塞众望，并未实行。及滇黔变故，明令决计从缓，凡劝进之文，均不许呈递，旋即提前召集立法院，以期早日开会，征求意见，以俟转环。予忧患余生，无心问世，遁迹洹上，理乱不知。辛亥事起，谬为众论所推，勉出维持，力支危局，但知救国，不知其他。中国数千年来，史册所载，帝王子孙之祸，历历可征，予独何心，贪恋高位，乃国民代表既不谅其辞让之诚，而一部分之人心，又疑为权力思想，性情隔阂，酿为厉阶，诚不足以感人，明不足以烛物。予实不德，于人何尤。苦我生灵，劳我将士，以致群情惶惑，商业凋零。抚衷内省，良用瞿然。屈己从人，予何惜焉。代行立法院转陈推戴事件，予仍认为不合事宜，著将上年十二月十一日承认帝位之案，即行撤销，由政事堂将各省区推戴书一律发还参政院代行立法院，转为销毁。所有筹备事宜，立即停止。庶希古人罪己之诚，以洽上天好生之德，洗心涤虑，息事宁人。盖在主张帝制者，本图巩固国基，然爱国非其道，转足以害国；其反对帝制者，亦为发抒政见，然断不至矫枉过正，危及国家。务各激发天良，捐除意见，同心协力，共济时艰，使我神州华裔，免同室操戈之祸、化乖戾为祥和。总之，万方有罪，在予一人。今承认之案，业已撤销，如有扰乱地方，自贻口实，则祸福皆由自召。本大总统本有统治全国之责，亦不能坐视沦胥而不顾也。方今闾阎困苦，纲纪凌夷，吏治不修，真才未进，言念及此，中夜以忧。长此因循，将何以为国？嗣后文武百官，务当痛除积习，黾尽图功，凡应兴应革诸大端，各尽职守，实力进行，毋托空言，毋存私见。予唯以综核名实，信赏必罚，为制治之大纲，我将吏军民尚其共体兹意。此令。

　　这篇"申令"是一篇颠倒是非的"杰作"。袁世凯在"万方有罪，在予一人"的空话下，把自己复辟帝制的罪责推脱得一干二净，好像帝制完全与他无关，他是"被迫"接受帝制的，他的过错就在于没有坚决拒绝他人的推戴。并反咬一口，要反对帝制者"激发天良"，不要"同室操戈"，"危及国家"，企图转移视线，让人民放下武器。再次，在这篇"申令"中，袁摇身一变，由"洪宪皇帝"又自封为"本大总统"，扬言要继续统治全国人民，如果谁敢继续反对他，他"亦不能坐视沦胥而不顾也"，再次露出了威胁的牙齿。这篇"申令"是刀笔吏巧言诡辩的一个标本，值得一读。

袁世凯自取消帝制后，与张一麐倒亲近起来。有一天，袁三次召见，但所谈并非军机大事，而是看破红尘后的知心话，袁把张看成可以倾诉的知己。有一次，袁世凯大发感慨地说："吾今日始知淡于功名、富贵、官爵、利禄者，乃真国士也。仲仁在予幕数十年，未尝有一字要求官阶俸给，严范孙（严修）与我交数十年，亦未尝言及官阶升迁，二人皆苦口阻止帝制，有国士在前，而不能听从其谏劝，吾甚耻之。今事已至此，彼推戴者，真有救国之怀抱乎？前日推戴，今日反对者，比比皆是。梁燕孙（梁士诒）原不赞成，今日劝予决不可取消，谓取消则日望封爵封官者皆解体，谁与共最后之事，尚不至首鼠两端。彼极力推戴，今乃劝我取消，更卑卑不足道矣。总之，我历事时多，读书时少，咎由自取，不必怨人，只能与仲仁谈耳。误我事小，误国事大，当国者可不惧哉！"①

这真是人之将死，其言也善。张一麐认为袁世凯能出此言，毕竟还是英雄本色。

张一麐等不管如何为主子袁世凯巧言辩护，也都挽救不了袁世凯失败的命运。6月6日，袁世凯在举国讨伐声中绝望地死去。张一麐感于府主的知遇之恩，大哭一场②，从而结束了与袁世凯十几年的宾主关系。

晚年的张一麐在《五十年来国事丛谈》中说："以余与项城而论，素无纤芥之缘，唯以特科发往直隶为候补知县，值直省举行新政，在幕府八年，幸见信任，然洪宪之役几不免于媒孽。甚矣，忠言之逆耳也！夫个人之毁誉本无容心，生死祸福尤置之度外，唯坐视民国以来军政、财政无不为生民之祸

---

① 刘成禺、张伯驹：《洪宪纪事诗三种》，第 90 页。

② 张一澧撰《张一麐生平》："殁之日，仲仁哭之恸，盖袁固仲仁知己。无袁，仲仁且不能享此大名也。"

而力不足以救之，天耶？人耶？虽然，古人以成败利钝归诸运命，如洪宪之事，迟至民国六年必可不作，何也？德皇被逐矣，俄皇被杀矣，皇帝梦必不作矣！相隔几何时，帝国日少，民国日多，德谟克拉西之声浪日高，迪克推多之恶魔将绝，政治也，经济也，世界重心方集中于美洲矣。然则十年来之痛史，虽曰人事，岂非众生业力应有此魔蝎临宫哉？不自我先，不自我后，诗人代言之矣。"[①]

袁世凯死后，冯国璋被推举为副总统兼领江苏督军，聘张一麐为其秘书长。

1917 年 7 月，冯国璋出任代理大总统，张一麐亦水涨船高，随冯进京出任总统府秘书长。冯国璋与段祺瑞钩心斗角，张一麐以总统府秘书长资格调停其间。1918 年 6 月 14 日，张一麐代表冯国璋与各部总长赴河南彰德为袁世凯举行祭礼。1918 年 10 月，冯国璋辞去代理大总统，张一麐亦去职，由新任大总统徐世昌聘为高等政治顾问。

徐下台后，张一麐返回故里，成为江苏活跃的一个名流绅士，参与了许多政治活动。1932 年上海"一二·八"抗日发生后，张一麐参与了抗日救亡之运动，他对南京国民政府的妥协退让政策不满，并倡议组织"老子军"以振作风气。宣言中有"老而不死是为贼，老而敢死是为精"之类的名句，闻者骇然。1937 年全面抗战爆发后，张一麐以高龄连续三届担任国民参政会参政员。在全体参政员中，张一麐年龄最大，非病不缺席，每次代表参政员致辞时均发为直言，切中时弊，不偏不激，使闻者为之动容。

1943 年 10 月 24 日，张一麐病逝于重庆，享年 77 岁。

第三节　"洪宪"新宠夏寿田

洪宪帝制时代，最受袁世凯宠信的机要文案幕僚当数内史夏寿田。

---

① 张一麐：《古红梅阁笔记》，第 60 页。

夏寿田（1870—1935），字耕夫，号午诒，湖南桂阳人。1914年夏充约法会议议员时所填的履历表注明年龄为45岁。据此推算，夏寿田生于清朝同治八年（1869）左右。

夏寿田年轻时与杨度一同从王闿运学"帝王之学"。王闿运培养的这两个弟子后成为促成洪宪帝制的罪魁。王闿运迷恋帝王之学，时常向他的学生灌输古代策士们的纵横捭阖的思想，说他们是怎样找到一位"明主"，怎样去辅导他，为他奠基立业，助他成帝成王。

1898年，夏寿田考中戊戌科榜眼（一甲第二名），分发翰林院任编修，而与他一同进京赴考的杨度则名落孙山。

1900年，八国联军入侵北京，慈禧太后挟持光绪皇帝仓皇西逃后，杨度曾有《重送夏大（夏寿田）之行在所》之作：

少年怀一刺，邀游向京邑。朱门招致不肯临，海内贤豪尽相识。与君邂近初一见，沥胆相见无所变。玉辔同行踏落花，琼筵醉舞惊栖燕。金貂换酒不自惜，玉管银箫咨荒宴。征歌夜饮石头坊，对策晨趋保和殿。看君已入金马门，顾我怀珠空自珍。相如作赋谁能荐，贾谊成书未肯陈。人生得失岂足论，且倾绿酒娱清辰。闲向陶然亭畔立，西山日暮风萧飒。倦鸟低随木叶飞，夕阳深被青云合。偶然一啸当空发，万里孤鸿应声泣。山川萧条不称情，长狭归来事蓑笠。著书欲学于陵子，耕田且效陶彭泽。遥传别后相思句，廓落天涯梦魂接。云散风流不自持，金樽共醉未有期。陶公台畔忽相遇，举目河山非昔时。即今夷歌满京阙，歌声唱起西山月。御沟杨血染红，烽火青青焚白骨。金城玉阙一旦倾，珠帘翠帐无人声。乘舆仓皇西山征，关中父老来相迎。舆前悠悠建双旌，上图天上凤凰鸟，云间子母相悲鸣。君今向何方？西游见天子。问我东山高卧时，苍生扰乱应思起。桥边石，感人深，送君去，为君吟。西行若过商山下，为问园公是底心。

夏寿田出翰林院后做过刑部员外郎的小京官，十分不得志，与杨度同游陶然亭时曾赋诗云："废苑菰蒲风又雨，作得秋声不了了。"可见因为仕途不顺，情绪低落颓废。

夏寿田后来为已经革职的直隶总督端方所罗致，当清廷起用端方为督办川汉、粤汉铁路大臣时，夏寿田成为端方的幕僚。辛亥革命爆发后，夏寿田随端方入川镇压四川保路运动。结果，端方在四川为起义军所杀，夏寿田失去了主子，感到失落和悲哀，特赋《西州引》一首：

上将星沉，戟门鼓绝，大旗落日犹明。听寒潮万叠，打一片空城。七十日河山涕泪，霜髯玉节，顿隔平生。剩南鸟绕树，惊回画角残声。

伏波马革，更休悲蝼蚁长鲸。料鱼复江流，瞿塘石转，此恨难平。惆怅江潭种柳，西风外，一碧无情。只羊昙老泪，西州门外还倾。

后在北京，夏又赋《古槐》一首：

古槐疏冷门前路，山河暗感离索。几回醉舞，黄花烂漫，半颓巾角。风怀不恶，况人世功名早薄。甚青山不同白发，此恨付冥漠。

三峡啼猿急，一夕魂消，驿庭花落。梦归化鹤，忍重见人民城郭。树乌嘶风，似当日龙媒系著。恨侯嬴不共属镂，负素约。

夏的父亲于清末曾任江西巡抚，与袁世凯算是旧交。1911 年，夏寿田与端方的另一名秘书随端方到河南彰德拜谒袁世凯。袁世凯极看重夏寿田的科举功名（榜眼），并因其为故人之子，颇赏识之。袁世凯窃取中华民国临时大总统后，即向人询问夏寿田在何处。

1913 年，杨度将夏寿田介绍给袁世凯。夏寿田进袁世凯幕府后，曾以后辈礼参谒袁的军师徐世昌，徐世昌一见即认为夏为"一绝好幕僚"。

　　名记者陶隐菊所著《政海轶闻》一书说："夏寿田系陕抚夏时之嗣，少年掇高第，杨度为之推毂，治事勤敏，袁颇礼重之。袁昧爽即兴，盥洗栉竟，往签押房披阅案牍，习以为常。阮（忠枢）有烟霞癖，起床晏；张（一麐）兼绾（机要局）局务，亦未能如时入。夏乃独任其劳，鸡鸣即至，未尝后时。袁浏览绝疾，且阅且批，某也交政事堂，某也交军事统率办事处，某也交内史，批讫，纳之大红封套中，分发各处。其要件须作答或指示办法者，袁氏喃喃作语，夏则据案角振笔疾书，俄顷立就，殊惬袁意。……夏以新进，与袁不跬步离，近水楼台，得月宜早。尊如阮忠枢，亲如张一麐，外而政事堂，内而机要局，所得个中蕴秘，皆瞠乎其后，岂唯瞠乎其后而已，有留中未发者，且须就询于夏焉。夏权责日高，嫉之者亦日众，而袁氏真意所在，他人莫测高深者，夏独能心领神会，如见肺腑。杨（度）有荐贤之谊，夏感推毂之劳，故夏之所知者，杨亦能知之，而霹雳一声之君宪论，于是乎作矣。"①

　　夏寿田成为袁氏新宠，甚至连国务卿徐世昌也十分嫉妒。徐世昌名为"相国"，但实权有限，对夏寿田之受宠十分不是滋味，有时有人向徐世昌问时事，徐动辄回答："君胡不询之夏内史？"

　　夏寿田与杨度传承王闿运的"帝王之学"，今受到袁世凯的宠信，自然也就把袁当成了"明主"，怂恿袁称帝大概是免不了的。据说，袁世凯的"财神"周学熙在洪宪帝制发动之初曾经密呈袁世凯，内有"开国承家，小人勿用"之事。周学熙密呈中的所谓"小人"即指夏寿田。

　　关于洪宪帝制的发动，夏寿田知之最详，后来他对张国淦有如下的陈述："国会解散，宪法起草停止，乃以约法会议产生新约法，规定大总统任期十年，又推荐继任三人，藏之金匮，着着逼紧，我辈早已嘿窥意旨。在项城口头不露帝制二字，只说共和办不下去而已；我辈日夕在左右，始而从旁敲击，

———————
① 陶隐菊：《政海轶闻》，上海书店出版社1998年版，第2—3页。

继而直捣中坚。项城初尚装门面，渐渐亦说非帝制不可，最后说，'你们斟酌去办'。其时北洋军人方面，唯段芝贵、雷震春、张镇芳、袁乃宽等；幕府方面，唯杨士琦与余（夏自谓）二人，不过数人得真知其全部秘密（曹汝霖因外交关系，此时尚只在段芝贵处，隐约得知一二）。在民国三年下半年，我辈已由言论而进入实际阶段，不意四年一月十八日，日本公使日置益谒项城，提出要求二十一条。日置益辞出后，项城极愤怒，当即疾声令余，所有关于帝制之事一概停止，'我要做皇帝，也不做日本的皇帝。'（夏并言：'此段外间绝不知道。'）于是一方面我辈便将关于帝制之事一概停止，一方面项城即以全副精神对付外交。结果，日本第五款撤回，于五月二十一日'二十一条'签字。项城本人并不作为外交上胜利，但觉此后一切一切，彼方不致再有问题耳。故又令我辈继续从前工作，并加推进，以预备由秘密而公开之阶段。"①

在帝制酝酿阶段，杨度本不与闻其事。夏寿田与杨度既是同门弟子，又是姻亲，两人关系非同一般，常有往还，夏寿田有时以帝制内幕择其可告者透露给杨度。杨静极思动，立即撰写《君宪救国论》，由夏寿田转呈袁世凯。其时，夏寿田等计议，拟从联络新闻界及旧议员之手，为帝制作舆论宣传，并已征得徐佛苏、黄远庸、薛大可、丁世峄、蓝公武等人的同意，作半公开式之组合，以便帝制发动时在言论方面先得响应，即进而作第二步、第三步，袁世凯极以为然。正在进行之中，杨度略有所闻，即抢先一步，公开纠合六君子搞起了"筹安会"。其实，筹安会始终只能作表面文章，而真正能够参与机密的则是夏寿田与杨士琦以及段芝贵、朱启钤、张镇芳、雷震春、袁乃宽等"洪宪七凶"。而尤以夏寿田天天在袁身边，参与的机密更多，红极一时。徐世昌说："帝制揭晓，夏参与机要，其气焰已不可一世。夏为内史，而内史长阮忠枢及北洋幕中旧人均为之下。统率办事处唐在礼言：滇军进川，

---

① 张国淦：《北洋述闻》，第200—201页。

所有川西叙、泸一带，何地能攻、何地能守，夏撷拾往日陈迹，为之指画。项城亦常将彼之条陈交由统率处电致前方，其所指陈极为可笑。项城对统率处人言，夏娴韬略，即老军事家亦不能及。不解项城何以见信如此！"①

洪宪帝制失败后，夏寿田即被作为帝制祸首之一遭到通缉。夏寿田总算是一条汉子，他没有推诿自己的责任，"自认为参加最力者"②。

夏寿田在通缉令下达前已逃到天津租界隐居。在取消通缉后，曾应聘担任直系军阀首领曹锟的高等顾问。曹锟失势后，夏寿田定居上海，参禅悟道，潜心向佛，自号畸道人，直心居士。夏寿田诗词书法俱佳，尤以书法见长，篆书、正楷最得心应手，书风宽朗凝重。他还擅长篆刻。1935 年，夏寿田在上海去世。

---

① 张国淦：《北洋述闻》，第 79 页。
② 张国淦：《北洋述闻》，第 79 页。

第七章　筹安会"六君子"

第一节　"帝王师"杨度

杨度前半生痴迷于君主立宪，反对共和立宪，反对辛亥革命以后建立起来的中华民国。他心目中的明君就是一代枭雄袁世凯，他发起成立"筹安会"，为袁世凯称帝摇旗呐喊。

从王闿运学得"帝王学"

杨度，字皙子，湖南湘潭县人，生于清朝同治十三年十二月初八日（1875 年 1 月 15 日）。杨度的祖父杨礼堂是曾国藩湘军的一名武将，战死在疆场，清廷就让杨度的伯父杨瑞生荫袭官职。杨瑞生后任直隶朝阳镇总兵。杨度的父亲杨懿生自小身体羸弱，杨瑞生为弟弟捐了个候补知县，杨懿生到曾国荃的幕府做了一段时间的文书，但因为身体羸弱，且嗜酒，后因饮酒过多而引起吐血，抱病还乡，不久就一病不起，死时不足 30 岁。杨懿生生子女 3 人，即杨度、杨庄、杨钧。杨懿生死后，杨度三兄妹及其寡母的生活完全由其伯父杨瑞生接济。杨度 6 岁入私塾读书，1894 年中举人，次年参加会试时落榜。秋末，他返回湘潭，师从王闿运。王闿运是湖南湘潭人，著名学者，他精通经史，博学多才，尤谙"帝王之学"。杨度师事王闿运七年，"学剑学书相杂半"，自称独得王的帝王之学。所谓帝王之学，其实就是古代策士们的纵横捭阖之术，即物色一个能担当非常之任的人，辅佐他立非常之功，成就帝王之业。策士们凭三寸不烂之舌，以布衣而致卿相。杨度后来物色到的非常之人即是一代枭雄袁世凯，这就是后来杨度发起筹安会鼓吹袁世凯称帝的思想根源。

王闿运一生洒脱不羁,我行我素,从不计较别人的看法。这位大儒的穿着打扮也十分独特,他身穿对襟马褂,开气袍子,马蹄袖子,腰间系有绣花荷包一只,脑后垂一条用红绒线扎成的小辫子,足登红缎鞋子,单凭这身五颜六色的衣着打扮,已足以令人窃笑不止。更加让人不可思议的是,王闿运出门时,他身后总是跟着一个步履蹒跚的老妇,亦步亦趋,招摇过市之处,路人总是在他们背后指指点点,称老妇为王的上炕老妈子,但王对此怡然自若,不加计较。

王闿运的这种洒脱不羁、我行我素的个性也传给了弟子杨度。杨本翩翩年少,风流自赏,自视甚高,有狂士之风。

1902年春,杨度赴日本留学,入东京弘文师范学校,在日本发起创办《游学译编》,这是中国留日学生团体在日本创办的第一份刊物。杨度为该刊写的发刊词,主张中国“乘此迎新去旧之时,而善用老大与幼稚,则一变而为地球上最少年之一国”。同年底,杨度自日本回国。次年夏,赴北京参加经济特科考试,列一等第二名,第一名是梁士诒。慈禧太后在召见军机大臣瞿鸿禨时,询问他对这次经济特科录取的人才有何看法。瞿鸿禨与这次特科考试的主考官不和,就向慈禧太后进谗言,称这次录取的多是康梁余党或革命党的同路人。慈禧闻此大怒,下令撤换主考官员,举行复试。在复试中,杨度和梁士诒均落选。不久,又闻慈禧有拿办党人的口谕,杨度感到形势不妙,急忙逃离北京,第二次赴日本留学。

杨在日本逗留不到半年仍回上海。在这里他创作了十分豪迈的长篇诗歌——《湖南少年歌》,其中有不少朗朗上口的名句:“中国如今是希腊,湖南当作斯巴达;中国将为德意志,湖南当作普鲁士。诸君诸君慎如此,莫言事急空流涕。若道中华国果亡,除非湖南人尽死。尽掷头颅不足痛,丝毫权利不休取。”[1]

---

① 杨度:《旷代逸才》,东方出版社1998年版,第21页。

1904 年底，杨度第三次赴日本。杨度身材并不高大，但口才好，一言既出，四座生风，加之人很热情，故在中国留学生中非常活跃，交游广泛。他的寓所有"湖南会馆"和"留日学生俱乐部"之称，曾一度当选为中国留日学生总会馆干事长。

中国同盟会在日本成立时，孙中山曾亲访杨度，劝其加入同盟会。杨度主张君主立宪，而孙中山主张共和立宪，因宗旨不同，杨度拒绝加入同盟会。其后杨度又到横滨拜会孙中山，两人"辩论终日"。杨度最后说："吾主张君主立宪，吾事成，愿先生助我。先生号召民族革命，先生成，度当尽弃其主张，以助先生。努力国事，斯在后日，勿相妨也。"①

1906 年 9 月 1 日，清廷宣布"仿行宪政"。梁启超想利用杨度在留日学生中的声势组织宪政党，梁并一再致函其师康有为，赞扬杨度之才学似谭嗣同，应以国士待之。新政党组成，拟推举他担任干事长主持一切。但后来梁启超考虑到杨度野心太大，放弃了与杨度合作组党的想法。1907 年 1 月，杨度在东京创办《中国新报》，自任总编辑，在报上连载其 14 万字的《金铁主义》。所谓金铁主义，即世界的国家主义与经济的军国主义，对内以工商立国，扩张民权，使人民有自由；对外以军事立国，巩固国权，建立有责任的政府。也就是实行君主立宪，三权分立，建立责任内阁制。这些主张与康梁为首的保皇派有异曲同工之效，在发表后遭到革命派的猛烈抨击。随后，杨度又组织政俗调查会，自任会长。次年改名宪政讲习会。后又更名"宪政公会"，杨自任常务委员。

投入袁世凯幕府

1907 年秋，杨度的伯父杨瑞生在朝阳镇总兵任上病死，杨度闻讯回国奔丧。1908 年 3 月，杨度前往北京成立宪政公会本部。该会因为得到清廷军机大臣兼外务部尚书袁世凯的支持，显得很有生气。杨度大张旗鼓鼓吹召

---

① 刘晴波编：《杨度集》，湖南人民出版社 1986 年版，第 190 页。

开国会，并以此达到君主立宪的目的。4月20日，军机大臣张之洞与袁世凯联名奏保杨度"精通宪法，才堪大用"。清廷于当日颁布上谕："候选郎中杨度著以四品京堂候补，在宪政编查馆行走。"

这里有必要交代一下杨度与袁世凯的渊源。杨度第一次留学日本在弘文速成师范学校学习时，弘文学校校长嘉纳治五郎在对中国留日学生演讲中极力推崇袁世凯，说他有治世之才能，完全可以继李鸿章之后担当重任。满脑子帝王之学的杨度听了后对袁世凯有了好感。而袁世凯也标榜开明，时刻关注新派人才，对杨度的君主立宪言论也留下了深刻印象，袁在天津创办"宪法研究所"时，即函聘杨度为顾问。[1]清廷成立"宪政编查馆"后，袁世凯即与张之洞联名奏保杨度入该馆。

同年6月8日，袁世凯在外务部召集会议，讨论开设国会的利弊问题。由杨度为王公贵族、朝廷大臣作演讲。杨度声称"政府如不允许开设民选议院，则不能为利禄羁縻，仍当出京运动各省人民专办要求开设民选议院之事，生死祸福皆所不计。即以此拿交法部，仍当主持到底。"杨度并当场回答了朝廷大员的质询数十条，演说历时四五个小时之久。[2]后来有人对杨度说："你真是好大的胆子！不怕说错了话，要遭杀头的罪呢！"杨度报以一笑。这时，杨度一面在宪政编查馆参与拟订预备立宪的有关章程法规，一面参与民选议院请愿运动，成为预备立宪运动中的活跃分子。

1909年1月2日，袁世凯被开缺回籍。当袁离开北京时，只有杨度、宝熙、严修等三四个人到东站送行，场面显得十分冷清。袁世凯被开缺，杨度失去后台，行影孤立。为了自保，杨度转而投靠清廷。7月24日，杨度向朝廷上了一个《宪政实行宜定宗旨敬陈管见折》，为朝廷出谋划策。1911年5月，以奕劻为总理大臣的内阁成立，杨度被任命为这个内阁的统计局局

---

[1]　杨云慧：《从保皇派到秘密党员——回忆我的父亲杨度》，上海文化出版社1987年版，第32—33页。

[2]　丘桑主编：《民国奇人奇文系列·杨度卷》，第366页。

长。奕劻内阁因为满族和皇族成员占了绝大多数，被称为皇族内阁，名声极坏。杨度心安理得做了这个内阁的局长，表明他已经成为朝廷信任的一员。

在袁世凯被开缺后，一般趋炎附势的人，甚至袁的一些亲信都为了避嫌而不敢与袁往来，但杨度预料袁必有东山再起之日，趁机大烧冷灶，他风尘仆仆地往来于北京与河南彰德之间，为袁世凯通风报信，更加得到袁的信任。

1910 年 10 月 3 日，资政院开院。次日，清廷宣布将原定九年预备立宪期限缩短为五年，提前于宣统五年召开国会。杨度奏请立即召开国会，清廷不同意，将其折留中不发。当资政院审议《新刑律》时，杨度以资政院议员身份到院发表《论国家主义与家族主义之区别》的演说，肯定《新刑律》以国家主义作为精神，基本方向正确。杨度与江苏的雷奋、孟昭常在资政院就《新刑律草案》展开辩论，滔滔若决江河。

12 月下旬，杨度专折入奏，请求特赦梁启超，折中有："唯以启超学识渊邃，冠绝等伦，方今筹备宪政之初，正为起用人才之日，与其赦罪于后，何若用材于先？"① 杨度的名声因之大躁。

1911 年 1 月上旬，顽固派御史胡思敬就杨度请求特赦梁启超一事弹劾杨度："候补四品京堂杨度，留学东洋，首倡革命，造言惑众，形同会匪，所作逆书甚多，业经传播，确实可据者如《湖南歌》……该逆员取洪秀全与曾国藩并论曲直，已属丧心病狂。又呼发匪为同胞，呼本朝为胡满，为辫奴，为印度酋，天下臣子所不闻者，竟敢形之歌咏，传播四乡，狂吠无知，令人发指。该逆与嘉纳氏笔谈，又著有《支那教育问题》篇，其词云：'支那为满洲臣仆之故，几为各国臣仆之臣仆；以奉满洲主人之故，几以各国为主人之主人。'刊入壬寅冬季《新民丛刊》十二号'余录'内，亦人人得而见之。我祖宗德泽在人，讴歌未泯，该逆员世被涵濡，胆敢造作逆词，指斥先皇帝

---

① 丘桑主编：《民国奇人奇文系列·杨度卷》，第 256 页。

为满洲主人，显露不甘为臣仆之意。昔明末牛金星以举人叛从李闯，该逆员以举人倡言革命，情事相同，罪实倍之。去岁既受京职，充宪政馆总核，仍与海外奸党暗通消息，以东洋秘密宗旨，搀入宪政章程，又以内廷机要，输之报馆，在外则为匪首，在内则为奸细。众论汹汹。资政院成立，势益凶横，勾结同乡议员易宗夔、罗杰等，破坏伦常，把持朝局，其演说新刑律，谓古所谓孝子忠臣，即今之贪官污吏。闻张鸣岐外任两广，即央人要索干修，许侦探内廷消息。又与康密为往返，其谋甚密。近复力保梁启超，将留中密折，自行宣泄，刊入《救国日报》，借资鼓煽。梁启超既用，则康有为必返，人情汹汹，谓三凶合谋，祸且不测。……今日威权犹在，政柄未移，一无拳无勇之奸徒，有确凿可任之罪证，尚隐忍代讳，不肯一震天威，异时新内阁成立，君主不负责任，我皇上深闭九重，我监国摄政王逼处于进退两难之地，虽欲进一言以报陛下其可得耶？"

　　清廷仍然没有理会胡思敬的弹劾。1911 年 6 月 23 日，杨度被授为奕劻内阁的统计局局长。

为袁世凯窃夺辛亥革命果实而奔走

　　辛亥武昌起义爆发后，清廷在不得已的情况下决定起用袁世凯。内阁总理大臣奕劻知道杨度与袁世凯的关系，先后派徐世昌、阮忠枢、杨度等南下彰德劝驾。杨度到彰德后，对袁世凯说清朝已经没有希望，即使将革命党平定，亦不会有什么改变，劝袁不要应命。[①] 当然，在这个问题上，袁世凯这个一代枭雄自有他的主张，绝不会这么轻易出山的。于是袁乃以"足疾未愈"谢绝，实际上是向清廷讨价还价，索取更大的权力。直到清廷满足袁的全部要求后，袁才出山现世。11 月 16 日，袁世凯在北京就任内阁总理大臣，任命杨度为学部副大臣。

　　据知情人说："辛亥事起，项城到京任内阁总理，杨乘机常与项城谈论国

---

① 　王锡彤：《辛亥纪事》，《辛亥革命资料》，第 517 页。

事，鼓吹君宪，表面若维持旧主，实际则拥戴新主也。此时项城本以杨士琦为君主暗中主持者，但究系私人，又与民党素不接洽。于是利用杨之活动，杨即隐然自以为君宪代表。"①

11月15日，杨度与汪精卫在天津发起成立"国事共济会"，发表宣言，主张双方停战，召开临时国民会议，公决君主、民主问题。据说，国事共济会成立时，庆亲王奕劻赞助100万元现款，其意在让杨度等维持清廷。但杨度的真实意图是为袁世凯谋帝王宝座。但袁世凯要直接借辛亥革命之机取清室而代之，也面临着许多无以逾越的法律上和事实上的障碍，不得不退而求其次，先承认共和，取得总统宝座，再缓图其他。

11月17日，杨度又以国事共济会、君主立宪党领袖的名义上书资政院，建议南北双方停战，请旨召集临时国民议会，解决君主、民主问题。资政院旋于本月下旬三次集会讨论，但无结果。杨度于12月5日宣布解散国事共济会。民国成立而君主立宪主张失败，奕劻赞助的100万元巨款，杨度实得70万元，某某分得30万元，国事共济会无结果，杨度又无账目报奕劻，奕劻很不满，但袁世凯并不知道此事。②

杨度宣布解散国事共济会，即直接与南方革命党领袖黄兴电报联络，为袁世凯谋求总统地位。12月9日，黄兴电复汪精卫请转告杨度，如袁世凯能"迅速推倒满清政府"，则"中华民国大总统一位，断推举项城无疑"。杨度将黄兴的保证转告袁世凯后，袁世凯即派杨度为参赞，南下上海参与南北议和，利用他与革命党领导人孙中山、黄兴等人的私人关系秘密斡旋，为袁世凯窃取辛亥革命的果实而效劳。杨度的活动引起了南方革命阵营的注意。1912年1月3日，湖南国民协进会发表通电，指斥杨度"比附满酋，力请袁世凯出山"是"汉奸"，并宣布杨度的"死刑"。

---

① 张国淦：《北洋述闻》，第200页。

② 张国淦：《北洋述闻》，第200页。

1月25日，杨度又联合薛大可、刘鼒和陆鸿逵等北京新闻界人士和资政院的一些议员，在北京成立“共和促进会”，继续为袁世凯取得总统地位造势。

对于杨度时而君宪，时而共和，宗旨反复，严复对此极为不满，写了一封长信批评他：“皙子先生足下，愚住在沪上既知足下之名，而自东瀛归国者每诋足下，或以为利禄小人，或以为寡廉鲜耻，或以为天良丧尽。愚闻而讶之，以为此特悠谬无忌惮者之口耳，乌足以说我足下也。去岁资政院开，愚列席旁听，始识足下之面。聆其言，若明若昧，心乃滋疑。然犹以政府委员性质，固当如是为解。逮后观汪康年氏著论，内有斩杨度头与斩一驴头何异？愚乃大疑，以为汪氏固非轻诋人者，何斥绝于足下者之深也。呜呼！曾几何时，而武昌事起，而足下乃觍然为君主立宪党领袖。又曾几何时，而革命事成，足下又崭然为共和促进会领袖，足下真善变者矣。愚至是乃爽然矣，恍然悟，举向之疑者、讶者，廓除净尽，而方知所见者之过狭也。足下诚善变者哉。虽然，愚有不得不为足下告者，其人之所以异于禽兽者无他，谓其各有心理，各有宗旨，乃足以示别其他之动物耳。”①

“虽颇见器，而不甚得志”

袁世凯窃取辛亥革命果实，成为中华民国临时大总统。但杨度在民初的几年里并不得意，有人说杨度“入民国，为世凯幕僚，虽颇见器，而不甚得志”②。

作为君主立宪论的鼓吹者，杨度在中华民国已经成了不合时宜的人物，故袁世凯一时也不好重用他。1912年3月下旬，杨度离开北京赴青岛，暂时退隐，与在那里的逊清遗老交游。同年9月，黄兴应袁世凯之邀继孙中山之后来到北京与袁见面，杨度特从青岛赶来与黄兴会晤。黄兴在北京期

---

① 马勇整理：《严复未刊书信选》，《近代史资料》第104号。有人考证这是伪作。

② 徐一士：《凌霄一士随笔》（二），山西古籍出版社1997年版，第591页。

间，极力宣传他的政党内阁主张，并邀杨度加入国民党。但杨度不仅不同意加入国民党，且发表公开通电，要求国民党取消其政治纲领中的政党内阁主张。对杨度之举，舆论大为不解，敏感的记者黄远庸、张君劢等人却看出了杨度此举做秀的意义所在。他们说："杨子此电，一毛不拔，而有四大利益：其一，得令今日政界之中心大人物见之，得知皙子之忠于其主也如此；其二，令普天下众生见之，得知杨子之为重于国民党也如此；其三，若令国民党诸君握发吐哺，必欲杨子入毂，遂取消其唯一之政纲，于是杨子岂不堂堂乎大政党之党魁也欤哉？其四，究令国民党诸君之爱其政纲也，重于爱大政客，或遂唾骂之。而杨子之友亦以杨子为异，更大唾骂之，于是久冷之杨子，遂为天下舆论界之中心人物，岂不快哉？君劢者，好为冷静之研究者也，而为之附言曰：不然，杨子有此一电，乃真为旗帜鲜明之政客耳！杨子所揭之旗帜如何：（一）大权总统，（二）官僚内阁，（三）维持现状是也。于是，我佛合手而微笑曰：善哉善哉！中华民国万岁！杨子万岁！"①国民党没有采纳杨的要求，杨也就拒绝加入国民党。杨度还对黄兴说："你们哪一天放弃责任内阁制，我哪一天可以加入你们的党。"②杨度始终与袁世凯保持一致。

1913年1月12日，袁世凯授予杨度二等嘉禾章。

2月，袁世凯派杨度担任研究宪法委员会委员，后由该会公举为研究宪法委员会会长。该会是袁世凯非法成立的机构，目的是为了干涉国会的制宪工作。

9月，熊希龄奉袁世凯之命组阁。熊希龄与杨度是湖南同乡密友，在酝酿内阁成员名单时，熊希龄拟定由杨度为交通部总长，杨也表示非交通部不就。但交通部历来是梁士诒的禁脔，非交通系成员不得染指。梁士诒时为总

---

① 《黄远生遗著》卷四，第173页。

② 何汉文、杜迈之编著：《杨度传》，湖南人民出版社1979年版，第56页。

统府秘书长，天天在袁世凯身边，对于杨度安能有好语？杨度的交通部总长既为交通系所反对，袁世凯有意改任杨度为教育总长。一天，袁世凯召见杨度，对他说："学风浇漓，不时起伏，宜得通时达变者筦教育。予衡量久之，决以斯席畀吾子，教习学生多好辩，必辩才如子，始足胜任愉快。"

杨度却回答说："教育部长，闲曹也。吾愿帮忙不帮闲。"袁世凯听了冷笑一声后质问道："诚如子意，舍财、交两部，俱不值不顾矣！"杨度回答说："非此之谓也。报国之日方长，事公之年弥永，重在责任，羞为闲曹。"袁世凯这才转怒为嬉："子且俟之，予所望于学者无穷期也。"杨度退出后，袁世凯对杨士琦说："晳子不甘居人下，于是见之，予殊喜其才耳！"①

杨度不愿就教育部总长闲职，袁决定任命他为同成铁路督办，让他有油水可捞。但交通系绝对不容许杨度这个外来人插进来，他们将奕劻赞助100万元让杨度办国事共济会的经过，托孙宝琦致意于袁世凯，并且极言杨度操守太不可靠，袁听说后对杨度的信任也就打了折扣。

11月26日，袁世凯任命杨度为政治会议议员。

12月24日，袁又任命杨度为汉口建筑商场事宜督办。至此，杨度总算有了实职。

向袁世凯推荐王闿运

因为有人进谗言，袁世凯一度疏远杨度。杨度不甘寂寞，他另辟蹊径，极力接近"太子"。袁克定住北京西郊汤山，杨度时常到那里鼓吹帝制。杨度将袁克定比作李世民，而自比房玄龄、杜如晦。

1915年春，杨度向袁世凯推荐他的老师王闿运。杨说："王老师的学问在康南海之上，其经世主张不似康派的拘于保皇复古。我的帝王之学、君宪主张，与康、梁有所不同，大多得之于王老师的启发。"②

---

① 陈赣一:《睇向斋谈往》，第132页。
② 杨云慧:《从保皇派到秘密党员——回忆我的父亲杨度》，第53页。

王闿运是讲所谓帝王学的名儒，正是袁世凯称帝所需要的人物，袁立即应允，并派杨度专程南下湖南迎接。1915年3月12日，王闿运抵达北京。3月14日，杨度陪老师谒见袁世凯。袁随即任命王闿运为国史馆馆长。所谓国史馆馆长是个有名无实的闲差，王闿运到北京后，经过实地观察，预感到袁世凯称帝的前景不妙，在做了一番周旋后于11月12日离京返湘。行前，将国史馆印存在杨度处。袁即于1915年1月9日任命杨度为国史馆副馆长，代理馆长职务。

1914年6月22日，袁世凯又任命杨度为参政院参政，月薪500元。

洪宪帝制在1914年下半年即开始筹备，最早参与者只有段芝贵、雷震春、张镇芳、袁乃宽、杨士琦、夏寿田等少数人，杨度一直未得与闻。夏寿田与杨度是同乡、同学又是姻亲，两人时有往还，夏有时将帝制内幕择其可告者告之。杨度静极思动，立即撰写《君宪救国论》长文，署名"虎公"，请夏寿田转呈袁世凯。杨度的《君宪救国论》分上、中、下三节，以自问自答的形式阐述只有君宪可以救国的歪理邪说。下面录几段：

客有问于虎公曰："民国成立，迄今四年，赖大总统之力，削平内乱，捍御外侮，国以安宁，民以苏息，自兹以往整理内政，十年或二十年，中国或可以谋富强，与列强并立于世界乎？"

虎公曰："唯唯否否，不然！由今之道，不思所以改弦而更张之，欲为强国无望也，欲为富国无望也，欲为立宪国亦无望也，终归于亡国而已矣！"

客曰："何以故？"

虎公曰："此共和之弊也。中国国民好名而不务实，辛亥之役，必欲逼成共和，中国自此无救亡之策矣！"

客曰："何谓强国无望？"

虎公曰："共和国民习于平等自由之说，影响于一切政治，而以军事为最重。军事教育，绝对服从，极重阶级。德意志、日本之军队，节制谨严，故能称雄于世；而法、美等国则不然，能富而不能强。此无他，一为君主，一为共和故也。法、美既然，他共和国更不必论。故共和必无强国，已成世界之通例。然法、美有国民教育，尚有对于国家主义之义务心，可以维持而统一之，故对外虽不能强，对内犹不为乱。若中国人民，程度甚低，当君主时代，当兵者常语曰：'食皇家饷，为皇家出力耳'。今虽去有形之皇家，代以无形之国家，彼不知国家为何物，无可指实，以维系其心。其所恃为维系者，统驭者之感情与威力有以羁制之而已。此其为力，固已至弱，况又有自由平等之说浸润灌输，以摇撼此羁制之力，时时防其涣散溃决，于是羁驭之术愈益困苦。从前南方军队，大将听命于偏裨，偏裨听命于士卒，遇事有以会议会决行之者，目者讥为共和兵。北方军队，虽无此弊，然欲其绝对服从，闻令即行，不辞艰远，亦不能也。故民国之兵，求其不为内乱足矣。不为内乱，而且能平内乱，蔑以加矣，尚何对外称强之足言乎？彼俄、日二国者，君主国也，强国也。我以一共和国处此两大国之间，左右皆敌，兵力又复如此，一遇外交谈判，绝无丝毫后援，欲国不亡，不可得也。故曰：强国无望也。"

客曰："何谓富国无望？"

虎公曰："法、美皆富，独谓中国不能，人不信也。然法、美所以致富者，其休养生息数十百年，无外侮内乱以扰之耳。富国之道，全恃实业，实业所最惧者，莫如军事之扰乱。金融稍一挫伤，即非数年所能恢复。我国二年以来，各方面之秩序略复旧观，唯实业现象，求如前清末年十分之五而不可得，盖无力者已遭损失，无求再兴；有力者惧其复乱，不敢轻视。以二次革命之例推之，此后国中竞争大总统之战乱，必致数年一次。战乱愈多，工商愈困，实业不振，富从何来？墨西哥亦共和国也，变乱频仍，未闻能富，盖其程度与中国同，皆非法、美可比。故曰：富国无望也。"

客曰："何谓欲为立宪国无望？"

虎公曰："共和政治，必须多数人民有普通之常'道'德常识，于是以人民为主体，而所谓大总统行政官者，乃人民所付托以治公共事业之机关耳。今日举甲，明日举乙，皆无不可，所变者治国之政策耳，无所谓安危治乱问题也。中国程度何能言此？多数人民不知共和为何物，亦不知所谓法律以及自由、平等诸说为何义？骤与专制君主相离而入于共和，则以为此后无人能制我者，我但任意行之可也。其桀骜者则以为人人可为大总统，即我亦应享此权利，选举不可得，则举兵以争之耳，二次革命其明证也。加以君主乍去，中央威信远不如前，遍地散沙，不可收拾。无论谁为元首，欲求统一行政，国内治安，除用专制，别无他策。故共和伊始，凡昔日主张立宪者，无不反而主张专制。今总统制实行矣，虽有《约法》及各会议机关，似亦近于立宪，然而立宪者其形式，专制者其精神也。议者或又病其不能完全立宪，不知近四年中，设非政府采用专制精神，则国中来'求'一日之安不可得也。故一言以蔽之曰：中国之共和，非专制不能治也。变词言之，即曰：中国之共和，非立宪所能治也。因立宪不足以治共和，故共和决不能成立宪。盖立宪者，国家百年之大计，欲求教育、实业、军事等各事之发达，道固无逾于此。然其效非仓促所可期，至速之期，亦必十年、二十年，行之愈久，效力愈大。欧洲各国之强盛，皆以此也。然观今日之中国，举国之人，人人皆知大乱在后，不敢思索将来之事，得日过日，以求苟安。为官吏者，人怀五日京兆之心。谨慎之人，循例供职，不求有功，但求无过。其贪狡者，狗偷鼠窃，以裕私囊，图为他日避乱租界之计。文人政客，间发高论，诋毁时流，而其心则正与若辈相同，已无所得，遂有怏怏之心，非真志士也。为元首者，任期不过数年，久者不过连任，最久不过终身，将来继任者何人乎？其人以何方法而取此地位乎？与彼竞争者若干人，彼能安于其位否乎？其对国家之政策，与我为异为同，能继续不变乎？一概无从预测。以如此之时势，即令元首为盖世英才，欲为国家立百年大计，确定立宪政治，然俯视当前，则泄泄沓沓，谁与赞襄？后顾将来，则渺渺茫茫，谁为继续？所谓百年大计，又乌从树立耶？故不得已退而求维持现状之法，用人行政，一切皆以此旨行之，但使对内不至及身而乱，对外不至及身而亡，已为中国之贤大总统矣。即令醉心宪政者，处其地位，恐亦同此心理，同此手法，无求更进一步也。故昔之立宪党人，今皆沉默无言，不为要求宪政之举，盖亦知以立宪救共和，究非根本解决之计，无计可施，唯有委心任运，听国势之浮沉而已。当有贤大总统之时，而举国上下，全是苟安心理，即已如此。设一日元首非贤，则并维持现状而不能，且并保全一己之地位而不能，唯有分崩离析，将前此惨淡经营之成绩，一举而扫荡无遗，以终归于亡国一途而已矣，尚何百年大计之足论乎？故曰：欲为立宪国无望也。"

客曰："如子所言，强国无望，富国无望，欲为立宪国亦无望，诚哉，除亡国无他途矣！然岂遂无救亡之术乎？"

虎公曰："平言之，则富强、立宪之无望，皆由于共和；串言之，则富强无望，由于立宪无望，立宪无望，由于共和。今欲救亡，先去共和。何以故？盖欲求富强，先求立宪，欲求立宪，先求君主故也。"

袁世凯阅后将文批交梁士诒阅，越数日又批给国务卿徐世昌。"此二人皆不嫌于杨，不赞一词，而项城颇心许之"。[1] 袁世凯提起笔来题了"旷代逸才"四个大字，交政事堂制成匾额，赐给杨度以示嘉许。杨受宠若惊，立即上折谢恩赏：

为恭达谢忱事。五月三十一日奉大总统策令：杨度给予匾额一方，此令！等因奉此，旋由政事堂领到匾额，赐题"旷代逸才"四字，当即敬谨领受。伏念度猥以微才，谬参众议，方渐溺职，忽荷品题，唯被饰之逾恒，实悚惶之无地。幸值大总统独膺艰巨，奋扫危疑，度得以忧患之余生，际开明之佳会，声华谬窃，反躬之疚弥多，皮骨仅存，报国之心未已。所有度感谢下忱，

---

[1]　张国淦：《北洋述闻》，第201页。

理合恭呈大总统钧鉴。

发起"筹安会"为洪宪帝制鸣锣开道

如何公开发起帝制，夏寿田等核心幕僚们计议，先从新闻界和旧议员入手，先约徐佛苏、黄远庸、薛大可、丁世峰、蓝公武等，已得此数人之同意，做半公开之组合，以便在帝制正式发动时，由他们在言论方面予以响应，进而再做第二步、第三步，袁世凯赞成这样的计划。正在进行时，杨度听到了风声，于 1915 年 8 月 10 日由夏寿田陪同进谒袁世凯，谈君主立宪问题，杨度提出由他组织一机关予以鼓吹。袁世凯说："不可，外人知我们关系，以为我所指使。"杨度正色回答说："度主张君宪十有余年，此时如办君宪，度是最早之一人，且有学术上自由，大总统不必顾虑。"两人反复推论，词气颇激昂。最后，袁世凯表态说："你可与少侯（孙毓筠）等谈谈。"[①]

杨退出后，经过一番紧张的张罗，串联了孙毓筠、李燮和、胡瑛、刘师培、严复五个人，于 8 月 14 日联名发起成立所谓筹安会。筹安会事务所设在石驸马大街，杨度为理事长，孙毓筠为副理事长，李、胡、刘、严四人为理事。同时发表筹安会宣言书，攻击辛亥革命后建立起来的共和制度，宣言全文如下：

我国辛亥革命之时，国中人民激于情感，但除种族之障碍，未计政治之进行，仓促之中，制定共和国体，于国情之适否，不及三思。一议既倡，莫敢非难，深识人士，虽明知隐患方长，而不得不委曲附从，以免一时危亡之祸。故自清室逊位，民国创始，绝续之际，以至临时政府、正式政府递嬗之交，国家所历之危险，人民所感之痛苦，举国上下，皆能言之。长此不图，祸将无已。

---

① 张国淦：《北洋述闻》，第 201—202 页。

近者南美、中美二洲共和各国，如巴西、阿根廷、秘鲁、智利、犹鲁卫、芬尼什拉等，莫不始于党争，终成战祸。葡萄牙近改共和，亦酿大乱。其最扰攘者，莫如墨西哥。自爹亚士逊位之后，干戈迄无终岁，各党党魁拥兵互竞，胜则据土，败则焚城，劫掠屠戮，无所不至，卒至五总统并立，陷国家于无政府之惨相。我国亦东方新造之共和国家，以彼例我，岂非前车之鉴乎？

美国者，世界共和之先达也。美人之大政治学者古德诺博士即言：世界国体，君主实较民主为优，而中国则尤不能不用君主国体。此义非独古博士言之也；各国明达之士，论者已多。而古博士以共和国民而论共和政治之得失，自为深切明著，乃亦谓中美情殊，不可强为移植。彼外人之轸念吾国者，且不惜大声疾呼，以为吾民忠告。而吾国人士，乃反委心任运，不思为根本解决之谋，甚或明知国势之危，而以一身毁誉利害所关，瞻顾徘徊，惮于发议，将爱国之谓何？国民义务之谓何？

我等身为中国人民，国家之存亡，即为身家之生死，岂忍苟安默视，坐待其亡？用特纠集同志，组成此会，以筹一国之治安，将于国势之前途及共和之利害，各摅所见，以尽切磋之义，并以贡献于国民。国中远识之士，鉴其愚诚，惠然肯来，共相商榷，中国幸甚！

发起人：杨度、孙毓筠、严复、刘师培、李燮和、胡瑛。

1915 年 8 月 1 日

杨度等组织"筹安会"，打着"学理讨论"的招牌，但明眼人都清楚他们搞的不是学术研究，而是政治投机。于是，有识之士纷纷起来抨击筹安会及杨度等人。贺振雄上书肃政厅代呈袁世凯，恳请诛奸立国，"立饬军政执法处严拿杨度一干祸国贼等，明正典刑，以正国事"。

当时报刊上发表了许多批驳筹安会的文章，其中比较著名的有汪凤瀛的《致筹安会与杨度论国体书》、梁启超的《异哉所谓国体问题者》，两文皆传诵一时。

8月17日，李彬致书袁世凯，要求取缔筹安会。8月18日、19日，李诲、周震勋相继呈文大理院总检察厅，请求将杨度等"按律惩办，宣布死罪"。反对帝制的都肃政史庄蕴宽召集肃政使开特别会议，议决呈请袁世凯迅速取缔筹安会，以安人心。但筹安会本是袁世凯授意成立的，袁怎么会去下令取缔呢？为敷衍肃政厅，袁装模作样地批令内务部"确切考查"。但内务部总长朱启钤是洪宪帝制的总导演，内务部考查的结论是："筹安会乃积学之士所组织，所研究君主制与民主制优劣，不涉政治，苟不扰乱国家治安，则政府未便干涉。"对于筹安会，袁世凯不仅不会加以干涉，而且动用军警加以保护，京师警察厅派警察将筹安会事务所和杨度等六人的私宅保卫起来，袁的居心可知！

筹安会成立后，很快脱去"学理讨论"的伪装，派员四处活动，策动各省成立筹安分会，内外呼应。筹安会通电全国，让各省将军、巡按使和各地商会，"请派遣代表来京加入讨论。"于是，袁的北洋系爪牙及各地商会群起响应，派遣所谓的代表入京参与"讨论"，闹得乌烟瘴气。

9月29日，筹安会发表第二次宣言，宣布已投票决定一致主张君主立宪。宣言称：

本会宗旨原以讨论君主民主何者适于中国，各省机关各团体皆派代表加入讨论，近日以来，举国上下议论风起。本会熟筹国势之安危，默察人心之向背，因于日昨投票议决全体一致主张君主立宪。盖以立国之道，不外二端：首曰拨乱，次曰求治。今请逆其次序，先论求治，次论拨乱。专制政体不能立国于世界，久为中外之公言。既不专制，则必立宪。然共和立宪与君主立宪，其义大异。君主国之宪政程度可随人民程度以为高下，故英普日本各不相同；共和国则不然，主权全在人民，大权操于国会，乃为一定不移之义。法美皆如是也。若人民智德不及法美，而亦握此无上之权，则必嚣乱纠纷等于民国二年之国会，不能图治，反以滋乱。若矫而正之，又必悬共和之名，行专制之实，如我国现行之总统制权力集于元首一人，即令国会当前，亦不能因责任问题弹劾元首，使之去位，一国中负责任者为不可去位之人，欲其政治进步，乌可得也？故中国而行前日之真共和不足以求治，中国而行今日之伪共和更不足以求治。唯穷乃变，唯变乃通，计唯有去伪共和，行真君宪，开议会，设内阁，准人民之程度以定宪政，名实相符，表里如一，庶几人民有发育之望，国家有富强之基，此求治之说也。或曰民权学说不必太拘，即共和亦可准人民程度以定宪政，何必因此改为君主？不知宪政不问形式如何、但使大权不在国会，总谓之伪共和，因恋共和之虚名，不得已而出于伪，天下岂有以伪立国而能图存之理？又况祸变之来，并此伪者亦必不能保存。何以故？君主国之元首贵定于一，共和国之元首贵不定于一，不定于一即不能禁人不争。曩者二次革命，即以竞争之首而成大乱，他日之事何独不然？无强大之兵力者，不能一日安，于元首之位，数年一选举，则数年一竞争，斯数年一战乱。彼时宪法之条文，议员之笔舌，枪炮一鸣，概归无效。所谓民选骤变为兵选，武力不能相下，斯决之战争。墨西哥五总统并立之大祸，必试演于东方，中原瓦解，外力纷乘，国运于兹斩焉绝矣。未来之祸，言之必扫荡无遗，国且不存，何云宪政？救之之法，唯有废除共和，改立君主，屏选举之制度，定世及之规，使元首地位绝对不可竞争，将不定于一者使定于一，是则无穷隐祸，概可消除，此拨乱之说也。本会以为谋国之道，先拨乱而后求治，我国拨乱之法莫如废民主而立君主；求治之法，莫如废民主专制而行君主立宪。此本会讨论之结果也，谨以所得布告于军政学商各界及全体国民。筹安会。二十九日。①

筹安会出现后，有人密询袁世凯："公欲称王称帝，自为之可耳。即不然，得群雄拥戴，于事良便。何必假手群儒，制造民意？"袁世凯笑答："吾不欲

---

① 筹安会编：《君宪问题文电汇编》，第27—28页。

开武人干政之端。至于所谓民意，不经制造，安有真正之表现？吾为此，或亦未能免俗耳！"①

杨度抢先发起成立筹安会，本想在未来的洪宪新朝立下首功，但未料到后来梁士诒等异军突起，成立"全国请愿联合会"，梁士诒挟交通系的雄厚财力将"全国请愿联合会"搞得红红火火，很快压倒了筹安会。因为筹安会的六君子，不是书生就是失意军人、政客，无权无势，搞不出多大声势。

事实上，在洪宪帝制正式启动后，袁世凯只是利用杨度等人做些表面的宣传，杨度根本不能参与帝制的核心机密。袁的真正意图由朱启钤等十人小组传达给各省，另有顾鳌为首的筹备国会事务局向各省发布一般事务性指令。这种情形，流亡海外的中华革命党政治部部长胡汉民也看得很清楚，他从日本东京致书杨度，揭发其罪状，并指出："里谚有之曰：枉作小人，其足下之谓。夫卖文求禄，曲学逢时，纵其必得，尤为自爱者所不屑，况由足下之道无往而非危。民国确认足下为罪人，袁家究不以足下为忠仆，徒博得十万金一时之挥霍，而身死名裂，何所取哉？"②

杨度见筹安会已搞不出什么名堂，便于10月15日，将筹安会改为所谓"宪政协进会"，宣布"此后本会方针，应注重立宪问题"。此后，杨度又以参政院参政的身份参与劝进。

12月11日，参政院举行全体会议，杨度与孙毓筠提议，由参政院以国民总代表名义恭上推戴书，推戴书用奏折体，称袁世凯为"我圣主"。这个推戴书是杨度拟定的，事先已交给袁世凯阅过。袁阅后大喜，继而问："受此书后，其对付若何？直任与否，何者为宜？卿何不为我决之？"这时在一旁的杨士琦代答："此书上时，当然以辞让不受为是。"

袁闻言色变，杨度急忙解释说："初次申令，谦让未遑，以明天下不与之

---

① 陶隐菊著：《政海轶闻》，上海书店出版社1998年版，第7页。
② 《胡汉民先生文集》第2册，台北中国国民党中央委员会党史委员会1978年版，第647页

本心。再由臣等接续上第二次请愿书，书词宜加迫切，然后由第二次申令承受。于是我皇上因天与人归、其难真慎之至意，庶几晓然共喻矣！"袁听了开颜大笑说："手续固应如此，卿等真予之（张）良、（陈）平也。"袁世凯随后又对杨度说："此申令起草还当属杨君即时奏笔可乎？"杨当场领命。

杨度自信开创有功，将来洪宪新朝中宰辅非他莫属。故当袁世凯订制龙袍时，杨度更向远在万里之外的法国巴黎订制首相新装。但这一新装还没有制作完工，洪宪帝制就夭折了。据说，这些衣装迄今仍存在巴黎。从杨度订首相新装之举来看，杨度确实有野心，且狂妄自大。在袁的幕府中，杨度始终是边缘人物，即便洪宪帝制成功，首相宝座无论如何也轮不到他头上。朱启钤、梁士诒……哪一个不比他杨度有分量？

杨度曾写信给他的老师王闿运，促其上书劝进，王闿运复函说："谤议丛生，知贤者不惧，然不必也。无故自疑，毫无益处。欲改专制而仍循民意，此何理哉？今日将错就错，不问安危，且申己意，乃为阴阳怕懵懂。即位以后，各长官皆有贺表，国史馆由弟及我领衔可也。如需亲身递职名，我系奉命遥领者，应自本籍请代奏，不必列名也。若先劝进，则不可也。何也？总统系民立公仆，不可使仆为帝也。弟足疾未发否？可以功成身退，奉母南归，使五妹亦一免北棺之苦乎，抑仍游羿彀耶？"

袁世凯称帝后，大封爵位，首先封的大多为各省军政官吏。据说，袁世凯内定封杨度为"文宪公"。护国军反袁起义开始后，杨度的处境就已不妙。冯国璋召集"南京会议"时，就曾提出以开除杨度的国籍来缓和护国军的压力，但护国军方面以为杨度等固应受国法制裁，但究属逢迎意旨之从犯，袁世凯本人才是真正的主犯，岂能置而不论？

袁世凯死后，杨度为他心目中的"明君"写下如下的挽联：

共和误民国，民国误共和？百世而后，再平是狱。
君宪负明公，明公负君宪？九泉之下，三复斯言。

7月14日，黎元洪总统申令拿办帝制祸首八人，杨度居首。杨度在通缉令下达之前即已闻讯逃往天津躲避，在租界做寓公。

洪宪帝制失败，但杨度仍然十分顽固地坚持他的"君宪救国"主张，1916年5月1日，他在答《京津泰晤士报》记者时，发表这样的谈话："政治运动虽然失败，政治主张绝无变更。我现在仍是彻头彻尾主张'君主立宪救国'之一人，一字不能增，一字不能减。十年以前，我在日本，孙、黄主张共和，我则著论反对。我认共和系病象，君主乃药石，人民讳疾忌医，实为国家之大不幸。……除君宪外，别无解纷已乱之方。……梁任公是我的老同志，他一变再变。……国体问题，我应负首责，既不诿过于人，亦不逃罪于远方。……报载我已'窜'，你看我'窜'了否？俟正式政府成立，我愿赴法庭躬受审判。……且退一步言，政见不同，亦共和国民应有之权利。"

杨度在天津租界做了几个月寓公，待"缉拿"帝制犯的风头过去后，他又站出来推销他的"君宪救国"药方。这一次，他把实现"君宪救国"的希望寄托在了冥顽不灵的封建军阀张勋身上。1917年3月13日，杨度写信给张勋，将这位辫子军的统帅肉麻地吹捧了一番后，要他挽回亡局，信中写道："执事肝胆侠义之士，久为海内所共知。今国家危矣，必赖大侠以救之。日昨日本驻津司令石光君，与度闲评中国人物，彼推执事为第一。外人景仰如此。度当时闻之，至为快慰，以为中国尚有英雄足生外人之慕，吾辈之荣，宜如何也。嗟呼！执事之所以为英雄，与中国此时尚有救国之英雄与否，皆于此时定之。愿奋其救饥拨溺之怀，挽此将亡未亡之局。时不可失，机不再来，唯执事实图利之。"

杨度参加了张勋召集的徐州会议和天津租界会议，只因为他不同意张勋、康有为等复辟清朝的主张，故决定不公开参加张勋复辟活动。张勋等宣布拥戴清逊帝溥仪复辟后的第三天，杨度即发表通电，指出张勋、康有为的四大失误："唯尝审慎思维，觉由共和改为君主，势相等于逆流，必宜以革新之形式、进化之精神行之，始可吸中外之同情，求国人之共谅。且宜使举世皆知为求一国之治安，不为一姓图恢复。至于私人利害问题，尤宜牺牲罄尽。有此精神胆力，庶几可望成功。而公等于复辟之初，不称中华帝国，而称大清帝国，其误一也；阳历断不可改，衣冠跪拜断不可复，乃皆贸然行之，其误二也；设官遍地，以慰利禄之徒，而宪政如何进行，转以为后，其误三也；设官则唯知复古，用人则唯取守旧，腐朽秽滥，如陈列尸，其误四也。凡所设施，皆前清末叶不敢为而乃行之于今日共和之后，与君主立宪精神完全相反。如此倒行逆施，徒祸国家，并祸清室，实为义不敢为。即为两公计，亦不宜一意孤行，贻误大局。不如及早收束，速自取消，敦请总统黎公复位，并请徐东海、段合肥、冯副座、李总理、陆巡阅使诸公共同调处，以解目前之危。盖无程度之共和固如群儿弄火，而无意识之复辟又如拳匪之扶清，两害相权，实犹较缓。所可痛者，神圣之君主立宪，经此牺牲，永无再见之日。度伤心绝望，更无救国之方。从此披发入山，不愿再问世事。"从此，杨度抛弃"君宪救国"的药方。

放弃"君宪"后走上新的道路

1919年五四运动前后，杨度与李大钊、邵飘萍、胡鄂公以及北京大学等校的进步师生接触中，受到马克里主义的影响，思想发生了深刻的变化，他说："时代不同了，君宪救国论已是废话，现在是改持革命救国论的时候了。"

杨度投奔过曹锟，也投奔过姜登选、张宗昌等军阀，但"屡游疆帅之幕，率无所遇"。杨度怀才不遇，生活漂泊不定。他为孙中山的革命事业奔走过，也参与过营救李大钊。

1928年秋，经潘汉年介绍，由周恩来批准，杨度正式加入中国共产党，并由党组织介绍，担任上海大亨杜月笙的挂名秘书，以此掩护他为党的秘密工作，由潘汉年、夏衍等与他单线联系，杨度利用他的身份为中共提供了不少有价值的情报。1930年9月17日，杨度病逝上海。临终前数日，他曾自撰挽联：

> 帝道真如，如今皆成过去事；
>
> 医民救国，继起自有后来人。

第二节　袁世凯的帮闲孙毓筠

孙毓筠本是同盟会的骨干分子之一，辛亥革命后曾任安徽都督。但为时不久，孙毓筠即一头投入袁世凯的怀抱，成为袁对付国民党人的得力帮闲。洪宪帝制发动后，他与杨度组织"筹安会"，成为洪宪帝制祸首之一。

世家子弟，同盟骨干

孙毓筠，字少侯，安徽寿县人，生于 1872 年。其族祖孙家鼐（1827—1909）是清咸丰朝状元，历任工部、礼部、吏部尚书，并与翁同龢一起担任光绪皇帝的师傅。1905 年任文渊阁大学士，1907 年晋武英殿大学士，充资政院总裁，死后谥文正，是晚清一代名臣，人称寿州相国。孙毓筠的祖父以贩布起家，颇富资财。孙毓筠出身富家豪门，他早年中秀才，后纳资捐了同知，又加码捐了个三品道台。他鉴于叔祖孙家鼐官高爵显，也很想当官做老爷。他在为父亲守制时读《楞严》《圆觉》诸经入了迷，又想出家做和尚。1905 年，安徽桐城人吴樾行刺出国考察五大臣，一举成名天下知，孙毓筠思想上受到很大震动，于是又决心加入革命党，他让其妻汪珏携两子先到日本东京去求学，次年春，他也东渡日本，加入了同盟会。1906 年春，长江流域洪水成灾，米价大涨，不少地区的百姓处于饥馑状态。东京同盟会总部派刘道一、蔡绍南回湖南，联络湘东北萍乡、浏阳、醴陵一带的会党头目龚春台，发动了萍浏醴大起义，清廷调集湘、鄂、赣三省重兵血腥地镇压了起义，起义群众遭屠杀者达 3 万余人。当萍浏醴大起义的消息传到日本时，东京的中国同盟会会员纷纷请命，要求回国参加起义。孙中山也认为机不可

失，批准孙毓筠与宁调元、龚国煌、胡瑛、朱子龙、梁钟汉、段云、权道涵
等回国，分赴安徽、湖南、湖北、江西、江苏等省策应新军起义响应萍浏醴
起义。①

孙毓筠回国后，即与安徽同乡段云、权道涵前往江苏南京新军第九镇中
活动，与第九镇中的革命党人柏文蔚谋划炸死两江总督端方。但谋划不密，
孙毓筠等为密探跟踪被捕获。因为他是当朝大学士、军机大臣孙家鼐的侄孙，
故两江端方有意对他网开一面，以卖个人情。端方首先给孙家鼐打了个电报：
"孙毓筠是否属于华族？"孙家鼐不能公开为侄孙作保，复电说："此子顽劣
异常，请严加管束。"孙家鼐答非所问，言外之意是要端方刀下留人，端方
自然会意。端方答复孙家鼐说："孙生文理通顺，门第高华，当秉高谊，求入
于轻。"②

孙毓筠被捕之初，估计自己难免一死。但几天后，满面春风的何道台
却到狱中看他来了，这位何道台拍着孙毓筠肩胛温存地说："好端端的一个
人，为什么偏要钻进枉死城中去！幸亏遇着午帅（端方字午桥），不然的话，
一百条性命唯有五十双活不成。"稍顿，何道台又说："午帅有怜才之心，叫
我授给你一个秘诀，你在口供中只承认政治革命，莫谈种族革命，那么你就
可以起死回生了。"

孙毓筠受到这位何道台的点拨，决定乞怜保命，他在供词中说："午帅
有意开脱我，人非木石，宁不知感！我认为我国政治不良是国弱民贫的根本
原因，要救国就必须先改革政治。我早想披发入山，午帅真要保全我，我决
定出家当和尚，妻儿财产一无所恋，任何世俗概不与闻。"他又分析说："我
国革命人士有两大派别，一为政治革命，所求者为改良政治，以达富国强兵
之目的；二为种族革命，反对满洲皇族，后者以孙文、黄兴为首，而黄兴尤

---

①　李新主编：《中华民国史》第一编上册，第407—409页。

②　陶隐菊著：《筹安会"六君子"传》，第33—34页。

为暴烈，其党徒多为湖南人。"他最后献策说："午帅如要杀我，我死得其所，绝不怨天尤人。但为午帅计，对革命党人不必株连太甚，这是消弭祸变之一法。"端方即以孙毓筠的供词为据，替他开脱了"大逆不道"的罪名，最后判处孙毓筠五年监禁，而从犯段云、权道涵二人则被判处终身监禁，发往原籍安徽寿州（今寿县）执行。孙毓筠表面上被判处五年监禁，实际上被端方安置在衙门花园里读书。[①]

孙毓筠为人风流任侠，参加同盟会后曾捐私产十余万金充革命经费，加之又出身名门豪族，故在革命党人中颇有声誉。孙毓筠在南京被捕后，安徽革命党人计划营救，准备募壮士入南京将孙毓筠劫出来，"嗣以出狱无去处，计未果行"。[②]

辛亥武昌起义后，孙毓筠获释。不久，担任江浙联军总部副秘书长。

辛亥武昌起义后，安徽革命党人闻风而动，安徽各地相继光复。1911年12月12日，安徽省临时议会开会，选举孙毓筠为都督。12月21日，孙毓筠由上海抵达安庆就职，安徽军政府宣告成立。安徽军政府成立后，扩充青年军为四个大队，以韩衍为军政府参谋长兼青年军总监，青年军成为孙毓筠掌握的一支武装力量。孙毓筠随即派段志超为北伐军司令，迎战驻安徽的清军倪嗣冲部。南北议和成功后，孙毓筠着手裁撤各地军政分府。经过数月的磋商，先后将庐州、芜湖、寿州、合肥等军政分府撤销，所有民军统编为五个师。但大通军政府都督黎宗岳不仅拒绝撤销，而且宣布不承认孙毓筠的地位，扬言要袭击省城安庆。孙毓筠求助于南京临时政府。1912年3月，驻南京浦口的陆军第一军军长柏文蔚奉命统率水陆军开赴大通，将黎宗岳赶走，安徽从此宣告统一。

柏文蔚（1876—1947），字烈武，也是安徽寿县人，他是安徽最早的

---

① 陶隐菊：《筹安会"六君子"传》，中华书局1981年版，第34页。
② 中国史学会主编：《辛亥革命》（七），第167页。

革命党人之一，同盟会骨干，而且手握重兵，他到安徽后想取孙毓筠而代之。柏文蔚通过南京临时政府陆军部总长兼参谋总长黄兴向孙中山提出请求，这一下让孙中山很为难。孙中山认为，孙、柏两人同为安徽革命老同志，谁做都督，他不便厚此薄彼，决定让他们自己协商。孙毓筠的左右手韩衍对柏文蔚夺督之举不以为然，发表文章大骂柏文蔚参加革命是为了抢地盘。柏文蔚大为恼怒，遣其族侄柏若浩潜往安庆，于3月间将韩衍这位著名的革命军将领刺死，演了一出自相残杀争权夺利的悲剧。韩衍一死，身为文人的孙毓筠顶不住虎视眈眈、重兵在握的柏文蔚，遂于1912年4月21日请假离职，南京临时政府遂命柏文蔚为安徽都督兼民政长。孙毓筠在失去安徽都督宝座后，对孙中山及其领导的国民党产生强烈的怨恨心理，这是他变节投靠袁世凯的直接原因。

见利忘义，一头栽进袁世凯的怀抱

孙毓筠辞去安徽都督后，当选为临时参议院议员。

孙毓筠到北京后，即与袁世凯拉上关系。陶隐菊说："光复后，孙曾任皖督，解职走京师。袁世凯与寿州孙相国有旧谊，孙为其同族，以是颇推屋乌之爱，孙亦表示亲袁，密献帝制策。"[①]

袁世凯为笼络孙毓筠，月给15000元巨款，并将锡拉胡同的住宅和原端方之爱妾一并赏给了孙毓筠。孙毓筠对此感激涕零，于是死心塌地倒向了袁世凯一边。安徽籍众议院议员汪建刚回忆说："寿州孙毓筠当时系参议员，是国会内国民党的有地位人物。他是我加入同盟会的介绍人，他做安徽第一任都督时我又做过他的秘书。我此次来京蛮想得到他的教益，乃见面之后，发现他的言论既模棱，态度又消极，使我大为失望，因而不欲多与周旋。嗣党总部闻安徽摇摆分子与孙往来颇密，希望我们前往一探究竟，并相机图万一之挽救。一日我和常恒芳去拜访他。坐甫定，孙即大发牢骚，谓偌

---

① 陶隐菊:《政海轶闻》，上海书店出版社1998年版，第6页。

大国民党，任令吴景濂、谷钟秀、张耀曾等几个人拿来在手中玩，实在不像话。我说：'老资格的人都不管事，以致如此。我们今天来，就是想劝你多管管党内的事。'孙听到此，似乎感到高兴，一面说话，一面邀我们至客厅套间，他躺在鸦片烟床上继续大放厥词，说什么时局一定会起变化，政党亦须重新估价，做议员者要有'毁党造党'精神。他叫我们及时准备，最好先搞小组织。他又拿出一本支票，对我们说：'印鉴业已签押，在数额以内可以随便取用，零取整取的均可。'我们听后心知有异，起身说：'我们该走了。'孙见我们要走，立即把脸一沉，并用教训的口吻说：'年轻人不识时务，闭门空想就行得通吗？'走出大门后，常恒芳苦笑道：'我们还想团结人家，人家倒收买我们来了。'这事给我的印象很深，可见孙毓筠之变节，并非从筹安会始。"①

当时，国民党籍议员在国会两院中占优势，成为袁世凯独裁专制的最大障碍，袁世凯对付国民党的手段五花八门，拉拢收买，威胁利诱，无所不用其极。这方面，孙毓筠发挥了极大的作用。

1912年6月，唐绍仪辞去总理后，同盟会坚持政党内阁主张，同盟会阁员蔡元培、宋教仁、王宠惠、王正廷等与唐绍仪同进退，也向袁世凯请辞。袁无奈，只好批准蔡元培等4人辞职，但仍继续物色同盟会员入阁。袁世凯认为孙毓筠、胡瑛、沈秉堃三人既有同盟会会籍，且"所持主义稳健"，决定拉他们入阁，分别担任教育部、农林部和工商部总长。同盟会总部认为"袁世凯此举，系一种带奸政策"②，大加反对，并于1912年7月14日召开会议，作出孙、胡、沈三人不得参加内阁的决议。但袁世凯除将胡瑛换成王人文外，仍执意拉孙毓筠、沈秉堃入阁。7月18日，袁世凯派陆征祥到参议院要求通过所拟阁员补充人选，他们是：财政部总长周自齐、交通部总长

---

① 汪建刚：《国会生活的片段回忆》，《文史资料选辑》第82辑，第82页。

② 《远生遗著》卷二，第66—67页。

胡惟德、司法部总长章宗祥、农林部总长王人文、工商部总长沈秉堃、教育部总长孙毓筠。参议院投票表决的结果，袁世凯所提的六名总长全部被否决，酿成组阁危机。以袁世凯为首的北洋派军阀官僚及附袁的政客官僚借此大做文章，攻击甚至威胁临时参议院。孙毓筠身为同盟会会员，却写信给袁世凯，扬言"与其无政府，不如无参议院"①。为袁世凯张目，显示孙毓筠从这时开始就已完全倒入袁世凯的怀抱。

从1912年12月至1913年3月，举行了全国第一次国会选举，国民党在参众两院均赢得了多数议席。国民党在竞选中的胜利，让使袁世凯如坐针毡，他决心采取更加卑劣的手段来对付国民党。1913年3月20日，袁世凯指使的歹徒将国民党代理理事长宋教仁刺杀于上海火车站。随后，袁世凯又采取手段分化瓦解国民党，在这个过程中孙毓筠发挥了极大的作用。

孙毓筠奉袁世凯之命，与林述庆等革命党的叛徒成立所谓"国事维持会"，专门收买国民党籍议员倒戈投袁。后人从1913年3月16日袁乃宽致河南都督的密函中，可见孙毓筠及其"国事维持会"活动之一斑：

此会之设，原为调和党见，以共和党有两派，江浙派持意尚正，鄂派稍有特别意见。民主、统一两党政见尚一致。然总计三党当选议员人数、势力仅可抵国民党，是国民党此次选举，就表面观之尚占优胜。而国民党内暗潮甚多，孙（文）则飘然远遁，黄（兴）则毫无成见，唯宋（教仁）则希望内阁总理甚殷，不得不就其现状而设法薄其势力。孙少侯兄在政界有年，虽系国民党重要人物，而党见并不深，洞悉时势之危险，非袁大总统不能担任，创办国事维持会，欲联合各党及各省都督力争宪法大纲四端：一、加入解散权（总统解散议会）；二、削去通过权（国务员概不通过）；三、先选大

---

① 李新、李宗一主编：《中华民国史》第二编第一卷上册，第114页。

总统；四、大总统有发紧要命令权。拟将各党之稳健分子联络一气讨论以上四端政见，再联合各都督辅助政府，即使以上四端不能全行达到目的，刻下已有多数承认，先选总统，国务员不通过（尚要求内阁指总理一人必须通过，仍须磋商），总统可发戒严命令，唯解散权尚反对者甚多（仅指国民党而言）。以上各事皆系设维持会之表面，其实则欲销薄宋之势力，其势力既薄，必不至捣乱。目下就各党势力而论，必须用此策，此合天下直省之党派势力立论，如全照河南则自易为力矣。现又发起北十省协会，不唯将豫省国民党收入，即北省国民党皆须收入。豫省之国事维持会支部仍求师座劝各党消去党见，将潘、刘加入，一并组织，庶觉少侯兄面子好看。豫省为选举事，统一、国民两党颇有意见，令超然人观之，甚觉无味。刻下国民党暗潮甚多，其党内稳健者亦深知该党政策不合，然不遽然脱党，亦恐面子上过不去，故加入国事维持会作一过渡。唯此会颇为国民党激烈派所反对，其激烈派皆骂孙少侯入袁党。此会名为联合各党，其实专为联合国民党稳健议员，但能将议员联络五六十人，则将来选总统、议宪法皆稍有把握。刻下深悔着手太晚，如由去年九、十月动手，则不致如此之忙迫，仍请师座暗中联络各都督作为后劲。[1]

同年6月5日，袁乃宽致张镇芳的信中又说："国民党之势力日趋破裂，指日第三党出现（孙少侯所组），国民党又将撤动，而彼中亦有为第三党者，如刘、如郭、如夏、如杭，均有此眼光，但不知果效如何。此番调停之说……极峰（指袁世凯）一意谢绝。"[2]

国事维持会成立后，孙毓筠又派人赴各省与北洋派联合组织分会，大挖国民党的墙脚。我们从1913年3月19日袁乃宽致河南都督张镇芳的信中

① 《袁乃宽致张镇芳函》（1913年3月16日），原件藏中国社会科学院近代史研究所图书馆。
② 《佚名致张镇芳函》（1913年6月5日），原件藏中国社会科学院近代史所图书馆。

可见其内幕，信中说："国事维持会之发起，原为挽回势局，本属超然性质，无所偏颇，尤赖联合各党各界协同组织，速观厥成。前经该会孙少侯先生推派潘、刘两君前往汴省组织分会，唯两君俱系国民党员，窃恐金谓偏属一党，致碍进行，兹特续派民主党戴峻鹏及共和党鄂炳煌两君到豫襄助，以期调和党见，共济时艰。"①

孙毓筠还奉袁世凯之名出面策反国民党领导人吴景濂，让吴脱离国民党，另行组织亲袁世凯的政党，袁世凯提出的交换条件是，给吴景濂个人50万元，组党费另给。②吴景濂立场坚定，拒绝了袁世凯的高价收买。

当然，孙毓筠所做的都是见不得人的秘密勾当，内幕不可能完全大白于天下。但我们从上述秘函中可以看出，孙毓筠身为国民党议员，实际上却奉袁世凯之命大挖国民党的墙脚，其破坏作用极大，性质极端恶劣。

主持炮制"袁记约法"，为袁世凯独裁披上合法外衣

孙毓筠破坏国民党及国会有功，在袁世凯镇压国民党解散国会后，袁世凯先后任命孙毓筠为政治会议议员、总统府高等政治顾问、参政院参政。袁世凯并授予他少卿、勋一位、一等嘉禾章。袁世凯在撕毁民主象征的《中华民国临时约法》后，下令成立"约法会议"，圈定孙毓筠为约法会议议长，施愚为副议长。

1914年3月18日，孙毓筠在约法会议开幕式上以议长身份发表演讲，攻击《中华民国临时约法》，大谈所谓"国情论"，为袁世凯的专制独裁进行诡辩：

毓筠学识疏陋，资望甚浅薄，猥承诸君选举为约法会议议长，良深惭悚，但既依法选出，公意所在，谊何敢辞？今日系约法会议开会之第一日，毓筠

---

① 《袁乃宽致张镇芳函》（1913年3月19日），原件藏中国社会科学院近代史研究所图书馆。
② 吴叔班记录、张树勇整理：《吴景濂自述年谱》（下），《近代史资料》总第107号。

对于增修约法一事略有所见，敢贡献于诸君子之前。

大凡一国之成，必有与立，其能存立于世界之上者，原因虽非一端，大要以其根本法之良否为国家强弱之比例差。根本法之良否，以何为标准？即以合乎国情与否之标准。合乎国情者，其结果必良；反是，则其结果必恶。民国约法施行以来，动多障碍，其弊无他，即与国情不能适合之故。查《临时约法》本由南京参议院制定，彼时正值军事倥偬之时，十四省代表仓促议决，未尝详加研究，及条文公布以后，全国舆论群起非难，以为立法如此，必无良好结果，但既已告成，亦无可奈何。推当日立法之意，率因少数理想家一意伸张民权，以为共和精神即在于是，热心过度，乃袭取共和先进国之成法，妄欲施之吾国，复加以党派之关系，谬挟私见，因人立法，凡所以束缚政府权力者，无所不用其极，遂造成此不良之约法。今施行已及两年，政府用人行政处处受其牵制，弊害昭著，固已人人皆知，而因中央权力不能巩固之故，凡百政治无由刷新，致令全国国民至今犹在水深火热之中，其所感痛苦殆较政府为尤剧。

大总统念人民之疾苦，应时势之要求，以设立造法机关一事咨询政治会议，复经政治会议议决《约法会议组织条例》呈请施行，于是有召集约法会议之举。原期根本大法早日改良，以为刷新政治之图，此诚今日刻不容缓者也。窃以为开国之初，当因国情造法律，不当以法律强国情，试观一衣一食其事至为微细，然使欧美人一旦舍其习惯，而衣中国人之衣，食中国人之食，则鲜不以为大不便者。反是，而强中国人以纯用外国人衣食，其不便亦复相同可知也。盖一国有一国之习惯，衣食细微之事尚且不能强同，何况根本大法于国家安危关系绝巨，岂可但凭理想不审国情强袭他人成法以为我用，有类削足适履之为乎？中国立国四千余年，历史宗教风俗习惯迥与他邦殊异。今国体虽更，人民未改，乃欲以不合国情之法律勉强施行，此必不可能之事也。约法之行，政府与人民交受其害，为救国计，万不能不出于修改之一途。今本会议业经成立，诸君学术湛深，富于政治经验，此次受国民付托之重，会议根本大法，将来条文应如何增修，必能发抒伟见，详审讨论，以造成适合国情尽美尽善之法律，为异日制定宪法之蓝本，以贻我国民无疆之休，非独毓筠一人之希望，亦四万万同胞之希望也。①

在孙毓筠主持下，约法会议从 1914 年 3 月 18 日至 5 月 1 日，用了一个多月炮制了一部《中华民国约法》，人称"袁记约法"。这部"袁记约法"是在宪法顾问贺长雄、古德诺的指导下，由施愚、顾鳌、黎渊、程树德、邓熔、王世澂和夏寿田等起草的。该约法采取极端的总统集权主义，大总统被赋予了日本天皇和德意志皇帝所享有的全部权力，大总统置于一切权力机关之上，这就为袁世凯专制独裁提供了法律依据。

1915 年 3 月 18 日，约法会议在为袁世凯完成专制独裁所需要的一切法律文件后宣告闭会。国务卿徐世昌代表袁世凯到会致颂词，孙毓筠以议长身份代表全体议员登台致答词："今日为约法会议闭会之日，又适为开会满一周年之日，同人等造法之责自今日终，而望治之心乃自今日始。夫无法律不足以言政治也，而政治非突然发生之物，有其历史焉，有其国情焉，必几经郁积发展之功乃成为一种特殊之政治。故言造法者，欲其适用于此种特殊之政治，必期适用于此种政治之历史与国情，此中外论政不易之定理也。夫曩者《临时约法》之为梗，国内嚣然矣。求治太急，既不能因时制宜，以收渐进之效，觊觎非分者又往往因人立法，挟其束缚弛骤之术，以遂其桀骜恣睢之谋，而其祸之中于国家者，几至不可收拾。同人等自开会以来，惩前毖后，知国家百年根本大计，非捐除一切偏私党援之见，不足以言建设，而又内稔国度、外览大势，忧患起伏环来无端，非合四万万抟如散沙之众，建一强有力之政府，不足以策图存。凡此种种皆所公认，为今日救国之要图者。故开会一年间，即一本斯旨，同心勠力，切实进行，不敢骛谈法理以博高名，亦

---

① 顾鳌编:《约法会议纪录》(二)，第 340—342 页。

无取泥守成规以误国是。凡所议决关于增修约法以及附属于约法之种种根本大法，无一不实事求是，以期合于历史国情为归。虽后此世界政象万变，异日之政治能适用今日之法律与否，而要之为今日计，为中国之根本计，则舍此实无他策，此区区救国苦心所期，毋负于国民者也。夫为政在人，徒法亦不能以自行，今者约法虽立，国基渐巩，而后此奉行之方，则尤在政府表率之资与夫国民遵守之力，强毅贤明如我大总统者，知必能巩固国权，发挥而光大之，此同人所谓望治之心自今日始者也。昔者，美国十三州有费城宪法之会议而国基以固，至今百年声施烂然大地，记者咸归功于华盛顿创造之力焉。使异日者，吾国政治刷新得以追踪北美，而大总统之声光亦媲耀华盛顿，则岂止同人之幸荣已哉！"①

孙毓筠的答词，重弹"国情"、"历史"滥调，为袁世凯的专制独裁作辩护，甚至将专制枭雄、混世魔王袁世凯妄比美国开国总统华盛顿，又将袁世凯御用的所谓约法妄比美国费城制宪会议，可谓不知天高地厚，无耻已极！

发起筹安会，为袁世凯称帝作鼓吹手

筹安会的发起人虽有六位，但核心人物却是杨度与孙毓筠。孙毓筠作为筹安会副理事长显得十分活跃。孙毓筠等多方张罗所谓"公民"请愿，向袁世凯劝进。

"京兆公民"恽毓鼎等20人所上请愿书，其介绍人为孙毓筠、邓熔、严复、杨度、孙多森。

"直隶省公民"曹锟、张绍曾等252人所上请愿书，其介绍人为孙毓筠、刘若曾、邓熔、孙多森、杨度。

"奉天省公民"张作霖等19人所上请愿书，其介绍人为杨度、梁士诒、孙毓筠、张镇芳、李国杰。

---

① 顾鳌编:《约法会议记录》(三)，第1055—1056页。

"吉林省公民"乌泽声等 48 人所上请愿书，其介绍人为孙毓筠、杨度、邓熔、李国杰、孙多森。

"黑龙江省公民"胡寿庆等 25 人所上请愿书，其介绍人为孙毓筠、邓熔、孙多森、李国杰、杨度。

"山东省公民"王锡蕃等 57 人所上请愿书，其介绍人为冯麟霈、孙多森、齐耀林、孙毓筠、秦望澜、袁金铠。

河南全省孔社、安阳县教育会、商会全体代表王榘曾等 100 人所上请愿书，其介绍人为孙毓筠、杨度、梁士诒、孙多森、李国杰。

"山西省公民"欲如墉等 61 人所上请愿书，其介绍人为孙毓筠、邓熔、孙多森、李国杰、吕逵选。

"江苏省公民"沈云沛等 57 人所上请愿书，其介绍人为秦望澜、孙毓筠、齐耀珊、高增爵、冯麟霈、王世澂。

"安徽省公民"段芝贵等 165 人所上请愿书，其介绍人为孙毓筠、李国杰、孙多森、吕逵先、邓熔。

"江西省公民"余鹤松等 83 人所上请愿书，其介绍人为赵惟熙、冯麟霈、严复、孙毓筠、李国杰、杨度。

"福建省公民"陈璧等 60 人所上请愿书，其介绍人为孙毓筠、邓熔、严复、李国杰、杨度。

"浙江省公民"朱福铣等 137 人所上请愿书，其介绍人为张镇芳、孙多森、严复、黎渊、孙毓筠、杨度、王家襄。

"湖北省公民"蓝天蔚等 81 人所上请愿书，其介绍人为孙毓筠、邓熔、孙多森、李国杰、吕逵先。

"湖南省公民"杜俞等 61 人所上请愿书，其介绍人为冯麟霈、孙毓筠、邓熔、高增爵、孙多森、齐耀珊。

"陕西省公民"张凤翔等 97 人所上请愿书，其介绍人为孙毓筠、邓熔、孙多森、李国杰、吕逵先。

"甘肃省公民"马安良等 100 人所上请愿书，其介绍人为秦望澜、孙毓筠。

"新疆省公民"杨缵绪等 41 人所上请愿书，其介绍人为齐耀珊、孙多森、孙毓筠、冯麟霈、秦望澜、王印川。

"四川省公民"张炳华等 215 人所上请愿书，其介绍人为孙毓筠、杨度、施愚、孙多森、李国杰。

"广东省公民"黄锡珏等 173 人所上请愿书，其介绍人为梁士诒、邓熔、杨度、张镇芳、孙毓筠。

"广西省公民"周家彦等 38 人所上请愿书，其介绍人为孙多森、孙毓筠、秦望澜、冯麟霈、齐耀珊、王印川。

"云南省公民"李鸿祥等 60 人所上请愿书，其介绍人为孙多森、齐耀珊、冯麟霈、孙毓筠、秦望澜、王印川。

"贵州省公民"郭重光等 25 人所上请愿书，其介绍人为孙毓筠、杨度、冯麟霈、黎渊、陈国祥。

"满洲公民"恒钧等 95 人所上请愿书，其介绍人为孙毓筠、杨度、邓熔、孙多森、李国杰。

镶黄旗满洲都统那彦图、正黄旗满洲都统江朝宗等率领各旗暨圆明园健锐营内外火器营全体官兵所上请愿书，其介绍人为阿穆尔灵圭、杨度、孙毓筠、邓熔、冯麟霈、严复。

"绥远省公民"李景泉等 10 人所上请愿书，其介绍人为齐耀珊、孙毓筠、孙多森、冯麟霈、秦望澜、王印川。

"热河公民"郑宝龄等 17 人所上请愿书，其介绍人为孙毓筠、邓熔、孙多森、李国杰、吕逸先。

"察哈尔公民"董若璞、李子才等 48 人所上请愿书，其介绍人为张镇芳、杨度、孙毓筠、李国杰、邓熔。

前藏公民罗桑班觉、后藏公民厦伸阿旺益喜等 15 人所上请愿书，其介绍人为孙毓筠、杨度、邓熔、孙多森、李国杰、吕遹先。

青海霍硕特前首旗札萨克亲王、巴勒珠尔拉布坦暨各旗札萨克王、贝勒、贝子、公台、吉察罕诸们汗等所上请愿书，其介绍人为孙毓筠、阿穆尔灵圭、冯麟霈、那彦图、邓熔。

蒙古王公联合会会长那彦图、副会长贡桑诺尔布领衔所上请愿书，其介绍人为孙毓筠、杨度、李国筠、邓熔、孙多森。

回疆八部代表王宽、马龙标等 8 人所上请愿书，其介绍人为孙多森、杨度、严复、孙毓筠、邓熔、张镇芳。

中国回教"俱进会"王宽等 138 人所上请愿书，其介绍人为孙多森、邓熔、严复、冯麟霈、孙毓筠、李国杰。

京师、上海等 23 个商会团体所上请愿书，其介绍人为邓熔、孙毓筠、严复、孙多森、杨度、冯麟霈、吕遹先、张镇芳。

全国商会联合会所上请愿书，其介绍人为杨度、冯麟霈、孙毓筠、孙多森、严复。

孙毓筠等四处活动，通过这种上书请愿书的方式，为洪宪帝制摇旗呐喊，制造"民意"。

之后，孙毓筠又以参政院参政的身份参与对袁世凯的推戴，终于把袁世凯这个窃国大盗捧上了皇帝的宝座。

洪宪帝制失败后，孙毓筠逃往天津租界躲避。1916 年 7 月 14 日，黎元洪总统下令通缉八名帝制犯，孙毓筠在通缉令列第二名，排在杨度之后。1918 年 3 月 15 日，冯国璋代总统下令将民五、民六两次复辟案主犯杨度、孙毓筠、顾鳌、夏寿田、薛大可、康有为、刘廷琛、万绳栻、梁郭彦、胡嗣瑗等 10 人取消通缉，免予追究。

孙毓筠被特赦后，有所悔悟，写了忏悔书。此忏悔书在国民党统治时期还被收入中学教科书。

1924 年孙毓筠应河南军务督办理胡景翼邀赴开封，旋病死。

第三节　袁世凯的"辩护士"严复

严复是近代著名的启蒙思想家、翻译家。袁世凯在发迹后，慕严复之盛名，屡次欲招其入幕，严复始终拒之千里之外。辛亥革命后，思想倒退保守的严复投入袁世凯幕府，为袁世凯专制独裁充当辩护士。

"袁世凯什么人，他够得上延揽我？"

严复，字几道，福建侯官县（今福州）人，生于 1854 年 1 月 8 日（清咸丰三年十二月初十）。其祖父和父亲两代均是当地有名的中医。严复 7 岁入私塾读书，12 岁时因父亲去世，家中失去经济来源，面临失学危机。恰在此时，洋务派在马尾创办福州船政局并附设船政学堂，严复遂考入船政学堂，学习驾驶和管轮方面的知识和技能。1871 年，严复以"最优"等成绩毕业，分发到"建威"、"扬武"等军舰上实习五年。1877 年春，严复等 12 人被派往英国留学，入格林尼茨海军学院，他们是该学院有史以来第一批外国留学生。严复在英国两年零两个月，主要学习了与海军有关的高等数学、化学、物理、海军战术、海战公法及建筑海军炮台等专业知识，每门功课均列优等。当时的英国，正是资本主义发展的全盛时代，中西文明的对比十分强烈，严复在学习海军专业课程的同时，用很大精力考察了欧洲资本主义国家富强的原因，对欧洲资产阶级制度和学术思想理论进行了系统的探讨，这就为他后来向中国人民系统介绍西方资本主义学术思想准备了条件。

1879 年 7 月，严复以优异成绩毕业回国，于 9 月底到福州船政学堂任教习。次年 8 月，直隶总督兼北洋大臣李鸿章在天津创办北洋水师学堂，慕名电召严复任北洋水师学堂总教习（相当于今之教务长），后升会办（副校长）、总办（校长）。严复对清朝的内政外交极为不满，常发表激烈的言论，讥评当朝显宦，抨击朝政，李鸿章"患其激烈，不与近也"。[①] 即使与

---

① 王栻主编：《严复集》第五册，中华书局 1986 年版，第 1541 页。

严复职务有关的问题，李鸿章也不大征求严复的意见，严复"所言每不见听"。① 严复在李鸿章幕府中"不预机要，奉职而已"②。清政府在中日甲午战争遭到惨败后，严复受到极大的刺激。他"腐心切齿，欲致力于译述以警世"。从此，他专心致力于翻译西方名著，系统地向国人介绍西方学术思想。

从 1895 年到 1909 年，严复先后翻译出版了《天演论》《原富》《群学肄言》《群己权界论》《社会通诠》《法意》《穆勒名学》《名学浅说》等西方哲学、政治学、经济学和方法论的名著，将西方资产阶级政治与学术思想比较系统地介绍到中国，使国人耳目一新，在"西学东渐史"上开创了一个新局面。蔡元培说："五十年来介绍西洋哲学的，要推侯官严氏为第一。"吴玉章说：《天演论》所宣扬'物竞天择，优胜劣败'等思想，深刻地刺激了我们当时不少的知识分子，它好似替我们敲起了警钟，使人们惊怵于亡国的危险，不得不奋起图存。"③ 很多人争相取名"竞存"、"适之"、"择生"，可见物竞天择的道理深入人心。《天演论》等严译名著风行国内，严复名声大噪，毛泽东说："洪秀全、康有为、严复和孙中山，代表了在中国共产党出世以前向西方寻找真理的一派人物。"这是对严复在中国近代思想地位的高度肯定。当时有一个名叫朱明丽的年轻女子因仰慕而嫁给严复，成为他的第三任夫人，一时传为美谈。近代著名诗人黄遵宪有诗记其事："一卷生花《天演论》，因缘巧作续弦胶。"④

严复有吸阿芙蓉的嗜好，李鸿章曾当面规劝他戒烟，说："汝如此人才，吃烟岂不可惜！此后当仰体吾意，想出法子革去。"严复当时很感

---

① 王栻主编：《严复集》第五册，中华书局 1986 年版，第 1547 页。
② 王栻主编：《严复集》第五册，中华书局 1986 年版，第 1541 页。
③ 《吴玉章回忆录》，中国青年出版社 1978 年版，第 15 页。
④ 王敏：《严复的私人生活》，《档案与史学》（上海），2003 年第 5 期。

动，说"中堂真可感也"。①但严复几次尝试戒烟而未成功，遂成为终身嗜好。1901年冬，李鸿章病死，严复送了挽联，对他的旧宾主有以下的论定："使生平尽用其谋，其成功或不止此；设晚节无以自见，则士论又当如何？"

严复与袁世凯应该说是老相识了。他在天津北洋水师学堂任职时就与在天津小站练兵的袁世凯相识，并且过从甚密。1897年，严复与杭辛斋及翰林院编修王修植、礼部主事夏曾佑在天津创办《国闻报》，宣扬维新变法思想。当时，他们几位编辑人员在王修植家聚会时，伪装开明进步的袁世凯几乎每个星期六都要从小站赶来参加。严复后来在为杭辛斋所著《学易笔谈》二集所写的序言里记载了当年他们与袁世凯聚会的情形："辛斋老友别三十年矣。在光绪丙申、丁酉间，创《国闻报》于天津，实为吾华独立新闻事业之初祖。余与夏君穗卿主旬刊，而王菀生太史与君任日报。顾余足迹未履馆门，相晤恒于菀生之寓庐。时袁项城甫练兵于小站，值来复之先一日必至津，至必诣菀生为长夜谈。斗室纵横，放言狂论，靡所羁约。时君谓项城，他日必做皇帝，项城言：'我做皇帝必首杀你。'相与鼓掌笑乐。不料易世而后预言之尽成实录也。次年《国闻》夭殂，政变迭兴，遂相契阔去。"

袁世凯成为直隶总督兼北洋大臣后，鉴于严复的声名，袁世凯很想延揽他为入幕之宾，以抬高其北洋幕府的身价。但严复却鄙夷地说："袁世凯什么人，他够得上延揽我？"②他宁肯过着南北奔走、随处啖食的漂泊生活，也不愿投到炙手可热、权势遮天的袁世凯幕下。据说袁世凯一直"以招君不至以为憾"。③

出李鸿章幕后，清廷先后任命严复为学部编译局总纂、审定名词馆总纂、海军协都统等。1909年，清廷赐严复等"文科进士"出身。1910年资政

---

① 王敏：《严复的私人生活》，《档案与史学》（上海），2003年第5期。
② 陶隐菊：《筹安会"六君子"传》，第115页。
③ 王栻主编：《严复集》第五册，中华书局1986年版，第1542页。

院成立，朝廷以"硕学通儒"资格推荐严复为资政院议员。

严复虽拒绝入袁世凯幕府，但袁被清廷开缺回原籍后，严复却不胜惋惜地说："此人国之栋梁，奈何置之闲散？"严复还说"世凯之才，一时无两"，为袁抱不平。严复的门生侯毅说："项城总制北洋时，于侯官极相引重，侯官以臭味不投，卒辞去。项城遂有严复纵圣人复生，吾亦不敢再用之语。"严复自己也说："自庚子以后十余年间，袁氏炙手可热之时，数四相邀，而仆则萧然自远。"

严复之所以对袁世凯一直持敬鬼神而远之的态度，是因为严复认为袁世凯的政治品格有严重问题，袁在戊戌维新变法运动中出卖维新派，卖友求荣，因而为严复所不耻。

辛亥革命后幡然投入袁世凯幕府

辛亥武昌起义后，严复幡然投入袁世凯幕府，原因复杂。除了政治见解方面的原因外，还有一个十分现实的生计问题。严复有三位夫人，众多的子女，还有一大堆仆人，全家30多口人都要依靠严复生活。过去，严复可以依靠朝廷的浩荡皇恩和自己的稿费收入，而现在清朝垮了，天下已经成为袁家的天下，严复为维持一大家子的生计考虑，他也不能不依靠"故友"袁世凯了，再也不能像过去自恃清高、鄙视袁世凯了。故此，当袁世凯从湖北前线回到北京准备组阁时，严复立即跑去见袁，袁即委派严复为福建代表，参加以唐绍仪为总代表的北方代表团南下议和，严复始终认为，中国不适合共和，最好采用君主立宪，保留清帝，由汉人来组阁，掌握实权。严复在其1911年的日记最后空白页上写下了以下六行字：

> 车驾无论何等，断断不可离京。
>
> 须有人为内阁料理报事。禁之不能，则排解辩白。
>
> 梁启超不可不罗致到京。
>
> 收拾人心之事，此时在皇室行之已晚，在内阁行之未迟。

除阉寺之制是一大事。又，去跪拜。

设法募用德、法洋将。

这是严复希望保留君主的证据。但共和潮流不可抵挡，严复只好退而求其次，为袁世凯窃取大总统职位效劳。他在致友人的信中说："顾居今之日，平心而论，于新旧两派之中，求当元首之任，而胜项城者，谁乎？"①

严复虽然对袁世凯也有不满意的地方，但他始终认为只有袁世凯才是大总统的最好人选。袁世凯投桃报李，于1912年2月任命严复为京师大学堂总监督，同年5月改称"北京大学校长"。因为学校很穷，月新只有"三百二两"，严复又依靠其福建同乡、海军部总长刘冠雄，在海军部谋取到了海军部少将衔编译处总纂。1912年10月，严复辞去"北京大学校长"职务，袁世凯聘他为总统府顾问官。

辛亥革命后，严复思想日趋保守。他认为中国国民程度不行，不适合建立民主共和国，主张君主立宪制。在反对民主共和制度上，严复与袁世凯的思想十分合拍，他说"不佞最爱大总统袁先生之言曰：'往者吾为老大帝国，乃今而为新生之民国。顾前虽老大腰脚，虽病尚能行也，特不良耳！今之新生，吾不知其几何时而始能行也。'"②从这样的认识出发，对于袁世凯破坏民主共和制度、追求专制独裁的种种倒行逆施，如袁世凯镇压国民党、解散国会等，严复均无条件地加以肯定并叫好，不自觉地成为袁世凯的高等"辩护士"。

1913年6月，严复参与发起成立孔教公会。9月，袁世凯在北京举行祀孔典礼，严复到会，并作《民可使由之不可使知之》的演讲。接着，他又在"中央教育会"发表《读经当积极提倡》的演说。1914年，他在《庸言报》发表所译的《中国教育议》。这些文章均旨在提倡尊孔读经。

① 王栻主编：《严复集》第三册，中华书局1986年版，第624页。

② 孙应祥著：《严复年谱》，福建人民出版社2003年版，第409页。

　　袁世凯非法解散国会后，下令成立非法的政治会议，任命严复等60人为约法会议议员，负责炮制袁记《中华民国约法》。同年5月，袁世凯又任命严复等70人为参政院参政。10月27日，严复在参政院会议上以参政的身份提出《导扬中华民国立国精神建议案》，声称忠孝节义为中华民族之特性，竭力提倡以忠孝节义为中华民国的立国精神。提案并提出了六条具体办法：

　　一、标举群经圣哲垂训，采取史书传记所纪忠孝节义之事，择译外国名人言行，是以感发兴起合群爱国观念者，编入师范生及小学堂课本中，以为讲诵传习之具。

　　二、历史忠孝节义事实，择其中正逼真者，制为通俗歌曲，或编成戏剧，制为图画，俾合人民演唱观览。

　　三、各地方之忠孝节义祠堂坊表，一律修理整齐，以为公众游观之所。每年由地方公议，定一二日酿赀在祠举行祭典，及开庙会。

　　四、人民男妇，不论贵贱贫富、已卒生存，其有奇节卓行，为地方机关所公认，代为呈请表彰者，查明属实，由大总统酌予荣典褒彰。

　　五、治制有殊，而砥节首公之义，终古不废。比者政体肇变，主持治柄之地，业已化家为官。大总统者，抽象国家之代表，非具体个人之专称，一经民意所属，即为全国致身之点。斯乃纯粹国民之天职，不系私昵之感情，是故言效忠于元首，即无异效忠于国家。至正大中，必不得以路易"朕即国家"之言相乱也。此义关于吾国之治乱存亡甚巨，亟宜广举中外古今学说，剖释精义，勒成专书，布在学校，传诸民间，以祛天下之惑。

　　六、旧有传记说部，或今人新编，西籍撰箸，其有关于忠孝节义事实者，宜加编译刊布，以广流传。[①] 严复说："导扬国民精神建议案，意思忠告政府

---

①　王栻主编：《严复集》第二册，中华书局1986年版，第344—345页。

方针，而苦无可期实效之方法。"

严复思想日趋复古倒退，尊孔读经、忠孝节义这一套正好迎合了袁世凯专制独裁乃至帝制自为的需要，因而他的建议案得到了袁世凯的重视。参政院将严复的建议案资送袁世凯，袁随即令教育部拟订提倡忠孝节义的施行办法，通令在编写教科书时予以贯彻。[①]

1914年第一次世界大战爆发。严复对"一战"的局势十分关注，他说："复自欧陆开战以来，于各国胜负进止最为留神。一日十二时，大抵六时皆看西报及新出杂志也。"于是，严复又多了一项工作，就是选译外国电讯及报刊发表的有关第一次世界大战的资料，送袁世凯参考。袁世凯将这些东西仿帝王取名"居仁日览"。这些东西并没有多大学术价值，严复也没有留底稿。

列名"筹安会"

杨度发起成立筹安会鼓吹帝制，袁世凯示意该会应有大知识分子参加，以增强号召力。当时袁看中的大知识分子只有严复、章太炎、梁启超三人。章太炎此时被他软禁在钱粮胡同，而梁启超又已明确表示了不合作，于是只好全力争取严复出来捧场。

为此，杨度先后三次拜访严复。杨度第一次拜访严复，是在古德诺的《共和与君主论》发表后的第三日，即1915年8月5日，杨度来到北京西城旧刑部严复寓所，这次杨度没有入正题，只是对严复大谈他前数日带二千金到天津访所眷艳姬某某，约朋友打麻将，他一副牌所赢超过万金。杨度大吹自己运气极佳，想干什么事一定能顺利成功，并说他想组织一个公司，许多人想附股，群思托他的好运气来谋取利益云云。杨度大侃了一通，严复听得津津有味，却不知杨度对他说这些是什么意思。

---

① 参见中国第二历史档案馆编：《中华民国史档案资料汇编》第三辑（文化），第33—41页。

8月6日、12日，杨度又两次造访严复，征求他参加筹安会。关于严复参加筹安会的问题，他的弟子侯疑始撰有《筹安盗名记》为乃师辩护，认为严复完全是无辜的，完全是杨度强加给严复的。

反对民主共和、主张君主立宪是严复的一贯思想。但问题是由谁来做立宪君主。对于袁世凯的帝制自为，严复是有所保留的。在私人信笺中，严复曾多次发表他对袁世凯的看法："大总统固为一时之杰，然极其能事，不过旧日帝制时一才督抚耳！欲与列强君相抗衡，则太乏科哲知识，太无世界眼光，又过欲以人从己，不欲以己从人。其用人行政，使人不满意处甚多，望其转移风俗，奠固邦基，呜呼！非其选尔。"① 在另一封信中，严复又说："然吾所恶于袁氏者，以其多行不义，多杀无辜，而于外强内治两言，又复未尝梦到。观其在位四年，军伍之不统一，财政之纷乱，夫治标乃渠最急之图，尚是如此，至其他根本问题，如教育、司法等，不必论矣。此吾所以云：'即使皇帝做成，于吾国犹无望也。'"② 况且，袁世凯贸然称帝，其成败均是未知数，严复是一个稳健自重的人，他绝不会在成败未定之际陷得太深。当然，让严复冒着危险出来反对袁世凯复辟更是不可能。严复在这样的处境下唯一可能而且明智的选择就是消极应付。③

对于严复列名筹安会，袁世凯感到十分满意。从袁世凯的角度来说，严

---

① 王栻主编：《严复集》第三册，中华书局1986年版，第624页。

② 王栻主编：《严复集》第三册，中华书局1986年版，第646页。

③ 严复在私人通讯中自我解释说："至于去秋，长沙杨皙子以筹安名义，强拉发起，初合［会］之顷，仆即告以共和君宪二体，孰宜吾国，此议不移晷可决，而所难者，孰为之君。此在今日，虽有圣者，莫知适从，武断主张，危象立见，于是请与会，而勿以发起。顾杨不待吾辞之毕，飘然竟去，次日报纸已列吾名，至杨以书来谢，谓极峰闻吾与会，极深欢悦云云，则灼然早知其事之必不轨于正矣。由是筹安开会，以至请愿，继续劝进庆贺，仆身未尝一与其中。任公论出，沪上谋所以抵制之者，令内史夏寿田誋誋发言，主张帝制，仆终嘿嘿，未赞一辞，然则区区私旨，可以见矣。不幸年老气衰，深畏机警，当机不决，虚与委蛇，由是严复之名，日见于介绍，虚声为累，列在第三，此则无勇怯懦，有愧古贤而已。过是以往，犹瞰然也。"王栻主编：《严复集》第三册，第636—637页。

复参加筹安会本身就足够了。①

　　梁启超于 1915 年 9 月 3 日在《京报》发表了《异哉，所谓国体问题者》，梁的长篇论文，揭开了反对帝制的序幕，犹如一枚大炸弹。袁世凯立即签署一张四万元的支票，让内史夏寿田手持支票来见严复，让严写一篇批驳梁启超的文章，严复坚决拒绝，他对夏寿田说："吾苟能为，固分所应尔，殊不敢叨厚赐。容吾熟思之，然后报命。"

　　据说，严复拒绝写批驳梁启超的文章，招来 20 多封恐吓信，这些匿名信或晓以利害，或责以义不容辞，甚至赤裸裸地以暗杀相威胁。严复为此心惊肉跳，担心发生意外。考虑数日后，严复拿着匿名信对袁世凯的心腹解释他不能撰文的理由："梁氏之议，吾诚有以驳之。唯吾思主座命为文，所祈在被祛天下之惑而有裨于事耳。闽中谚云：'有当任妇言之时，有姑当自言之时。'时势至今，正当任妇言之。吾虽不过列名顾问，非为政府中人，言出吾口，纵极粲花之能事，人方视之为姑所自言，非唯不足以祛天下之惑，或转于事有损。吾以是踌躇不轻落笔，非不肯为也。为之而有裨于事，吾宁不

---

① 刘成禺：《洪宪纪事本事簿注》一书说：筹安会六君子，都下皆征引史传，各上隐名，适合汉、晋以来篡弑称帝献符佐命之勋。如湘潭杨度则称为"莽大夫"，杨雄作赋终投阁也。仪征刘师培，则称为"国师"，刘歆所学不类父向也。寿州孙毓筠，则称为"斜侯"，其头偏斜，字曰少侯，本王氏腊也。侯官严复，为"短主簿"，善谈名理，其风度类郗超入幕之宾也。长沙胡瑛为"成济"，反噬革命，其戈及于高贵乡公矣。善化李燮和为"李龟年"，列身朝院，随唱旧曲，回忆吴淞炮台司令，大有江南落花时节之感也。一日，六君子会食中央公园之来今雨轩，胡瑛曰："外间皆呼我等为走狗，究竟是不是走狗？"杨度曰："怕人骂者是乡愿，岂能任天下事哉！我等倡助帝制，实行救国，自问之不怨，何恤乎人言？即以'走狗'二字论，我狗也不狗，走也不走的。"孙少侯曰："我不然，意志既定，生死以之，我狗也要狗，走也要走的。"严幼陵曰："我折中其说，狗也不狗，走也要走的。"胡瑛曰："然则我当狗也要狗，走也不走。"翌日，"走狗"言志，传遍津、京。天津《广智报》绘《走狗图》一幅，曲传其意，四狗东西南北对列，如狗也不狗，走也不走，则人首犬身，屹立不动。如狗也要狗，走也要走，则猋犬昂首，四足奔腾。如狗也不狗，走也要走，则人首犬身，怒如骏马。如狗也要狗，走也不走，则一犬长顾，四足柱立。正中画项城宸像冕旒龙衮，垂拱宝座，题曰《走狗图》，从此词林掌故，又获一名典矣。刘成禺为此赋诗云："短簿斜侯莽大夫，戴盆郁郁叹新乎。缘何置酒来今雨，谈笑宣传走狗图。"此则故事不一定真实，但严复所谓"狗也不狗，走也不走"的话，正反映了他当时的矛盾心态。见该书第 233—234 页。

为哉？至于外间以生死相恫吓，殊非吾所介意。吾年逾六十，病患相迫，甘求解脱而不得，果能死我，我且百拜之矣。"①

于是，袁世凯不再勉强严复，转而令孙毓筠著文反驳梁启超。当帝制由鼓吹进入实行阶段，袁世凯又屡次派人示意，让严复上书劝进，严复仍然拒绝了。②

当袁世凯帝制高潮时，严复赋诗讽刺袁世凯得陇望蜀、贪心不足。诗云：

> 秋露白如云，溥溥下庭绿。
>
> 我行忽见之，寒早悲岁促。
>
> 人生鸟过目，胡乃自结束。
>
> 景公一何愚，牛山泪相续。
>
> 物苦不知足，得陇又望蜀。
>
> 人心苦波澜，世路有屈曲。
>
> 三万六千日，夜夜当秉烛。

1916年元旦，袁世凯在新华宫接受"文武百官"的朝贺，之后又大宴功臣，严复没有参加这类捧场活动，有意与袁世凯保持距离。袁世凯也没有追究严复的这种不合作行为，严复因此而庆幸"新朝宽大，尚容尸素"。

---

① 侯疑始：《洪宪旧闻》山西古籍出版社1996年版。

② 严璩撰《侯官严先生年谱》说："项城袁氏有称帝之意，屡遣人来示意，府君告之曰：吾固知中国民智卑卑，号为民主，而专制之政不得不阴行其中，但政体改变，已四年矣。袁公既有其实，何必再居其名；且此时欲复旧制，直同三峡之水，已滔滔流为荆、扬之江，今欲挽之，使之在山，为事实上所不可能。必欲为之，徒滋纠纷，实非国家之福，不特于袁氏有大不利也。迟未数月，又遣人前来敦请府君以一篇文字表示劝进之意。府君知其意坚决，无从挽阻，乃慨然曰：吾所欲言者，早已尽言之矣！必欲以吾为重，吾与袁公交垂三十年，吾亦何所自惜。顾吾生平不能作违心之言，吾欲为文，吾无从著笔也。自是之后，闭门谢客，不愿与闻外事。至冬，气喘常作，次年春暖，始平复。"

在宣布取消帝制后，又派人让严复出来为袁世凯疏通，以保住他的总统地位，严复依然拒绝了。

1916年6月6日，袁世凯毙命。严复写了《哭项城归榇》：

> 近代求才杰，如公亦大难。
>
> 六州悲铸错，末路困筹安。
>
> 四海犹群盗，弥天戢一棺。
>
> 人间存信史，好为辨贤奸。
>
> 霸气中原歇，吾生百六丁。
>
> 党人争约法，舆论惜精灵。
>
> 雨洒蛟龙匣，风微燕雀厅。
>
> 苍苍嵩室暮，极眼望云耕。
>
> 凤承推奖分，及我未衰时。
>
> 积毁能销骨，遗荣屡拂衣。
>
> 持颠终有负，垂老欲畴依。
>
> 化鹤归来日，人民认是非。

严复是护国军指名要求惩处的13名帝制祸首之一。洪宪帝制失败，各方惩办帝制祸首的呼声很高，气氛很紧张，帝制祸首们狼奔豕突，友人林纾等劝严复赶紧离开北京躲到天津的租界去。林纾催促说："不离京就得坐牢，老朋友要救也救不来。"严复却是一副听天由命的样子，不紧不慢地说："老朋友，你莫急，是祸事跑不了，跑得了不算祸事。我老了，已不怕什么了。是非终可大白，不妨听之任之。"

在通缉令颁布前，友人为严复和刘师培求情，要求政府"爱惜人才"。继任总统黎元洪是严复的学生，自然不愿通缉自己的老师。故1916年7月14日，黎元洪以总统身份公布的通缉令并没有严复的名字，让严复如释重负。

此后，严复不再在北洋政府中任职，晚年在病中度过。1921 年 10 月 27 日病逝于福州故里。

第四节 "侦心探龙"刘师培

在"洪宪六君子"中，刘师培与严复都是著名的学者。刘师培以学者而热衷于政治，一生反复多变，且越变越歧，最终成为洪宪帝制捧场的"复辟犯"。

刘师培，字申叔，江苏仪征人，生于 1884 年。刘师培的曾祖父刘文祺、祖父刘毓崧、伯父刘寿曾，都是恪守乾嘉考据学传统的学者，而且以祖孙三代共注《春秋》《左传》，全部被列入《清史稿·儒林传》而著名。刘师培集祖传学问之大成。他自幼聪明异常，18 岁中秀才，19 岁中举人，20 岁会试落第。他怀着"飞腾无术儒冠误"的心情回乡，途经上海停留时，结识了鼓吹种族革命的报人王郁人（无生），随后又结识了林白水、章太炎。刘师培和章太炎在经学上都主张古文经学，很快成为志同道合的挚友。当时章太炎在上海租界与蔡元培等办学办报倡言"排满革命"，受章太炎的影响，刘师培改名刘光汉，并作《攘书》，以示"攘除清廷，光复汉族"的决心。他在上海先后参与或主持《俄事警闻》《警钟日报》《国粹学报》的笔政。《国粹学报》"国学保存会"主办的刊物，其主要发起人是邓实、黄节、刘师培等，刘师培因此成为"国粹学派"的代表人物。

1905 年 3 月，《警钟日报》被上海租界当局查封，刘师培避往浙江平湖，半年后转往安徽芜湖皖江中学和安徽公学任教，化名金少甫，教学之余继续给上海《国粹学报》写稿，宣传反清复汉思想。

1907 年春，刘师培应《民报》主笔章太炎的邀请往日本东京，参加同盟会，并担任《民报》编辑。不久刘师培、何震夫妇为日本社会党"硬派"所迷惑，思想发生转向，他与张继在东京举办所谓"社会主义讲习会"，并和妻子何震创办《天义》半月刊和《衡报》等刊物，鼓吹无政府主义，反对排满复汉的民族革命。

1908 年春，刘师培又与章太炎、陶成章等人发生矛盾，关系破裂。同时，刘师培要求改组同盟会本部，自己谋求干事职位的要求也遭到拒绝，刘师培处境尴尬。这时，清朝两江总督端方在南京创办了两江师范学堂，李瑞清为监督，李瑞清向端方建议聘请刘师培到两江师范学堂任教，刘师培欣然上钩，叛变同盟会，投入端方幕中。蔡元培认为，刘师培之变节投清，是出于他老婆何震之劫持。蔡元培说："君忽与炳麟龃龉，有小人乘间运动何震，劫持君为端方用。"[①]

刘师培投入端方幕府后且向端方告密，导致陈其美等革命党人在上海的秘密联络机关被破获，江浙起事计划被破坏，同盟会会员张恭被捕。事后，陈其美命江洋大盗王金发找到刘师培夫妇，斥责他变节卖友，当场要处死他们，吓得刘师培夫妇跪地求饶，表示要以自己的生命作担保恳求端方保全张恭以自赎，王金发这才饶了刘师培夫妇。

1909 年夏，端方调任直隶总督，刘师培随同前往天津，任直隶总督署文案兼学部咨议官。不久，端方被革职闲居。1911 年 9 月，端方被清廷起用，以督办粤汉、川汉铁路大臣身份带兵入川镇压"四川保路运动"，刘师培作为端方的参议官随同前往。11 月 28 日，端方在四川资州（今资中县）被所部起义官兵杀死，刘师培也被资州军政分府拘留。章太炎不计前嫌，首先在上海《大共和日报》上刊登为刘师培求情的《宣言》云："昔姚少师语（明）成祖云：'城下之日，弗杀方孝孺。杀少孺，读书种子绝矣。'今者文化陵迟，宿学凋丧，一二通博之材，如刘光汉辈，虽负小疵，不应深论。若拘执党见，思复前仇，杀一人无益于中国，而文学自此扫地，使禹域沦为夷裔者，谁之责耶？"章太炎的这个《宣言》极尽文人夸张之能事，好像杀了一个刘师培，中国就要倒退几万年似的。随后，章太炎又与中华民国南京临时

---

① 蔡元培:《刘君申叔事略》,载陈引驰编校:《刘师培中古文学论集》,中国社会科学出版社1997年版。

政府教育部总长蔡元培在《大共和日报》上刊登《求刘申叔通信》的启事，要刘师培与他们联系。

随后，四川资州军政分府致电中华民国临时大总统孙中山请示处置刘师培的办法。教育部总长蔡元培和总统府分别致电四川都督府和资州军政分府，要求释放刘师培，蔡还要求派人将刘送到南京教育部。但刘师培无脸面再来南京面对故人，遂由谢无量介绍到成都的四川国学院任教。四川的革命党人也耻于与刘师培为伍，刘只好闭门不出，成为孤家寡人。

1913年夏，刘师培由成都返回上海。同年秋，经友人南桂馨介绍前往太原，投入山西都督阎锡山幕下，担任所谓的"高等顾问"。

1914年，袁世凯复辟帝制的图谋已经呼之欲出，为此大张旗鼓地招降纳叛。阎锡山又把刘师培推荐给了袁世凯。刘到北京后，袁世凯即委他为总统府咨议。刘师培为此感激涕零，立即上"谢恩折"，说是："宠光曲被，陨越滋虞。唯有仰竭涓埃，冀图报称。"表达了要为袁世凯报效的急切心情。

1915年3月，杨度撰写《君宪救国论》，为袁世凯复辟帝制张目，袁世凯立即赏他"旷代逸才"四字。刘师培受到鼓舞，立即撰写了《国情论》《告同盟会诸同志》，厚颜无耻地鼓吹帝制。

1915年8月，杨度发起成立筹安会，刘师培与杨度自然一拍即合，担任筹安会理事。刘师培除参加筹安会的活动外，最重要的一件工作就是撰写文章为复辟鼓吹。他与康宝忠重刊《中国学报》，封面赫然署"洪宪元年"。刘师培在该学报先后发表《君政复古论》《刑礼议》《立庙议》等反动文章，赤裸裸地鼓吹复辟。

在《君政复古论》中，刘师培为袁世凯这位枭雄大唱赞歌：

今者约法更新，颇易前敝，垂石室之制，颁金匮之法，斯盖应时耦变之具，谲伸济用之术，杯水之益，其与几何？释根务枝，孰云有济？至于存名漏迹，损敝袭新，张歙失序，既昧彝宪，真伪相贸，尤爽昔谈，非所以昭示国典，垂无穷之制也。是以群才大小，咸斟酌所同，稽之典经，假之筹策。静唯屯剥，延首王风，亦犹群流之归巨壑，众星之拱北辰。夫积力所举，无弗胜之业，众智所为，无或躗之功。邦命维新，属当今会。世之论者，则以昭功之本，莫尚于宁民，怀远之经，莫先于体信。若复法禁屡易，位号数革，信不可知，义无所立，转易之间，虑滋民惑。知弗然者，昏明相递，晷景恒度，豹变之义，大易所著。流之浊者澄其源，景之枉者正其表。是盖自然之物理，抑亦前世之明鉴也。方今百姓，盛歌元首之德，股肱贞良，庶事宁康，吏各修职，复于旧典，虽复屯沴屡起，金革亟动，幸蒙威灵，遂振国命，毕歼群丑，载廓氛浸，《采芑》之什弗足譬其功，《戕斧》之歌未足喻其捷。葛其戎谋，民服如化，此实天下乂安，刑措之时也。顾复邦国殄瘁，惠康未协，野泽有兼并之民，江介不释之备。赋发充于常强，生人转于沟壑，上贻日昃之忧，下重倒悬之厄，失不在人而在于制，是可知矣。夫临政愿治，莫如更化，创制改物，古以显庸。追观季末倾覆之戒，宜有蠲法改宪之道，缅维逐兔分定之义，深慰瞻乌知止之情，外植国维，内酬人望，正受始之大统，乘握乾之灵运，协大中之法，俾抑祸患之端，则磐石之安，易如反掌，休泰之祚，洪于来业矣。①

　　该文辞采渊懿，时人将它与汉代扬雄为王莽称帝歌功颂德的《剧秦美新》相比。在刘师培看来，只要袁世凯做了皇帝，天下就会立即太平，奠定"磐石之安"。刘师培的捧场让袁世凯这位一代独枭乐开了怀。同年10月23日，袁世凯明令派刘师培为参政院参政。11月，袁世凯又锡封刘师培为上大夫。刘师培成了"洪宪王朝"的新宠显宦。但好景不长，袁世凯帝制很快失败，刘师培成为帝制祸首，狼狈潜往天津隐居起来。

---

① 李妙根编选：《国粹与西化——刘师培文选》，上海远东出版社1996年版，第307—308页。

1917 年蔡元培任北京大学校长，秉其"思想自由，兼容并包"的办学方针，聘请声名狼藉的刘师培为北大教授，教授经史。对此，国粹学派的黄节不能接受，特致书蔡元培对聘刘为北大教授提出批评："申叔之无耻，甚于蔡邕之事董卓"，"不当引为师儒，贻学校羞"。

当时，刘师培肺病已深，不能高声讲演。但所编讲义，原原本本，很受学生的欢迎。五四新文化运动兴起后，刘师培等一批人"慨然于国学之沦夷，欲发起学报以图挽救"，准备把《国粹学报》和《国粹汇编》恢复起来以与《新青年》杂志对抗。对此，鲁迅讥讽说："中国国粹，虽然等于放屁，而一群坏种，要刊丛编，却也毫不足怪。该坏种等，不过还想吃人，而竟奉卖过人肉的侦心探龙做祭酒，大有自觉之意。"①鲁迅所说的"侦心探龙"就是刘师培。恢复《国粹学报》的计划没有实现。1919 年初成立了"国故月刊社"，发行《国故月刊》，刘师培任总编辑，打着"昌明中国固有之学术"的旗号以对抗新文化运动。同年 11 月 20 日刘师培病死。享年 36 岁。刘师培的著述于 1936 年以《刘申叔先生遗书》出版。

对于刘师培短暂而又反复投机的一生，蔡元培以惋惜的笔调写道："向使君委身学术，不为外缘所扰，以康强其身，而尽瘁于著述，其所成就宁可限量？惜哉！"②刘师培的弟子黄侃（季刚）也说："忧思伤其天年，流谤及于后世，贻人笑柄，至可病惜！"③文人无行，贻羞后世，可为鉴戒。

第五节　误入歧途的胡瑛

胡瑛也是辛亥革命的风云人物，著名的革命党人，他加入筹安会，可说是穷极无聊，误入歧途。

---

① 朱信泉：《刘师培》，李新、孙思白主编：《民国人物传》第一卷，中华书局 1978 年版。

② 蔡元培：《刘君申叔事略》，陈引弛编校《刘师培中古文学论集》，中国社会科学出版社 1997 年版。

③ 转引自王元化：《清园近思录》，中国社会科学出版社 1998 年版，第 332 页。

　　胡瑛，字经武，湖南桃源县人，生于 1884 年。1904 年胡瑛在湖南长沙经正学堂读书时，受老师黄兴的影响参加华兴会，并由黄兴介绍到湖北成立华兴会湖北支部，结识了湖北革命党人刘静庵、曹亚伯、吕大森、张难先等。同年 7 月，科学补习所在武昌成立，吕大森任所长，胡瑛任总干事。科学补习所被封闭后，胡又担任汉口《大江报》和《夏报》主笔。1905 年春，胡瑛赴日本留学，入日本早稻田大学政治经济系。同年 8 月，中国同盟会在日本东京成立，胡瑛当选为评议员之一。《民报》编刊后，胡瑛常为其撰稿，参与编辑工作。胡瑛与宋教仁、覃振被称为"桃源三杰"。

　　1906 年 12 月，胡瑛与梁钟汉、朱子龙等奉孙中山之命回武汉，与日知会领导人刘静庵等谋划在武汉起义，以响应萍浏醴起义，因留日学生郭尧阶告密，胡瑛与梁钟汉、朱子龙、刘静庵、张难先等 8 人被捕，胡瑛被判处永远监禁。1911 年 10 月 10 日，武昌起义爆发。次日，胡瑛释放出狱，担任湖北军政府外交部部长，参与南北议和及南京临时政府的组建。

　　1912 年 1 月 11 日，胡瑛被孙中山任命为山东都督。2 月，胡瑛至山东烟台就职。但这时山东的绝大部分在袁世凯的爪牙、山东巡抚张广建的控制下。张广建不承认胡瑛这个都督，密电袁世凯将胡瑛调出山东，电文称："胡瑛才气有名于时，与黄（兴）为至戚，其占据烟台，本以掣直（隶）、（山）东之势；只以共和宣布，不得显逞其雄图，其心恐有所未甘。如或优礼胡瑛，调京畀以要差，俾就钧座范围，则东省可纾，大局可定。"① 袁世凯立即采纳这个建议，于 1912 年 3 月 19 日免去胡瑛的山东都督职务，改任为有名无实的所谓新疆青海屯垦使。

　　1913 年春，胡瑛当选为中华民国第一届国会参议院参议员。但不久宋教仁遇害，南北对立加剧，胡瑛南下上海，参与反袁的"二次革命"，失败后逃亡日本。次年参加欧事研究会。当时，袁世凯也在利用各种关系对革命

<hr>

① 苏惠辑：《张广建电稿》，《近代史资料》1958 年第 4 期（总第 21 号）。

党人进行招抚。荆嗣佑在《反袁驱汤见闻》一文中说："有一天，湘籍老同盟
会员彭渊恂来到东京，就住在胡瑛家里。彭告诉胡瑛：'只要黄克强不反对袁
世凯，袁就可以任黄为蒙疆经略使，对胡瑛本人则称袁根本没有撤过你的职，
黄任蒙疆经略使，你任新疆青海屯垦使，你们两人连成一气，将来可以利用
大西北作为革命根据地，前途大有可为。"胡瑛听了，大为所动，就打电报给
黄兴征求意见。黄兴复电："本人与袁决裂已久，岂可与之复合？至于经武，
进退自由，不必问我。"①

本来，袁世凯在上一年以"乱党"的罪名杀害了胡瑛的岳父、北京《定
一报》主编饶智元。按常理，胡瑛无论如何也不能与有杀父之仇的袁世凯合
作，但走投无路的胡瑛还是经不起袁的诱惑，于 1914 年底回国，投入袁的
怀抱。当筹安会成立时，胡瑛自然成了理事。胡瑛除了参与筹安会的集体活
动外，是否还有个人效忠活动，现在还不清楚。不过，对于袁世凯来说，胡
瑛参与筹安会就已经造成革命党人也拥护他称帝的印象，袁世凯的目的也就
达到了，他并不一定要求胡瑛有什么具体的活动。

袁世凯帝制失败后，胡瑛也从一个著名的革命党人成了一个帝制复辟犯。
1916 年 10 月 30 日，黄兴临终前的一天，欧事研究会的负责人李根源前往
探视，分别时，黄兴特别交代李根源："胡经武无志节，可恨可怜，闻很穷，
吾辈当念旧交维持其生活。"②黄兴是胡瑛的老师，也是胡瑛参加革命的引路
人，他对胡瑛的变节投袁很惋惜。

袁世凯死后，胡瑛幡然悔悟，重新回到了革命队伍中来，先后任护法军
湘西招抚使、靖国军第三军军长、广州军政府顾问。1924 年奉孙中山之命
北上联络直系将领冯玉祥、胡景翼。1926 年出任广州国民政府驻山西代表
等，做了一些有益的工作。1932 年 11 月病逝于南京，时年 48 岁。

---

① 《辛亥革命时期桃源人物集》，国际展望出版社 1991 年版，第 72 页。

② 毛注青编著：《黄兴年谱长编》，中华书局 1991 年 8 月第 11 版，第 503 页。

第六节　陷身虎牢无以自白的李燮和

李燮和是辛亥革命史上的风云人物，著名的革命党人，他加入筹安会，可以说是陷身虎牢，身不由己。

李燮和，名柱中，字燮和，以字行于世。湖南安化（今涟源市）人，生于 1874 年。他"少有大志，沈毅寡言，不尚空论，喜与秘密党游"。[①] 他先后参加过黄汉会、兴中会、光复会、同盟会，是一个老资格的革命党人，具有很强的活动能力，是光复会后期的重要领导人。辛亥武昌起义后，李燮和接受湖北军政府都督黎元洪札委，以"长江下游招讨使"的名义奔赴上海，策划东南各省的光复。李燮和本来手中并无什么实力，但当时上海一带的军警上层人物有不少湖南人，李燮和通过湖南同乡关系争取闸北巡警总局巡逻队官陈汉钦和吴淞巡敬总局巡官黄汉湘等参加起义，首先拿下吴淞、闸北，李燮和自称"上海临时总司令"。随后在上海商团和同盟会组织的敢死队的配合下，夺取江南制造局，光复了上海。李燮和在光复上海过程中功劳最大，却在争夺沪军都督时为同盟会的陈其美与上海绅商势力联合排挤出局，沪军都督为陈其美所得，沪军都督府的大小职位均为同盟会和上海绅商上层人物所得。陈其美仅给李燮和安排了一个小小的参谋（参谋共有 12名）职务。李燮和受到排挤后，顾全革命大局，没有计较自己的得失，主动退让，率领自己的部下前往闸北成立吴淞军政分府，李燮和任都督光复军北伐总司令，率部参与光复南京。不久，革命党人妥协思想占据上风，北伐趋于停顿，李燮和忧心如焚，于 1912 年 1 月 19 日以吴淞军政分府都督兼光复军总司令的身份上书中华民国临时大总统孙中山，坚决反对与袁世凯妥协，电文说：

（上略）一月以来，最足为失机误事之尤者，莫如议和一事。夫和有何

---

① 冯自由：《革命逸史》第 2 辑，中华书局 1981 年版，第 215 页。

可议者，民主君主，两言而决耳，岂有调停之余地？战亦何可议者，北伐北伐，闻之耳熟矣，卒无事实之进行。坐是抢攘月余，势成坐困，老师匮财，攘权夺利，凡种种不良之现象，皆缘是以生。若天下之大局不定，河山之歌舞依然，我恐洪氏末年之覆辙，将于今日复蹈之也。夫袁氏之不足恃，岂待今日而后知之？溯彼一生之历史，不过一反复无常之小人耳。甲午中东之役，戊戌之政变，庚子之拳乱，合之此次之事变，凡国中经一次之扰乱者，即于彼增加一绝大之势力。彼盖乘时窃势，舞术自恣之人耳。

故袁氏者，断不可恃者也。恃袁氏无异恃袁氏之术。袁氏之术，乃其所以自欺欺人者也。彼自身且不可恃，独奈何欲率天下之人，以赖袁氏之术乎？故今日者，必须去依赖袁氏之心，而后可以议战。以神圣庄严之大总统，奉之于袁氏足下，而袁蹴尔不屑，宁非神州男子之奇辱耶？

就今日之时势观之，断非平和可以解决，则徒讲一时弥缝之策，希冀战争之不再开者，名虽尊重人道，实则违背人道。何则？以其迁延越久而损失越大也。故今日之战，为人道而战，绝非破坏人道之举也。

近者议和屡有破裂之势，然袁氏犹时出其诡计，或谓派梁士诒莅沪，或传派唐绍仪续议，无非欲以迷离惝恍之手段，以懈我已固之人心，而支持其破碎之残局。幸我国民幡然知袁氏之侮我，于是有誓师北伐之举。燮和不才，今已秣马厉兵，从诸君子后，若公（指孙中山）犹迟疑不决，当机不断，或且误听袁氏再求和议之举，则误我神州大局，沦胥我炎黄胄裔者，公将不能辞其咎矣！①

从上书看，李燮和对袁世凯这位枭雄的认识和揭露是十分深刻的。可惜的是，当时要求与袁世凯妥协的势力在革命党内占了上风，孙中山格于众议，

---

①　上海《时报》1912 年 1 月 19 日。转引自胡绳武、金冲及著《辛亥革命史稿》第四卷，上海人民出版社 1991 年版，第 162—163 页。

不得不与袁世凯妥协，将大总统职务让给袁世凯。

辛亥革命以妥协而告终，李燮和辞去吴淞军政分府都督兼光复军总司令，从此解甲归田，回安化老家。

1913年"二次革命"前夕，南北对立，局势十分紧张。这时袁世凯聘李燮和为总统府高等顾问，再三电催他赴京面商国事。杨度和章太炎也来电促驾。李燮和到北京后，原本想向袁世凯陈述"统筹大局，加强法治，团结异己，加快建设"的种种建议，但与袁见面寒暄后刚说及主题，袁就借故端茶送客了。李燮和退出后将自己的意见写成条陈托孙毓筠转交袁世凯，但石沉大海，没有回音。

李燮和在北京虽名为高等顾问，实已被袁世凯软禁。不久，原光复会的领袖章太炎也被袁世凯软禁了起来。当袁世凯帝制自为的时候，杨度、袁克定、梁士诒等向袁世凯献策，谓宜贿买当今失意穷困之老革命党人，"使之上书"劝进，以表示举国人一致拥戴之公意。[1]袁深表赞同。于是，杨度和筹安会将李燮和这位辛亥革命的风云人物拉了进来。

关于李燮和与筹安会的关系，一般人认为李燮和是裹胁进去的，他并没有什么个人的活动。

龚翼星在谈到筹安会时，认为是杨度"纂君（指李燮和）名其中"。[2]章太炎《自定年谱》也说："孙少侯时为袁氏要人，柱中以狱事被胁，皆豫筹安会。余甚恶少侯，而知柱中无他，柱中来见，不甚诮让也。然柱中颇自愧，不继见矣。"[3]

可见，李燮和之列名筹安会是在被人威胁的情况下被冒名的，但已是百口莫辩。李燮和后来在自己的寓所中写了这样的对联："北伐效三呼，渡河杀

① 冯自由：《革命逸史》第2集，中华书局1982年版，第218页。
② 彭辉志、彭倩梅：《李燮和列名"筹安会"考》，《娄底师专学报》，2003年第4期。
③ 汤志钧编：《章太炎年谱长编》上册，第493页，中华书局1979年版。

贼虚初愿；南来欠一死，列简蒙冤愤晚年。"[1]

　　李燮和列名筹安会，百口莫辩，不仅他在辛亥革命中的巨大贡献被一笔勾销，而且从此蒙上帝制复辟犯的恶名，于 1927 年在安化老家郁郁而终，时年 54 岁。

---

[1]　彭辉志、彭倩梅：《李燮和列名"筹安会"考》，《娄底师专学报》，2003 年第 4 期。

第八章 "洪宪皇太子"袁克定

袁克定是袁世凯的嫡长子，此人一贯以"青宫储贰"自居，也是袁世凯众多子女中最热衷于政治者，他是袁世凯阴谋政治的重要谋划者和参与者之一。洪宪帝制，他一直在幕后发动操持。袁世凯宣布称帝后，他成为"洪宪皇太子"。

袁家嫡长子

袁世凯是枭雄，他的私生活，与古代封建专制帝王毫无二致，极端放纵糜烂。他妻妾成群，子女一大堆。袁克定是袁世凯元配夫人于氏的独生子，也就是袁世凯的所谓嫡长子，生于清光绪四年（1878）十二月十七日。1882年，袁世凯随吴长庆赴朝鲜，袁克定也被带到朝鲜，由袁世凯的大姨太太沈氏扶养。以后，袁克定一直跟随在袁世凯身边，袁世凯请家庭教师教克定读书，其中有德籍牧师，所以袁克定通晓德文，英文也有相当水平。袁克定没有走科举考试的路，其父任直隶总督时，为他捐了个候补道。

1905年，袁克定入盛京将军赵尔巽幕府参军事。1907年，清廷改革官制，商部改为农工商部，载振仍任尚书，奕劻、载振为示好袁世凯，授袁克定为农工商部右参议。袁世凯被清廷罢官时，在奕劻、载振父子的庇护下，袁克定并没有受到株连，反而继续升官。1908年署左参议，1910年升农工商部右丞，1911年任邮传部丞参。

在袁世凯开缺赋闲于彰德洹上村时，袁克定就成为其父沟通外界消息的渠道。据说，袁克定对于清廷罢黜其父，怀有切齿之仇，他看到奕劻的贪婪，载沣之庸懦，载涛、载洵、毓朗等少壮亲贵的胡作非为，认为清廷气数已尽，他袁氏父子报仇的机会不会太远，袁克定利用父亲的老关系，与王公及朝廷大臣周旋应酬，借以搜集政治情报，研究朝廷的政治动向，在北京与彰德间电报往来频繁。

为袁世凯窃取辛亥革命果实而奔走

辛亥武昌起义后，清廷起用袁世凯。袁克定则坐镇彰德洹上村，为其父窃取辛亥革命的果实而密谋策划，知情者说："武昌变起，起用世凯督师，又任内阁总理，克定虽仍在洹上村而参与颠覆清室的密谋，他已是中坚分子。"①

袁克定策划的第一个大动作就是派朱芾煌南下与黎元洪接洽和谈。袁世凯任清廷内阁总理大臣后，立即将因刺杀摄政王未遂而关押在狱中的汪精卫放出来，汪是革命党人中骨头最软但又权欲熏心的一个政治小丑（孙中山倚他为亲信），袁世凯认为这样的人正好可以利用，遂命袁克定与汪精卫换帖拜把子，结成金兰兄弟。这样一来，汪精卫这个革命党人就成了袁世凯的干儿子。袁世凯即利用汪精卫充当革命党人的"第五纵队"，利用他来瓦解革命队伍，最后发展到公开逼孙中山下台。袁、汪拜把后，汪精卫立即为袁世凯窃取辛亥革命的果实献计。1911年11月29日，袁克定与汪精卫派朱芾煌带着汪精卫的亲笔信前往武昌与湖北军政府都督黎元洪等相见，主张南北联合推翻清王朝，推举袁世凯为大总统。当时，冯国璋已攻下汉口、汉阳，武昌已经处于北洋军的炮火威胁之下，懦弱的黎元洪立即表示同意。

关于汪精卫与袁世凯父子的接触，张国淦在《辛亥革命史料中》写道："袁到京，主张拥护君主，绝口不言共和……此时汪兆铭已开释，乃约汪到锡拉胡同（袁内阁所在地）谈论。汪每晚饭后七、八时谒袁，十一、十二时辞出，初只言共和学理，谈至三夜，渐及事实。汪言：'如需继续谈去，请求再约一人。'袁问何人？汪以魏宸组对，袁许可。次夜汪、魏同谒袁，于是讨论中国于君主共和何者适宜。魏善于辞令，每以甘言诱之，袁初尚搭君主

---

① 恽宝惠:《谈袁克定》，载《文史资料存稿——晚清北洋》上册。

官话。连谈数夜，袁渐渐不坚持君主，最后不言君主，但言中国办到共和颇不易。汪、魏言：'中国非共和不可，共和非公促成不可，且非公担任不可。'袁初谦让，后亦半推半就矣。"[1]

丁中江先生对于袁世凯父子与汪精卫的勾结有如下一段描写："袁世凯、汪兆铭的勾结，是民国成立前后，政海中一大公案，20个月以前汪谋刺摄政王事泄入狱，震动了海内外，辛亥年袁再起组阁时，汪已获释。袁入京后即曾多次单独和汪谈话，两人所谈何事非外人所可获知，不过汪既是同盟会重要巨头之一，又坐过监，其革命功绩已世人皆知，无人会疑心汪对革命不忠，所以袁汪往还并不损于汪的盛名。袁汪勾结的高潮是汪兆铭和袁的长子克定结为异姓兄弟一事。这是在南北和议期间，时间是辛亥年十月初七日，这天下午五时，袁在内阁总理官署见汪，密谈一小时，又于当天晚上七时在私邸设宴款汪。汪和克定先向袁四叩首，二人又相对叩首，然后世凯南面坐，汪和克定北向立。袁徐徐而言：'你们两人今后是异姓兄弟，克定长，当以仲弟视兆铭；兆铭年幼，应以兄长待克定。我老了，望你们以异姓兄弟之亲逾于骨肉。'汪和克定以极诚敬的口气说：'谨如大人命'。于是再向袁四叩首，一幕'义'结金兰的礼仪告终。这父子三人由杨度等作陪，尽欢畅饮，汪雄于饮酒，袁父子也非弱者，这一晚真是杯盘狼藉，尽欢而散。"[2]

当朱芾煌从武昌返回汉口时，为冯国璋所部当做间谍扣压，但朱身上有"钦差大臣袁"之龙票（即护照），冯国璋一时难辨真伪，遂命加以审讯，朱自称系受袁克定命，与黎元洪接洽和谈。冯命令将朱芾煌暂时拘禁起来，同时致电袁世凯请示，袁复电"此事须问克定"。袁克定随即复电冯国璋称："朱即是我，我即是朱，若对朱加以危害，愿来汉与之拼命。"冯国璋碍于袁克定的面子，当即以专车将朱押送北京。

① 张文敏等著：《政疴——民国政坛黑幕》上册，中国友谊出版公司1998年版，第84—85页。

② 丁中江著：《北洋军阀史话》第一集，中国友谊出版公司1992年版，第218页。

上面提到的朱芾煌（1885—1941），四川江津人，16 岁中秀才，后就读于上海的中国公学和中国新公学，1909 年留学日本，在东京加入中国同盟会。辛亥武昌起义后回国，在京津一带策划北方革命运动。朱芾煌是如何与袁克定搭上关系的，王树枏在《武汉战纪》中有如下介绍：

> 黎元洪初闻袁世凯督师之命，即召诸党议曰：北军皆袁世凯所教练，将士爱畏无二心，又强悍善战，器利充足，非我军所能敌也。吾初拟遣敢死士潜至彰德，劫世凯而南，或夺河桥据汴梁，扼河而守，以争胜负。只以武汉新造，兵力薄，不能达所志。今北军势已成，战守二者恐均不可恃，窃以袁世凯阴贼险诈，久蓄异谋；己酉之辱，衔恨至今；此出又非太后意；若得敢言之士，说而间之，则天下大局可不战定也。有蜀人朱芾煌者，毅然请往，遂赍函入彰德。袁世凯使其子克定见之。朱芾煌要以二事：一去摄政王，一撤冯国璋兵柄，事济以大总统奉之。克定索正式公文，朱芾煌再返武昌，取证书。出汉口，为我军所获执，送冯国璋。芾惶恐事泄，碎证书吞之曰：吾袁内阁所使也，冯国璋不敢诘，送至彰德。后知其谋，顿足曰：吾为竖子所绐，大事去矣！①

袁克定为其父谋划的第二幕，则是策划京津兵变，以吓阻南京临时政府派来的迎袁专使。知情人都认为，京津兵变是袁克定一手在幕后策划布置的。当迎袁专使蔡元培及其随员到达天津时，袁克定还奉其父之命专程到天津迎接，并陪同蔡元培等进京，蔡元培等到京的时间是农历正月初八（1912 年 2 月 26 日），而在此之前的四天，即 1912 年 2 月 21 日，袁克定即在地安门的公馆里召集姜桂题、曹锟、杨士琦、杨度等人谈话，商量对付迎袁专使的对策，袁克定介绍情况后说，南边坚持要大总统南下就职，大总统要走，

---

① 中国史学会主编：《辛亥革命》（五），上海人民出版社 1992 年版，第 233—234 页。

兵权就得交给别人。听说王芝祥要来当直隶都督，大总统只能带一标人去作卫队，至多也不能超过一个协。其余人的恐怕都要裁汰调动。袁克定说到这里，在座的北洋军头都很激动，因为军队是他们的命根子，袁克定就说出这种别有用心的话来刺激他们，这些军阀老粗你一言我一语，叫嚷了半天，可是谁也拿不出一个正经主意，最后，袁克定忍不住说："我看等那些专使来的时候，把他们吓回去再说。"袁克定说完，眼睛盯着毅军老将姜桂题，姜桂题认为事关重大，不敢贸然表态，嘟囔了半天"这个光景，……那个光景……"始终没有说出一句完整的话。袁克定见此情形大为生气，宣布改天再谈，散了会。

2月23日，袁克定找第三镇统制官曹锟布置"兵变"行动。袁克定召集曹锟、刘学信（第三镇炮兵标统）、王用中（炮兵管带兼帮统）、唐天喜（第三镇第十标标统）、萧耀南（第三镇参谋长）、米振标（毅军左路统领）、陈希义（毅军后路统领）等开会。一开始，与会者就大谈迁都南京的问题。有的说，南京经过太平天国一场战乱，早已房屋倒塌，哪里有北京多年国都这么方便现成呢？有的说，这是南蛮子的调虎离山之计，目的不外是把大总统骗到南边软禁起来，说不定还许下手给害了呢！当大家议论得差不多了的时候，袁克定又把上次说过的话重复了一遍，最后加重语气说："难道大清皇上逊位，北京军官也要逊位吗？"

这时，曹锟接腔说："我想这件事他妈的好办，只要去几个人把专使的住处一围，一放枪，大伙儿嘴里再嚷嚷：'宫保要走了，我们没人管了。'只要咱们一吓唬，他们就得跑。"克定听了，不禁连连点头说："只要你们一闹，把他们吓跑了，那就好办了。到那时候，外交团也能出来说话，不放总统南下，这样建都北京就不成问题了。王芝祥也不敢来接直隶都督了。"[①]

---

① 杨雨辰：《庚子北京兵变真相》，《辛亥革命回忆录》第八集，文史资料出版社1982年版，第438—440页。

　　从以上事实来看，袁克定也是个富于政治阴谋的人，其手段也不比其父逊色多少。

　　朱芾煌回到北京后，袁克定正式向汪精卫提出解决时局的三个要求：（一）推举袁世凯为临时大总统；（二）实行南北统一；（三）袁世凯对蒙藏地区沿袭皇帝名义。汪精卫同意，并致电黄兴征求意见。黄兴于 1911 年 12 月 9 日复电表示："项城雄才英略，素负全国众望，能顾全大局，与民军同为一致之行动，迅速推翻'满清'政府，令一国大势早定，外人早日承认，此全国人人所仰望。中华民国大统领一位，断推举项城无疑。"①

德皇威廉二世面授真经

　　1912 年 5 月，袁克定担任开滦矿务局督办，后兼董事长，同时还兼任外交部顾问。

　　1913 年 9 月，袁克定送二弟袁克文携眷从彰德移居天津，前往车站时乘骡车，从车站归家时改乘袁克文所乘的马，结果坠马严重受伤，造成轻微脑震荡，腿部骨折，手心被撕掉一大块皮。后经抢救，但留下后遗症，走起路来有点跛，出入社交场合经常戴着白手套。

　　袁世凯镇压"二次革命"后，袁克定于 1913 年 9 月访问德国。袁克定是应德国的邀请前往的。1912 年，德皇威廉二世即秘密派人来华见袁世凯，事前驻德公使密告袁，谓德国愿尽其财力、物力赞助中华民国建设事业，与中华民国结为好友，事前勿令英、日两国探知。德国来使到达北京后，由德国驻华公使陪同晋见袁世凯，呈递德皇威廉二世亲笔密函，信中称：如以德皇建议为然，请即密派极亲信重要之人赴德答聘，德皇当竭诚密商，助定大计。这是袁克定访问德国的背景。

　　袁克定到达德国柏林后，向德皇呈上袁世凯的亲笔长函，德皇在便殿设宴款待，并与袁克定密谈数次，力陈中国非帝制不能图强。威廉二世说："中

---

① 毛注青编著：《黄兴年谱长编》，中华书局 1991 年版，第 245 页。

国东邻日本，奉天皇为神权；西接英、俄，亦以帝国为宰制。中国地广人众，位于日、英、俄间，能远师合众美国乎？美亦不能渡重洋，为中华民国之强助也。方今民国初肇，执政皆帝制时代旧人，革命分子势力甚脆弱。挟大总统之威权，一变中华民国为帝国皇帝，亦英、日、俄各帝国所愿。我德誓以全力赞助其经营，财政器械由德国为无条件之供给，中国当信予能履行诺言。"

威廉二世又亲笔写了一封长函，托袁克定带给袁世凯，函中所言皆与袁克定面谈之语。德国的怂恿，对于袁世凯父子是一种极大的诱惑，这是袁氏父子悍然称帝的诱因之一。

主持编练模范团，为异日登基培养班底

民国成立后，段祺瑞一直担任陆军部总长，掌握了很大一部分军权，且形成了以他为中心的山头。袁世凯认识到，袁克定与北洋军将领素无关系，对那些北洋宿将根本不能指挥如意，特别是段祺瑞，老气横秋，视袁克定为"阿斗"，一点也不买账。袁世凯认为，如果不趁他在世时为"太子"培养好党羽，将来一旦自己"晏驾"，"太子"势将无法震慑，天下就非袁家所有了。基于以上的考虑，袁世凯决定另起炉灶，编练所谓"模范团"。一开始，袁世凯即向陆军部总长段祺瑞提出让袁克定担任模范团团长，段祺瑞心头有气，硬邦邦地顶了一句："我看他不行吧。"

袁世凯解释了半天，段仍坚持己见，袁最后气急败坏地问段："你看我行不行？"

在袁世凯的强行坚持下，模范团于 1914 年 10 月成立，团长暂时由袁世凯兼，陈光远任团副，袁克定与王士珍、陈光远、张敬尧等任筹备委员，实际上还是袁克定主持。团本部设在北海，直属于陆海军大元帅统率办事处。模范团军官从北洋各师和保定陆军军官学校每期毕业生中抽调，士兵年龄在 22 岁至 26 岁之间，身家清白，且身强力壮，当过正目，经历过战役的战士。模范团成立之时，正值第一次世界大战爆发不久，德国军队以秋风扫落叶之势扫荡欧洲，扁头将军米勒大胜于东战场，很快占领了罗马尼亚、巴尔干半岛；兴登堡元帅大胜于西战场，大有席卷全欧洲之势。德军威震世界，袁世凯父子从中受到鼓舞，编练模范团一切采取德国的制度，军中步法采德国御林军步伐；将领大多选用留德陆军学生。文武官员也模仿德皇威廉二世，均蓄"八字"牛角须。袁克定兄弟也改穿德国亲王陆军制服，雄冠佩剑，金带黄绶，戎衣革履，肩章三星。袁克定兄弟排立一行，着这种服装照合影颁示天下。袁世凯还令罢英文教师，请前清陆军大臣荫昌为家庭德语教师，学习德文。

对于袁氏父子掀起的这股崇德风，濮伯欣先生欣然赋《新华打油诗》云："欧战经年胜负分，家庭教育变方针。果然今上知时务，不爱英文爱德文。"刘成禺也赋诗道："冠履分藩拜命归，诸王何事赐戎衣。师承欧制兵天下，胡服吴钩金带围。"

模范团第一期毕业后，编为北洋陆军第十一、第十二两个师，以张永成、陈光远为师长。

第二期，袁克定终于走到前台任团长，陆锦为团副。第二期毕业后，编为北洋陆军第九师，以陆锦为师长。

模范团的编练，本意是为袁克定培植军队班底，但由此却激化了北洋派内部的矛盾，段祺瑞公开拆台，对洪宪帝制产生重大影响。

洪宪帝制的幕后操纵者

知情人都认为，洪宪帝制是"由克定在幕后一切主持"。帝制启动后，袁克定住在中南海的万字廊，环绕在他身边的是杨度、段芝贵、杨士琦以及薛大可等一批人，这批人是所谓"太子党"的中坚人物。据说"臣记者"薛大可更是无日不趋承于袁克定之侧。外间戏呼袁克定为"克宗定皇帝"，袁克定也当仁不让，很早就以"青宫储贰"自居。

1915年正月间，袁克定召梁启超到北京西山赴宴，杨度也在座。谈话间，袁、杨即痛诋共和之缺点，隐露变更国体征求梁启超赞同之意。梁启超却不买账，大谈国内及外交上的危险，谈话格格不入，不欢而散。[①]

梁启超感觉到帝制已是山雨欲来风满楼，帝制之祸即将发作，他从西山回到城里后，立即举家搬到天津租界，随后又南下，来往于上海、广东之间，静观时局变迁。

袁克定原本想借重梁启超的如椽大笔为帝制做吹鼓手，不料梁不合作，袁克定只好求其次，请杨度、薛大可等次一个档次的吹鼓手来为洪宪帝制摇旗呐喊了。杨度在袁世凯那里不受重用，就走太子的路线，成为"太子党"的重要谋士，他把袁克定当做当代秦王李世民，而自己则以房玄龄、杜如晦自居。但杨度是书生，光有笔杆子搞不成大事，还得有经济力量，于是袁克定又决定把交通系首领、有"财神"之称的梁士诒拉过来。但梁士诒开始也并不赞成帝制，袁克定再次使出他的政治阴谋手段，一手制造所谓"三次长参案"和"五路大惨案"，将梁士诒交通系的重要骨干叶恭绰等一一罗织入案。事后，袁克定又约见梁士诒，单刀直入，问变更国体实行帝制，梁能不能帮忙，并加以恫吓。梁士诒为保全岌岌可危的交通系，决定以交通系的雄厚财力赞助帝制，袁克定这才下令将所有参案打消，从此，梁士诒为首的交通系成为洪宪帝制的台柱。[②]

在复辟帝制的问题上，袁克定比其父袁世凯显得更加迫切。因为袁如不做皇帝，江山就不可能传到袁克定的手中。为了坚定其父称帝的决心，袁克定还改造《顺天时报》进呈"御览"。

《顺天时报》是日本人在北京办的一份中文报纸，是日本侵华的重要舆论工具。对于洪宪帝制，日本人一直是心怀祸胎，始乱终弃，起先是怂恿称帝，袁称帝后又准备拆台。《顺天日报》很快转变论调，开始登载一些不赞成帝制的言论，袁克定及其党羽为了掩盖过去，便用巨款贿买《顺天时报》，

---

① 梁启超：《饮冰室合集》专集之三十三，第143页。

② 张国淦：《北洋述闻》，第77—88页。

每天印一份抽去不赞成帝制文字的报纸专门供袁世凯阅看。[①]这就是袁克定伪造《顺天时报》事件。这个假《顺天时报》的穿帮，却缘于一个偶然的事件，袁克定之妹袁静雪回忆说：

　　《顺天时报》是当时在北京销行数量比较多的日本人所办的汉文报纸。我父亲平时在公余之暇，总是专门看它。这大概由于它是日本人办的报。可是，也就因为这个缘由，才使他受了假版《顺天时报》的欺骗而毫不自知。假版《顺天时报》是大哥纠合一班人（是否就是所谓"六君子"那一班人，那就不得而知了）搞出来的。不但我父亲看的是假版，就是我们家里别人看的，也同样都是假版。大哥使我们一家人与真实的消息隔绝了开来。有一天，我的一个丫头要回家去探望她的父亲（这个丫头是一个老妈子的孩子，是自由身子，所以准许他隔一些时候回家探望一次），我当时是最爱吃黑皮的五香酥蚕豆的，便让她买一些带回来吃。第二天，这个丫头买来了一大包，是用整张的《顺天时报》包着带回来的。我在吃蚕豆的时候，无意中看到这张前几天的报纸，竟然和我们平时看到的《顺天时报》的论调不同，就赶忙寻着同一天的报纸来查对，结果发现日期相同，而内容很多都不一样。我当时觉得非常奇怪，便找二哥问是怎么回事。二哥说，他在外边早已看见和（总统）府里不同的《顺天时报》了，只是不敢对我父亲说明。他接着便问我："你敢不敢说？"我说："我敢。"等到当天晚上，我便把这张真的《顺天时报》拿给了我父亲。我父亲看了之后，便问从哪里弄来的，我便照实说了。我父亲当时眉头紧皱，没有任何表示，只说了一句："去玩去吧。"第二天早晨，他把大哥找了来，及至问明是他捣的鬼，我父亲气愤已极，就在大哥跪着求饶的声音中，用皮鞭子把大哥打了一顿，一边打，一边还骂他"欺父误国"。大哥给人的印象是，平素最能孝顺父母，所以他在我父亲面前的信用也最好。

---

① 　方汉奇主编：《中国新闻事业通史》第一卷，中国人民大学出版社 1992 年版，第 1053 页。

我父亲时常让他代表自己和各方面联系。可是从这以后，我父亲见着他就有气。无论他说些什么，我父亲总是面孔一板，从鼻子里发出"嗯"的一声，不再和他多说什么话，以表示对他的不信任。看起来，我父亲对帝制前途的不甚美妙，已经是有所觉察了。

但张伯驹的说法有所不同，他说假版《顺天时报》揭发后，袁世凯盛怒，命对袁克定施夏楚。袁氏家规，子弟有过，尊长令旁人挞之，但他人对皇储何敢如此，只作比画而已，亦如演一出《打龙袍》戏。故张伯驹赋诗："群言举世已滔滔，假印刊章孰捉刀？袁氏家规惩大过，一场戏演打龙袍。"①

袁家差点闹起"血滴子"

袁克定是嫡长子，当仁不让以"储君"自居。但袁世凯却并不这么认为。其原因就在于袁克定有严重的伤残，不仅一条腿摔坏了，是个跛子，而左手手心有厚皮，必须戴手套遮盖。所以袁世凯常说他"六根不全"，不宜"君临万民"。私下里，袁世凯对家人露过这样的口风：要在老二、老五二人中择一立为"皇太子"。

袁世凯的次子袁克文（1890—1931），字豹岑，号寒云，是袁世凯三姨太太（朝鲜人）所生，人极聪明，有才气，也有名士习气，袁世凯常称赞他"有天才"。1907年，袁克文以荫生资格被清廷授予法部员外郎。有一次，法部派他到东华门大街去验尸，他不愿看见尸体的难看样子，就戴了墨镜糊里糊涂地走了个场，交差了事，事后还是大病了一场。袁世凯罢官以后，袁克文亦随父回到彰德洹上村，陪父亲过闲居生活。袁世凯在彰德建造养寿园，园中的匾额和对联大多是袁克文撰拟和书写，有如《红楼梦》中为大观园题联的贾宝玉一般。1912年，袁克文随父到了北京。袁克文与其兄长

---

① 刘成禺、张伯驹：《洪宪纪事诗三种》，第314页。

袁克定个性截然不同，克定热衷于政治，而克文却是"名士派"公子哥，他所交结的都是气味相投的旧式文人，如方地山、董宾古等。在中南海的时候，他住在"流水音"，过着诗酒风流的生活。有人说，大爷（袁克定）的左右是官僚、记者，而二爷（袁克文）之左右则是清客、帮闲，兄弟的志趣不同有如此者。

袁世凯的五子克权是袁的二姨太白氏（朝鲜人）所生。袁克权待人诚恳，学问也不错，袁世凯也很喜欢他。

当时，"大典筹备处"曾为袁世凯的儿子各做了一身"皇子服"。有一天，袁的四、五、六、七、八子在"新华宫"内各自穿着"皇子服"拍了一张合影，大家一看，袁克权那一套上的金色式样和其他人不同，只有袁克文的那套和袁克权的相同。之所以这样，一般认为是袁世凯有意为之。特别是假版《顺天时报》被揭发后，袁世凯对袁克定很失望，袁克文当"皇太子"的呼声最高。袁克定听到这个消息，气急败坏，扬言："如果大爷（袁克定称其父袁世凯为大爷——著者按）要立二弟，我就把二弟杀了！"一时"新华宫"内人心惶惶。

有一天，袁静雪将袁克定的话告诉了袁世凯，并且对他说："咱们家要闹'血滴子'了！"袁听了三女儿的话后，只简单地说了"胡说"两个字，并没有其他的表示。但是历代夺位的惨剧，不能不让袁世凯无动于衷。袁世凯说："老大不要总瞎闹，我将来也许立贤不立长哩！"①

这一事实，也粉碎了杨度、古德诺之流所谓帝制可以防止因争夺元首而发生动乱的谰言。事情并没有到此为止，袁最宠信的五姨太也经常向袁世凯吹风，要袁立她的儿子——袁克桓为"太子"，让袁世凯感到更加难办恼火。

袁克文见兄长扬言要杀他，很害怕。为此他赋诗以表心迹：

---

① 吴长翼编：《魂断紫禁城—袁世凯秘事见闻》，第83页。

乍著微棉强自胜，古台荒槛一凭陵。

波飞太液心无住，云起魔崖梦欲腾。

偶向远林闻怨笛，独临灵室转明镫。

绝怜高处多风雨，莫到琼楼最上层。

小院西风送晚晴，嚚嚚欢怨未分明。

南回寒雁掩孤月，东去骄风黯九城。

驹隙留身争一瞬，蛩声催梦欲三更。

山泉绕屋知清浅，策念沧浪感不平。

诗既自明心志，复讽其父兄不要称帝。袁克文仍不能释怀，又请求袁世凯援清廷册封皇子之例，赐封他为皇二子，以释克定等人的猜忌，以免日夜担忧，发生手足相残的惨剧。袁世凯答允，他便镌刻了一枚"皇二子"印，克定见此，也就略为放心了些。

随着护国军反袁起义，各省纷纷宣布独立讨袁，北洋派内部分崩离析，袁世凯准备取消帝制，袁克定不甘心就此收场，极力反对，曾经向父皇上折谏阻："由筹安会发生以迄于今，已历七阅月，此七阅月中，呕几许心血，绞几许脑力，牺牲几许生命，耗费几许金钱，千回百折，始达到实行帝制之目的。兹以西南数省称兵，即行取消帝制，适足长反对者要挟之心。且陛下不为帝制，必仍为总统，则今日西南各省既不慊于陛下为帝，而以独立要挟取消帝制者，安知他日若辈不因慊于父为总统，而又以独立要挟取消总统乎？窃恐其得步进步，或无已时也。今为陛下计，不如仍积极进行之为愈。且西南各省虽先后反抗，而北方军民则果相安无事。陛下正于此际正位，即使西南各党兴兵北犯，然地隔万里，纵旷日持久，未必能直捣燕京，况军力之强弱各殊，主客之劳逸迥别，胜负之结果，尚在不可知数乎？就令若辈不肯归化，忽不过长江或黄河南北为鸿沟已耳。则陛下不能统一万方，忽胡不可偏安半壁哉！铰今兹自行取消，孰得孰失，何去何从，愿陛下熟思之。"①

正义的历史潮流不可阻挡。袁世凯被迫取消帝制，6 月 6 日病死。袁克定跪在父亲的灵前号啕大哭："我对不起爸爸！"

"洪宪皇太子"末路

袁克定出生于枭雄之家，自小私生活放纵。原配妻子是原任湖南巡抚吴大澂的女儿吴本娴，后又陆续娶了两房姨太太，他还有断袖之癖好，偷偷摸摸在外面搞同性恋、养男宠，私生活十分荒唐糜烂。

张镇芳之子张伯驹回忆说："克定有断袖癖，左右侍童，皆韶龄姣好。辛亥，先父（张镇芳）在彰德总办后路粮台，居室与克定室隔壁。一日夜，有童向克定撒娇，克定曰：'勿高声，隔壁五大人听见不好！'盖先父兄弟行五，项城诸子称先父'五舅'，左右皆称先父'五大人'也。但先父已闻之矣。"张伯驹为此赋诗云："断袖分桃事果真，后庭花唱隔江春。撒娇慎勿高声语，隔壁须防五大人。"②

在袁的众多子女中，袁克定与袁世凯接触最多，受袁世凯的熏陶最深，所以他的言行作风也酷似父亲，活脱脱就是一个小袁世凯。袁世凯一死，他那个庞大的封建家庭再也无法维持，只能是树倒猢狲散了。办完袁的丧事，其子女便在徐世昌诸人主持下分了家，袁克定因系嫡长子，独分 40 万 "袁大头" 现大洋，另有房产、股票等，俨然是一富翁。③分家的头几年，袁克定一度以嫡长子身份主持家政。但时间一长，就有鞭长莫及之感。

1919 年，袁克定在亲生母亲于氏去世后，迁居北京，在宝钞胡同安家，

---

① 周岩：《袁世凯家族》，中国青年出版社 1991 年版，第 197—198 页。

② 刘成禺、张伯驹著：《洪宪纪事诗三种》，上海古籍出版社 1983 年版，第 99 页。

③ 关于袁世凯的家产情况，各人所说不一。袁静雪说袁克定独分 40 万元，其余庶出诸子各分 12 万元，另外每人还分得有十余条金子。每个女儿各给嫁妆费 8000 元。袁世凯的妻妾不另分钱，各随他们所生的儿子一同生活。侯宜杰先生所著《袁世凯全传》则说儿子们每个所分到的东西约合 20 多万元，包括股票、房产在内，女儿们各得 8000 元的嫁妆费，妻妾均不另分，随自己生的儿子过活。

自己则住进了颐和园的清华轩。此时，袁克定的生活更加荒唐放荡，经常带着一些"男宠"在颐和园、西山、汤山等处尽情地玩乐挥霍，几年下来就把全部积蓄用尽，后即仅靠开滦煤矿挂名董事的一点薪水维持生计。

1937年北平、天津相继沦陷后，汉奸王揖唐等利用旧关系拉袁克定参加伪政府，并许以高位。袁克定立即登报声明身体有病，任何事均不闻问，并拒见宾客，以示不受拉拢，保持了民族气节。后有人将刊登袁克定声明的那张报纸裱为册页，题诗以表彰之。此时，袁克定的生活已经相当潦倒，昔日的"男宠"已相继离去，身边只剩下一个忠心耿耿的老佣人侍候，张伯驹说："云台晚岁艰困，租居颐和园。1938年余亦于颐和园租一房舍，时相往来，见其餐时无鱼肉肴蔬，以窝窝头切片，佐以咸菜，但仍正坐，胸带餐巾。似此之生活，不堪梦皇储时矣。"[1]

到了20世纪40年代，有时连窝窝头也吃不上，只好派老佣人到街上去拣别人丢弃的烂白菜叶子充饥。1949年后，袁克定被有关部门安排为北京文史馆馆员。后来又因故被解聘，靠政府的救济生活。有一天，张国淦将袁克定接到城内，留他吃饭，有张联棻、恽宝惠两位北洋旧人作陪。张国淦等想从袁克定的口中探得些历史的秘密，但袁支吾其词，大失所望。此时的袁克定衣衫破烂，步履蹒跚，老态龙钟，不禁让人生出历史沧桑之感慨。1958年，袁克定在贫病交加中死去，终年80岁。

---

[1] 刘成禺、张伯驹:《洪宪纪事诗三种》，第337页。